JN108438

ベースボール・マガジン社 編

第三版

・見出し語の頭のアイコンは

チ チーム　戦 戦法・戦術　社 社会　規 規則　制 制度
人 重要人物　監 監督　選 選手　施 施設　医 医療関係
試 試合　練 練習　運 運営　事 事件、トラブル
記 記録　具 用具　他 その他

・見出し語の学校は通算勝利数50位タイまでと春夏の優勝・準優勝校、春夏通算20回以上の出場校、さらに特筆すべき学校
・見出し語の監督は勝利数30位タイまでと特筆すべき人物、おもな優勝監督
・見出し語の選手はことに重要な人物、ノーヒット・ノーラン達成者
・文中の所属プロ野球チーム名は、引退選手の場合は現役最終の所属
・記録はすべて2023年6月現在
・見出し語以外は、基本的に校名のあとの「高校」は省略。中高一貫校については見出し語を「高等部」とする場合がある。校名については、中等学校時代から変わらないものに関してはあえて現校名を注記しない。また所在県名が校名に含まれる場合、県名は省略

また見出し語以外は
(公財)日本高等学校野球連盟を日本高野連、
高等学校野球連盟を高野連
全国中等学校優勝野球大会を中学優勝大会あるいは選手権、夏（の甲子園）
全国選抜中等学校野球大会を選抜中学大会あるいはセンバツ、春（の甲子園）
選抜高等学校野球大会をセンバツ、春（の甲子園）
全国高等学校野球選手権大会を選手権、夏（の甲子園）
阪神甲子園球場を甲子園
と記す場合がある。

NPBの現球団名は、福岡ソフトバンク＝ソフトバンク、埼玉西武＝西武、東北楽天＝楽天、北海道日本ハム＝日本ハム、千葉ロッテ＝ロッテ、広島東洋＝広島、横浜DeNA＝DeNA、読売＝巨人、東京ヤクルト＝ヤクルトと表記する。

・参考文献
高校野球100年史／森岡浩（東京堂出版）
甲子園高校野球人名事典／森岡浩編（東京堂出版）
高校野球がまるごとわかる事典／森岡浩（日本実業出版社）
高校野球検定公式テキスト／朝日新聞社　高校野球検定委員会監修
高校野球　熱闘の世紀Ⅰ／ベースボール・マガジン社
高校野球　熱闘の世紀Ⅱ／ベースボール・マガジン社
高校野球　「事件史」／ベースボール・マガジン社
高校野球　甲子園「記録の90年」／ベースボール・マガジン社
ブラバン甲子園大研究／梅津有希子（文春文庫）

新聞
朝日新聞　毎日新聞　読売新聞　産経新聞　日刊スポーツ　報知新聞　スポーツニッポン　デイリースポーツ　など

HP
日本高等学校野球連盟
各高校　など

執筆（50音順）
内山賢一／清水岳志／戸田道男／藤井利香／楊順行／吉松由紀子

あ

選 愛甲猛
あいこう・たけし

神奈川県逗子市生まれ。横浜に入学した1978年、渡辺元(現元智)監督を「天才。5季連続出場も……」といわしめ、左腕からくり出す速球ですぐにエースとなる。すると神奈川県大会でノーヒット・ノーランを達成するなどして夏の甲子園に出場。徳島商から11三振を奪って完投勝利を挙げた。次の晴れ舞台は最後の3年夏だったが、3回戦で鳴門(徳島)を5安打完封するなど決勝まで進出。1年の荒木大輔(元横浜ほか)がエースだった早稲田実(東東京)と対戦し、途中降板はしたものの横浜に初めての夏の優勝をもたらした。決勝で川戸浩に継投したことについて本人は、「自分は大会期間中に7キロも体重が減っていたし、試合中にブルペンで投げている川戸の球を見たら、ものすごく良かった。だから、自分から代えてください と言った」と回想している。

高校卒業間際に暴力事件が発覚し、チームが対外試合禁止処分を受けるなど、やんちゃぶりでも知られている。1年夏の甲子園後には部を脱走しているが、2年になる直前に部に戻ったのは、警察に補導されたときに渡辺監督が迎えに行ったのがきっかけだった。

80年のドラフト会議でロッテの1位指名を受け、投手としては勝ち星はなかったものの、84年から野手に転向。88年から5年続けて全試合に出場し89年には打率3割を記録している。のち中日に移籍し、2000年限りで引退。高校の3年間を「原点」と振り返っている。

▶愛甲猛

制 挨拶
あいさつ

試合開始時と終了時に、両軍選手が向かい合って整列し、ホームベースをはさんで行う挨拶。今ではアマチュアから草野球までおなじみの光景だが、1915年、第1回の全国中等学校優勝野球大会開催時、初めての全国大会のために、礼式として新たに工夫されたものだという。開幕に先立つ組み合わせ抽選時に、主催者側から指示があった。現在行われる手順としては、審判がダグアウト前に整列を促し、タイミングを計って「集合!」の合図というのが一般的。かつては、ことに地方大会での宿敵同士の対戦となると、先に目をそらしたほうが負けとばかりににらみ合いを続けるシーンがよくあった。試合に限らず一般的な挨拶も、日常から大半の野球部で徹底が指導されており、取材に訪れたときなど、大きな声でハキハキと、その場で立ち止まって礼をしてくれるのは気持ちがいい。ただし、すれ違う部員すべてがあまりに丁寧に挨拶してくれると、申し訳ないやら、そのたびにこちらも答礼するのが気恥ずかしいやら……。2020年からの新型コロナウイルス感染拡大の際には、選手同士の間を十分に空けて整列、発声せず一礼だけにとどめる、ホームベース間に整列せずダグアウト前で一礼……などなど大会開催時の感染状況によって、挨拶もさまざまな対応を迫られた。

医 アイシング

あいしんぐ

氷や水などで体を局所的に冷やすこと。負傷・疾病に対する応急処置、運動時の負傷の防止や筋肉痛・疲労蓄積の軽減、止血などを目的として行われる。かつては、投手が肩やヒジを冷やすことは禁物。肩が冷えるのを防ぐため、水泳がタブーなことから始まり、就寝時にはクーラーは禁物などとされていた。だが現在は、実戦ではもちろん、投球練習後にも肩やヒジなどをアイシングするのが常識。肩やヒジは、同じ動作を繰り返すことで関節や筋肉、靭帯などにストレスが加わる。それがときには、炎症や痛みにつながることもある。氷で冷やすのは、そうした痛み、はれ、内出血などの炎症を抑えるためだ。冷やさずに放置すると、痛みのある部位だけではなく周辺にまで炎症が広がり、回復までに長い時間がかかってしまう。氷で冷やすことで、炎症が広がるのを防ぎ、痛みを軽減するわけだ。ただ、冷やした部位が固くなってしまったり、長時間冷やすと、血流の減少で回復が遅くなることもあげられる。そうしたデメリットも踏まえ、近年ではアイシングに懐疑的な考えも生まれている。

愛知一中→旭丘高校

あいちいっちゅう

チ 愛知工業大学名電高校

あいちこうぎょうだいがくめいでんこうこう

学校法人・名古屋電気学園が運営する共学の私立校。1912年に名古屋電気学校として創立。戦後の学制改革で名古屋電気高校、60年に名古屋電気工業高校。76年に再び名古屋電気高校となったのち、83年から現在の愛知工業大学名電高校という名称になっている。普通科、情報科学科に加え、2007年に科学技術科が新設された。部活動が盛んで、相撲、陸上競技、バスケットボールなどが全国レベル。55年創部の野球部は、68年センバツに初出場。81年夏にはエース工藤公康（元西武ほか）でベスト4まで進出し、2004年センバツでは、倉野光生監督のもと準優勝、05年同では初優勝を飾った。このときの特徴は徹底したバント戦法で、5試合の犠打合計は26。選手によっては、明らかにバントの局面では木製バットを使うケースもあった。OBにはほかにイチロー（元マリナーズほか）、山崎武司（元オリックスほか）、十亀剣（元西武）、堂上直倫（中日）、東克樹（DeNA）ら。学校所在地は名古屋市千種区。甲子園通算24勝22敗。

▶1981年夏、工藤公康の好投で名古屋電気（現愛工大名電）は4強進出

チ 愛知商業高校
あいちしょうぎょうこうこう

1919年に創立した愛知県立商業学校が前身。48年の学制改革で現校名となるが、同じ年の10月には貿易商、名南、熱田と統合して県立瑞陵高校が発足。51年にはふたたび現校名で分離独立した。名古屋市東区にある校舎の玄関脇には、「第13回全国選抜野球大会において　わが愛商軍は　関東の雄　桐生中学を　接戦の末に破り　悲願の優勝を遂ぐ　1936年（昭和11年4月）於甲子園」という優勝記念碑「闘魂」がある。愛知4商のなかで最も早く台頭しながら、中京商（現中京大中京）や東邦商（現東邦）に先を越されていたが、ようやく全国制覇を遂げたのが36年センバツだ。26年夏の初出場からは、31年までの6年間で8回甲子園に出場し、27年夏にはベスト4。36年春には、前年夏のベスト4メンバーがほとんど残り、エース・水野良一（元中日）の力投で強豪を次々に撃破。桐生中（群馬）との決勝は、1対1と同点の9回裏、夫馬貴史のサヨナラ打で優勝を決めた。戦後は46年夏の復活大会、さらに瑞陵の時代に3回甲子園に出場したが、57年のセンバツを最後に大舞台から遠ざかっている。春夏通算17勝17敗1分け。

チ 愛知4商
あいちよんしょう

愛知県において、かつてしのぎを削った4つの旧商業学校をさす。1931年の夏に初出場した中京商(現中京大中京)が、そこから3連覇の偉業を達成し、以後は享栄商(現享栄)や東邦商(現東邦)も力を伸ばした。ここに、甲子園出場では先んじていた愛知商も加えたのが愛知4商である。この4商は、夏は30年の愛知商から始まって50年まで、13回の代表を独占。春は28～48年まで少なくとも毎年1校が出場するどころか、3校出場が4回、37年にはなんと4校がすべて出場している。それだけ、全国レベルでも実力は折り紙付きで、38年のセンバツは、中京商と東邦商が決勝で激突した(○中京商1対0東邦商)。優勝回数は中京大中京が春4回(準優勝4、カッコ内以下同)、夏7回を数えるのをはじめ、東邦/春5(2)、夏(1)、愛知商/春1。やがて80年代から、愛知商に代わって愛工大名電が割って入ると、ほかの3商が校名変更していることもあり、私学4強といわれるようになった。享栄は2000年春を最後に甲子園出場から遠ざかるが、18年秋には、09年夏に中京大中京を優勝に導いた大藤敏行を監督に招き、再起を図っている。

選 アイドル
あいどる

「偶像」「崇拝される人や物」「あこがれの的」「熱狂的なファンをもつ人」を意味する英語(idol)に由来する「アイドル」。リニューアル前の甲子園には、「福嶋一雄さん(小倉・福岡)のファンやった」という売店のおばちゃんがいたが、甲子園には主に女性ファンに熱狂的に支持され、社会現象まで引き起こす選手が登場する。その元祖ともいえるのが、1969年夏に準優勝した三沢(青森)・太田幸司(元阪神ほか)だ。端正なルックスで女子高生などに「コーちゃん」と絶大な人気だった。翌年近鉄入りすると、実績もないのにオールスターのファン投票で1位に推されたほどだ。70年のセンバツで優勝した箕島(和歌山)のエースが島本講平(元近鉄ほか)で、甘いマスクから太田に続く「2代目コーちゃん」と呼ばれた。鹿児島実・定岡正二(元巨人)は、74年夏に東海大相模(神奈川)との延長15回の激闘を制し、準決勝で負傷する悲劇性もあってスターに押し上げられた。そのときの東海大相模の1年生サードが原辰徳(元巨人)。ハンサムな強打者は、3年間女性ファンを騒がせることになる。77年夏、準優勝した東邦（愛知）の1年生エースが坂本佳一。ひょろ長い手足と少年らしい表情がバンビと呼ばれ、1年に7万通のファンレターが殺到したという。80年夏に1年生エースとして登場し、準優勝を皮切りに5回の甲子園に出場したのが荒木大輔（早稲田実・東東京、元横浜ほか）。凛々しい武者顔で、原同様に3年間アイドルであり続けた。この後も、荒木を打ち砕いた池田（徳島）の水野雄仁（元巨人）は、パワフルさから「阿波の金太郎」と呼ばれ、PL学園（大阪）の1年生コンビ・KK（桑田真澄・元巨人ほか、清原和博・元オリックスほか）が登場。東北（宮城）のダルビッシュ有（パドレス）は、モデル顔負けのスタイルと美男ぶりに女子中高生が殺到。2003年のセンバツでは、開会式終了後の球場外でもみくちゃにされた際に右わき腹を痛めている。06年の夏は、言わずと知れたハンカチ王子・斎藤佑樹（早稲田実・西東京、元日本ハム）。冷静さとマナーの良さがおば様方にも高評価で、斎藤が手にしていた青いハンカチは一時バカ売れしたとか。

規 アウト・オブ・シーズン

あうと・おぶ・しーずん

アウト・オブ・シーズン（ｏｕｔ ｏｆ ｓｅａｓｏｎ）とは、いわゆるシーズンオフということ。高校野球では、12月1日より翌年3月19日がこれにあたり、練習に主点を置くこととし、期間中は同一地域にあっても他校との合同練習（一部許可）、練習試合はできない。ただ3月19日が日曜日の年に限り、日本高野連の承認を得れば、19日から公式戦を行えることになった。また2023年からは「学校の授業や行事に差し支えない限り」3月第1土曜日から練習試合（都道府県外を含む）を行ってもよいとされ（それまでは3月8日から）、実質は3月第1土曜日が練習試合の解禁日となった。付け加えれば、海外交流など特別な事情のある場合、日本高野連の承認を得ればアウト・オブ・シーズン中であっても試合は可能。承認を得れば、合同練習も条件付きで認められている。また19年には規定が一部改正され、原則として3月19日までは大会を行えないが、センバツ開幕日については例外とすることになり、23年の第95回大会は史上最も早い3月18日に開幕した。

チ 明石高校

あかしこうこう

1923年、兵庫県明石市立明石中学校として開校し、28年県に移管。

48年の学制改革で県立明石高校となる際に、県立明石高等女学校と生徒を交換するかたちで共学となった。学校創立と同時に誕生した野球部は、30年のセンバツに初出場すると、32年春から34年春まで5季連続出場。32、33年春と続けて決勝まで進み、いずれも0対1で敗れたものの準優勝を飾っている。明石中の名がもっとも知られるのは、33年夏の準決勝だろう。明石は豪腕・楠本保ではなく中田武雄が先発したが、中京商（愛知・現中京大中京）・吉田正男と一歩も譲らぬ投手戦を展開。結局敗れたものの、史上最長の延長25回、0対1という大接戦を演じている。

　学制改革直後の50年夏にも甲子園に出場したが、激戦区の兵庫にあって徐々に私学に押され、50年代、60年代ともに出場は1回のみ。80年代は春夏計3回の出場があるが、87年夏を最後に大舞台から遠ざかっている。春8回、夏6回の出場があり、通算21勝14敗。全勝利のうち、楠本が15勝を占める。小谷正勝（元大洋）ら、多くのプロ野球選手のほか、楽天グループの三木谷浩史もＯＢ。

チ 赤ヘル旋風

あかへるせんぷう

　プロ野球で広島カープがセ・リーグを初制覇する１９７５年、高校野球でも「赤ヘル旋風」があった。宮崎大会を勝ち抜いた日南が、初めて夏の甲子園に出場。岡山東商に5対4と逆転勝ちし、そこまで2回のセンバツ出場ではなし得なかった初勝利。さらに興国（大阪）戦でも、序盤の4点差をひっくり返した。前年秋からいわゆる早稲田カラーのユニフォームに新調していた日南。甲子園入り前、ヘルメットのエンジ色がはげかけていて、塗り直した。それが赤っぽかったため、全国制覇歴のある2校を逆転する活躍が、広島になぞらえて赤ヘル旋風と呼ばれたのだ。ただし3回戦では、やはり強豪の広島商に先制したものの逆転負け。83年には、日本高野連が用具の華美な色彩を禁じたため、日南のヘルメットは白色。今後、赤ヘル旋風はもう見られない。

チ 秋田高校

あきたこうこう

　秋田中時代の第1回中等学校優勝野球大会で準優勝した古豪。１８７３年に洋学校として創立し、翌年には伝習学校と統合後も82年に秋田中学校として独立するなど、さまざまな変遷を経て、１９０１年に県立秋田中学校となる。48年の学制改革で秋田南高校となるが、53年に現校名に改名した。野球部創部は１８９４年とされるが、86年ころにはすでに活動していたという記録が残っている。秋田県知事武田千代三郎の肝いりで90年に設けられた「挑戦杯」という県内の大会でも、第1回から4回まで優勝した。１９１５年、第1回全国中等学校優勝野球大会が開催されるが、開催の決定が突然だったことや、当時の通信事情による連絡の行き違いなどで、秋田予選を勝ち抜いた秋田中がそのまま東北代表となっている。当時、秋田勢より強いといわれていた岩手勢だが、蚊帳の外だったことで犬猿の仲になったとかならないとか。それはともかく、その第1回大会で決勝まで進出した秋田中だが、延長13回で京都二中（現鳥羽）にサヨナラ負け。以来、２０２２年夏に仙台育英（宮城）が優勝するまで1世紀以上にわたり、東北には優勝旗がもたらされなかった。秋田自身も、03年の夏を最後に甲子園から遠ざかっている。春夏通算24回の出場で、10勝24敗。現参議院議員で元プロ野球横浜ほかの石井浩郎、後藤光尊（元楽天ほか）らがＯＢ。

社 空き箱屋
あきばこや

１９３４年、甲子園の外野スタンドには空き箱屋が流行した。この年は呉港中（広島）で、エース兼主砲の藤村富美男（元阪神）が大活躍。5試合で57三振を奪って優勝し、「無人の荒野を行くがごとし」といわれた。藤村を初めとして、中等学校野球の人気ぶりは、外野スタンド最後列での立ち見客が、少しでも見やすいようにと、踏み台用の空き箱を貸し出す「空き箱屋」が大繁盛するほどだった。

人 阿久悠
あく・ゆう

センバツ高校野球の大会歌「今ありて」の作詞者。熱闘甲子園のテーマソング「ああ甲子園、君よ八月に熱くなれ」も阿久悠の手になる。１９３７年2月7日、現在の兵庫県洲本市生まれ。本名は深田公之。洲本高校在学中から野球好きで、同校が53年のセンバツで優勝したときにはむろん、アルプスから声援を送っていた。小説「瀬戸内少年野球団」は、少年時代の経験が下敷きにあるといわれる。76年から２００６年まで、夏の甲子園期間中にはスポーツニッポン紙上に「甲子園の詩」を連載していた。最終回は、早稲田実と駒大苫小牧の決勝である。翌07年夏の大会直前の、8月1日没。

選 浅野翔吾

あさの・しょうご

170センチ、86キロと上背はないが見るからにパワーの固まりという体躯で名門・高松商（香川）の主砲を務め、2021年夏、22年夏の甲子園に連続出場した外野手。3年時の22年夏は初戦の佐久長聖（長野）戦で2打席連続本塁打、準々決勝の近江（滋賀）戦でも本塁打を記録。2年時夏の智弁和歌山戦の1本と合わせ夏の甲子園通算4本塁打はPL学園・桑田真澄（元巨人ほか）、大阪桐蔭・森友哉（オリックス）らに並び歴代3位タイ。22年のU-18ワールドカップ日本代表に選出されメキシコ戦で放った本塁打が高校通算68号。同年のドラフト会議では巨人、阪神の2球団が1位で競合の結果、巨人が交渉権を獲得。次代を担うスラッガーとして期待を集めている。

チ 旭丘高校

あさひがおかこうこう

1917年、第3回の全国中等学校優勝野球大会で優勝したのが愛知一中で、現在の愛知県立旭丘高校。この大会、長野師範（現信州大教育学部）に初戦で敗れた愛知一中だが、前年から採用された敗者復活制度により抽選で復活戦に進んで和歌山中（現桐蔭）に勝利すると、さらに明星商（現明星・大阪）、杵築中（現大社・島根）を降して決勝に進出。関西学院中（兵庫）との決勝は、1点ビハインドの6回裏に降雨ノーゲームとなり、再試合を延長14回でものにして優勝した。この敗者復活制度は、一度負けたチームが優勝するのは違和感があるということで、この大会限りで廃止。つまり愛知一中は、全国大会で一度敗れながら優勝しているチームである。もともと、1870年に創立した尾張藩の藩校をルーツに持ち、野球部の創部は県内で最も古い93年とされる。愛知一中時代、戦前は春夏合計11回全国大会に出場し、10勝11敗。しかし、県内屈指の進学校でもあり、48年の学制改革で旭丘高校となってからはもちろん、昭和初期の29年以降甲子園から遠ざかっている。所在地は名古屋市東区。

社 朝日新聞社

あさひしんぶんしゃ

全国紙「朝日新聞」を発行する日本の新聞社で、1879年（明治12年）1月8日に大阪で創立。88年の東京進出で、大阪朝日新聞と改題する。1915年、大阪朝日新聞が第1回全国中等学校優勝野球大会を開催。社長の村山龍平による始球式の姿がよく知られている。19年には、株式会社朝日新聞社に改組した。現在も、全国高等学校野球選手権大会を日本高等学校野球連盟と共催。２０１０年からは、選抜高等学校野球大会も後援している。

社 朝日放送テレビ

あさひほうそうてれび

１９５１年、大阪で設立された朝日放送株式会社が、59年に大阪テレビ放送を合併し、２０１８年３月31日まで朝日放送大阪テレビを運営。４月１日からは、朝日放送テレビ（ＡＢＣテレビ）としてテレビ放送事業を開始した。近畿地区では、ＮＨＫと並んで夏の甲子園を中継しており、朝日放送ラジオは開局翌年の第34回大会（52年）から、朝日放送テレビは前身の「大阪テレビ放送」だった57年から、全試合生中継を実施している。95年から２０００年までは、ＢＳアナログハイビジョン試験放送を行っており、01年からＢＳ朝日でも朝日放送との同時放送を行っているのはこの名残か。また東京がキー局のテレビ朝日系列では開会式の一部、14年までは決勝も全国中継されていた。また箕島（和歌山）が春夏連覇した79年、決勝戦翌日に単発で放送された大会ダイジェストの反響が大きかったため、81年からはテレビ朝日との共同制作で「熱闘甲子園・高校野球ハイライト」として連日放送。現在ではいわゆる「感動もの」に軸足を置き、40年以上続く名物番組となっている。

チ 芦屋高校

あしやこうこう

兵庫県芦屋市に所在する公立共学高校。略称は「あしこう」。１９４０年、兵庫県立芦屋中設置。48年の学制改革に伴い県立芦屋高校発足。学力ステップハイスクールの指定を受けている。定員の50パーセントで適性検査、面接の推薦入試を採用する。

戦後、甲子園のおひざ元でいち早く台頭したのが芦屋だった。初出場は46年の夏。原動力になった投手が、のちに野球評論家やホークスの二軍監督を務めた有本義明。49年のセンバツでも有本は奮闘したが、北野（大阪）の前に紫紺の大旗獲得はならなかった。その年の夏と51年夏にベスト８、52年も春夏連続出場。この時は植村義信（元毎日）がエースだった。夏は植村が３試合連続完封で勝ち上がり、お隣・大阪府の八尾との決勝で関西がわくなか、芦屋は本屋敷錦吾（元阪神ほか）のヒットなどで得点し、兵庫に29年ぶりの優勝をもたらした。56年春もベスト４に残るが、59年春を最後に甲子園には出ていない。夏６回９勝５敗、春６回

7勝6敗。中内正（元ダイエーホークスオーナー）、加茂周（元サッカー日本代表監督）などもOB。

監 東哲平

あずま・てっぺい

京都府宇治市出身。1980年生まれのいわゆる「松坂世代」。敦賀気比（福井）では東出輝裕（元広島）の同期で投手兼内野手として97年夏、98年春夏の3度甲子園に出場した。社会人・三菱自動車川崎に2年在籍した後、福井に戻り、指導者の道へ。北陸高で監督を務めた後、少年野球チーム「オールスター福井」（ヤングリーグ）を指導。その際、総監督を委嘱して指導を仰いだ故・小林繁（元阪神ほか、当時日本ハム投手コーチ）の薫陶を受けた。2008年に母校・敦賀気比コーチに転じ、11年8月から監督。投打の中心に平沼翔太（西武）を擁した15年センバツでは北陸勢として初めての全国優勝を果たす。山田修義（オリックス）は少年野球、高校を通じての教え子。高校では吉田正尚（レッドソックス）、西川龍馬（広島）、山崎颯一郎（オリックス）ら数々のプロ野球選手を指導した。監督として春7回10勝、夏6回11勝の通算21勝は38位タイ。16、17年には侍ジャパンU-18日本代表のコーチも務めた。

規 アピール

あぴーる

公認野球規則で「アピール」という用語は「守備側チームが、攻撃側チームの規則に反した行為を指摘して、審判員に対してアウトを主張し、その承認を求める行為である」と定義される（本規則における用語の定義2）。ルールを正しく理解し、正しい手続きで主張できるか。ときに勝敗を左右する場面もあるだけに、チームの底力が問われるのがアピールプレーだ。

2023年センバツ2回戦、作新学院（栃木）対大分商戦では審判団の混乱もあり、アピールのやり直しでゲームセットとなるシーンがあった。2点を追う大分商は9回表1死一、二塁から打者がレフトへのフライ。すると、捕球されたときすでに二塁を回っていた一塁走者が二塁を踏まずに一塁に戻るいわゆる「三角ベース」の帰塁に。このプレーをアウトにするには守備側が正しくアピールを行う必要があるが、二塁塁審が即座にアウトのコールをしたことで事態は混乱した。作新側は一塁に戻っていた走者に対してのアピールを行い、併殺完成でゲームセットと主張したが、審判団は協議のうえ、二塁塁審のアウトのコールが混乱を招いたことを謝罪。あらためてプレーを再開し、作新側が正しく二塁でアピールするのを認めてゲームセットとした。このとき、二塁を回って「三角ベース」をした一塁走者は二塁にとどまっていた二塁走者を追い越しており、二塁塁審はそれに対してアウトのコールをしたように見えた。試合後の審判団は、協議の結果、追い越しは確認されなかったと説明したが、追い越しアウトならアピールの必要なくゲームセットとなるプレーだった。

他 アフリカン・シンフォニー
あふりかん・しんふぉにー

もともとは、「ハッスル」のヒットで知られるヴァン・マッコイ&ザ・ソウル・シティ・シンフォニーの楽曲。1987年、智弁和歌山が夏の甲子園に初出場（センバツは85年に初出場）したとき、同校吹奏楽部顧問の吉本英治が応援曲として採用し、アレンジして演奏。同校が常連・強豪校となるにつれて、他校も応援に採用するようになっていく。2008年の第90回記念大会では、出場55校中50校が採用しており、いまや定番中の定番だ。つねに甲子園で聴いている耳には、正確さ、テンポ、音量と重厚感で、智弁和歌山に一日の長がある。

試 アメリカ遠征
あめりかえんせい

1927年のセンバツは、前年崩御した大正天皇の喪に服すため前年の半分にあたる8出場校で行った。優勝したのは、和歌山中（現桐蔭）。もともと夏は第1回から28年の14回大会まで、春は第1回から第5回まで、紀和（奈良と和歌山）からの出場を独占し、そのうち夏の7、8回大会では史上初の連覇を達成、9回大会も準優勝した超強豪校である。27年のセンバツでも、小川正太郎がエースで四番として活躍。小川は初戦の関西学院中（兵庫）を1安打完封し、準決勝も松山商（愛媛）を押し出しの1点のみの1安打完投、決勝では広陵中（広島）に快勝した。この大会の優勝校はアメリカ遠征が約束されていたが、なにぶん飛行機でひとっ飛びという時代ではない。和歌山中は校長を団長として7月に横浜から船で出発し、最初の目的地であるカナダ・バンクーバーに着いたのは2週間後だ。ここから日系人の多い北米西海岸を2カ月間転戦。その間には、夏の大会が行われる。和歌山中はなんと、遠征に参加した主力選手を欠いて臨んだ紀和大会を勝ち抜き、甲子園まで進むのである。

遠征先のサンフランシスコでそのニュースを知った主力選手たちは、さすがに驚いたとか。もっとも、甲子園では初戦負けを喫している。遠征組の帰国は9月だった。優勝校のアメリカ遠征は、この年から30年まで続き、関西学院中（兵庫）、第一神港商（現神港橘・兵庫）、広島商がメジャー・リーグの試合見学や地元高校との親善試合も行った。だが32年、野球統制令によって中止になっている。

他 あやしい曲
あやしいきょく

龍谷大平安（京都）の応援団によるチャンステーマ。もともと曲名はなく、同校では演奏する順にアルファベットが割り振られている。「あやしい曲」はB。「怪しいボレロ」の通称のように、重奏低音がどことなくラヴェルの「ボレロ」のようだが、聴く人によるとリズムは水戸黄門のテーマのようでもある。さながら映画「ジョーズ」のごとく、相手にかける重圧を徐々に高めていく。1997年夏の甲子園が初披露で、長く低迷していた同校が川口知哉（元オリックス）をエースに準優勝したから、縁起のいい曲といえる。

監 荒井直樹
あらい・なおき

1964年神奈川県生まれ。日大藤沢の投手として3年夏の県大会で2試合連続ノーヒット・ノーラン達成の活躍。社会人・いすゞ自動車に進んで打者に転向し、都市対抗野球に7回出場の実績を残した。現役引退後、母校・日大藤沢監督を経て、前橋育英（群馬）のコーチに転じ、2002年から監督を務める。甲子園初出場の11年センバツは初戦敗退も、13年夏は2年生エース・高橋光成（現西武）を擁して一気に頂点に上り詰め、戦後8校目の夏の甲子園初出場初優勝を果たす。四番・主将を務めた海斗三塁手との父子優勝だった。甲子園は春2回出場で1勝、夏6回出場で9勝の通算10勝。

選 荒木大輔
あらき・だいすけ

1年夏の1980年から82年夏まで、5大会連続で甲子園に出場した投手。1964年生まれ。調布リトルでエースとして世界大会優勝という実績をひっさげて80年早稲田実に進学。1年夏から背番号11をもらってベンチ入りすると、初めて出場した第62回大会の初戦でいきなり先発のマウンドを任され、強力打線で知られた北陽（現関大北陽・大阪）打線を1安打完封。華々しい甲子園デビューを果たした。この大会5試合に先発し4完封、44回1／3連続無失点の力投で決勝進出の原動力となる。決勝の相手は愛甲猛（元中日ほか）を擁する横浜（神奈川）。初回から打ち込まれて無失点記録はストップし、惜しくも準優勝に終わるが、フレッシュな1年生の活躍と快進撃、そして端正なルックスで人気を集め、〝大ちゃんフィーバー〟が巻き起こる。この年の9月13日。一人の男児が生まれ、荒木にあやかって「大輔」と名付けられた。それが松坂大輔（元西武ほか）である。全国制覇を狙う最後のチャンスとなった82年の3年夏は準々決勝で池田（徳島）と対戦。〝やまびこ打線〟の長打、本塁打攻勢によって2対14と大敗を喫して甲子園を去った。朝日放送の植草貞夫アナウンサーが「荒木大輔、鼻つまむ」と実況したのはこの試合だ。この年のドラフト1位で指名されヤクルトに入団する。高校生活の甲子園出場機会を最大限に生かし、12勝を挙げた荒木だが、高校野球の思い出を聞くと試合よりも「仲間」と即答する。1年生から過剰に注目されても自分を保つことができたのは、普段通りに接し、そして守ってくれたチームメイトがいたから。そんな仲間との交流を荒木は今でも大切にしている。

▲荒木大輔

選 有田二三男

ありた・ふみお

北陽（現関大北陽・大阪）3年の1973年に右腕エースとして春夏連続甲子園出場。夏は初戦（2回戦）の秋田戦に1対0の完封勝利の後、2戦目の3回戦・高鍋（宮崎）戦で夏の甲子園史上18度目（17人目）のノーヒット・ノーランを達成した。1955年生まれ。176センチ、70キロの均整の取れた体格で、右腕から繰り出す切れの良いボールが持ち味の好投手。73年のドラフト会議で近鉄バファローズから2位指名を受け入団。現役6シーズンで一軍登板は2試合に終わり79年に引退。のち巨人で打撃投手を務めた。

施 アルプススタンド

あるぷすすたんど

アルプススタンドは、甲子園球場の一、三塁側内野席と外野席の間に位置し、収容人員各6000人強の観客席。高校野球ではそれぞれ一、三塁側チームの学校関係者や在校生、応援団が主に陣取る。むろん、一般の観客も入場できる。1924年の甲子園竣工時、現在のアルプススタンドの位置には木造20段のスタンドがあった。その後手狭になったため、早くも29年に、鉄筋コンクリート50段、高さ14・3メートルに改築。その年夏の中学野球の際、人気風刺漫画家・岡本一平（芸術家・岡本太郎の父）が、「朝日新聞」の連載漫画で「ソノスタンドハマタ素敵ニ高ク見エル、アルプススタンドダ、上ノ方ニハ万年雪ガアリサウダ」の一文をつけたのが、命名の由来と言われる。このとき、スタンド増築の際にフェアグラウンドの形状が変更され、内野スタンドとアルプススタンドが全体的にグラウンド側に増築されている。そのため、最前列の視界はグラウンドレベルに近く、すでに現在の各球場で見られるフィールドシートのような座席だった。31年には、鉄傘がアルプスまで延伸している。のち36年には、外野スタンドもアルプス同様に改築され、朝日新聞紙上で「ヒマラヤスタンド」と名付けられたが、こちらはあまり浸透しなかった。現在は一、三塁側ともにアルプス席の下の空間が室内練習場となっており、次の試合のチームが待機もしくはウォーミングアップをする。また「アルプス席」という名称は2001年まで、高校野球開催時のみの使用だったが、プロ野球でも「アルプス席のチケット下さい」という人が多かったため、02年以降はプロ野球の公式戦でも「アルプス席」という名称を用いるようになった。また高校野球開催時は、出場校の応援団やブラスバンドなどが陣取りやすいように、おもに最前部の座席が撤去されており、プロ野球開催時とでは座席配置が異なっている。

▲アルプススタンド

運 アルプススタンドの入れ替え

あるぷすすたんどのいれかえ

各チームの応援団は試合ごとに入れ替わるため、次の試合の応援団は、一塁側ならライトポール付近、三塁側ならレフトポール付近の球場外周部分などで待機する。そして前試合の7回表をめどに、球場係員の指示によって、アルプス席と外野席の切れ目から空席部分にブラスバンド、応援リーダー、チアリーダー、一般学生の順に入場を始める。一方前試合の応援団は試合終了後、自校の挨拶が済むと、アルプス席と特別自由席の間の通路から速やかに退場する。両者の動線を別にすることで、おびただしい観客の入れ替えを少しでもスムーズにするためだ。そのため、試合終了後にエール交換をする時間はない。

阿波の金太郎→水野雄仁

あわのきんたろう

試 U-18ワールドカップ

あんだーえいてぃーんわーるどかっぷ

世界野球ソフトボール連盟（WBSC）の主催で開催する、16歳から18歳の各国・地域代表選手で競われる野球の国際大会。以前は世界野球連盟（IBAF）主催による「AAA世界野球選手権」という大会名で、AAAとは大学生を含む一般成人の一つ下のランクを表す。1981年にアメリカ合衆国で第1回大会が開催され、当初は毎年開催されていたが、現在は原則として隔年開催。世界選手権が開催されない年は、世界選手権への予選を兼ねた各地域ごとの大会が開かれている。WBSCの発足に伴い、2013年に「18Uワールドカップ」として行われ、2015年から「WBSC U-18ワールドカップ」となった。日本では夏の甲子園と重なるため、長らく参加が困難で、82年の第2回、99年の第18回大会への参加も地域の選抜選手によるもの。甲子園出場選手を含んだ代表チームとして出場したのは、04年9月開催の第21回大会が初めてだった（監督・渡辺元智）。06年の第22回大会は再び不参加で、08年、10年は出場権がなく、次の出場は12年（監督・小倉全由）。13年にはプロ野球選手の代表と同じ「侍ジャパン」仕様のユニフォームを着用するようになった。15年の第27回大会は、史上初めての日本開催（監督・西谷浩一）。夏の甲子園終了直後の8月28日から9月6日まで、甲子園ほか3球場で行われ、地元開催で初優勝を狙った日本だが、決勝で3連覇を狙うアメリカの前に敗れ、優勝はならなかった。カナダで開催された17年の第28回大会は、清宮幸太郎（早稲田実、日本ハム）らの出場などで注目されたが、準決勝で韓国に敗れて3位（監督・小枝守）。韓国で開催された19年の第29回大会は、3敗を喫して12チーム中5位（監督・永田裕治）。3位までに与えられるメダルを獲得できなかったのは、12年以来4大会ぶりだった。21年にアメリカ・フロリダ州で予定されていた第30回大会は新型コロナの影響で22年に延期して開催。全試合7イニング制で行われた。明徳義塾・馬淵史郎監督が指揮を執った日本は、3位決定戦で韓国を破り銅メダルを獲得した。

選 安樂智大
あんらく・ともひろ

元高校球児の父・晃一さんと母・ゆかりさんは、お互いがバイトをしていた甲子園が出会いの場というから、できすぎの高校球児だった。松山クラブボーイズから済美（愛媛）に入学した1年夏に148キロ、秋には早くも151キロをたたき出し、四国の豪腕と騒がれて2013年のセンバツに出場。初戦で、2年生としては歴代最速となる152キロをマークするなど、決勝まで進出した。ただ、一人で全イニングを投げ抜いたために決勝は力尽き、途中降板で準優勝に終わっている。愛媛大会で157キロをマークするなど、さらにパワーアップしたその夏も甲子園に出場。2回戦で花巻東（岩手）に敗退したが、初戦では甲子園最速タイの155キロをマークしている。大会後、日本代表に選ばれたAAA世界野球選手権では、予選1次ラウンドのベネズエラ戦で2安打16奪三振無四球完封、2次ラウンドのキューバ戦では8回10奪三振無失点と圧巻の投球で、最優秀防御率と最高勝率を記録している。ただし、秋季大会中に右肘尺骨神経麻痺を発症。投げられない時期が続き、3年時の甲子園出場はない。高校野球を終えた直後の9月には、恩師・上甲正典監督が逝去。「監督さんに出会ったことで人生が180度変わったと思う。託された夢を実現します」とプロ野球での飛躍を誓い、14年のドラフト1位で楽天に入団している。

▶安樂智大

事 安樂の772球
あんらくのななひゃくななじゅうにきゅう

2013年のセンバツでは、済美

（愛媛）が決勝まで進出。2年生エースの安樂智大（楽天）は、そこまでの全4試合に先発完投し、初戦での延長13回完投を含む40回を投げ、奪三振35、被安打32、自責点9で、防御率2・03。ときには150キロ超の快速球を披露するなど、評判どおりの投球を見せていた。ただ……初戦で232球を投げているうえ、決勝は3日連投となる。力投型の安樂、しかも3回戦では右手に打球を受けたこともあり、コンディションが気になるところだ。上甲正典監督は起用について、「本人に聞けば、行く、としかいわない。だからこっちが状態を見てストップをかけないと……」と語っていたが、本人は「先発したら投げきるのがエース」と潔かった。

ただやはり、決勝の浦和学院（埼玉）戦では精彩を欠いた。球速はなかなか140キロにも届かず、4回まではなんとか踏ん張ったが5、6回で9失点と浦学打線の痛打を浴びる。結局浦和学院が初優勝を遂げた。安樂はこの大会、5試合46回を投げ、準々決勝からは3日連投で381球。初戦からの9日間では計772球を投じている。2戦目（3回戦）から決勝までは5日間で行われており540球。20年からの7日間で500球以内の投球数制限という現行規定なら、決勝で実際に途中降板する40球手前でリミットに達していた計算だ。

これが国内外で、投げ過ぎだという議論を呼んだ。米メディアは、初戦と次戦に391球を投げた時点で「正気の沙汰ではない球数」と報じるが、安樂自身は「投げ過ぎという印象はない」と涼しい顔。決勝の前にも、「すべての試合を一人で投げきるのがエース。そのための練習をしてきましたし、日本の高校野球とはそういうものだとずっと思っています」と語っていた。だが大会後に今度は電子版メディアが「酷使にあたり、メジャーリーグの投手なら5～6週間分に相当する球数」。するとこれに同調し「私も球児の将来を憂える」的な良識論がネット上をにぎわせた。確かに、酷使の影響はあっただろう。安樂は4～5月の大会では登板を回避し、夏に照準を絞っているのだ。しかし……安樂の酷使に警鐘を鳴らすなら、優勝投手となった同じ2年生の浦和学院・小島和哉（ロッテ）はどうだったのか。11日間で580球なら酷使じゃないのか。それとも、米メディアは安樂にしか関心がないのか。今の高校野球では、一人の投手だけではなかなか頂点にたどり着けなくなったことは確かだ。

チ 飯田OIDE長姫高校

→飯田長姫高校

いいだおーあいでぃーいーおさひめこうこう

長野県飯田市にある県立共学校。2013年、飯田長姫と飯田工が統合して開校した。かつての長姫高校の所在地にあり、長野県初の総合技術高等学校である。機械工学科、電子電機工学科などの工業系5つと商業科があり、普通科は定時制に。originality、imagination、device、effortの頭文字の略語がOIDEだ。飯田長姫は1921年に飯田職業学校として創設。22年飯田町立飯田商業学校と改称。49年から飯田長姫高校に。飯田城が長姫城と呼ばれたことに由来する。54年センバツ、身長157センチで小さな大投手と呼ばれた左腕の光沢毅が快投を見せる。優勝候補の浪華商（現大体大浪商・大阪）、高知商、熊本工を破って決勝に。小倉（福岡）にも1対0で勝って初優勝を飾った。夏は遡って35年に1回の出場があるが、呉港中（広島）に2対3で敗れた。飯田商時代の敗戦である。甲子園春夏通算4勝1敗。

チ 育英高校

いくえいこうこう

神戸市長田区にある私立高校。1899年、数英漢学会として創立。1902年、私立神戸育英義塾、20年育英商業、48年に新制育英高等学校となる。共学は2015年から。普通科のみで特別進学、理系、文系、総合のコースがある。育英商時代の35年の春と夏、それぞれ初出場。夏は決勝戦まで勝ち進む（松山商［愛媛］に1対6で敗戦）。5度目の出場で夏を制したのは93年。6試合で30犠打は現在も破られていない記録で、45四死球も当時の大会記録。選球眼を磨き、バントを確実に転がして、足をからめた基本に忠実な野球を実践した。決勝の春日部共栄（埼玉）戦の決勝点も、8回裏のセーフティースクイズ。95年センバツは阪神・淡路大震災があったが、神港学園、報徳学園とともに地元兵庫から選ばれた。夏6回出場で17勝5敗、春13回出場で11勝13敗。通算28勝は48位タイ。土井正三（元巨人）、鈴木啓示（元近鉄）、栗山巧（西武）らがOB。柔道のシドニー銀メダリストで元日本代表監督の篠原信一も卒業生。

他 育成功労賞

いくせいこうろうしょう

育成功労賞とは、20年以上にわたって高校野球の育成と発展に貢献した指導者に、日本高等学校野球連盟と朝日新聞社から贈られる賞。毎年49名（47都道府県と北海道、東京は＋1）が選出される。2003年からイヤー・オブ・ザ・コーチという名称で表彰したのが始まり。06年から現在の名称となった。23年の例でいえば、浦和学院（埼玉）で13年センバツVの森士、近江（滋賀）を率いて春夏準優勝1度ずつの多賀章仁、群馬・中央、前橋で甲子園に出場し、現桐生監督の松本稔らが選ばれている。受賞者のうち8人は、毎年夏の甲子園期間中の8月15日、第2試合の開始前に授賞式がある。またこのとき、野球殿堂の特別表彰授賞式を行うことがある。19年には、雨で15日が順延となったため、翌16日、日本高野連元会長の脇村春夫氏の殿堂入り表彰セレモニーが行われた。

選 井口新次郎

いぐち・しんじろう

和歌山中（現桐蔭）といえば1921、22年の夏を連覇し、23年夏も準優勝と、大正期に無類の強さを発揮して〝和中（ワチュウ）〟と親しまれたが、その主力の1人。04年和歌山生まれで、19～22年にかけて4年連続で夏の全国大会に出場した。甲子園球場竣工以前である。初優勝した21年、4試合で75得点（今も大会記録）など、猛威をふるった打線で三番を打ち、個人でも10安打。当時としては珍しい右投げ左打ちで、豊国中（現豊国学園・福岡）との準決勝で記録した1試合6得点も記録に残る。前年も登板機会はあったが、22年はエースで四番。4試合を投げ抜き、すべて二ケタ三振を奪って大会初の連覇に導いた。早稲田大進学後の25年秋から東京六大学リーグが始まると、応援団問題で20年間中断していた早慶戦が復活。その早慶戦で、最初のホームインを記録した。卒業後は、毎日新聞社に入社して試合評に健筆をふるい、戦後は日本社会人野球協会（現日本野球連盟）の創設に力を尽くす一方、日本高野連評議員や選抜高校野球大会選考委員などを歴任。85年の没後、98年に野球殿堂入りした。

チ 池田高校

いけだこうこう

徳島県の三好市池田町の県立高校。1952年から監督を務めた蔦文也が強豪に育て上げた。「四国のへそ」と言われるような山間にある普通校。1922年に池田中として創立、戦後、池田高校に改称した。74年センバツ、部員が11人で準優勝を成し遂げ、「さわやかイレブン」

といわれた。79年夏は決勝まで行ったが、箕島（和歌山）の春夏連覇を許す結果になった。82年夏、畠山準（元横浜ほか）、水野雄仁（元巨人）らの強力打線は「やまびこ打線」と呼ばれ、荒木大輔（元横浜ほか）のいた早稲田実（東東京）から14点を奪い、決勝も広島商相手に12対2と圧勝した。翌83年センバツも打棒は健在で、夏春連覇を達成。その夏に史上初の夏春夏の3連覇を狙ったが、1年生のKKが出現したPL学園（大阪）との準決勝で0対7と、衝撃の完敗を喫した。筋力トレーニングを取り入れ、金属バットを生かす攻撃スタイルが人気に。蔦は「攻めダルマ」の異名をとった。センバツは8回出場で優勝2回、22勝6敗、夏は9回出場、優勝1回、20勝8敗。それぞれ1回ずつ準優勝がある。42勝は25位タイ。蔦が一つの時代を築いたが、92年に退任してからは2014年のセンバツに出ただけである。

▶1982年夏の甲子園を制した池田

選 池永正明
いけなが・まさあき

1946年生まれ。山口県の漁師の家で育ち、強靭な足腰を鍛えた。「甲子園をテレビで見たこともなかった」という少年は名門・下関商に入学すると、2年だった63年春にエースとして甲子園に出場。しなやかな筋肉と並はずれた運動能力を生かし、球威のある直球とドロップ（縦のカーブ）、抜群の制球力を武器に決勝までコマを進め、北海道から春夏通じて初めて決勝に進んだ北海を完封で退け、母校に初優勝をもたらした。優勝旗を囲んで歓喜をあらわにするナインの写真を見ると、池永だけ仏頂面。ふてぶてしい印象を与えるが「3年生がおるし、笑ったことないです」とのちに述懐している。当時は先輩後輩の上下関係が厳格な時代。先輩の前で緊張した表情が仏頂面に映ったようだ。

その夏池永は、山口大会で完全試合1を含む43イニング無失点、奪三振47、被安打12という快記録をひっさげて甲子園に乗り込んだ。前年の作新学院（栃木）に続く史上2校目の春夏連覇の期待が高まるも2回戦・松商学園（長野）戦で左肩を負傷。準々決勝から決勝までの3試合は、痛みとの戦いを気力で投げ抜いた。決勝の相手は、春の初戦で完封した明星（大阪）。初回に2点を失い、チームは1点を返したが力尽きた。3年夏は西中国大会の初戦で亀井進（元大洋）を擁する早鞆に敗れる。早鞆は山口大会を勝ち抜いて甲子園出場し、全国でも快進撃を続け準優勝を果たした。ジャンボ尾崎（尾崎将司）は西鉄ライオンズの同期入団。池永は西鉄で通算１０３勝を挙げたが、入団6年目の70年途中「黒い霧事件」で八百長に関与したとして永久追放処分となり、選手生命を絶たれた。支援者、ファンによる「復権運動」が展開されたのを受け、２００５年に処分は解除されて復権を果たした。22年9月にがんのため逝去。

選 石井毅
いしい・たけし

１９７９年に春夏連覇した箕島（和歌山）の下手投げのエース。県大会で優勝した有田市保田中2年のときは上手投げだったが、箕島進学後、尾藤公監督の勧めで下手投げに転向した。1年秋の新チームから、嶋田宗彦（元阪神）とバッテリーを組むと、翌78年春から4季連続で甲子園に出場。2年春はベスト4まで進んだが敗退し、スタミナ、ことに握力不足を痛感したという。79年春は準決勝でＰＬ学園（大阪）、牛島和彦（元ロッテほか）、香川伸行（元ダイエー）という強力バッテリーの浪商（現大体大浪商・大阪）との決勝は打撃戦となったが、チームが打ち勝って優勝した。続く夏は、3回戦で星稜（石川）と球史に残る延長18回の死闘。握力強化を図った石井は、19安打されながら18回を投げ抜いた。その後も3試合を完投。史上3校目の春夏連覇に輝いている。春夏通算14勝は、当時戦後最多記録だった。卒業後は嶋田とともに社会人・住友金属に入社し、82年の都市対抗で優勝、ＭＶＰにあたる橋戸賞を獲得。同年ドラフト3位で西武に入団した。現姓・木村竹志。

選 監 石井好博
いしい・よしひろ

千葉・習志野のエースとして１９６７年夏に優勝し、その8年後の75年夏には監督として習志野を率いて優勝。優勝投手が別のチームの監督として優勝したり、現役時代は優勝の瞬間マウンドにいなかった投手が、母校を率いて優勝した例はあるが、正真正銘の優勝投手&母校の監督での優勝は、これまで石井ただ1人だ。しかもご丁寧に、67年の習志野は開幕戦から登場しての優勝。開幕戦は後攻だったから、大会の第1球を投げたのも石井なら、三振で締めた1球も石井ということになる。1949年千葉県生まれで、帝京・前田三夫前監督と同郷で同期。67年夏は、順調に勝ち進んだ準決勝で中京（現中京大中京・愛知）と対戦する。前年夏の関西遠征では、たまたま甲子園で中京（当時中京商）の試合を見た。「中京はその66年、春夏連覇。とんでもないレベルの高さだった」という。だが1年後には、その中京を2失点で完封。持ち前のシュートも冴えたが、芸術的なけん制で二塁走者を4回も刺したのが大きかった。

早稲田大に進むと、右肩の痛みもあって一般で就職するつもりだった。だが、母校からの監督就任要請があると、もともと指導者も視野に入れていたこともあって、これを受ける。教職課程履修のため大学にも残った石井は、大学5年の学生監督として、その72年夏の甲子園に出場している。掛布雅之（元阪神）が2年生だった。そして75年には、エース・小川淳司（元ヤクルト）で全国制覇するわけだ。小川の3完封もそうだが、磐城（福島）との準々決勝で全員複数安打して見せた打線の爆発も印象深い。習志野の監督を99年度で退任後は、県教育委員会に8年、習志野の教頭を3年務め、10年3月に定年退職。13年8月から14年5月まで、東葉の監督も歴任した。監督としては、甲子園通算10勝5敗。

選 石川昂弥
いしかわ・たかや

2019年センバツで大会史上最多5度目の優勝を果たした東邦（愛知）で主将、エース、三番打者を務めた。投手として全5試合に先発、打者としては決勝・習志野（千葉）戦での2本を含む3ホーマーを記録。攻守に文句なしの活躍を見せ「平成最後の甲子園」で紫紺の大優勝旗を手にした。2年時の18年センバツは四番サードで出場して花巻東（岩手）に初戦敗退。3年夏は愛知県大会初戦で星城に3対10で敗れ、春夏連覇への挑戦はついえたが、夏の甲子園大会後に韓国で行われたU-18ワールドカップの日本代表入り。侍ジャパンの四番・サードとして活躍した。19年ドラフトでは1位でオリックス、中日、ソフトバンクの3球団が競合、抽選の末、地元・中日へ入団した。若き大砲候補として期待を集めながらプロ入り後は故障に泣かされ、ブレークまであと一歩というところ。２００１年６月22日生まれ、１８６センチ、１００キロ。

チ 石田伝説
いしだでんせつ

２０１７年夏、21年ぶりに福岡代表として甲子園に出場した東筑。公立校が福岡の夏の代表になるのも、21年前の１９９６年以来だった。エースは、福岡大会7試合を一人で投げ抜いた東筑の石田旭昇（あきのり）。甲子園では、済美（愛媛）との初戦8回途中まで10失点でその夏初めてマウンドを譲り、チームも敗れた。ちなみに96年夏は、盛岡大付（岩手）に勝って初戦を突破しており、そのときのエースは石田泰隆。そう、17年を含めて夏は6回出場している東筑では、不思議なことにそのうち4回はエースが石田姓だった（72年石田義幸、78年石田大介）。「入学時に、『石田のおる代は甲子園に行く』と声をかけられてびっくりしました」というのは、石田旭昇。翌18年のセンバツにも出場したから、春夏10回の出場がある東筑の甲子園歴のうち、5回は「エース・石田」だったことになる。

選 石田隼都
いしだ・はやと

２００３年4月5日生まれ、栃木県真岡市出身。21年センバツに東海大相模（神奈川）のエースとして出場。左腕からの切れ味鋭い速球、変化球を駆使して力投し、同校を10年ぶり3回目のセンバツ優勝に導いた。初戦の東海大甲府（山梨）戦、2回戦・鳥取城北戦はロングリリーフ、準々決勝・福岡大大濠戦、準決勝・天理（奈良）戦と2試合連続完封し、決勝の明豊（大分）戦は6回途中からのリリーフでチームは劇的なサヨナラ勝利。全5試合に登板した石田の成績は29回1／3で失点ゼロ。大会通じて無失点で優勝投手となったのは１９５２年の田所善次郎（静岡商）以来69年ぶりだった。東海大相模では1年春からベンチ入りし、1年時の19年夏の甲子園でも登板した。2年時の20年は新型コロナで春夏とも甲子園は中止。センバツ優勝校として「春夏連覇」を目指した21年夏は、チームにコロナ感染者が出て神奈川県大会途中で出場辞退。「たられば」は禁物とは言え、コロナがなければさらに輝かしい実績を残していたかもしれない。21年秋のドラフトで巨人4位指名を受けて入団した。

選 和泉実
いずみ・みのる

1961年9月10日生まれ。東京・調布リトルシニアでプレーし、早稲田実に入学。2年時の78年春夏に正捕手として甲子園出場。早大卒業後、一般企業に籍を置きながら山口・南陽工野球部を指導し、監督を務める。92年に恩師である早実・和田明監督が急逝、その後任として東京に戻り、同年秋に監督に就任した。同校学校職員。

96年夏に監督として甲子園初出場を果たした後、東京・新宿区から国分寺市への校舎移転、男女共学化といった学校を取り巻く環境の激変に揉まれ甲子園から遠ざかったが、八王子市に専用グラウンドが完成して強化が本格化。エース・斎藤佑樹（元日本ハム）を擁した2005年秋の東京大会で優勝し、06年センバツに復活出場。関西（岡山）との延長15回引き分け再試合を制するなどで8強入りを果たす。その年夏も10年ぶりの甲子園出場。「ハンカチ王子」と呼ばれたエース・斎藤が超人的な活躍で決勝まで進み、3連覇を目指した駒大苫小牧（南北海道）を延長15回引き分け再試合の末に下し、名門・早実に夏の甲子園初優勝をもたらした。監督として甲子園で2度引き分け試合を経験している唯一の人。清宮幸太郎（現日本ハム）が1年の15年夏のベスト4入りもある。春4回で6勝、夏も4回で13勝の通算19勝は41位タイ。

記 1イニング全員安打・全員得点
いちいにんぐぜんいんあんだ・ぜんいんとくてん

記録ずくめの集中攻撃を見せたのは、1986年夏、松山商（愛媛）だ。初出場の浦和学院（埼玉）との準決勝、1対1と同点の6回。四番・中村包の内野安打、藤岡雅樹は三塁ゴロに倒れたが、そこから11人が連続安打だ。一番・水口栄二（元オリックスほか）のヒットで、浦和学院は投手を谷口英功から高野誠一に交代したが、これも火だるま。終わってみればこのイニング10得点で大勝した。この6回だけで達成した記録は・1イニング連続安打11（大会新）・1イニング全員安打（大会新）・1イニング最多安打12（大会新）・1イニング全員得点（大会タイ・3度目）。水口は、次の試合にまたがって8打数連続安打（大会タイ）、さらに大会最多安打19も達成している。

市岡高校
いちおかこうこう

元日本高野連会長の佐伯達夫、田中勝雄、広岡知男、伊達正男と、4人の野球殿堂入り偉人らが輩出するなど、アマチュア球界の超ブランド校といえる。1901年、大阪府第七中学校として開校したが、すぐに府立市岡中に。野球部は06年に創部し、15年の第1回から皆勤しているレジェンド15校のひとつ。16年の第2回全国中等学校優勝野球大会では、準優勝を果たした。帽子に配された三本線は、大阪市内の旧制中学として3番目、そして「智・徳・体」を表すといわれる。ことに戦後、私学が絶対的な強さを誇る大阪では、甲子園出場のハードルは高く、50年代にセンバツに2回出場したあとブランクが長かったが、34年ぶりだった87年センバツで市岡〝高校〟として初勝利を挙げている。春夏通算14勝20敗。野球界に限らず、OBは政財界、また小説家の直木三十五やジェームス三木など多彩だ。

▶市岡高校

1億円チーム
いちおくえんちーむ

1955年、夏の甲子園終了後、各チームから17人が選抜されて全日本チームを結成し、初めてハワイ遠征を行った。

このときのメンバーは、夏に優勝した四日市（三重）の高橋正勝（元巨人）のほか

前岡勤也　新宮（和歌山）元中日ほか
畑　隆幸　小倉（福岡）元中日ほか
富永格郎　立命館（京都）元産経ほか
岡崎秀智　坂出商（香川）
岡村公温　城東（高知）
田辺義三　桐生（群馬）元西鉄
山本八郎　浪華商（現大体大浪商、大阪）元近鉄ほか
勝浦将元　浪華商（大阪）元大洋
松本敏捷　城東（高知）
辰市祐英　立命館（京都）元阪神
庵野　実　新宮（和歌山）
西岡清吉　城東（高知）元産経ほか

桃原正樹　中京商（愛知）
坂崎一彦　浪華商（大阪）　元東映ほか
山田幸夫　坂出商（香川）
間所宏全　桐生（群馬）　元阪急

の17名。この全日本は、ハワイを相手に7勝3敗の好成績を残した。前記のように大半がプロに進むメンバーで、だれが呼んだか「1億円チーム」。大卒の初任給が1万3000円弱の時代、いまなら20億円チームというところか。だが、プロのスカウトが繰り広げる争奪戦があまりに激しかったため、佐伯通達につながることになる。

試 1年生大会
いちねんせいたいかい

全国各地でおもに夏休み、あるいは秋の公式戦終了後に行われている、1年生だけの大会。起源は定かではないが、30年以上前には、沖縄でこんな話を聞いた。語り手は、1965年センバツにコザを率いて出場し、当時は沖縄県高野連理事を務めていた安里嗣則氏。沖縄で1年生大会が始まったのは、76年のこと。安里氏によると、「1年生は、夏が終わって目標を失い、ホッとしている時期。また、新チームでレギュラーになれないと、練習も張りがなくなってしまう。退部者が多いのが、夏休みまでと秋なんです。それを食い止めるためと、もちろん技量や試合経験を向上させるために、考えついたのが、1年生にも出場機会を与える大会でした」。指導者にとっても、思わぬ才能を発見することにつながる。40年以上前に始めていたから、1年生大会は沖縄が発祥と考えてもいいだろう。現在では、多くの部員を抱えるチーム同士で、いわゆるB戦なども盛んに行われている。

チ 一宮高校
いちのみやこうこう

現在全国には、一宮とつく高校が10校あるが、唯一甲子園出場を果たしているのが愛知県立一宮高校だ。1915年に開校した一宮町立高等女学校、19年開校の愛知県立第六中学校がルーツ。のちそれぞれ一宮高等女学校、愛知県一宮中学校と改称し、一宮中学校は48年の学制改革で県立一宮高校に。同じく一宮高等女学校は一宮市立高校となり、両校はその年10月に統合した。ただし、甲子園に出場したのは一宮中学時代。遅くとも1923年には創部していた野球部は、30年のセンバツに初出場すると、33年の2回目の出場では、松山商（愛媛）を破って1勝を記録した。そして41年センバツでは、エース・林安夫（元朝日軍＝大洋のルーツ）が大田中（島根）、日新商（大阪）を連続完封。岐阜商との準決勝も制したが、決勝では同じ愛知の東邦商（現東邦）に敗れた。古くから強豪がそろう愛知にあって、夏の出場はなかなか難しく、林が在籍していたこの年はチャンスだったが、戦争のために夏の大会は中止となった。戦後は愛知4商、のちには私学4強の壁が厚く、学制改革後は甲子園出場がない。通算ではセンバツに3回出場して4勝3敗。

記 1球敗戦投手

いっきゅうはいせんとうしゅ

自らに記録された失点によって相手にリードを許し、そのまま敗退したとき、その投手は敗戦投手になる。たとえば同点の場面でワンポイント救援した投手A。安打を打たれて降板したとしても、その安打の走者が決勝点になれば、敗戦投手となる。このとき、Aの対した打者が初球を安打していれば、1球敗戦投手となるわけだ。継投がひんぱんなプロ野球では、数年に一度耳にするが、高校野球では2006年夏、帝京（東東京）の杉谷拳士（元日本ハム）が史上初といわれる。智弁和歌山との準々決勝は、帝京が9回表に8点を挙げて4点差をひっくり返せば、その裏の智弁は5点で再逆転サヨナラ。史上まれに見る大逆転劇として知られる試合だ。

1年生でショートを守っていた杉谷は、12対11と首の皮一枚に追い上げられた9回裏無死一塁の場面でマウンドに。ただ、練習試合では登板経験があっても、やはり1年生。初球を、松隈利道にぶつけてしまう。1球のみでショートに戻ると、帝京は続く救援が1死から中前同点打を浴びる。さらに四球で満塁の場面から、押し出しで智弁和歌山がサヨナラ勝ちだ。この智弁のサヨナラのホームを踏んだのは、杉谷が死球で出した松隈。かくして杉谷は、大会史上初といわれる1球敗戦投手となった。また智弁側は9回2死、救援した松本利樹が1球で後続を断っている。その裏にチームが逆転したから、勝利投手は松本。こうして、プロ野球でも皆無の1球勝利投手&1球敗戦投手という珍記録が生まれた。

1県1代表制

→代表枠

いっけんいちだいひょうせい

監 一色俊作

いっしき・しゅんさく

1969年夏に松山商（愛媛）を率いて同校を夏の甲子園優勝に導いた監督。1937年愛媛県松山市生まれ。明大卒業後、61年に母校・松山商の職員となり、野球部を指導。

コーチ、監督を経て66年夏の甲子園はコーチとして準優勝を経験し、監督としては67年センバツが甲子園初采配。68年夏の第50回記念大会に出場して2勝を挙げる。エース・井上明らそのメンバーが数多く残った69年夏の甲子園決勝は、三沢（青森）と延長18回引き分け再試合の伝説の死闘の末、優勝。明大の恩師・島岡吉郎監督仕込みのスパルタ指導と相手ベンチのサインを見破る頭脳的戦略で、「夏将軍」と言われた同校を4度目の全国制覇に導いた。74年に監督を退任後、帝京五、新田と県内の強豪私学でも監督。新田を率いた90年には同校を春夏通じて初の甲子園となるセンバツ出場に導き、準優勝。2度にわたるサヨナラ本塁打で勝ち上がる快進撃は「ミラクル新田」と呼ばれた。帝京五で2度目の監督を務め、99年に勇退。監督としての甲子園成績は春2回、夏2回の出場で通算11勝3敗1分。2013年、75歳で逝去。

制 一般選考枠
いっぱんせんこうわく

選抜高校野球大会の選考委員会において、秋季大会の成績と地域性を加味し、全国10地区に割り振られる出場枠。32校が出場する通常大会では、明治神宮大会枠1、21世紀枠3を除いた28枠だったが、24年の第96回大会からは21世紀枠を2に減らし、29枠となる。もともとセンバツは、強豪校を集めて行う招待試合としてスタートし、時代によって枠の数が推移してきた。例えばかつて近畿地区の枠は7で、2府4県から1校ずつ選ばれたとしても、さらにもう1枠があった。四国から4校選ばれていたこともある。その枠数は、03年の大会まで明文化されておらず、選考委員会で決定していたが、04年大会からは前年7月の運営委員会で出場枠が決まり、各地区の枠数が明文化されるようになった。

選考では出場辞退が発生した場合に備え、各地区1~2チームの補欠を選出する。出場校が増える記念大会以外の各地区の枠数は、北海道・1　東北・3　関東（4）／東京（1）［当該年の両地区を比較してどちらかにもう1枠、トータルで6］　東海・3　北信越・2　近畿・6　中国（2）　四国（2）　九州・4。東京は関東から独立して最低1校は選ばれるが、ほぼ2枠で固定されている時期もあった。ただ、特別枠の設定などで減枠され、関東との比較となった04年以降は、1校の出場が多くなっている。

一方通行
→外野席
いっぽうつうこう

選 伊藤次郎
いとう・じろう

平安中（現龍谷大平安・京都）の右腕エースとして1927年夏、28年春夏、29年春夏、30年春夏と7季連続で甲子園出場。28年夏の準決勝・北海中（北海道）戦で、大会史上3人目のノーヒット・ノーランを記録した。1910年生まれ。台湾アミ族の出身で本名・羅道厚。実弟の伊藤正雄（本名・羅沙威）らとともにシニアチーム能高団で活躍し、平安中に野球留学した。投球スタイルはスローボールを駆使する技巧派。28年夏は決勝で松本商（現松商学園・長野）に敗れて準優勝。主将を務めた30年は春夏とも準決勝敗退。7度の甲子園で投手として通算10勝を記録している。法大に進んだ後、36年のプロ野球創立に参加。東京セネタースに加わり、プロでは俊足を生かして外野手として活躍した。

選 伊藤直輝
いとう・なおき

2009年夏、新潟県勢として初めて甲子園決勝進出を果たし、準優勝を飾った日本文理のエース。1991年、新潟県関川村生まれ。高校時代は176センチ、72キロ。エースとして出場した09年センバツは優勝した清峰（長崎）に初戦敗退。同年夏は寒川（香川）、日本航空石川、立正大淞南（島根）と下して県勢初のベスト4入りし、迎えた準決勝は伊藤が力投し県岐阜商を2対1で破って一気に決勝進出を決めた。決勝の中京大中京（愛知）戦は4対10の劣勢から日本文理が怒涛の追い上げを見せた名勝負。打者としての伊藤も9回裏の猛攻で2点タイムリーを放ったが、9対10で敗れた。大会後、アメリカで行われた日米親善野球の高校全日本メンバーに選ばれた。東北福祉大で活躍しドラフト候補にも挙げられたが、ひじの故障でプロ入りを断念。社会人野球・ヤマハに進み、19年までプレーした。現在、ヤマハ野球部でマネジャーを務める。

監 稲川東一郎
いながわ・とういちろう

桐生（群馬）をセンバツ大会に11回、夏の全国大会に10回導き、〝桐生に稲川あり〟とまでいわれた名物監督。1923年、桐生中を卒業と同時にコーチになり、33年正式に監督に就任。自宅に野球道場を作るなど、母校に情熱を捧げ野球一筋の人生を送る。悲願の全国優勝にあと一歩まで迫ったのは、55年のセンバツ。下手投げエース・今泉喜一郎（元大洋）を擁して優勝候補の一角として出場すると、準々決勝で明星（大阪）をノーヒット・ノーランで下すなど順調に勝ち進んで決勝に進出。相手は大会注目の強打者・坂崎一彦（元東映ほか）を主軸に置く強豪の浪華商（現大体大浪商・大阪）だ。稲川は試合前夜、坂崎攻略に活路を見つけることができず、「坂崎大明神」と書いた紙を宿舎に張り、坂崎の全打席敬遠四球を指示する。さわらぬ神にたたりなし、というわけ。松井秀喜5敬遠の37年も前に、すでに甲子園でこんな作戦が取られていたのは驚きだ。試合当日、今川は指示通り坂崎の1、2打席目を敬遠する。3打席目は桐生が1点リードして迎えた6回裏1死一塁。初優勝を目前にしてバッテリーに勝利への欲が出た。くさいところを突く投球で勝負を挑むが、5球目を右翼ポール際に運ばれると、これが逆転の2点ホームラン。たった1打席の勝負に敗れ、桐生は結局延長11回サヨナラ負け、準優勝に終わった。稲川は67年4月18日、群馬県伊勢崎市の球場で倒れ、ユニフォーム姿のままの生涯を閉じた。61歳だった。正式に監督となって以降、甲子園通算23勝21敗。

選 井上明
いのうえ・あきら

1969年夏の決勝で、三沢（青森）の太田幸司（元阪神ほか）と延長18回を投げ合い、お互い無失点で譲らなかった松山商（愛媛）のエース。51年生まれ。松山商では一色俊作監督の指導を受けて1年秋から登板し、2年夏に甲子園出場。投手兼外野手として3回戦まで進んだ。連続出場した3年夏は、鹿児島商との2回戦を完封するなど、静岡商との準々決勝4回まで21イニングを無失点。ここも1失点で完投し、若狭（福井）との準決勝を勝ち上がるまで、中村哲との2本柱は4試合をわずか1失点だった。三沢との決勝では、0対0の延長15回に1死満塁、3ボールノーストライクと絶体絶命のピンチを招くが、日常から「最後には外角ギリギリにストレートとカーブを5球ずつ、内角ギリギリに同じく5球ずつ。捕手が少しでも動いたら、やり直し」という投球練習を繰り返してきた井上は、「ストライクならいつでも投げられる」とこのピンチを切り抜け、続く16回も1死満塁からスクイズを外すなどで危地を脱した。こうして延長18回を0対0。史上初めて、決勝が引き分け再試合となる。井上の投球数は232、太田は262だった。

翌日の決勝は1回表、松山商・樋野和寿が太田から2ランするなど、4対2で勝利するが、井上もさすがに疲労は隠せず、失点した初回途中から中村の救援を仰いだ。ただ、7回のピンチに再登板するなど、この大会の井上は計49回3分の1を投げてわずか2失点だった。卒業後は明治大でリーグ戦11勝8敗。4年秋には優勝も経験している。明大から、社会人野球の三菱重工長崎に進むがすぐに野球を断念し、75年に朝日新聞に入社。２０１１年の定年退職まで、高校野球の記事を中心に健筆をふるった。18年の第１００回選手権愛媛大会では、開幕試合で始球式を行い、また甲子園の決勝でも、太田とともに始球式を務めた。現在は選抜選考委員を務めている。

選 井上広大
いのうえ・こうた

２０１９年夏の甲子園決勝で、星稜（石川）・奥川恭伸（ヤクルト）から逆転3ランを放ち、優勝に貢献した履正社（大阪）の四番。大阪・大東市立南郷小2年でソフトボールを始め、南郷中に進むと東大阪シニアで野球に転向した。履正社では1年夏からベンチ入りを果たし、2年秋から四番。19年センバツでは、初戦で星稜と対戦したが、チームは奥川に17三振を奪われて完封負け。四番を打った井上自身も4打数2三振で、しかも最後の打者となっていた。「奥川を打つために練習してきた」成果が、夏の逆転3ランにつながったわけだ。その夏、26打数10安打で14打点と、主砲の働きを見せた井上は、高校通算49本塁打の実績をひっさげ、ドラフト2位で阪神に入団。プロ1年目の20年秋に行われたフェニックスリーグでヤクルトの奥川と対戦し2打席凡退に抑えられた。一軍の舞台で奥川との対戦はいつ実現するか。

▶井上広大

チ 伊野商業高校
いのしょうぎょうこうこう

１９６３年創立の県立商業高校。高知県吾川郡いの町にある。かつての商業科から改編してキャリアビジネス科が設置されビジネスコース、ツーリズムコース、ＩＣＴコース、デザインコースがある。85年、センバツに初出場。ほとんど無名の高校の快進撃を支えたのが剛腕・渡辺智男（元西武ほか）。1回戦で優勝候補の東海大浦安（千葉）を破り、準決勝では桑田・清原のＫＫが3年生になったPL学園（大阪）と対戦。「負けて当たり前、対策なんてしませんでした」と後に渡辺は語るが、146キロの剛球で清原から3三振を奪うなど3対1で退けると、決勝では帝京（東京）を4対0で圧倒した。この年の夏は、高知大会の決勝で高知商に敗れて出場はならなかったが、渡辺は後に西武で清原とチームメートになり、黄金時代を担う。夏1回0勝1敗、春1回5勝0敗。夏は87年に出場。1回戦で西東京の東亜学園に敗れた。春の出場は、優勝したときの1回のみ。山下司（元日本ハムほか）、井本隆（元近鉄）らがOB。

▲1985年センバツで優勝した伊野商業

他 今ありて
いまありて

選抜高等学校野球大会の大会歌として、開会式や閉会式に歌われ演奏される「今ありて」。阿久悠作詞、谷村新司作曲で、1993年に発表された。大会歌はまず31年、通称「蒼空高き甲子園」が制定され、34年からは2代目の「陽は舞いおどる甲子園」に。「今ありて」は、59年ぶりに誕生した3代目ということになる。その年には開会式の入場行進曲として使用され、阿久悠と谷村新司も特別ゲストとして出演。また2018年の第90回記念大会でも、25年ぶりに入場行進曲となった。その大会期間中には、編曲されたものが阪神甲子園駅の列車接近メロディに使用されていた。

選 今泉喜一郎
いまいずみ・きいちろう

1955年センバツに桐生（群馬）の下手投げエースとして出場。2戦目（準々決勝）の明星（大阪）戦で大会史上6人目のノーヒット・ノーランを記録した。スコアは12対0の大勝で、自ら四番を打つ打撃では2安打2打点。四球の走者5人を出していたこともあってか「試合が終わるまで記録は知らなかった。校旗掲揚の時、となりの選手に教えてもらった」との談話が残る。この大会は決勝まで進み、浪華商（現大体大浪商・大阪）と対戦。ベンチの指示で強打者・坂崎一彦（のち東映など）との勝負を避けながら、1度だけ勝負した打席で本塁打を喫し、延長の末敗れて準優勝に終わった。1937年6月24日生まれ。174センチ、67キロ。卒業後、入団した大洋ホエールズでは、打撃を生かして外野手に転向。実働4シーズンで38試合出場、打率.242、本塁打3、打点7の成績を残した。

選 今井達也
いまい・たつや

2016年夏の甲子園優勝投手。作新学院（栃木）のエースとして、同校が春夏連覇した1962年以来54年ぶり2回目の夏の全国制覇に導いた。1998年5月9日生まれ。栃木県鹿沼市出身。進学した作新学院では2年時の15年夏に県大会優勝メンバーの一員となるが、甲子園ではベンチ外。最終学年となった16年夏に初めて甲子園のマウンドを踏んだ。初戦（2回戦）の尽誠学園（香川）戦で自己最速の151キロをマーク、3戦目（準々決勝）の花咲徳栄（埼玉）戦で152キロとさらに更新。下級生時に課題だった制球難も影を潜め、チームの躍進に大きく貢献。全5試合に登板し、決勝の北海（南北海道）戦では1失点完投勝利を飾った。16年ドラフト会議では西武ライオンズが単独1位指名の「一本釣り」。入団して1年目は右肩痛、2年目には未成年喫煙が発覚する不祥事とつまずいたが、2年目の途中から頭角を現して5勝をマーク。プロ入り7年目の23年は先発ローテーションの一角を担う。

チ 今治西高校
いまばりにしこうこう

1901年、愛媛県立西条中学今治分校として開校、05年に独立した。48年に今治第一、49年から今治西となる。52年には今治工業が分離独立している。県立の進学校としては全国有数の勝利数を挙げていて、夏の選手権は13回出場で20勝12敗、センバツは14回出場で14勝14敗。合計34勝は全国37位になる。ただ、甲子園で決勝戦に進んだことがない。夏は、18年が初出場だが、米騒動で本大会が中止となり、カウントのみ。実質初出場の63年にいきなりベスト4に入ると、73年もベスト4に進んだ。77年はエース・三谷志郎が智弁学園（奈良）・山口哲治（元南海ほか）に投げ勝ち、準々決勝では早稲田実（東東京）を粉砕。準決勝は東洋大姫路（兵庫）の松本正志（元阪急）と0

▲1977年夏、準々決勝で早実に勝利しベスト4に進出した今治西

対1の、力のこもった投手戦を見せた。95年センバツは藤井秀悟（元横浜ほか）が主将、エースで四番。強気の投球で8強に進出したが、サヨナラ勝ちの準々決勝はケガで途中降板。銚子商との準決勝は登板不能だった。高井保弘（元阪急）、藤本修二（元西武ほか）、熊代聖人（元西武）などがOB。

選 今村猛

いまむら・たける

1991年4月生まれ。清峰（長崎）2年時の08年夏の甲子園に出場。同年秋の九州大会で優勝し、09年センバツにはエースとして出場。全5試合に投げ、4試合に完投。44イニングで失点は準決勝・報徳学園（兵庫）戦の1点だけという抜群の安定感で、長崎県に春夏通じて初めての甲子園優勝をもたらした。菊池雄星（現ブルージェイズ）擁する花巻東（岩手）との決勝は、息詰まる投手戦の末1対0で投げ勝った。右スリークォーターから繰り出す快速球が武器で、3年夏前の練習試合では152キロをマーク。夏の活躍が期待されたが、長崎大会3回戦で大瀬良大地（現広島）擁する長崎日大に敗退し、高校野球生活を終えた。09年のドラフトで広島の1位指名を受けて入団。シュートを武器にカープ救援陣の一角として活躍。2016～18年のセ・リーグ3連覇に大きく貢献した。20年限りで現役引退。21年からはユーチューバーとしても活躍。

他 イレギュラーバウンド

いれぎゅらーばうんど

芝目、石などに当たって打球の方向が突然変わってしまうバウンドのこと。処理できずに打者を生かしてしまっても、イレギュラーと判断されれば安打が記録される。土のグラウンドでは、ときにこのイレギュラーが魔物の目を覚ますこともある。甲子園では比較的少ないとされているが、グラウンド整備を担当する阪神園芸のHPを要約すると、「イレギュラーの9割以上は選手の付けたスパイク跡が原因だと考えられる。

甲子園で少ないのは、土の弾力性による。だが単に軟らかいフィールドでは、走るのに支障がある。甲子園では、イベントのない1月から2月末にかけて内野フィールド部分全体を約25チセン前後掘り起こし、ゆっくり転圧しながら弾力性のある土に仕上げていく」。ここにあるように、スパイク跡がイレギュラーの大きな原因のひとつだから、試合慣れしたチームなら、野手がベース付近の土を、1球ごとに手でならすシーンをよく見かける。ただし実際にプレー経験のある甲子園OBに聞くと、「試合間のグラウンド整備は、表面だけ。だから特に夏の4試合目などは、よくイレギュラーしますよ」。

監 岩井隆

いわい・たかし

1970年1月29日生まれ。埼玉県川口市出身。神奈川・桐光学園から東北福祉大に進み、92年に花咲徳栄（埼玉）に社会科教諭として赴任。コーチとして野球部の指導に当たる。2001年春、前任の稲垣人司監督の急死に伴い監督に就任すると、同年夏の埼玉県大会を制して同校初の甲子園出場を果たす。03年春、15年夏にベスト8。17年夏の甲子園では6試合すべてで9得点以上の強力打線と、リリーフエース・清水達也（中日）らの投手陣がかみ合い、埼玉県勢初の夏の全国制覇を果たした。激戦の埼玉で15年から19年まで夏の甲子園5年連続出場も、コロナ禍で20年の大会が中止となり、連続記録は途絶えた。また、15年から22年まで8年連続でドラフト指名選手をプロに送り出す実績も特筆もの。春4回出場で3勝、夏7回出場で12勝の通算15勝は57位タイ。

チ 磐城高校

いわきこうこう

1896年、福島県尋常中学校磐城分校として開校し、1948年の学制改革で福島県立磐城高校に。51年から4年間は共学だったが、55年から男子校となり、共学が再開したのは2001年から。いわき地区トップの進学校で、かつては日本一中学浪人が多い高校といわれ、71年夏に準優勝したときの立役者・田村隆寿も浪人での入学だった。野球部は06年創部と県内ではさほど古くはないが、甲子園通算7勝（9敗）は聖光学院に次いで県内2位。初出場だった63年夏に2勝して3回戦に進み、71年夏は準優勝、75年夏はベスト8と夏に強いが、3回出場（うち1回は、21世紀枠で選ばれながら中止となった20年をカウントしている）の春は未勝利。部活動も盛んで、ラグビー部も花園の常連だ。錚々たるＯＢを擁し、前いわき市長の清水敏男は野球部ＯＢで、詩人の草野心平、俳優の中村敦夫も在籍した（いずれも途中で転校）。

チ 岩倉高校

いわくらこうこう

私立鉄道学校として１８９７年創立し、台東区上野のＪＲ上野駅入谷口の前にある。校舎は地上10階建ての近代的なもので、全国でも珍しい鉄道関係の教育を行う高校。学校法人明昭学園が運営し、校名は鉄道創設に寄与した政治家、岩倉具視にちなんでいる。２０１４年に共学化。教育用電車シミュレーター室がある。運輸科は１学年で１００人ほどいて、旅行実務、運転実習、旅客営業、鉄道情報技術、電車工学などを学ぶ。普通科は難関大を目指すＳ特コース、部活動で活躍する生徒のためのＬ特コースなどがある。春夏１回ずつの出場があり、84年のセンバツで優勝している。エースは山口重幸（元ヤクルトほか）、ほかに主力に森範行（元日本ハム）がいた。その夏に優勝する取手二（茨城）に準々決勝で勝ち、決勝はＫＫが2年で最強時代真っ只中のＰＬ学園（大阪）を山口が完封した。前年秋の明治神宮大会で優勝しており、評判通りに実力を発揮しての優勝だった。春はそのまま5勝0敗の記録が残る。夏は97年に出場。沖縄の浦添商に完敗して通算5勝1敗。今でも都内では私学強豪の一つ。関根裕之（元日本ハム）らがＯＢ。

施 インタビュー通路

いんたびゅーつうろ

「放送席、放送席」。試合終了後のテレビ中継でおなじみの、お立ち台でのインタビューが行われるエリアで、通称をインタビュー通路という。お立ち台でのインタビューは規定の時間があり、終了後に新聞・雑誌などのペンが、さらにＥＮＧが係員の指示により所定の時間だけ取材していた。新型コロナ感染拡大以降は、テレビ中継のインタビューに限りこの場所での取材が行われている。

かつては空調もなく、お立ち台以外の選手たちは壁沿いのベンチに座って取材を受けた。人気チームの取材時間は満員電車のような混雑ぶりで、生卵がゆで卵になるというジョークも。また１９９４年までは、次の試合の選手控え所兼用で、前の試合の7回終了までは試合前の取材ができていた。95年の阪神・淡路大震災を機に、試合前取材は室内練習場に。球場リニューアル前の２００７年までインタビュー通路は、グラウンドからの通路を上がってきた両チームが、一塁側と三塁側に分かれる構造になっていた。勝ちチームと負けチームの明暗が、そこでくっきり分かれたわけである。また当時は一般客も共用する動線で、取材時間になるとシャッターで締め切っていたが、08年以後は関係者とメディア専用の独立したエリアになり、さらに、一塁側と三塁側両チーム用に控え室も設置され、取材終了後はストレッチなどで使用していた。新型コロナ以降はメディアも立ち入り禁止となり、出場チームの待機スペースとして利用されている。

チ 印旛明誠高校←印旛高校

いんばめいせいこうこう

公立の3校を甲子園に導いた蒲原（かもはら）弘幸監督時代の1978年センバツに初出場。81年センバツでは佐藤文男（元ロッテほか）と月山栄珠（元阪神）のバッテリーを中心に決勝まで勝ち進み、9回1死までPL学園（大阪）をリードしながら、投手の西川佳明（元阪神ほか）にサヨナラ安打を浴びて準優勝にとどまった。30年、印西農学校と印西実科女学校（ともに01年創立）が統合し、千葉県立印旛実業学校として開校し、48年の学制改革で印旛高校に。このときに農業科に加えて普通科が、のち家庭科、家政科、園芸科も設置されるが、2009年からは普通科のみとなり、10年には校舎を移転するとともに印旛明誠高校と改称した。83年夏の甲子園でも1勝しており、通算5勝3敗。阪急（のちオリックス）で初打席、2打席目と連続本塁打というプロ野球史上初の記録を遂げた村上信一も81年センバツの準優勝メンバーで、土橋勝征（元ヤクルト）らもOBだ。

社 インフルエンザ

いんふるえんざ

2020年の新型コロナウイルスの感染拡大は、春夏の甲子園中止ほか大きな爪痕を残した。緊急事態宣言による休校などの法的根拠となったのは、同年3月に改正された新型インフルエンザ等対策特別措置法。この法律が12年に公布（13年施行）されたきっかけは、09年の新型インフルエンザの世界的流行だ。国内でも5月、神戸市で初感染が確認されると大阪、兵庫、京都で感染者が相次ぎ、23日から予定されていた春季近畿大会はいったん30日開幕に延期された。しかし開催地の滋賀にも感染者が出て、史上初めて中止になっている。流行は、各地方大会が本格化した7月も収まらず、中旬には47都道府県に拡大。北北海道では、開幕後に感染者が出た旭川工が休校になったため、高野連が専門家の意見をもとに作成したガイドラインにより、試合日程を変更して対応した。

それでも、感染拡大は完全には防げない。高野連は、その年夏の甲子園に出場する代表校へ宿舎での朝晩の検温、手洗い、うがいの励行などを指示したが、天理（奈良）では、ベンチ入りメンバー5人を含む部員24人の感染が判明している（ただし医師の診断を受け、開幕前日の8月7日には、全員が出場可能となった）。立正大淞南（島根）も選手の感染が判明し、東農大二（群馬）との3回戦では、4人がベンチからはずれた。ここは勝ち進んだものの、日本文理（新潟）との準々決勝では感染者が1人増え、ベンチ入りは13人となって敗退した。ほかにも、PL学園（大阪）の選手1人がインフルエンザとわかり、県岐阜商との3回戦を欠場している。

う

練 ウエートトレーニング

うえーととれーにんぐ

筋力トレーニングの一種で、バーベル、ダンベル、マシンまたは自重などを使い、筋肉に負荷をかけて体を鍛える。高校球界で最初にこのトレーニングを本格的に採り入れたのはどこかというと、諸説ある。どのチームも古くから、腹筋や背筋、ウサギ跳びや腕立てなどは定番のメニューだった。いまでいう体幹トレーニングだ。だが自重という意味も含め、さらに体系的なトレーニングに取り組んだのは、池田（徳島）がその代表例だろう。

1981年、6年ぶりに池田に再任した高橋由彦が、蔦文也監督にトレーニングの必要性を直訴。ただしよく言われているように、当初からマシンを使ってガンガン鍛えたのではなく、自身のレスリング経験と理論をもとに、体のひねりやしなりのために必要な部位を重点的に強化した。古タイヤなどを工面して押したり、引いたり。あるいは腹筋からのダッシュ、腕立てからのダッシュ、ジャンプからのダッシュ……地道なトレーニングだけに、打撃練習の好きな蔦は最初は半信半疑だったという。だが半年が経過した82年春。打球の伸びに誰もが目を見張ると同時に、夏の大会前にもケガ人が出なかったことで、蔦も効果を実感した。その夏、池田の山びこ打線は6試合で44点をたたき出し、初優勝を飾ることになる。

同じ四国では、当時宇和島東（愛媛）を率いていた上甲正典監督も導入は早かった。もともと母校の宇和島東はボート部が強く、在学時代から上甲は「ボート部員がソフトボールをやると、フォームは不格好でもとんでもなく飛ばす」ことに驚いていた。そこで監督となると、ボート選手強化用のローイング・マシンをマネしてお手製でこしらえたり、砂袋を手で引き揚げる器具も工夫した。「松山商のこまい野球に対抗するには、パワーをつけるしかない」。これが実を結んだのは87年夏で、160センチそこそこの選手が県大会で4ホーマーするなどし、「僕自身も驚いた」。

その前には、天理（奈良）がスポーツジム・ワールドウイングの小山裕史氏の指導を受け、86年夏の甲子園制覇につなげてもいる。効果が実証されれば、どのチームも取り組みは早い。現在では、強豪は多くが本格的なマシンを導入しているし、公立高校でも定期的にトレーナーが指導に訪れることも珍しくなくなってきた。

人 植草貞夫
うえくさ・さだお

「荒木大輔、鼻つまむ」「甲子園は清原のためにあるのか〜!」などの植草節で高校野球ファンの支持を集めた、元朝日放送アナウンサー。1932年東京生まれ、55年に早稲田大を卒業後、大阪・朝日放送に入社後は夏の甲子園や阪神戦など、スポーツアナウンサー一筋。朝日放送を92年に定年退職後も、同局の専属キャスターとして、98年夏まで高校野球の実況を担当していた。ラストは、智弁和歌山と豊田大谷(東愛知)の一戦。そのとき「残念ながら今日は見ることはできませんでしたが〝青い空・白い雲〟を私の心の中にしまって44年間の実況を終了したいと思います。ありがとうございました」とコメントした。ちなみに、自身の実況経験から最高の投手は尾崎行雄(浪商、現大体大浪商・大阪、元東映)だという。

人 上野精一
うえの・せいいち

1882年大阪府生まれ。北野中(現北野高)から旧制三高―東京帝大を経て、父・上野理一が社主を務める大阪朝日新聞社入社。1933年に朝日新聞社社長となる。戦後の46年に発足した日本中等学校野球連盟(のちの日本高等学校野球連盟)の初代会長を務めた。47年に公職追放を受け退任。会長の座を2代目の中沢良夫に譲る。51年に追放解除となり、朝日新聞社社主を務めた。70年没。

チ 上宮高校
うえのみやこうこう

大阪市天王寺区上之宮町にある。1890年、浄土宗大阪支校として創立された。大阪の私学の中では最も歴史が古い普通科共学校。校舎は大阪府近代化遺産になっている。1948年に新制上宮高校発足。2018年に上宮学園中学を開校している。センバツにめっぽう強く、ベスト8以上が6回ある。89年の春夏連続出場が劇的だった。元木大介(元巨人)、種田仁(元西武ほか)、小野寺在二郎(元ロッテ)のクリーンアップで春は決勝に進む。延長10回表に勝ち越すが、その裏に内野ゴロを悪送球。ボールが外野を転々とする間に東邦(愛知)の逆転のランナーが生還して敗れた。夏も豪打で勝ち上がるが、準々決勝で春には破っていた仙台育英(宮城)の大越基

（元ダイエー）の前に屈した。
その屈辱を晴らすべく、93年センバツでは横浜（神奈川）、鹿児島実、大宮東（埼玉）などを破って優勝。一枝修平（元阪神）、片平晋作（元横浜ほか）、笘篠誠治（元西武）・賢治（元ヤクルト）、西山秀二（元広島）、黒田博樹（元広島ほか）、薮田安彦（元ロッテほか）ら、大阪私学七強として多くのプロ野球選手を輩出している。国民的作家・司馬遼太郎も同校の出身。夏1回3勝1敗、春8回19勝7敗。

▲1993年センバツで優勝した上宮

運 ウグイス嬢

うぐいすじょう

春夏の甲子園で場内放送を担当する、いわゆるウグイス嬢はプロ野球開催時と同様甲子園球場の職員で、複数で担当している。プロ野球と違って特徴的なのは、選手名のあとに「君」をつけること。しかも甲子園の場合、通常は姓と平板になる「クン」のイントネーションが下がることだ。また、背番号をアナウンスしなかったり、スターティングメンバー発表時はもちろん、初打席でもポジションを繰り返すなど、プロ野球とはいくつか細かい点が異なる。

一見簡単にこなしているようだが、間の取り方や声のトーンなどに気を配りつつ、適宜「ファウルボールにご注意下さい」などのアナウンスも入れていかなければならない。さらにスコアボードの操作も担い、放送室でマイクの前に1人、機器の前に1人が陣取る。次の試合の放送担当は、次の試合のメンバー表が届き次第、準備に入る。ことにその地方独特の姓の場合など、あらためてイントネーションを確認することも必要だ。また大会期間中に京セラドームで阪神の試合があるときは、そちらにも1人回るので、フル稼働状態。大会期間中の休みは1日程度という過酷な仕事である。

各都道府県の大会では、野球部の女子マネージャーなどがアナウンスを担当することが多いため、各高野連が甲子園のウグイス嬢を招き、アナウンス講習会を行うこともある。

選 鵜久森淳志
うぐもり・あつし

済美（愛媛）の四番打者として2004年センバツ初出場初優勝、同年夏の甲子園準優勝に大きく貢献した189センチの長身スラッガー。長いリーチを生かした豪快なスイングで抜群の飛距離を誇り、高校通算47本塁打をマークした。甲子園では春2本、夏3本の通算5本塁打。甲子園通算5本塁打はその時点で史上5人目（現在は10人）の記録だった。夏の甲子園では、準決勝で対戦した千葉経大付が「鵜久森シフト」を見せた。豪快に引っ張る鵜久森の打撃に対し、左翼手の守備位置はレフトポール際のフェンスに背中がくっつくほど目いっぱい後ろ。6回の第3打席で本当にそこへ大飛球が来たが、フェンスに手をかけて飛びついた左翼手のグラブを越えてボールはスタンドへ。これが通算5発目となった。同年ドラフトで日本ハムに8位指名を受けて入団。16年にヤクルトに移籍し18年限りで現役引退。プロ13年間で256試合に出場、11本塁打を放った。

牛鬼打線
うしおにだせん

→宇和島東高校

選 牛島和彦
うしじま・かずひこ

生粋の浪速っ子という印象があるが、1961年奈良生まれ。3歳で大阪・大東市に移り、大東市立四条中3年の府大会では、大体大付属中と対戦。のちの「ドカベン」こと捕手・香川伸行と対戦した。試合には延長で敗れたが、「延長13回で、確か17個三振を取られた」と香川は回想している。香川は天理（奈良）に進むつもりだったが、牛島が浪商（現大体大浪商・大阪）に進学することになり、「中学の先生が、天理への願書を書いてくれない。なにしろ大体大の付属ですから、牛島といっしょに同じ付属の浪商を強くしろ、というわけです」。当時の浪商は、春はともかく夏は61年を最後に遠ざかっている。牛島・香川のバッテリーは、入学前から浪商復活を託されていたわけだ。

チームは期待通り78、79年のセンバツに出場。79年には、川之江（愛媛）との延長13回を制するなどして決勝に進むが、その年春夏連覇する箕島（和歌山）に7対8で惜敗した。同年夏の大阪大会では、前年夏に全国制覇しているPL学園を決勝で破り、18年ぶり夏の甲子園へ。初戦は9回2死、のちに中日でチームメイトとなる上尾（埼玉）・仁村徹から牛島自ら起死回生の同点2ランを放って延長で振り切り、2回戦は倉敷商（岡山）を完封するなど4強に進出。準決勝は池田（徳島）に惜敗した。球速はさほどでもないが、無類の制球力とクレバーな投球術が武器で、甘いマスクと豪胆なキャラクターも人気を博した。79年のドラフト1位で中日入りし、移籍したロッテでも先発に、抑えにと活躍。引退後の2005、06年には横浜ベイスターズ監督も務めた。

▶牛島和彦

渦潮打線→鳴門高校
うずしおだせん

チ 宇都宮工業高校
うつのみやこうぎょうこうこう

1923年創立で、全日制7科、定時制2科を持つ栃木県内工業高校の中心的存在。創立と同時に創部した野球部は、50年夏の初出場でいきなりベスト4に進出し、59年夏にはのちに日本文理（新潟）の監督を務める左腕・大井道夫の好投などで決勝まで進出。延長15回で西条（愛媛）に敗れたが、工業高校が甲子園の決勝に進むのは、春夏を通じて熊本工に次いで2校目だった。その後80年代に2回、90、2000年代にも出場があるが、ことに夏は、30年以上晴れ舞台から遠ざかる。星知弥（ヤクルト）、元中日などの仁平馨、ジャズミュージシャンの渡辺貞夫らがOB。春夏合計9回出場で12勝9敗。

チ 宇都宮南高校
うつのみやみなみこうこう

1976年創立の、栃木県立普通校。「篤学・進取・自立・敬愛」を教育目標に掲げ、豊かな心と体、幅広い知識を持った人間形成を目ざす。79年に秋元栄監督が就任すると急速に力をつけ、それまでの3回戦ボーイは83年夏に甲子園初出場。初戦を突破し、野中徹博（元ヤクルトほか）がエースの中京（現中京大中京・愛知）とも好試合を演じた。86年のセンバツでは、決勝で池田（徳島）に敗れたが、2年生エース・高村祐（元楽天ほか）を中心に準優勝を果たしている。春夏通算7勝7敗。

雨天コールド→コールドゲーム
うてんこーるど

チ 宇部商業高校
うべしょうぎょうこうこう

山口県宇部市にある県立高校。1927年、最初は宇部市立として開校。41年、県立に移管。49年には宇部農業と統合され宇部農商になったが、53年に農業部門が分離されて今の名称に。OBの玉国光男が75年、監督に就任して力をつけた。85年夏は劇的なゲームの連続。準決勝の東海大甲府（山梨）戦、4点のリードを追いついてサヨナラ勝ち。桑田・清原のPL学園（大阪）との決勝は3対4でサヨナラ負けだったが、名勝負として語られている。「ミラクル宇部商」といわれ、逆転ホームランが多い。88年春の3回戦。中京（現中京大中京・愛知）の木村龍治（元巨人）に9回1死まで一人の走者も出せない完全ペースだったが、そこから2ランが出て逆転勝ち。88年夏、東海大甲府との3回戦では9回、宮内洋（元横浜）が史上初の代打逆転3ラン。90年夏には、延長での満塁ホームランで大阪の渋谷を振りきったこともある。かと思うと98年夏、2年生エースのサヨナラボークで延長15回、力尽きた豊田大谷（東愛知）戦も忘れられない。夏12回19勝12敗、春7回8勝7敗。通算27勝は54位タイだ。有田修三（元近鉄）、秋村謙宏（元大洋）などがOBで、全国大会常連の男子バレーでも、南克幸らが全日本で活躍した。

他 浦学サンバ
うらがくさんば

浦和学院といえば1978年創立、甲子園初出場が86年と比較的新しい学校だが、陽気なサンバのリズムに乗せた応援歌「浦学サンバ」はよく知られ、他校も採り入れているほどだ。元吹奏楽部顧問で、巨人の私設応援団としてもトランペットを吹いていた落合敏郎氏が91年に制作したもので、秋季関東大会で対戦した東海大相模（神奈川）の途切れない応援スタイルにヒントがあったという。それまでにないサンバという発想が斬新で、現在は1～5まである。

選 浦野隆夫
うらの・たかお

大分商の投手として、1935年

春夏、38年夏の甲子園に出場。最終学年の38年夏の1回戦、台北一中（台湾）戦で大会史上10人目のノーヒット・ノーランを記録した。スコアは4対0。次戦の2回戦で、この大会の優勝校・平安中（現龍谷大平安・京都）に0対4で敗れる。下級生時の35年春は海草中（現向陽・和歌山）戦で完投してチームは逆転サヨナラ勝ち。35年夏は先輩の児玉利一（元中日）がエース格で活躍しチームは8強入りも、浦野の登板機会はわずかだった。

浦和学院高校

うらわがくいんこうこう

1978年に浦和市に創立され、今の所在地は行政区の変更でさいたま市緑区となった。学校法人明星学園が運営し、1年の入学者数が1000人を超える年もあるマンモス校で知られる。設置コースが多く、グローバルコース、難関大学を目指すT特コース、S特コース、文理選抜コース、総合進学コース、保健医療コース、アートコースなど多岐にわたる。甲子園には夏14回12勝14敗、春11回23勝10敗。91年に森士が監督に就任すると常連になり、春夏とも県内最多出場回数と、新興学校ながら埼玉県の頂点にある。通算勝利数35は35位。初出場となった86年夏、鈴木健（元ヤクルトほか）らの強打が光り、いきなりベスト4に。2013年センバツでは、ついに頂点に立った。エースは左の小島和哉（ロッテ）で、2年生ながら冷静なプレートさばきが目を引いた。打線も活発で、決勝は済美（愛媛）の安樂智大投手（楽天）から17点を奪うなど、トータル47得点を挙げた。春は他に92、15、22年のベスト4がある。清水隆行（元西武ほか）、大竹寛（元巨人）、今成亮太（元阪神ほか）らがOB。

▶2013年センバツで初優勝を遂げた浦和学院

う

🅒宇和島東高校
うわじまひがしこうこう

愛媛県宇和島市の公立高校。1896年、愛媛県尋常中学校南予分校設立、99年宇和島中学として独立、1948年に宇和島第一高校となる。翌年、宇和島商と統合して現名に。普通科、理数科、商業科、情報ビジネス科がある。ミスをしても笑顔の「上甲スマイル」で親しまれた上甲正典監督は、松山商に対抗するため、攻撃野球を目指した。77年の監督就任から11年目、87年夏に初出場。初戦で散ったが、花開いたのは翌年のセンバツ。郷土のお祭り・闘牛にちなんだ「牛鬼打線」が爆発して初出場初優勝を飾る。1、2回戦で各9得点。準々決勝では、宇部商（山口）を相手に9回裏逆転サヨナラを演じた。さらに準決勝の桐蔭学園（神奈川）とは、延長16回を制するミラクルぶりだったが、東邦（愛知）との決勝は貫禄十分、6対0の完勝だった。夏9回3勝9敗、春4回7勝3敗。2001年に上甲が同県内の済美に去ってからは、甲子園で勝てていない。平井正史（元オリックスほか）、橋本将（元横浜ほか）、宮出隆自（元ヤクルトほか）、岩村明憲（元ヤクルトほか）は上甲の教え子。奥島孝康元高野連会長も卒業生。

▲1988年センバツで優勝した宇和島東

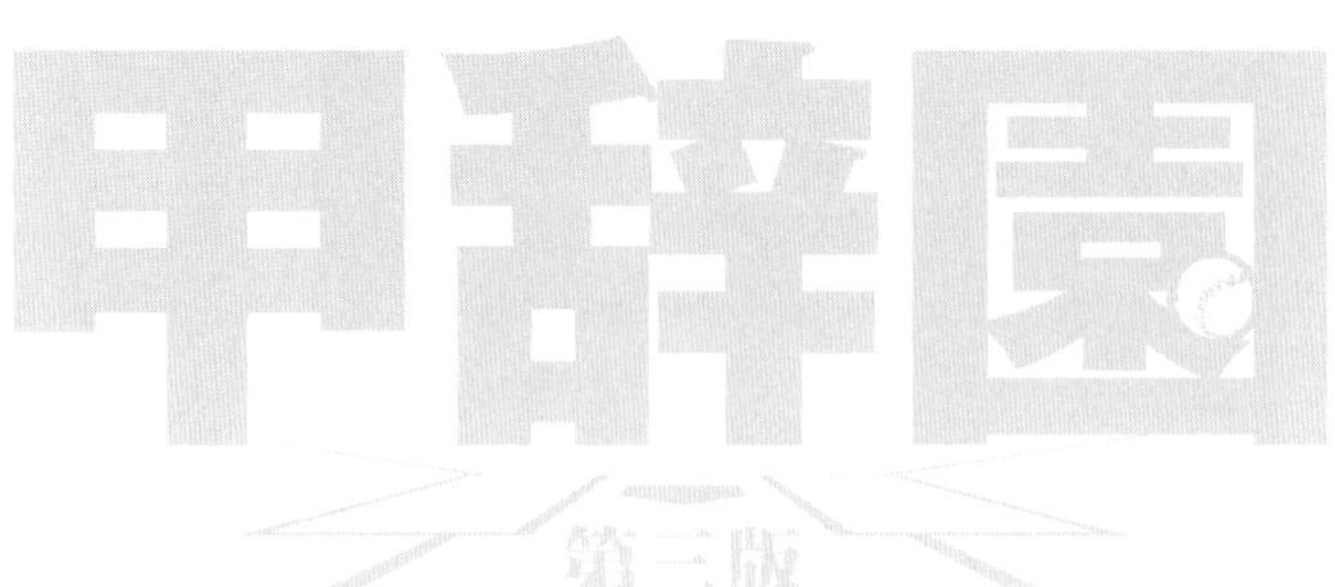

え

他 栄冠は君に輝く
えいかんはきみにかがやく

全国高等学校野球選手権大会となった1948年は、第30回の節目だったことから、主催者の朝日新聞社が全国から歌詞を公募し、新大会歌を制定することになっていた。それまでの大会歌は「全国中等学校優勝野球大会の歌」。5252応募総数のなかから、最優秀作品に選ばれたのが、石川県・加賀道子の作品で、古関裕而が作曲を担当。これが「栄冠は君に輝く」として、開会式や閉会式で演奏されるなど、長く愛されることになる。副題は「夏の全国高等学校野球選手権大会の歌」。ただし、歌詞の本当の作者は加賀道子の婚約者だった加賀大介（当時のペンネーム）。加賀は文筆家で、懸賞金目当ての応募と思われるのを嫌い、婚約者名義で応募したという。68年、第50回記念大会を機に事実を明らかにし、作詞者名も加賀大介に改められている。

他 エール交換
えーるこうかん

応援団同士が、お互いにエール＝声援、励ましを送りあう儀式。戦う相手に対しても、スポーツマンシップによって、自チームやその選手と同じような健闘を祈るのである。通常、試合開始前にまず相手のスタンドに向かって挨拶し、校歌などを斉唱したあと自チームへのエール、さらに相手へのエールという手順で行う。近年では正規の応援団ではなく控えの野球部員らが応援をリードすることも増え、地域や学校によってエール交換のスタイルはさまざまだ。甲子園では、試合前のグラウンド整備の時間や、校歌が演奏される2回（あるいは7回）の各チームの攻撃時に行うことが多いようだ。また甲子園では、応援団の入れ替えが優先されるため、試合後のエール交換は原則として行われない。

２０２０年には、NHKが朝の連続テレビ小説で、「ああ栄冠は君に輝く」の作曲者・古関裕而をモデルとした『エール』を放映して話題になったが、声援という意味でのエールは実は和製英語。ｙｅｌｌは確かに、応援の際に発する声を意味するが、単に大声や叫び（をあげる）、怒鳴る、といった意味が強いという。

選 江上光治
えがみ・みつはる

「やまびこ打線」と呼ばれた池田（徳島）の中心選手として1982年夏、83年春の甲子園で夏春連覇に貢献した左打ちの強打者。１９６５年４月

3日生まれ。2年時の82年夏は背番号7を着けて三番ライト、同じ2年の水野雄仁（元巨人）が背番号9で五番レフト、3年のエース・畠山準（元大洋ほか）が四番。金属バットの打球音をまさに「やまびこ」のように響かせる豪快な打撃で全国制覇を果たした。江上は準々決勝・早稲田実（東東京）戦で荒木大輔（元横浜ほか）から先制本塁打を右翼スタンドにたたき込んだ。主将を務めて紫紺の大優勝旗を手にした83年春は三番サード。同年夏も準決勝まで勝ち上がったがPL学園（大阪）に敗れ、史上初の「夏春夏3連覇」を逃した。早大でも主将を務め、卒業後は社会人・日本生命へ。選手として都市対抗優勝なども経験し、引退後はマネジャー、コーチも務めた。現在は同社に籍を置きながら、大阪のクラブチーム・八尾ベースボールクラブで監督を務めている。

選 江川卓

えがわ・すぐる

〝怪物〟と呼ばれた作新学院（栃木）の投手。1955年5月25日生まれ。入学直後から非凡な才能を発揮し、1年夏の栃木大会の準々決勝でノーヒット・ノーランを達成。2年夏は3試合連続のノーヒット・ノーランで勝ち進みながら決勝でサヨナラ負け。「栃木に江川あり」といわれながらも不運に泣いた。初めて江川が甲子園に登場したのは73年センバツだ。速くて重い直球と落差の大きいカーブは威力たっぷりで、強力打線の北陽（現関大北陽・大阪）相手に三振の山を築き、合計19個を奪う快投を演じた。北陽で最初に投球に当てたのは五番打者で、江川の22球目。ファウルだったが、それでもスタンドからは「よく当てた」と拍手が起きた。続く小倉南（福岡）戦は、7回10三振。準々決勝の今治西（愛媛）戦は、被安打1で20もの三振を奪った。準決勝では、広島商の機動力の前にこの大会初めて失点し、惜しくも敗れるも11奪三振。大会通算奪三振60の新記録を打ち立てている。これは今もセンバツの記録として破られていない。敗退後「夏には全国優勝してみせます」と挑んだその夏、栃木県大会5試合でなんと被安打2、ノーヒット・ノーラン3試合という漫画のような成績で、江川は甲子園に戻ってきた。しかし調整不足や、夏前には毎週のように招待試合

▶江川卓

で登板するなどの無理がたたって、甲子園に来たときには調子が悪く、センバツのような威力はなかった。それでも、延長15回と苦戦した初戦の柳川商（現柳川・福岡）戦で奪三振23はさすがだった。続く銚子商（千葉）戦でも延長となり、雨中の12回裏にサヨナラ四球を与えてあっけなく怪物は散った。一説には、四球を得た打者が一塁に向かおうとしないため、銚子商・斉藤一之監督が「走れ！」と絶叫したとか。野球好きの詩人・サトウハチローは、5万6千人の観衆が詰めかけるほど注目されたこの試合で雨が嫌いになり、もう雨の詩は作らないと嘆いた。

NHK教育テレビ

えぬえいちけいきょういくてれび

↓テレビ中継

NHK総合テレビ

えぬえいちけいそうごうてれび

↓テレビ中継

事 エンタイトル本塁打

えんたいとるほんるいだ

かつて1980年代前半までの甲子園大会は、春と夏の違いが一目でわかった。センバツでは、歴代優勝校を記した白いプレートが外野フェンスに飾られていたのだ。これが撤去されるのは、84年の大会中のこと。きっかけは、佐賀商と高島（滋賀）の1回戦。佐賀商は5回裏に1点を追加し、春夏通じて初出場の高島を4対1とリードした。さらに無死満塁で、打席には五番・中原康博。高島の2年生左腕・赤水新次の低め変化球をとらえたライナーは、左中間に飛んだ。ワンバウンドでフェンスを越え、エンタイトル二塁打……と見えたが、二塁塁審・片岡成夫は右手を大きく回す。なんと、ホームランと判定されたのだ。キツネにつまれた表情でホームインする走者がいて、中原自身も首をかしげながらダイヤモンドを1周し、テレビ観戦していた視聴者からは、大会本部に抗議の電話が相次いだ。高島側も、「一番近いところで見ていました。1メートル手前に落ちて、フェンスを越えていきました」（熊谷努左翼手）と見たが、ウブな初出場のこと。しかも当時は、審判の判定には従うもの、という不文律があって、結局アピールはしなかった。そのためホームランと認められ、試合は17対4で佐賀商が大勝した。満塁ホームランだろうが二塁打だろうが、勝負の行方は変わらなかっただろうが、それでも誤審は誤審。牧野直隆高野連会長は、「審判団に誤りがあった。しかし守備側からのアピールがなかったので、試合はそのまま進められ、得点などはルールに基づいて記録された」と声明文を発表。それとともに、外野フェンスにあった歴代優勝校のプレートも、その日のうちに撤去された。白い板のために打球が見にくいという判断だ。何とも不運なかたちで球史に残る高島だが、当時のナインたちが後年定期的に開催したゴルフコンペは、会の名称を「高島ワンバウンズ」と名づけられた。

規 延長15回引き分け再試合

えんちょうじゅうごかいひきわけさいしあい

18回引き分け再試合制度導入のきっかけが、後述のように徳島商・板東英二（元中日）にあるとするなら、その回数が15回に短縮されたのは、松坂大輔（元西武ほか）の熱投がきっかけだという。松坂のいた横浜（神奈川）は、1998年に春夏連覇を達成したが、もっとも苦しんだのが夏、PL学園（南大阪）との準々決勝。9対7と振り切ったとはいえ、延長17回、引き分け再試合目前の決着で、松坂の投球数は250に達した。これを受けた日本高野連は、選手の体調管理に十分に配慮。2000年のセンバツから延長戦は15回打ち切りとし、引き分けの場合は再試合を行うことになった。以後、甲子園でこれが適用された例は以下の通り。

▽03年春　準々決勝
東洋大姫路（兵庫）2対2 花咲徳栄（埼玉）
再試合は東洋大姫路（6対5）

▽06年春　2回戦
早稲田実（東京）7対7 関西（岡山）
再試合は早稲田実（4対3）

▽06年夏　決勝
早稲田実（西東京）1対1 駒大苫小牧（南北海道）
再試合は早稲田実（4対3）

▽07年夏　2回戦
佐賀北（佐賀）4対4 宇治山田商（三重）
再試合は佐賀北（9対1）

▽08年春　3回戦
平安（現龍谷大平安・京都）3対3 鹿児島工（鹿児島）
再試合は平安（1対0）

▽14年春　2回戦
桐生第一（群馬）1対1 広島新庄（広島）
再試合は桐生第一（4対0）

▽17年春　2回戦
福岡大大濠（福岡）1対1 滋賀学園（滋賀）
再試合は福岡大大濠（5対3）

▽17年春　2回戦
健大高崎（群馬）7対7 福井工大福井（福井）
再試合は健大高崎（10対2）

なおこのうち、03年春の東洋大姫路と花咲徳栄の一戦は、再試合も延長になっている。17年春の2試合は、史上初めて同じ日に連続引き分け再試合となった。これも一つの契機となり、18年のセンバツからはタイブレークが導入され、延長回数が無制限に。ただし決勝では、タイブレークを採用しないため、延長15回引き分け再試合の規定は生きていた。

この決勝の規定は、硬式・軟式ともに春季・秋季都道府県大会レベルから適用され、長い甲子園の歴史でも決勝の引き分け再試合はわずか2回であり、そうそうは起こらないだろうと想定されていた。だが制定初年度、秋季北信越大会でいきなりそのレアケースが実現する。啓新（福井）と星稜（石川）の決勝は2対2のまま延長にもつれ込み、延長戦に突入しても両者無得点。タイブレークを採用しない13回以降もそのままで、結局2対2のまま引き分け再試合となったのだ。再試合は、7対4と星稜が制している。

その後、21年から、決勝もタイブレークを採用する、と変更、23年には延長10回からタイブレークを実施する、と改定された。合わせて継続試合の導入も決まり、雨天、日没などによる引き分けもなくなった。これにより、現行の高校野球特別規則の下では、引き分け再試合は起こらなくなった。

なお、春夏通して初めての引き分け再試合は山本球場で開催された第1回センバツ（1924年）だ。横浜商（神奈川）と市岡中（大阪）の一戦は延長にもつれ、当時は勝負がつくまで試合を続けるはずだった。だが山本球場には照明設備がなく、延長14回終了後に日没による引き分け。スコアは13対13で、再試合では市岡中が21対13で勝っている。

規 延長18回引き分け再試合

えんちょうじゅうはちかいひきわけさいしあい

それまで、決着がつくまで無制限に行っていた延長回数に制限を設け、引き分け再試合の制度が導入されたのは、1958年の夏のことだ。その年の春季四国大会。徳島商の板東英二（元中日）は、高知商戦を16回完投、2対1で勝った。翌日、高松商（香川）との決勝も、0対0のまままたも延長となり、24回まで決着がつかない。ついに25回表、高松商が2点を入れて勝っている。敗れたものの板東は、2日間で41回を投げているわけだ。それではあまりに過酷……と実現したのが、引き分け再試合制度だ。そして、夏の甲子園準々決勝は板東と、魚津（富山）の村椿輝雄の投手戦となる。これも0対0のまま、延々と試合は続き、ついに18回引き分け再試合となった。なんのことはない、徳島商と板東は、自らが導入のきっかけとなった引き分け再試合制度の、適用第1号となったわけだ。再試合を制した徳島商は、作新学院（栃木）との準決勝は勝ったが、柳井（山口）との決勝ではさすがに板東が力尽き、敗退している。なおこの大会で板東は、再試合を含む6試合62回を投げ、通算83奪三振。これは長く、大会記録となっている。

その後、18回引き分け再試合は、

▽62年春　準々決勝
作新学院（栃木）0対0 八幡商（滋賀）
再試合は作新学院（2対0）

▽64年夏　2回戦
掛川西（静岡）0対0 八代東（熊本）
再試合は掛川西（6対2）

▽69年夏　決勝松山商（愛媛）0対0 三沢（青森）
再試合は松山商（4対2）

がある。69年夏の再試合で敗れた三沢のエース・太田幸司（元阪神ほか）は、松山商の井上明とともに全日本に選ばれた。そのときの対話の中で、「野球の質が違いすぎる。何回やっても勝てなかっただろう」と感じたという。

試 延長戦

えんちょうせん

選手の体調管理のため、1958年には延長戦が18回打ち切り再試合に、2000年にはそれが15回に短縮されたが、かつては、地方大会まで範囲を広げると、壮絶な延長戦があった。

1935年、島根大会の松江中（現松江北）と大田中の一戦は、延長23回1対1で引き分け、日没再試合となった。試合時間は4時間45分で、翌日の再試合も0対0のまま再度延長に。12回表、大田中が1点を挙げ、2日がかり35回の熱戦にようやく終止符が打たれた。41年は、戦争のため本大会は開催が中止となったが、夏の台湾大会で嘉義農林と台北工が3日間で40イニングを戦った。初戦が0対0で8回雨天引き分け、翌日が7回0対0で雨天引き分け、そして翌々日は延長25回の末、嘉義農林が2対1で台北工を破っている。ほかには48年の大分大会の準決勝、大分二（現大分商）3対0臼杵（延長25回）や、51年の奥羽大会・決勝、青森1対0盛岡一（延長24回）がある。55年の鹿児島大会・鹿児島玉龍と出水の準々決勝は、延長16回で0対0の引き分けとなり、鹿児島玉龍が2対1で勝った再試合も延長18回を戦った。

延長15回打ち切り以降では、2003年夏の福井大会1回戦で、敦賀気比と大野東（現奥越明成）が初戦、まず5対5で延長15回引き分け。再試合も3対3で延長15回引き分け。雨で1日延びた再々試合は敦賀気比が6対1で振り切ったが、トータルの試合時間から「ノーサイド8時間42分」といわれた。14年の秋季東北大会では、花巻東（岩手）が東日大昌平（福島）との引き分け再試合を制すると、翌日の大曲工（秋田）とまたも引き分け。翌日に6対10で敗れて力尽きたが、4日間で48イニングを戦ったことになる。これらが、18年のタイブレーク制導入につながる下地となった。

導入当初、延長13回からとしていたタイブレークは23年から延長10回から実施と変更。規則上、延長回数の制限はなくなり、決着がつくまで行われる。

記 延長戦ノーヒット・ノーラン

えんちょうせんのーひっと・のーらん

過去にノーヒット・ノーランは春夏を通じて35回（完全試合2を含む）、34人（嶋清一・海草中［現向陽、和歌山］が2回）が達成しているが、たった1人だけ延長戦でこの快挙を達成したのが早稲田実（東京）の王貞治（元巨人）だ。1956年夏、1年生で登板した王は、57年春には2年生でエース。初戦は寝屋川（大阪）を1安打10三振で完封すると3試合連続完封し、決勝の高知商戦も完投して優勝投手となった。当時珍しいノーワインドアップ。制球をよくするためにたどり着いたという。春夏連覇のかかった夏は、またも初戦で寝屋川と対戦。0対0で延長となったが、早稲田実が11回に1点を挙げて勝利。王は136球を投げ、外野フライ2、内野フライ8、内野ゴロ14、三振8、四球4でノーヒット・ノーランを達成した。春よりさらに成長した王だが、次戦は法政二（神奈川）に1対2で敗退。ベスト8に終わったが、延長戦でノーヒット・ノーランを達成しているのは、現在までこのときの王たった1人だ。

試 延長25回

えんちょうにじゅうごかい

1933年夏の準決勝、中京商（現中京大中京・愛知）と明石中（兵庫）で演じられた、甲子園史上最長の延長戦。中京商は31、32年と夏を連覇しており、史上初の3連覇がかかっていた。一方の明石中も、剛球投手・楠本保で32、33年とセンバツ準優勝。初の全国制覇は念願だった。ただ、中京商は連覇の立役者のエース・吉田正男が先発したが、明石の先発はセンターの中田武男。楠本は大会前に発症した脚気の具合がよくなかったというが、楠本を想定していた中京商は拍子抜けだっただろう。そしてフタを開けると、その中田が絶好調。なんと8回までノーヒットだ。0対0の9回裏、中京商は初安打と敵失で無死一、二塁としたが、明石は満塁策から投直併殺などで切り抜け、延長に突入した。その後も、両投手ともに崩れないし、両軍ともに全く打てない。16回までゼロが続いた時点で明石は4安打、中京商は1安打のままだ。表示するスコアボードが足りなくなり、以降のイニングは継ぎ足した板にまたゼロが並ぶ。26年夏、前橋中（群馬）と静岡中が演じた延長19回も越えた。

このあたりから、徐々に中京商が押し気味になる。21回裏は1死三塁、23回裏は2死満塁としたが、いずれも後続がない。24回の明石中も、四球を2つ得たがけん制死などでどうしても得点ができない。そして迎えた25回、明石中が三者凡退に終わったあと、中京商は先頭打者の四球から送りバントが内野安打となり、さらに九番打者の送りバントも野選となって無死満塁。続く大野木浜市は追い込まれたあと、外角低めを当てると平凡なセカンドゴロ。しかし打球に勢いがなく、野手が捕球したときには三走はすでにかなりホームに近い。あわてたバックホームが高くそれ、ついに決勝の1点が入った（記録はセカンドのエラー）。

吉田の投球数は336、中田は247。打順は10巡し、吉田が対した打者が90人なら中田は91人。4時間55分の死闘は、いまに及んでも歴代最長試合時間である。試合終了は18時05分。当時はむろん照明設備がなく、実は大会本部は25回以降新し

▲25回の激闘を表示したスコアボード

いイニングに入らないことを両軍ベンチに伝えていたという。吉田は翌日、平安中（現龍谷大平安・京都）を2安打完封して中京商が3連覇を達成しているが、もし明石中戦が25回でも決着せず、再試合になっていたら……史上唯一の夏3連覇は、いまだ達成されていなかったかもしれない。

お

制 応援団賞
おうえんだんしょう

選抜高校野球大会で、1998年の第70回大会から設けられていた賞。夏の選手権にはない、センバツ独自の賞だ。出場校の初戦（記念大会の場合は一部を除いて2回戦）を対象に審査を行い、閉会式で最優秀賞1チーム、優秀賞5チームを選出して表彰。選考基準はアルプススタンドでの応援の技量やまとまり、マナーなど。最優秀賞に選出された学校は、閉会式で毎日新聞社から盾が応援団長に授与された。2001年以降は、21世紀枠校の最優秀賞が目立ち、優秀賞と合わせて少なくとも毎年1校は受賞していた。これは私見だが、スタンドがあまりにまばらだと、音量でも見た目でも見劣りする。最優秀賞獲得には、一定数以上の人数の動員も必要ではないか。すると、おおむね大応援団になりやすい21世紀枠の受賞確率が上がることになる。同じように、毎日新聞が主催する都市対抗野球では、大応援団を擁したチームが最優秀賞を獲得することが多い。ただし11年は、東日本大震災のために応援そのものが自粛傾向にあり、選考が行われず。また、新型コロナの20年以降、選考は行われなくなった。

運 応援団責任者
おうえんだんせきにんしゃ

両チームの応援団が集結する一、三塁側アルプス席を取り仕切る学校職員（教諭）が、応援団責任者を務める。大会本部との窓口となり、当日の人数、応援バスの台数など、応援にまつわるすべてを把握する。応援ルールの逸脱があるかどうかは、高野連の担当者が目を光らせており、好ましくない場合には即座に、あるいは試合終了後に応援団責任者が注意を受けることもある。

選 王貞治
おう・さだはる

のちの世界のホームラン王。早稲田実（東京）時代の1956年夏、57年春夏、58年春と4季連続で甲子園に出場。40年5月20日生まれ。入学当初から投手、主力打者として期待されていたが「どこに行くか本人もわからない」と振り返るように、コントロールが悪かった。久保田高行総監督の指導でノーワインドアップを取り入れると、上半身が安定し、制球力が上がった。2年春はエース兼四番として出場、決勝では高知商を破って母校に甲子園初優勝をもたらした。春夏連覇に挑んだ夏は、準々決勝の法政二（神奈川）に1点差で敗れたものの初戦の寝屋川（大阪）戦で史上唯一の延長ノーヒット・ノーラン（11回）を記録した。3年春にも出場した王は、2回戦・御所実（奈良）戦、続く準々決勝・済々黌（熊本）戦で2試合連続本塁打を記録。打者としても、のちの「世界の王」の片りんを見せた。5季連続フル出場がかかった3年夏は、東京都大会の決勝まで進むも延長戦で敗退。12回表に早稲田実が4点を入れ、「勝負あった」と思われたがその裏、王の制球が突然乱れたうえに守備のミスも出て、明治に一挙5点を奪われてしまった。コントロールが良くなって全国制覇した一方、コントロールがカギを握る形で最後の夏を逃すという皮肉な結果となった。いうまでもなく、巨人入団後は本塁打王をはじめ数々のタイトルを獲得し、868本のホームランという世界記録を打ち立てている。

▶王貞治

チ 桜美林高校

おうびりんこうこう

東京都町田市にある、ミッション系の私立共学校。1946年、財団法人桜美林学園が高等女学校を創立。48年、女学校を廃止して桜美林高校を開校した。現在は中学、大学を設置している。校名は仏人思想家、ジャン・フレデリック・オベリンに由来する。全国的には無名だったが、76年夏に西東京代表で甲子園に初出場すると、そのまま初優勝を飾った。松本吉啓投手のコントロールが良く、粘りのピッチングが光った。日大山形、市神港（現神港橘・兵庫）、銚子商（千葉）を破り、準決勝の星稜（石川）戦は小松辰雄（元中日）に松本が投げ勝った。決勝はPL学園（大阪）との延長戦。サヨナラヒットを放った菊池太陽の名前、そして「イエス イエス イエス と イエス イエス イエス と 叫ぼうよ～」という校歌にはインパクトがあった。東京の夏の優勝は、第2回大会の慶応普通部（現慶応・神奈川）以来のことで、これにより町田市そのものも存在が知られるようになった。翌年夏も出場したが、なんと初戦でいきなり東東京代表の早稲田実と当たり、東京対決も注目された。その後は、98年夏の3回戦進出が最高。02年以降は、出場が途絶えている。夏4回8勝3敗、春6回3勝6敗。荻野忠寛（元ロッテ）、足立祐一（元楽天）らがOB。

チ 近江高校
おうみこうこう

1938年開設の近江実修工業学校が前身。戦後の学制改革により近江高等女学校と合併し、48年に定時制の近江高等学校として創立。58年に全日制となった。普通科、商業科の2学科を持つ。硬式野球部創部は全日制となる前年の57年で、81年夏に甲子園初出場を果たした。89年に多賀章仁監督が就任して以後、甲子園の常連となり、2001年夏には竹内和也、島脇信也(元オリックス)、清水信之介(元西武)の3人の投手がフル回転した〝3本の矢〟で、県勢初の甲子園準優勝。03年春に8強入りの後、18年夏に主砲の北村恵吾(ヤクルト)、左腕・林優樹(楽天)、2年生捕手・有馬諒らで久々のベスト8入り。コロナ禍の中行われた21年夏は日大東北(福島)と降雨ノーゲームの再戦、優勝候補・大阪桐蔭との一戦を制すなどしてベスト4まで進出した。翌22年センバツは選に漏れ補欠校だったが、新型コロナ集団感染となった京都国際に代わって急きょ代替出場。長崎日大との初戦を延長13回タイブレークで制するとエースで四番・山田陽翔(西武)らの活躍で快進撃。決勝は大阪桐蔭に大敗を喫して準優勝に終わるも、代替出場の学校として初めての決勝進出だった。同年夏もベスト4入り。投打にチームをけん引した山田の存在感が光り、前年夏から3季連続ベスト4進出の快挙を果たした。春6回出場で9勝、夏16回出場で20勝の通算29勝は全国45位タイ。野球部以外はバレーボールや柔道なども全国レベルで、運動部の活動も盛んだ。

チ 大垣日本大学高校
おおがきにほんだいがくこうこう

1963年、日本大学の準付属校として大垣高等学校が開校し、89年に現校名に改名。学校創立と同時に創部した野球部は、2005年に阪口慶三監督を招くまで、89年秋の東海大会出場が最高成績。そのときに敗れたのが、阪口監督が率いていた東邦(愛知)というのも何かの縁だ。強化に本腰を入れると、早くも07年には、ディフェンス力の高さで希望枠に選ばれ、センバツに初出場。エース・森田貴之を中心に準優勝の快進撃を見せた。同年には夏も初出場してベスト8、09年には神宮大会で優勝し、翌10年センバツでも4強と、アッという間に甲子園上位常連にのし上がった。専用グラウンド、合宿所、室内練習場など、充実した施設は岐阜県下屈指。春夏通算14勝10敗。

ロッテなどでプレーした曽我部直樹、ボクシング元東洋太平洋スーパーフライ級王者の石原英康や、バルセロナ五輪の柔道86キロ級銅メダリスト・岡田弘隆らがOBにいる。

チ 大阪体育大学浪商高校
おおさかたいいくだいがくなみしょうこうこう

1921年、浪華商業実業学校として今の大阪市天王寺区に設立。26年東淀川区に移転、59年浪商高校に校名変更、63年茨木市移転、89年大阪体育大学浪商高等学校に改称し、大体大のある泉南郡熊取町に移転した。現在は国公立コース、有名私立コース、アスリートコースなどがある。34年のセンバツで準優勝、37年センバツで初優勝するが、これが今や全国最多優勝を誇る大阪勢の最初の優勝だった。46年夏、戦後初めて行われた西宮球場での大会も、優勝したのは浪商だった。やんちゃで「わいら」のチームとして大阪府民に愛され、55年センバツは山本八郎（元サンケイほか）、勝浦将元（元大洋）、坂崎一彦（元東映ほか）という大型クリーンアップで泣く子も黙らせた。怪童・尾崎行雄（元東映）で優勝したのが61年夏。79年、センバツ準優勝、夏ベスト4のチームには、アイドルのエース・牛島和彦（元ロッテほか）、キャッチャー・ドカベン香川伸行（元ダイエー）のバッテリーがいた。夏は13回出場（17勝11敗）、春19回出場（32勝17敗）。合計49勝は21位になる。張本勲（元ロッテほか）、大熊忠義（元阪急）、高田繁（元巨人）、村田透（元日本ハム）らがスターの系譜である。

チ 大阪桐蔭高校
おおさかとういんこうこう

1991年に夏の初優勝を飾って以来、高校球界最強を誇るといっても過言ではない。83年、大阪産業大学高校大東校舎として開校。母体は大阪産業大学のまま、産業大学高校から88年に分離独立して大阪桐蔭高校となった。大東市の産業大学のキャンパス内に校舎がある。難関国公立、難関私立大学を目指すクラスもあり、進学にも力を入れて、京大に50人以上の合格者を出した年もある。体育・芸術を極める生徒はⅢ類に属し、スポーツ全般が盛ん。野球の他にラグビーも全国優勝（2017年度）の経験がある。05年創部の吹奏楽部も、歴史は浅いが全国大会金賞を獲得していて、アルプススタンドの応援も評価が高い。

野球部は88年に創部。91年に初出

場のセンバツはベスト8、夏は決勝で沖縄水産を13対8で破って優勝した。創部4年目での夏の制覇は、史上最速記録。常葉菊川（現常葉大菊川・静岡）を下した08年決勝は、17対0で圧倒した。12年は藤浪晋太郎（アスレチックス）、森友哉（オリックス）のバッテリーで7校目の春夏連覇。史上初という春夏同一校同士の決勝の相手は、光星学院（現八戸学院光星・青森）だった。17年春の決勝は履正社との大阪対決、18年春は智弁和歌山との近畿対決をそれぞれ制して、史上3校目の春の連覇を果たした。さらに18年夏には、史上8回目の春夏連覇を達成。同一チームとして初めての2回の春夏連覇という大偉業で100回大会を締めくくった。他に14年夏、22年春にも優勝があり、春夏合計9回の全国制覇。決勝に進出すれば無敗という、無類の強さを見せる。春34勝9敗、夏は41勝7敗。合計75勝は9位。

特筆すべきは、・824という甲子園勝率の高さ。なにしろ、4勝1敗では勝率が下がるのだ。1回ぽっきりの出場で優勝している勝率10割のチームを除いては、最高である。西谷浩一監督は、21回の出場で優勝8回、甲子園通算67勝（春31勝、夏36勝）は全国2位。全国のシニア、ボーイズから中学生が集まり、世代最強チームを毎年のように作り上げる。プロ野球選手のOBも枚挙にいとまがなく、今中慎二（元中日）、中村剛也（西武）、西岡剛（元阪神ほか）、平田良介（元中日）、中田翔（巨人）、浅村栄斗（楽天）、根尾昂（中日）、藤原恭大（ロッテ）など。打者はフルスイングを身上とするスラッガーが多い。

▶2018年センバツを制し、史上3校目の春連覇を果たした大阪桐蔭

選 大島信雄
おおしま・のぶお

1921年10月2日生まれ。愛知県一宮市出身。1936年に岐阜商（現県岐阜商）に入学し、その夏の甲子園に控え選手としてベンチ入り。その後、37年春、38年春夏、39年春、40年春と春夏合計6回甲子園出場。最後の出場となった40年春の

センバツではエースとして全試合完封の快挙を演じ、優勝を飾った。左腕からの快速球と大きなドロップがさえわたり、初戦（2回戦）の日新商（現日新・大阪）戦は被安打1、準々決勝・島田商（静岡）戦は被安打4、準決勝・福岡工戦は7四死球と苦しんだが被安打2で封じ、京都商（現京都先端科学大付）との決勝も1安打完封勝利。大会通じて被安打わずか8の快投だった。在学中のチームの成績は36年夏優勝、37年春8強、38年春4強、同夏準優勝、39年春準優勝、40年春優勝とものすごい勝率で、当時の「東海野球王国」の一翼を担った。

　卒業後は慶大に進学も、戦争の色濃くなりリーグ戦は中断。学徒出陣を前に行われた43年秋の「最後の早慶戦」には打撃を生かして外野手で出場した。戦後は再び神宮で活躍し、卒業後は社会人野球・大塚産業で48、49年の都市対抗に出場。50年に29歳でプロ野球・松竹ロビンスに入団。20勝4敗の大活躍で新人王に輝き、チームをセ・リーグ初代王者に導いた。52年に中日に移籍し、55年までプレーして現役引退。少年野球向けの指導書を数多く出すかたわら解説者として人気を博し、のち中日投手コーチも務めた。2005年に83歳で逝去。

選 太田幸司

おおた・こうじ

　1968年夏、69年春夏と3大会連続で甲子園出場を果たした、元祖〝甲子園のアイドル〟投手。

　1952年1月23日生まれ。米軍基地のある青森県の三沢に住んでいたことで、基地内にあるリトルリーグで小学生から硬球の野球に親しみ、地元の三沢に進学すると1年秋からエースとなる。初めての甲子園は2年夏、1回戦の鎮西（熊本）戦では内野安打1本に封じて初戦を飾る。翌春は2回戦で強豪・浪商（現大体大浪商・大阪）と対戦。敗退するも延長15回を投げ抜いた。太田の名を全国に轟かせたのは3年夏。初戦の大分商を延長10回サヨナラで退けると、その勢いのまま青森県勢初、東北勢としても戦後初の決勝進出を果たした。松山商（愛媛）との決勝戦は0対0のまま延長18回引き分け。翌日の再試合では4点を失って敗れて準優勝に終わるが、史上初の決勝戦引き分け再試合は、今も伝説として語り継がれる名試合となった。太田が投げ抜いた全64イニング、942球は、06年早稲田実・斎藤佑樹（元日本ハム）に更新されるまで記録だった。その快進撃ぶりと2日間に渡る熱投をはじめ、スマートな甘いマスクも手伝って悲運の投手として称えられ、当時の学生を中心とした多くの女性の心を奪い、一躍アイドル的人気となった。卒業後は近鉄に入団し、プロ野球選手として活躍する。

▲太田幸司

選 大谷翔平
おおたに・しょうへい

２０１１年夏、12年春に甲子園に出場した花巻東（岩手）のエースで四番の二刀流選手。１９９４年7月5日、岩手県水沢市（現奥州市）に生まれる。水沢南中で一関リトルシニアに所属し、全国大会に出場。中学3年時の09年、地元・岩手の花巻東が菊池雄星（ブルージェイズ）を擁して春準優勝、夏ベスト4と躍進したのが一つの決め手となり、同校に進学した。2年夏は1回戦の帝京（東東京）戦に三番・右翼で出場。4回途中から甲子園初登板を果たしたものの、骨端線損傷の影響もあり、6安打3失点で敗退する。翌春は1回戦で優勝候補の大阪桐蔭と対戦。エースとして先発し、8回2／3を投げて11四死球と乱れて9点を失うも、強力打線を相手に11奪三振。打撃でも、藤浪晋太郎（アスレチックス）から本塁打を放ち、二刀流の大

▶大谷翔平

器の片りんを見せつけた。「みちのくのダルビッシュ」と注目されて挑んだ3年夏は、岩手大会準決勝の一関学院戦で１５０キロ超えのストレートを連発。そして6回に左打者のヒザ元いっぱいに投げたボールは、高校生最速はもとより、アマチュア野球史上初となる球速１６０キロをマークした。甲子園出場はならなかったものの、高校日本代表に選ばれている。その年、ドラフト1位で北海道日本ハムファイターズに入団。投手と打者を本格的に行う二刀流投手として活躍。16年には、プロ野球史上初の2ケタ勝利、１００安打、20本塁打を達成。18年からメジャーリーグのエンゼルスに移籍し、同年新人王を受賞。21年は打者として46本塁打、投手として9勝でア・リーグＭＶＰを獲得。23年のＷＢＣでは日本を3度目の優勝に導き大会ＭＶＰと、規格外の二刀流の活躍を

続けている。

選 大塚喜代美
おおつか・きよみ

1971年夏の甲子園で創部6年目の桐蔭学園（神奈川）を初出場初優勝に導いた下手投げエース。初戦から東邦（愛知）、海星（長崎）、鹿児島玉龍と3試合連続完封。準決勝の岡山東商で2失点を喫するがチームは8回の集中打で逆転勝ちして決勝進出。磐城（福島）との決勝は「小さな大投手」田村隆寿との息詰まる投手戦の末、4度目の完封で1対0の勝利を収めた。この後も野球人生は波瀾万丈。高校卒業後は社会人・三協精機に進み、3年目の74年秋に行われた第1回社会人野球日本選手権で優勝投手に。日本鋼管福山との決勝はあと1人でノーヒット・ノーランの快投だった。78年の同社野球部の活動休止に伴い、79年から日本鋼管でプレー。その後、ライト工業に移って軟式野球に転向した。83年の軟式野球天皇杯はライト工業と田中病院が対戦し、実に延長45回の激闘の末、ライト工業が2対1で勝って優勝を果たすが、大塚は2番手投手として36回から登板。9イニングを無失点に抑えて優勝投手になった。高校、社会人、軟式野球と所属した3つのカテゴリーで日本一に輝く稀有なキャリアの持ち主だ。

選 大野倫
おおの・りん

沖縄・具志川東中時代から投打に飛び抜けた才能を見せ、沖縄水産では1年秋から外野手兼控え投手。2年夏の1990年、甲子園に出場し、五番打者として準優勝に貢献した。91年夏も、県民の大きな期待を背負って甲子園に出場したが、ヒジを痛めていた大野は、夏の沖縄大会では痛み止めを打ちながらの投球だった。甲子園でも、なんとか僅差で決勝まで勝ち上がるが、3回戦を除いて二ケタ安打を浴び、ことに7回以降に打ち込まれることが目立った。大阪桐蔭との決勝ではすでに限界で、16安打を浴び13失点。3回戦からの4連投含む6試合773球を投げた大野の右ヒジは真っすぐに伸びないほどで、大会後に剥離骨折と診断された。結果的に、これがもとで投手生命を絶たれ、九州共立大では野手に転向した。このケースのほかにも、86年夏に優勝した天理（奈良）の本橋雅央も、登板過多の負担でヒジを痛めており、高野連はこれを契機に投手の負担軽減策に取り組むことに。93年夏から、投手の肩・ヒジ関節機能検査が始まった。なお野手転向を余儀なくされた大野は、大学時代に本塁打王3回など通算18本塁打を記録し、96年ドラフト5位で巨人入りしている。

監 大藤敏行

おおふじ・としゆき

1962年生まれ。中京（現中京大中京・愛知）2年時の79年夏の甲子園に三塁手として出場。中京大卒業後、静清工（現静清・静岡）でコーチを務めた後、90年に28歳で母校・中京高の監督就任。時は平成を迎え、学校は伝統の男子校から男女共学へ移行し、95年には校名も中京大中京へと改名する転換期。スパルタから脱却し、時代に合わせた指導を模索しながら、97年センバツに初めて甲子園にチームを導いた。ユニフォームもOB会の反対を押し切ってカラフルなデザインに変更。その甲子園初采配で決勝まで進んで天理（奈良）に敗れたものの準優勝の結果を残し、「ニュー中京」を全国のファンに大いに知らしめた。

2000年夏、02年春と出場し04年夏はベスト8進出。堂林翔太（広島）を擁した09年はセンバツでベスト8入りし、同年夏には同校7度目のVとなる全国制覇を成し遂げた。10年も春夏連続出場。同年夏の2回戦で早稲田実（西東京）に敗れた試合を最後に勇退を表明、総監督に退いた。17年にU-18ワールドカップのヘッドコーチ（監督は小枝守氏）を務めた後、18年には県内のライバル・享栄に転じ、同年秋から監督を務める。監督として春5回8勝、夏4回11勝の通算19勝は全国42位タイ。優勝1回、準優勝1回のほか8強入りが3回ある。

チ 大宮工業高校

おおみやこうぎょうこうこう

さいたま市北区にある。1925年に大宮町立工業学校が開校。当初は定時制で、全日制は35年から。48年に埼玉県大宮工業高等学校となって正式に63年に県に移管され、現校名に。82年から全日制で男女共学。機械科、電子機械科、電気科、建築科があり、専門コースと大学進学に対応するカレッジコースを設置している。初出場初優勝を成し遂げたのは、68年センバツ。前年秋、関東大会を制して注目されていたが、準決勝で東尾修（元西武）を擁する箕島（和歌山）との初出場対決に勝ち、尾道商（広島）との決勝は逆転勝ちだった。センバツでは工業高校の優勝は初めてで、埼玉県としても初の頂点だった。その年は夏の50回大会にも連続出場。1回戦はセンバツ準々決勝の再戦で平安（現龍谷大平安・京都）を返り討ちにするが、2回戦で津久見（大分）に敗れた。夏1回出場1勝1敗、春1回で5勝0敗。関口伊織（元近鉄ほか）、厚澤和幸（元日本ハム）がＯＢ。

チ 大宮東高校

おおみやひがしこうこう

1980年創立の県立校で、創立時から普通科と体育科を設置しており、スポーツが盛ん。所在地はさいたま市見沼区。硬式野球部は、創立3年目の82年秋に早くも関東大会出場、83年夏には県大会準優勝。プロ野球選手も輩出し、あっという間に県内強豪校の一角に食い込んだ。超高校級スラッガー・山口幸司（元中日）を擁した88年は春の関東大会優勝で期待されたが、夏は県準決勝で敗退。念願の甲子園初出場は北川博敏（元近鉄ほか）を擁した90年夏。高知商との1回戦は初回に6点を先制しながら7対11の逆転負けを喫した。93年はスラッガー・平尾博司（元西武ほか）を擁してセンバツ初出場。関東大会8強どまりで5番手の選出も、崇徳（広島）との初戦に平尾のホームランなどで快勝すると波に乗った。浜松商（静岡）にサヨナラ勝ち、長崎日大、国士舘（東京）と下して埼玉県勢25年ぶりの決勝進出。68年の大宮工に続く「初出場初優勝」にあと一歩に迫ったが、上宮（大阪）に敗れ準優勝に終わった。それ以降、県内の大会ではしばしば上位進出を果たしながら甲子園出場から遠ざかる。春1回、夏1回の出場で通算勝利は準優勝した春の4勝。主な卒業生として野球部以外ではバドミントンの奥原希望、タレントの澤部佑などがいる。

他 オール菊池

おーるきくち

1998年夏の岩手大会、遠野と岩谷堂農林の1回戦。遠野中時代の1932年夏、58年センバツと甲子園出場歴のある遠野が5回コールド、11対0で勝ったのだが、そのスタメンは（三）菊池和、（二）菊池拓、（中）菊池充、（遊）菊池優、（一）今淵、（右）菊池考、（捕）菊池篤、（左）菊池幸、（投）松田……。なんと9人中7人が菊池姓だった。

この年の遠野は、部員54人中19人が菊池姓。エースも本来は菊池章だから、もし一塁手の今淵主将が故障でもすれば、オール菊池のスタメンがあり得た？　もともと遠野市は、菊池姓が全世帯の約2割を占める。かつて肥後国の菊池氏の一族が、現在の遠野市近辺に移ってきたことが始まりだ。2019年夏の岩手大会で、佐々木朗希（ロッテ）のいる大船渡と初戦で対戦した遠野緑峰も、ベンチ入り20人中9人が菊池姓。スタメンにも6人の菊池が名を連ねていたから、いつかは「オール菊池」のスタメンが実現するかも。

選 小笠原慎之介
おがさわら・しんのすけ

1997年生まれ。神奈川県藤沢市出身。湘南ボーイズで「ジャイアンツカップ」優勝の実績を残し、東海大相模（神奈川）に進学。エースとして出場した3年時の15年夏の甲子園で優勝を飾った。左腕から繰り出す速球を最大の武器とし、甲子園のスピードガンでMAX151キロを計測した。優勝した15年夏の甲子園は同学年の右腕・吉田凌（オリックス）が3試合に先発登板。小笠原の先発は3回戦（2戦目）の遊学館（石川）戦と決勝の仙台育英（宮城）戦の2試合のみだったが、準々決勝の花咲徳栄（埼玉）戦はロングリリーフで相手打線を封じてチームはサヨナラ勝ち。決勝の仙台育英戦は唯一の完投勝利。しかも同点で迎えた9回表に自らのバットで決勝ホームランという存在感を見せた。同年ドラフトで中日ドラゴンズの1位指名を受け入団。チェンジアップ、ナックルカーブを駆使する投球でローテーションの一角を担い、22年には10勝をマークした。180センチ、93キロ。

選 監 岡田龍生
おかだ・たつお

1961年生まれ。大阪府出身。中学時代はバレーボール部と軟式野球部の「二刀流」で活躍。東洋大姫路（兵庫）では3年時に主将を務め、79年センバツに「一番サード」で出場し、ベスト4進出。準決勝では牛島・香川の浪商（現大体大浪商・大阪）に敗れた。日体大を経て、社会人・鷺宮製作所で1年間プレー。その後、高校野球指導者の道へ。大阪・桜宮でコーチを務めた後、87年に履正社監督に就任。低迷していた野球部をゼロから鍛え、97年夏に春夏通じて初の甲子園出場に導く。2008年春に甲子園初勝利を挙げ、11年春はベスト4入り。14年春は準優勝、17年春には大阪桐蔭との「大阪決勝」の末、2度目の準優勝。T-岡田（オリックス）、山田哲人（ヤクルト）、安田尚憲（ロッテ）らプロ野球界に数多くの人材を送り出し、同校を全国屈指の強豪に育て上げた。19年夏には井上広大（阪神）らを擁して、甲子園初優勝。22年3月をもって履正社を退任、同年4月に母校・東洋大姫路の監督に就任した。監督として春8回出場の13勝、夏4回出場の9勝で通算22勝は歴代34位タイ。

選 岡本敏男
おかもと・としお

1932年夏の甲子園（第18回大会）に熊本工の外野手兼左腕投手として出場。初戦（2回戦）の台北工（台湾）戦は中堅手でフル出場。2戦目の準々決勝・石川師範（現金沢大教育学部）戦で先発投手に起用されると、5四球を出したものの相手打線を無安打に抑えて完封。夏の大会史上6人目のノーヒット・ノーランを達成した。同年の大会では楠本保（明石中）、水沢清（長野商）に続く3人目の快挙。準決勝・中京商（現中京大中京・愛知）戦も登板して完投するも0対4で敗れ、決勝進出はならなかった。門司鉄道局（現JR九州）で36年の都市対抗優勝。40、41年はプロ野球・名古屋軍（現中日ドラゴンズ）でプレーした。名前を「敏夫」とする資料もある。1917年生まれ。没年不明。

選 監 岡本道雄
おかもと・みちお

1946年高知県生まれ。1964年夏の甲子園に高知の一番ショートとして出場。主力選手を欠きながらチームは勝ち進み、決勝で早鞆（山口）を下して優勝。高知県勢として初優勝を飾った。法大卒業後の69年に母校・高知の監督に就任。75年春のセンバツは、杉村繁（元ヤクルト）を擁した大型チームで臨み、東海大相模（神奈川）との決勝を延長13回の激闘の末に下して優勝。選手、監督の両方で優勝を達成した。74年春と77年夏、79年夏もベスト8入りがある。90年センバツ初戦で日大藤沢（神奈川）に0対14で大敗を喫して一度退任するが、94年から再び指揮を執り99年まで監督を務めた。その後は2005年夏から08年春にかけ部長として4度甲子園出場。監督としては春8回8勝、夏4回6勝の通算14勝。

チ 岡谷工業高校 ←諏訪蚕糸
おかやこうぎょうこうこう

1912年、諏訪郡平野村に農蚕学校として開校し、20年に諏訪蚕糸学校、38年に岡谷工業学校、48年の学制改革で現校名になった。野球部は諏訪蚕糸時代の15年に創部し、29年夏に初出場。翌30年は春夏連続出場し、夏はエース・中村三郎（名古屋軍＝のちの中日ほか）の活躍などで決勝に進出した。広島商との一戦は、2対2と同点の9回、外野手の落球をきっかけに6点を失い、惜しくも優勝を逃した。2017年には、創部から当時の活躍を伝える大量の資料が見つかり、29年12月から30年1月には、台湾に遠征したことが判明。そのときに対戦した嘉義農林（現嘉義大学）は31年夏の甲子園大会で準優勝し、感謝を伝える礼状などもあった。岡谷工となってからも68、81年夏に出場がある。春夏通算4勝5敗。春高3連覇などがある男子バレーボールも強豪で、北京オリンピックに出場した松本慶彦、越川優らがOB。

チ 岡山東商業高校

おかやまひがししょうぎょうこうこう

岡山市中区の県立高校。1898年、岡山県商業として創立し、1928年、第一岡山商業に改称。49年に岡山商業高等学校と岡山産業高校が統合して岡山東高校となり、53年に今の校名になった。ビジネス創造科、情報ビジネス科がある。卒業生は3万人を超え、岡山の商業の拠点を担ってきた。岡山県勢唯一の優勝が、65年のセンバツだ。エースは、のちに大洋で200勝投手になったあの平松政次で、4試合をすべて完封して頂上決戦の相手は主砲に藤田平（元阪神）が座った市和歌山商（現市和歌山）。連続無失点は39イニングで途切れたが、延長13回、サヨナラ勝ちを果たしている。初出場は51年の夏で、ともに大洋で活躍した秋山登、土井淳の黄金バッテリー。しかし初戦で中西太（元西鉄）のいた高松一（香川）に大敗した。71年と78年夏にベスト4になっているが、それ以後は私学に押されている。薄いクリーム色のユニフォームに伝統を感じるファンは多い。八木裕（元阪神）、星野大地（元ソフトバンク）らがOB。夏11回11勝11敗、春8回6勝7敗。

チ 岡山理科大学付属高校

おかやまりかだいがくふぞくこうこう

1962年、学校法人加計学園が岡山電気工業高校として設立し、64年の岡山理科大学設立認可に合わせて現校名に改称した。普通科に5コースと中高一貫コース、通信制課程を設置。普通科のスポーツサイエンスコースでは、野球部員をはじめソフトテニス、テニス、柔道など全国レベルの運動部員が学んでいる。野球部は開校と同時に創部し、80年春に甲子園初出場。初出場から4連敗だったが、98年センバツで初勝利を挙げると、99年は夏の初勝利から準優勝と快進撃を見せた。岡山勢にとって、優勝はあるが準優勝は初めて。春夏10回出場で、7勝10敗。九里亜蓮、薮田和樹（ともに広島）、藤岡裕大（ロッテ）、柴田竜拓（ＤｅＮＡ）、頓宮裕真（オリックス）ら多くのプロ野球選手が輩出し、フィギュアスケートの田中刑事もＯＢ。

選 小川正太郎
おがわ・しょうたろう

１９１０年和歌山県生まれ。和歌山中（現桐蔭）の選手として在学中の5年間に合計8回の甲子園出場。１７７センチの長身で左腕からの「二階から落ちるような」と評されたカーブと速球を武器に活躍。１９２６年夏の準決勝・大連商（満州）戦で記録した8連続奪三振は２０１２年に桐光学園（神奈川）・松井裕樹（楽天）が更新するまで86年間破られなかった。だが、この試合は0対1で敗戦。続く27年春のセンバツは3試合を投げぬいて優勝。28年春も決勝まで進むが、関西学院中（兵庫）を3安打に抑えたものの打線の援護なく1対2で敗れて準優勝。28年夏も三原脩（のち巨人監督ほか）がいた高松中（香川）に準々決勝で敗れた。5年間で投手としての甲子園成績は11勝（4敗）。早大に進み、早慶戦の快投で大人気を博し、卒業後は毎日新聞社に入社。野球評論に健筆をふるい、社会人野球の発展に尽力。東京六大学野球の記録員、野球規則の編纂委員なども務めた。80年に70歳で逝去。没後の81年に特別表彰で野球殿堂入りした。

チ 沖縄尚学高校
おきなわしょうがくこうこう

１９５７年開校の私立校。沖縄県那覇市にある。当初は沖縄大学を経営する学校法人嘉数学園が沖縄高校として経営していたが、財政難で予備校の尚学院が参入し今の校名に。86年、附属中学を開校した。東大、京大を目指す東大国公立医学科コース、国際文化科学コースなどがある。沖縄高校時代の62年夏と68年春に出場。99年センバツでは、沖縄県勢悲願の初優勝を飾った。準決勝でＰＬ学園（大阪）を延長12回で振り切ると、決勝は水戸商（茨城）を寄せつけず、沖縄をけん引した裁弘義監督の教え子・金城孝夫監督はインタビューで言葉を詰まらせた。この大会の行進曲は奇しくも、沖縄出身ｋｉ

▲1999年春、沖縄県勢として初の優勝を飾った沖縄尚学

roroの「長い間」。沖縄が初めて甲子園に出場してから41年の長い時間だった。2008年のセンバツも、前回優勝時のエースだった比嘉公也が監督としての優勝。東浜巨（ソフトバンク）はカットボールが有効で聖望学園（埼玉）、聖光学院（福島）、明徳義塾（高知）など強豪を接戦で破った。安仁屋宗八（元広島ほか）、嶺井博希（ソフトバンク）、與座海人（西武）などがOB。夏9回8勝9敗、春7回16勝5敗の通算24勝。柔道、ボクシングも盛んだ。

チ 沖縄水産高校
おきなわすいさんこうこう

1904年、糸満村立水産補習校として設立され、10年に沖縄県立水産学校。一時閉校したが、46年9月1日に沖縄開洋高校として開校すると、琉球政府立沖縄水産高校などを経て72年、沖縄県立沖縄水産高校と改称。総合学科、海洋技術科のほかに専攻3科がある。野球部は30年に創部したが、力をつけたのは80年に栽弘義監督が就任してから。84年の夏に初出場すると、5年連続出場を果たし、86年はセンバツにも初出場した。85～87年のエースは上原晃（元ヤクルトほか）で、88年夏にはベスト4。90、91年と2年連続決勝に進出したが、いずれも敗れて沖縄勢初の全国制覇にあと一歩だった。98年には、新垣渚（元ヤクルトほか）がエースで春夏連続出場。これを最後に、甲子園からは遠ざかっている。甲子園通算21勝12敗。ボクシングの元世界スーパーライト級王者の浜田剛史らがOB。

選 奥川恭伸
おくがわ・やすのぶ

2019年夏、星稜（石川）を24年ぶり決勝に導いた右腕。石川県かほく市生まれで、宇ノ気中3年時、高校でも組む山瀬慎之助（巨人）とのバッテリーで全国中学大会制覇を達成した。星稜では1年春の北信越大会からベンチ入りすると1年秋からエースを務め、2年春夏、3年春夏と4季連続甲子園に出場した。3年のセンバツでは初戦、150キロを超える強い真っすぐと精密な制球で、履正社（大阪）を3安打、17三

▶奥川恭伸

振を奪って完封。2回戦で敗れたが、夏はさらに成長して自責点0で決勝まで進出。履正社との再戦で敗れた。だが4回出場した甲子園で87回3分の1を投げ100三振を奪い、1試合あたりの四死球2個以下で防御率1・55は出色。18、19年とU-18高校日本代表に選ばれ、20年ドラフト1位でヤクルトに入団した。

人 奥島孝康
おくしま・たかやす

日本高等学校野球連盟の第6代会長で、2008年から15年までその座にあった。歴代の会長が、中等学校野球や高校、大学、社会人などで経験を積んだ野球人であったのに対し、奥島は硬式野球の経験は全くなく、早稲田大学総長も務めた法律学者。高校野球との接点といえば、早稲田実業理事長と、日本学生野球協会審査室委員を務めた程度だった。本人も、この就任を「青天の霹靂」と語っている。だが、巨大組織運営のノウハウを縦横に駆使。元プロ野球選手を積極的に指導者として受け入れるなど、過去のしがらみにとらわれずに手腕を発揮した。ただし、12年夏の甲子園の閉会式では、「とりわけ残念なのが、大谷投手を甲子園で見られなかったこと」と講評。この年、アマチュア野球史上初となる160キロをマークした花巻東(岩手)・大谷翔平(エンゼルス)だが、決勝で盛岡大付に敗れて甲子園には出場できていなかった。それをさしての言葉だが、盛岡大付に失礼ではないかと物議を醸した。

人 小倉清一郎
おぐら・きよいちろう

横浜(神奈川)の元部長。同校の同級生だった渡辺元智監督とのコンビで、1998年の春夏連覇ほか、甲子園通算34勝、優勝3回を記録した名参謀。44年6月16日生まれ。横浜時代は捕手として県大会準優勝が最高で、甲子園出場はない。東京農大から社会人野球の三菱自動車川崎、河合楽器でプレーしたが、肝炎を患うなどで24歳で引退。横浜で水道設備関係の職に就いていた73年、静岡・東海大一(現東海大静岡翔洋)のコーチに招かれ、週末のみ指導。76年には春夏連続甲子園出場をもたらした。78年、横浜を率いながら教職免許取得中の渡辺の要請で、母校の監督に(渡辺が部長)。夏の甲子園に出場した(このときに前出とは別に1勝)が、選手起用を巡って部内が紛糾し、1年で去っている。小倉はここで、横浜のライバルである横浜商・古屋文雄監督に「横浜にはいつでも勝てます」と売り込んでコーチに就任。90年までの在任中にチームは春夏8回の甲子園に出場。ことに83年春夏には池田（徳島）、PL学園（大阪）に敗れたものの、準優勝を飾っている。

90年秋、磯子駅で偶然再会した渡辺に強く誘われ、事務職員として横浜のコーチに。教員免許を取得し、94年から野球部長となった。以来、渡辺が主に精神面、小倉が技術面の指導と両輪として強豪に育て上げた。その最高傑作が、松坂大輔（元西武ほか）らがいて、公式戦無敗の44連勝を記録した98年世代である。対戦相手の投手や打者の特徴、先述を綿密に分析した「小倉ノート」は、著書の題名としてもよく知られている。2010年3月に横浜を定年退職した後もコーチとして指導を続けたが、15年8月限りで勇退。以後は、依頼があれば全国各校を指導に出向き、18年から山梨学院のコーチを務めた。

監 小倉全由

おぐら・まさよし

1957年4月10日、千葉県一宮町生まれ、63歳。日大三高を卒業して日大在学時に母校のコーチをして指導者の道に。卒業後は母校へ奉職の話があったが、突然宙に浮いたため、教員採用試験の勉強をし直していた。そこへ関東一（東京）から声がかかり、81年に監督に就任する。85年夏に甲子園に初出場し、87年はセンバツで準優勝。主将・捕手で三輪隆（元オリックス）がいた。88年に成績不振でいったん辞任し、92年に復帰。97年から日大三へ移るのだが、母校の夏の出場は当時、85年が最後。95年夏には、西東京で初戦負けの屈辱もあった。小倉によると、「内心、新卒のときのわだかまりはありました。ですが、離れてみて母校の偉大さがわかったのも事実。なにより〝もう1回、甲子園に出してくれ〟というのが殺し文句でした」。

▲小倉全由

貫いたのは、お行儀良く緻密に野球をやるのではなく、とにかく積極的に打っていこう、という姿勢だ。すると徐々に力強い打撃のチームができていき、99年にはセンバツと14年ぶりの夏の出場に導き、2001年夏には、当時の甲子園歴代最高打率を記録して初めて夏の全国制覇を果たした。明豊（大分）、横浜（神奈川）などを破り、決勝は近江（滋賀）に5対3だった。内田和也（元西武ほか）、都築克幸（元中日）、千葉英貴（元横浜）らが主力で、エースは近藤一樹（元ヤクルト）。この4人は同年のドラフトで指名されてプロ入りするが、同一年度に同一高校から4人の指名は最多タイだ。ただ、プロ入り後は野手が大成せずに終わっているため、その後は高卒即プロよりも大学進学を勧めるようになったといわれている。10年センバツは準優勝。5試合中3試合で2ケタ得点したが、決勝では延長12回、5対10で興南（沖縄）に敗れた。この時のエースは山崎福也（オリックス）。11年センバツもベスト4まで進出し、夏に2度目の優勝を遂げる。全6試合2ケタ安打で6本塁打、4試合が2ケタ得点だった。光星学院（現八戸学院光星・青森）との決勝も、11対0と圧勝。高山俊（阪神）、横尾俊建（楽天）らが主力でエースは吉永健太朗だった。その他、教え子のプロ野球選手は多く、関東一時代の武田勝（元日本ハム）、日大三では伊藤裕季也（楽天）、坂倉将吾（広島）、櫻井周斗（DeNA）など。厳しく熱血漢でもあり、寮で選手と一緒に風呂に入り、真冬の合宿打ち上げには涙するなど情の指導者で知られた。23年3月で勇退。40年を超える監督生活にピリオドを打った。関東一で夏2回春2回出場の7勝4敗、日大三では夏11回春7回出場、30勝16敗の合計37勝は歴代9位タイ。

選 尾崎正司
おざき・まさし

1947年1月24日生まれ。徳島県立海南高校（現海部高）のエース・四番打者として1964年のセンバツに出場。初戦の秋田工戦に9回表の1失点で完投勝利を挙げると、報徳学園（兵庫）、金沢（石川）を連続完封。準決勝も土佐（高知）との四国対決を1対0で制する3試合連続完封の快投で決勝まで進出した。尾道商（広島）との決勝は6回に2点を先制され連続無失点記録は32イニングでストップするも、8回に尾崎自らのタイムリー三塁打で同点に追いつき、9回の勝ち越しスクイズで鮮やかな逆転勝利。前年秋の四国大会は準決勝で安芸（高知）に敗れ、四国地区3番手での初出場だったが、前評判を覆す快進撃で初出場初優勝を成し遂げた。同年夏は高知県との南四国大会まで進むが、高知に惜敗。夏の甲子園出場はならなかった。

当時はドラフト制度発足直前の時代、センバツVの大型右腕としてプロのスカウトにマークされ、争奪戦の結果、西鉄ライオンズと契約。同期入団に63年センバツ優勝投手の下関商・池永正明がいた。尾崎は池永の実力を目の当たりにし「こんな投手がいる世界で自分が通用するわけがない」と衝撃を受けたという。入団3年目に外野手に転向するも結果は残せず。自ら退団を申し出てプロゴルファー転向の道を選んだ。西鉄でのプロ3年間で投手として20試合に登板し0勝1敗、防御率4・83、打撃成績は50試合出場で46打数2安打、打率は・043だった。

プロゴルファーに転向して将司と改名。「ジャンボ尾崎」として大成功を手にした。ツアー出場から遠ざかって以降も「ジャンボ軍団」の親分として多数の若手を育成。近年では原英梨花、笹生優花、西郷真央ら有望な女子選手が「ジャンボ門下生」として知られる。

選 尾崎行雄

おざき・ゆきお

1944年9月11日、大阪府泉大津市生まれ。浪商（現大体大浪商）出身のプロ野球選手。2013年没。政治家の尾崎行雄にあやかった名前。もともとは左投げだったが、小学校5年生で右投げに。60年浪商入学。柴田勲（元巨人）擁する法政二（神奈川）との3度にわたる甲子園での激突は、歴史的な名勝負の一つ。1年時に大塚弥寿男（元ロッテ）とバッテリーを組み、甲子園出場。2回戦で法政二と当たるが完封負け。翌センバツでも準々決勝で当たって逆転負け。法政二は夏春連覇を達成する。そして61年夏、準決勝。9回に2点差を追いつき、延長11回、ついに4対2で下すと、決勝は桐蔭（和歌山）を1対0で破ってチーム2度目の優勝に貢献した。この年の11月に浪商を中退して東映フライヤーズに入団し、1年目の62年、20勝9敗でリーグ優勝の立役者に。18歳での新人王は史上初だった。

64年から66年までは3年連続20勝、65年は27勝で最多勝。新人からの5年間で98勝を挙げた。ただ、登板過多もたたって29歳で引退。12年間で通算107勝83敗だった。球速にして160キロは出ていたといわれ、尾崎のボールがホームベースを通過するときには、その球威で砂煙が上がったという逸話もある。尾崎の1学年下のチームメート、高田繁（元巨人）は「真っすぐで誰が一番速いかといわれたら、尾崎さん」と答えている。1学年上の大熊忠義（元

▲尾崎行雄

阪急）は「尾崎がセンターの守備位置からバックホームをしたら、ボールは全く落ちることなく一直線にキャッチャーのミットに収まった」とも証言。まさしく剛速球そのもので「怪童」と呼ばれたが、引退後はコーチもせず、評論家の依頼も断り球界からは距離を置いた。

戦 押し出し
おしだし

走者満塁のとき、おもに四死球で得点が入ること。厳密には四死球のほか、打撃妨害などで打者走者に安全進塁権が与えられると、塁上の全走者にも安全進塁権が与えられ、三塁走者は自動的にホームを踏む。この場合、四死球や打撃妨害を得た打者には打点1が記録される。甲子園でもっとも印象的な押し出しは1973年夏、作新学院（栃木）の怪物・江川卓（元巨人）が、銚子商（千葉）に敗れたシーンだろう。土屋正勝（元ロッテほか）との投手戦は、0対0のまま延長に。試合途中から、江川の不得手とする雨が降り出している。そして12回裏1死満塁のピンチで、打席には長谷川泰之。フルカウントから投じたストレートが、高めに抜けた。押し出しの四球を与えてのサヨナラ負け――。圧倒的な力を持つ江川だったが、結局甲子園では4勝に終わっている。ただ、自分だけが注目されることで、チームから浮いてしまうことを苦慮していた江川は、「最後のボールを投げる前、みんながマウンドに集まり、〝オマエの好きなボールを投げろよ〟と言ってくれた。それがうれしかった」と語っている。

また、91年夏の松商学園（長野）と四日市工（三重）の延長決着もある。松商・上田佳範（元中日ほか）、四日市・井手元健一朗（元西武ほか）の投手戦は、3対3のまま延長16回へ。松商は裏の攻撃、1死満塁で打席には上田が立った。そこへ、左腕・井手元の初球は、左打席の上田の右肩へ。押し出し死球という決着に、井手元はマウンドに両ヒザをついてうなだれ、上田は痛みでバッターボックスに倒れ込んだあと、左手を上げてガッツポーズをした。ほかに78年夏、仙台育英（宮城）と高松商（香川）の一戦も、仙台育英・大久保美智男（元広島）と高松商・河地良一の息詰まる投手戦。延長17回裏、1死満塁から河地が嶋田健に死球を与え、1対0とサヨナラ決着がついている。

お立ち台
おたちだい

→インタビュー通路

鬼の阪口→阪口慶三
おにのさかぐち

人 小野塚康之
おのづか・やすゆき

1957年5月23日生まれ。東京都出身。NHKの高校野球中継アナウンサーとして300試合以上を担当。熱のこもった実況に定評があり、多くのファンの支持を得た。2017年の定年退職後、19年まで嘱託としてNHKに籍を置き、その後フリーアナウンサーに。衛星放送やインターネット放送ほかで熱い実況を届けている。メディアの取材に答え、自身思い出に残る試合として98年夏の準決勝・横浜対明徳義塾、04年夏の決勝・駒大苫小牧対済美を挙げているが、07年夏の決勝・佐賀北対広陵戦で佐賀北・副島浩史が逆転満塁ホームランを放った時の「あり得る最も可能性の小さい、そんなシーンが現実です！」が名フレーズとして有名。

チ 尾道商業高校
おのみちしょうぎょうこうこう

センバツは、準優勝2回を含む12勝6敗に対し、夏は1勝1敗と、春にめっぽう強い広島の伝統校。1887年の私立尾道商法講習所を前身とし、翌年公立尾道商業学校、以降何度か改称、あるいはいったん工業学校になるなどをしながら、1948年の学制改革で広島県尾道商業高校に。その後も広島県尾道西高校となるなどの変遷を経て、68年にようやく県立尾道商業高校に落ち着いた。同好会組織としての野球部のスタートは1898年で、一時期廃部の憂き目に遭いながら、1928年に復活。58年の夏に甲子園に初出場し、64年に初出場したセンバツでは、小川邦和（元広島ほか）をエースに決勝まで進出。尾崎正司（元西鉄、プロゴルファーの尾崎将司）がエースの徳島・海南（現海部）とのセンバツ史上初の初陣決勝対決は、2対3で涙を飲んだ。68年、センバツ2回目の決勝進出もやはり2対3で大宮工（埼玉）に惜敗した。OBは、広島で95年に新人王を獲得した山内泰幸ほかプロ球界に多数、シドニーオリンピック・野球日本代表で監督を務めたアマ球界の重鎮・大田垣耕造、現在同校最後の甲子園出場である86年センバツ時の中村信彦監督（のち呉監督）ら。

他 親子鷹
おやこだか

一つの目標に向かって努力する父と息子をいう語。勝海舟と、父・小吉を描く子母沢寛の小説「父子鷹」から派生した比喩といわれる。高校野球での代表例は、東海大相模（神奈川）で監督を務めた原貢と辰徳（元巨人）親子だろう。近年では、2013年夏に優勝した前橋育英（群馬）の荒井直樹監督と、そのときの荒井海斗主将も親子鷹として知られる。

　また、甲西（滋賀）のメンバーとして85、86年夏に出場した奥村伸一は、86年の三沢商（青森）との開幕戦でホームラン。息子の奥村展征（ヤクルト）も、日大山形で出場した2013年夏、日大三（西東京）戦でホームラン。甲子園親子本塁打は、71年春に日大三（東京）・吉澤俊幸（元南海ほか）が坂出商（香川）戦で、10年春に息子の日大三・吉澤翔吾が山形中央戦で放ったのに次いで3組目だった。奥村展征の弟・真大も龍谷大平安（京都）で18年夏、19年春の甲子園を経験し、祖父は、甲賀高校野球部監督のあと国会議員となり、文部科学副大臣も務めた奥村展三氏だ。

▲「親子鷹」として注目された東海大相模の原貢監督（左端）と辰徳（右端）親子。1974年夏

　23年センバツでは山梨学院の吉田洸二監督と長男の健人部長（責任教師）が親子コンビで優勝を。準決勝で対戦した広陵（広島）の中井哲之監督と惇一部長も監督と部長の親子鷹だった。この「指導者親子鷹コンビ」による甲子園出場は過去にあまり例がなく、ほかにはクラーク記念国際（北海道）の佐々木啓司監督、達也部長（16年夏、22、23年春）、浦和学院（埼玉）の森士監督、大部長（18年夏）がある。

チ 小山高校

おやまこうこう

　1976年のセンバツでは、長い甲子園の歴史でも実力はかなり上位と評価される崇徳（広島）に敗れたものの、準優勝。甲子園に春夏6回出場し、通算5勝6敗の栃木県立高校。18年に小山町立小山農商補習学校として開校し、野球部は36年創部。48年の学制改革で小山高等学校となり、農業・商業の全日制2課程が置かれる。72年に農業科は分離・独立し、男子普通科が設置された。あの江川卓は、ほぼ小山への進学が決まりかけていたが、同級生の話によると「入試当日に姿を見せず」、一転作新学院へ。一説では、六大学野球

でのプレーも視野に入れていた江川が、進学により有利な進路を選択したといわれるが、その71年当時に小山に普通科があればどうだったか。現在は、県内で唯一の数理科学科がある普通科高校。OBである広澤克実（元阪神ほか）在籍時の80年は、栃木大会の決勝で敗れたが、94年、2003年にも夏の甲子園に出場。栃木大会では、藤岡との初戦で54対0の5回コールド勝ち。一試合のチーム最多得点、最多安打（39）、最多塁打（53）など、22もの大会新記録を生んだ。

運 オンライン会見
おんらいんかいけん

新型コロナウイルス感染拡大への対応に迫られた甲子園大会はその取材方式が大きく変わり、2021年センバツから「オンライン会見」が導入された。監督、選手がメディア関係者と対面で接触することはなく、試合後は球場内のインタビュールームの小部屋へ移動。カメラ越しにZoomのミーティング機能でオンライン会見が行われるようになった。コロナ前は、ベンチ入りメンバーに補助員も含めた丸ごとチーム全員がインタビュー通路での取材対象だったが、人数制限が必須なため限られた指名選手だけが参加。リモートでの質疑応答はどうしても時間がかかることもあり、取材するほうもされるほうも不自由なやり取りだったのは致し方なかった。試合後のオンライン会見は21年春夏、22年春夏の4大会ほぼ同じ方式で続いたが、23年春になってようやく撤廃。従来のインタビュー通路でなく、球場外に新たに設置されたエリアを使い監督、指名選手と対面で行う形が復活した。

か

試 海外遠征
かいがいえんせい

夏の大会終了後、上位進出校の3年生選手を中心に、かつて国際親善を主目的とした海外遠征チームが組まれた。行き先はおもに、アメリカや韓国で、2006年以降は日米親善野球として06、07、09、10年にアメリカのアーバンユース・アカデミーと対戦した。その後は、夏の甲子園大会終了後に侍ジャパンU‐18代表の位置付けで高校選抜チームを選出、原則として奇数年開催のWBSC U‐18ワールドカップ、偶数年開催のBFA U‐18アジア選手権大会に参加している。その場合、夏の甲子園不出場校の選手や2年生以下の選手が選ばれることがある。13年からは、WBC日本代表と同一の、侍ジャパンのユニフォームを着用するようになった。

運 開会式
かいかいしき

1917年、第3回の全国中学野球大会から始まった開会式。オリンピックや、この年5月に開催された第3回極東競技大会を参考にしたものといわれる。戦後第1回、46年夏の大会は、甲子園を進駐軍が接収していたため、西宮球場で開かれた。開会式には連合軍総司令部のポール・ラッシュが出席。挨拶は通訳なしの英語だったため、選手たちにはちんぷんかんぷんだった。ただし挨拶のあと、「Do your best」のメッセージとともに、選手には白球がプレゼントされたという。

かつて2000年まで、国旗・大会旗の掲揚は出場校の主将（のち記録員）がバックスクリーンに集まって行った。またその00年から18年までは、ライトの外野スタンドで西宮をPRする人文字が見られた。これは「西宮をPRする会」が、選手や観客に歓迎の気持ちを伝え、大会を盛り上げることを目的として行っていたもの。約1200名の一般ボランティアが青と白のプレートを使い、「ようこそ」「西宮市へ」「甲子園へ」「ファイト」の4パターンを描く。東日本大震災の11年には、「頑張ろう」「日本!!」が加わった。またその年のセンバツでは、開会式の開式に先だってサイレンをともなう黙とうが、夏の開会式では、サイレンなしの黙とうが行われている。

14年夏の大会は、台風第11号の接近にともない、本来開幕予定日だった8月9日に、開会式・開幕戦3試合を2日延期する決定を出した。開会式の延期は60年以来54年ぶりで、開幕が2日延期されたのは史上初めてのことだった。

新型コロナ感染拡大に対応しなが

ら開催した21、22年春夏の甲子園は開会式も変則的だった。21年春は初日に登場する3試合6チームの選手だけが参加。無観客で開催された21年夏の大会は出場全チームの選手が参加したが行進はせず、開式前にグラウンド上に間隔を確保して整列し、密を避ける格好で行われた。22年春はやはり初日に登場の6チームだけが参加、残る26チームは事前に収録した行進の映像を大型ビジョンで流した。22年夏は開幕を前に感染者数が急増したため、開会式前日に急きょ各チームの主将だけ参加と変更、感染者が出た6チームは主将も欠席し、残る43チームの主将が入場行進を行った。

運 開会式リハーサル

かいかいしきりはーさる

開会式の前日に行われる予行練習。本番と同じ午前9時から始まり、入場行進の手順、音響の具合などを確認しながら、ほぼ本番同様に進行していく。宣誓を引き当てた選手は、この時点ではまだ文言を完璧に暗記しておらず、何度も繰り返すのがご愛敬だ。また、これは積極的に公表はしていなかったが、コロナ前まではリハーサルの模様は一般客の見学も可能。ネット裏のスタンドでは、初戦で対戦する監督が新聞記事用に対談を行い、お互い腹の内を見せない、丁々発止のやりとりも見られた。

チ 皆勤校

かいきんこう

全国中等学校優勝野球大会が創設されたのは1915年。同年7月1日付の朝日新聞の社告によると、「各府県連合大会に於ける優勝校たる事」が参加条件だったが、そこから8月中旬の開催までに予選を開催し、優勝校を決めるのでは日程として厳しい。そこで、既に終わっている大会で代替したり、駆け込みで予選を行ったとしても参加できない地域もあった。たとえば北海道はそもそも、道庁から対外試合禁止令が出ていたし、また北陸は8月下旬に北陸大会の開催が決まっていたため、参加を見送っている。東北は、連絡を受けた秋田県のみが形だけの予選を行い、秋田中がそのまま代表となった。ただ当時の東北では岩手県勢も強く、予選のカヤの外に置かれたことで遺恨を残している。

関東は予選を行わず、3月下旬に行われた東京大会優勝の早稲田実が代表。近畿では滋賀と京都が京津大会、大阪、奈良、和歌山が関西大会を行い、兵庫県のみが1県1代表だった。異例なのは山陰で、13年の山陰大会で米子中（現米子東・鳥取）

の応援団が松江中（現松江北・島根）の応援団に暴行する事件があったため、地元での両県の対戦は避けたい。結局、両県の優勝校が本大会の行われる豊中グラウンドで対戦し、鳥取中（現鳥取西）が杵築中（現大社・島根）を破って代表になっている。

このように、あわただしく開催された第1回大会の予選参加校は、全国で73にすぎない。だがそのうち、現在まですべての地方大会に出場している皆勤校がある。旭丘（当時愛知一中・以下同）、時習館（愛知四中）、岐阜（岐阜中）、西京（京都一商）、山城（京都五中）、同志社（同志社中・京都）、市岡（市岡中・大阪）、神戸（神戸一中・兵庫）、兵庫（神戸二中）、関西学院（関西学院中・兵庫）、桐蔭（和歌山中）、鳥取西、米子東、大社、松江北の15校だ。98年夏の第80回記念大会では、これら15校の主将が開会式に招待され、出場55校の先頭を切って入場行進をした。２０１８年夏の１００回大会でも、15校の主将が史上最多となった出場56校の入場行進を先導した。

▲現在まですべての地方大会に出場している時習館のユニフォーム

運 開催期間

かいさいきかん

全国高校野球選手権大会の地方大会は、例年沖縄と北海道を皮切りに、6月中旬から7月いっぱい、もしくは雨天順延などにより8月上旬まで開催される。そして甲子園での本大会は、1県1代表が定着するまでは、おおむね8月中旬の10日間前後で行っていた。49代表参戦の１９７８年からは、基本的に8月8日の開幕からの14日間。ただし開幕日は、オリンピック開催年などによって前後があり、バルセロナ大会の92年は8月10日、北京大会の２００８年は史上最も早い8月2日開幕だった。98年、最多（当時）の55校が出場した80回記念大会の会期は、プラス2日の16日間（ただし実際は雨天順延により、8月6日から22日まで）。03年からは、準々決勝を2日に分けていたため会期は15日間となった。13年以降は準々決勝一括開催に戻ったため、休養日を除けば再び14日間となり、19年には準決勝の翌日にも休養日が1日設けられた。日本の電力消費は、盛夏でもあり、お盆と重なる甲子園期間中がピークといわれ、かつては通産省が、電力需給の観点から開催時期をずらす検討をしたという。新型コロナの影響で無観客開催の21年夏の大会は東京五輪閉幕を待って9日開幕、25日決勝の予定だったが、序盤から天候不順に悩まされ、日程変更の連続。計3日設けていた休養日は1日だけとなり、4日遅れて史上最も遅い29日にようやく決勝が行われた。

第1回が4月の5日間から始まった選抜高校野球大会は、草創期は4月上旬を中心に行われた。ただし27年には、前年の大正天皇崩御の関係で4月下旬に開幕し、決勝は5月1日にずれ込んでいる。それが徐々に3月下旬からの1週間程度に移行し、61年以後は学校の春休みに合わせて3月26日前後の開幕が定着。出場が32校になった83年から、会期は10日間となった。このころは1回戦の2～4日目、そして準々決勝は4試合を行っている。ただ95年、阪神・淡路大震災による電力供給事情や、来場する応援団の交通事情を考慮して、準々決勝以外は1日3試合とし、会期も11日に延びた。

とはいえ、雨天順延が増えると新年度の学校行事に支障がある。またプロ野球の試合増で開幕が早まり、阪神タイガースの日程にも影響しかねない。たとえば97年は、史上初めて雨で4日順延。3月26日に開幕して4月5日に決勝の予定が、9日にまでずれ込んだことがある。11日からは阪神のホームゲームが組まれており、日程的には首の皮1枚でなんとか終了。そうした経緯で、03年からは開幕を春分の日の3月20、21日に前倒し。またこの年から、準々決勝を2日に分けたため、会期が1日延びている。現在は、休養日を除いて11日間、記念大会では12日間が基本。97年の例とは対照的に、16年センバツは3月20日に開幕し、順調に日程を消化して31日が決勝戦。3月中の大会終了は、実に75年ぶりだった。20年大会からは、夏と同様に準決勝と決勝の間に休養日が設定されたが、結局新型コロナウイルス感染拡大によって大会が中止に。復活した21年から23年までの3年間も雨天中止が2日以上あり、いずれも準決勝と決勝の間の休養日が飛ばされている。

改修→リニューアル
かいしゅう

海草中→向陽高校
かいそうちゅう

チ 外地からの参加
がいちからのさんか

1921年の第7回全国中等学校

優勝野球大会では朝鮮、満州両大会が、2年後の23年には台湾大会が新設された。日本は日清戦争のあと、1895年に清から台湾を割譲され、04~05年の日露戦争では満州の権益を得た。さらに10年には韓国を併合。外地と呼ばれたこれらの地域でも、移住した日本人によって野球が広がっており、朝鮮では13年に全鮮野球大会が、満州では16年に全関東州野球大会が開催されていた。21年の全国大会には朝鮮から釜山商、満州から大連商が出場している。台湾では、割譲後すぐの1896年に総督府中（のちの台北一中）に野球部ができ、各地でローカル大会が行われていた。23年の第1回全島大会では台北一中が勝利し、全国大会に進んでいる。その甲子園では26年の夏には大連商、31年夏には嘉義農林（台湾）が準優勝するなど、強豪チームも育ったこの3地域は、太平洋戦争で大会が中断する41年まで、いずれも移住した日本人を中心としたメンバーの代表を送り込んでいる。夏だけではなくセンバツでも、30年と33年に台北一中が、35年に嘉義農林がいずれも台湾から選出されている（春の出場は台湾のみ）。

選 怪童
かいどう

怪童とはもともと、並みはずれて体が大きく力の強い（男の）子という意味だが、高校球界でまず思い出すのが中西太（元西鉄）だ。学制改革のはざまで、高松一高（香川）1年にして49年センバツに出場するという希有な経験を持つ中西は、同年夏、さらに51年夏も甲子園に出場。2試合連続のランニング・ホームランを放ったほか、痛烈なライナーを捕球した二塁手がひっくり返るという度外れた打棒を見せた。で、この大会を見ていた評論家の飛田穂洲がつけたニックネームが「怪童」。西鉄に入団した1年目には、新人王を獲得している。2代目怪童は、尾崎行雄（元東映）だ。浪商（現大体大浪商・大阪）では1年でエースとなり、3季連続出場の61年夏、過去2大会敗れている法政二（神奈川）のライバル・柴田勲（元巨人）に投げ勝つなどして優勝。小柄な体から投げ込む剛速球で、怪童と呼ばれた。高校を中退して入団した東映では、高校3年にあたる翌年、20勝。高校生には、打てというほうが無理だったのである。

チ 海部高校←徳島海南高校
かいふこうこう

徳島県海部郡海陽町の県立高校。1964年センバツで優勝した徳島県立海南が、日和佐、宍喰商の3校と統合して２００４年に開校し海部高校が誕生。徳島海南（正式には海南。和歌山の同名校も64年センバツに出場しており、区別のための通称）そのものは、06年3月31日に閉校した。64年、たった一度出場したセンバツでは、のちに日本のゴルフ界を背負うエース・尾崎正司（元西鉄）が奮投。初戦の秋田工に1点を許したが、報徳学園（兵庫）、金沢（石川）、土佐（高知）を完封して決勝に。尾道商との頂上決戦は小川邦和（元広島ほか）と投げ合い、3対2で終盤に逆転勝ちした。同年夏も、県大会を勝ち抜き南四国大会に進んだが、準決勝は延長12回に力尽きて高知に敗退。そのときの高知のエースが有藤道世（元ロッテ）だ。徳島海南から海部を通じて、甲子園出場はこの春の1回だけ。つまり、甲子園では全勝というわけだ。ジャンボ尾崎が甲子園の優勝投手ということを知る人も少なくなっただろう。上田利治（元阪急）、大石友好（元中日ほか）、ジャンボの弟でプロゴルファー尾崎健夫も卒業している。春1回出場、5勝0敗。

選 怪物

かいぶつ

そもそも畏怖すべき存在を体現した架空の生物をさし、そこから転じて異端児、突出した存在に用いられることもある。甲子園では、度外れた力量を持つ球児が登場したときにつく枕詞だ。怪童にはどこか愛嬌があるが、そこに畏怖のニュアンスが加わっている。実際にそう呼ばれた最初は、江川卓（作新学院・栃木、元巨人）だろう。公式戦ではノーヒット・ノーランを9回（うち完全試合2回）達成し、初めて登場した１９７３年のセンバツでは60奪三振の記録を達成。バットに当てるだけで拍手が起きたという剛球は、まさに怪物だった。甲子園を3年間席巻したPL学園（大阪）・KKのうち、怪物と呼ばれるのは清原和博（元オリックスほか）のほうだろう。なにしろ、83年夏から85年の夏まで甲子園で量産したホームランが13本。桑田真澄（元巨人ほか）の20勝とともに、これはほとんど破られそうにない記録だ。92年のセンバツでは、星稜（石川）・松井秀喜（元巨人ほか）が、そのものずばりのゴジラを襲名。ラッキーゾーン撤去後初の大会で、第1号をぶちこんだのが象徴的だ。98年には、平成の怪物・松坂大輔（横浜・神奈川、元西武ほか）。当時珍しかった１５０キロ超の速球を武器に、連覇した春夏で11勝を稼いでいる。「僕は怪物の雰囲気じゃないでしょう。顔に怖さがないですから」

とは高校当時の松坂だが、奇しくも松井、松坂両者と甲子園で対戦した明徳義塾・馬淵史郎監督は、どちらに対しても「ありゃ、バケモンやぞ」と評している。

運 開幕試合出場校
かいまくじあいしゅつじょうこう

開会式直後の試合とあって、それ以外とは試合前の段取りが異なる。開会式が9時開始なら、新型コロナ前は7時から一塁側、三塁側の順に試合前取材を受け、それぞれ室内練習場で調整して式に臨んだ。式の終了後は30分前後でプレーボールなのでコンディションを整えるのがむずかしく、試合の入りが大切になってくる。また、第1日第2試合の出場校も、開会式終了後は試合前取材などあわただしく、これも調整がむずかしいとされたが、新型コロナ以降、試合前取材は取り止めになっている。

記 開幕戦勝利から優勝
かいまくせんしょうりからゆうしょう

2007年夏、開幕戦に登場した佐賀北が勝利すると、その後も延長15回引き分け再試合を制するなど接戦を勝ち上がり、広陵（広島）との決勝でも劣勢の8回裏、副島浩史の逆転満塁ホームランで勝利。94年夏には同じ佐賀の佐賀商が、やはり開幕戦に勝利し、決勝は満塁本塁打で決着をつけるなど、共通点が多い優勝だった。ちなみに、全国高校野球選手権で開幕戦に勝利して優勝した例は9回あり、ほかは次の通り。

第2回・1916／慶応普通部（東京）
第8回・1922／和歌山中（現桐蔭）
第20回・1934／呉港中（広島）
第22回・1936／岐阜商（現県岐阜商）
第29回・1947／小倉中（福岡）
第36回・1954／中京商（現中京大中京・愛知）
第49回・1967／習志野（千葉）

センバツについては、

第1回・1924／高松商（香川）
第2回・1925／松山商（愛媛）
第3回・1926／広陵中（広島）
第7回・1930／第一神港商（現神港橘・兵庫）
第40回・1968／大宮工（埼玉）
第41回・1969／三重
第88回・2016／智弁学園（奈良）
第95回・2023／山梨学院

の8例がある。

施 外野席
がいやせき

春夏の甲子園大会では、外野席は長年無料開放されていた。最前列から数列が徐々に埋まると、〝通〟にとっての夏の特等席は最上段だ。通り抜ける風が心地良く、銀傘ごしに見える六甲の山並みが美しい。ただし2018年の第100回全国高校野球選手権記念大会から、外野席も有料となった。料金は一般500円、子ども100円（22年夏は一般1000円、子ども500円に値上げ、23年夏には一般700円、子ども200円に値下げ。春は21年の第93回大会から有料化され、一般、子ども共通で700円）。無料だった17年夏までは、いい席を確保しようと、開門時にすでに平均で5000人が来場することもざら。外野席入り口付近の混乱は深刻だった。試合が始まっても入場を待つ長い列ができ、時間が経過しても席が空かない場合は入場制限。せめて球場の雰囲気だけでも味わえるよう、外野席の下の通路を一方通行で歩いてもらう「通り抜け」が行われることもあった。外野席の有料化と併せて、それまで自由席だった中央特別席も前売り・指定席化（センバツは自由席のまま）。その分、余裕ができた球場の販売窓口で、外野席を当日販売。これにより、開門時の混雑はある程度緩和され、周辺の安全確保が期待できていた。しかし、新型コロナ以降、春夏とも外野席も含めて全席指定、前売りのみとチケット事情は様変わり（21年夏は無観客開催）。23年センバツから席に余裕がある場合の当日売りが復活した。

加賀大介 →栄冠は君に輝く

かがだいすけ

選 香川伸行

かがわ・のぶゆき

1978年春、79年春夏に出場し、甲子園通算5本の本塁打をかっとばした捕手。水島新司の野球漫画『ドカベン』に登場する四番捕手の主人公・山田太郎に体型が似ていたことから「ドカベン」の愛称で人気者に。61年12月19日生まれ。大体大付中時代から有名なスラッガーで浪商（現大体大浪商・大阪）に進学すると、同学年の右の本格派・牛島和彦（元ロッテほか）とバッテリーを組む。牛島―香川の人気バッテリーが初めて甲子園の土を踏んだのは、2年春。1回戦の高松商（香川）戦で香川は四番捕手で甲子園デビューを果たす

▶香川伸行

も、内野安打1本という結果でチームも敗退した。

3年となった翌春は実力を発揮。愛知との1回戦では、右ヒザを地面につけながら、外角低めのボール球をバックスクリーン左に叩き込み、観衆の度肝を抜いた。リードでもエース牛島をもり立てて攻守に活躍し、チーム24年ぶりの決勝進出を果たす。箕島（和歌山）との決勝は激しい点の取り合いとなり、7対8と惜しくも優勝旗を逃した。雪辱に燃えるその夏に甲子園に戻ってくると、香川はさらに成長した大砲ぶりを見せる。大会史上初の3試合連続本塁打を記録。準決勝に進んだが、当時新興勢力だった蔦文也監督率いる池田（徳島）に惜敗。悲願の優勝旗には届かず、香川から快音も聞かれなかった。翌年南海に入団して活躍。14年に52歳で他界したが、「なんで〝牛島・香川〟ばっかりで〝香川・牛島〟とはいわれんのやろ」と語る少年っぽい表情を思い出す。

チ 嘉義農林学校
かぎのうりんがっこう

日本統治下の台湾で1919年に創立された実業学校。28年に創部された野球部は31年夏に初出場を果たした甲子園で快進撃。決勝で中京商（現中京大中京・愛知）に敗れて準優勝に終わるも、「嘉農」の名は日本国中の野球ファンに強い印象を残した。監督を務めたのは松山商（愛媛）OBの近藤兵太郎。選手は日本人だけでなく、中国本土出身の漢人、運動能力の高い現地・高砂族らの混成で、近藤のスパルタ指導で力をつけた。神奈川商工、札幌商（現北海学園札幌・北海道）、小倉工（福岡）と次々に撃破。札幌商戦では1試合8盗塁の記録も作った。この準優勝当時の物語が2014年に「KANO1931　海の向こうの甲子園」として台湾で映画化され、15年に日本でも公開されヒットした。

甲子園にはこの後、33年夏、35年春夏、36年夏と出場した。春夏通算成績は5勝5敗。31年夏準優勝のエース・呉明捷は早大に進み、東京六大学の首位打者に輝くなど神宮で大活躍。35年夏に平安中（現龍谷大平安・京都）を破り、松山商に延長で惜敗したチームの中心選手・呉波（のち呉昌征）は戦前から戦後にかけ、巨人、阪神、毎日オリオンズでプレー。通算20年で1326安打を記録した。

嘉義農林の校舎・校地は、日本の敗戦により45年に台湾省立の農学校となり、幾多の変遷を経て2000年からは国立嘉義大学となっている。

か

監 我喜屋優
がきや・まさる

母校の興南（沖縄）の監督として、2010年に春夏連覇を達成した。1950年6月23日、沖縄県島尻郡玉城村に生まれ、興南3年だった68年夏、第50回記念大会に四番、中堅手、主将として出場。エース安次嶺信一が好投を続け、準々決勝では盛岡一（岩手）に勝利し、そこまで春夏通じて甲子園ではわずか1勝の沖縄勢として初のベスト4に進出した。準決勝は興国（大阪）に0対14と大敗したが、その快進撃は興南旋風と呼ばれた。我喜屋は本来外野手だが、岡谷工（長野）との1回戦、大差がついた準決勝でもリリーフ登板している。静岡県富士市の大昭和製紙に入社し、4年目に北海道白老町の大昭和製紙北海道へ移籍。チームの中心として、74年の都市対抗では北海道勢初の優勝に貢献した。

現役引退後は、大昭和北海道と後身のクラブチーム・ヴィガしらおいの監督を歴任。その間には、駒大苫小牧の監督となった香田誉士史に請われ、雪国のチームが全国で勝つためのノウハウを伝えている。2007年からは興南の監督を務め、同年夏にチーム24年ぶりとなる甲子園に出場。10年には島袋洋奨（元ソフトバンク）をエースに、沖縄勢初の夏の全国制覇とともに、史上6校目の春夏制覇を達成している。その年7月から興南中学・高校を運営する「学校法人興南学園」の理事長に就任し、11年4月からは興南中学・高校の校長も兼任している。春夏通算15勝7敗。

戦 隠し球
かくしだま

走者に気づかれないように野手がボールを隠し持ち、塁を離れるのを見計らってタッチ、アウトにするトリックプレー。ただし、公認野球規則では定義されていない。甲子園では1965年夏、初出場の丸子実（現丸子修学館・長野）・宮崎郁男三塁手が天理（奈良）戦で成功したのが史上初といわれる。歴史的な名勝負の一つ・79年夏の箕島（和歌山）と星稜（石川）の延長18回でも、星稜の若狭徹（元中日）三塁手が、14回裏1死三塁のサヨナラのピンチで成功させた。88年のセンバツでは、上宮（大阪）の元木大介（元巨人）が、当時からくせ者ぶりを発揮し、高知商戦の8回裏に敢行。二塁塁審も気づかない見事さだったが、高知商側は投手が「プレートにつく、あるいはまたいでいなかったか」について抗議。4審判協議の末、数分後にようやくアウトの裁定が下った。こののち、甲子園ではモラルに欠けるとして暗黙のタブーとなっている。

社 学制改革
がくせいかいかく

1948年度から実施された、学校制度の改編をいう。従来は小学校6年制、場合によっては高等小学校2年制、中学校5年制、高校2年制、大学4年制だったが、新たに小・中・高・大を6・3・3・4制、中学までを義務教育とした。これにより、旧制中学はおおむね、また実業学校も新制高校になったため、普通科高校との年齢差はなくなった。さらに、旧制中学と旧制女学校を統合して普通科の共学高校としたり、既存中学からの移行ではなく新たに高校を創立するなど、各地で学校再編が目まぐるしかった。高校野球では、48年のセンバツから新制高校の大会となっている（ただし混乱を防ぐため、校名は旧制中学のまま）。

この学制改革により、一人の選手が甲子園に出場できるのは、高校1年の夏から3年の夏まで、最大5回となった。ただ、中西太（元西鉄）は高松一高（香川）の1年だった49年のセンバツに出場している。旧制中学3年だった前年のチームから、主力として活躍していたためだ。中西は結局、このときを含めて在学中は春夏3回甲子園に出場しているが、例外的に最大6回の出場が可能だったわけだ。なお5年制だった旧制中学時代は、理論上9回の全国大会出場が可能で、和歌山中（現桐蔭）の小川正太郎は、満14歳だった24年夏を皮切りに8回の出場を果たしている。唯一不出場だった27年夏は、センバツ優勝校としてアメリカ遠征中だった。

制 学生野球協会表彰
がくせいやきゅうきょうかいひょうしょう

日本学生野球協会が文武両道を実践した野球部員を表彰する制度で、1968年に創設された。大学の部、高校の部があり、硬式、軟式を問わない。選出の対象は「最終学年の選手かつ卒業見込みのもので，品行・野球技能・学業成績ともに生徒として範とするに値するもの」で、大学は全国27連盟から、高校は47の各都道府県連盟から各1人が毎年選ばれる。各連盟からの申請がない場合は、受賞者がない場合もある。高校の部は甲子園出場チームの主将が選ばれるケースが最も多いが、マネジャー、軟式の主将などの例もある。

制 学生野球構成員資格

がくせいやきゅうこうせいいんしかく

学生野球憲章第12条には、「プロ野球選手、プロ野球関係者、元プロ野球選手および元プロ野球関係者は、学生野球資格を持たない」とある。学生野球資格とは、正式には学生野球構成員資格といい、これがないと野球部員、クラブチーム参加者、指導者、審判員または学生野球団体の役員となることができない。

従来は、プロ野球経験者でも、退団後1年間を経るなどすれば、指導者になることに制限はなかった。ところが1961年、お互いの選手獲得を巡って社会人野球界とプロ球界が断絶。その夏には、プロ球団が規定を破って高校生と交渉していることが明るみに出て、日本学生野球協会も社会人に同調。日本球界で長きにわたってプロアマの確執が続くことになる。このときから、プロ野球経験者がアマチュア野球の監督となるには、かなり厳しい条件が設定された。

高校野球では84年、元プロ野球経験者が指導者としてアマ球界に復帰することが可能となった。ただし、高野連加盟の同一高校で最低10年以上教職員として教鞭をとったうえ、日本学生野球協会主催の審査によって、高校野球指導者としての認定を受ける必要があった。これがいわゆる学生野球資格回復である。そのため、2000年までは元プロの高校野球監督自体が少なく、91年春、瀬戸内（広島）を率いた後原富（元東映）が、新たな規定のもとで甲子園に出場した第1号であり、00年までの唯一の例だ。

その後、求められる教師経験年数が94年には5年、97年には2年と短縮されると、徐々に元プロの指導者も増え、08年夏には常葉菊川（現常葉大菊川・静岡）の監督として佐野心（元中日）が、12年センバツには早鞆（山口）の監督として大越基（元ダイエー）が甲子園に出場している。

さらに13年には、学生野球協会と日本野球機構（NPB）が実施する学生野球資格回復研修会を修了し、学生野球協会の認定を得れば、プロ野球経験者でも高校生の指導が可能となった。研修を受けて学生野球資格回復を認定されたのは、NPB出身者だけでもすでに1500人を超え、中止になった20年センバツも含め、15年以降は春夏どちらかの甲子園に元プロの監督が登場している。現在はまだ話題になる元プロ監督だが、近い将来には、さほど珍しいことではなくなるかもしれない。

監 籠尾良雄
かごお・よしお

1934年3月生まれ。高知県土佐市生まれ。土佐高から早大教育学部を通じて野球部に在籍せず、野球指導者の道を目指す。土佐では溝淵峯夫監督、早大でも森茂雄監督といずれも名だたる名将にコーチ術を学び、学生生活のかたわら故郷の宇佐中学野球部監督として活動した。大学卒業後、高知県内の中学校、高知商勤務を経て、63年に母校・土佐に赴任して野球部監督に就任。同年秋の四国大会で優勝し64年のセンバツに出場、準決勝で徳島海南に敗れるもベスト4入りを果たす。準優勝の66年春、ベスト8入りの67年夏は4年後輩の福岡啓助氏（土佐―慶大）を監督登録にして部長としてベンチ入り、純白のユニフォーム、攻守交代時の全力疾走で土佐の清新なイメージを決定づけた。その後、監督として75年夏、76年春、89年夏、93年春に出場。監督としての春夏甲子園の成績は通算5勝（4強、8強各1回）にとどまるが、部長登録時の6勝を含めると合計11勝（準優勝、8強各1回）。93年夏を最後に勇退。2002年に68歳で逝去。

チ 鹿児島実業高校
かごしまじつぎょうこうこう

鹿児島市にある私立共学校。学校法人川島学園が運営する。1916年、鹿児島実業中学館として創立。48年に現校名に改称し付属中学を併設した。文理科、普通科、総合学科が設置されている。74年夏、定岡三兄弟の次男、正二（元巨人）をエースとしてベスト4に進出。準々決勝では、原辰徳（元巨人）のいた東海大相模（神奈川）と延長15回の名勝負を制した。90、91年の春夏4回ともすべて8強以上に進み、悲願の初優勝は96年センバツだ。下窪陽介（元横浜）のていねいな投球が、鹿児島に春夏通じて初の優勝をもたらした。98年の夏は、杉内俊哉（元巨人ほか）が無安打無得点試合を記録。しかし2回戦でエース松坂大輔（元西武ほか）の横浜（東神奈川）に6失点で敗退した。夏の出場20回、18勝20敗、春は9回出場15勝8敗。33勝は全国38位タイで、県内のライバル樟南の28勝を上回る。定岡智秋（元南海）、鹿島忠（元中日）、入来智（元近鉄ほか）らがOB。サッカー部も全国選手権で優勝経験のある名門。前園真聖、城彰二、遠藤保仁、松井大輔ら日本代表だったJリーガーのOBも多い。駅伝、ラグビーも強い。

チ 春日部共栄高校
かすかべきょうえいこうこう

女子バレーボールの強豪・共栄学園（東京）を母体に、1980年に開校した私立の共学校。03年に中学校を設立して中高一貫校となり、正式には春日部共栄中学高等学校。開校時に創部した野球部は、同時に日体大を卒業した本多利治を監督に招く。高知の主将として75年センバツVを知る本多の熱血指導で力をつけ、91年春夏の甲子園に出場。93年夏には2年生の左腕エース・土肥義弘（元西武ほか）の好投などで準優勝を果たしている。ほかにもプロ野球に多くの人材を送り出しており、中村勝（元日本ハム）、城石憲之（元ヤクルトほか）らがいる。オリンピック選手6人が輩出する水泳部も強豪で、男女ともインターハイ総合優勝の経験がある。春は3回出場で3勝3敗、夏5回出場で7勝5敗の計10勝8敗。

他 ガソリン
がそりん

甲子園球場というと水はけがいい印象があるだろうが、もともと河川敷を埋め立てた土地のため、当初は大雨が降るとすぐに試合ができなくなっていた。1928年夏の大会は、準決勝が雨のために2日順延。3日目には雨はやんだが、グラウンドは水がたまっていて、とうてい試合ができそうにない。そこでどうしたか。なんと、グラウンドにガソリンをまいて火をつけ、乾かして試合を強行するという無茶な挙に出たのだ。今では考えられないことで、もともと火をつけて乾かしたとしても土の状態は最悪になる。しかも強烈なニオイが残るから、選手も観客も大変だっただろう。そしてせっかく試合開始にこぎつけたはいいものの、松本商（現松商学園・長野）対高松中（香川）の試合は、0対3と高松劣勢の6回、無死二塁となったところでまた雨。2時間20分の中断を経ても雨はやまず、結局大会初の雨によるコールドゲームとなった。7回で試合成立の時代なら6回攻撃中で続行不可能の場合ノーゲーム、現在なら継続試合となる。高松中はこれ以後、春夏を通じて一度も準決勝まで進んでいないだけに、無情の雨だった。

選 カタカナ名
かたかなめい

1916年の第2回全国中学野球大会で優勝した慶応普通部（現慶応・神奈川、当時は東京）では、アメリカ人のジョン・ダンが一塁を守り、二番を打っていた。カタカナ名の選手が全国大会に登場するのは、これが初めてだった。ダンは香川商（現高松商、香川）との2回戦では3安打の固め打ちを見せ、珍しい外国人選手ということもあり、打席に入ると「かっとばせ、ジョン！」「頑張れ、ダン！」と大声援が飛び交ったという。その後は70、71年と岡山代表の岡山東商にケネス・H・ライト（オーストラリア国籍、元阪急）の名前などがあり、90年代になると、おもにブラジルからの留学生などが目立ち始めた。さらに03年のセンバツでは、グエン・トラン・フォク・アン（東洋大姫路・兵庫）、ダルビッシュ有（東北・宮城、パドレス）がそろって出場している。アンはベトナム難民の日本生まれの子弟で、ダルビッシュはイランとのハーフではあるが日本生まれの日本育ち。グローバル化が進む今、留学生以外でも、カタカナ名の高校球児は珍しくなくなっている。

▶03年センバツに東洋大姫路から出場したグエン・トラン・フォク・アン

他 カチワリ

かちわり

いわずと知れた夏の甲子園の風物詩。ロックアイスの袋詰めで、1袋200円だ。味付けはなく、なんの変哲もない氷だが、猛暑、酷暑の甲子園では玉露なみの味。溶けた氷をストローですするもよし、頭上や首の後ろに当てて、熱中症予防もよし。六甲山系の地下水をくみ上げ、2日をかけてゆっくりと製氷するため、水に溶け込んだ空気が徐々に抜け、透き通って溶けにくい氷になっている。

1915年の第1回全国中等学校優勝野球大会で、観客席では「ハンカチ付きカチワリが5銭」で売られていたと朝日新聞紙上にあるらしいが、西宮市で飲食店を経営する梶本商店が、現在の原型を初めて販売したのは57年。同店はもともと、甲子園でたこ焼き用容器に入れたかき氷を販売していたが、それでは氷が溶けるとシロップが服を汚してしまう。そこで、金魚すくいの金魚を入れる袋をヒントに、ビニール袋に氷を入れてストローとともに販売したところ、「飲み物にもよく、氷嚢としても使える」と評判となり大ヒット。当初は1袋5円だった。

当時は、巾着状のビニール袋に球場内でそのまま氷を詰めていたが、

▶カチワリ

現在は大阪市内の工場で袋詰めにし、密閉したビニール袋で販売されている。80年代には1日1万5000袋が売れたというが、現在では凍らせたペットボトルなどが幅を利かせ、人気が低迷し、売り上げはピーク時の半分から3分の1とか。それでも人気は根強く、2010年からは、7月以降の阪神主催試合でも販売されている。ただし、売店限定。コロナ中は声出し販売を控えていたが、「甲子園名物、カチワリいかァすかァ～」という売り子の声は、夏の高校野球でしか聞くことができない風物詩。

規 カット打法

かっとだほう

2019年、投手の投球数制限にまつわる議論では、次のような懸念があった。「投手に投球数を費やさせる目的で、打者が意図的にファウルを打つことはないか」。それにともない、再びクローズアップされたのがカット打法だ。高校野球特別規則には、次のような条文がある。「（前略）自分の好む投球を待つために、打者が意識的にファウルにするような、いわゆる〝カット打法〟は、そのときの打者の動作（バットをスイングしたか否か）により、審判員がバントと判断する場合もある」。つまり、2ストライク後のカット打法によるファウルがバントと判断されれば、三振アウトとなるわけだ。

13年夏の甲子園大会では、執ようにファウルを打ち、根負けした投手から四球を選んで活躍する選手がいた。準々決勝では、相手投手に一人で41球を投げさせ、4つの四球を選んだ。だが試合後、大会本部から「次の試合では、（当該選手のファウルの打ち方を）バントと見なすこともある」とチームに伝えられた。その根拠が、先述の高校野球特別規則である。するとその選手は、次の準決勝は淡泊な打席を繰り返し、4打数無安打。チームも敗れたことで、ことにネット上で議論を呼んだ。ファウルを打つ技術は、小柄な選手が定位置獲得のために必死に身につけたもの。それを否定されては……という同情論だった。

実は、過去にも似たような例がある。72年夏の甲子園には、ファウル打ちの名手と話題の選手が出場し、現に最初の打席で2球ファウル。すると球審が「もっとフォロースイングしないと、バントとみなす」と注意。これが、高校野球特別規則につながっている。野球の歴史をさかのぼれば、ストライクは「打て」という意味なのに、意図的にファウルを打ち続けるのはフェアじゃない、正々堂々と勝負しよう、というわけだ。92年のセンバツでは実際に、カット打法がバントと判断され、三振を宣告された例もある。

選 加藤英夫

かとう・ひでお

1948年生まれ。愛知県山中村（現岡崎市）出身。66年の甲子園で史上2校目の春夏連覇を達成した中京商（現中京大中京・愛知）の右腕エース。全試合を1人で投げぬいて春夏連覇は加藤と79年箕島（和歌山）の石井毅の2人だけ。173センチ、74キロと大型ではないが、抜群のスタミナを誇り、鋭く食い込むシュートを武器に粘り強く投げ続けた。春の2回戦・高鍋（宮崎）戦は劣勢の8回裏に2点を奪って6対5の逆転勝ち、準決勝・宇部商（山口）戦は延長15回の死闘、夏も2回戦・岡山東商戦、準決勝・報徳学園（兵庫）戦はともに8回裏に決勝点を奪っての辛勝と、偉業までの道のりは苦戦の連続だった。

66年11月の第2次ドラフト会議（高校生は10月の国体出場校が指名対象）で近鉄バファローズの2位指名を受けて入団。主に中継ぎで起用され75年まで9シーズン在籍。通算成績は2勝9敗3セーブだった。なお、66年は9月に第1次ドラフト会議（国体出場校を除く高校生を指名）が行われ、近鉄の1位指名はPL学園（大阪）の加藤英治（えいじ）投手。中京商とPL学園はセンバツの1回戦で戦い、中京商が5対2で勝利して春夏連覇の1歩目を踏み出しているが、名前がよく似た2人は近鉄で再会し同じ釜の飯を食った。また、このときのPL学園の一塁手・加藤秀司（ひでし）はのち阪急黄金時代を支えた強打者。79年に登録名を加藤英司に変更したこともあり、この3人は非常に紛らわしいので、くれぐれも取り違えなきよう。

事 門岡事件

かどおかじけん

1961年夏、高田（大分）の好投手・門岡信行（元中日）が、大会開催中にプロ入りを発表した事件。61年夏の大会初戦で高知商に敗れた門岡は、翌日に中日への入団の意思を固め、球団側も直ちにコミッショナー事務局に入団の書類を提出。門岡も帰郷の途上、別府港で入団を表明した。門岡は、高校1年の秋からエースとして九州大会に出場し、準決勝では鹿児島玉龍に0対2で敗れたが、そのころからプロ注目の選手だった。だが55年の佐伯通達のあと、高野連の規定では、退部したあとでなければプロ球団と交渉できないことになっている。ところが、甲子園の帰途で表明したのだから、事実上現役の野球部員でいる間に交渉していたことになる。しかも大会期間中ということもあり、高野連は高田を1年間の対外試合禁止処分にした。

この問題は、職業選択の自由という観点から、やがては国会でも採り上げられたが、参考人招致された佐伯達夫高野連副会長は「高野連の方針に賛同する者だけで甲子園大会を開いている」と取り合わず。この事件がもととなり、高野連は翌62年春、プロ野球関係者との接触を一切禁止し、またプロ野球関係者の高校球界への復帰も全面的に禁じた。

チ 金足農業高校

かなあしのうぎょうこうこう

2018年夏、第100回の選手権で、秋田県勢としては第1回以来103年ぶりに決勝まで進み、カナノー旋風を巻き起こしたことは記憶に新しい。1928年、秋田県立農業学校として設立し、48年の学制改革で秋田県立金足農業高校に。野球部は32年に創部し、72年にOBの嶋崎久美監督が就任してからじわじわと力をつけていった。84年のセンバツに初出場すると、その夏は水沢博文をエースに、準決勝まで進出。KKのいた最強のPL学園（大阪）を、7回終了時点で2対1と1点リードしあわやと思わせたが、桑田真澄（元巨人ほか）の逆転2ランで逆転負けを喫している。このときも旋風といえば旋風だった。その後も95年夏にはベスト8、そして18年、第100回記念大会である。

豪腕・吉田輝星（日本ハム）をエースに、3回戦では優勝候補の横浜（南神奈川）に逆転3ランホームランで、近江（滋賀）との準々決勝はサヨナラ2ランスクイズなど、劇的な勝利を重ねて決勝まで進出。ストレートがホップすると言われたエース・吉田だけではなく、日替わりでヒーローが登場した。かと思うと、選手交代のない9人野球、愚直なまでのバント戦法、さらにメンバー全員が秋田出身で、公立の農業高校……など、昭和の強い香りは平成最後の夏の甲子園でことさら際だった。それがカナノー旋風を引き起こし、日大三（西東京）との準決勝で、NHK秋田放送局の瞬間最高視聴率は66％に達したという。さらに、大阪桐蔭（北大阪）に敗れはしたが決勝当日は、秋田空港から甲子園最寄りの伊丹空港までの臨時便が出るなど、社会現象となった。小野和幸（元ロッテほか）、石山泰稚（ヤクルト）ら、プロ野球にOB多数。春夏通算13勝9敗で、うち6回出場している夏は12勝6敗の高勝率を誇り、初戦さえ突破すれば最低8強まで到達している。次の旋風はいつか。

▲2018年夏の甲子園準優勝の金足農業

選 金村義明
かねむら・よしあき

１９６３年８月27日、兵庫県宝塚市生まれ。報徳学園（兵庫）のエース・四番打者として81年春夏の甲子園に連続出場。春は初戦で槙原寛己（元巨人）擁する大府（愛知）と対戦、金村は槙原から本塁打を放つが、試合は3対5で敗れた。夏の甲子園は初戦で盛岡工（岩手）に大勝すると、2回戦で横浜（神奈川）、3回戦で早稲田実（東東京）と前年夏の優勝校、準優勝校を撃破。横浜戦では自ら2打席連続本塁打、早稲田実戦も土壇場の9回に荒木大輔（元横浜ほか）を打ち込む同点劇で適時打を放ち、延長の末劇的サヨナラ勝ちと投打にチームをけん引した。さらに、藤本修二（元南海ほか）の今治西（愛媛）、工藤公康（元西武ほか）の名古屋電気（現愛工大名電・愛知）も下して決勝へ。京都商（現京都先端科学大付）との決勝も2対0で完封、同校を初の夏の全国制覇に導いた。優勝の瞬間、マウンドで大きく何度も飛び跳ねるシーンは強い印象を残した。

　同年秋のドラフトで近鉄バファローズに1位指名を受け入団。プロ入りと同時に野手に専念。5年目の86年にサードのレギュラーポジションを獲得、パワフルなフルスイングで「いてまえ打線」の中軸を担った。95年に中日、97年に西武に移籍し、99年に現役引退。実働18年で１２６２試合出場、９３９安打、１２７本塁打。引退後は豪放磊落なキャラクターを生かし、野球解説者として活躍する。

がばい旋風→佐賀北高校
がばいせんぷう

チ 神村学園高等部

かみむらがくえんこうとうぶ

創部丸2年の2005年センバツに初出場し、04年済美（愛媛）に並ぶ最速優勝はならなかったが、いきなり準優勝すると以後春夏通算10勝10敗の甲子園常連となった。

1965年、鹿児島県串木野市（現いちき串木野市）に、串木野経理専門学校を母体に、串木野商業女子高校として開校。67年串木野女子高、90年神村学園高等部となり、96年に中等部が男子の募集を開始し、共学となった。女子校時代からソフトボール、サッカーなど運動部の活躍は目覚ましく、ことに97年に全国で初めて創部された女子野球部は、現在女子センバツ3回、女子選手権6回の優勝を数える。男子の野球部は03年に創部。兵庫・夙川女子のソフトボール部でインターハイを8回制し、アトランタ五輪でもヘッドコーチを務めた長沢宏行監督が就任した。その人脈で、近畿圏からも好選手が集まり、03年夏の鹿児島大会には1年生だけで出場して初勝利。04年夏は16強に進出すると、鹿児島実と樟南の2強時代が続く鹿児島にあって、秋には優勝を飾り、翌センバツにスピード出場となった。この準優勝時のエースが野上亮磨（元巨人ほか）で、OBにはほかにJリーガー、女子プロ野球選手も多数。

監 蒲原弘幸

かもはら・ひろゆき

1939年佐賀県生まれ。都立田園調布高から早大に進み、社会人・河合楽器に在籍した後、64年に教員となり高校野球指導者の道へ。65年夏の佐賀商を皮切りに、70年春に千葉商、78年春、81年春、83年夏に印旛（現印旛明誠・千葉）、99年春夏は柏陵（千葉）と異なる4校を監督として甲子園出場に導いた。4校甲子園出場は戦後の高校野球では最多タイ記録。ほかに持丸修一氏が竜ケ崎一、藤代、常総学院（いずれも茨城）に続き2015年夏に専大松戸（千葉）で出場を果たし、2人目の例となった。

70年春の千葉商はベスト8入り、81年春の印旛は決勝まで進み、PL学園（大阪）に逆転サヨナラで敗れて準優勝。最後の甲子園となった99年夏の柏陵もベスト8進出と豊富な指導経験を武器に、大舞台での采配が冴えわたった。甲子園出場はなかったが、東金商（千葉）、樹徳（群馬）、布佐（現我孫子東・千葉）でも監督を務めた。甲子園での成績は4校通算で出場7回、11勝7敗。

選 河合信雄

かわい・のぶお

1933年春の第10回センバツに一宮中（愛知）のエースとして出場し、松山商（愛媛）との開幕戦に登板。前年春優勝、夏準優勝の名門相手に会心の投球を繰り広げ、13奪三振、3四球でセンバツ史上2人目のノーヒット・ノーランを達成した。2回戦の広島商戦は6安打を許し1対2で敗れた。第八高等学校から東京帝大に進んだのち戦死。野球殿堂博物館内に2005年に設置された記念碑「戦没野球人モニュメント」にその名が刻まれる。

選 川上哲治

かわかみ・てつはる

1920年3月23日、熊本県・現人吉市生まれ。巨人時代は打撃の神様として、また監督としてV9を達成したことで知られるが、熊本工時代は投手だった。2年生の34年夏に打者として甲子園デビュー。チームは決勝まで進出したが、呉港中（広島）の藤村富美男（元阪神）に3打数3三振と抑えられてチームも敗れた。36年センバツは救援として登板しながら、桐生中（群馬）打線に初球を満塁本塁打され、さらに1安打3四球。1死を取っただけで降板とさんざんだった。最上級生の37年夏はエースとして出場すると、準決勝で滝川中（兵庫）を1安打完封するなど、本領を発揮して決勝まで進出。ただここでも、中京商（現中京大中京・愛知）の野口二郎（元阪急）に1対3と投げ負けている。熊本工はこの川上のときの2回をはじめ、夏は3回決勝に進出しながらいまだに優勝がない。夏、3回以上決勝に進んで優勝がないのはほかに広陵（広島、4回準優勝）のみだが、広陵は春の優勝が3回ある。春夏通じて3回以上決勝に進み、一度も全国制覇していないのはほかに八戸学院光星（青森）がある。

◀川上哲治

チ 観音寺総合高校

かんおんじそうごうこうこう

香川県観音寺市にある県立高校。2017年4月に観音寺中央高校と三豊工業高校が統合して観音寺総合高等学校となった。観音寺中央は1923年に観音寺商業として開校、94年に改称して普通科を設置し、2007年から総合学科に転換。三豊工業は1962年創立の工業高校で、この2校が統合して総合学科と工業科を設置する観音寺総合になった。総合学科には人文・国際系列、自然・環境系列、生活科学系列、商業系列、食物系列が、工業科には機械、電気、電子の各科がある。

野球部の出場は観音寺中央として95年の春夏1回ずつ。95年センバツは、阪神・淡路大震災の後の復興の大会。藤蔭（大分）、東海大相模（神奈川）、星稜（石川）などの有力校相手にエースの久保尚志が淡々と投げて勝ち上がると、準決勝では関西（岡山）を打撃戦で下し、決勝では銚子商（千葉）に4対0で完封勝ちした。中央球界では当時無名校で、純白のユニフォームが新鮮だった。夏も連続出場したが、1回戦の宇都宮学園（現文星芸大付・栃木）に勝ったものの2回戦で日大藤沢（神奈川）に惜敗。その後は、春夏とも甲子園に出場できていない。葛川健司（元日本ハム）がOB。春夏通算6勝1敗。今の観音寺総合のユニフォームは「中央」を踏襲しつつ胸のマークの色が変わっている。

チ 関西大学第一高校

かんさいだいがくだいいちこうこう

1913年、関西甲種商業学校として大阪市北区に開校し、24年に関西大学第一商業学校、学制改革によって48年に関西大学付属第一高校、52年から現校名に。学校創立と同時に創部した野球部は、関西甲種商時代の29年センバツに出場。男女共学化した98年、69年の長いブランクを経てセンバツに出場。しかも、運動部の定期戦が20年続いている関西学院（兵庫）とのアベック出場だった。するとエース・久保康友（ドイツリーグのハンブルク・スティーラーズ）の好投などで準優勝。決勝で敗れたのは、松坂大輔（元西武ほか）擁する横浜（神奈川）だった。98年には、夏の甲子園にも初出場。ベスト8まで勝ち進んだ。春夏通算8勝3敗。アメリカンフットボール部は全国大会2連覇のある強豪だ。「太平洋ひとりぼっち」の冒険家・堀江謙一らがOB。

関西大学北陽高校
かんさいだいがくほくようこうこう

1925年に北陽商業学校として開校、49年に北陽高校、2008年に関西大学の併設校となり関西大学北陽高校に改称した。大阪市東淀川区にあり、東海道新幹線の車窓から校舎が見えることで知られる。

野球部は高知・城東（現高知）出身の松岡英孝監督が就任して、激戦の大阪で強豪の仲間入り。「大阪私学7強」の一つに数えられる。66年夏に強打者・岡田喜則（元ロッテ）、1年生スラッガー・長崎慶一（元阪神ほか）らで甲子園初出場。センバツ初出場の70年春は決勝まで進み、箕島（和歌山）に延長12回サヨナラ負けで準優勝。有田二三男（元近鉄）がエース、1年生の岡田彰布（現阪神監督）が「二番レフト」で出場した73年夏には8強進出。松岡監督が最後の采配となった90年春はエース・寺前正雄（元近鉄）で4強まで進むが、準決勝で新田（愛媛）に延長17回サヨナラ本塁打で敗れた。松岡監督退任後は、嘉勢敏弘（元オリックス）の投打の活躍で94年春夏に連続出場があり、夏は99年、春は2007年が最後の出場。現校名での甲子園出場はまだない。春の出場10回で8勝、夏の出場6回で7勝の甲子園通算15勝。

関西学院高等部
かんせいがくいんこうとうぶ

2018年、ラフプレーで物議を醸した某大学のアメフト指導者は読みを間違えていたが、「かんせい」である。念のため。1889年、キリスト教系の宣教師が神学校と旧制中学を神戸に開設したのが、関西学院全体の起源。1948年に新制度により関西学院高等部を開設、改称した。2015年から共学化。選手権の草創期、早くも16年の第2回大会に出場し翌第3回大会で準優勝、第6回で優勝を果たす。準決勝の鳥取中（現鳥取西）に14対3、決勝の慶応普通部（現慶応・当時は東京）に17対5の圧勝だった。センバツは第4回に初出場、翌第5回で優勝する。小川正太郎を擁し、連覇を狙った和歌山中（現桐蔭）を決勝で2対1と破った。戦前は春夏1回ずつ優勝したが、戦後は進学校化して低迷。98年、63年ぶりのセンバツは、ライバルの関大一（大阪）とのアベック出場だった。夏は、09年に70年ぶりに出場して89年ぶりの勝利を挙げている。近年はスポーツ推薦もあって強化が進み、兵庫県内の有力校の一つになっている。夏7回9勝5敗、春6回4勝5敗。大学同様にアメリカンフットボール部は強豪。全国高校選手権で歴代最多の優勝回数を誇る。作曲家の山田耕作、医師の日野原重明、実業家の宮内義彦や作家、俳優など有名人の同窓生は数多い。

チ 関西高校
かんぜいこうこう

1887年創設の岡山薬学校を前身として94年に関西尋常中学、99年に関西中学、戦後の学制改革で1948年に関西高等学校となった私立男子校。所在地は岡山市北区。野球部創部は県内最古の1895年とされる。

48年夏に甲子園初出場でベスト8進出、翌49年春には県勢として初のセンバツ出場も果たした。60年春の2度目のセンバツ出場以後、長く甲子園から遠ざかるが、82年夏に久々の甲子園出場。87年夏には2年生エース・松岡大吾（元ヤクルト）で39年ぶりベスト8。その後、OBの角田篤敏監督が就任し、93年春以後は常連校に。左腕エース・吉年滝徳（元広島）で94年夏、95年春夏の3季連続出場。95年春は過去最高の4強進出。2002年春も左腕・宮本賢（元日本ハム）で2度目のベスト4入り。87年夏に出場時の主将だった江浦滋泰監督が就任し、上田剛史（元ヤクルト）、ダース・ローマシュ匡（元日本ハム）らを擁して05年春から07年春まで5季連続出場。11年夏には3度目の甲子園ベスト4入りを果たした。春12回、夏9回出場の通算21回出場は県内最多、通算22勝は倉敷工（25勝）に次ぐ県内2位で全国66位。

記 完全試合
かんぜんじあい

野球やソフトボールで、相手の打者を一人も出塁させずに勝利すること。春夏の甲子園で、この快挙が初めて達成されたのは1978年のセンバツだった。初戦で比叡山（滋賀）と対戦した前橋（群馬）の松本稔は、打者27人を三振5、内野ゴロ17、内野フライ2、外野フライ3とわずか78球で打たせて取り、センバツ高校野球1109試合目で初めての完全試合を成し遂げた。2人目は94年センバツの中野真博（金沢・石川）。自身3回目の甲子園で、江の川（現石見智翠館・島根）を99球で6三振、内野ゴロ17、内野邪飛1、外野フライ3と沈黙させている。ただ両者とも、次の試合で敗れた。夏の甲子園ではまだ達成されていない大記録だが、惜しかったのは82年の佐賀商・新谷博（元日本ハムほか）だ。木造（青森）との初戦、一人の走者も出さずに9回2死を迎えたが、27人目の代打・1年生の世永幸仁に死球を与えてしまう。あと一人……。だが新谷は気を取り直して次打者をセカンドゴロに打ち取り、ノーヒット・ノーランは達成した。新谷自身は、完全試合は大会史上初ということを知らず、ヒットは避けようと内角を攻めたことをのちに悔やんだという。

㋠元祖さわやかイレブン
がんそさわやかいれぶん

「さわやかイレブン」といえば、1974年のセンバツで準優勝した池田（徳島）の代名詞で、池田はその後人気チームとなったが、第1回の全国中等学校優勝野球大会に優勝した京都二中（現鳥羽）からして、登録選手はわずか11人だった。そもそも、選手登録が14人と定められたのは29年の夏から。それまで、旅費と滞在費が援助されるのは選手11人までだったことなどもあり、草創期には11人ぽっきりのチームがほとんどだ。第1回から14回まで連続出場の和歌山中（現桐蔭）は、うち10回が登録11人で、27年のセンバツはメンバー10人で優勝した。また26年夏の静岡中は、小柄なエース・上野精三が左腕からの鋭いタテのカーブで早稲田実（東京）、前橋中（群馬）、高松中（香川）を次々と破り、決勝では満州代表の大連商を降して初優勝。準決勝、決勝は、いずれも2安打1失点の好投で、前橋中戦では15安打されながら21の三振を奪い、大正時代最長の延長19回を投げ抜いた。その上野、26年のセンバツから5季連続で出場しているが、静岡中の登録選手はいずれも11人だった。

㊗完投
かんとう

2022年夏の甲子園は140キロ投手5人を擁した仙台育英（宮城）が全試合継投で優勝を果たした。完投ゼロでの夏の甲子園優勝は17年の花咲徳栄（埼玉）以来史上6チーム目。準優勝の下関国際（山口）も全試合継投策の完投ゼロとなったが、決勝進出の2校が完投ゼロだったのも準優勝の広陵（広島）が完投ゼロだった17年以来のこと。48試合で完投数は全体を通しても、21と過去10年で最少だった。22年は大会限の導入に踏み切った令和の時代の高校野球では、複数投手の育成、起用がいよいよ重要。一人の投手が9イニングを投げ切る「完投」は、その数を減らしていくと思われる。

しかし、23年春のセンバツを制した山梨学院はエース・林謙吾が「鉄腕」ぶりを発揮し、6試合中4試合に完投。全試合に先発し、完投しなかった2試合はいずれも点差が開いた展開だった。対照的に準優勝の報徳学園（兵庫）は5試合すべて継投策をとった。完投するかどうかはチーム事情、試合展開にも左右され、すぐに「絶滅」することはなさそうだ。

チ 関東第一高校

かんとうだいいちこうこう

1925年、関東商業学校として東京都千代田区に創立。39年に現在の江戸川区に移転し、48年の学制改革で関東総合高校に。53年関東商工高、73年に現校名。03年までは男子校だったが、04年から共学となる。12年までは工業系のさまざまな学科があったが、順次募集停止し、現在は目標や進路に合わせた普通科4コースのみ。部活動ではオリンピック代表も輩出したバドミントン、多くの受賞歴を持つ吹奏楽部が知られる。27年創部の野球部は81年、小倉全由監督が就任して強化が進み、甲子園初出場の85年夏にベスト8、捕手に三輪隆（元オリックス）のいた87年センバツは、準優勝を果たした。小倉監督の教え子である米沢貴光監督は、00年8月に就任。08年以降はコンスタントに甲子園に出場して15勝9敗、学校トータルでは22勝14敗で66位タイだ。中村祐太（広島）、オコエ瑠偉（巨人）ら現役はじめ、OBにはプロ野球選手多数。

社 関門海峡越え

かんもんかいきょうごえ

関門海峡は、本州の山口県下関市と福岡県の旧門司市（現北九州市門司区）を隔てる海峡。1915年の中学優勝大会創設以来、戦前は春夏ともに九州勢の優勝がなく、34年夏に熊本工が準優勝したのが最高成績だった。だが47年の小倉中（福岡）は、再開されたセンバツで準優勝すると、夏は福嶋一雄投手の好投などで初優勝を飾った。夜行列車で午後1時に小倉駅に到着した小倉中は、当初小倉城のある勝山公園までパレードの予定だったが、2万人を超える市民が出迎えに殺到。車が動けないため、チームは優勝旗を持って商店街を通り抜け、勝山公園に向かった。このとき、優勝旗が初めて九州に渡ったことをさしたのが、「関門海峡を越えた」という表現。対象になる地方や県によって、関門海峡の代わりに「箱根の関」「白河の関」なども用いられる。なお小倉は、翌年夏も制して、5校目の夏連覇を果たした。

木内マジック→木内幸男

きうちまじっく

監 木内幸男

きうち・ゆきお

島田直也（元近鉄ほか）、仁志敏久（元横浜ほか）を擁して常総学院（茨城）で準優勝した1987年夏、PL学園（大阪）との決勝は、予言通りの「2対5だっぺ」。木内マジックである。31年7月12日生まれ。土浦一高を卒業すると同校コーチと監督を務め、56年からは取手二の監督。甲子園初出場は77年夏で、84年夏には、決勝でPLを破って県勢初優勝し、その秋から常総学院の監督に。01年にはセンバツ、03年には自身2度目の夏制覇を果たした。縦横無尽な用兵や采配の木内マジックは、「オレほど選手を見ている監督はいないよ」という日常の観察と、豊富な経験に裏打ちされている。一時勇退しながら11年まで指揮を執った。20年11月に逝去。甲子園通算40勝19敗は7位。

選 菊池雄星

きくち・ゆうせい

1991年6月17日に岩手県盛岡市に生まれ、現在はトロント・ブルージェイズでプレーする左投手。盛岡市立見前中時代、盛岡東シニアで本格的に投手を始め、シニア東北選抜に選ばれて全国大会優勝に貢献。花巻東では、1年夏の甲子園で新潟明訓との1回戦にリリーフ登板し、最速145キロの速球などで5回を1失点と好投したが、0対1で惜敗した。3年春のセンバツでは、鵡川（北海道）との初戦で最速152キロを記録し、9回1死まで無安打の2安打完封。明豊（大分）との2回戦も12三振で完封するなどして勝ち進み、岩手県勢として春夏通じて初めて決勝に進出した。清峰（長崎）・今村猛（元広島）との投手戦となった決勝は、0対1と惜敗だった。

同年夏は、背中の痛みを隠しながら登板を続け、岩手県勢としては夏の甲子園41年ぶりのベスト8に進出。東北（宮城）戦でマークした自己最速の154キロは、左腕としていまも甲子園史上最速だ。準々決勝では、今宮健太（ソフトバンク）を擁する明豊と再戦。4回までパーフェクトの好投を見せるが、腰痛のため5回でベンチに退いた。中京大中京（愛知）との準決勝では先発を回避し、チームも敗退。その後の精密検査で、左の5本目の肋骨が折れていたことが判明した。センバツでは40回で41三振を奪い、自責点もわずか3だったが、夏は32回$\frac{1}{3}$で自責点9とやや不本意だったのも無理はないか。

高卒すぐのメジャー・リーグ挑戦も視野に入れていたが、ドラフト会議では6球団が1位で競合のすえ西武に入団。在籍8年で73勝を積み重ねた。ポスティングシステムで19年にシアトル・マリナーズ入団。22年にトロント・ブルージェイズに移籍し、先発ローテーションの一角を任される活躍を見せている。高校時代から読書家で知られ、西武の若獅子寮入寮のときは蔵書の10分の1くらいと言いつつ、50冊を超える本を持ち込んだ。日本経済新聞で読書日記を連載したこともあり、愛読した本として司馬遼太郎の『燃えよ剣』、浅田次郎の『壬生義士伝』、童門冬二『上杉鷹山』、沢木耕太郎『敗れざる者たち』などを挙げている。センバツで対戦経験のある今宮は、「絶対に内角速球がくるとわかっていても打てなかった」と振り返るが、西武時代は今宮のいるソフトバンクに13連敗するなど、なぜか大の苦手だった。

施 記者席

きしゃせき

甲子園では、2009年までに大幅なリニューアルを終えた。近年は、屋外スタジアムでも室内に記者席を配するケースがほとんどだが、甲子園ではリニューアル後も、記者席は従来と同じ位置、バックネット裏のスタンドに設置されている。なんでも、リニューアルの際に球場側からメディア側に意見を聞く機会があり、「夏は高校生が灼熱のグラウンドでプレーするのだから、取材者もエアコン完備の隔絶した室内より、せめて選手たちと同じ空間にいるべき」との声が反映されたのだとか。同じ空間とはいえ、記者席のエリアは銀傘で直射日光からはさえぎられ、また時間によっては風が通り抜け、猛暑でも十分しのげる。ネット裏の最前列から後方にかけての座席は、通路で4ブロックに分かれており、常設の記者席はもっとも上のエリア。中継局のブースはその下のブロックにあり、全国から多くの記者が集まる春夏の甲子園では、同じ並びのブロック三塁側にかけての客席に、第二記者席が設けられる。出場校も記者の数も多い夏のほうが、第二記者席の数も多く用意される。

傷だらけの優勝

きずだらけのゆうしょう

→高知高校

試 奇跡のバックホーム

きせきのばっくほーむ

1996年夏の決勝。松山商（愛媛）の右翼手・矢野勝嗣が、熊本工のサヨナラ優勝を阻止する、補殺を記録した美しいバックホームを指す。熊本工は2対3と絶体絶命の9回2死走者なしから、澤村幸明が同点ホームランを放って押し返すと、延長10回裏は1死満塁。ここで本多大介の当たりは、実況のアナウンサーさえ「いったぁ！」と絶叫するほどの飛距離。少なくとも、サヨナラ優勝犠飛には十分だ。だが、直前に守備固めで入っていた松山商のライト・矢野は、いったんバックしながら浜風に押し戻された打球に懸命に前進。捕球すると、その勢いのまま「どうせサヨナラなら、ダイレクトで放ってやれ」と捕手の石丸裕次郎に放物線の矢を放った。それがまさに、いま滑り込んできた三走・星子崇の胸元へのストライク。

　日常の練習では、ダイレクト返球をかなりの確率で高投している矢野が、もっとも大事な場面で成し遂げたスーパープレーだった。九死に一生を得た松山商は11回表、その矢野の二塁打をきっかけに3点を追加し、そのまま優勝を飾っている。古豪同士の甲子園での対戦はこのときが初めてだったが、これをきっかけに両校は、何度か交流試合を行うようになった。また、ホームインを阻止された星子は2014年、熊本市内の繁華街に高校野球ファンが集える居酒屋を開業した。店名を『たっちあっぷ』という。

チ 北野高校

きたのこうこう

　かつての府立一中で、大阪一の伝統校といえる。1873年、欧学校として創立。77年大阪府第一番中学校、99年大阪府第一中学校、1902年北区北野に移転して北野中学校と改称。48年の学制改革で府立北野高校となり、男女共学となった。校内には、全国最大規模の図書館と高校では日本一大きな望遠鏡がある。もちろん大阪府屈指の進学校。野球部の夏の出場は戦前の27年の1回のみ。初戦に勝ったが、2回戦で優勝した高松商（香川）に敗れた。センバツは戦後4回出場している。48年の20回大会にベスト4、翌21回大会は桐蔭（和歌山）、岐阜商（現県岐阜商）を破って決勝戦に進出。兵庫の芦屋を相手に延長に入り、10回に2点ずつを取り合った12回表、北野が2点を奪って逃げきった。翌22回もベスト4。52年センバツが、最後の全国舞台になっている。夏1回出場1勝1敗、春4回8勝3敗。ラグビー部もかつては強く、42年の全国中等ラグビー大会で優勝した。数学者・森毅、作家・梶井基次郎、俳優・森繁久弥、漫画家・手塚治虫、元大阪府知事・橋下徹など、伝統校らしくさまざまな分野にそうそうたる卒業生がいる。

選 北野敏史
きたの・としふみ

1961年和歌山県生まれ。箕島（和歌山）の中心打者として2年春から4季連続甲子園出場。3年春のセンバツ決勝・浪商（現大体大浪商・大阪）戦ではセンバツ史上唯一となるサイクル安打を記録した。左投げ左打ち。2年時の78年春からレギュラー一塁手として出場し、チームは4強入り。同年夏の3回戦・中京（現中京大中京・愛知）戦で自身初本塁打を記録した。3年時の79年は不動の四番打者として史上3校目の春夏連覇に大きく貢献。センバツ決勝の浪商戦は、相手エース・牛島和彦（のちロッテほか）を打ち込み、単打↓三塁打↓本塁打↓二塁打の順でサイクルヒットを達成。最後の二塁打は右中間を破る当たりで三塁を狙ってタッチアウトになっての記録達成で「ベンチの誰も記録には気づいていなかった」と本人の談話が残る。夏の初戦（2回戦）・札幌商（現北海学園札幌・北海道）戦でも本塁打。春夏通じての「3季連続本塁打」は伝説のスラッガー・山下実（第一神港商＝現神港橘・兵庫）以来史上2人目の快挙だった。卒業後は社会人・松下電器（現パナソニック）で6年間プレーした。

監 北野尚文
きたの・なおふみ

1946年1月13日生まれ。敦賀（福井）では2年春から四番に座ったが、甲子園出場はない。龍谷大では1年春からベンチ入りしたものの、その秋、試合中に大ケガ。予想以上の重症で、完全復帰までおよそ2年半を要しながら、4年春には首位打者を争うほどの活躍を見せた。大学卒業後の68年、福井商への赴任と同時に監督に。当時の福井商は、甲子園出場が戦前に一度だけと、強豪とはほど遠いチームだった。北野は1年目から本気で甲子園に連れていくと誓い、練習のあまりの厳しさに、28人いた選手が3人になったことも。ただ、やめた選手の説得に家を訪ね歩き、信頼関係を築いた。そこには自身が大学時代に経験した、どんな状況でもあきらめないという精神が生かされていた。そして71年のセンバツで初めて甲子園の土を踏んで以降、毎年のように甲子園に出続け、78年のセンバツでは準優勝、ほかに2度のベスト4入りがある。2011年に監督を勇退するまで、甲子園通算31勝36敗。出場回数36回は明徳義塾・馬淵史郎監督と並び歴代2位タイ。18年のセンバツで智弁和歌山の高嶋仁・前監督に抜かれるまで最多記録で、「出た数だけ負けているということですよ」と本人が語るように、36敗は馬淵監督の35敗より1つ多く、いまだに歴代最多である。

選 来田涼斗

きた・りょうと

2001年10月生まれ。兵庫県神戸市出身。明石商（兵庫）の左の強打者として1年時の18年春の県大会からベンチ入りし、18年夏、19年春夏と3季連続甲子園出場。3年時は主将を務め20年センバツも選出されたがコロナ禍で中止に。同年夏の甲子園も中止となったため、チームメートの中森俊介（ロッテ）とともに可能性があった1年時からの「5季連続出場」の夢を絶たれた。1年夏は八戸学院光星（青森）に初戦敗退も、2年時の19年は春夏とも全国ベスト4入り。一番レフトで活躍した来田は、春の準々決勝・智弁和歌山戦で「先頭打者本塁打とサヨナラ本塁打」の快挙。夏の準決勝・履正社（大阪）戦で再び先頭打者本塁打をマークしたが、甲子園で先頭打者本塁打を2度マークしたのは来田が史上唯一のケース。20年ドラフト会議でオリックスに3位で指名され入団。1年目の21年7月13日の日本ハム戦でプロ初打席本塁打の衝撃デビューを飾った。180センチ、90キロ。右投げ左打ち。

事 喫煙

きつえん

未成年の喫煙は御法度で、高校生ならむろんのこと。だが、野球部員の喫煙行為が報告され、謹慎処分を受ける例は後を絶たない。1986年夏は、一人の大物投手が注目されていた。享栄（愛知）・近藤真一（元中日）。評判どおり、初戦は唐津西（佐賀）を15三振の1安打で完封した。だがここで、とんでもない知らせが。ベンチ入りメンバー2人を含む選手5人の喫煙現場が、写真雑誌「エンマ」にスクープされたのだ。これを受けた享栄は、当該選手2人と、責任教師の登録抹消を大会本部に届け出た。大会期間中に不祥事が発覚するのは、春夏通じて初めてのことだった。大会本部は緊急運営委員会を開き、対応を協議。享栄側が早めに選手の登録抹消や謹慎、責任教師の引責辞任などの処分を行っていたこともあり、残りのベンチ入り13人は、そのまま大会に出場できることになった。チームメートの不祥事に、前夜は「もう、ダメかもしれない」となかなか寝つけなかった近藤だが、2回戦でも東海大甲府（山梨）に2

対1と辛勝。挨拶のために整列した享栄ナインの列は、2人分短かった。

他 キッズフェスタ
きっずふぇすた

2018年3月18日、90回を迎えるセンバツの記念事業として行われた、「センバツ・キッズフェスタ」。全国から集まった90人の男女小学生に、高校野球の名監督たちが野球の魅力を伝える初の試みだった。指導者の顔ぶれは横浜（神奈川）元監督・渡辺元智氏、星稜（石川）元監督・山下智茂氏や、帝京（東京）・前田三夫監督（当時）、早稲田実（東京）・和泉実監督ら23人。そのうち11人が甲子園優勝経験がある豪華布陣だった。開催の経緯には、日本高野連・竹中雅彦事務局長（当時）が「ものすごい危機感を持っています」という野球人口の減少がある。イベントには、出場はできなかったものの21世紀枠推薦校だった法隆寺国際（奈良）など4校も協力校として参加。野球未経験者を優先して招いた小学生だが、甲子園の土を踏みしめて満足げ。ティーボール用のバットとボールがおみやげに渡され、関係者は「この企画をきっかけに野球を続けてもらえれば」と期待する。

高校野球200年構想の一環として、野球人口や底辺拡大を図るイベントで、18年7月にも予定されていたが、これは台風により中止。2回目が実施されたのは、19年11月だった。その際、前回の参加が当選していた子どもたちにふたたび声をかけると9割近くが集まり、追加募集も含めて北海道から鹿児島までの小学1～4年生121人が甲子園の土を踏みしめた。渡辺氏、山下氏らの指導者の手ほどきでキャッチボール、ティー打撃などを行い、ティーボールの試合も。関西地区の7校の球児たちがイベントを手伝い、小学生たちは憧れの甲子園球場の芝を踏み、グラウンドの広さを感じて目を輝かせた。

戦 機動破壊
きどうはかい

2011年夏に甲子園に初出場し、翌12年センバツではベスト4と躍進した健大高崎（群馬）の掲げるスローガンであり、戦術。11年の夏は、群馬大会6試合で28盗塁という大会記録。甲子園でもツーランスクイズを決め、翌センバツは4試合16盗塁と、その機動力をふんだんに見せつけた。きっかけは、10年夏の群馬大会準決勝。創部した2002年に就任した青柳博文監督は、甲子園を狙える手応えを感じていたが、準決勝で0対1で敗れた。いくら自信があっても、打撃は水もの。そこで目指したのが、好不調の波がない機動力の向上だった。以来、「日本一の走塁への意識」を徹底。1年後には、初の甲子園出場を果たすことになる。ベスト8まで進んだ14年夏も、4試合でなんと26盗塁。平山敦規の8盗塁は、大会最多タイだ。

物理的にスピードのある選手が盗塁をするのなら、話は単純だ。ところが健大高崎の場合、鈍足の選手でもなんとか相手のスキを見つけ、あるいは最大限に第二リードを取ることで、少しでも先の塁に近づこうとする。青柳監督が強調するのは、「勇気のない選手は使いません」。そして、機動破壊は盗塁に限った話ではない。当時走塁を担当していた葛原毅・前コーチによると、「盗塁の数が勝利につながるかどうかは別。だけど、足があることを印象付ければ、周りが警戒してくれるので、盗塁せずとも相手を苦しめることができる。そこも含めての機動破壊なんです」。ちなみに、機動破壊という言葉を生み出したのは、葛原コーチの父で、愛知・杜若などで監督を務めた美峰氏。17年のセンバツでは、1点ビハインドの福井工大福井戦の9回裏、2死二、三塁から相手投手の二塁けん制の間に三塁走者が本塁を陥れ、延長15回引き分けに持ち込むなど、甲子園で与えたインパクトは大きい。

▶「機動破壊」をスローガンに、2014年夏にはベスト8まで進出した健大高崎

制 記念大会
きねんたいかい

全国高校野球選手権大会では、1958年の第40回大会を記念して、沖縄を含めて各47都道府県大会の優勝校がそのまま代表となり、全国大会に出場した。代表の数は前年の23の倍以上で、3回戦までは甲子園と西宮球場を併用した。59年には北海道が南北2代表となるなど出場校が29に増え、60年から鹿児島も1県1代表となり30校になった。さらに5回ごとの記念大会で1県1代表を採用。45回の記念大会でも西宮球場を併用したが、甲子園で試合ができなかった選手の心情を慮り、68年の第50回大会からはすべて甲子園で開催している。78年の第60回では、北海道・東京が2代表ずつと、ほかの45府県が1代表で49代表となり、79年からはずっとこの方式だ。80回

大会（98年）では埼玉、千葉、神奈川、愛知、大阪、兵庫が2代表で55校の出場となり、90回大会もこれを踏襲。2018年の100回大会は、福岡も2代表となり史上最多の56校が出場した。ちなみにこれら2代表の府県では、大会の優勝校と準優勝校ではなく、2分割した大会それぞれの優勝校が出場する。1回負けたら終わりというのが、夏の大会の趣旨だからだ。

記念大会で出場校を増やしたのは、夏よりもセンバツが先で、33年の10回大会では、前年の20から32へと大幅に増えている。当時、夏の出場校は22だったから、意外なことにセンバツのほうが出場校が多かったのだ。また戦争による中断をはさみ、6年ぶりに開催された47年の19回大会も26校が出場し、この年の選手権の19代表を上回っている。センバツではその後、40回大会（68年）で前年の24から30へ、さらに45回が30校（76年からは通常30校）、83年の55回記念大会からは32校が定着した。60、65回（88、93年）には通常よりプラス2校の34校が出場し、70回以降5年ごとの記念大会では、プラス4校の36校が出場している。

チ 岐阜高校

ぎふこうこう

岐阜県高野連の「白球燦々」によると、岐阜県の野球事始めは岐阜中学で、1884年に教師の平瀬作五郎が生徒に指導したという。「岐中岐高百年史」によれば岐阜中、のちの岐阜高校野球部の創部は、「明治16（1883）年か17年であることは間違いない」うえ、1915年の第1回中等学校野球優勝大会から欠かさず出場している全国屈指の伝統校だ。1873年、仮中学と称して創立し、78年に岐阜県第一中学校、学制改革の1948年に岐阜第一高校となって女子の入学が認められ、8月には岐阜女子高校を統合して岐阜県立岐阜高校となる。野球に関しては、県内に岐阜商（現県岐阜商）、そして隣接する王国・愛知がつねに立ちはだかるため、伝統校には珍しく、戦前の中学校時代には甲子園出場がない。48年夏（当時は岐阜一）の初出場は、地区割りの変更で、三重と代表を争うようになったことも大きいが、この年にいきなりベスト4まで進出すると、翌年は湘南（神奈川）との進学校対決に敗れたものの、決勝まで進出した。ただその後、夏は54年、春は78年を最後に、甲子園から遠ざかっている。夏5勝3敗、春2勝3敗。政財官学にそうそうたるOBがおり、プロ野球選手としては49年に準優勝したときのエース・花井悠（元西鉄）と外野手の河合保彦（元西鉄ほか）と森和彦（元阪急）、そして甲子園出場はないが和彦の弟・巨人V9の主力捕手・森昌彦（現祇晶）らがいる。

制 希望枠

きぼうわく

選抜高校野球大会で、2003年から08年まで設けられた選考枠。一般選考で補欠となったチームにも、出場の「希望」を残すとして導入された。神宮大会枠を得た地区を除く各地区の補欠1位の9校を対象に、投手を含めた守備力のデータに従って決める。03年は、明治神宮大会を除く直近5試合の被塁打、与残塁＋失点、失点の3項目について1試合9イニングの平均値を計算し、まず被塁打の多い3校、次に与残塁＋失点の多い3校を除外。残った3校のうち最も失点の少ないチームを選出した。04年からは対象項目が変わり、直近4試合で被塁打、与四死球、失点、失策の1試合9イニング平均値から順位を得点化し、合計がもっとも多い学校が選出されるようになった。簡単にいえば、守備力を数値化して、もっとも優れている高校を選出しようという意図だ。07年には、この枠で出場した大垣日大（岐阜）が準優勝するなど、守備力の重視は一定程度の根拠があった。

ただ、所属する地区の相手との力関係や、ヒットかエラーの微妙な判定などをひっくるめると、守備力を普遍的な数値とするのは難しい。守備範囲が広い野手が追いついた打球を落とせばエラーだが、初めから追いかけない野手にはそれがないのだ。また、選考に自由度を持たせるのがセンバツの独自性ながら、数字で自動的に決まるのはそぐわないとして08年限りで廃止され、その1枠は21世紀枠に追加された。

チ 逆転の～

ぎゃくてんの～

逆転とは「それまでとは反対の方向に回転すること」「事の成り行きなどがそれまでとは反対になること」の意味で、野球用語としては得点をリードされていながら、逆にリードすることをいう。見ているほうが手に汗を握る、スリリングな展開だ。高校野球史上には、「逆転の～」という代名詞で呼ばれるチームがある。まずは、報徳学園（兵庫）。1961年夏に甲子園に初出場したが、倉敷工（岡山）との初戦は、0対0のまま突入した延長11回表に大きな6点を失った。試合は決まったようなものだ。だが、その裏。報徳は、ただ一人試合に出ていなかった代打・平塚正がボテボテの内野安打で出ると、1死後に死球とタイムリーで1点、さらに内野ゴロの間に1点を返した。ただ、2死のこの時点で4点差。依然として敗色は濃い。ここで倉敷工は、夏の大会直前に骨折し、ここまで登板不能だったエース・森脇敏正をマウンドに上げた。倉敷工・小沢馨監督の温情だ。だが、四球とタイムリーで3点差とされると、たまらずサードに回っていた永山勝利が再びマウンドに。しかし報徳打線は止まらず、満塁からのタイムリーで1点差、さらに平塚がこの回2度目の打席で中前にはじき返し、0対6からなんと同点に追いついた。

こうなると、流れは完全に報徳。12回裏は先頭打者の二塁打のあと満塁策の1死満塁で、サヨナラ打が飛び出した。このとき、のちに母校の報徳を率いてセンバツで優勝する福島敦彦は慶応大在学中で、コーチとして観客席で見ていたが、「甲子園では、あれ？が一つだけだったらまだ何も起こらない。ただ、あれ？あれ？と重なると、何かが起きるんです。思い出づくりのはずの代打・平塚のヒットもそうなら、森脇君をマウンドに上げた温情もそう」と語っている。ちなみにこの61年8月13日は3試合が組まれ、第1試合では銚子商（千葉）が史上初のサヨナラ本塁打で法政一（東京）を降し、この試合のあとも延長の末、崇徳（広島）が武生（福井）にサヨナラ勝ち。1日3試合がすべてサヨナラ、というのは史上初めてで、何かが起きる日だったのかもしれない。報徳はその後も、67年夏にはサヨナラ本盗を決めるなど、「逆転の報徳」としてドラマチックな試合を展開している。

もう一つは、ＰＬ学園（大阪）。春夏を通じて全国優勝が7回あり、１９８０年代の横綱ともいえるが、78年夏の初優勝が強烈だった。中京（現中京大中京・愛知）との準決勝は、9回裏を迎えた時点で0対4と敗色濃厚。のち、09年夏に中京大中京の監督として優勝する大藤敏行はこのとき下級生で、アルプスで応援していたが、もう勝利を確信した先輩たちの指示で、洗濯をすませておくために一足先に宿舎に帰ったほどだ。だがＰＬは、恐るべき粘りで同点とすると、延長12回に押し出しでサヨナラ勝ちを収めた。さらに翌日、高知商との決勝もそう。0対2、わずか2安打に封じられて9回を迎えたＰＬ打線は、1死二、三塁のチャンスから犠牲フライで1点を返すと、あと一人から西田真二（元広島）が同点二塁打、さらに柳川明弘の二塁打で奇跡的なサヨナラ優勝を果たした。

さらに79年春も、中京商（現中京・

岐阜）との1回戦は8回の4得点で逆転勝ち、宇都宮商（栃木）との2回戦は8回に4点差を追いつき、延長10回にサヨナラ勝ち。81年春の決勝では、0対1の9回裏、西川佳明（元阪神ほか）のヒットで印旛（千葉）に逆転サヨナラ勝ちしてセンバツ初優勝を遂げるなど、もはや逆転がお家芸だった。「終盤になって一人でもランナーが出ると、リードしているのに相手が勝手におたおたしてくれるんです」とは、その後のＰＬの選手たちの証言だ。近年では、２０１４年夏の石川大会決勝で、９回裏に8点差を大逆転した星稜が「逆転の〜」候補一番手か。その夏の甲子園でも、静岡につけられた2点差を7、8回で逆転し、1回戦を突破している。

記 9回無安打で黒星

きゅうかいむあんだでくろぼし

１９５３年夏には、ノーヒットのチームが勝利するという珍記録があったが、翌54年夏には逆に、9回までノーヒット・ノーランに抑えていたチームが敗れるという試合があった。北海（北海道）の田村義道は、準々決勝で新宮（和歌山）の左腕・前川勤也と投げ合い無安打投球のまま両軍無得点で延長へ。12回1死から初安打を許したあとも好投を続けるが、17回表についに力尽きて0対1で敗戦。最終的に田村の被安打は4本だった。

その30年後、84年夏の境（鳥取）と法政一（現法政・西東京）の一戦はさらにドラマチック。境のエース・安部伸一が好調で、相手打線を完璧に抑え込んでいた。だが法政一の岡野憲優も、スローボールを織り交ぜて打者のタイミングを外す。9回を終わって岡野は4安打1四球、1点も許さない。それを上回るデキが安部で、1四球の走者を許したのみの無安打だが、両チームともに無得点で延長に突入。つまり、境が1点でも取っていれば、大会史上21回目のノーヒット・ノーラン達成というところだった。だが、延長10回裏。法政一の三番・末野芳樹が、簡単に2死を取った安部の初球スライダーをフルスイングすると、打球は左中間ラッキーゾーンへ。初安打がサヨナラ本塁打という劇的な結末となった。

センバツでは、9回までノーヒット・ノーランで延長というケースが3回ある。33年、中京商（現中京大中京・愛知）の吉田正男は、興国商（現興国・大阪）に13回に初安打を許したが、結局その裏に1対0でサヨナラ勝ち。２００９年にはＰＬ学園（大阪）の中野隆之が南陽工（山口）に10回1死から初安打を許すと、そこから2点を奪われて1対2で敗退した。18年も、彦根東（滋賀）の増居翔太が花巻東（岩手）を9回まで無安打14三振。だが10回裏、先頭打者の初安打から四球、ヒットで無死満塁となり、犠飛を打たれて力尽きた。1安打完封している吉田以外は、9回までノーヒット・ノーランを続けながら延長で敗れているのが面白い。記録を逃した気落ちか？

逆に、延長戦でこの快挙を達成しているのは、春夏を通じて57年夏の王貞治（早稲田実・東京、元巨人）のみだ（対寝屋川［大阪］、延長11回）。

ちなみに88年センバツでは、中京（現中京大中京・愛知）の木村龍治投手（元巨人）が、宇部商（山口）を相手に9回1死まで完全試合を続けながら、次打者にヒットを許し、2死後に逆転2ランを浴びて敗れてもいる。

運 給水タイム
きゅうすいたいむ

熱中症対策の一環として、2018年夏の甲子園から、給水タイムが採り入れられた。大会本部の判断で、給水・休憩のための時間を取ることができるもので、給水については、ほかにも、開会式のリハーサル、本番で全参加者に水のボトルを持たせ、途中で給水させている。実際の試合で、初めて実現したのは8月10日の第2試合、折尾愛真（北福岡）と日大三（西東京）の一戦。午後0時38分に始まった試合は、初回に日大三が打者一巡の猛攻で7得点するなど、7回まで16点の大量得点。その時点ですでに試合開始から2時間以上が経過しており、7回終了後に給水と休憩をする時間が設けられた。その間およそ10分、両チームの選手と審判団がグラウンドから引きあげている。その後も、試合中にケガをした選手の治療時など、この給水タイムは大会を通じて臨機応変に適用された。

球道くん
きゅうどうくん

→中西清起

運 休養日
きゅうようび

甲子園では、選手の体調管理のために春・夏とも2004年から、準々決勝を2試合ずつ、2日に分けて開催していた。もともと03年夏から導入の予定だったが、雨天順延が頻発したため、その夏は従来どおり1日4試合を行ったのである。さらに夏は13年、春は15年から、準々決勝4試合を1日で行う日程に戻し、その翌日を休養日とした（センバツも14年から導入していたが、雨天中止と引き分け再試合の発生で2日順延したため、結果的に休養日は取り消し）。トータルの開催日数は従来と同じだが、準々決勝を2試合ずつに分けると、その2日目から決勝まで勝ち上がるチームは3連戦となることに配慮したもの。われわれ取材者にとっても、へばりかけの大会終盤に、休養日は願ってもない恩恵だ。ただし17年のセンバツでは、雨天中止が1日と、2試合連続引き分け再試合があったため、準々決勝後の休養日はまたも消滅。それでも決勝は、天候不良が予想されて1日順延されたため、優勝した大阪桐蔭と準優勝の履正社（大阪）は結果的に3連戦を免れた。それにしてもこの休養日、雨にたたられることが多い。

19年夏の甲子園からは、準々決勝翌日だけではなく準決勝翌日にも休養日が。選手の障害予防対策の一環で、これにより決勝進出チームは、基本的に準々決勝以降は5日間で3試合と日程が緩和されたわけだ。21年夏からはさらに、3回戦終了後にも休養日が設けられたから、そこからの3試合は原則として、中1日空くことになった。センバツも、新型コロナで中止になった20年から同様に準決勝後に休養日を設定したが、21年から23年まで必ず雨天中止があり3年連続で準決勝後の休養日は消滅している。暑さは夏ほどではなくても、実戦経験の少ない春先は、過度な負担がケガにつながりやすい。加えて導入された投球数制限もむろん、投手にかかる負担や選手の健康管理への配慮だ。

試 兄弟校対決

きょうだいこうたいけつ

系列校同士が対戦すること。１９７２年春には、日大桜丘と日大三が決勝で激突している。しかも兄弟校というばかりではなく、同じ東京のチームとしてよく練習試合もしていた間柄で、この試合は日大桜丘が5対0で勝っている。ほかには83年夏の東海大一（現東海大静岡翔洋）13対1東海大二（現東海大熊本星翔）、97年夏の佐野日大（栃木）2対1宮崎日大、99年夏の長崎日大5対0日大三（西東京）、２００２年夏の智弁和歌山7対3智弁学園（奈良）、13年夏に日大山形7対1日大三、21年春には東海大相模（神奈川）3対1東海大甲府（山梨）がある。当然ながら、出場頻度の高い大学の付属校の対戦が多い。さらに、智弁両者は、21年夏に再度対戦が実現。

今度は決勝での激突となったが、02年に続き和歌山が勝利し（9対2）、和歌山にとって3度目の夏の甲子園制覇となった。

記 兄弟ホームラン
きょうだいほーむらん

2008年夏、史上初の記録が生まれた。広陵（広島）の一番・上本崇司（広島）が、横浜（神奈川）戦で大会史上13人目の先頭打者ホームラン。実は03年夏にも、兄の上本博紀（元阪神）が同じ広陵の一番打者として東海大甲府（山梨）戦で先頭打者アーチを架けている。つまり、史上初めての兄弟先頭打者ホームランだ。しかも、同じ左翼席。兄は2年時の03年春、全国優勝も果たしたが、崇司がホームランを打った試合の広陵は4対7で敗れている。センバツでも16年、史上初の兄弟弾が飛び出した。高松商（香川）の植田理久都が創志学園（岡山）戦でホームランを打つと、兄の響介が海星（長崎）戦で一発。「弟が打ったので、打ちたかった。兄の立場として、このまま香川に帰れない」とは植田響介で、これで1大会での史上初の兄弟アーチが実現したわけだ。

記 兄弟優勝
きょうだいゆうしょう

2023年センバツに出場していた大阪桐蔭・徳丸快晴右翼手、東邦（愛知）・石川瑛貴一塁手はともに「実兄が甲子園優勝経験あり」の選手。徳丸は兄・天晴が21年夏に智弁和歌山で、石川は兄・昂也（現・中日内野手）は19年春に東邦の主将でエース＆四番打者として優勝している。家族の夢を乗せて「兄弟優勝」を目指したが、大阪桐蔭は準決勝で、東邦は3回戦で敗れ、快挙はならなかった。この「兄弟での甲子園優勝」は、過去どのくらい例があるだろうか。戦前の中等野球時代も含めて下記のケースが確認できる。

中京商（現・中京大中京）の野口兄弟は3人で経験。54年夏の優勝時も左腕エース・中山俊丈（のち中日）、二塁手・光邦の「中山兄弟」がいた。松山商・千葉茂は左翼手として35年夏に優勝、巨人では名セカンドとして活躍するが、16歳違いの実弟・英二は戦後の53年夏に松山商で一塁手として優勝を果たした。58年夏優勝の柳井（山口）はエースの克彦とサードの哲夫の友歳兄弟、59年夏優勝の西条（愛媛）には2年生ながらレギュラーで活躍した双子の長井兄弟がいた。PL学園（大阪）・桑田真澄投手（元巨人ほか）は清原和博との「KKコンビ」で83年夏、85年夏に優勝。実弟の泉外野手は87年春夏連覇の一員。88年夏優勝の広島商・山本兄弟は、弟の2年生・淳見が三番ショート、兄・幸秀は背番号1を背負ったが甲子園での登板はなかった。91年夏に初出場初優勝の大阪桐蔭は元谷信也、哲也の兄弟がベンチ入り。常総学院（茨城）は2001年春優勝時に大崎雄太朗右翼手、03年夏優勝時に1歳下の弟・大二朗捕手が活躍した。斎藤佑樹（のち日本ハム）で2006年夏に優勝の早稲田実には双子の小沢兄弟（2年）、2010年春夏連覇の興南（沖縄）にも双子の国吉兄弟（3年）がいた。「違う学校での兄弟優勝」は、実は過去に例が見当たらない。大阪桐蔭・徳丸が智弁和歌山で優勝した兄に続けば、史上初の快挙ということになる。確認できる兄弟優勝の一覧は下記の通り。数字は背番号、カッコ内は守備位置

野口　明（中京商）1933夏＝（捕手）
野口二郎（中京商）1937夏＝（投手）、1938春＝（投手）
野口　昇（中京商）1937夏＝（控え二塁手）、1938春＝（二塁手）
千葉　茂（松山商）1935夏＝（左翼手）
千葉英二（松山商）1953夏＝3（一塁手）
中山俊丈（中京商）1954夏＝1（投手）
中山光邦（中京商）1954夏＝4（二塁手）
友歳克彦（柳井）1958夏＝1（投手）
友歳哲夫（柳井）1958夏＝5（三塁手）
長井征一（西条）1959夏＝11（三塁手）
長井栄二（西条）1959夏＝12（右翼手）
桑田真澄（PL学園）1983夏＝11（投手）、1985夏＝1（投手）
桑田　泉（PL学園）1987春＝12（外野手）、1987夏＝13（外野手）

山本幸秀（広島商）1988夏＝1（控え投手）
山本淳見（広島商）1988夏＝6（遊撃手）
元谷哲也（大阪桐蔭）1991夏＝6（遊撃手）
元谷信也（大阪桐蔭）1991夏＝12（外野手）
大崎雄太朗（常総学院）2001春＝9（右翼手）
大崎大二朗（常総学院）2003夏＝2（捕手）
小沢秀志（早稲田実）2006夏＝9（右翼手）
小沢賢志（早稲田実）2006夏＝12（外野手）
国吉大陸（興南）2010春＝6（遊撃手）、2010夏＝4（二塁手）
国吉大将（興南）2010春＝13（外野手）、2010夏＝14（外野手）

チ 京都一商→西京高校
きょうといちしょう

き

京都外大西高校
きょうとがいだいにしこうこう

京都市右京区にある私立校。1957年に京都外国語大学併設校の京都西高校として創立し、2001年に京都外大西高校と校名変更した。「京都外国語大学西」ではなく「京都外大西」が正式名称。外国語大学の併設校らしく87年のセンバツでは上羽功晃主将（のち監督）が英語で選手宣誓を行って話題になった。

野球部は広陵（広島）ＯＢの三原新二郎監督が83年に就任すると一気に強豪の仲間入り。同年秋の近畿大会で準優勝と躍進し、84年春夏連続で甲子園初出場。86年春に8強入り、89年春は4強入りを果たした。初出場時のエースだった真鍋知尚監督が率いた93年夏に8強に入った後、低迷期に入るが、01年に三原監督が復帰。05年夏は65歳の三原監督が勇退を表明して臨んだ甲子園で、1年生右腕・本田拓人や左腕・大野雄大（中日）らの活躍で快進撃。決勝で敗れて駒大苫小牧（南北海道）に2連覇を許したが、名将の花道を準優勝で飾った。甲子園通算成績は春6回出場で7勝、夏9回出場で12勝、通算19勝は76位タイで京都では龍谷大平安に次ぐ2位。主な卒業生にタレントの上岡龍太郎、宮川大輔、元日本ハムの木元邦之、現役ではヤクルト・西村瑠偉斗らがいる。

京都成章高校
きょうとせいしょうこうこう

1986年、私立の男子校として創立。同時に野球部もでき、92年夏の京都大会で初めて8強に進出すると、秋の近畿大会でもベスト8。ただしこのときは京都から3校が8強に名を連ねたため、翌年のセンバツには漏れ、93年夏も京都の決勝まで進みながら涙を飲んだ。甲子園初出場は95年夏で、98年にはセンバツにも初出場。このとき岡山理大付に喫した大敗を糧に、その夏は左腕・古岡基紀が好投を見せて決勝に進出。横浜（東神奈川）・松坂大輔（元西武ほか）にはノーヒット・ノーランを喫したが、古岡が6試合で奪った57三振は松坂をしのぐ。この年は国体でも横浜と決勝で当たり、またも準優勝に終わった。2003年には一部男女共学化し、16年に新設されたメディカルスポーツクラスも共学。ラグビー部も花園で準優勝がある全国大会の常連だ。春夏5回出場で5勝5敗。98年夏の準優勝以外は、いずれも初戦敗退にとどまっている。北山亘基（日本ハム）、大家友和（元横浜ほか）はＯＢ。

京都先端科学大付属高校

きょうとせんたんかがくだいふぞくこうこう

←京都商業高校

伝説の大投手・沢村栄治（元巨人）が在籍した（中退）京都商業学校が1948年の学制改革で京都商業高校となり、90年に京都学園高校に校名変更、2021年に現在の校名となった。地元・京都の商人育成を目ざし、25年に創立。69年には普通科を設置し、現在は普通科のみで4コースがある。野球部は30年の創部で、33年に沢村を擁してセンバツに初出場し、ベスト8に進んでいる。準々決勝の沢村は明石中（兵庫）の楠本保との投手戦に敗れたが、このときは3試合で38三振を記録。34年は春夏と出場し、チームはさほど勝ち進めなかったが、沢村自身は3回の甲子園で6試合53回を投げ、豪速球で79もの三振を奪った。センバツで準優勝した40年以後もたびたび甲子園にコマを進め、ことに70年代の京都は平安（現龍谷大平安）か京都商かといわれる常連に。81年夏にはエース・井口和人が好投を見せ、夏は初めての決勝に進出。金村義明（元西武ほか）がエースの報徳学園（兵庫）に敗れたが、井口は小柄ながら和歌山工、鎮西（熊本）と準々決勝、準決勝を連続完封し、〝沢村2世〟と呼ばれた。86年夏を最後に甲子園から遠ざかり、京都学園高校としての出場はなかった。春4回、夏11回出場で14勝15敗。OBにはプロ野球選手が多数いて、現役では上茶谷大河（DeNA）。柱谷幸一・哲二兄弟や、Jリーガーも多い。

京都二商

きょうとにしょう

正式には、京都市立第二商業学校。京都市立第一商業学校（京都一商・現西京）の生徒数増加を受け、1910年に西陣に開校。20年代はじめに西ノ京の新校地へ移転した。戦後の47年には、春夏の甲子園に出場。48年には、学制改革で西陣商業高校と改称したものの、その年に出場したセンバツでは混乱を避けるために校名は旧制中学のまま。とんとん拍子で決勝まで進むと、皮肉なことに相手は京都一商。38年センバツの中京商（現中京大中京）と東邦商（現東邦）、41年センバツの東邦商と一宮中（現一宮）と、過去には愛知県勢同士の決勝が2回あり、この京都対決はそれに続くものだった。試合は延長11回、0対1で兄貴分の京都一商がサヨナラ勝ちしている。そして西陣商は、この年限りで廃校となった。春2回、夏1回出場で通算4勝3敗。

京都二中→鳥羽高校
きょうとにちゅう

選 清澤忠彦
きよさわ・ただひこ

1938年生まれ。県岐阜商の左腕エースとして56年春夏、57年春夏と4季連続甲子園出場。上背はないが鋭く曲がるカーブと切れのある速球を武器に高校球界を代表する投手として活躍した。3年時の57年夏には初戦の津島商工（現津島北・愛知）戦でノーヒット・ノーランを達成。2年時の56年は春夏とも決勝まで進む準優勝、3年時は春夏とも準々決勝敗退。4度の甲子園で通算11勝をマークしたが、栄冠には届かなかった。卒業後は慶大に進み、神宮で活躍。3年時の60年秋は伝説の「早慶6連戦」で先発、救援で登板。4年間で通算20勝もリーグ戦の優勝はなし。社会人・住友金属でも65、66年と2年連続で都市対抗準優勝と同時に久慈賞受賞。高校、大学、社会人を通じて「悲運のサウスポー」と言われた。住友金属監督も務めた後、アマ野球の審判員として長く活躍。甲子園の審判員は88年まで務めた。

他 巨人の星
きょじんのほし

野球マンガの最高峰としてあまりにも有名。巨人V9の時代を背景に描かれ、原作・梶原一騎、作画・川崎のぼるのオリジナル版マンガ連載（週刊少年マガジン）は1966年6月から71年1月まで、テレビアニメ版（読売テレビ）は68年3月から71年9月にわたって放映された。主人公の左腕投手・星飛雄馬が巨人に入団して「大リーグボール」などで大活躍を見せる姿がメインストーリーだが、巨人入団前、甲子園でライバルたちと対決する高校時代も物語のはじめにかなりのボリュームで描かれている。

星は東京・青雲高校の左腕エースで、柔道部から転身した伴宙太が女房役。最大のライバル・花形満は神奈川・紅洋高校、打倒・星を目指すもう一人の強敵・左門豊作は熊本農林高校の選手。夏の甲子園で勝ち進んだ青雲は準決勝で熊本農林を倒すも星が左手を負傷。紅洋との決勝では血染めのボールを投げ、花形にサヨナラホームランを打たれて準優勝というストーリー。そこから先は星が高校を退学し、入団テストに参加して巨人に入団。阪神入りした花形、大洋入りした左門らとの対決はプロ野球の舞台でも続いていく。

「思い込んだら試練の道を…」で始まるアニメ版の主題歌「ゆけゆけ飛雄馬」は、一時は甲子園のアルプスの応援歌として定番曲だったが、近年はあまり聞かれなくなった。

選 清原和博
きよはら・かずひろ

1年夏の1983年から5大会連続で甲子園に出場、史上最多の通算13本塁打を放ったスラッガー。阪急ブレーブスの主砲として猛打を振るったブーマーになぞらえ「キヨマー」の愛称を冠された。67年8月18日、大阪府岸和田市出身。小学生のころから傑出した存在と注目され、PL学園（大阪）に鳴り物入りで進学。同期生の桑田真澄（元巨人ほか）と投打の両輪を担い、PL黄金時代をもたらしてKKコンビともてはやされた。1年夏の大阪大会から四番の座に定着。1年生の四番打者と主戦投手を擁するPLは甲子園に旋風を巻き起こし、前年夏と春を連覇して最強と目された池田（徳島）を準決勝で撃破、決勝の横浜商（神奈川）戦では清原の甲子園初アーチも飛び出して優勝を果たした。しかし、2年の春夏は決勝、3年春もベスト4まで進出しながら、いずれもノーマークだった岩倉（東京）、取手二（茨城）、伊野商（高知）に敗れて栄冠を奪われた。ことに3年春の準決勝では、伊野商の渡辺智男（元西武ほか）に3打数3三振と抑え込まれた。この悔しさを晴らすべく、3年夏には準々決勝からの3試合で当時の1大会最多記録を更新する5本塁打（決勝の宇部商戦では2打席連続）を放ち、チームの優勝に貢献した。3年春の浜松商（静岡）戦と夏の東海大山形戦では、大差のついたゲーム途中から登板。清原の投手としての実力は、他校ならエースを張れるほどといわれた。ドラフト1位で西武入りした86年、高卒新人最多の31本塁打と怪物ぶりを見せつけ、巨人、オリックスで通算本塁打は525本。

▶清原和博

選 清宮幸太郎
きよみや・こうたろう

1999年5月25日、東京都出身。ラグビー選手・指導者として知られる清宮克幸氏を父に持つサラブレッドで、幼少期から野球とラグビーに親しみ、小学1年生だった2006年夏には斎藤佑樹（早稲田実・西東京、元日本ハム）と田中将大（駒大苫小牧・南北海道、楽天）が投げ合った決勝をスタンドで観戦、再試合を制した早実の夏の甲子園初優勝を見届けた。小学4年の2月から野球に専念し、中学時代の12年には東京北砂リトルリーグで世界一を経験。15年に早稲田実に進むと、甲子園にデビューした1年夏には準決勝まで5試合すべてでヒットを記録し、1年生としては83年の桑田真澄（PL学園・大阪、元巨人ほか）以来32年ぶりの1大会2本塁打を放って持ち前の長打力を発揮。この大会後に甲子園で開催されたU-18ワールドカップにも3年生優先の原則を破って特例的に選ばれ、日本代表の四番に起用される抜擢を受けた。

▲清宮幸太郎

2度目の全国大会出場となった3年春は、9打数3安打で本塁打0（2回戦敗退）。3年夏は西東京大会決勝で東海大菅生に敗れ、甲子園出場はならず。だが、高校3年間で量産した111発のアーチは、当時歴代最多といわれた。その年のドラフトでは、高校生としては95年の福留孝介（元中日ほか）と並ぶ史上最多7球団から1位指名を受け、北海道日本ハムに入団した。

運 清宮シフト

きよみやしふと

シフトとは、ある打者に対して敷く特殊な守備隊形を言うが、この「清宮シフト」、清宮幸太郎に対する守備隊形のことではない。2015年夏、早稲田実が西東京大会を勝ち進むごとに清宮人気がふくれあがり、甲子園出場が決まると大フィーバー。これに対応するための、運営や警備などの体制を言う。なにしろ、チームが大阪入りした段階から駅に警察官が配備されるVIP待遇から特例ずくめ。8月3日の組み合わせ抽選会では、開始直前まで別室で待機し、6日の開会式では球場の駐車場に早実のバスが横づけされた。早実は準決勝まで進み、その5試合とも早実は、警備上の理由で別棟の駐車場から球場入りした。たまたますべて第1試合に組まれており、甲子園が午前6時40分に札止めとなった日も。ただ、すべて第1試合だったから警備体制は対応しやすかったかもしれない。試合のない日でも、早実の公式練習会場には50人以上の報道陣が詰めかけた。過去に甲子園で人気になった球児は数多いが、1年生でここまで、というのは例がない。

桐生高校

きりゅうこうこう

群馬県桐生市にある県立校で、通称「きりたか」。１９１７年町立桐生中学として設立し、21年に県に移管。男子校として歴史を重ねてきたが、98年、男女共学の理数科を設置。２０１７年に１００周年を迎え、21年には桐生女子高校と統合し、普通科、理数科を擁する男女共学校となった。桐生は野球が盛んな土地で「球都」と呼ばれ、それをけん引してきたのが桐生高校。夏14回12勝14敗、春12回16勝12敗の出場回数は県内最多で、28勝は全国48位タイ。26回出場のうち24回、甲子園に連れて行ったのが稲川東一郎監督だった。27年夏に初出場。36年センバツに準優勝。55年センバツが2度目の準優勝で、決勝の相手が坂崎一彦（元東映ほか）を擁した浪華商（現大体大浪商・大阪）だった。稲川は坂崎の全打席敬遠を指示したというが、一度だけ勝負した打席で本塁打を許している。稲川はのち、試合中にベンチで倒れてそのまま帰らぬ人となった。78年の春夏とも活躍したのが左腕エース・木暮洋と、四番で2試合連続本塁打を放ち、王2世といわれた阿久沢毅で、春はベスト4に。その後、私学に押され甲子園は途絶えている。22年にはライバル校・前橋の投手として78年センバツで完全試合を達成した松本稔氏が赴任して監督に就任した。毒島章一（元東映）、川島勝司（アトランタ五輪監督）、河原井正雄（元青山学院大監督）、相場勤（元慶大監督）らがOB。

桐生第一高校

きりゅうだいいちこうこう

群馬県桐生市にあって、学校法人桐丘学園が運営する。１９０１年に桐生裁縫専門女学館として開校。34年桐生高等家政女学校、46年桐ヶ丘高等女学校と改称。68年に男子部を設立し、89年に今の校名になった。２０１１年、系列の桐生大学附属中学校を開校。普通科に特別進学コース、進学スポーツコース、情報ビジ

▲1999年夏に優勝を果たした桐生第一

ネスコース、デザイン美術コース、福祉コースなどがあり、調理科もある。91年にセンバツに初出場するとベスト8に。群馬県初の優勝をもたらしたのが、99年夏だ。正田樹（元ヤクルトほか）の左腕が冴えわたり、比叡山（滋賀）の村西哲幸（元横浜）に投げ勝つと桐蔭学園（神奈川）、樟南（鹿児島）を完封。大廣翔治（元楽天）も2年生の主力で、決勝は岡山理大付を14対1と圧倒した。翌年も一場靖弘（元ヤクルトほか）がエースで出場したが、初戦敗退。

2003年の夏もベスト4に進んでいる。14年センバツは2回戦で広島新庄と引き分け再試合を演じた。松井雅人（元オリックス）、藤岡貴裕（元巨人）などがOB。夏9回13勝8敗、春5回4勝5敗。

制 記録員

きろくいん

16人の選手登録のほかに、記録員のベンチ入りが認められたのは1996年夏の甲子園。従来は部長、もしくは控えの選手がベンチでスコアブックをつけていたが、記録をつける専任者のベンチ入りが認められたのだ。またそれまでは、ベンチ入りメンバーは「男子生徒に限る」と規定されていたが、これにより記録員として女子マネージャーのベンチ入りも可能に。事前登録の必要はなく、試合ごとに入れ替えもOKとなっている。その96年夏は、東筑（福岡）の女子マネージャーを第1号に、9校で女子マネージャーがベンチ入りした。現在は、単にスコアをつけるだけではなく、ベンチ外のデータ班とともに事前に相手を詳細に分析し、対策を練るための貴重な戦力としているチームも多い。

チ 近畿大学付属高校

きんきだいがくふぞくこうこう

大阪府東大阪市の近畿大学に隣接する、近畿大学の付属高校。「きんこう」と略されることが多い。1939年、日本工業学校として開校。48年、大阪理工科大学高校、翌年に近畿大学付属高校と改称。63年に女子部を設置し、90年に男女共学に移行。96年に中高一貫コースを設置した。初出場は67年のセンバツ。90年のセンバツで優勝を飾っている。前年の春は、準々決勝で優勝した東邦（愛知）に敗れたが、四番の犬伏稔昌（元西武）らが残ったチームは東北（宮城）、東海大甲府（山梨）を下して、決勝は愛媛の新田に快勝した。大阪私学七強といわれ、6回目の出場での悲願。夏5回2勝5敗、春7回10勝6敗。脇坂浩二（元ダイエー）、金城龍彦（元巨人ほか）、藤井彰人（元阪神ほか）、鶴直人（元阪神）らがOB。クラブ活動は水泳部が知られ、千葉すず、寺川綾、入江陵介ら五輪選手を輩出している。

施 銀傘

ぎんさん

開設当初の甲子園には、内野席全体（現在のアルプススタンドを除く）に鉄傘が設置され、1931年にはアルプススタンドまで拡張されている。ただし太平洋戦争が激化すると野球どころではなく、43年には甲子園の解体が始まり、金属類回収令によって軍需品用の鉄材供出として鉄傘も取り外されている。終戦後アメリカ軍の接収を経ながら、中学野球は47年から再開されたが鉄傘はなく、観客は50年まで、すべて炎天下での観戦だった。その後51年には、内野ネット裏を中心として大屋根が復活。その素材がジュラルミン製だったため、鉄傘ではなく銀傘と呼ばれるようになった。82年にはアルミ合金に葺き替え、現在のガルバリウム鋼板製の4代目に架け替えられたのは2009年のことだ。現在は、一・三塁側アルプスまでの拡張が計画されているという。

▲甲子園球場の銀傘

当初のリニューアルのプロセスでは、08年は銀傘なしのシーズンになる予定だった。記者席は銀傘の下のネット裏。メディアは日陰で観戦できていたが、もし銀傘なしで夏の甲子園を迎えると、日差しに直撃されることになるため、おそらく高校野球を取材するメディアのだれもが危惧したはずだ。だが06年、工期短縮によってシーズン中の銀傘の維持が発表され、だれもが胸をなで下ろしただろう。現在の4代目の銀傘は、開設当初と同じ大きさで3代目よりも大きくなり、アルプスを除く内野席全体を覆っている。またリニューアルによって、内野スタンドにあった銀傘の支柱の多くが撤去され、見にくい席が格段に減った。10年には、この銀傘の屋根上に太陽電池パネルを設置し、同年3月1日から稼動。また銀傘の上に上がったファウルボールは、雨樋を通ってそのまま、銀傘下にある個別の観覧席・ロイヤルスイートの屋根の上に落ちるようになっている。

規 禁止事項

きんしじこう

高校野球には日本高野連や文部科学省の通達により、禁止や自粛する事項がある。ここでは、2007年の高校野球特待生問題有識者会議で確認されたものをいくつか挙げる。

・野球用具の商標規制、商品無償提供の禁止　高校野球の人気が高まって、マスコミの露出が大きくなるにしたがい、スポーツメーカーや運動具店が宣伝効果を狙い、甲子園出場祝いなどの名目で、用具などを無償で提供することが目立った。日本高野連はこれをすぐに禁止したが、それならとばかり、商品の宣伝を意図した飲食物の提供まで行われた。高野連は、あらためて商標規制や無償提供の禁止を通達し、高校野球が商業主義に冒されることがないよう自粛、自戒を求めた。

・相手高校や関連団体へのヤジ・罵倒の禁止　かつてのアルプススタンドでは、「(相手校を)倒せ」というかけ声や、「打倒(相手)高校」のような横断幕が見られたが、90年代に日本高野連はこれを禁止。応援は自校のチームおよび選手の激励・賞賛とし、相手校に対しては、健闘を称えるものに限るという通達を出している。

規 金属バット

きんぞくばっと

1974年、高校野球に革命が起きた。金属バットの導入である。折れやすい木製バットは経済的負担が大きく、また森林資源へのダメージもある。それらを解決するのが、すでにアメリカの大学で使用されていた金属バットだった。アルミニウムに銅と亜鉛を加えた合金などの金属パイプを成形、焼入れして作られる中空のバットで、むろん耐久性は木製よりも高い。性能テストの結果、使用が認められたのが米国イーストン社製のイーストンとアデロンダック。1本あたりの単価は当初木製の2、3倍だったが、折れるリスクと相殺すれば、むしろ経済的だ。日本高野連はこの年の3月4日付けで使用許可を正式決定したが、センバツでは、出場30校のうち金属を未使用のチームも多く、公平性のために解禁を見合わせ、甲子園に登場したのはその夏からだった。

しかし一般的に金属は、木製バッ

トと比べてジャストミートできる芯が広く、強い打球を打てる。事実、当時から「打球が速い」「よく飛ぶ」などと、野球の本質を微妙に変えかねない懸念はあった。74年の夏の本塁打は11本で、前年の10本と大差はないが、金属バット時代が本格的に幕を開けたのが翌75年センバツだ。前年は1本、それもランニング本塁打だけだったのが、なんと大会最多の11本も飛び出したのだ。80年代には、池田（徳島）の山びこ打線が、力によって球を飛ばせる金属バットの特性をうまく利用。鍛え上げた筋肉で、長打を量産した。さらに選手の体格向上や、ピッチングマシンによる打撃練習の質・量の向上などで、高校野球は徐々に打高投低になっていく。

▲金属バット導入元年の74年夏の甲子園で木製バットを使用していた篠塚利夫

また金属バットも時代に応じて、徐々に経済的負担の低減は二の次に、メーカー間の性能競争の様相を呈した。これに対応し、91年には、かん高い打撃音が聴覚に影響を与えるとして消音バットが採用され、また2001年には、破損のリスクや、スイングスピードを抑えるために、900グラム以下の軽量バットは禁止されている。それでも打高投低に歯止めはかからず、17年夏には大会最多を大きく更新する68本のホームランが生まれ、広陵（広島）の中村奨成（広島）は、従来記録を1本上回る個人1大会6本塁打を記録した。むろん要因は金属バットだけではないとしても、あまりに打撃が優位では、それこそ野球の本質が損なわれるのでは、という声もあった。

日本高野連が、金属バットの性能の見直しに着手したのは19年だ。01年の基準では、バットの最大径を70ミリから67ミリに縮小し、重量を900グラム以上とした。打球部の金属を肉厚にし、飛距離や打球速度を抑制するためだが、選手の体格の向上、練習方法の多様化などもあり、バットの折損事故を防ぐことも大きな目的として、さらなる新基準の策定が進められた。その結果、22年に決定した新基準では、最大径を67ミリから64ミリに縮小、打球部の肉厚を3ミリから4ミリに変更するとされた。これにより、打球速度、飛距離が大きく抑えられることになる。新基準バットは23年を移行期間とし、24年春のセンバツから完全採用となる。打高投低傾向に歯止めがかかれば投手の負担軽減につながり、また打球速度が抑えられれば、ライナーが投手を直撃するような事故の防止にもなる。この新基準により、プロや大学などに進んだ選手が、木製バットの対応に苦しむことが減るかもしれない。

なお高校野球では金属以外でも木製・木片の接合・竹の接合バットも使用が認められている。そういえば導入元年の74年夏、銚子商（千葉）の篠塚利夫（元巨人）をはじめ、最初の何年かは木のバットを使う高校生も見られた。

筋トレ➡ウエートトレーニング
きんとれ

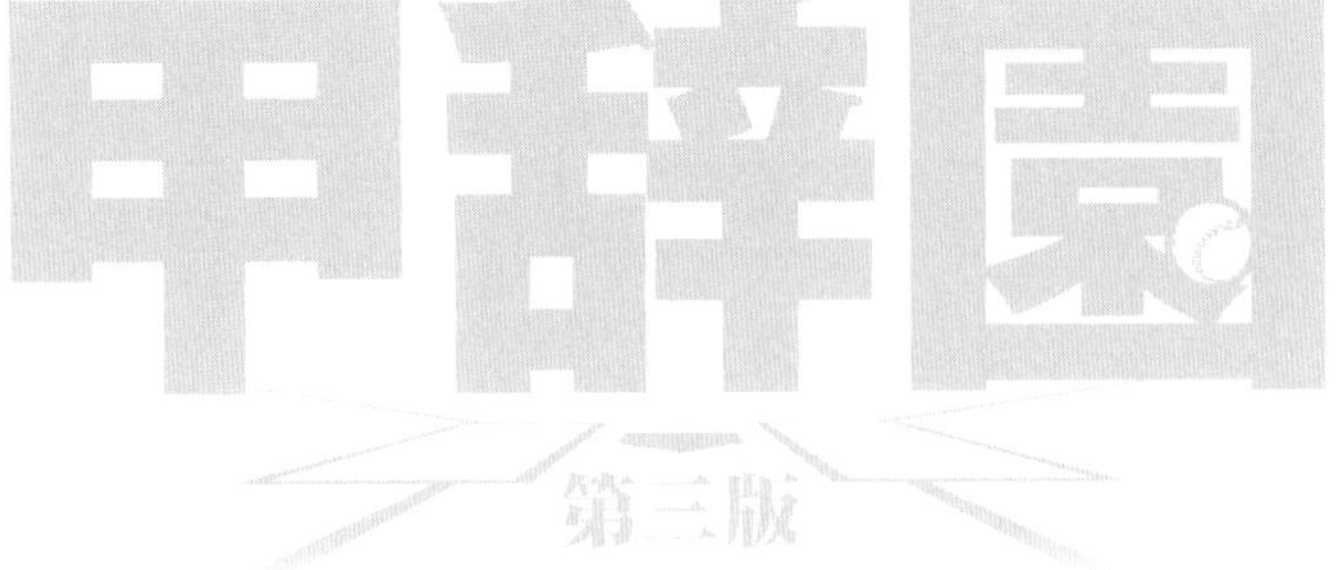

く

運 クーリングタイム
くーりんぐたいむ

日本高野連は2023年2月に開いた全国選手権大会の運営委員会で、同年8月の第105回大会から、5回終了時に行うグラウンド整備を従来の5分から10分とし、暑さ対策として選手が休息をとれるよう「クーリングタイム」を導入することを決めた。暑さ対策には、気温が上がる日中を避け朝と夕方に分けて試合を行う「二部制」を検討したが、観客の入れ替え時間を確保できないなどの理由で断念。その代わりにクーリングタイムを設けることになった。試合開始予定時間も5分後ろ倒しになり、従来の2時間30分ごとから2時間35分ごとになる。

暑さ対策は喫緊の課題であり、選手の休息のためには5分より10分のほうがよりよいことは間違いない。が、過去の甲子園でも、グラウンド整備で間が空いて流れがガラリと変わった例は枚挙にいとまがない。5分から10分になると、流れの変わり方はどうなるのか。「クーリングタイム」が勝敗に及ぼす影響は見逃せない。

社 9月入学制
くがつにゅうがくせい

コロナ禍に見舞われた2020年、生徒のネット上の発言をきっかけに、にわかに急浮上したのが9月入学制だ。現行では4月から翌年の3月にあたる学校年度を、9月から翌年の8月にしてはどうか、というもの。20年は各学校での学業の進捗度合いに大きな差があり、受験の際などに不公平が出ること、また諸外国の多くがそうである9月入学に足並みをそろえるメリットも大きいことから、政府も一時これを検討した。

もともとは日本も、9月入学だった。夏目漱石の『三四郎』でも、「学年は九月十一日に始まった」という一文がある。だが1886年、国の会計年度が4～3月となり、その年に設置された高等師範学校（現筑波大）が最初に4月入学に。1900年には、小学校の学校年度が4～3月と決められた。当時は20歳になると兵役があったが、学生は猶予されていた。だが、徴兵検査の通知が届くのは春。9月入学では、その前に入営が決まってしまう不都合があるため、大学なども徐々に4月入学にシフトした。すべての学校が4月入学になるのは、21年のことである。

9月入学制は結局直ちに導入することは見送りとなったが、仮に9月入学が実現した場合、高校野球にもさまざまなメリットがあると提言したのは県岐阜商・鍛治舎巧監督だ。秋は9、10月に都道府県大会を行い、11月に甲子園大会。プロ野球・日本シリーズの日程を調整すれば、甲子園の使用も可能だ。春は3～4月に都道府県大会を行い、5月の連休を中心に甲子園……というものだ。炎天下での連戦が避けられるなど、興味深い点が多い。

選 楠本保
くすもと・たもつ

世紀の剛球投手といわれた剛腕。1914年12月19日、兵庫県明石郡魚住村（現明石市）に生まれ、29年に明石中に進んだ。高等小学校経由のため、ストレートに進学した生徒より2歳年上で、1年生からエースに。30年センバツでチームが春夏通じて初出場を果たすと、明石中は33年までに合計6回甲子園に進んでいる。4年になった32年センバツでは、広陵中（広島）から史上初の全員三振を奪って3安打完封、準々決勝では京都師範（現京都教育大）を1安打完封するなど準優勝を果たした。このときの楠本は5試合39回で49三振を奪っている。夏は3試合連続完封でベスト4、驚くべきは4試合で奪った三振64だ。翌33年センバツでは、準々決勝で京都商（現京都先端科学大付）の沢村栄治（元巨人）との投手戦を2対1で投げ勝ち、このときも準優勝。夏も水戸商（茨城）との2回戦で継投ながらノーヒット・ノーランを達成する活躍などで準決勝に進んだが、中京商（現中京大中京・愛知）との歴史的な延長25回は、脚気の影響で登板しなかった。現行制度では不可能な甲子園6回出場を果たし、記録がわかる範囲ではイニングあたり1・4個の三振を奪った投球は、まさに剛球だった。

▶楠本保

選 工藤公康
くどう・きみやす

1981年夏にノーヒット・ノーランを達成した名古屋電気（現愛工大名電・愛知）の左投手。63年5月5日、愛知県豊明市生まれ。小学校4年で野球部に入るが、5年では一時退部して体操部、中学ではハンドボール部と野球以外にも親しんだ。やがて野球に専念し、名古屋電気では1年秋からエースとなる。同じ県内の大府に槙原寛己（元巨人）という強力なライバルがいたこともあり、ようやく甲子園に出場したのは3年夏だった。落差の大きい独特のカーブは「高校生では打てない」と言われたほどで、初戦長崎西から16三振を奪ってノーヒット・ノーランを達成。続く北陽（現関大北陽・大阪）戦では、高木宣宏（元西武ほか）との投手戦で延長12回、三振は21を数えた。志度商（現志度・香川）からも12三振を奪ってベスト4に進出。準決勝では、金村義明（元西武ほか）と投げ合い1対3で敗れた。準々決勝までの3試合では30回を投げて許したヒットわずか6、奪三振は39に達した。卒業後は社会人入りを決めていたが、西武がドラフト6位で強行指名。翌年早くも初勝利を挙げるなど、黄金時代のエースとして活躍し、ダイエー、巨人、横浜、そして最後は西武と29年間現役で投げ続け、224勝。さまざまなタイトルを獲得した。2015年にソフトバンクの監督に就任。21年まで7年の在任中5回日本シリーズに進出し、すべて日本一となっている。

監 久保克之
くぼ・かつゆき

鹿児島野球の先駆者。1938年2月10日生まれで鹿児島実、日大を経て、ブリヂストンに入社し、28歳までサラリーマン生活を送った。67年に母校の監督に就任。74年夏の甲子園は、エース定岡正二（元巨人）を擁し、当時1年生だった原辰徳（元巨人）らが中心の東海大相模（神奈川）と準々決勝で対戦。2度同点に追いつかれるも、延長15回を1点差で逃げ切った。この激戦により、鹿児島野球を全国に知らしめた。90年春からは、4季連続の甲子園出場で3季連続ベスト8と91年夏はベスト4に進出。誰よりも「鹿児島野球」をリードしてきたという自負があるだけに、94年、ライバルの樟南が県勢初の甲子園決勝に進んだ際は複雑な心境を隠せなかったが、監督就任30年目の96年のセンバツで、県勢初の全国制覇を達成した。その年から3年連続で出場した夏のうち、98年にはエース杉内俊哉（元巨人ほか）がノーヒット・ノーランを達成するなど「鹿実」の強さを見せつけている。2002年夏に監督を辞任。その後は総監督、現在は名誉監督を務める。甲子園通算26勝18敗はライバル・樟南を率いた枦山智博元監督らと並び24位タイ。

チ 熊谷高校
くまがやこうこう

埼玉県きっての進学校ながら、甲

子園に銀傘が復活した1951年夏に準優勝した。1895年、埼玉県尋常第二中学校として設立され、01年に熊谷中、48年に熊谷。野球は早くから行われていたようだが、正式創部は28年とされている。49年、埼玉県からは初めて夏の甲子園に出場し、51年には2年生エース・服部茂次（元大洋）が下関西（山口）を3安打、準々決勝は大垣北（岐阜）との延長11回を8安打で完封し、県和歌山商との準決勝はノーヒット・ノーラン。平安（現龍谷大平安・京都）との決勝は4対7と力尽きた。夏の準優勝は2017年、花咲徳栄が優勝するまで埼玉県勢の最高成績だった。最後の甲子園出場は82年夏で、埼玉県大会決勝では、斎藤雅樹（元巨人）がエースの市立川口（現川口市立）に勝っている。夏のみ3回の出場で4勝3敗。各界に錚々たるOBがいる伝統校で、元ラグビー日本代表監督の宿沢広朗、意外なところではタレントのカズレーザーもそう。

試 くまのベースボールフェスタ

くまのべーすぼーるふぇすた

2002年の「くまのスタジアム」開場を契機に、三重県熊野市で開催されている招待試合。毎年甲子園常連校を招待し、地域のプレーヤーや野球ファンに、全国トップレベルのプレーに触れてもらうこと、また「スポーツ交流のまち熊野」のPRを目的としている。17年までは三重県高野連の主催で6月の部があり、大阪桐蔭、常総学院（茨城）、早稲田実（東京）、報徳学園（兵庫）が参加するなど、有力校の夏に向けての仕上がりを確認するいい機会だった。06年からは、野球シーズンの締めくくりにと、11月に地元有力校の共同主催、熊野市教育委員会ほかの後援で「くまのリーグ」を行うようになり、11年から「ベースボールフェスタ練習試合in熊野」の名称で秋の部を開催。6月の開催がなくなった18年以降はこちらがくまのベースボールフェスタとして定着している。20年はコロナ禍で中止となったが、21年に無観客で復活。有観客開催となった22年には、23年のセンバツ出場が有力だった健大高崎（群馬）、敦賀気比（福井）をはじめ、昌平（埼玉）、関東一（東京）、京都国際、創志学園（岡山）などが招かれた。

チ 熊本工業高校

くまもとこうぎょうこうこう

熊本市にあり、全国的にも「くまこう」と親しまれる。平成以降も強豪として残る、数少ない工業高校でもある。創立は1898年と古く、卒業生は4万人を超える。機械科、電気科、建築科の他にインテリア科、情報システム科などがある。春21回、夏22回の出場回数はともに県内トップ。1934、37、96年と3回の夏の選手権の準優勝があるが、まだ

▲「くまこう」の愛称で親しまれる熊本工。写真は1986年春の出場時

優勝はない。ベスト4は5回。春は16勝21敗、夏は30勝22敗の合計46勝は23位で、優勝がない学校としては全国でトップだ。34、37年は左腕・川上哲治（元巨人）、吉原正喜（元巨人）のバッテリーがいて、37年の決勝は中京商（現中京大中京・愛知）の野口二郎（元中日）との投げ合いだった。96年の夏は松山商の「奇跡のバックホーム」で優勝を阻まれた。グレーの地に「熊工」の2文字のユニフォームもアイデンティティといえる。後藤次男（元阪神）、伊東勤（元西武）、緒方耕一（元巨人）、前田智徳（元広島）、荒木雅博（元中日）などがOB。

運 組み合わせ抽選・夏

くみあわせちゅうせん・なつ

全国高校野球選手権大会は現在、まず3回戦までの組み合わせを抽選で決定する。シード制をとっていないので、いきなり優勝候補同士の対戦もありうるわけだ。連戦による選手の健康への影響を最小限にするため、第10日の3回戦の勝者は準々決勝の第1・2試合、第11日のそれは第3・4試合に振り分ける。休養日をはさむことが前提の準決勝2試合は、準々決勝の勝者がその都度クジを引くやり方だ。

大会創設当初は、一度の抽選で決勝までの組み合わせを決めていた。一時その都度抽選の時期を経たが、1946～51年は一括抽選に戻っている。しかし52年には、最初の組み合わせで1回戦7試合、1回戦不戦勝の9チームが当たる2回戦の8試合までを決め（23代表）、準々決勝以後は甲子園で抽選とした。つまり「勝ち残ったチームがどのチームと顔を合わせるかは次の抽選まで決まらないという方式」（当時の

朝日新聞）を採った。勝ったチームがクジを引く方式は、夏の甲子園の大きな特徴でもあり、94年まで続いた。しかし阪神・淡路大震災のあった95年は、選手の健康管理、あるいはおもに応援団の交通手段への配慮から、最初に3回戦までの組み合わせを決める方式に。これは2012年まで続いている。

そして13年から16年までは、いわゆる全試合抽選方式。方法を簡単に説明すると、まず組み合わせ抽選会で初戦（1、2回戦合計24試合）の対戦を決定。先に、同県が初戦で当たらないように北海道と東京（記念大会では複数代表県も）の2代表が、その後、事前に行った予備抽選で決めた順番で、他府県がクジを引く。また1県1代表となった78年以降は、隣県の初戦対決を避けるため、東西ブロックに分けて抽選を行っていた。ただし、東西の境界線にある隣県が初戦で対戦することもたびたび起き、07年からはフリー抽選となっている。

16年までの方式では、大会開始後は試合ごとに勝利チームが抽選し、次戦の日程を決めた。試合間隔に配慮して、第1日の勝者はあらかじめ第7日、第2・3日の勝者は第8日、第4・5日の勝者は第9日の試合が割り当てられる。同様に2回戦の最終日・第9日の勝者は、連戦を避けるため第11日に割り当てられる。準々決勝の抽選では、第10日の勝者は第1、2試合の、第11日の勝者は第3、4試合のクジを引いた。フリー抽選の時代には、例えば2回戦を最後に勝ち上がったチームが、翌日3回戦の第1試合を引き当ててしまうこともあったが、そうした不公平を避けるためだ。またこれだと、次の対戦相手の想定も、フリー抽選のときより対象が限定されたことになるが、次の対戦相手があらかじめ決まっていないワクワク感は、いまも夏の醍醐味の一つだ。

16年まではこの方式だったが、17年からはあらかじめ3回戦まで対戦校が決まる方式に戻った。背景には16年夏の2回戦で、クジ引きの結果履正社（大阪）と横浜（神奈川）というカードが第8日第4試合に組まれたことがある。優勝候補同士の激突に、球場前には開門前から1万人が押しかけて大混乱という事態になったのだ。そこで安全対策の観点から、大観衆を集めそうな試合はなるべく事前に把握できるよう、再び以前の方式に戻したといわれる。ちなみに08年は、北京オリンピックと重なったため史上最速、8月2日の開幕。スケジュールの都合で抽選会は省略され、各地方大会決勝戦終了後に、代表となったチームの主将が組み合わせ抽選のくじを引いた。

新型コロナから復活した21年の抽選会はセンバツ同様オンラインで実施。続く22年は各校の主将が一堂に会する元通りの形式で行われたが、抽選会当日の時点で新型コロナの集団感染が判明していた浜田（島根）、有田工（佐賀）、九州学院（熊本）、帝京五（愛媛）の4校は欠席。登場が最も遅い大会第8日になる特例措置が取られ、日本高野連・寶馨会長が代理でくじを引いた。

運 組み合わせ抽選・春

くみあわせちゅうせん・はる

選抜高校野球大会では夏と違い、組み合わせ抽選会ですべての組み合わせ表、いわゆるヤグラが決まる。当初は、なるべく1回戦で東西に振り分けるようにしていた。32校出場なら、16校ずつを東西に分けるのだが、基本的には西日本の出場校が多い。そのため、九州と四国を東ブロックに入れ、北信越と北海道を西に組み込んでバランスを取るなどしていた。ただその場合、2回戦で隣県の強豪が対戦することもあり得た。そこで主催者が、「よりセンバツらしく、甲子園でしか実現しないカード」を演出するために頭をひねったのが、現在の抽選方法だという。同地区や同県のチーム同士が早い段階で試合を行わないように、

・同県の高校とは決勝（3校出場している場合は準決勝）まで対戦しない

・同地区の高校は準々決勝まで対戦しない。

そのため、抽選会では出場校の多い地区からの抽選となるといった措置が施されたのが、1997年（北海道が1枠の場合は3枠の地域に含む。関東・東京は同一扱い、中国・四国は別枠、21世紀枠は各校の属する地域に含まれる）。ただしこの条件を満たすため、口で説明されても一度ではわかりにくい複雑な抽選方式となっている。なお組み合わせ抽選会は、かつては開会式2日前に全選手を集めて行われていたが、95年以降の会場は毎日新聞大阪本社オーバルホール。開会式の1週間前に、主将のみの出席で行われるのが恒例だった。新型コロナ禍の21年の抽選は開幕のほぼ1カ月前に史上初めてオンラインで実施。同一県が決勝まで対戦しない振り分けをした以外は従来の複雑な方式を採用せず、フリー抽選で行われた。22年は開幕2週間前に、21年と同様のオンラインで、フリー抽選。そのため、この2大会では同一地区の初戦対決のケースが見られた。23年は4年ぶりに出場全チームが一堂に会する形式で行われ、同一地区が早

めに対戦しない複雑な抽選方式も復活した。

社 クラウドファンディング

くらうどふぁんでぃんぐ

クラウドファンディングとは「インターネットのサイトでやりたいことを発表し、賛同してくれた人から広く資金を集める仕組み」のこと。クラウド（ｃｒｏｗｄ＝群衆）とファンディング（ｆｕｎｄｉｎｇ＝資金調達）を合わせた造語（朝日新聞社のサイトＡ－ｐｏｒｔより）。高校野球では新型コロナの影響が広がった２０２０年から、主に大会運営の資金調達手段として盛んに行われるようになった。

２０２１年夏の第１０３回全国大会開催に当たっては日本高野連がクラウドファンディングで寄付を募り、およそ１４００万円の資金が集まったほか、各都道府県連盟も地方大会開催のための資金を集め、運営費に充てるなどしていた。また、甲子園出場校が応援態勢を整えるためにクラウドファンディングを活用するケースも多い。従来のように、卒業生、在校生ほか関係者に呼びかける寄付金だけでなく、一般のファンも参加できる方式として今後も定着していくと思われる。

運 グラウンド整備

ぐらうんどせいび

試合中、5回裏が終わってからグラウンド整備のインターバルを設けたのは１９９０年代から。これはむろん、選手たちにできるだけいいグラウンド状態で試合をしてもらうためだが、猛暑の夏の場合はゆっくり水分補給をし、熱中症予防のために体を休めることにもなる。またその数分程度の間に、グラウンドに腰を下ろして円陣を組み、監督が指示を徹底するシーンもよく見かける。埼玉県では２０１５年から、熱中症予防の休息も兼ね3、6回の2度、グラウンド整備の時間を設けており、千葉県などもこれに続いた。23年夏からは、整備の時間を「クーリングタイム」として10分間に拡大。ただ、インターバル明けの試合への「入り」は、弛緩から緊張状態に戻すためにどの監督も気を配るところ。木内幸男・元常総学院監督は、「トンボをかけたあとが大事だっぺ」とよく話していた。

チ 倉敷工業高校

くらしきこうぎょうこうこう

１９３９年創立の岡山県立工業高校。49年夏に甲子園初出場でベスト4進出の快進撃。準々決勝では小倉北（現小倉・福岡）をサヨナラで下し夏3連覇の偉業を阻んだ。エース・小沢馨、大会3本塁打の新記録を作った四番・捕手の藤沢新六はそろって阪神入団。小沢は退団後、同校監督となり、57年春にはセンバツ初出場でまたもベスト4入りに導いた。左腕エース・小山稔を擁した68年にも春夏連続でベスト4入りなど甲子園で輝かしい実績を重ね、県内のライバル・岡山東商と二強時代を築いた。最高成績はベスト4が4回と決勝進出こそないが、記録より記憶に残るドラマチックな試合で高校野球ファンに知られる。61年夏には、延長での6点リードを報徳学園（兵庫）にひっくり返された奇跡の逆転劇の敗者に。75年春は、開幕戦で中京（現中京大中京・愛知）と16対15の大乱戦。２００９年春も開幕戦に登場し金光大阪に11対10のサヨナラ勝ちを演じた。春11回出場の11勝、夏9回出場の14勝で通算25勝は岡山県勢トップで全国57位タイ。主な野球部ＯＢに居郷肇（前西武ライオンズ球団社長）、水本勝己（オリックスコーチ）、福島章大（中日）などがいる。

監 倉野光生
くらの・みつお

１９５８年生まれ。名古屋電気（現愛工大名電・愛知）では主将を務め、愛知工大を経て母校・名電の教員となり野球部コーチに。中村豪前監督の勇退を受けて、97年に監督に就任した。コーチ時代の教え子に工藤公康（元西武ほか）、山崎武司（元オリックスほか）、イチロー（元マリナーズほか）がいる。監督として甲子園初出場の98年夏は初戦敗退の後、２００２年から05年まで春のセンバツに4年連続出場。堂上剛裕（元巨人ほか）、丸山貴史（元ヤクルト）、柴田亮輔（元オリックス）、堂上直倫（中日）ら当時のメンバーが多くプロに進んだ。かつての強打者をそろえた力の野球で結果を出せなかったことから、バントを多用する「スモール・ベースボール」に転換し、04年に準優勝、05年に優勝を果たした。センバツはその後、12年に浜田達郎（元中日）でベスト8入りがあるが、夏の甲子園は初戦7連敗の苦杯をなめ、8度目の出場の18年にようやく白山（三重）を破って初勝利。田村俊介（広島）らを擁した22年に初めてベスト8進出を果たした。05年センバツ優勝時は記録員として娘の智加さんがベンチ入り。監督とマネジャーの「父子優勝」だった。春出場5回で12勝、夏出場10回で4勝の通算16勝は全国54位タイ。

久留米商業高校
くるめしょうぎょうこうこう

1915年に行われた第1回全国中等学校優勝野球大会の代表10校のひとつという名門。学校創立は1896年で、福岡県内で最も古い市立の商業高校だ。現在は経営科学科と、経営科学科特別進学コースがある。野球部は1900年に創部。15年の第1回出場以降、40年以上のブランクを経て50年代に3回センバツに出場し、57年はベスト4まで進んだ。51年ぶりだった62年夏は、伊藤久敏投手（元太平洋ほか）がエースで四番。4試合中3試合を完封して決勝に進み、この年に春夏連覇する作新学院（栃木）には0対1で惜敗した。83年には初めて春夏に出場し、夏はベスト4。85年夏を最後に、甲子園には出場していない。春5回出場3勝5敗、夏4回出場9勝4敗。ブリヂストンの創業者・石橋正二郎、西鉄ほかで188勝し、二刀流の野手として10本塁打した川崎徳次らがOB。

黒潮打線
くろしおだせん

黒潮とは日本海流の別名で、日本の南岸を通って房総半島沖から東に流れる世界規模の暖流のこと。高校球界ではその沿岸、特に高知や和歌山、千葉などのチームが強力打線を持つとき、そう呼び習わす。ことによく知られるのが、1974年夏に優勝した銚子商（千葉）だ。前年の夏、作新学院（栃木）・江川卓（元巨人）に投げ勝った土屋正勝（元ロッテほか）は、永川英植（横浜・神奈川、元ヤクルト）、工藤一彦（土浦日大・茨城、元阪神）とならび、関東三羽ガラスと呼ばれた大型投手。評判どおり、2完封を含み5試合41回1/3を投げて失点わずか1、被安打も16本という力投を見せた。そして打っても5試合すべて5得点以上を奪い、防府商（現防府商工・山口）との決勝は7点など、総得点は29。その猛威が、黒潮打線と呼ばれたわけだ。

金属バットが導入された大会。ベスト8以上では最高の、チーム打率・306を記録した銚子商打線のなかで、木のバットを使ったのが篠塚利夫（現和典・元巨人）だ。「金属に興味はなかったし、プロのスカウトも見に来ているから」木を使ったというこの2年生四番は、PL学園（大阪）、平安（現龍谷大平安・京都）との試合でホームランを放ち、トータルでも19打数8安打5打点を記録している。

黒土
くろつち
▼土

選 桑田真澄
くわた・ますみ

1983夏、84春夏、85年春夏に出場し、戦後最高の甲子園通算20勝を挙げた投手。KKコンビと並び称された同期生の清原和博（元オリックスほか）とともにPL学園（大阪）の黄金時代を築き、1年夏から5大会連続で甲子園に出場。打者としても通算6本塁打は清原に次ぐ史上2位タイ。1968年4月1日生まれだから、もしあと1日遅かったら、同学年のKKコンビは誕生していなかった。大阪府八尾市出身。

15歳になって間もない83年夏の大阪大会からベンチ入りすると、エース格に成長して甲子園デビュー。1回戦の所沢商（埼玉）戦に先発して完投で初勝利を挙げ、2回戦では中津工（現中津東・大分）を3安打完封。準決勝では、史上初の甲子園夏春夏3連覇達成がかかる池田（徳島）と対戦。桑田は2回裏に池田のエース水野雄仁（元巨人）からレフトスタンドに一発を叩き込み、投げても池田の強力打線を5安打に抑えて完封、PLが7対0で大勝する結果となった。その勢いのまま、PLは決勝で横浜商（神奈川）を破って優勝。その後2年春は決勝で岩倉（東京）、夏は決勝で取手二（茨城）、3年春は準決勝で伊野商（高知）に敗れ、いずれも惜しいところで全国制覇を逃した。

そして3年夏、決勝で宇部商（山口）にサヨナラ勝ちを収め、2年ぶりの栄冠に輝く。桑田は多彩な球種を持ちながら、プロ入り後を想定して高校3年間をストレートとカーブだけで通したという。巨人からドラフト1位指名を受けて入団。清原とはのちに、巨人のチームメートとして再会する。MLBに挑戦しピッツバーグ・パイレーツで17試合に登板した2007年を最後に現役引退。日米通算442試合に登板して173勝141敗。甲子園とのかかわりでは、18年夏の甲子園第100回大会レジェンド始球式に登板。19

▶桑田真澄

年にはPL学園の硬式野球部OB会長に就任する一方、11月の「マスターズ甲子園」に出場し、投げては1回無失点、遊撃の守りにもつき、打っては二塁打と現役時代さながらの投打の活躍を見せた。21年に投手コーチとして巨人に復帰し、23年はファーム総監督を務める。

㋠軍艦マーチ
ぐんかんまーち

1968年夏の甲子園で、勝ったチームの校歌演奏で軍艦マーチが流れた。鴨島商（現吉野川・徳島）に勝ち、戦後の初勝利を挙げた盛岡一（岩手）である。同校に校歌ができたのは明治の末。「世に謳はれし浩然の～」という歌詞で、軍艦マーチのメロディーがつけられている。ただし厳密には、途中でリズムが三拍子になったり、演奏は太鼓のみしか使わない。つまり全く同じ曲ではないのだが、大会本部で用意した編曲が軍艦マーチそのものだった。岩手県一の名門校で、応援団は弊衣破帽というバンカラ気風で知られる同校は、戦前から強豪だったが、勝利校の校歌を演奏するようになってからは初めての勝利だった。

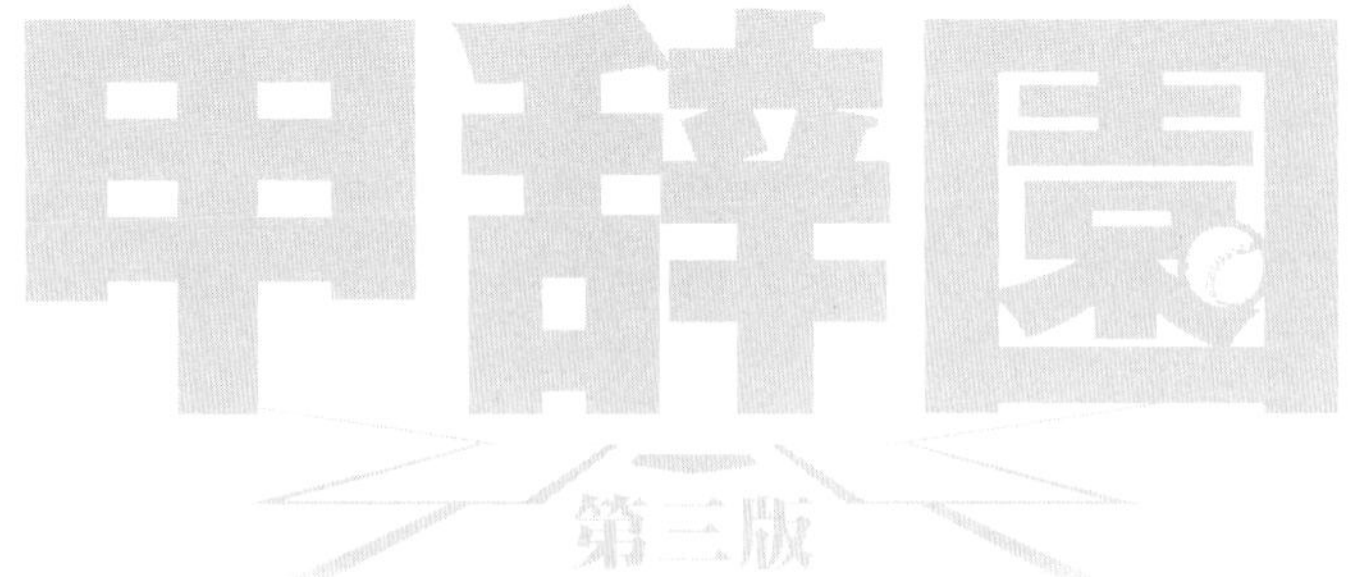

け

戦 敬遠
けいえん

戦略として、意図的に打者を四球で出塁させること。公認野球規則上は故意四球と呼ぶ。また2018年からMLBをはじめ、申告すれば投手が4球投げることなく自動的に打者が一塁に出塁する申告敬遠制が採用されており、高校野球では20年から採り入れた。1955年のセンバツは、桐生（群馬）と浪華商（現大体大浪商・大阪）の決勝。桐生のエース・今泉喜一郎（元大洋）は、明星（大阪）との準々決勝でノーヒット・ノーランを達成するなど好調だったが、稲川東一郎監督は浪華商の主砲・坂崎一彦（元東映ほか）に対しては徹底した敬遠を指示。だが、たった1回勝負した6回1死一塁で、坂崎はライトへ逆転2ランし、結局浪華商が優勝した。92年夏には、『松井5敬遠』が物議を醸したが、37年前にもし坂崎を全打席敬遠し、桐生が優勝していたらどうなっていただろうか。なお記録上は、捕手が投球する前から立ち上がり、投手が意識して4球目のボールを投げたときに「故意四球」となる。

チ 慶応義塾高校
けいおうぎじゅくこうこう

1916年の第2回全国中等学校優勝野球大会で優勝した慶応普通部は、現在の慶応義塾高校で、当時は東京が所在地。現在は、横浜市港北区日吉にある。男女別学の男子校で、通称「じゅくこう」。ほぼ全員が慶大に進学でき、現役の国会議員、一部上場企業の社長の出身校全国1位といわれるブランド校。福沢諭吉が蘭学塾を作ったのが1858年。慶

▲慶応義塾高校。写真は2018年春の第90回センバツ出場時

応義塾と改称したのが68（慶応4）年。高校としては98年に発足した普通部が前身で、大学部は90年に新設された。1948年に普通部と慶応義塾商工学校をもとに、慶応義塾第一高と第二高が発足、翌年、両校を統合して慶応義塾高校となった。

野球部は三田ベースボール倶楽部が起源で1888年創部。旧制では慶応普通部と商工学校が別にあって出場していたため、今の慶応は両方の出場回数、勝敗数を合算している。16年の第2回選手権で優勝したときの主将でエースの山口昇は慶応商工の生徒で、「慶応全体の代表」の理由が許されたとか。しかも山口は大学の試合にも出ていたという。草創期の7回大会までに5回出場し、日吉に移転する49年までは東京から出ていた。

昭和30年代終盤から、入学難関校という進学校の悩みで他の私学から後れを取ったが、21世紀に入ると推薦制度も確立し、05年春と08年夏にベスト8がある。エンジョイ・ベースボールを謳い、坊主頭の部員は少ない。夏18回15勝16敗、春10回5勝11敗（普通部と商工が同時に出場した47年春は両校合わせて出場1回とカウント）。渡辺泰輔（元南海）、佐藤友亮（元西武）、矢崎拓也（広島）、柳町達（ソフトバンク）、木澤尚文（ヤクルト）などがOB。

慶応普通部 →慶応義塾高校

けいおうふつうぶ

規 継続試合

けいぞくしあい

2022年2月に導入が決まり、高校野球特別規則に明文化されたのが「継続試合」。同規則の「22・継続試合の取り扱い」の項目で「高校野球ではサスペンデッドゲーム（規則7・02）は適用せず、天候状態などで球審が試合の途中で打ち切りを命じた場合は、継続試合として翌日以降に試合を行う。」とある。野球規則にある「サスペンデッドゲーム」ではなく、高校野球独自のルールとして考え出されたものだ。

これに先立って高校野球は20年から投球数制限を導入したが、ノーゲームの投球数もカウントされて不公平が生じる問題について当初より議論はあった。この議論を一気に加速させたのが、かつてないほどの天候不良に見舞われた21年夏の甲子園。降雨による順延が5日に及び、ノーゲームが2度発生、何とか成立したがコールドゲームも1度。コロナ禍で無観客開催だったこともあり、大会運営は大いに混乱した。これらを解消するルールとして継続試合制度が導入され、春夏の甲子園大会で採用することが決まった（明治神宮大会、国体は大会規定にゆだねられ、各地方大会は主催者の裁量によるとされている）。

規則を要約すると「天候状態などで球審が試合の途中で打ち切りを命じた場合は、行われた回数に関係なく、翌日以降に勝敗を決するまで継続して試合を行う」「試合が停止した個所から再開、出場選手と打撃順は停止したときと全く同一にしなければならないが、規則によって認められる交代は可能」「停止した試合に出場し、他の選手と交代して退いた選手は継続試合に出場することはできない」とあり、これにより、天候によるコールドゲーム、ノーゲームは甲子園大会では発生しないことになった。

導入された22年夏の第104回大会では35の地方大会が採用、継続試合となったのは38試合あったが、22年夏の全国大会、23年センバツを通じて甲子園ではまだ実現していない。23年夏は宮城を除く48の地方大会で採用された。タイブレーク、投球数制限などとともに、高校野球の新ルールとしての定着は早そうだ。

KKコンビ

けーけーこんび→桑田真澄、清原和博

決勝戦引き分け再試合

けっしょうせんひきわけさいしあい→延長18（15）回引き分け再試合

具 Kボール

けーぼーる

軟式野球は日本発祥で、独自の発展を遂げてきた。だが、小中学生時代に軟式でプレーしていた選手は、高校で硬式に移行すると、ボールの重量や大きさ、バウンド時の動きの違いに慣れておらず、ケガをしやすかったり、技術的にも硬式経験者に後れを取ることが多かった。そこで、日本野球連盟元会長の山本英一郎と、シダックス最高顧問で日本中学生野球連盟会長の志太勤が、硬式と軟式の特徴を併せ持つボールの開発を提案。それを受け、軟式球で知られるナガセケンコー株式会社が新しいボールを開発した。重量と外径は硬球と同一で、ゴロのはね方の目安である反発係数も硬球に近い。それでいて、ゴムを使用した表面の素材、内部構造は軟球と同じ空洞という独自のボールは、「健全な精神（Kenzen）」「強健な身体（Kyouken）」「国際的なスポーツマンの育成（Kokusaiteki）」の頭文字を由来にKボールと命名された。それが2000年のことで、01年にはこのボールを公認球とし、中学3年生を対象とした全国大会を主催する、日本K-Ball少年野球連盟が発足した。

中空かつゴム製のボールのため、安全性が高いこと（衝撃加速度・圧縮荷重値は硬球の1/3～1/4）、守備では硬球特有のゴロ処理が身に付く一方、打撃ではバットの芯に当て振り切らなければ飛距離が出ない軟球の特徴も備えるため、高い技術レベルを求める選手や指導者に普及した。また、硬球に比べて価格が3分の2と経済的で、アジアや中南米の国々でも受け入れられ、連盟発足1年目で国際大会を開催。Kボール経験者が甲子園出場やプロ入りを果たしたり、台湾や韓国代表として国際大会で活躍することも増えた。ただし18年には軟式球の規格が変更され、従来のA号とB号を統一してM号に。「硬式野球のプレーに近づける」という開発コンセプトがKボールの理念と近いことから、同年の全国大会から使用球がM号となり、Kボールは中学軟式から高校硬式への架け橋という歴史的使命を終えた。

㋠県立岐阜商業高校

けんりつぎふしょうぎょうこうこう

創立は1904（明治37）年。市立岐阜商があるため、「けんぎしょう」として区別される。所在は岐阜市則武新屋敷で流通ビジネス科、国際コミュニケーション科などがある。野球部創部は26（大正15）年。岐阜県内ではただ1校、全国大会優勝の経歴を持っている。32年のセンバツ初出場が、まず県内初の甲子園出場で、33、35年にセンバツで優勝。36年は夏も制した。40年に三たびセンバツを制し、全盛期を迎えている。ただ直近の甲子園での決勝進出は59年で、60年以上遠ざかっているが、2015年のセンバツでは、現ソフトバンクの高橋純平投手を擁し、ベスト8になった。春3回、夏3回と計6回の準優勝は広島の広陵に次いで2番目に多い。大島信雄（元中日ほか）、高木守道（元中日）、和田一

▶1936年夏の甲子園で優勝を成し遂げた岐阜商業

浩（元中日ほか）らがOB。18年には、熊本の秀岳館で3季連続ベスト4の実績を残したOBの鍛治舎巧が監督に就任。ユニフォームをカラフルなものに一新し、名門復活を掲げて指揮を執る。夏39勝、春48勝で合計87勝（55敗1分）は全国4位。シドニー五輪の女子マラソンで金メダルを獲得した高橋尚子も卒業生。関係ないが、「けんぎふしょう」と入力すると、使う辞書ソフトによっては、最初に「嫌疑不詳」と出てきて笑ったことはありませんか。

こ

規 降雨ノーゲーム
こううのーげーむ

公認野球規則によると、5回裏の攻撃が完了している・ホームチームがリードして5回表の攻撃が終了しているか、5回裏のホームチームの攻撃中に同点に追いつくか逆転した場合に、正式試合が成立する、とあり、高校野球特別規則では、その5回を7回と読み替えて適用する、となっている。試合成立後に9回まで行わず打ち切りとなるのがコールドゲーム、成立前に打ち切りになるのがノーゲームだ。春夏の甲子園では、点差によるコールドゲームは適用せず、コールドゲームになるのは、降雨、雷などの要因で試合続行が不可能になった場合のみだったが、2022年の改正で「継続試合を採用する場合はこの限りでない」の文言が追加された。これにより、継続試合を採用する大会では、コールドゲーム、ノーゲームはいずれも起こらなくなった。

きっかけは新型コロナの影響による無観客開催だった21年夏の甲子園。8月12日の第1試合明桜（秋田）対帯広農（北北海道）戦が4回終了で降雨ノーゲーム。17日の第1試合大阪桐蔭対東海大菅生（西東京）戦は、試合成立こそしたものの泥田のようなグラウンドでのプレーを余儀なくされ、8回表1死でコールドゲーム。19日の第1試合近江（滋賀）対日大東北（福島）も5回2死で降雨ノーゲームに。この年は大会序盤から天候不順に悩まされたうえ、無観客のため試合決行か否かの判断が通常の年とは勝手が違い、大会運営は困難を極めた。ノーゲームの投球数が投球数制限に影響を及ぼす不公平を解消する必要もあり、日本高野連はこの課題を踏まえて22年のセンバツ前に高校野球特別規則による継続試合採用に踏み切った。

過去の甲子園ではノーゲームにまつわる数々のドラマが生まれている。2003年夏の甲子園では、駒大苫小牧（南北海道）が倉敷工（岡山）に4回途中まで8点をリードしながら、予報より早く降り出した雨のために降雨ノーゲームとなっている。当時の脇村春夫高野連会長は、「（一方が大量リードしているのに）中止にするのは非常につらかった」と話したが、駒大苫小牧は翌日の再試合で2対5で敗退。甲子園初勝利を逃した。ただこの悔しさもバネになり、翌04～05年と、夏の連覇を果たしている。

似たような例では、1993年夏の鹿児島商工（現樟南）がある。まず2回戦、堀越（西東京）に3対0とリードした8回表、突然の豪雨で球場全体が水浸しになり、降雨コールドゲームが適用されて鹿児島商工が堀越を下した。だが3回戦は、常総学院（茨城）に4対0とリードしながら4回表、前日に続く雨で今度は降雨ノーゲーム。翌日の再試合では投手戦となり、なかなか点が取れずに0対1で敗れている。鹿児島商工は、校名を樟南に変更して翌94年夏に戻ってくると、双葉（福島）との3回戦は3対1と2点リード。しかし試合成立寸前の7回裏途中、降り続く雨で中断してまたもノーゲーム……と思われたが、1時間10分後に試合再開。4対1で勝利しているが、この2年間はよくよく雨にたたられた。

08年の1回戦でノーゲームを経験したのは大阪桐蔭（北大阪）。日田林工（大分）を4対0とリードしながら、2回裏途中で雷雨により降雨ノーゲームとなる。大阪桐蔭ナインには「再試合は、リードしていた学校が敗れるケースが多いので、嫌な予感」という声もあったが、翌日の再試合は打撃が好調で16対2と圧勝。大阪桐蔭はこの大会、常葉菊川（現常葉大菊川・静岡）との決勝戦も17対0と圧倒的な大差で全国制覇を果たしている。

また09年夏の第2日、8月9日の第1試合だった高知対如水館（広島）戦は、3回終了時で降雨ノーゲームとなり、翌10日も5回表途中で降雨ノーゲーム。史上初の、2日連続でのノーゲームとなった。主催者の配慮で、11日の第1試合ではなく第4試合に組まれた仕切り直しは、9対3で高知が勝利。ノーゲームの2試合ともリードしていた如水館にとっては、悔しい結末だった。

制 校歌演奏と校旗掲揚
こうかえんそうとこうきけいよう

「校歌を歌いたい」というのは、高校球児にとって「勝ちたい」と同義語だが、最初に校歌演奏と校旗掲揚が行われたのは1929年のセンバツだ。発案者は、28年のアムステルダム五輪女子800メートルで、日本女子陸上史上初めての銀メダルを獲得した人見絹枝。26年に大阪毎日新聞に入社しており、オリンピック表彰式での国歌演奏と国旗掲揚に感激してヒントを得たという。

最初に校歌を聞いたのは、大阪の八尾中だった。このとき、校歌と同時に掲揚される校旗は、試合中に掲揚されているものを7回裏終了後にいったん降納し、終了後の校歌演奏に合わせて再び掲揚する。選手権では、28年遅れて57年から。現在では、各地方大会でもこれに倣っているところが多い。99年のセンバツからは、勝利校だけが校歌を聴くのではなく、2回表裏にそれぞれの校歌が流れるようになった。

センバツでは、出場決定から大会までに時間的余裕があるため、学校側が校歌の音源を用意するが（ときに、各校の個性が出ておもしろい。福岡工大城東のかつての女性ボーカルによるものは出色だった）、夏は主催者が用意する。たとえば慶応（神奈川）の「塾歌」など、学校によっては校歌という呼称を用いていないが、アナウンス上は校歌で統一されている。花咲徳栄（埼玉）の校歌は、1〜4番の歌詞がそれぞれ春夏秋冬を表しているため、センバツでは1番、夏は2番を歌うなど、校歌にまつわるトリビアはけっこうある。

大会本部の手違いもまれにあり、たとえば84年センバツでは、勝った拓大紅陵（千葉）が整列して校歌を待っていると、流れてきたのは「法政、おおわが母校」という、敗れた法政二（神奈川）のメロディー。ナインが顔を見合わせて苦笑いしたあと、本物の校歌が流れた。

現在は、校歌が一定以上の長さの場合は省略したものを用いることがあるが、気の毒ながら笑ってしまったのが2000年夏、柳川（福岡）が旭川大高（現旭川志峯・北北海道）に勝ったあとだ。柳川の校歌は、当時の末次秀樹監督が「日本一長い」と笑っていたほど長いのだが、整列して校歌が流れている最中に激しい夏の夕立が襲う。だが、校歌が長いだけに、なかなか終わらない。香月良太（元巨人ほか）らのいたチームはびしょ濡れで、校歌はうれしいけど、早く終わってくれ……と思っただろう。

規 抗議

こうぎ

高校野球特別規則では、「審判員に対して規則適用上の疑義を申し出る場合は、主将、伝令または当該選手に限る」としており、監督には抗議権がない。そもそも高校野球では、抗議は原則禁止されているのだ。もっとも、三振や四球なのに宣告がなかったり、アウトカウントの相違など、明らかな問題に対してはその限りではないようだ。ただ地方大会レベルでは、監督によるさまざまな抗議の事例があるし、甲子園でも皆無というわけではない。例えば2012年のセンバツ準々決勝、横浜（神奈川）と関東一（東京）の一戦では、2点を追う横浜が5回裏1死一、三塁からセーフティースクイズを敢行し、成功かと思われた。だが関東一側が「三塁走者が本塁をんでいない」とアピールし、球審がこれを認めたため、三走がアウトとなった。横浜の渡辺元智監督は「ベースを踏んでいる」と猛抗議。これが大会本部から「監督に抗議権はない」と口頭で注意を受けることになる。結局関東一が4対2で勝利したが、横浜の三塁走者は試合後、記者団に「踏んでなければスパイクの裏の感触でわかる。ガッツリ踏んだと思いました」と語っている。私見だが、余裕のあるセーフのタイミングで本塁を踏み損ねることはないのでは。また、渡辺監督ほどの熟練者なら、監督は抗議できないことは百も承知のはず。それでも一言いいたくなるほど、なんらかの根拠があったのでは……。

運 高校野球審判員

こうこうやきゅうしんぱんいん

高校野球の試合で審判員を務める者は、正式には高校野球審判員（または審判委員）という。審判委員となるには、各都道府県高野連に登録し、各都道府県高野連主催の講習会を受講することが必要だ。当然、元高校球児などの野球経験者が多くなる。登録されると、まず練習試合の塁審や球審に配され、そこで経験を重ねてから公式戦デビューとなる。春夏の甲子園では、1試合の担当は7人。全国大会審判委員（2019年夏は34人）が球審を担当し、各都道府県からの派遣審判委員（19年夏は8人）が塁審、さらに予備審判員2人と控え審判員が1人。予備審判員は、突発事故の際に代わりに出場するほか、ナイトゲームになると2人で線審を務める。控え審判員とは、当該審判員からの質問に答えたり、メディア対応を務める役割。派遣審判委員は、約6年に1度の持ち回りで各都道府県に割り当てられ、各都道府県高野連理事の推薦で派遣されるもの。

審判員は、平日でも試合を担当することがあり、特に春夏の甲子園では最低10日間拘束されるため、勤務先や家庭の理解を得やすいことが必須だ。そのため公務員や自営業が多い。またすべてボランティアということもあり、なり手不足が深刻で、後継者の獲得と育成が課題だ。なお審判委員長は、日本高野連会長が務める。

規 高校野球特別規則

こうこうやきゅうとくべつきそく

日本高野連が、公認野球規則以外に適用する特別規則。同高野連のホームページから詳細は閲覧できるが、いくつか抜粋しよう（原文ママ）。

2・大会試合毎のユニフォーム変更
　大会で使用するユニフォームは、一大会1種類とする。（例えば校名表記が漢字とローマ字の2種類保有しているなどの場合）

8・バントの定義　バントとは、バットをスイングしないで、内野をゆるく転がるように意識的にミートした打球である。自分の好む投球を待つために、打者が意識的にファウルにするような、いわゆる〝カット打法〟は、そのときの打者の動作（バットをスイングしたか否か）により、審判員がバントと判断する場合もある。

※2013年夏の甲子園では、カット打法が物議を醸した

9・投手が一度ある守備位置についた時
規則5・10（d）【原注】前段のうち「同一イニングでは、投手が一度ある守備位置についたら、再び投手となる以外他の守備位置に移ることはできない」は適用しない。
〔規則適用上の解釈〕投手は同一イニングで二度目の投手に戻れば、それ以降は他の守備位置につく事は出来ません。
高校野球特別規則で認めるのは、投手→野手→さらに野手への交代です。投手→野手→投手……規則5・10（d）【原注】適用
投手→野手→野手→投手……高校野球特別規則
投手→野手→野手……高校野球特別規則

11・臨時代走者　試合中、攻撃側選手に不慮の事故などが起き、治療のために試合の中断が長引くと審判員が判断したときは、相手チームに事情を説明し、臨時代走者を適用することができる。この代走者は試合に出場している選手に限られ、チームに指名権はない。
・臨時代走者は、アウトになるか、得点するか、またはイニングが終了するまで継続する。ただし、塁上にいる臨時代走者が次打者となるケースにおいては、その臨時代走者に代えて打撃を完了した直後の者を新たな臨時代走者とする。
・臨時代走者に代走を起用することはできる。この場合、負傷した選手は正規の交代となり以後出場できない。
（1）打者が死球などで負傷した場合　投手を除いた選手のうち、打撃を完了した直後の者とする。
（2）塁上の走者が負傷した場合
投手を除いた選手のうち、その時の打者を除く打撃を完了した直後の者とする。（後略）

21・得点差コールドゲーム
正式試合となるコールドゲームを採

用する場合は、5回10点、7回7点と統一する。ただし、選抜高等学校野球大会、全国高等学校野球選手権大会、全国高等学校軟式野球選手権大会では適用しない。

このほか、甲子園で22年センバツから採用された継続試合、18年センバツから採用されたタイブレークなどについても言及している。また、2023年度版には投球数制限、申告故意四球に関して次の附記がある。

1．投手の投球制限（2020年から2024年まで延長）

（1）以下の大会では投手の投球制限を実施する。硬式…春季・秋季都道府県大会、春季・秋季地区大会、選抜高等学校野球大会、全国高等学校野球選手権大会（地方大会含む）明治神宮野球大会、国民体育大会
軟式…春季・秋季都道府県大会、春季・秋季地区大会 全国高等学校軟式野球選手権大会（地方大会含む）国民体育大会

（2）投手の投球制限に関する運用は以下の通りとする。

▽投球数、対象期間、試合について

①1人の投手が投球できる総数は1週間500球以内とする。②1週間とする対象期間は、都道府県大会等とそれに連続する大会日程の期間を含む。③試合が降雨、暗黒などで続行不可能となりノーゲームとなった試合の投球数も500球の制限に投球数としてカウントする。

▽ 投球数（公式記録）の取り扱い

①試合終了後、原則として電子スコア等を活用した公式記録で大会本部と両チームは各投手の投球数を必ず確認する。②試合前（直近1週間に試合を行っていないチームは除く）に、大会本部はメンバー交換時に原則として両チームにそれまで1週間の試合の双方の各投手の投球数を記したシート等を配布し投球数を確認する。

▽1週間で500球に到達した場合の取り扱い

①500球に到達した打者の打撃完了まで投球可能。（次打者で投手交代）

②降板した投手は、以降当該試合では投球できない。

2．「申告故意四球」（投球せずに打者を1塁へ進めることが出来る）の対応

高校野球では2018年より高校野球特別規則27で申告故意四球は採用しないとしていたが、2020年シーズンインより同規則から削除し、運用方法は以下の通りとする。

・守備側　申告は伝令からに限る。また、連続して行う場合、最初の通告時に申し出ることもできる。

カウントの途中からでも適用可とする。申告後、その打者への投球数

は加算されない。

・攻撃側　当該打者は一旦必ず打者席に入る。

・審判　球審はタイムをかけ打者に1塁を与える。[野球規則5・05(b)(1) 定義7]

他 高校野球200年構想

こうこうやきゅうにひゃくねんこうそう

日本高校野球連盟は2016年11月25日、「高校野球200年構想協議会」を設置すると発表した。これは18年にセンバツが90回、全国選手権大会が100回を迎えることを受け、次の100年に向けて高校野球をどう発展させるかを考えるもので、「普及・振興」「けが予防・育成」「財政・財源」を3つの柱としている。日本高野連と朝日新聞社、毎日新聞社によるこの協議会は、18年5月に野球未経験者への普及など24事業を発表。少子化に加え、子どもたちの野球離れが進む傾向への歯止めと、底辺拡大に取り組むもので、18年度は・野球に触れる機会を増やすティーボール教室の実施・ケガ予防を目的とした指導者や部員向けの講習会の開催など、9事業を優先的に実施した。

これらを行う都道府県高野連には、新設された「高校野球200年構想推進委員会」が一部補助を行う。日本高野連が、普及を目的に地方高野連へ補助を行うのは初めてで、18年夏の甲子園で出た剰余金のうち1億5000万円がこれにあてられた。剰余金の残り約8000万が各団体への助成や、105回記念大会に向けた積み立てに充当される。

チ 興国高校

こうこくこうこう

大阪市天王寺区にある私立男子校。正式には旧字体「興國」を用いる。校名は中国の古典に由来し、商業の町・大阪にふさわしい商業人育成を目指して作られた。1926年興国商業が開校。48年興国商業高等学校、61年に今の校名に改称。一時、女子生徒も募集したが、78年に再び男子校に。現在はスーパーアドバンスコース、スポーツ系のアスリートアドバンスコースなどの普通科と、ITビジネス科がある。33年のセンバツに初出場してから5回のセンバツ出場があったが、夏に初めて出たのが50回大会の68年。その年はセンバツで初戦負けしていたが、アンダーハンドのエース丸山朗が好調。決勝では静岡商の新浦壽夫（元ヤクルトほか）から虎の子の1点を取って勝った。丸山は全6試合で1失点だけだった。「大阪私学七強」のひとつだが、75年の夏以降、甲子園の舞台に立てていない。18年には智弁和歌山ＯＢで元ロッテの喜多隆志監督が就任、21年夏は大阪大会決勝まで進み大阪桐蔭にサヨナラ負けと復活の兆しを見せる。夏2回7勝1敗、春5回1勝5敗。富田勝（元中日ほか）、山田敏彦（元阪神）、湯舟敏郎（元近鉄ほか）などが野球部ＯＢ。サッカー、ボクシングも全国トップクラスの実力。

社 甲子園
こうしえん

「阪神甲子園球場」は１９９５年に阪神電気鉄道が商標登録しており、２０１２年には「甲子園」も同様に商標登録された。ただし、野球の大会などに使用した場合、権利侵害にあたる可能性があるが、野球以外のイベントで「〇〇甲子園」と呼んで開催するには影響がないとされる。例えば92年に第1回が開かれた、高校の漫画サークル日本一を決める高等学校漫画選手権大会は通称「まんが甲子園」と呼ばれた。プロの漫画家を輩出するまでになったこの大会の成功を受けて、98年には「俳句甲子園」が始まるなど、「甲子園」はスポーツの枠をはるかに超え、あらゆるカテゴリーで日本一を決める全国大会の代名詞として市民権を得ている。現在では、高校生を対象にしたものにとどまらず、全国各地が競うイベントとして、ご当地グルメのコンテストなども「うまいもん甲子園」などと呼ばれている。

施 甲子園駅
こうしえんえき

春夏の高校野球の本会場であり、プロ野球阪神タイガースの本拠地でもある阪神甲子園球場最寄りの、阪神電鉄の駅。直通特急の一部を除いた全営業列車が停車する。球場の竣工に合わせた１９２４年8月1日、臨時駅として開業し、26年には通年営業となった。大阪梅田、神戸三宮方面からの足となるほか、２００９年には阪神なんば線が乗り入れ、大阪・難波や奈良方面からのアクセスも良くなった。春夏の高校野球期間中には、例えば18年春には選抜大会歌である「今ありて」など、高校野球にまつわる列車接近メロディーが流される。通常でも1日5万人、甲子園球場でのタイガース公式戦や高校野球などの開催日には、1日10万人もの乗降客があり、これは大阪梅田、神戸三宮に次いで阪神本線第3位。かつてはホーム幅が狭く、危険性が指摘されてきたが、11年秋から2ホーム・構内通路・改札口などの改修工事に取りかかった。その結果現在設けられている丸屋根は、白球をイメージしているなど、球場の玄関口らしい駅に生まれ変わっている。

他 甲子園カレー

こうしえんかれー

甲子園といえばカレー。1924年の甲子園開設当初から調理室で手作りし、食堂などで販売された。当時はコーヒー付きで30銭。もりそば1杯10銭の時代だから、ややぜいたくな高級品だった。35年には、お昼になると1万食が売り切れたという。ただ日中戦争のさなかの38年には販売が中止され、50年8月には、「懐かしい甲子園名物カレーライスが今年から再び球場食堂で復活」と報じる記事があったという。甲子園球場のホームページに曰く、「伝統のレシピを継承しながらも時代に合わせ改良を重ねた、阪神甲子園球場の伝統の味」。ホルモンカレーや牛すじカレー、黒カレーなど、さまざまな味が楽しめる。2023年に値上げされ一杯700円、お土産カレー（1箱2食入り）700円。

▲甲子園カレー

甲子園球場→阪神甲子園球場

こうしえんきゅうじょう

施 甲子園口駅

こうしえんぐちえき

兵庫県西宮市甲子園口2丁目にある、JR西日本の駅。1934年7月に新設開業し、駅ができて以後の50年代、周辺が「甲子園口」という町名になった。駅名からは球場を連想させるが、河川改修の埋め立て地として開発された広義の甲子園をさし、周辺は新興住宅地としての甲子園。球場までは南西方向に2キロ弱の距離。一般のアクセスとしては、駅の南側から出ている阪神バスを利用する。ただしJR新大阪方面から向かう場合、いったん大阪に出て阪神電鉄・甲子園駅という経路よりも、JRだけの乗り換えによる甲子園口利用は利便性が高く、乗車時間も10分弱短いので、甲子園口駅からぶらぶら散歩して球場に向かうのも一興。実際、プロ野球の終了後は、阪

こ

神甲子園駅の混雑を避け、ＪR甲子園口駅まで歩くファンも多い。

試 甲子園交流試合
こうしえんこうりゅうじあい

新型コロナウイルスの感染拡大により、センバツばかりか、選手権も地方大会含めて中止となった２０２０年。６月10日には、第92回選抜高校野球大会の出場32校を招待する「２０２０年甲子園高校野球交流試合」を開催することが決まった。日本高野連は、５月20日に選手権中止に至った理由として、大会が２週間以上の長期に及び、集団での宿泊で感染リスクが高まることを挙げていたが、５月25日に非常事態宣言が解除され、イベント開催制限が段階的に緩和されたことなどにより、「センバツが中止になったとき、球児たちには救済策を実施したいと約束した。（それが甲子園での交流試合として）安全に実施できる環境ができた」（日本高野連・八田英一会長）。むろん、新型コロナウイルス感染のリスクはあるが、関東以西のチームは公共交通機関を使わずに地元から貸し切りバスで移動する・新幹線や航空機を利用する北海道、東北のチームは関西到着後バスを用意する・宿泊は原則最大２泊……など、新たなガイドラインに沿った感染症対策を実施した。

入場料などの大会収入がないため、運営費は日本高野連の積立金が充てられたが、開催の大きな後押しとなったのが阪神甲子園球場の受け入れ態勢だ。もともと夏の選手権が予定されていた８月10〜25日にも、阪神の試合を入れ込むことなく「しばらくこの状態で空けておくので、もしなにか高野連で使うのであれば、お待ちしています」。この配慮が、救済策を模索していた日本高野連の思いに合致したわけだ。

甲子園交流試合は８月10〜12日、15〜17日の６日間。各校１試合で１日３試合以内とし、中２日は雨天の予備日。７月８日にオンライン方式で行われた組み合わせ抽選会では、各地方で開催される独自大会の日程との兼ね合いなど、招待校の事情を考慮して試合順を決めた。ベンチ入りメンバーは、通常の18人から20人に２人増。センバツには出場できない１年生も出場可能だが、「３年生に一人でも多く参加してほしい」（日本高野連・小倉好正事務局長）。公式戦扱いとするため、１週間５００球以内の投球数制限が適用され、10回からタイブレークを行う。招待校に対しては、感染防止策を講じることを前提に、控え部員、部員の保護者・家族（部員１人につき５人以内）らの観戦が認められ、３月末まで磐城（福島）の監督だった木村保氏が試合前のノッカーを務めるなど、イキな配慮もあった。

甲子園最速→スピードガン

こうしえんさいそく

他 甲子園塾

こうしえんじゅく

日本高校野球連盟が、経験が原則10年未満の若手指導者の育成を目的に、尾藤公・元箕島（和歌山）監督と山下智茂・元星稜（石川）監督を中心に、2008年に創設した教室。塾長は山下氏が務め、特別講師を招いて年に2回行われる。2泊3日の日程で、初日は座学。2、3日目は近隣高校のグラウンドを借り、実技指導を行う。実技では・キャッチボール、トスバッティング、バント練習・内野ノック、外野ノック、内野と外野の連携・投手の育成・打撃の基本・走塁の基本・受講者によるノックの実践練習が柱。2016年の夏を制した作新学院（栃木）・小針崇宏監督は09年の受講生で、受講生の全国制覇は初。山下塾長は16年の甲子園塾で、「小針監督が甲子園を優勝したことは、天国の尾藤さん（11年没）が一番喜んでいると思います。今でもこの塾は尾藤さんが塾長。尾藤魂をぜひ全国の指導者が受け継いでいってほしい」と話した。小針監督は18年には二度講師を務めた。新型コロナの影響で20、21年は行われなかったが、22年に復活した。

甲子園の詩→阿久悠

こうしえんのうた

甲子園の土→土

こうしえんのつち

他 甲子園夢プロジェクト

こうしえんゆめぷろじぇくと

特別支援学校の教員として知的障害のある球児の指導に携わってきた久保田浩司氏が、2021年3月に立ち上げたプロジェクト。特別支援学校に通う生徒たちも、甲子園を目指す機会を与えられるよう、サポートすることを目的とする。特別支援学校の球児たちでも「連合チーム」の一員として大会に参加して公式戦出場を果たしている実例はあり、制度上その道は開けているが、特別支援学校単体でのチーム編成となると、実現のハードルはかなり高いのが現状。知的障害のある生徒をいかにサポートし、野球の指導をすればよいか、合同野球教室を開いて、理解を深める活動を続けている。プロジェクトの趣旨に賛同する元プロ野球選手・荻野忠寛氏らが講師として参加する。

施 甲子園歴史館
こうしえんれきしかん

2010年3月14日、阪神甲子園球場の外野スタンド内にオープンした博物館。もともとは1985年、阪神タイガース球団結成50周年を記念してライトスタンド内に開設された「阪神タイガース史料館」。甲子園のリニューアルに伴い、レフトスタンド下へ移転したうえで、「甲子園歴史館」と改称してオープンし、22年には球場南側に隣接する複合施設「甲子園プラス」内にも展示スペースを拡張した。阪神タイガース、高校野球（全国高等学校野球選手権大会・選抜高等学校野球大会）、大学アメリカンフットボール大会「毎日甲子園ボウル」の歴史や関連物品等が展示されている。

高校野球ゾーンの展示物では、日本高野連加盟の4523校のボールで構成した「ボールウォール」の壁があり、床下には「甲子園の土」が敷かれ、大型スクリーンから流れる映像が高校野球のムードを高める。「名勝負ギャラリー」では春夏の初代優勝旗や歴代の名勝負、名シーンを展示物で紹介。映像コーナーではNHK、朝日放送所蔵の資料映像をもとに構成された、歴史館オリジナルの映像を上映する。シアター内の座席は、リニューアル前に球場で使用されていた座席の転用だ。

「甲子園球場メモリアルボックス」のゾーンでは銀傘、ラッキーゾーンのフェンス、蔦の幹、第二次世界大戦中（アメリカ軍接収中とも）の弾痕が残る鉄扉など、改修を機に撤去された施設の一部が見られる。またユニフォームギャラリーや歴代春夏大会の結果なども展示されているほか、高校野球開催時に合わせて高校野球の企画展も催される。期間中、センバツでは優勝旗、優勝杯、準優勝旗が、夏の高校野球は優勝旗、優勝盾が、開会式終了翌日から決勝前日まで展示される。ほかに、別途料金でスタジアムツアーなどのイベントがある。

22年3月に複合施設「甲子園プラス」内にも展示スペースを拡張オープンしたことにより、施設は「球場エリア」と「PLUSエリア」に分かれ、連絡デッキがつないでいる。これにより展示面積が約1・25倍の1500㎡に拡大。展示品は、開業当初の約2000点から4000点超と増え、展示不能だった史料などより多くを展示できるようになった。さらに従来のコンテンツに加え、本物の野球用具に「触れる展示」を新設したほか、実際に身体を動かして野球を体験できる「体験ゾーン」

を併設し、子どもや若年層、野球にあまり詳しくない層に魅力を伝える工夫がなされている。ちなみに高校野球ゾーンの展示は、

1…はじまりの一球／夏の第1回大会の第1試合で使用されたボールを象徴的に展示し、高校野球の始まりをスライドショーで紹介。高校野球の歴史と伝統を感じる

2…メモリアルコレクション／数々の貴重な展示品をもとに、高校野球の草創期から戦後にかけて積み重ねられてきた歴史を時代順に紹介

3…名勝負ギャラリー／記憶に残る名勝負や名シーンを展示品とともに、写真・映像などで時代順に紹介。「松山商の奇跡のバックホーム」「１００回記念大会の金足農業旋風」などがラインアップ

4…まんがと甲子園／甲子園に縁の深い野球マンガを大型パネルで紹介。「球場エリア」内に設けられたスペースで立体的に展示

などといったメニューが柱になっている。

練 甲子園練習

こうしえんれんしゅう

春と夏の甲子園大会前には、出場全チームが甲子園で事前練習を行うことができ、これを通称「甲子園練習」というが、新型コロナ感染拡大により２０２０年以降は行われていない。グラウンドの雰囲気からファウルグラウンドの広さ、クッションボールのはね返り具合などを実際に確認でき、通常は大会の1週間程度前から、1チーム30分ほど割り当てられる。「責任教師、監督、ノッカー、記録員を含む35人」と定められた参加人数内なら、女子マネージャーを含めた練習補助員もグラウンドに入ることが可能だ。意外と知られていないが、一般客もバックネット裏から見学ができる。ただし雨天の場合は練習は中止で、順次雨天練習場での調整となる。また夏、主に参加校数が多い記念大会で阪神タイガースとの日程調整の難航などにより、１９９８年の80回、２００８年の90回大会、15年の高校野球誕生１００周年記念大会、18年の１００回大会では、各校の登録メンバーが15分ずつ、ユニフォームか制服でグラウンドに下りての施設見学だけが行われた。

運 公式記録

こうしききろく

試合終了後、関係者向けに配布される公式記録を、公式記録員として作成するのは、夏は朝日新聞の、センバツは毎日新聞の記者。担当になると、大会前にはＮＰＢの記録員の

レクチャーを受ける。ヒットかエラーかの判定をするのも、公式記録員の役割。高校野球では往々にして攻撃側、守備側にともに優しい判定になる。つまり、厳密にはエラーをつけてもいいところでも、ヒットにするケースが多いのだ。まれに、たとえば3アウト目の置き換えなどのように複雑なプレーが発生したりすると、公式記録員は師匠たるNPBの記録員に、記録上の処置の確認を取ることもある。配布される公式記録は、18年センバツまでは公式記録員の手書きによるもので、なかには判読しにくいクセの文字もあったが、18年夏からはパソコン入力に統一されている。たとえばなんらかの記録が達成され、〝大会何人目〟などとさかのぼって調べる必要があるとき、あるいは活発な打撃戦で数字の確認がややこしいときなどは、公式記録の配布に時間がかかるのがふつう。記者席の報道陣が「公式記録待ち」する光景も多かったが、21年以降、甲子園ではデジタル配信がメインとなり、紙ベースの配布はなくなった。

人 郷司裕

ごうし・ひろし

1932年1月19日生まれ。北海道釧路市出身。東京の旧制明治中(現明治高)から明大。健康を害し、プレーは諦めたが、当時の明大・島岡吉郎監督に「マネジャーをやって審判になれ」と命じられ、在学中に東京六大学で審判員を経験。その後、父親の事業を継ぐためNHKを退職。そのかたわら高校、大学、社会人を問わずアマチュア野球の審判員を務める。1969年夏の甲子園・松山商対三沢の延長18回引き分け再試合の決勝など、春13回、夏13回(再試合を含めると14試合)で合計27試合にわたって甲子園決勝の球審を務めた。2006年12月に逝去。17年に特別表彰で野球殿堂入り。

チ 甲西旋風

こうせいせんぷう

1985年夏、滋賀・甲西が甲子園に初出場した。初戦で県岐阜商に逆転勝ちすると、久留米商(福岡)には1点を勝ち越された延長11回裏に逆転サヨナラ勝ち。準々決勝でも、豪腕・佐々木主浩(元横浜ほか)の東北(宮城)にサヨナラ勝ちと、ベスト4に進出した。KKのいたPL学園(大阪)には2対15で大敗したが、開校3年目、県立普通校の大躍進はフレッシュだった。率いたのは、奥村源太郎監督。なにしろ新設校だから、グラウンドができていないし、まずは石ころを拾うことから始まった野球部である。それでも自動的に3年計画で鍛えられた1期生たちは、エース・金岡康宏を中心に、3年目にはしたたかな力をつけていた。甲子園の準々決勝では、そこまで無安打と不調の一番打者・高野輝昭は、試合前東北のエース・佐々木に「初球、真ん中に放ってくれんか」と話しかけ、実際に試合が始まると、その初球を初安打している。勝っている間は、と験を担いでヒゲを伸ばしていた奥村監督とともに、印象的な旋風だった。このとき2年生で出場していた奥村伸一は、連続出場した翌年甲子園でホームラン。下って2013年夏には、息子の奥村展征（ヤクルト）が日大山形で出場し、ホームランを記録している。

監 **香田誉士史**
こうだ・よしふみ

2004～05年、北海道勢初の全国制覇から駒大苫小牧を夏連覇に導いた監督。1971年4月11日、佐賀市出身。佐賀商時代は外野手として甲子園に3度出場し、3年生の夏（89年）にはホームランも放っている。駒澤大では、東都大学リーグに通算48試合出場。卒業後、コーチを務めた母校は、94年夏に日本一に輝いた。95年4月、駒大苫小牧の社会科教諭・野球部監督として赴任。01年夏に出場した甲子園は、なんと32年ぶりだった。だが初戦突破の壁は厚く4連敗。ことに03年夏は、4回途中まで8点を大量リードしながら降雨ノーゲームに泣いた。だが、その悔しさを知る佐々木孝介主将（現監督）がメンバーに残った04年夏、そして田中将大（楽天）が2年だった05年夏を連覇。06年夏も、早稲田実（西東京）との決勝で延長15回引き分け再試合の名勝負を演じ、限りなく3連覇に近い準優勝と言われた。

57年ぶりの夏連覇という偉業の土台には、我喜屋優の存在があったという。現役時代、大昭和製紙北海道で北海道勢初の都市対抗野球大会優勝を果たした我喜屋は、香田に雪国のチームが全国で勝つためのノウハウを伝授。それを生かした雪上ノックなどが実を結んだ。08年には鶴見大の監督に転身し、12年には、新たに創設された社会人野球チーム・福岡の西部ガスのコーチに。17年9月からは監督を務め、20年の都市対抗で8強など手腕を振るっている。駒大苫小牧時代は春夏通算8回の甲子園で15勝6敗1分け。夏の優勝が2回、準優勝1回、神宮大会でも1回優勝している（05年）。

チ 高知高校
こうちこうこう

高知市にある私立の共学校で、幼稚園から短大まである県内有数の学園で、地元での通称も「学園」。1899年、江陽学舎の創立が起源。1948年、城東高校を設立。56年に今の高知高校に組織変更された。64年夏、エース有藤通世（元ロッテ）を擁して登場したが、その有藤が秋田工との初戦、顔面に死球を受けて、陥没骨折で入院。さらに2回戦では、主将の三野幸宏も死球による骨折で入院と緊急事態だ。しかし、投打の大黒柱を欠いたことでチーム全体が奮起。2年生投手・光内数喜の好投などで一気に大旗まで上り詰めた。ナインは優勝旗を持って、有藤らの入院先に駆けつけたという傷だらけの優勝である。

センバツの優勝は、金属バット解禁の75年。決勝は原辰徳（元巨人）のいた東海大相模（神奈川）との東西横綱対決となり、延長13回、杉村繁（元ヤクルト）らの集中打で5点を挙げた高知が、紫紺の旗を獲得した。夏は13回出場で16勝12敗、春は20回出場、21勝19敗。高知県で、春夏の両方の優勝があるのはこの高知だけだ。県内では明徳義塾との一騎打ちながら分が悪く、夏は2009年以来、遠ざかっている。甲子園通算37勝は33位タイ。弘田澄男（元阪神ほか）、木下拓哉（中日）らプロ野球には野手で成功する人材が育っている。

チ 高知商業高校
こうちしょうぎょうこうこう

県内ただ1校の市立の商業高校。総合、社会、情報、スポーツの4つのマネジメント科がある。創立は1898年。江本孟紀（元阪神ほか）、鹿取義隆（元西武ほか）、藤川球児（元阪神）ら好投手が育っている。もともと高知県自体が戦前は振るわなかったが、高知商も戦後になって実力をつけ、1948年に春夏とも初出場でベスト8に残った。50年のセンバツ、57年のセンバツ、78年夏と準優勝に。頂点に立ったのは80年のセンバツ。中西清起（元阪神）が力投して僅差を守り切る展開が多く、決勝も帝京（東京）相手に1対0だった。通算で18年間、監督を務めた谷脇一夫は捕手出身。守りの野球が基本だった。このころ、ＫＫのＰＬ学園（大阪）とは因縁があり、ＫＫが1年生の83年夏の準々決勝、津野浩（元ロッテほか）が打ち込まれて一時は0対8。そこから追い上げての9対10の打撃戦は、スタンドを沸かせた。2年後の85年も準々決勝で当たり、中山裕章（元中日ほか）が清原和博（元オリックスほか）に浴びた特大のホームランは、清原のバットがへこんでいたという逸話も合わせて印象深い。近年は明徳義塾などに押されていたが、18年夏に12年ぶりに出場して3回戦まで進んだ。夏は23回出場で38勝、センバツは14回出場で23勝。合計61勝は全国16位。

チ 興南高校
こうなんこうこう

沖縄県那覇市にある私立高校。1962年に開校し、85年に中学を併設した。まだ沖縄がアメリカの統治下にあった68年夏、第50回記念大会はベスト4に進み、興南旋風と呼ばれた。80年から83年までの8季のうち6回の出場があるが、84年以降は2006年まで空白が続く。OBの我喜屋優監督が就任した07年夏、久々の出場を果たして復活気配。10年春には、沖縄尚学に先を越されていた悲願の優勝を遂げた。エースは左の島袋洋奨（元ソフトバンク）。174㌢と決して大きくはないが、トルネードの豪快なフォームから球威のあるストレートを投げた。智弁和歌山、大垣日大（岐阜）などを下し、決勝は日大三（東京）。延長12回に5点を奪い、勝利を決定づけた。夏も、準決勝の報徳学園（兵庫）戦で序盤で5点ビハインドと苦戦しながら、じわりと逆転。東海大相模（神奈川）との決勝は連打で19安打、13点を奪った。我喜屋監督は、50回大会時の主将。深紅の優勝旗が初めて沖縄の地へ渡り、史上6校目の春夏連覇になった。夏13回19勝12敗、春4回5勝3敗。合計24勝は全国60位タイ。仲田幸司（元ロッテほか）、友利結（元中日ほか）、大城滉二（オリックス）、宮城大弥（オリックス）などプロ野球選手を輩出。我喜屋監督は同校の理事長、校長も務め、ゲーム前後の談話は人生訓も交じえてメディアに人気がある。他の部の活躍は、現在はボクシング練習場が沖縄尚学に移管されたが、過去には具志堅用高らプロボクサーの卒業生も多い。男子ハンドボールも強豪で、インターハイ優勝経験が6回ある。

チ 興南旋風
こうなんせんぷう

1968年夏、2回目の出場だった沖縄・興南が快進撃を見せた。当時の沖縄は、アメリカの統治下。選手はパスポートを持ち、沖縄から鹿児島まで船で10時間、さらに夜行列車で18時間かけて甲子園に入った。初戦は岡谷工（長野）に5対3で勝つと、岐阜南（現岐阜聖徳学園）には初回4点を先制されたが徐々に追い上げ、8回に逆転して8対5。沖縄勢初の1大会2勝を挙げると、甲子園の判官びいきにも後押しされて、海星（長崎）との3回戦はエース・安次嶺信一が5安打で完封した。準々決勝は盛岡一（岩手）に12安打して10対4とベスト4まで勝ち進む。準決勝は優勝する興国（大阪）に大敗したが、主将の我喜屋優は「試合が始まると琉球政府の会議はストップするし、道を歩く人もいないくらいだったようです」とのちに語っている。我喜屋はその後、大昭和製紙北海道時代の74年には、北海道勢の都市対抗初優勝に貢献している。のちには監督も務めた。2007年からは母校の監督となり、10年に史上6校目の春夏連覇を達成した。

チ 神戸高校←神戸一中

こうべこうこう

1919年の全国中等学校優勝野球大会で優勝した神戸一中は、学制改革で現在は兵庫県立神戸高校となっている。1896年の創立と同時に創部した野球部は、兵庫県内ではもっとも古い部類で、神戸二中（現兵庫）、関西学院中とともに、第1回の全国中等学校優勝野球大会から皆勤を続けている名門。米騒動で本大会が中止となった翌19年の第5回大会で全国大会に初出場したが、ある新聞が「新進神戸一中」と報じたことが大いに不満だった。初出場ではあるが、県内有数の伝統校という自負があったからだ。そうした刺激もあり、初戦で優勝候補の和歌山中（現桐蔭）に3対1で快勝すると、慶応普通部（現慶応・当時は東京）、盛岡中（現盛岡一・岩手）戦はエース・山口弘が連続完封。長野師範（現信州大教育学部）との決勝も、同点の8回裏に一挙5点で優勝した。当時から優勝校は、閉会式で優勝旗を持って場内を1周することが慣例だったが、神戸一中ナインはこれを拒否。「われわれはただ、母校のためにという気概を示したかっただけだ。見せ物ではない」というのがその理由。当時の来田健朗主将はのち、「若気の至りだったかな」と述懐したという。戦後すぐの47年まで、春夏合計6回甲子園に出場し、通算6勝6敗。48年に兵庫県立神戸高校となって以降は、屈指の進学校として甲子園ははるか遠くなった。

チ 神戸商業高校

こうべしょうぎょうこうこう

1878年に開校した神戸商業講習所がルーツ。その前年、県令（県知事）森岡昌純が、慶応義塾の福沢諭吉に、神戸港の貿易の発展を担う人材育成のため、創立の斡旋を依頼したというからなんともスケールが大きい。86年、兵庫県立神戸商業学校と改称。野球部創部ははっきりしないが、1915年の第1回全国中等学校優勝野球大会で兵庫大会に出場。これまで唯一の全国大会出場である22年には、広島商から転校してきた150センチ台の小さなエース・浜崎真二（元阪急）の好投で準優勝している。最強を誇った和歌山中（現桐蔭）との決勝は、7回終了まで4点をリードしていたが8、9回に守備の乱れで8点を失い、涙を飲んだ。だがこの試合展開に、地元夕刊紙は「神戸商業優勝」を伝える新聞を配ってしまい、翌朝の朝刊を見るまで多くの人は大逆転されたと知らなかったという。浜崎は松山商・藤本定義と投げ合った準決勝も13三振を奪うなど、左腕からの快速球が武器だった。

28年に兵庫県立第一神戸商業学校と改称し、48年に学制改革で兵庫県立神戸商業高等学校となるが、同年に垂水高等学校と合併して星陵高等学校に。62年、その星陵の商業科が分離独立して、新たに兵庫県立神戸商業高等学校が設立するという格好になった。そのため神戸商野球部は、49～62年の間、ブランクがある。夏1回出場で3勝1敗。OBに野坂参三・元日本共産党中央委員会議長もいる。

チ 高野連に属さないチーム

こうやれんにぞくさないちーむ

高野連に属さないチームとは、高野連に加盟しない以上、甲子園への挑戦権はないが、プロアマ規定の枠外で、プロ水準の指導を受けられることなどがメリットとして考えられる。

2019年、社会人野球の熊本ゴールデンラークスを運営していたスーパーの「鮮ど市場」が、U-18とU-15を対象としたアカデミーの創設を発表した。サッカーのJリーグになぞらえれば、いわばラークス・ユースとも言うべき存在。U-18チームは高野連に属さず、日本野球連盟加盟から、都市対抗や日本選手権出場を目指すという構想だった。しかし、20年になって、熊本ゴールデンラークスの運営が大きく変わり、社会人野球からの撤退と独立リーグ系のプロチームへ転換することが明らかに。ラークスを母体とするチームは21年発足の九州アジアリーグに「火の国サラマンダーズ」として加盟中。「鮮ど市場」の経営陣はすでに手を引いており、23年5月にはNPBのファーム球団拡張の公募に応じる意向を表明と、さらに環境は激変。19年時点でのユース構想は全く進展を見ないまま、事実上立ち消えになった。

14年には関西独立リーグの兵庫ブルーサンダーズ（現兵庫ブレイバーズ）が兵庫・芦屋学園高校と提携し、高野連非加盟の野球部をチームの三軍として発足させたことがあった。系列の芦屋大とも同様の提携関係を結び、芦屋大からはＮＰＢ育成ドラフト指名選手が出るなど一定の成果も挙げたが、既存の団体との関係（選手がドラフト指名対象か否か、対外試合が可能か否かなど）を中心に山積する問題が解消できなかった。22年の時点で、芦屋学園と兵庫ブレイバーズの提携関係はスポンサー契約のみとなり、芦屋学園高校の硬式野球部は活動していない。

上部組織が運営するユースチームが高野連に属さないまま健全に機能すれば、それは理想的。いまだ皆無と言える成功例は、果たしていつか見られるのだろうか。

チ 甲陽学院高校

こうようがくいんこうこう

今は兵庫県西宮市の夙川沿いにあるが、かつては甲子園のすぐ隣にあって、甲子園に最も近い高校だった。当時は出場校の練習場所に割り当てられたこともある。２００９年から高校入学時の生徒募集がない完全な中高一貫の私立男子校ではあるが、中高の校舎は別の場所にある。東大・京大に１００人近くが合格する関西トップクラスの進学校。灘の酒造家である辰馬家、学校法人辰馬育英会の運営。１９１７年2月、「官立学校にない自由な学校を」と教育者の伊賀駒吉郎が甲陽中学を創立した。48年、旧甲陽中学は甲陽高校に、50年甲陽学院に改称する。野球部は戦前に強く、23年第9回夏、甲陽中で初出場初優勝を果たす。開校7年目のことだ。準決勝の立命館中（京都）戦、開催されていた鳴尾球場はグラウンドと観客席をロープで分けていたが、熱狂するファンがグラウンドになだれ込んで試合が中断するというハプニング。翌年の甲子園建設が急がれることになる。決勝では、3連覇を狙う和歌山中（現桐蔭）を下した。センバツの最高位はベスト4が2回。38年の春夏が最後の出場で、このときは別当薫（元毎日ほか）が活躍した。しかし戦後は出場していない。夏4回9勝3敗、春8回6勝8敗。天知俊一（2年時まで在籍・元中日）と別当の二人の殿堂入りした球界人がＯＢ。政財界、教育、文化の著名人が巣立っている。

チ 向陽高校

こうようこうこう

１９１５年に創立した海草中学校は、戦後の48年に和歌山県立向陽高等学校となった。和歌山市にある県立校で、２００４年には県内初の併設型中高一貫校として向陽中が併設されている。野球王国・和歌山には第1回選手権から14年連続出場する和歌山中（現桐蔭）が君臨していた。海草中が和歌山中を越えたのは、29年の15回大会で、そこから戦争突入までは海草中が優勢だった。39、40年に史上4校目の夏の大会連覇を達成。39年はエースの嶋清一が5試合すべてを完封し、準決勝と決勝はノーヒット・ノーランというけた外れの投球だった。40年は、真田重蔵（元大阪ほか）がエースの座を引き継いだ。3連覇を目指したが戦況が悪化。やむなく大会は中止になった。戦後初の47年春夏に海草中の名で出場し、センバツには戦後合計5回出場しているが、夏はそれ以後出ていない。柴田猛（元南海）がOB。球界の関係者としては根來泰周元コミッショナーの母校でもある。夏7回14勝5敗、春15回7勝15敗。ライバルの桐蔭の45勝には水を空けられている。

甲陽中→甲陽学院高校
こうようちゅう

記 公立王国
こうりつおうこく

公立王国といえば、徳島県。春夏合わせて甲子園出場はのべ１２０校ほどあるが、２０２３年春の時点で私立校の出場が一度もないのだ。公立の独占状態が続いているのは、47都道府県の中でも徳島だけだ。かつては埼玉も、公立の牙城だった。１９８４年まではセンバツ11、選手権26ののべ37の出場校がすべて公立。古くは熊谷、大宮が強く、のちに上尾などが県内をリードした。だが85年はセンバツに秀明、夏に立教（現立教新座）が出場。さらに浦和学院、花咲徳栄などが台頭し、勢力図は以後まったく書き換えられた。ところが徳島の場合、ずっと公立王国。タネを明かせば、県内に野球部を持つ私学が80年創部の生光学園1校しかないのだ。直近では２０１８年夏、徳島大会の決勝進出などたびたびあと一歩までは迫るのだが。また東京は逆に、公立校の出場はわずかのべ6校。そのうち、勝ち星があるのは46年の東京高師付中（現筑波大付）のみだ。14年には、小山台が都立としてセンバツに初出場したがこれも黒星。東京高師付中は国立だから、都立校は１００年を超える歴史で甲子園1勝もしていないことになる。

広陵高校

こうりょうこうこう

広島市安佐南区にある共学私立校。創立は1896（明治29）年。創部は1911年。「春の広陵」といわれ、まず草創期の1926年、第3回センバツで優勝。そして平成になって65年ぶりに1991年に優勝。2003年のセンバツは西村健太朗（元巨人）の剛腕がうなり、決勝は横浜（神奈川）に15対3など、相手を圧倒して優勝した。しかし一方の夏は27、67、2007、17年と4回の決勝進出もすべて準優勝に終わっている。07年、佐賀北との決勝の4対0から逆転された満塁ホームランの決着も名勝負だった。県内の最大のライバルは広島商。出場回数は夏23回で同数、春26回は広島商を上回る。また勝ち星は春は42勝対20勝。夏は34勝対43勝。春で大きくリードし、合計でも13勝差をつけている。76勝は全国8位。濃人渉（元ロッテ監督ほか）、白石勝巳（元巨人）、金本知憲（元阪神ほか）、）野村祐輔（広島）、有原航平（ソフトバンク）、佐野恵太（DeNA）ら、多くのプロ野球選手が育っている。

規 コールドゲーム

こーるどげーむ

球審によって、途中で打ち切りが宣言された試合のこと。英語ではcalled（宣言された）game。コールドゲームになるのは、天災や日没などによって試合続行が不可能になった場合と、規定以上の点差がついた場合がある。が、高校野球では2022年に高校野球特別規則が改定されて継続試合を採用。天候条件などにより続行不可能になった試合はコールドゲームとせず、翌日以降にその続きを行うルールができた。このため、継続試合を適用する大会では天候によるコールドゲームは発生しなくなった。

点差によるコールドゲームは、高校野球の各地方大会や社会人野球など、アマチュア野球でよく採用されている。高校野球の地方大会では5回終了時点で10点差以上、7回7点差以上で打ち切りだ。ただし以前は、得点差やイニングは各都道府県の裁量によっていたため、5、6回で10点差があっても適用しないケースもあった。1998年夏青森大会2回戦の東奥義塾対深浦戦は、7回コールドで122対0という大差がついたが、もし5回コールドが適用されていれば93対0だった。この試合の影響もあり、日本高野連は2000年に、高校野球特別規則によって「正式試合となるコールドゲームを採用する場合は、5回10点、7回7点と統一する。ただし、選抜高等学校野球大会、全国高等学校野球選手権大会、全国高等学校軟式野球選手権大会では適用しない」と統一した（ただし、神宮大会では適用）。

点差によるコールドゲームが成立すると、そこまで投手が完全試合やノーヒット・ノーランを継続していても参考記録となり、正式な記録にはならない。

記 5季連続出場
ごきれんぞくしゅつじょう

現在の制度では、1人の選手が甲子園に出場できる回数は1年夏、2年春夏、3年春夏で最大5回までだ。だが、5季連続出場を達成するにはまず、在学しているチームの5季連続出場が前提だし、そういう強いチームで、1年からベンチ入りしなければならないのだから、なかなか難易度が高い。5回すべてにベンチ入りした選手は堤達郎（高松商・香川、1977～79年）、荒木大輔・小沢章一・黒柳知至（早稲田実・東東京、80～82年、荒木は元横浜ほか）、桑田真澄・清原和博（PL学園・大阪、83～85年、桑田は元巨人ほか、清原は元オリックスほか）、梅田大喜・鶴川将吾（明徳義塾・高知、2002～04年）、道端俊輔（智弁和歌山、09～11年）、黒川史陽・東妻純平・西川晋太郎（智弁和歌山、17～19年、黒川は楽天、東妻はDeNA）がいる。このうち、1年からバリバリの主力となると達成難易度はさらに高くなる。荒木と小沢は1年夏からエースと二塁手として準優勝に貢献した。KKも1年からエースと四番で、在籍中に優勝2回、準優勝2回。梅田と鶴川も、1年生ながら02年夏に優勝したときの主力と貴重な控え投手で、西川は5季の全14試合に出場しており、ずっと主力で5季連続、となるとこの7人か。20年、星稜（石川）の3年生だった内山壮真（現ヤクルト）は、1年生から主力として四番を打ち、コロナ禍で中止にはなったもののセンバツは出場とカウントされた。夏には5季出場がかかっていたが、気の毒なことに、主力として5季連続出場という偉業に挑戦する権利さえなくなってしまった。

試 国民体育大会
こくみんたいいくたいかい

正式種目の順位を得点に置き換え、都道府県対抗で争われるスポーツの祭典。日本スポーツ協会・文部科学省・開催地都道府県の三者共催で行われ、各都道府県の持ち回り方式で開催されている。通称「国体」だが、2024年からは「国民スポーツ大会」に改称する。第1回は1946年、近畿で開催され、高校野球は藤井寺球場で行われた。決勝は浪華商（現大体大浪商・大阪）と東京高師付中（現筑波大付）の対戦となり、浪華商が夏の選手権に続いて優勝している。硬式の高校野球はこのときから第3回まで、また10～30回までは正式競技だが、31回以降は公開競技となった。そのため、各都道府県の優勝争いには成績は加味されない。通常、夏の甲子園のベスト8と開催県から1校、さらに地域性を考慮した計12チームが出場。新型コロナで3年ぶり開催となった22年は8チームの出場だった。なお、新チームが始動しているため、3年生中心で出場するチームがほとんどだが、夏の甲子園と国体ともに優勝しているのは、第1回の浪華商をはじめのべ11チーム。春夏連覇と国体優勝を同年に達成したのは79年の箕島（和歌山）、98年の横浜（神奈川）、2012年の大阪桐蔭の3例あるが、日程に余裕がないため、台風接近により79年は準決勝以降が、12年は決勝が中止になったため複数優勝。

チ 小倉高校 ←小倉中

こくらこうこう

学校の正史としては1908年、福岡県立小倉中学開校を創立時としているが、遡って江戸時代の1758年、当時の小倉藩主が藩校思永斎を置いた時点を起源という前史もある。48年に小倉高校となる。49年昭和天皇が九州行幸の際に立ち寄った。同年は小倉北高校を名乗るが50年から再び小倉高校に。今は共学で北九州市小倉北区にある福岡県内有数の進学校。終戦直後47、48年の春夏4回、エース福嶋一雄が一時代を築いた。そこから福岡では57年まで無敵で、夏は6年連続を含め9回、センバツも7回出ている。54年センバツは、決勝で飯田長姫（現飯田ＯＩＤＥ長姫・長野）に0対1で敗れた。夏の出場は56年が最後で、半世紀以上空白がある。夏10回15勝8敗、春11回12勝11敗。27勝は54位タイ。同じ北九州市内にある県立東筑高校とはライバル関係にあり、定期戦が行われている。楠城徹（元西武）、安田猛（元ヤクルト）らを輩出。その他でも政、官、経、学界文化人など名を残した卒業生は枚挙にいとまがない。

チ 呉港高校

ごこうこうこう

1934年夏に優勝した呉港中は、現在は呉港高等学校といい、広島県呉市の私立高校。学校法人呉竹田学園が運営する。呉三津田、呉昭和など呉市内の高校は「くれ○○」と読む学校が一般的。しかし、ここだけは「ごこう」と読む。江戸時代の1818年に今の山口県岩国市に設立された私塾が起源とされる。1913年に大正学校が設立され、17年、呉市に移転。27年文部省の認可を受け大正中学となり、33年呉港中学と改称、48年呉港高等学校。2013年から共学になった。普通科、機械科、電気情報科がある。大正中時代の32年夏に初出場。夏の6回は以後、6年連続出場したものだ。34年の第20回大会に全国優勝。呉港中に改名してすぐだった。優勝の立役者は藤村富美男（元阪神）。5年制の4年目で、エースとして3年連続の甲子園でもあり、打者としても四番で4割を打った。決勝の相手、熊本工には川上哲治（元巨人）がいた。また、この年の京都商（現京都先端科学大付）には沢村栄治（元巨人）もいた。夏6回11勝5敗、春5回3勝5敗。春夏11回の出場は広島商、広陵に次いで県内3位。

1930年代はこの3校の三強時代だったが、呉港は戦後は63年センバツに1度出ただけにとどまる。

呉港中→呉港高校

ごこうちゅう

ゴジラ→松井秀喜

ごじら

事 誤審

ごしん

スポーツ競技で、審判が誤った判定を下すこと。戦後再開された1946年の中学優勝大会では、成田中（千葉）と京都二中（現鳥羽）が最初の試合となった。6回の成田中は、2死からタイムリーで先制かと思われたが球審の判定はアウト。ところが後日、大阪駅に飾られていた中学野球の写真展に、たまたまこのときの本塁のクロスプレーが展示されていた。それを見ると、頭から滑り込んだ走者の手がホームベースに届いているにもかかわらず、捕手はまだ送球を捕っていない。この試合を1対0で勝った京都二中は決勝まで進出しているが、もし成田中に先に1点が入っていたら、大会の行方自体もわからなかった。

2001年夏の玉野光南（岡山）と帯広三条（北北海道）との一戦では、4回表に玉野光南が無死一、二塁としたところで、帯広の熊谷陽介捕手が二塁にけん制球。この送球はそれてセーフだったが、球審は打者・下川大の送球妨害を指摘。規則では打者がアウトのはずが、球審が二塁走者をアウトにしたことがある。また09年センバツの倉敷工（岡山）と金光大阪の試合では、倉敷工が試みたスクイズで三走がアウトの判定。捕手がボールをこぼしていたが、球審は正規触球のあとと認めなかった。試合を見ていた視聴者から抗議が殺到するも、結果的に倉敷工がサヨナラ勝ちしている。22年センバツの広陵（広島）と敦賀気比（福井）の一戦では、一塁線に転がったバントの打球を野手がフェアグラウンドで捕球して一塁に送球していたが、二塁塁審がファウルのジェスチャー。これを見た一塁走者が走るのをやめたため一、二塁間に挟まれアウトになった。審判団が協議して場内に説明する際、尾崎泰輔球審は「二塁塁審が誤ってファウルのジェスチャーをして（一塁）ランナーを止めてしまいました。私たちの間違いでした。1アウト二塁で再開します。たいへん申し訳ありません」と率直にミスを認めて謝罪し、話題になった。

ほかに、この書籍内にもいくつか出ているように、審判も人間で誤審はつきもの。テレビ中継ではそのあたりを慮ってか、疑問符のつく判定では、プレーのスロー再生をあえて流さないのではないかという気がする。

人 古関裕而
こせき・ゆうじ

全国高等学校野球選手権大会の大会歌「栄冠は君に輝く」の作曲者。1909年8月11日福島市生まれ。本名は古關勇治。音楽家の多い旧制福島商業学校に入学し、一時銀行に勤務しながら作曲家を志し、コロムビア専属となる。やがてクラシックからポピュラー音楽に転身し、31年には「紺碧の空早稲田大学応援歌」を、36年には「大阪タイガースの歌（六甲颪）」を送り出している。「栄冠は君に輝く」は48年。ほかにスポーツ関連では64年の東京オリンピックの開会式に鳴り響いた「オリンピック・マーチ」「巨人軍の歌（闘魂こめて）」などがあり、流行歌も「君の名は」「高原列車は行く」など多数。89年没。東北新幹線の福島駅を利用したことがあるなら、発車メロディーで「栄冠は君に輝く」を聞いたことがあるかもしれない。2009年、古関の生誕100年を記念して採用されたものだ。20年には、古関をモデルにした古山裕一が主人公のNHK朝ドラ『エール』が放映された。

選 小園海斗
こぞの・かいと

2000年6月7日生まれ。小学

校1年、宝塚リトルで野球を始め、光ガ丘中では枚方ボーイズでプレーして3年時に全国優勝。同期には、のちに大阪桐蔭からロッテ入りする藤原恭大がいた。報徳学園（兵庫）では1年春からショートを守り、春の大会で打率4割。同夏からレギュラーで2年春のセンバツに出場すると、打率5割に1本塁打、9打点の活躍でベスト4進出に貢献した。夏は兵庫大会で敗退したが、高い打撃技術に定評があり、俊足巧打の内野手として侍ジャパンU‐18に選ばれ、2年ながら正遊撃手を務めた。なお中学3年時にも、侍ジャパンU‐15に選ばれている。3年夏には、聖光学院（福島）戦で大会タイ記録となる1試合個人3二塁打を記録。U‐18アジア選手権では、2年連続で侍ジャパンに選出されている。18年のドラフト会議では、4球団が競合のすえ広島に入団した。

事 5打席連続敬遠

ごだせきれんぞくけいえん

1992年8月16日、明徳義塾（高知）と星稜（石川）の試合で、星稜の四番・松井秀喜（元レイズほか）は5打席すべて四球で出塁した。試合は明徳義塾が3対2で勝ったが、松井を故意に歩かせた作戦に試合中から「帰れ」コールやブーイングが起き、果てはグラウンドにモノが投げ入れられるなど騒然とした。試合終了後も収まらず、勝った明徳の校歌斉唱の声はかき消され、抗議の声が殺到し、高野連が異例の声明を発表する事態になる。松井四球の状況は、こうだ。

・1回表2死三塁（そのときの得点は0対0、星稜の攻撃終了時も0対0のまま。以下同）
・3回表1死二、三塁（明徳2対0、後続のスクイズで2対1）
・5回表1死一塁（3対1、後続のタイムリーで3対2）
・7回表2死無走者（3対2、3対2）
・9回表2死三塁（3対2、3対2）

7回、走者なしで敬遠されたあたりから球場はどこか殺伐としてきたが、9回には2死無走者から三番・山口哲治の三塁打で松井に打席が回り、4球を見送ったあと静かにバットを置いて一塁に向かうと、ついに不満のダムが決壊した。前出のような騒ぎで、投げ入れられたものを拾い集めるため、一時試合が中断したほどだ。星稜は、一塁上の松井が二塁へ盗塁し、一打逆転の場面を作ったものの、後続なく試合終了。明徳・馬淵史郎監督は「高校生の中に一人プロが混じっていた。勝つために（敬遠を）指示した」と話し、ヒール扱いされることになる。ただ、

▶物議を醸した1992年夏、明徳義塾対星稜での松井秀喜に対する5打席連続敬遠

明徳の投手・河野和洋によると、明確に敬遠を指示されたわけではなく「相手にせえへんから」という示唆だったという。

当時の牧野直隆高野連会長が「勝負してほしかった。負けっぷり、潔さもスポーツマンシップとして大切なこと」という趣旨の発言をし、大きな社会問題に発展したこの騒動。心ないファンの激しい抗議や嫌がらせにさらされた明徳は、練習の行き帰りまで、パトカーが付きそう異常事態に。ものものしい雰囲気で行われた次の広島工戦は、さすがに平常心を失ったのか、0対8と完敗した。ただ河野によると、「負けたあと、馬淵さんがミーティングで号泣したんです。聞こえてきたのは、〝オマエらはようやった〟という言葉くらい。当時はいくら批判されたとしても、そういう人だから僕らはついていったんですよ」。

松井は実は、91年秋の神宮大会でも、92年のセンバツで優勝する帝京（東京）・三澤興一（元中日ほか）から4四球。このときは星稜打線が機能し、13対8で勝っているから目立たないだけで、同様に「明徳はしっぺ返しのリスクも覚悟して歩かせただけ」と擁護する声もあった。またあまり知られていないが、この騒動、実は松井の自作自演でもある。組み合わせ抽選会で、1回戦を勝ち上がるとしんがり登場の明徳と当たるクジを引いたのが、ほかならぬ星稜の主将・松井だったのだ。8月16日というのは、79年に星稜が箕島（和歌山）と歴史的な延長18回をやったのと同じ日で、星稜にとっての特異日かもしれない。なお、松井5敬遠と称されるが、厳密には捕手が立ち上がらずに座ったままであり、公式記録では敬遠ではなく、単なる「四球」である。

選 小林悟楼
こばやし・ごろう

1918年生まれ。和歌山商の投

手兼内野手として36年夏、37年春に甲子園出場。36年夏の初戦(2回戦)・福井商戦に五番・投手として先発出場し、大会史上9人目のノーヒット・ノーランを達成した。5四球、3失策と再三走者を出しながら、奪三振2と打たせて取る投球で9回を投げ切り、スコアは10対0の大勝だった。2戦目（準々決勝）の岐阜商（現県岐阜商）戦も先発マウンドに立ったが、2回裏に5点を失い途中降板、1対9で敗れた。37年春は初戦の浪華商（現大体大浪商・大阪）戦に遊撃手で出場し、途中救援登板も試合は0対7の大敗。夏の岐阜商、春の浪華商と敗れた相手はいずれも優勝校だった。38年にプロ野球・南海に入団し内野手として38年秋、39年に在籍。戦後の46年に復員して復帰、47年までプレーした。プロ野球時代の資料では164センチ、60キロ。和歌山商時代の同僚に、のち阪急、西鉄などで通算1083安打と活躍した中谷順次（のち準志）がいる。

監 小針崇宏

こばり・たかひろ

1983年6月22日生まれ。栃木県宇都宮市出身。作新学院（栃木）2年時の2000年春のセンバツに二塁手として出場。筑波大でも活躍し、4年時には主将も務めた。卒業後の06年に体育教諭として母校に赴任し、同年秋に監督に就任。甲子園初采配の09年夏は初戦敗退したが、11年夏は1回戦で福井商に勝利、同校にとって怪物・江川卓（のち巨人）を擁した73年以来38年ぶりの夏の甲子園白星を記録すると快進撃。準決勝で光星学院（現八戸学院光星・青森）に敗れたが、春夏連覇した62年以来49年ぶりベスト4進出を果たした。翌12年は春夏連続出場し、夏はベスト8進出。16年夏にはエース・今井達也（西武）、主砲兼投手の入江大生（DeNA）らを擁して54年ぶり2回目の全国制覇を達成した。夏の甲子園は11年から19年まで9年連続、新型コロナで中止の20年を挟んで21年も出場し、10大会連続出場の快挙。22年に夏の連続出場は途切れたが、23年センバツに出場してベスト8。確かな理論の下に技術、精神の両面を鍛える指導で名門復活に導いた。18〜19年にはU-18ワールドカップ日本代表のコーチも務めた。監督として春3回出場で4勝、夏11回出場で17勝の通算21勝は、吉田洸二監督（山梨学院）、東哲平監督（敦賀気比・福井）と並んで歴代38位タイ。

チ 駒澤大学付属苫小牧高校

こまざわだいがくふぞくとまこまいこうこう

いわゆる駒大苫小牧で、所在は北海道の苫小牧市。1964年に開校し、特別進学コースと総合進学コースがある。春夏の大優勝旗が渡った北限は、長らく作新学院の栃木県宇都宮市だったが、東北を飛び越えて一気に北海道に優勝をもたらした。佐賀商コーチ時代の94年に優勝を経験した香田誉士史が、その94年秋に監督に就任。03年夏には8対0の勝ちゲームが降雨ノーゲームとなり、再試合で落とすなど辛酸をなめる。しかし04年、念願の初勝利から一気に初優勝を遂げた。日大三(西東京)、横浜(神奈川)、東海大甲府(山梨)の常連に打ち勝ち、済美(愛媛)との決勝も13対10。・448という史上最高の大会チーム打率を残している。

05年夏は田中将大(楽天)が背番号「11」でデビュー。準々決勝では、鳴門工(現鳴門渦潮・徳島)に1対6からの逆転勝ち、準決勝は大阪桐蔭を延長で突き放し、決勝は京都外大西を下して57年ぶりの夏2連覇という偉業を達成した。翌年は3連覇に限りなく近づくも、斎藤佑樹(元日本ハム)の早稲田実(西東京)に阻まれたのは周知のとおり。

07年夏は、北北海道の兄弟校・駒大岩見沢とアベック出場するなど夏は07年まで5年連続で出場し、現在は初優勝時の佐々木孝介主将が監督を務めている。伊藤大海(日本ハム)、若林楽人(西武)がOB。夏7回14勝5敗、春4回2勝4敗。

スケートの盛んな土地柄で、アイスホッケー部はインターハイ優勝30回という全国一の強豪。日本スケート連盟会長の橋本聖子、山本宏美、田畑真紀らスピードスケートでも五輪選手を多く輩出。

選 小松辰雄

こまつ・たつお

1959年5月10日生まれ。星稜(石川)の2年生エースとして76年夏の甲子園に出場。初戦の日体荏原(現日体大荏原・東東京)戦で13奪三振2安打完封の甲子園デビュー。続く3回戦では強豪・天理(奈良)を相手に打っては自ら本塁打、投げては8奪三振2失点完投勝利の独り舞台。準々決勝は豊見城(沖縄)・赤嶺賢勇(元巨人)に1対0で投げ勝ち、石川県勢として史上初のベスト4進出。準決勝は連投の疲れから精彩を欠き、桜美林(西東京)に敗れるも、全身のばねを生かしたダイナミックなフォームから投げ込む快速球は「星稜に小松あり」を全国のファンに印象付けた。3年生となった77年も春夏連続で甲子園に登場するが、春は滝川（兵庫）、夏は智弁学園（奈良）にいずれも初戦敗退。2年時を上回る躍進はならなかった。77年ドラフトで中日ドラゴンズの2位指名を受けて入団。2年目の79年にリリーフでブレークして6勝16セーブ。ちょうどスピードガンが普及し始め、テレビ中継で球速表示が出るようになったのはこの年からで、150キロを連発する小松は「スピードガンの申し子」の異名をとった。中日一筋で94年まで活躍し、実働17シーズンで122勝102敗50セーブ。

社 米騒動

こめそうどう

1918年の第4回中学校野球大会は、地方大会が終了し、各代表が大阪に集まったところで中止となった。全国に広がった米騒動のためだ。14年に始まった第1次世界大戦による好景気によってインフレとなり、米の価格が半年間で倍に暴騰。18年7月、富山県魚津町（現魚津市）の主婦が県外輸送する米の詰め込み作業を拒否したことがきっかけで、住民が米商人や町役場などに米価の引き下げを要求した。この動きは全国に広がり、政府は鎮圧のために軍隊まで導入することになる。そうした騒動の渦中でも各地方大会が行われ、関東から分離した京浜大会、また新設された甲信大会など、8月9日には14代表が決定。全国大会は14日に開幕予定だった。だが11日に神戸市で騒動が起こり、大会会場・鳴尾球場近くの鈴木商店でも焼き打ち事件が発生。周辺の治安が大きく悪化したため、朝日新聞社は14日の夕刊社告で「大会延期」を告知した。その後も治安改善の見通しが立たず、朝日新聞社は16日に各校の監督・主将を招き、上野精一副社長が大会の中止を伝えた。当時、チームの滞在費は自己負担だったが、朝日新聞社はこのとき、13～16日分を肩代わりしている。

この大会で代表になりながら、実際には試合ができなかった14校は次のとおり。東北／一関中（現一関一・岩手）関東／竜ヶ崎中（現竜ヶ崎一・茨城）京浜／慶応普通部（現慶応・東京）甲信／長野師範（現信州大教育学部）東海／愛知一中（現旭丘）北陸／長岡中（新潟）京津／京都二中（現鳥羽）紀和／和歌山中（現桐蔭）大阪／市岡中　兵庫／関西学院中　山陽／広島商　山陰／鳥取中（現鳥取西）四国／今治中（現今治西・愛媛）九州／中学明善（現明善・福岡）。

なお、実際には試合をしなかった

この大会も、各代表校の出場回数としてカウントされる。今治西は63年夏の甲子園出場が「45年ぶり2度目」とされたが、実際は初出場のようなものだった。また明善はこのとき以降、甲子園出場がない。

他 コンバットマーチ

こんばっとまーち

甲子園でブラスバンドの応援がいつ始まったかについては諸説あるが、大学野球の応援スタイルが高校に大きな影響を与えたのは確かだ。早稲田大で『コンバットマーチ』がつくられたのは１９６５年で、作者は応援部の吹奏楽団に所属していた三木佑二郎さんだという。それまでの応援は、応援歌を歌うのが中心で、コンバットマーチはブラスバンドが応援歌の伴奏ではなく、主役となる新しいスタイルをもたらした。三木さんによると、作曲中は「天理高校の〝ファンファーレ〟が頭に浮かんでいた」というから、もしかしたら高校野球ではすでにブラスバンドによる応援があったのかもしれない。当初は「攻撃のファンファーレ」と呼ばれていたが、前奏部分がアメリカのドラマ『コンバット』のテーマソングに似ていることからいつしか「コンバットマーチ」と呼ばれるようになり、神宮で定着するとほどなく高校野球での定番となった。これに対抗してか、翌66年につくられたのが慶応大の応援曲「ダッシュＫＥＩＯ」で、この両曲は20世紀の間、高校野球応援のスタンダードでもあった。

さ

チ 西京高校
さいきょうこうこう

1948年のセンバツで優勝した京都一商は、現在の京都市立西京高等学校。中京区西ノ京にある。1886年に創立した京都府商業は1910年、市立第一商業に。48年市立西京商業、10月には普通科を設置して校名も西京高等学校になった。63年再び商業、2003年に西京高校と改称。04年付属中学を併設して一貫教育校に。未来社会創造学科エンタープライジング科という専門学科があり、公立校の復権を担う高校でもある。京都一商時代の20年の夏に初出場、翌年の7回大会で準優勝する。しかしこのころは和歌山中（現桐蔭）の最強時代で、決勝は4対16だった。戦後になった48年センバツ、京都二商と決勝を戦い優勝。延長11回、1対0のサヨナラ優勝だった。二商は、一商の生徒が増え1910年に西陣に開校した学校。当時は同じ校舎、グラウンドを時間を分けて使っていたという。2校は、トラックを連ねて京都へパレードを敢行。戻ってみると一商は西京商に、二商は西陣商に校名が変わっていた（ただし西陣商は、学校再編のため48年度限りで廃校）。京都一商は、同年夏も出場してベスト4に。それ以降は、西京商時代の82年にセンバツ出場がある。市岡忠男（元巨人監督）、国松彰（元巨人）、中井康之（元巨人）らがOB。夏3回7勝3敗、春4回5勝3敗。

記 サイクルヒット
さいくるひっと

打者が1試合で単打、二塁打、三塁打、本塁打を各1本以上記録すること。甲子園では、長い歴史のなかで春1回、夏6回しか達成されていない。初めて達成されたのは、1949年夏。平安（現龍谷大平安・京都）の杉山慎二郎が盛岡（現盛岡一・岩手）戦で6打数5安打して記録したが、当時は記録自体の認知度が低く、しばらく埋もれていた。なにしろプロ野球で、阪急のダリル・スペンサーがこれを達成した65年でさえ、取材陣がそれに触れずに、当のスペンサーが「おい、どうしてみんなサイクル安打のことを聞いてくれないんだ？」と憤慨したというくらいだ。75年夏、土佐（高知）の2年生・玉川寿が桂（京都）戦で5打数4安打。2打席目から本塁打→三塁打→二塁打→単打の順で達成したため、さかのぼって杉山の記録もクローズアップされたのかもしれない。79年春には、決勝の大舞台で箕島（和歌山）の北野敏史が、浪商（現大体大浪商・大阪）の牛島和彦（元ロッテほか）から記録。二塁打は、三塁を狙っての走塁死でなされた。センバツでは、これが唯一の記録だ。

91年夏には、大阪桐蔭の沢村通。秋田との3回戦は、2点差の9回2死から沢村の三塁打をきっかけに後続が同点に追いつき、延長11回、自らのホームランで決着をつけている。98年夏には、明徳義塾（高知）の藤本敏也が横浜（東神奈川）戦で達成。8回表の三塁打で6対0と圧倒的にリードしたが、横浜はその裏と9回で7点を返し、奇跡的な逆転サヨナラ勝ちを収めた。これが唯一、負け試合での記録。2004年は、優勝する駒大苫小牧（南北海道）の林裕也が、横浜との準々決勝で涌井秀章（中日）から記録。このとき2年生の林は、達成者のうちただ一人の5打数5安打、10割での快挙だ。達成自体が数少ないのに、しかも強豪の横浜が2回、これを達成されているのも面白い。最新は、19年夏の杉田翔太郎（敦賀気比）。国学院久我山（西東京）との2回戦、安打、二塁打、安打、三塁打と広角に打ち分けて、9回表に2ランで達成した。敦賀気比の19得点は、サイクル達成試合では最多得点だ。

再試合→延長18（15）回

さいしあい

チ 西条高校

さいじょうこうこう

愛媛県西条市の県立高校。1896年、愛媛県尋常中学（現在の松山東高校）東予分校として開校した。99年西条中学校に改称して独立。1949年、男子校の西条第一高校、女子校の西条第二高校が合併して西条北高校となる。55年、西条南と統合して今の校名に。普通科、国際文理科、商業科がある。西条藩陣屋跡の堀の内側にあり、いまも昔ながらの門がある。

野球部が頭角を現したのは戦後。51年、藤田元司投手（元巨人）は北四国大会で高松商（香川）に敗れ、甲子園には届かなかったが、56年のセンバツに初出場してその夏はベスト4に。59年夏、エース金子哲夫（元阪神）、主砲・森本潔（元中日ほか）のチームは法政二（神奈川）、平安（現龍谷大平安・京都）の常連を撃破して、決勝は宇都宮工（栃木）との伏兵同士となった。西条は延長15回表、のち日本文理（新潟）を率いた宇都宮工のエース・大井道夫から一挙6点を奪って優勝旗をつかんだ。さらに、62年夏もベスト4に進んでいる。直近は2009年、秋山拓巳（阪神）がエースで1勝など、夏は6回出場で12勝5敗、春は6回4勝6敗。伊藤菊雄（元巨人スカウト部長）、沖原佳典（元楽天ほか）などがOB。

▶1959年夏に優勝し矢野監督を胴上げする西条高校の選手たち

最西端→最南端
さいせいたん

記 最多本塁打
さいたほんるいだ

2022年、第94回センバツで優勝した大阪桐蔭が初戦から決勝までの5試合でチーム合計11本の本塁打を放った。圧巻は17対0で市和歌山に勝った準々決勝。1984年のPL学園に並ぶ1試合6本塁打を放つ。5回には谷口勇人がソロ、星子天真が3ラン、6回には伊藤櫂人が1イニング2本塁打。さらに、工藤翔斗（3年）も2ランを放って、センバツ史上最多タイとなる1イニング3本塁打。7回にも海老根優大が左翼スタンドへ2ランを放った。また近江との決勝でも4本塁打。決勝での4本は17年大阪桐蔭（対履正社）に並ぶ最多。またこの4本はソロ、2ラン、3ラン、満塁本塁打で1試合でサイクルアーチは春夏を通じて史上初。谷口の決勝での満塁本塁打は30年高瀬二郎（第一神港商＝対松山商）82年松田竜二（PL学園＝対二松学舎大付）に次ぎ40年ぶり3本目。センバツのそれまでの最多記録は1984年、PL学園の8本だった。

実は大阪桐蔭の2回戦は不戦勝によるもので、11本塁打は実質4試合での達成。新型コロナの陽性者が出て出場辞退した広島商と実際に試合をしていたら、さらに本数は伸びていた可能性がある。

記 最短試合時間
さいたんしあいじかん

夏は、1947年の小倉中（福岡）と岐阜商（現県岐阜商）戦の1時間12分。2回に3点を奪って岐阜商が

さ

リードしたが、小倉中は6回、疲れの見えてきた樽井清一投手（元東映）をバントなどでかき回して逆転、6対3で勝った。決勝で、しかも合計得点のわりに時間が短かったのは、両投手とも間合いが早く、また攻守交代もきびきびしていたため。

2012年夏、東海大甲府（山梨）が成立学園（東東京）を下した試合がわずか1時間16分。東海大甲府・神原友、成立学園・谷岡竜平（巨人）の両投手とも制球が良く、大会史上18試合目の無四死球試合。神原88球、谷岡も11安打されながら92球だった。大会記録には4分及ばないが、もし5回終了時のグラウンド整備がなければ、新記録だったかもしれない。

センバツでは32年、京都師範（現京都教育大）が2対0で海草中（現向陽・和歌山）を下した1時間15分が最短試合。2013年には、遠軽（北海道）といわき海星（福島）の21世紀枠対決を遠軽が3対0で制したのが1時間16分。こちらは、グラウンド整備がなければ確実に新記録だった。

記 最長試合時間

さいちょうしあいじかん

夏は1933年準決勝の中京商（現中京大中京・愛知）と明石中（兵庫）の一戦が、延長25回にもつれた4時間55分。中京商がサヨナラ勝ちしたが、25回に決着がつかなければ打ち切り、再試合の予定だった。ただ、3試合弱分のイニングでこの時間なら、むしろ短いか。センバツでは66年、中京商が延長15回、宇部商（山口）に勝った準決勝が4時間35分。14回表に1点を勝ち越された中京商だが、その裏に粘って追いつき、15回でサヨナラ勝ち。中京商は決勝でも土佐（高知）に1対0で勝ち、この年史上2校目の春夏連覇を達成している。それにしても、春夏ともに最長試合をやっているのが中京商で、どちらもロングランの準決勝の翌日に優勝というのが面白い。

監 斉藤 一之

さいとう・かずゆき

関東最東端に位置する漁業の街、銚子の野球を語るのに欠かせない一人。1929年7月3日、千葉県佐原市で生まれた斉藤は、銚子一中の教諭兼野球部監督を経て、62年、銚子商の監督に。通信教育で高校教員免許を取得し、甲子園を目指す決意を固めたうえでの就任だった。厳しい指導の一方で、人情を大事にする人柄が実力ある選手を呼び寄せ、銚子商グラウンドの土手から常に叱咤激励を送る地元市民のファン「土手クラブ」の存在も、チームを成長させた。さっそく63年夏の甲子園でベスト8まで進むと、65年夏の甲子園は準優勝。68年から72年までの5年間は春夏いずれかには甲子園に出場。73年のセンバツからは4季連続で出場する甲子園常連校となった。73年夏の2回戦では、江川卓（元巨人）の作新学院（栃木）を相手に延長12回の激戦を制した。74年夏は、エース土屋正勝（元ロッテほか）、2年生四番にサード篠塚利夫（元巨人）を擁し、念願の全国制覇。土屋の快投と「黒潮打線」と称された切れ目のない打線で、全5試合の総得点29、総失点1という圧倒的な強さを見せつけた。甲子園通算23勝10敗の数字を残し、定年を迎えた60歳の89年11月に肝不全で他界するまで、生涯を銚子商の野球に捧げた。76年夏と77年のセンバツに出場した長男の俊之は、01年から8年間、銚子商の監督を務め、05年夏に甲子園に出場したが18年、父より若い59歳で他界した。

最東端→最南端

さいとうたん

監 斎藤智也

さいとう・ともや

1963年、福島県生まれ。福島高から仙台大を経て87年に聖光学院に赴任し、同時に野球部長。その間に監督が4人交代し、そのたびに混乱するチームの面倒をみる。99年秋に念願の監督就任も、3年で甲子園出場がかなわないときはクビ、が条件だった。約束ギリギリの2001年夏、監督としても聖光学院としても初の甲子園を勝ち取る。日大東北との決勝は延長11回表に4点取られ、万事休すと思われたがその裏に5点を奪ってサヨナラ勝ち。しかし、甲子園では明豊（大分）に0対20と大敗に終わる。04年夏、2回目の甲子園で2勝。春夏通算7回目の08年夏、初のベスト8入り。07年夏から、戦後最多となる13年連続出場を記録。20年の独自大会も制したが、翌21年は県大会の準々決勝で光南に敗れて連続出場は途切れた。

22年は春夏に出場。夏は春夏通じて初の4強進出を果たす。福島県勢の準決勝進出は磐城が準優勝した1971年の53回大会以来51年ぶり。夏の甲子園5度目の出場だった08年の第90回大会で初めて8強入りして以来夏に4回、春に1回準々決勝に進出したが、いずれも敗退。6度目の挑戦で「4強への壁」を打ち破ったわけだ。準決勝は仙台育英との東北決戦。4対18で敗退した。8強入りした10年夏、初戦の広陵（広島）戦に歳内宏明（元阪神）が1対

0で完封したのがベストゲームという。福島県大会では、10年春に県公式戦最多連勝記録の43連勝を達成。14年秋に日大東北に敗れるまで5年半無敵を誇り、記録を95連勝まで伸ばした。

　入部希望者は全員受け入れる。震災直後は減ると思われたが逆に増え、斎藤の指導に対する信頼の高さが明確に。県外出身者も増え続け、親がもっとも預けたい指導者ともいわれる。理由は勝ち負けではなく、徹底した人間教育にある。監督就任時、3年の猶予のなかで行ったのは、まず自分が指導者として知識を増やし、感性を高めること。お寺の住職や各分野の著名人に会って話を聞くなど、このときから人生哲学を積極的に学び指導に生かした。毎日のミーティングでは、「○○しろ!」「○○するな!」という指導者にありがちな言い切りはせず、「そんなことでいいのかな」と問いかけながら、選手自身に考えさせる。ただし、傲慢な態度の選手にはとことん厳しく、容赦ない。話の内容は野球から発展し「宇宙とは……」「神とは……」「生きるとは……」と幅広く、饒舌で説得力のある話術が選手の心を動かす。話を聞く選手が涙目になるのは日常的。日ごろの練習時間は長いが、それだけ練習しているから「試合でのミスはオーケー」ともいう。

　チームのスローガンは「不動心」。人の評価を気にせず、過去未来にとらわれず、いまだけに集中することを求め、究極の理想は大横綱・双葉山の逸話で知られる〝木鶏〟。チームの連帯感、一体感も大事にする。通算甲子園出場23回、28勝(23敗)は19位タイ。

選 斎藤佑樹
さいとう・ゆうき

　2006年春夏に甲子園出場し、早稲田実(西東京)を悲願の夏王者に導いた投手。イケメン投手がマウンドでポケットからタオルを出し、汗をぬぐう。そんな姿がテレビ中継されると全国の女性の話題となり、「ハンカチ王子」と呼ばれる人気者になった。1988年6月6日、群馬県出身。04年早稲田実入学。1年からベンチに入った。翌春の甲子園出場を占う2年秋の東京大会で優勝し、3年春に初の甲子園出場を果たす。2回戦の関西(岡山)戦で延長15回引き分け再試合の末に勝利を収め、準々決勝で横浜(神奈川)に敗れるも全国ベスト8入りを達成して夏につなげた。続く3年夏も西東京大会決勝で延長の末に宿敵・日大三を退けて連続出場。1回戦、鶴崎工

（大分）に13対1と大勝すると、大阪桐蔭、福井商、準々決勝で日大山形、準決勝で鹿児島工と順調に勝ち上がり、決勝で快腕・田中将大（楽天）を擁する駒大苫小牧（南北海道）と対決する。甲子園3連覇を狙い、しかも前年秋の神宮大会では完敗した優勝候補を相手に、斎藤は互角の勝負を展開し、延長15回を1対1で試合終了。69年夏の松山商（愛媛）対三沢（青森）戦以来、37年ぶりの決勝引き分け再試合となった。

斎藤は、翌日に行われた再試合でも先発。4連投ながらも最後まで投げ切り、優勝投手に輝いた。投球回69、投球数948は大会通算の史上最多記録。大会通算奪三振78は、58年夏の板東英二（徳島商、元中日）の83個に次ぐ歴代2位。卒業後は早稲田大を経て日本ハムに入団した。21年に現役引退を表明し、10月17日に本拠地・札幌ドームのオリックス戦で引退、セレモニーも執り行われた。両親が設立していた自身のマネジメント会社（ユウ企画株式会社）の商号を2021年12月1日付で「株式会社斎藤佑樹」へ変更して代表取締役に就任。「野球の未来づくり」に関する活動を始める。2022年からはテレビCMに出演し、北海道日本ハム公式YouTubeにも登場した。また写真家としての活動もスタートさせている。

22年2月2日付でアマチュア野球の資格を回復。3月17日からは、朝日新聞とテレビ朝日が運営するポータルサイト「バーチャル高校野球」のフィールドディレクターに就任。硬式野球部のある日本全国の高校へ取材に行き、高校球児の取り組み・指導者の考え・高校野球の現場が抱える課題などをテーマに、動画リポートや『朝日新聞』向けのコラムの執筆などをしている。

▶斎藤佑樹

他 最南端
さいなんたん

2006年、沖縄・石垣島の八重山商工が春夏の甲子園に出場した。センバツでは初戦、大嶺祐太（元中日ほか）が17三振を奪う好投で高岡商（富山）に完勝。淡路島や沖縄本島以外では、離島勢の甲子園初勝利となった。2回戦では優勝する横浜（神奈川）に敗れたが、夏は初戦、千葉経大付に逆転勝ちするなど、3回戦まで進出している。八重山商工は沖縄県の石垣市内にある3高校のうち最も南に位置し、また石垣市より南には高校がないため、文字通り日本最南端からの甲子園出場だった。また同時に、甲子園出場校では最西に位置してもいる。ちなみに、最北の出場校はセンバツでは13年の遠軽、夏は1967年の網走南ヶ丘（緯度は遠軽がわずかに上）で、最東は97年夏の中標津。この3校は、いずれも北海道の高校だ。

チ 済美高校
さいびこうこう

愛媛県松山市にある、生徒数1500人超のマンモス校。もともと女子校で1901年開校の松山裁縫伝習所が起源。11年済美高等女学校、48年に済美高等学校となる。2002年に男子も入学し、共学になって3年目の04年センバツ、衝撃のバッティングで初出場初優勝を果たす。01年10月に上甲正典監督が宇和島東から就任し、選手を集めて強化。鵜久森淳志（元ヤクルトほか）らの打棒はダルビッシュ有（パドレス）のいた東北（宮城）に逆転サヨナラホームランで勝ち、「弱かった創部すぐも、練習試合をしてくれた。馬淵（史郎）君には足を向けて寝られんよ」と語っていた明徳義塾（高知）、愛工大名電（愛知）も打ち砕いた。夏も、2年生エース福井優也（元楽天ほか）が成長して決勝に進む。春夏連覇を目ざしたが駒大苫小牧（南北海道）とは二転三転の打ち合いで、北海道初の優勝の前に10対13で屈した。両軍39安打、23得点は決勝の最多記録。13年センバツの主役は2年生エースの安樂智大（楽天）で、初戦の延長13回完投を含めて46イニングを投げた。決勝は1対17で浦和学院（埼玉）に大敗。総投球数772球で疲労蓄積、登板過多などと物議をかもした。18年夏の2回戦は星稜（石川）と対戦し、タイブレークの延長13回表に2点勝ち越されたが、その裏、一番の矢野功一郎が大会史上初の逆転サヨナラ満塁ホームランを放つ劇的勝利。結局4強まで進んだ。夏6回12勝6敗、春2回9勝1敗。ポップス調の校歌も好感が持たれ、歌詞の「やればできる」は校訓になっている。特進、特進国際、特進スポーツ科学コースや美術科がある。

監 栽弘義
さい・ひろよし

沖縄の野球を全国レベルに引き上げたといっても過言ではない存在の栽。1941年5月11日に生まれ、57年、糸満高に入学。センターや捕手を経験し、主将も任された。そこで自ら戦術や技術を学んだが、3年夏の県大会はベスト8に終わった。その後、中京大に進学。当初は野球部に所属するも、故障もあって退部を決意。以来、指導者を目指すようになった。64年に開校したばかりの那覇市・小禄の監督に就任、71年には豊見城に移った。75年のセンバツは部長として甲子園に。監督としては76年から78年まで6季連続で出場し、そのうち3度はベスト8に進んでいる。80年には生まれ故郷の糸満市にある沖縄水産の監督に就任。夏の甲子園には84年から88年まで5年連続で出場し、88年にはベスト4入りを果たした。90年、91年の夏は2年連続で甲子園準優勝。沖縄勢初の決勝に進んだ90年の夏は、天理（奈良）に0対1で敗れ、惜しくも優勝を逃した。2001年に定年退職したが、監督は続行。07年に65歳で他界した。甲子園通算27勝（23位）17敗。長男の赤嶺琢は福岡の自由ケ丘で監督を務め、13年夏の甲子園に出場した。

▶栽 弘義

最北端
さいほくたん

→最南端

施 サイレン
さいれん

一説によるとサイレンの語源はギリシャ神話で、上半身は女、下半身は鳥の姿をした海の魔物・セイレーンだ。美しい歌声で船人を誘惑し、難破させたという。日本のアマチュア野球では、球場に機能があれば、プレーボール時とゲームセット後の挨拶時にサイレンが鳴らされる。甲子園の場合、ボタンを押している間鳴り続ける仕組み。起源は不明で、招集合図といわれるが（1937年の夏は、盧溝橋事件開始直後の大会だったため、サイレンではなく進軍ラッパで代用したという）、それなら終了時に鳴らす必要はないだろうに。甲子園で使用されているのは、兵庫県西宮市内のメーカー製で、学校、市町村役場などにも設置されている防災用警報サイレン。銀傘の上部に設置され、場内の球場事務所と、バックネット一塁側付近にあるコントロールルームの2カ所で操作される。試合開始、終了の合図は、ボタンを押してゆっくり7つを数えるのが基本とか。ほかにも、球場の開場時間には長く、試合前のシートノックの開始・終了時に短く鳴らされる。１９８２年のセンバツ決勝では、ＰＬ学園（大阪）・佐藤公宏が、二松学舎大付（東京）・市原勝人の初球をレフトのラッキーゾーンにたたき込んだ。決勝の初球ホームランは春夏を通じて史上初めてで、このとき試合開始のサイレンはまだ鳴りやんでいない。試合はＰＬが15対２で圧勝し、史上２度目、戦後としては初の春連覇を成し遂げている。

また夏の大会期間中、終戦記念日の８月15日には、正午に黙とうを行うため、サイレンが30秒間鳴らされる。63年から始まったもので、現在では第２試合の試合中が多い。ただし、正午に試合が行われていない場合には、次の試合開始直前に鳴らされる。２００７年、８月15日の第２試合は仙台育英（宮城）と智弁学園（奈良）。育英の投手・佐藤由規（元楽天ほか）は４回、史上最速の１５５キロをたたき出し、智弁を無失点に封じていたが、５回裏ににわかに制球を乱した。四球、死球、３連打で４失点。その時点で正午となり、黙とうを迎えている。黙とうによる１分間の中断は、微妙にリズムを乱す。真相はわからないが、佐藤はそれを避けたいがため、正午前に守備を終えようと投げ急いだのではないか。もしそうなら、セイレーンは文字通りの魔物だった。

事 サイン盗み

さいんぬすみ

甲子園でたびたび指摘されるのが、サイン盗みの疑惑だ。ことに、塁上の走者が捕手のサインを読んでなんらかの方法で打者に伝達するもの。かつては、当然のように行われており、むしろサインが読まれることを前提に、バッテリーが裏をかく駆け引きなどが高等戦術とされていたのだ。だが、１９９６年の世界４地域親善大会で、日本チームのその行為がアメリカから抗議を受け、98年12月４日、日本高野連は全国理事会で走者やコーチによるサイン伝達禁止を決定。甲子園では99年春から禁じられた。曰く「走者やベースコーチなどが捕手のサインを見て打者にコースや球種を伝える行為を禁止する。もしこのような疑いがあるとき、審判員はタイムをかけ、当該選手と攻撃側ベンチに注意を与えすぐに止めさせる」としているが、特に二塁にいる走者が不自然な動きをするなど、疑わしい行為があとを絶たない。確かに、走者が捕手のサインを見て、次の投球がストレートか変化球かを判別して打者に伝えれば、それはかなりのアドバンテージになる。

かねてから高校野球では、走者の

サイン盗みが横行しているといわれてきた。某優勝校が怪しい、いやいや○○県では、当然のように常態化している、などなどだ。実際に甲子園でも2013年夏、16年春に、サイン盗みを疑われ、注意を受けたチームがある。そして大きな騒動になったのが、19年センバツだ。星稜（石川）と習志野（千葉）の2回戦は、1対3で習志野の勝利。星稜は、4回の守備で習志野の二塁走者が打者にサインを伝達しているのではないかと抗議したが、審判団の協議では確認できないと判断した。星稜・林和成監督は納得できず、試合終了後に習志野・小林徹監督に直接抗議。この異例のできごとが、波紋を呼んだのだ。林監督は、この行動をのち日本高野連に謝罪し、星稜側は5月いっぱい林監督を謹慎処分としたことで一応の幕引きを見ている。

ただ、その一戦は別として、サイン盗みがあるかどうかという疑惑は疑惑のままだ。そもそも、日本に抗議した本家・アメリカのメジャーリーグ自体が近年、サイン盗み疑惑でアンフェアなイメージになったこともある。元高校球児の経験によると「あって当たり前」「考えたこともない」に二分されるようだ。高野連は19年6月、従来どおり走者やベースコーチのサイン伝達を禁じるほか、走者やベースコーチがサインを「見ること」自体を、また打者が相手投手の球種を味方ベンチにジェスチャーなどで伝えることも禁止するとした（凡退後たとえば「スライダーだった」というのはかまわない）。いずれにしても、ルールはルール。疑わしい行為は慎むべきだろう。しかし、禁止されればバレないような伝達方法を考えるもので、「あるチームは、相手捕手のサインを判別させるため、視力のいい選手に甲子園でブルペン捕手をやらせる」などという声もある。むろん噂の域を出ないが……。

人 佐伯達夫

さえき・たつお

第3代日本高等学校野球連盟会長。1892年2月27日生まれ、大阪・市岡中から進んだ早稲田大在学時の1915年、中等学校優勝野球大会創設時には、市岡中を率いて関西大会に出場。以後もコーチを務め、大卒後は社会人のオール大阪にも参加している。41年、夏の本大会中止から45年の終戦まで中断した中学野球だが、奈良公園で終戦の玉音放送を聞いた佐伯は、早速朝日新聞に中等学校野球再開を打診。翌46年に中等学校野球連盟が創立されると、上野精一会長のもと、副会長についた。以来、高校野球は教育の一環という強い信念を軸に、「佐伯天皇」と呼ばれるほど強力なリーダーシップを発揮し、事実上高野連トップの座に君臨した。会長就任は67年。アマチュアリズムを徹底し、プロ野球関係者との接触をかたくなに禁じたり、野球部と関係ない生徒の不祥事でも連帯責任を問うた。その弊害として、甲子園出場が有望視されるライバル校の不祥事が、高野連やマスコミにリークされる事態もあったといわれる。80年に没するまで会長職にあった。

社 佐伯通達

さえきつうたつ

1955年夏、プロ野球のスカウト合戦があまりにも行きすぎたため、佐伯達夫高野連副会長が各校に対して送付した注意書。この夏は、坂崎一彦（元東映ほか）ら浪華商（現大体大浪商・大阪）の野手勢や、投手では夏に優勝した四日市（三重）のエース・高橋正勝（元巨人）、桐生（群馬）の今泉喜一郎（元大洋）、日大三（東京）の並木輝男（元東京ほか）、新宮（和歌山）の前岡勤也（元中日ほか）、小倉（福岡）の畑隆幸（元中日ほか）といった大物球児が数多かった。選手権終了後には、前記のメンバー含む17人で全日本を結成し、初めてのハワイ遠征。このとき、プロのスカウトが激しい争奪戦を繰り広げている。選手の両親や関係者に会っての札束攻勢、選手を個別に連れ出しての勧誘などがそれだ。

こうした事態を憂慮した佐伯は、帰国した選手を前に「目先の誘惑にとらわれてプロになる者が続出しては、我々が高校野球のために努力している意義は全くない」という持論を展開。9月16日には、文書にして各都府県の高野連、また遠征に参加した選手の学校長宛に送付した。これが「佐伯通達」といわれるものだ。これを受け、スカウトの行きすぎがあったとして、プロ側には自粛の動きも見られた。55年暮れには、高校生のプロ入りに関して、節度ある競争がなされるよう、高野連とプロ側がそれぞれ規定をつくっている。

選 酒井圭一

さかい・けいいち

1976年夏に登場した、海星（長崎）の豪腕投手。58年6月1日、離島・壱岐の漁師の家に生まれ、小さいころから櫓をこいでいたことが強じんな下半身を生んだ。海星では1年夏からエースとなり、3年春の九州大会で鹿児島実をノーヒット・ノーランなど、3試合完封で準優勝を果たした。夏は県大会で5試合を投げ、ノーヒット・ノーラン2試合を含む37回を無失点、55奪三振。なかでも、島原中央戦では先頭打者から6回1死まで16人連続三振を奪い、その怪物ぶりから、ネス湖のネッシーをもじってサッシーと呼ばれた。佐賀との西九州大会でも、佐賀商と龍谷をいずれも延長で下して甲子園に乗り込む。そこでも徳島商を延長10回4安打、福井商を2安打完封と好投を見せ、センバツ優勝校・崇徳（広島）との3回戦もわずか2安打で完封した。東北（宮城）との準々決勝は2失点完投、準決勝ではPL学園（大阪）に9回裏に追いつき、結局延長11回で敗れたものの、5試合合計6失点で被安打もわずか16だった。ドラフト1位でヤクルトに入団し、通算6勝を挙げている。

▶酒井圭一

チ 坂出商業高校
さかいでしょうぎょうこうこう

1914年、綾歌郡立綾歌商業学校として創立。22年に香川県立坂出商業学校、48年の学制改革で県立坂出高校が発足する。49年には、坂出高校の商業科と坂出工業高校が統合して坂出商工、53年に商業科と工業科がそれぞれ独立し、坂出商業高校が誕生した。21年創部の野球部は、31年のセンバツに初出場。戦後の初出場だった55年夏は決勝まで進出し、四日市（三重）に敗れたものの準優勝を飾っている。香川県で春夏の決勝に進むのは、高松商以外ではこのときの坂出商が初めてだった（その後も95年センバツVの観音寺中央［現観音寺総合］のみ）。国体では、57年に優勝している。そのときのエースが安藤元博（元巨人ほか）で、早稲田大に進学し60年の早慶6連戦で5試合に登板し優勝に貢献した。東映入りした62年には、日本シリーズで最優秀投手賞。かつては男子バレーが強く、東京五輪で東洋の魔女を率いた大松博文らもＯＢ。2014年夏、20年ぶりの甲子園出場を果たした。夏8回出場8勝8敗、春7回で7勝7敗。

チ 佐賀北高校
さがきたこうこう

佐賀市にある県立高校。元をたどると1781年にできた藩校の弘道館に行きつくが、1963年佐賀高

さ

等学校を佐賀西、佐賀東と佐賀北に分離発足している。88年、普通科のなかに芸術コースを新設した。OBの岸川勝也（元横浜ほか）は、在校中のフリーバッティングで場外弾を飛ばしてたびたび近隣の屋根を壊したため、岸川ネットという防御ネットを作ったという。2007年の夏は、開幕戦で福井商に勝ち、2回戦の宇治山田商（三重）とは延長15回引き分け再試合に快勝。準々決勝の帝京（東東京）には延長サヨナラで、さらに長崎日大との九州対決にも勝ち決勝まで進む。広陵（広島）との決勝は、3点差とした8回裏1死満塁、打者・副島浩史が広陵・野村祐輔（広島）のスライダーを左中間に叩き込み、優勝を決める逆転グランドスラムとなった。毎試合、ピッチャー馬場将史と久保貴大の継投もはまった。開幕戦に勝ち、しかも優勝の決勝点が満塁弾と、94年夏の佐賀商の優勝とも重なる縁。公立校の優勝は11年ぶりだった。

地方の普通の高校生が無欲でさわやかに勝つ姿、ドラマチックな進撃は、〝がばい旋風〟と呼ばれ、当時流行語になった。佐賀弁で「がばい」は「とても」の意味。19年夏には、優勝時のエース・久保監督が率いて夏5回目の出場を果たすと、開幕試合ではないが初日に登場した。夏のみの出場で6勝4敗。

監 阪口慶三

さかぐち・けいぞう

「鬼監督」の異名を持つ阪口は、1944年5月4日生まれ、愛知県出身。67年に母校・東邦の監督に就任し、県内で強豪校だった中京（現中京大中京）を倒すべく、猛練習に明け暮れた。77年夏の甲子園では1年生エースの〝バンビ〟こと坂本佳一投手の活躍で準優勝。78年以降、4度の甲子園初戦敗退を経て、88年のセンバツで久しぶりに決勝に進出したが、上甲正典監督が指揮を執る宇和島東（愛媛）に敗退。阪口のスパルタ野球と対極にある伸び伸び野球の宇和島東に負けたことで、それまでの指導法を見つめ直した。以降、〝練習は厳しくも、試合は笑顔で〟をモットーに、選手を育て上げる。89年のセンバツでは、2年連続で進んだ決勝の上宮（大阪）戦で、延長10回裏に劇的な逆転サヨナラ勝ち。自身初の全国制覇を成し遂げた。05年、大垣日大（岐阜）の監督に就任し、07年のセンバツは希望枠で出場。決勝で常葉菊川（現常葉大菊川・静岡）に敗れたが、準優勝している。07年夏の甲子園はベスト8。14年夏の甲子園では、藤代（茨城）との初戦で初回に8点を先制されるも驚異的な追い上げを見せ、12対10で勝利した。22年、第94回選抜高等学校野球大会に出場。21年秋の東海地区大会では4強だったが、同大会準優勝の聖隷クリストファーは選出されず、出場枠二つめに入った。阪口本人も「（センバツは）100％頭になかった。夢のよう。こんなことがあるのか」とコメントした。実際、東海地区から東海大会の上位2校が選出されないのは44年ぶりのことで、全国的に物議を醸す。また、1回戦で只見（福島）を退け、昭和・平成・令和の3元号での甲子園勝利を達成。監督としての3元号甲子園勝利は史上初で、このときの77歳10カ月は最年長の甲子園勝利だった。甲子園通算39勝（33敗）は8位。

選 坂口真規
さかぐち・まさき

日本のプロ野球では、1イニングに2本塁打した選手は21人、のべ23回あるが、甲子園の高校野球では春夏を通じてたった2回のみ。それを最初に記録したのが2008年夏、智弁和歌山の坂口真規である。2年夏から四番で甲子園に乗り込み、チームは仙台育英（宮城）に敗れたが、自身は佐藤由規（楽天）から2ランを放った。3年センバツの3試合では不発も、夏は和歌山大会で4試合連続本塁打を記録するなどの好調ぶりで再び甲子園へ。1、2回戦と勝ち上がり、3回戦では駒大岩見沢（北北海道）と対戦。1点を追う8回、無死一、二塁からバックスクリーン左へ逆転3ランを叩き込むと、打者一巡で回ってきたその回2打席目もレフトへソロアーチ。「当たったら飛んだだけ」と本人は素っ気ないが、これが長い歴史上初めての偉業である。なお、2本目の直前には、三番の勝谷直紀もホームランしており、チーム1イニング3本塁打も史上初だった。坂口は高校通算27本塁打、東海大を経て13年に巨人入りし、1年目はイースタン・リーグで11本塁打したが、17年で引退。一軍ではホームランなしに終わった。

選 坂崎一彦
さかざき・かずひこ

『坂崎大明神』と恐れられた強打者。1938年1月、大阪・豊中市に生まれた坂崎は、投手だった中学時代に付属中と対戦したことが縁で、浪華商（現大体大浪商）に進学。きっての強豪で1年秋から出場するようになり、2年になる54年センバツでベンチ入りした。翌55年のセンバツでチームは、決勝まで進出。相手の桐生（群馬）は、明星（大阪）との準々決勝でノーヒット・ノーランを達成するなど、エースの今泉喜一郎

（元大洋）が好調だった。だが桐生・稲川東一郎監督は、全国的にも強打者として知られ、そこまで14打数8安打と当たりに当たる坂崎を大警戒。宿舎に『坂崎大明神』と記した紙を宿舎に張って拝んだ。「さわらぬ神にたたりなし」というわけで、坂崎に対しては徹底した敬遠を指示した。「満塁でも歩かせるんだよ。1点で済むじゃねぇか」。

実際今泉は、4回の無死一、二塁でも坂崎を歩かせ、桐生は5回まで2対1と試合をリードしていた。だが、6回。1死一塁、2ボール2ストライクからカーブをとらえて、ライトへ逆転2ラン。桐生は9回の土壇場で追いついたが、延長12回で浪華商がサヨナラ勝ち。優勝を決めるホームを踏んだのは、この試合4回目の敬遠で出塁した坂崎だった。この日の坂崎は、相手バッテリーがたった1回勝負に出た打席で2ランのほかは4敬遠。大会通算では15打数9安打10打点、そして実に敬遠8回。卒業後は巨人、東映で活躍した。

坂崎大明神→坂崎一彦
さかざきだいみょうじん

チ 佐賀商業高校
さがしょうぎょうこうこう

1907年、佐賀市立佐賀商業学校が開校し、20年に県に移管。戦時中の44年にいったん、栄城工業に転換し、戦後の48年に現校名になった。創立110年を超えた伝統校。全日制には商業科と情報処理科がある。愛称はユニフォームの胸文字から「さしょう」。野球部は21年発足。夏16回13勝15敗、春6回4勝6敗で佐賀県内では出場回数、勝利数とも最多だ。82年夏は大型チームで優勝候補の一角。1回戦の木造（青森）戦、エースの新谷博（元日本ハムほか）は9回2死から死球で完全試合を逃すもノーヒット・ノーランを達成。しかし3回戦で津久見（大分）との九州対決に敗れた。佐賀県初の優勝を遂げたのが94年夏。2年生右腕の峯謙介の活躍が光った。開幕試合に勝つと、3回戦の那覇商（沖縄）、準決勝の佐久（現佐久長聖・長野）には1点差で辛勝。決勝は樟南（鹿

▶1994年夏に初優勝を決めた佐賀商

児島）との九州対決になり、9回表2死から主将・西原正勝の満塁ホームランという劇的な勝利だった。兵動秀治（元広島）も97年夏、1回戦の光星学院（現八戸学院光星・青森）戦で満塁ホームランを放っている。また84年のセンバツでも、高島（滋賀）との一戦で中原康博のエンタイトル二塁打が満塁ホームランと判定されるなど、なにかと満塁弾に縁がある。

選 坂本佳一

さかもと・よしかず

1977年夏に高校1年生で甲子園に出場した投手。1961年11月9日生まれ。177センチ、65キロのほっそりとしたフォルムと、高校に入ってまだ5カ月足らずの15歳のあどけないマスクから「バンビ」と愛称をつけられた。中学時代は野手だったが東邦（愛知）に入学すると、阪口慶三監督に素質を見い出されて投手に転向。1年生エースとして甲子園に出場し、初戦の高松商（香川）で初勝利。続く3回戦・黒沢尻工（岩手）を6安打完封、準々決勝の熊本工戦では2安打完封と2試合連続の完封劇で、勝ち上がるたびに注目度が増していった。マウンドでは笑顔を絶やさず、フレッシュな1年生らしく「負けるつもりで放ってます」とコメント。バンビ人気も手伝い、東洋大姫路（兵庫）との決勝には5万8000人の観衆が詰めかけた。剛腕・松本正志（元阪急）に伍して堂々たるピッチングを展開したが、延長10回、大会史上初の決勝戦サヨナラ本塁打を浴びて惜敗。準優勝投手となる。その悲劇性も加わり、バンビ人気は最高潮に達した。ファンはその後も、1年生で誕生したヒーローに甲子園出場を期待したが、戻ることはなかった。卒業後は法政大、社会人野球を経たのち、サラリーマン活動と並行して高校野球解説も務めた。

▶坂本佳一

チ 作新学院高校

さくしんがくいんこうこう

栃木県宇都宮市にあって、約3600人という日本屈指の在校生がいる私立高校である。幼稚園から高校まであり、高校だけでも3つのグラウンドがある。トップ英進部、英進部、総合進学部、情報科学部の4つの部がそれぞれ全く異なった課程の中で授業を行い、情報科学部にはコンピューター系、美術系、デザイン系の科もある。1885年、下野英学校が設立され、88年に作新館に改称。1947年に作新学院高等部、2003年、分かれていた男子部と女子部を統合した。58年夏が初出場。62年、八木沢壮六（元ロッテ）投手でセンバツ優勝。夏は八木沢が赤痢で欠場、加藤斌（元中日）が一人で投げ切り、史上初の春夏連覇を達成した。73年は江川卓（元巨人）で春夏とも出場。その後低迷したが、00年センバツに21年ぶりに出場し復活。16年夏、エース・今井達也（西武）で54年ぶり2回目の優勝を果たした。夏は21年まで10回連続出場の栃木県記録を継続した。22年夏は準決勝で国学院栃木に5対6で敗れた。島野育夫（元阪神ほか）、岡田幸文（元ロッテ）、石井一成（日本ハム）などがOB。夏15回出場27勝14敗、春は10回出場で14勝10敗。41勝は全国29位タイ。軟式野球部も、選手権に9回優勝の強豪だ。

監 迫田穆成

さこた・よしあき

広島の高校野球を代表する指導者の一人。1939年広島市に生まれ、広島商では2年で春夏連続出場し、57年夏、レフト・主将として優勝を経験したが、準レギュラーで三塁ベースコーチ兼任だった。卒業後は、家業である洋服店の後継者として修業し、帰郷後は社会人、高校野球の審判を務めた。66年、母校の畠山圭司監督に研究熱心さを買われてコーチとなり、67年秋に監督となる。一躍その名を高めたのが73年、センバツで対戦した作新学院（栃木）・江川卓（元巨人）攻略だ。達川光男（元広島）のいたチームは、準決勝で作新と激突。新チーム結成以来139イニング連続無失点を続け、三振の山を築く江川に対し、「ヘルメットを目深にかぶれ。庇より上はボールだから見逃せ」という待球戦術、数少ないチャンスではバント、盗塁で江川を揺さぶる。わずか2安打、11三振を奪われながら、8回裏にはダブルスチールが相手捕手のエラーを誘って決勝点。2対1で作新学院を下した。

そのセンバツは決勝で横浜（神奈川）に敗れたが、夏も決勝に進むと、2対2と同点の9回裏に、スリーバントスクイズでサヨナラ勝ちして全国制覇。この大会で試みたバントはすべて2ストライクからで、日常からひとつのバント失敗、ひとつのエラーで負ける、という場面を想定して練習していたという。75年夏にもベスト4まで進み、7年間で春夏3回ずつ出場した甲子園では16勝5敗を記録した。退任後は総監督を務めながら、実家の洋服屋を畳んだあと菓子店を経営。93年2月には、翌年の如水館高校開校を控えて前身の三原工野球部監督に就任。5年目の97年夏に甲子園初出場し、退任する2018年まで、春夏6勝（8敗）を挙げている。通算22勝は34位タイ。19年には、広島県立竹原高校の監督に就任し、22年秋季大会では17年ぶりに県大会に進出し、勝利を挙げた。

7歳下の実弟・迫田守昭もアマチュア野球指導者。79年、三菱重工広島が都市対抗野球大会で優勝したときの監督で、主力は金光興二ら兄の教え子だった。00年から06年までは広島商の、07年秋から19年までは広島新庄の監督を務めている。

監 佐々木順一朗

ささき・じゅんいちろう

1959年11月10日、宮城県生まれ、仙台育英（宮城）の前監督。東北（宮城）の2年生エースとして、76年夏の甲子園出場。所沢商（埼玉）、今治西（愛媛）に勝ち、準々決勝で大会ナンバーワン右腕・酒井圭一（元ヤクルト）のいた海星（長崎）と対戦し、2対4で敗れた。翌センバツも出場し、1回戦で熊本工に勝利したが2回戦は丸亀商（現丸亀城西・香川）の前に敗退。3年夏は肩を痛め一塁手を務めたが仙台育英の前に甲子園出場はならず。早大、電電東北を経て、93年に仙台育英のコーチとなる。東北高校の恩師、竹田利秋が仙台育英監督に就任したため、現役時代のライバル校に招かれたのだ。95年8月、竹田の勇退にともない監督に就任。2001年センバツ、初戦で海星に雪辱するなど、東北勢初の決勝に進出したが常総学院（茨城）に惜敗した。同年夏も出場したが、7月の不祥事を報告していなかったとして、9月に辞任した。

03年に復帰し、15年夏は佐藤世那（元オリックス）、平沢大河（ロッテ）らを擁して花巻東（岩手）、秋田商との東北対決を制し、準決勝では清宮幸太郎（日本ハム）のいた早稲田実（西東京）に快勝。東北勢8度目の夏の決勝進出を果たすが、小笠原慎之介（中日）の東海大相模（神奈川）に敗れ、東北初の深紅の大優勝旗は手にできなかった。17年夏は優勝候補の大阪桐蔭を3回戦で破るが、準々決勝で広陵（広島）に敗れた。指導したプロ野球選手は志田宗大（元ヤクルト）、星孝典（元西武ほか）、佐藤由規（由規・元楽天ほか）、橋本到（元楽天ほか）、上林誠知（ソフトバンク）、熊谷敬宥（阪神）、西巻賢二（DeNA）ら。「本気になれば世界が変わる」という指導法で100人を超える部員をまとめ上げ、東北地方の雄として君臨したが17年12月、部員の飲酒喫煙が発覚し監督を辞任、学校も退職した。夏13回出場22勝13敗、春6回出場7勝6敗。合計29勝は18位タイ。18年秋には、99年夏以来甲子園から遠ざかる福島・学法石川の監督に就任した。22年秋は東北大会のベスト8になるなど、大舞台まであと一歩のところまで来ている。

選 佐々木信也

ささき・しんや

1933年10月12日、世田谷生まれ。元プロ野球選手、解説者、キャスター。戦時中、藤沢に疎開し野球を始める。49年、湘南高校に入学すると、実父（佐々木久男）が監督を務める硬式野球部へ入部。1年生ながら同年夏の31回大会に「七番・レフト」として出場すると、松本市立（現松本美須々ヶ丘）との準々決勝ではサヨナラ安打を放った。チームは準決勝で、中西太のいた高松一（香川）にサヨナラ勝利。決勝では岐阜を5対3で下す。湘南にとっては春夏を通じて初の甲子園で、しかも優勝してしまった。なお、硬式野球部の1学年先輩には脇村春夫がいて、後年日本高野連の会長などを歴任した。52年、慶応大に入学、4年時に主将を務めた。同学年に藤田元司（元巨人）がいる。プロは高橋ユニオンズに入団し、56年、ルーキーながら154試合に出場、180安打を放った。これはいまだに破られていない新人最多安打記録。しかし26歳の若さで引退、60年から野球解説者として活動する。そして76年4月から、フジテレビ「プロ野球ニュース」のキャスターとなり、88年までの長きにわたってお茶の間にプロ野球の楽しさを伝えた。「プロ野球ニュース」のキャスターを退任してからも、フジテレビ、テレビ東京などで、スポーツ番組のホストを務めた。なお、地上波からCSでの放送へ移行した「プロ野球ニュース」でも01年から09年までキャスターを担当した。

選 佐々木朗希

ささき・ろうき

これまでのところ、日本の高校生として歴代最速の163キロを計測した投手。2001年、岩手県陸前高田市に生まれ、11年3月11日の東日本大震災では、津波によって父と祖父母を喪う。移り住んだ大船渡市・大船渡一中では、3年秋に選抜チーム・オール気仙（軟式）で全国大会に出場し、大会中に141キロを計測。高校進学時は、多くの強豪私学からも勧誘されたが、「地元の学校で甲子園を目指したい」と県立の大船渡へ。1年夏に147キロ、すでに注目度の高かった2年の夏は公式戦で154キロをたたき出し、最速は157キロ。19年4月には日本代表候補に選ばれ、研修合宿に参加した。その紅白戦、プロ野球スカウトのガンが計測したのが、163キロ。公式記録ではないながら、大谷翔平（エンゼルス）の花巻東時代の160キロを上回る、高校最速記録とされている。そのスピードで佐々木は、甲子園未出場ながら奥川恭伸（ヤクルト）、西純矢、及川雅貴（ともに阪神）とともに高校BIG4、あるいは新元号に合わせて『令和の怪物』とも称された。

▶佐々木朗希

19年夏は、エース兼四番で岩手大会の決勝に進出するも、「3年間で（佐々木が）一番壊れる可能性があると思った。故障を防ぐためですから。私が判断しました」（試合後の大船渡・國保陽平監督）と、投手としても野手としても出場を回避。チームは花巻東に敗れ、これが各方面で議論を招く社会問題となった。佐々木本人は、「監督の判断なので、しょうがないです。高校野球をやっていたら、試合に出たい。投げたい気持ちはありました」と答えている。8月には18歳以下のワールドカップ代表に選出されたものの、大会前に右手の中指にマメができ、登板は韓国戦の1イニングにとどまった。10月のドラフト会議では、4球団が1位指名で競合。交渉権を獲得したロッテに入団した。チームの育成方針により、1年目は公式戦の出場はなし。2年目にプロ初勝利を挙げると、22年4月10日のオリックス戦では、世界記録となる13者連続奪三振、プロ野球記録に並ぶ毎回の1試合19奪三振、そして28年ぶり史上16人目となる完全試合を達成した。毎回奪三振での達成は史上初、通算14試合目での達成は史上最速、20歳5か月での達成は史上最年少と記録ずくめ。まさに令和の怪物だ。23年はWBCの代表に選ばれ、世界一に貢献した。

選 定岡正二
さだおか・しょうじ

1956年、鹿児島市生まれ。73年夏は代打として1打席の出場だったが、74年夏はエースとしてベスト8に進出し、東海大相模（神奈川）と対戦する。相手には原貢監督との親子鷹で話題の辰徳（元巨人）がいた。「僕が3年で相手は1年。『さすがに打てないだろう』と思って投げた」が、1回裏いきなり原辰に2点タイムリーを浴びる。この試合は結局延長15回まで続き、最後は鹿児島実が1点を勝ち越したが、テレビ視聴率が34パーセントに達する熱戦だった。第4試合のため、最後はナイター。当時、NHKのテレビ中継は最終試合が長引くと打ち切られていたが、この試合に関しては抗議が殺到。翌年からの完全中継につながっている。定岡は15回を投げて18三振を奪う力投だった。これで一躍人気者となった定岡は、防府商（現防府商工・山口）との準決勝では3回、本塁突入の際に右手首を負傷。降板を余儀なくされたうえ、チームはサヨナラ負けを喫したが、甘いマスクの悲劇のヒーローは、女子中高生から絶大な人気を得た。一時は、鹿児島市内の観光バスに、自宅を回るコースがあったとか。卒業後は巨人入りして通算51勝。引退後はタレントとして活躍し、2018年夏の100回記念大会では、レジェンド始球式の3日目に登場した。兄の智秋、弟の徹久ともにプロ選手となった定岡3兄弟の次男。智秋の息子・卓摩も、福岡工大城東時代に甲子園を経験し、楽天ほかでプレーした元プロ選手である。

▶定岡正二

サッシー→酒井圭一
さっしー

選 佐藤由規
さとう・よしのり

1989年12月5日生まれ、仙台市出身。もともと左利きだったが、お下がりのグラブが右用だったために右投げになった。仙台東リトルでは2002年に日本一となって世界大会に出場し、ロシア戦では大会10年ぶりのノーヒット・ノーランを達成。チームも準優勝した。05年、仙台育英（宮城）入学当初は、球速130キロに満たず、三塁手の控えだった。だが1年秋に140キロを記録するなど急成長し、2年夏から3季連続で甲子園に出場。その2年夏は、宮城大会決勝で東北と引き分け再試合。24イニングを投げ切って優勝した。3年夏、智弁学園（奈良）との2回戦では、4回裏にスコアボードに155キロの表示が。これは、スコアボード表示では高校生最速記録だった。チームはその試合で敗れたものの、佐藤本人は甲子園通算5試合のうち、4試合で2ケタ三振を奪っている。07年の高校生ドラフトでヤクルトに入団。同音の佐藤義則が当時日ハムでコーチを務めていたため、登録名は名前のみの由規となった。実弟の佐藤貴規も、やはり仙台育英で甲子園に出場して育成契約でヤクルト入りし、兄弟そろって在籍していた時期もある（12〜15年）。

選 監 真田重蔵

さなだ・じゅうぞう

1939年夏、40年夏の2連覇を達成した海草中（現向陽・和歌山）の選手。23年5月27日生まれ。39年夏は三塁手として出場し、伝説的な大投手・嶋清一をもり立てる。この大会は嶋が全5試合完封、2試合連続ノーヒット・ノーランと驚異的な記録で他を圧倒して頂点に駆け上がり、真田も優勝メンバーの一員として感激を味わった。嶋が卒業し、その跡を継いだのが真田。当初は投手転向を嫌がり、練習をさぼっていたが長谷川信義監督の熱意に打たれ再出発。厳しい練習を積んでエース兼四番としてチームの大黒柱に成長する。翌40年夏は練習のし過ぎで腰を痛め、注射で痛みを散らしながらの登板。準々決勝・京都商（現京都先端科学大付）戦では延長12回、3時間40分と苦戦を強いられるも決勝に進出。島田商（静岡）の一言多十投手（元阪急ほか）との投げ合いを制して、ついに連続優勝を達成した。翌41年夏は、戦争によって本大会が中止され3連覇はならなかったが、のちに「対外試合で40連勝したし、大会が行われていたら優勝していたと思う」とコメントしている。戦後プロ入りして松竹ロビンスのエースとして優勝を経験。引退後の63年夏は明星（大阪）を率いて、今度は監督として優勝した。ネット裏では「重さんほど幸せな人はいないなあ」とささやかれたという。

チ 侍ジャパン

さむらいじゃぱん

野球日本代表の愛称。世界野球ソフトボール連盟（WBSC）の主催大会や、ワールド・ベースボール・

クラシック（WBC）出場時に編成される。この愛称は、トップチームを含む全世代をさし、社会人代表や大学代表も「侍ジャパン」と称している。従来は、アマ主導の代表と、WBCに派遣されるプロ主導の代表が混在していたが、2013年5月には日本野球機構（NPB）と全日本野球協会（BFJ）が「野球日本代表マーケティング委員会（JMBC）」の設立を発表。以後どの世代も、プロ主導の代表で着用されてきた侍ジャパン仕様のユニフォームに統一され、プロアマの連携を強めて競技力の向上と市場の拡大を図るとした。それ以後高校世代にあたるU‐18は、13、15、17、19、22年のWBSC U‐18ワールドカップ、14、16、18年のBFAアジア野球選手権大会に出場している。日本は、後者では5回の優勝があるが、WBSC U‐18ワールドカップは前身のAAA世界選手権も含め、いまだに優勝していない。コロナ拡大で中止されていたが、22年アメリカで開催された第30回のワールドカップでは3位に入っている。

試 サヨナラゲーム
さよならげーむ

サヨナラゲームとは、最終回または延長回の裏の攻撃で、後攻チームが勝ち越し点を奪って勝敗が決する試合。

―エラー
―えらー

劇的なサヨナラエラーの例としては、1989年センバツの決勝があげられる。上宮（大阪）と東邦（愛知）の一戦は、1対1と同点の延長10回、上宮が1点を勝ち越し。その裏の東邦は先頭打者が死球で出るが、次打者の強攻策が裏目に出て併殺、2死となった。ところが、優勝まであと一人から上宮の2年生投手・宮田正直（元ダイエー）が感極まり、制球が定まらずに四球、さらに内野安打で一、二塁とすると、原浩高がシュートに詰まりながら中前に落としてまず同点。そしてこの場面、一塁走者の高木幸雄は二塁を回って止まっている。上宮の捕手・塩路厚からのボールを受けた三塁手・種田仁（元西武ほか）は、挟殺を狙って二塁へ転送したがこれがショートバウンド。二塁手が捕れず、カバーに入っていたライトの岩崎勝己の目の前で大きく跳ねてこれも後逸した。ボールが無人の外野を転々とする間に高木がホームイン。記録は岩崎のエラー――。あまりにも無情な幕切れに、ショートの元木大介（元巨人）が守備位置でそのままうずくまる姿がよく知られている。

押し出し→押し出し

――おしだし

死球

――しきゅう

2022年夏の甲子園。市船橋（千葉）は、興南（沖縄）に序盤5点をリードされたが、じわりと反撃し、8回裏には同点に追いつく。そして9回、無死二塁から四球と送りバント、申告敬遠で1死満塁に。ここで代打・黒川裕梧に対する安座間竜玖の3球目がすっぽ抜け、無情の押し出し死球となった。これは1991年の3回戦、四日市工（三重）の井手元健一朗（元西武ほか）が松商学園（長野）との延長16回、上田佳範（元中日ほか）に与えて以来、31年ぶり4度目だった。

スクイズ

――すくいず

1973年夏、静岡と広島商の決勝では、2対2と同点の9回裏、1死二、三塁のピンチに静岡は満塁策をとった。八番・大利裕二との勝負。スクイズを警戒しながらカウント2-2となったところで、大利はスリーバントスクイズ。これが三塁線に転がり、広島商らしい劇的なスクイズで、サヨナラ優勝を決めた。

2ランスクイズ

――つーらんすくいず

2018年の第100回記念選手権大会、準々決勝第4試合は、近江（滋賀）が2対1と金足農（秋田）をリードして9回裏を迎えた。しかし金足農は、連打と四球で無死満塁のチャンス。打席に入った九番・斎藤璃玖に対し、中泉一豊監督は3球目にスクイズのサイン。まず同点、という常道だ。無死満塁では、スクイズは出しにくくもある。フォースプレーで本塁アウトになるリスクがあるからだが、斎藤はチームではバントがうまいほうだ。実際、三塁前へ絶妙のバントを転がした。三塁手はホームをあきらめ、一塁へ投げてまず三塁走者が生還した。そして、二塁走者だった菊地彪吾も勢いよくホームへ突入する。なんとなんと、逆転のおまけまでついたサヨナラ2ランスクイズの成功だ。

菊地彪はチーム一の俊足だが、「まず1点」と考えていた中泉監督は、「正直、見ていませんでした。気づいたのは（塁間の）3分の2くらい来たところでした。選手の判断です」と、菊地彪の好走に苦笑い。この試合、金足農の3点はすべてスクイズによるもの。昭和の香りたっぷりの、同校らしい快挙だった。ちなみに、このときマウンドにいた近江の2年生エースが林優樹（楽天）だ。

トンネル

——とんねる

97年センバツの郡山（奈良）と函館大有斗（北海道）戦。5対4と郡山リードの9回裏も2死。ただし満塁で、フルカウントだから自動的に走者がスタートを切る。ショートゴロ、試合終了か。だが……セカンドに送球しようと一瞬目を切ったショート・村田創の股の間を、打球が抜けていく。トンネル。二者が還って、函館の逆転サヨナラ勝ちだ。そのとき2年生だった村田は、翌年のセンバツにも出場した。奇しくも、2年続けて北海道勢との対戦だった北照との初戦。1点リードの9回2死走者なしから、またも最後の打球は村田の前へ。ダッシュし、慎重に一塁送球し、試合終了。「オマエのせいで負けたんやぞ！」と、日常の練習からあえて厳しく鍛えられた1年後、村田は同じグラブで最後の打球を処理し、郡山は結局ベスト8まで勝ち上がった。

暴投

——ぼうとう

1985年夏、1年生ながら鹿児島商工（現樟南）戦にリリーフした沖縄水産・上原晃（元ヤクルトほか）は、9回裏に5対5の同点に追いつかれる。さらに、次打者への投球がホームベースの角に当たり、大きく跳ねる暴投となる間にサヨナラ負けを喫した。のち、こんなふうに振り返った。「当時はまだ変化球を投げられずに、全部真っすぐ。ただ、いまでいうツーシームのように縫い目をずらして投げていた。あの暴投もまっすぐですが、力んでしまったんですね」。上原は翌年夏も、松山商（愛媛）にサヨナラ負けを喫している。

2003年4月1日、センバツ準々決勝。前日延長15回引き分けを演じた花咲徳栄（埼玉）と東洋大姫路（兵庫）の再試合は、引き分け再試合では史上初めて再度延長にもつれた。5対5の延長10回裏。姫路は無死から先頭打者が三塁打で出ると、徳栄は満塁策を選んだ。投手は、前日15回を完投した福本真史が9回からリリーフしている。だが、無死満塁から次打者の5球目に暴投。ボールがバックネット方向へ転々とする間に三塁走者が生還し、東洋大姫路が6対5でサヨナラ勝ちを収めた。花咲徳栄は1、2回戦をサヨナラ勝ちし、引き分け再試合をサヨナラ負けという劇的ぶりだった。

ボーク
――ぼーく

1998年夏の甲子園。豊田大谷（東愛知）と宇部商（山口）の2回戦は、豊田大谷が9回2死一、三塁から重盗を決めて2対2の同点に追いつき、延長は0行進。だが15回裏の豊田大谷は四球と敵失で無死満塁と、宇部商の2年生・藤田修平を攻めたてた。サヨナラの場面。犠飛でもスクイズでも、当然、サイン交換に慎重になる。藤田は211球目を投げようとセットに入ろうとしたが、複雑なサインをもう一度確認しようとしたのか、思わず両腕を下ろしてしまう。これがボークと判定され、史上初めて、サヨナラボークで決着した。

試合終了後、林清一球審は記者団に「なぜボークを取ったんですか」と質問され、なかには「注意でもよかったのでは」などと糾弾するような内容も。だがもともと、セットポジションに入ったら一連の投球動作を中断してはならない。それを適用したにすぎないため、見かねた幹事審判による「我々はルールの番人です。以上、終わり！」との一声で取材は終了した。

本盗
――ほんとう

1967年夏、報徳学園（兵庫）と大宮（埼玉）の一戦は、木製バット時代では最多となる1試合4本塁打が飛び交った。大宮が4対3と1点リードで迎えた9回裏。報徳は2死走者なしから四球で出塁すると、一番の吉田和幸が左中間三塁打で同点に追いついた。そして次打者のカウント2―2から、その吉田がスタートを切った。大宮ナインもスタンドのファンも思いもしないホームスチールだ。球審は、セーフの判定。史上初めての、本盗によるサヨナラゲームとなった。

本塁打
――ほんるいだ

夏の第1号は1961年、銚子商（千葉）の柴武利が法政一（現法政・東京）との延長12回に放ったもの。75年、逆転の肩書きつきとなると、高林基久（浜松商・静岡）が石川（沖縄）戦で記録している。決勝では77年、東洋大姫路（兵庫）の安井浩二が東邦（愛知）戦で3ランを放った。その77年には、川端正（大鉄・現阪南大、大阪）が津久見（大分）戦の延長11回、史上初のサヨナラ満塁本塁打を記録してもいる。84年には、法政一（現法政・西東京）の末野芳樹が延長10回、チーム初安打のソロを記録して境（鳥取）に勝利。夏にサヨナラ本塁打で負けたことのあるチームがやり返したのは、この法政一が初めてだ。18年には、タイブレークの延長13回、済美（愛媛）の矢野功一郎が、史上初めて〝逆転〟満塁本塁打で星稜（石川）に勝利。その星稜は19年、福本陽生が智弁和歌山との延長12回にサヨナラ3ランを放つなど、過去トータルで23本。

夏の大会のサヨナラ本塁打第1号が第43回だったのに対し、センバツの第1号は26年の第3回大会とずいぶん早い。松本商（現松商学園・長野）の矢島粂安（元巨人）が高松商（香川）戦の延長12回で記録している。60年は、決勝の高松商対米子東（鳥取）戦で、1対1で迎えた9回裏、高松商の主将・山口富士雄（元大洋ほか）が米子東の宮本洋二郎（元南海ほか）からサヨナラ本塁打して優勝。これが、決勝では春夏通じて初めてのことだった。73年には、初優勝する横浜（神奈川）の長崎誠が、小倉商（福岡）との延長13回にサヨナラ満塁弾。印象的なのは２００４年、初出場優勝する済美（愛媛）の高橋勇丞（元阪神）が東北（宮城）戦で放った逆転3ランだろう。2対6の劣勢から4対6とした9回2死からの打球は、登板を回避したレフト・ダルビッシュ有（パドレス）の頭上をはるかに越えた。18年の明徳義塾（高知）は2回戦、谷合悠斗の逆転サヨナラホームランで中央学院（千葉）に勝ったが、3回戦では日本航空石川の原田竜聖に逆転サヨナラ3ランを喫して敗退するという、天国と地獄を同じ大会で味わっている。この年の1大会3本は、春夏を通じて最多だ。19年には、明石商（兵庫）の来田涼斗が先頭打者本塁打した智弁和歌山との準々決勝で、9回裏にサヨナラ弾。史上唯一の同一試合先頭打者&サヨナラ弾だ。智弁和歌山は前述のごとく、同年夏もサヨナラ本塁打で敗れており、同一年の春夏ともにサヨナラ本塁打で敗れたのは、これが初めてだ。センバツではトータル22本。

選 沢村栄治
さわむら・えいじ

1933年センバツ、34年の春夏と甲子園に出場した伝説の名投手。17年2月1日、三重県宇治山田市（現伊勢市）に生まれ、30年に京都商（現京都先端科学大付）に進学した。3年でエースとして幼なじみの山口千万石とバッテリーを組み、4年時にはチーム初出場のセンバツでベスト8に進んでいる。翌34年夏は、京津大会1回戦で膳所中（滋賀）を完封し、準決勝は京都一中（現洛北）を2安打1失点、決勝は府大会準決勝で敗れていた平安中（現龍谷大平安）を1安打で完封し、夏の初出場を果たした。ただし甲子園では、投手を1メートル前から投げさせて沢村対策をした鳥取一中（現鳥取西）が、わずか4安打ながら3点を奪い、京都商は1対3で敗退。剛速球と大きなカーブを武器に、甲子園に3回出場した沢村だが、トータル3勝3敗に終わっている。しかし、6試合で79三振というドクターKぶりはさすがだ。沢村はこの年10月に京都商を中退して全日本に参加すると、草薙球場で全米オールスターと対戦。敗れはしたが、ソロ本塁打のみの1点に抑えたのだから、わずか3カ月前の甲子園で、中学生がよくぞバットに当てたものだ。沢村は全日本選抜からそのままのちの巨人入りしたが、44年に戦死。伝説の速球投手となった。

▶沢村栄治

選 沢村通
さわむら・とおる

1973年9月16日生まれ。91年夏の73回大会、大阪桐蔭の初優勝に貢献した内野手。3回戦の対秋田戦では、2点を追う9回2死走者なしから三塁打で出塁し、以下も下位打線が3連打して同点に追いつくと、延長11回は先頭打者としてレフトラッキーゾーンにホームラン。自作自演ともいえるサイクルヒットを達成した。高校卒業後は近大工学部に進学するも2年時に中退。その後、新日鉄君津に入団、主将を務めるなどチームの中心選手として活躍し、都市対抗野球にも出場した。

チ さわやかイレブン
さわやかいれぶん

1974年のセンバツでは、部員わずか11人の池田（徳島）が決勝まで進出。池田は大会前から、NHKが「谷間の球児」という番組を放送して注目はされていたものの、エース・山本智久を中心に、ことごとく接戦を勝ち上がったのは見事だった。報徳学園（兵庫）に敗れたが、蔦文也監督の独特の風貌もあって一大ブームを呼んでいる。「うちが地元なのに、球場全体が池田の味方のよう」とは、優勝の報徳を率いていた福島敦彦だ。ただこのときのセンバツは、木製バットの最後の大会で、池田自体ものちにやまびこ打線で知られるような豪打のチームではない。それどころか、ときにホームスチールやスクイズを用い、あるいはピックオフのトリックプレーを採り入れるなど、緻密な野球が持ち味だった。なにしろ、3点あればなんとかなった木製バットの時代である。この大会の池田の勝ち上がりも、最多得点が4、得点差も2点以下。敗れた報徳戦も1対3である。

ただ、「選手11人。ケガでもされたら大変とプロテクターをつけてノックを受けたと報道されましたが、そんな上品なものじゃない。練習が厳しくてどんどんやめるから、どうしても人数が少なくなってしまうんです。実は、センバツ出場が決まったあとも一人やめているんですよ。でも2学年で11人なら、多いほうじゃなかったかな」とは、後年山本に聞いた話。もしかしたら、イレブンではなくさわやかトウェルブだったのかもしれない。そして報徳の福島から聞いたところによると、「決勝の前の日、池田の宿舎のそばで蔦さんと飲んだんです。蔦さんといえば酒好きで知られるけど、僕の方が若いから、酒量では勝ったなぁ。すぐにフライデーされる今なら、考えられん話だけどね」。

規 参加校数
さんかこうすう

１９１５年、全国わずか73校の参加で始まった全国中等学校優勝野球大会。戦後復活した46年夏は７４５校にとどまったが、翌年には一気に１０００を突破し、増加の一途をたどっていく。53年には２０００、78年には３０００、90年にはついに４０００校を突破した。夏の甲子園を報じるアサヒグラフはかつて、全出場校の名前を例年趣向を変えた手書きによって掲載していたが、書き手はなかなか大変だっただろう。ただ２００２、03年に最多の４１６３校を数えて以降は、漸減している。これはむろん、少子化により高校生の絶対数も減り、各地で公立校の統廃合などが進んだためだ。１００回大会だった18年の参加校は３８３９で、これは86年の３８４７校とほぼ等しい。連合チームを１と数えると、チーム数としては３７８１だった。同様に19年は、３７３０チームと50チームも減った。連合チームは18年が81（２１２校）、19年は過去最高の86（２３４校）。23年は３４８６チームが参加し、部員不足の学校による連合チームは１２８（３８５校）で、統廃合による連合チームは１つだけ。ピーク時から、チーム数にして６００以上マイナスという減少傾向は、一部の県をのぞいてほぼ全国共通だ。23年夏の数字では参加チームが最も多いのは愛知の173で、167の神奈川、159の大阪、156の兵庫、148の千葉と続き、最少は鳥取と高知の22だった。

規 参加資格

さんかしかく

日本高野連の「大会参加者資格規定」によると、選手として登録できるのは「当該年度の4月2日現在で満18歳以下のもの」「転入学生は、転入学した日より満1ヵ年を経過したもの」「高等学校在籍3年以下のもの」などとなっているが、例外はある。転校生なら、一家転住などの正当な理由があれば「この限りではない」し、年齢制限についても「中学校卒業後、1ヵ年以上高等学校に入学しなかったものは、当該都道府県高等学校野球連盟の承認を得れば参加資格がある」。全国大会の黎明期は年齢制限がなく、規定があいまいで、大学野球経験者が大会に出場することもあった。ただ、1920年の全国中等学校優勝野球大会に出場した豊国中（現豊国学園・福岡）の小方二十世に大学野球経験があり、かつ転校と見なされたため、22年には大学野球経験者の出場を認めず、また転校に関する規約ができている。

戦後になっても、年齢制限を超える特例は見られる。そもそも難関進学校の入試に失敗し、中学浪人して1年遅れで入学すれば、満19歳でも参加できるのは規定どおり。56年に出場した米子東（鳥取）の長島康夫は満19歳だったが、外地からの引き揚げという事情が考慮された。また1999年のセンバツに出場した明徳義塾（高知）の森岡エーデル次郎は、大会時には満19歳（20歳になる年度）だったが、ブラジルからの帰国子女で学年がずれていたため、特例が認められた。同様のケースはほかにもある。転校については、家庭の事情を考慮した特例（一家転住）がある一方、こんな例もあった。98年、開星（島根）は秋季中国大会で優勝。だが出場していた選手のうち2名（ともに98年1月に埼玉県より転入学）の家族が、いったん島根県に住民票を移した後、すぐに住民票を埼玉県に戻していたことが判明。これは特例とはいいがたく、開星は大会参加者資格規定違反で秋季中国大会優勝を取り消された。

戦 三重殺

さんじゅうさつ

一連のプレーで3つのアウトが記録されることをいう。これは打者の攻撃だけではなく、けん制から始まっても記録される。ただし、打者には併殺打という記録はあっても、三重殺打は記録されない。めったに見かけないプレーだが、たとえば無死一、二塁（または満塁）で攻撃側がヒットエンドランを仕掛け、内野への強いライナーで走者が戻れないというケースが比較的多いか。夏の甲子園では過去に9回記録されていて、早稲田実（東京、対静岡中・1927年）、海星（長崎、対大宮・63年）、平安（現龍谷大平安・京都、対花巻北・66年）、松商学園（長野、対長崎日大・93年）、柳川（福岡、対享栄・95年）、松山商（愛媛、対智弁学園・2001年）、明豊（大分、対関西・11年）、愛工大名電（愛知、対聖光学院・13年）。愛工大名電の例は、無死一、二塁から相手が仕掛けたスリーバント・スクイズが投飛となり、投手から三塁手、さらに一塁手へと転送されたもの。直近の22年、下関国際（山口）は準々決勝の大阪桐蔭戦。1点ビハインドの7回無死一、二塁から大阪桐蔭は送りバントを試みたが、下関国際の投手・仲井慎への小フライ。エンドランで飛び出していた走者が二塁、一塁で刺されてトリプルプレーとなった。このプレーで大きく流れが変わり、優勝候補が敗退。センバツでは、詳しい記録が残っていない。

チ 三本の矢
さんぼんのや

2001年の夏、滋賀県勢として初めて決勝まで進んだ近江は、竹内和也（元西武）、島脇信也（元オリックス）、清水信之介という3人の継投が勝ちパターン。「それぞれ完投能力はあるが、一人で1試合を抑えるのは難しい。ピッチャーは終盤に力が落ちてくるのに対し、打者は慣れてきますが、3人でリレーして力を合わせれば、9回でもなんとかなるのでは」というのが、多賀章仁監督の考え。これが戦国大名・毛利元就の「三矢の教え」にたとえられた。甲子園の5試合では、先発の竹内が21回、中継ぎの島脇が17回3分の1、抑えの清水が5回3分の2を投げ、準優勝を手にした。

記 残塁0勝利
ざんるいぜろしょうり

2002年夏、優勝した明徳義塾（高知）は、常総学院（茨城）との3回戦を7対6で逆転勝ちした。その試合の明徳の残塁は0。残塁0は、夏の大会9試合目の珍記録だ。そもそも残塁0というのは、打線が不活発な例がほとんど。完全試合を考えれば一番わかりやすく、1933年夏、大会史上初の善隣商（朝鮮）は中京商（現中京大中京・愛知）・吉田正男にノーヒット・ノーランを食らっているし、明徳の前の93年修徳（東東京）は、5安打で1対8と育英（兵庫）に完敗。そもそも出塁が少ないから残塁も少ないわけで、敗色濃厚も当然だ。残塁0で勝っているのは84年夏、ノーヒット・ノーランに抑えられていた法政一（現法政・西東京）が、延長10回にサヨナラホームランで決着をつけた（1対0境・鳥取）くらい。法政一は、ホームランのほかには四球の走者が一人出ただけで、それも盗塁死した。いずれにしても、残塁ゼロなら大量得点はほとんどありえない。

ところが、この試合の明徳は7得点。残塁ゼロで打ち勝った、極めて珍しい例といえる。2回、2点二塁打を放った泉元竜二が、三塁を欲張ってアウト。同じ回、2死からヒットで出た池田直也が盗塁死。6回にも、2死からヒットで出た筧裕次郎（元オリックス）が盗塁死。4対6で迎えた8回裏には、敵失を皮切りに沖田浩之が同点2ラン、続く森岡良介（元ヤクルトほか）が逆転ソロアーチ。7対6の逆転勝ちは、8回打者31人＝凡退21＋走塁死1＋盗塁死2＋7得点、という計算になる。「ん？　終わってみたら残塁0いうだけでね、特別な感慨はないよ」とは馬淵史郎監督だが、「ただ（森岡）良介の逆転弾は、打席に向かう花道の段階で雰囲気はあったね」。

3連覇→連覇
さんれんぱ

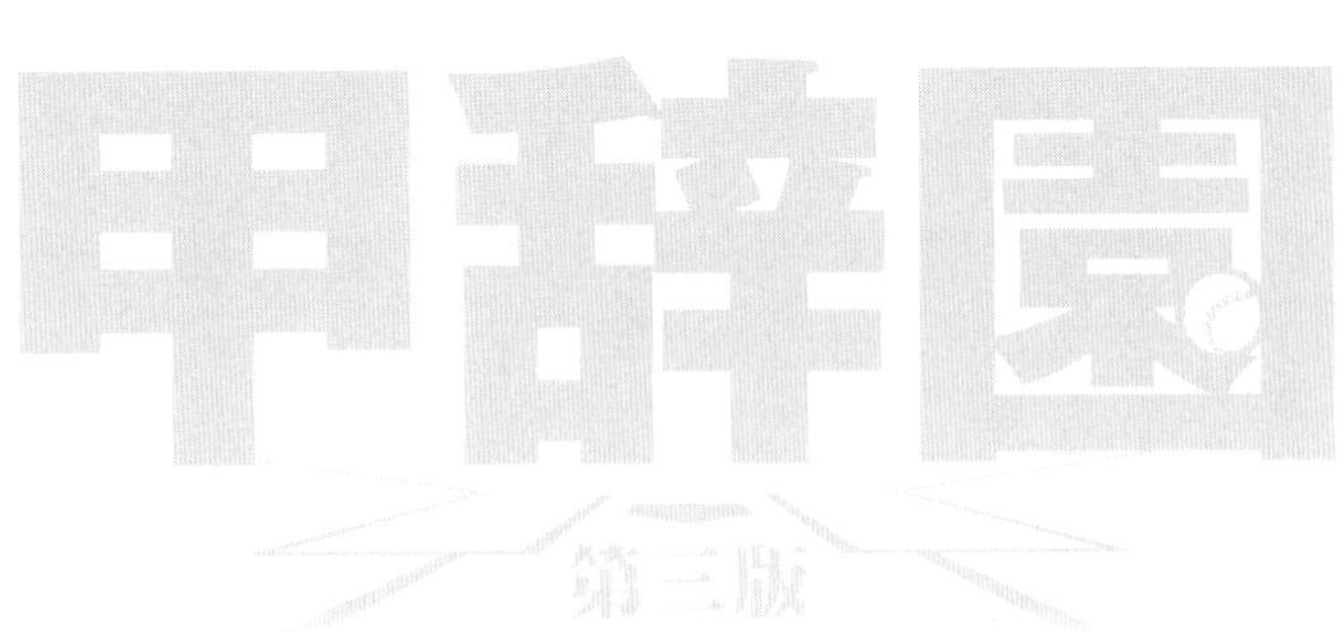

し

施 試合案内板
しあいあんないばん

甲子園球場正面、8号門のすぐ横に設置されている試合案内板には、2日分のスケジュールが掲示されている。実は甲子園リニューアル時に電光表示への切り替え案も出たが、リニューアルは歴史と伝統の継承がコンセプト。味気ないデジタル表示ではなく、以前のまま白地に校名は黒、第○日と時間は赤、ベンチサイドは青の3色で構成され、記念撮影の変わらぬ人気スポットになっている。作業は試合の勝ち上がりや日程消化に左右されるから、あらかじめ何日分も用意しておくわけにはいかない。そのため製作会社は、球場からフットワークのいい10分ほどのところにあり、テレビやネットで試合、あるいは抽選の結果を確認して作業に入る。一見、白い板に直接ペイントしているようだが、実はプリントした紙の貼り付け。誤植を避けるため、三重にチェックするという。完成したら、試合終了から1時間後には搬入され、その日の試合分を撤去し、できたてほやほやの翌々日分を掲示する。

▶試合案内板

制 試合前取材
しあいまえしゅざい

春夏の甲子園では、各試合の前にあらかじめ両チームの取材時間が設定されている。一塁側チームは当該試合開始予定時間の2時間前、三塁側チームは1時間45分前から、おのおののベンチサイド室内練習場で10分間だ（第1試合はそれぞれ、90分前と75分前。開幕日と決勝日は別に設定）。1994年までは、次試合のチームは球場入りするとインタビュー通路で待機し、前の試合の7回終了まで取材ができていたが、阪神・淡路大震災後の95年センバツから新たに取材時間を設定した。おもに直前情報を取材するための時間だが、たとえば一塁側で入手した先発投手などの情報を相手方にもらすのは、たとえ悪意はなくとも厳禁。メディアとしてのマナーだが、不慣れな社会部、あるいは地元びいきの地方紙記者などが、うっかりこのミスを犯すことが頻発した。そのため現在では、たとえ相手の先発投手が想定と違っていてもスタメンを変更できないよう、試合前取材終了後に即座に両チームがメンバー交換する。コロナ禍に見舞われた２０２１～23年春は、密を避けるなど感染拡大防止のため、行われていない。

練 シートノック

しーとのっく

試合前に両チームが行うシートノックは7分間。サイレンの合図で始まり、残り1分でウグイス嬢からコールがあり、終了と同時にサイレンが鳴る。チームによって方法はさまざまだが、前半は内・外野二手に分かれて、ノッカーも2人。外野手は、ファウルグラウンドから本来のセンター方向に打たれる打球を受け、後半に正規の守備位置につくことが多いようだ。士気を高めるためか、意図的にダイビングしてユニフォームを汚すチームもある。ノックを受ける側の守備の巧拙、肩の強さ、あるいは脚力などもよくわかるため、対戦相手も目を皿のようにしてチェックするが、ネット裏に陣取るスカウトにとっても、重要な参考資料だ。

制 司会

しかい

全国高校野球選手権大会の開・閉会式は、１９９６年まで主催者の職員が司会を担当していたが、97年以後は野球部員以外にも門戸を開こうと、兵庫県内の高校の放送部員が担当している。これはおもに、ＮＨＫ杯全国高校放送コンテスト兵庫県大会のアナウンス部門・朗読部門で入賞した生徒で、開・閉会式に各2名ずつ、計４人が担当する。選抜高校野球大会でも、98年から前年度のＮＨＫ杯全国コンクールの朗読・アナウンス部門で上位入賞した放送部の生徒、または新卒生が2～3名で担当するようになった。こちらは、他地域との公平性からか、兵庫県内の高校から選出されたのは２０１７年が初めてだった。

制 始球式

しきゅうしき

第1回中等学校優勝野球大会の記念すべき開幕戦は、１９１５年8月18日。広島中（現広島国泰寺）と鳥取中（現鳥取西）の対戦だった。1回表の打席には、広島中の一番・小田大助。羽織袴姿の朝日新聞社社長・村山龍平が始球式を行った。なぜか、このときの投球は打者に対する初球にカウントされているという。その後、鳥取中の鹿田一郎投手が第1球を投げ、いまに続く高校野球の歴史がスタートした。現在、夏の選手権では、始球式のボールは朝日新聞社のヘリコプターから投下される。文部科学相やスポーツ庁長官が投げることが多いが、88年のそれは浩宮さま（現・徳仁天皇）によるものだった。また2003年には小泉純一郎が、大会開催100周年の15年には、早稲田実出身の王貞治（元巨人）が始球式を行った。現職の首相、あるいはプロ野球OBの始球式は、いずれも高校野球史上初だった。またセンバツでは、第2日以降の連日、公募された小学生が第1試合の始球式を行う。ただしコロナ下にあった21年以降は取りやめになっている。

　コロナ関連では21年の夏は、前年大会が中止だったことを受け、前年の高校3年生を代表し、元甲陽学院野球部の吉田裕翔さん（関西医科大1年）、嘉村太志さん（大阪大医学部1年）が、胸に「KOYO」の文字が入った高校時代のユニフォームで始球式を務めた。医療関係者へのエールを込めたもので、甲陽学院は、西宮市内に学校がある甲子園のおひざ元だ。

　18年夏の第100回大会ではかつて活躍した「甲子園レジェンド始球式」が行われた。松井秀喜（元レイズほか）・星稜（石川）、石井毅（現姓名・木村竹志、元西武）・箕島（和歌山）、定岡正二（元巨人）・鹿児島実、牛島和彦（元ロッテほか）・浪商（現大体大浪商・大阪）、平松政次（元大洋）・岡山東商、谷繁元信（元中日ほか）・江の川（現石見智翠館・島根）、水野雄仁（元巨人）・池田（徳島）、本間篤史（元JR東日本）・駒大苫小牧（北海道）、坂本佳一・東邦（愛知）、中西清起（元阪神）・高知商、安仁屋宗八（元広島）・沖縄、板東英二（元中日）・徳島商、金村義明（元西武ほか）・報徳学園（兵庫）、中西太・高松一（香川）、桑田真澄（元巨人ほか）・PL学園（大阪）、佐々木主浩（元横浜ほか）・東北（宮城）、太田幸司（元阪神ほか）・三沢（青森）、井上明（元明大）・松山商（愛媛）が各日、登板した。22年夏の始球式を務めたのは、前年限りで現役を引退した斎藤佑樹（元日本ハム）。

記 四球でも四球でなし

しきゅうでもしきゅうでなし

　1994年のセンバツ。小倉東（福岡）と桑名西（三重）の準々決勝は、大会史上11回目の両チーム無四球試合。だが……本当は、フォアボールが1つ記録されるはずだった。0対0の3回表、小倉東は2死無走者で打席には清水大樹。フルカウントからの7球目がボールになったが、あら不思議、球審は四球を宣告しない。実は、5球目がボールでフルカウントになったとき、スコアボードの表示は2-2のまま。そのため球審は四球を宣告せず、3人の塁審も指摘せず、両チームからのアピールもない。そのままプレーが続いたのだ。気づいた公式記録員が指摘し、幹事審判担当の委員が控え審判にカウントを確認している間に清水は8球目をファウル、さらにその次の球を打ってしまった。これが左翼線二塁打となり、清水は中継ミスに乗じて一気にホームインした。

確認が取れ、四球だったと判明してももう遅い。そもそも、次のプレーが完了しているのだからアピールのしようがない。試合はその後桑名西が逆転し、5対2で勝利したから結果オーライというべきか、それでも試合後に幹事審判担当は、「控え審判と照合しているうちにプレーが進んでしまった。球審につながっているブザーで先に知らせてプレーを止めるべきだった」と謝罪。球審も「私の勘違い。初歩的なミスで申し訳ありません」と平謝りだった。記録上は四球にならなかったおかげで無四球試合とは、ときには魔物もイキな演出をする。

チ 四国4商
しこくよんしょう

野球王国・四国においては、4県それぞれに高校球界をリードしてきた商業高校があり、それを総称して四国4商と呼ぶ。各県庁所在地にある香川の高松商、愛媛の松山商、徳島商、高知商だ。戦後に台頭してきた高知商は別としても、ことに高松商と松山商は、その対戦が四国の早慶戦とも呼ばれ、古くから代表争いでしのぎを削ってきた。事実かどうかは別として、高松で試合が行われるときには、当時港近くに球場があったため、形勢不利になるとファンが水門を開けてグラウンドを水浸しにしたとか、松山での試合なら、高松の宿泊先である道後温泉界隈で、松山のファンが朝までどんちゃん騒ぎして睡眠不足にさせた、などという逸話が残る。4商の全国での実績を挙げると、

・高松商　センバツ優勝2回、準優勝3回／選手権優勝2回／甲子園通算62勝46敗

・松山商　センバツ優勝2回、準優勝1回／選手権優勝5回、準優勝

3回／甲子園通算80勝35敗
・徳島商　センバツ優勝1回／選手権準優勝1回／甲子園通算41勝41敗
・高知商　センバツ優勝1回、準優勝2回／選手権準優勝1回／甲子園通算61勝36敗

いずれもそうそうたる実績を誇り、ＯＢのプロ野球選手もあまたいる。ただ、4商の甲子園でのそろい踏みは、1県1代表になった78年夏の60回記念大会のみ、というのが意外だ。一時は男子高校生の商業離れもあってか、4校そろってやや元気がなかったが、高松商は20年ぶりに出場した２０１６年センバツで準優勝すると、19年春夏、21、22年は夏、23年春に出場。21年夏には大正、昭和、平成、令和の4元号勝利も記録している。高知商も18年夏、12年ぶりの出場で３回戦に進出した。徳島商は11年夏、松山商は01年夏が最後の甲子園で、ぜひともほかの2校に続きたいところだ。

紫紺の大優勝旗
しこんのだいゆうしょうき
→優勝旗

チ 静岡高校
しずおかこうこう

静岡市葵区にある県立共学校。１８７８年、静岡師範学校中等科として開校された。戦前は静岡中学、戦後は静岡第一、静岡城内の時代があり、それぞれの校名でも甲子園に出場している。１９４９年から今の校名に。天皇が行幸したこともある名門で、県内有数の進学校。１８９６年創部の野球部は、24年に夏の初出場を果たすと、26年夏に優勝を遂げる。初戦、早稲田実（東京）に勝つと2戦目、前橋中（群馬）とは延長19回の激闘。決勝は満州の大連商で、決勝点はスクイズだった。30年には校庭で行われた静岡商との試合が天覧試合に。73年の選手権は、江川卓（元巨人）の作新学院（栃木）を倒した銚子商（千葉）に勝つなどして、決勝に進出。広島商との古豪対決になったが、広島商にスリーバントスクイズを決められてサヨナラ負け、大旗を逃した。夏26回出場、22勝25敗。センバツは17回出場、11勝17敗。33勝は全国38位タイで、それぞれの出場回数は静岡県内でトップである。主なＯＢは小田義人（元近鉄ほか）、赤堀元之（元近鉄）、増井浩俊（オリックス）など。

チ 静岡商業高校
しずおかしょうぎょうこうこう

静岡市葵区にある県立共学校。

1899年、市立静岡商業として開校。1933年に駿府商を合併し、48年に今の県立静岡商業高等学校に改称。静岡高校と伝統的にライバル関係にあり、静岡の「岳南健児」に対し、「白龍健児」といわれる。野球部の創部は28年。34年センバツに初出場し、躍進したのは次に出た52年のセンバツだ。後に国鉄スワローズで活躍する田所善治郎が、決勝まで全4試合をすべて完封。決勝はセンバツ連覇を狙った鳴門（徳島）を下した。54年の夏は準優勝。68年夏の50回大会では、1年生エースの新浦壽夫（元ヤクルトほか）が快投。決勝では興国（大阪）に挑んだが、惜しくも0対1で敗れた。新浦はすぐに巨人入りし、残った藤波行雄（元中日）らで翌夏もベスト8。75年のセンバツでも大石大二郎（元近鉄）、久保寺雄二（元南海）らで8強に進出している。2006年の夏が最後の全国の舞台。このところ「しずこう」の後塵を拝している。滝安治（元巨人）池谷公二郎（元広島）、高橋三千丈（元中日）らがOB。夏9回17勝9敗、春6回6勝5敗。23勝は63位。夏は初戦負けが一度もない。

チ 実業学校

じつぎょうがっこう

1924年夏に甲子園が完成してから昭和の戦前まで、中学野球の大きな特徴は商業などの実業学校が台頭したことだ。もともとは旧制中学のエリートが中心だった中学優勝大会では、23年の第9回大会まで、すべて旧制中学が優勝している。だが24年、第1回のセンバツで高松商（香川）が商業学校として初めて優勝すると、その夏も広島商が続いた。昭和に入ると、戦争による中断まで春15回、夏14回の大会のうち、商業学校の優勝が23回を占める。当時、旧制中学は5年制で、小学校を卒業した13～17歳の旧制高校進学を目指す生徒が中心。一方、進学より実学を重んじる実業学校へは、小学校から2年制の高等小学校を経て進む者も多く、それが中学5年生になれば20歳近い。また年齢制限が厳格ではなかったその時代は、何年か遅れて実業学校に進む者もいた。旧制中学のOBが、後輩に「昔の商業には、大学生みたいな選手がゴロゴロいた」と語るような年齢差があり、さらに実業学校は野球強化に力を入れやすかったため、次第に中学校を圧倒するようになったと思われる。

ただ、戦後の学制改革によって実業学校から普通科高校に改組したり、年齢的にも普通科と同等になったため、徐々に実業系の高校は甲子園で奮わなくなった。さらに大学進学率の高まりに従い、昭和後期からは名門実業高校が普通科に衣替えすることも増えてくる。時代が進むとその傾向はいっそう顕著になり、かつて強豪だった商業高校も、男子生徒の減少に従い、選手層が薄くなるのは自然な成り行きだった。２０１１年のセンバツでは、春夏通じて史上初めて商業高校の出場が途絶えている。ただ22年春は広島商の1校止まりも、夏は高松商、鳥取商、県岐阜商、高岡商（富山）の4校が出場した。

施 室内練習場
しつないれんしゅうじょう

甲子園の一塁側と三塁側のアルプススタンド下辺りにある。通称「室内」と言われることが多い。一塁側の室内練習場は１９６４年の完成前は体育館、三塁側はかつては25メートルの温水プールだったが、78年に新設された。どちらも現在のようになったのは２００４年。高校野球では、次の試合に出場するチームの待機場所で、ウォームアップが行われる。コロナ禍以前の２０１９年まで、一塁側のチームは試合開始予定時刻の2時間前、三塁側チームは1時間45分前から、10分間の試合前取材時間が設定されていた。

社 死のロード
しのろーど

春夏の高校野球が行われる阪神甲子園球場は、プロ野球・阪神タイガースの本拠地でもある。だがもともと、甲子園は高校野球のために造られたという背景もあり、高校野球の開催期間中の阪神は甲子園を使用せず、長期ロード（遠征）が続いていた。8月上旬から中旬にかけて開催される高校野球の前後数日を合わせると、阪神は約3週間甲子園から離れることになる。かつてはその間、チーム成績が低迷することが多く、これを死のロードと呼んでいた。ただし交通網が整備された今、移動の負担はかなり軽減している。また１９９７年に大阪市内に開場した京セラドームでは、２００７年から、夏の甲子園期間中に阪神主催のゲームを行っている。空調も整っているから、真夏のプレー環境としては甲子園より快適だろう。実質的に、一昔前のような長期ロードのストレスはなくなっているといえる。02年に星野仙一監督が阪神に就任した際、「もう死のロードなんていうな」と釘を刺したこともあり、死のロードという言葉はすでに「死語」かもしれない。

施 芝
しば

緑の天然芝が美しい甲子園球場だが、1924年の開設当時は、フィールドの外野部分は土のままだった。高麗芝が張られたのは28年12月から29年2月にかけてで、その年のセンバツから芝のある甲子園で行われた。ただ高麗芝、またのちに採用したティフトンという種別も冬枯れする。つまりセンバツではまだ芝が茶色いままで、そういう古い映像を見たことがあるのではないか。そこで球場を管理する阪神園芸は、冬でも枯れないゴルフ場の芝などを研究した末、夏芝の上に冬芝の種をまくオーバーシードという方法を採用。82年、ティフトンの上に、寒さに強いペレニアルライグラスの種をまいた。これで通年緑化に成功し、球児たちはセンバツでも美しい緑の芝でプレーできるようになっている。

以来、随時芝の張り替えを行ってきたが、16年1月には、内野と外野の境界線でもある芝を、1メートル外野側に下げた。また17年6月にも、さらに2メートル下げており、それだけ内野の土の部分が拡大している。これは、プロ野球で強打者に対して内野手が深めに守ることが増え、その際に芝の上で守ることを気にする選手が多いためだといわれる。近年の高校野球でも、広くなった内野部分で芝ギリギリという深めの守備位置を取る、強肩自慢の選手も見られる。また18年3月には、外野フェンス下にあった赤土の部分を人工芝化した。これは甲子園のインフィールド部分では初めての人工芝敷設で、従来の赤土では雨天時に流れ出してしまい、整備に手間がかかるためだ。この人工芝は22年、

▶甲子園球場の芝

ウォーニングゾーンとして4・57メートルに拡張されている。

人工芝といえば、思い出されるのが79年夏の名勝負、箕島（和歌山）対星稜（石川）だ。1対1で突入した延長戦で、星稜が12回と16回表にそれぞれ勝ち越すが、箕島はそのたびに追いつき、ついに18回の裏にサヨナラで決着をつけた試合。16回裏の箕島は、2死走者なしから森川康弘が一塁側にファウルフライを打ち上げた。万事休す……のはずが、星稜の一塁手が「オーライ」のしぐさをしたあとで、なんと転倒。ゲームセットのはずが、命拾いで打ち直しの森川がホームランを放ち、奇跡的に同点に追いついているのだ。実は一塁手が転倒したのは、その春にファウルグラウンドに張られたばかりの人工芝と、土とのわずかな段差につまずいたから。まさに魔物だった。

選監 芝草宇宙
しばくさ・ひろし

3年時の1987年は、春夏の甲子園に帝京（東京）のエースとして出場。春の59回大会、2回戦で優勝候補の一角で近畿大会王者の京都西（現京都外大西）を完封。準々決勝で野村弘（元DeNA）、橋本清（元ダイエーほか）らを擁するPL学園（大阪）に延長11回、2対3でサヨナラ負け。夏の第69回選手権大会では東北（宮城）との2回戦でノーヒット・ノーランを達成（選手権大会史上20人目）するなど、3試合連続完封して準決勝に進出したが、春夏連覇するPL学園に打ち込まれ5対12で再び敗れた。同年秋のドラフト会議で日本ハムから6位指名され入団。同期入団の島田直也（常総学院・茨城）とともにSSコンビと呼ばれた。芝草は、2020年に帝京長岡（新潟）の監督に就いており、コンビの島田が常総学院を率いているのも面白い。なお、『宇宙』の名前の由来は、生まれた年に行われたアポロ11号の月面着陸から来ており、それに感銘を受けた父親が名付けたもの。

選 柴田勲
しばた・いさお

1960年夏、61年春夏に無敵を誇った法政二（神奈川）の中心選手。1944年2月8日生まれ。2年生エースとして迎えた60年夏。手元で伸びるキレのある球を武器に勝ち上がり、決勝では静岡を完封して全国制覇を達成。中心選手が残った翌春も制して、夏春連覇を成し遂げる。そのころの法政二は、高校野球史上名監督の一人に数えられる田丸仁の指導の下、ドジャース戦法を取り入れ、都会的で洗練されたチームカラー。当時は史上最強と謳われた。浪商（現大体大浪商・大阪）のエース・尾崎行雄（元東映）との対決はよく知られ、60年夏、61年春夏と3度対戦した。夏春夏の3連覇がかかる61年夏は、準決勝でその尾崎と3度目の対戦。9回2死までリードしていたが、尾崎の執念の同点打で追いつかれ、延長で勝ち越されて前人未到の連覇を逃した。二度の苦汁をなめた浪商はこの試合で一矢報いたわけだ。柴田によれば「9回に追いつかれて、もう抑えられないと思った。体力が残っていなかった。練習で手を抜いていたツケがきた」。甲子園2連覇の自信が慢心につながり、楽な練習ばかりしていたという。それでも、公式戦も練習試合も無敗で夏の甲子園出場を決めたのは、さすが最強チーム。柴田は、卒業後は巨人に入団し外野手に転向。盗塁王を獲得するなどリードオフマンとして活躍し、長嶋茂雄、王貞治らとともに巨人のV9を支えた。

▶柴田勲

選 嶋清一

しま・せいいち

1935年夏、37年夏、38〜39年の春夏に出場した、不世出の左腕投手。1920年12月15日生まれ。海草中（現向陽・和歌山）に進学するとすぐに非凡な才能を認められ、1年生ながら一塁手で甲子園に出場。エースとなった37年夏にベスト4、38年春はベスト8という成績を残すも、勝負どころで制球を崩すという弱さがあった。そんな嶋の大投手としての才能が爆発したのが39年夏。主将でエース兼四番として出場し、1回戦で嘉義中（台湾）を5対0と完封で退けると、2回戦は京都商（現京都先端科学大付）を5対0、準々決勝は米子中（現米子東・鳥取）を3対0と3試合連続完封。優勝の行方を占うより、どのチームが嶋から点を取るかに関心が高まった。注目された準決勝でも嶋は快投を続け、島田商（静岡）に1本の安打も許さずノーヒット・ノー

▶嶋清一

ランで勝利を収める。決勝でも下関商（山口）を2試合連続のノーヒット・ノーランで全国の頂点に立った。大会史上初の全試合完封に加え、準決勝、決勝2試合連続完封すら初めてのことだった。5試合で被安打8、奪三振57、外野フライ12と驚異的な記録をマーク。また甲子園全45イニング連続無失点は、48年夏に記録した福嶋一雄（小倉・福岡）とともに今も破られていない。卒業後は明治大に進学し、新聞記者を夢見ていたが学徒出陣で入隊。45年ベトナム沖で戦死。24歳だった。

チ 島田商業高校
しまだしょうぎょうこうこう

静岡県島田市の県立商業高校。通称は「しましょう」。1928年、島田第一尋常高等小学校の旧校舎を利用して開校し、現在は情報ビジネス科と総合ビジネス科がある。創立翌年に創部した野球部は33年のセンバツが初出場で、41年まで春7回、夏4回の出場を果たし静岡を引っ張った。39年は春夏ともベスト4。40年の選手権で準優勝をしている。戦後は98年のセンバツのみの出場。近年では18年の夏の静岡大会で決勝まで進むなど、上位に顔を出しており、甲子園への出場が待たれる名門だ。女子バレーも強豪。OBに一言多十（元阪急ほか）、牧田勝吾（元オリックス）らがいる。春夏合計10勝12敗。

選 監 島田直也
しまだ・なおや

1970年3月17日生まれ、千葉県柏市出身。87年、常総学院で甲子園に春夏連続出場を果たし、補欠校として初出場の春は1回戦敗退、夏は決勝でPL学園（大阪）に敗れ準優勝投手となる。高校時代は投手、捕手の他にもさまざまなポジションを守った。87年にドラフト外で日本ハムに入団。以後、横浜大洋、ヤクルト、近鉄に在籍した。2003年現役引退。指導者としても信濃グランセローズ、徳島インディゴソックス、DeNAでコーチ、監督を歴任。20年に学生野球資格を回復し、母校に投手コーチとして復帰すると、7月の新チームから監督に昇格。監督としての初陣はその夏、日本ハムでのチームメイト・芝草宇宙（元ソフトバンクほか）が監督を務める帝京長岡との練習試合だった。その年の秋季関東大会準優勝を経て、翌21年93回センバツに出場。敦賀気比（福井）との1回戦は12回までに決着がつかず、13回タイブレークの9対5で初勝利を果たした。

選 島袋洋奨
しまぶくろ・ようすけ

1992年10月24日生まれ、宜野湾市出身。興南（沖縄）では1年夏からベンチ入り。2年生の81回センバツでは富山商との1回戦で先発し、延長10回で19三振を奪い自責点0だったが敗退。夏の91回大会、今宮健太（ソフトバンク）擁する明豊（大分）との1回戦は九番・投手で先発したが、同点で迎えた9回でサヨナラ負けを喫した。3年生の82回センバツでは全5試合に八番・投手で先発すると、46回を投げ8失点（自責点6）、防御率1・17の成績で初の甲子園優勝。夏の92回大会でも全6試合に八番・投手で先発し、計51回を投げ12失点（自責点11）、防御率1・94で沖縄勢初の夏の甲子園制覇、また史上6校目の春夏連覇を達成した。甲子園での通算成績は13試合11勝2敗、防御率1・63。通算勝利数11は、松坂大輔（横浜［神奈川］・元西武ほか）に並び歴代5位。投球フォームが特徴あるトルネードで、左腕からのストレートの球威が抜群だった。中央大から14年秋のドラフトでソフトバンクの4位指名で入団。19年の引退後、20年から興南の広報事務職員に。並行して、保健体育科の教員免許取得の通信教育を受けながら、21年にアマチュア資格を回復。恩師・我喜屋優の片腕として野球部のコーチを務める。

選 島本講平
しまもと・こうへい

1952年11月1日、現在の和歌山県海南市に生まれ、幼稚園のころから叔父にキャッチボールに連れ出された。小学生時代はチームに属さず、ひたすら叔父との練習だったため、野球はさほど好きではなかったという。中学卒業時、箕島の尾藤公監督に誘われて進学。東尾修（元西武）がエースで初出場したセンバツをアルプスで応援した。夏には代打で起用されるようになり、秋はエースとして県大会優勝。2年秋は近畿大会でも準優勝して、翌春のセンバツに出場した。広陵（広島）との準決勝を

3安打完封するなど、3試合を3失点で決勝に進出。四番を打った打撃でも活躍し、北陽（現関大北陽・大阪）との決勝では、延長15回に優勝を決めるサヨナラヒットを放っている。北陽は前年秋、近畿大会の決勝で敗れた相手だった。前年の夏に準優勝した三沢（青森）のエース・太田幸司（元阪神ほか）と同様甘いマスクで、名前も同じコーちゃんだったため、「2代目コーちゃん」「コーちゃん2世」と呼ばれ、太田に続く甲子園のアイドルとなっている。

同年夏も甲子園に出場し、1回戦で完封勝利を挙げるが、2回戦で湯口敏彦（元巨人）を擁した岐阜短大付（現岐阜第一）に敗れた。その湯口、広陵（広島）の佐伯和司（元広島ほか）とともに「高校三羽ガラス」と称され、ドラフト会議では南海が1位指名。すぐに打者転向し、のち近鉄に移籍して85年まで現役を続けた。3学年下の弟・啓次郎も、箕島で73年夏の甲子園に出場。一時期は近鉄でチームメイトだった。

選 下窪陽介
しもくぼ・ようすけ

1970年1月21日、鹿児島県頴娃町（現南九州市）生まれ。鹿児島実のエースとして1996年、68回センバツで優勝した。1回戦は伊都（和歌山）を2対1、2回戦は滝川二（兵庫）を2対0、準々決勝で宇都宮工（栃木）を2対1、準決勝は岡山城東を3対2、そして決勝では智弁和歌山を6対3で下し、春夏通じて鹿児島県勢初の全国制覇を達成した。また夏の78回大会は3勝して準々決勝まで勝ち上がるが、松山商（愛媛）の強打者・今井康剛に本塁打を許して敗れた。進学した日大では外野手に転向、日本通運を経て2006年の大学・社会人ドラフトで5位指名され、横浜に入団した。プロ生活は4年間だった。その後は地元に帰って実家の製茶会所に就職し営業広報マンを務めていて、珍しいセカンドキャリアを取材され、メディアに登場した。

チ 下関国際高校
しものせきこくさいこうこう

山口県下関市にある私立高校。2022年夏の選手権で準優勝した。64年に下関電子工業高校として開校し、72年に普通科を増設。93年より下関国際高校となる。普通科にキャリアデザインコース、アスリートコースがあり、電子機械科には機械コース、自動車コースがある。22年夏は2回戦、富島（宮崎）を5対0、3回戦浜田（島根）を9対3、準々決勝で大阪桐蔭を5対4。このゲームではトリプルプレーで流れを掴んだ。準決勝は近江（滋賀）に8対2、決勝は仙台育英（宮城）に1対8と敗れたが旋風を起こした。決勝戦にまで駆け上がった原動力は、練習の量と質だという。練習時間は1日約7時間。800メートル走では決められたタイムを全員達成するまで終わらないこともあったという。一方で、早朝の練習をやめて睡眠時間を長くし、外部指導者によるトレーニングも取り入れた。また「9回に4点を追う」など具体的に想定した練習を重ね、これが終盤の粘り強さやピンチを切り抜けるプレーにつながったと言われる。好投手に対しバットを短く持ってノーステップのスイングを徹底。守備ではフライに複数の選手がカバーに走った。3年生は全員が同じクラス。坂原秀尚監督とグラウンド横の寮で暮らし「ひとつ屋根の下で生活したことが、チームとしての強さにつながった」と監督が評する準優勝だった。夏3回出場の7勝3敗で、18年の100回大会はベスト8に進んでいる。春は2回出場で2敗。

チ 下関商業高校

しものせきしょうぎょうこうこう

1884年にできた国内5番目の商業高校で、中国地方以西では最も古く、全国的には「しもしょう」の愛称で知られる。山口県では唯一の市立高校。開校時は当時の西之端町にあり、赤間関商業講習所という名称だった。1902年に移転し、下関商に。今は商業科と情報処理科がある。クラス名に「仁義礼智信和浄」があてられているのが特徴で、人としての根本で備えるべきものという教えに基づくという。創部は1898年。夏9回16勝9敗、春14回13勝13敗で、合計29勝は45位。センバツ草創期の第5回、28年の春に初出場。39年夏は決勝まで進んだが、海草中（現向陽・和歌山）・嶋清一投手にノーヒット・ノーランを喫してしまう。63年春に池永正明（元西鉄）で優勝。夏も決勝まで残ったが、池永の負傷もあり、明星（大阪）の前に春夏連覇はならなかった。70年代以降は、各10年に1回のペースで出場するにとどまっている。胸に1文字「S」が縫い付けられたユニフォームを、名門校の証として懐かしむファンは多い。球史に名前を刻んだ大投手の藤本英雄（元巨人）もOB。

他 シャープ産業

しゃーぷさんぎょう

阪神甲子園球場や高校野球のオフィシャルグッズを一手に製造販売する会社。ルーツは1957年、東京で創業した「日本ペナント」で、おもに東京タワーや羽田空港のスーベニア商品の製造販売を開始。63年には、日本高野連の承認を得て、甲子園球場でペナントなどの高校野球各種記念品や土産品の製造販売がスタートした。65年には、日本初のプロ野球グッズショップを誕生させている。以来、ベストセラーである高校野球のペナントや、プロ野球グッズではVメガホンや、背番号Tシャツ、さらにジェット風船まで、さまざまなヒット商品を送り出してきた。高校野球関連のおもな商品には、歴代優勝校名入りタオル、各種ウェア、湯呑み、各種校名グッズや、優勝校・準優勝校名入りのボールも決勝当日に大急ぎで用意している。

試 ジャイアンツカップ

じゃいあんつかっぷ

全日本中学野球選手権大会・ジャイアンツカップは、中学年代の硬式野球クラブチーム日本一を争う全国大会。毎年8月に開催されている。中学年代の硬式野球は、さまざまなリーグが独自に活動し、統括団体が存在しないが、主要リーグすべてが参加する、事実上の日本一決定戦である。1994年、読売ジャイアンツ60周年事業の一環として、「ジャイアンツカップ全国少年野球大会」の名称で開始。当初は小学生部門・中学生部門の2部門で開催され、第1回はリトル（小学生年代）・シニア（中学生年代）、ボーイズ、ポニーの3リーグが参加。2005年の第12回大会から中学部門のみとなり、それを機に主要7リーグ（シニア、ボーイズ、ポニー、ヤング、サン、フレッシュ、ジャパン）のすべてが参加するようになった。07年からは、日本野球連盟の公認を受け「全日本中学野球選手権大会ジャイアンツカップ」と改称し、それまでの交流大会から、正式な全日本選手権に格上げとなった。現在の加盟団体はリトルシニア、ボーイズリーグ、ポニーリーグ、ヤングリーグ、フレッシュリーグ。16年からは、北海道・東北・北信越・関東・東海・近畿・中国・四国・九州の9地域25地区で予選を行い、それぞれの地区代表32チームが出場している。第1回大会から通じて、最多優勝はオール枚方ボーイズの4回。日本一決定戦とあってレベルが高く、この大会出場者からは、毎年のようにプロ野球選手が誕生している。なお閉会式では、都合がつくならば主催者の読売ジャイアンツ監督が出席し、出場チームの労をねぎらう挨拶を行うほか、優勝など上位入賞チームにトロフィーなど記念品を贈呈する。20、21年は、新型コロナウイルスの感染拡大によって中止となったが、22年は開催され取手リトルシニアが優勝した。

他 しゃもじ
しゃもじ

広島県の出場チームを応援する小道具として欠かせないのがしゃもじだ。同県廿日市市の世界遺産・厳島神社が鎮座する宮島の名産品で、その用途から「飯取る」、つまり相手を召し捕るという意味を込めた縁起物だ。また、アルプススタンドで打ち鳴らされるその音も「カチ、カチ＝勝ち勝ち」となる。厳島神社には、甲子園出場校が必勝祈願に訪れることも多い。これは小道具ではないが、沖縄のチームに共通する指笛の応援スタイルなど、郷土色あふれるアルプス席も高校野球の楽しみのひとつだ。

チ 秀岳館高校
しゅうがくかんこうこう

１９２３年、八代町立代陽実業補習学校として創立し、八代商業専修学校、八代商業、八代第一と校名変更を重ね、21世紀になった２００１年、秀岳館。現在は、学校法人八商学園が運営する私立高校で、普通科、商業科、建設工業科がある。56年に創部した野球部は、01年夏に初出場すると、センバツVの常総学院（茨城）を初戦で撃破した。その試合をたまたまテレビで観戦していたのが縁で、14年には鍛治舎巧監督が就任。16年春から17年夏まで、3季連続甲子園ベスト4と、またたく間に強豪に育て上げた。ＯＢには遠山奨志（元阪神ほか）、04年パ・リーグ三冠王の松中信彦（元ソフトバンク）、九鬼隆平、田浦文丸（ともにソフトバンク）ら。Ｊリーガーも数多い。17年夏の甲子園の2回戦で敗退後に鍛治舎監督が退任。以後、甲子園には出場できていない。春夏ともに3回出場で春は6勝3敗、夏は5勝3敗。

他 週刊朝日
しゅうかんあさひ

朝日新聞社系列の朝日新聞出版が発行する週刊誌。１９２２年の創刊と、新聞社系では老舗の総合週刊誌。54年には100万部を記録した。しかしインターネットの普及とともに紙の印刷物は読まれなくなって部数を減らし、朝日新聞出版によると2022年12月現在の部数は7万4125。23年1月19日、同年5月末での休刊を発表した。夏の選手権前には、出場全49チームの選手名鑑、戦力分析などを紹介する増刊号を発行。現場で取材するメディア関係者だけではなく、ガイドブックとして観客の必須アイテムであり、「甲子園」号はそれほど部数を落としていなかったと思われる。23年は、同じ朝日新聞出版の週刊誌『アエラ』の増刊号として発行の予定。

試 秋季地区大会

しゅうきちくたいかい

夏の大会終了後、1、2年生のみの新チームがスタートする。各府県がそれぞれの形式で県大会を行い（県によっては県大会以前のブロック予選で敗者復活制、あるいはリーグ戦形式もある）、その上位が集まって各地区の優勝を争う。高野連が「秋季大会は、翌年センバツの予選ではない」と明言するように、その結果が甲子園にそのまま直結するわけではない。ただし、各地区の少なくとも優勝チームはまず自動的にセンバツに出場するし、各チームの試合ぶりが、センバツの選考にあたって重要な資料となる。予選という言葉が適当でないなら、センバツのオーディションといえる。

そもそも、初めての開催は、1947年。夏の甲子園では、小倉中（福岡）が優勝を飾り、深紅の優勝旗が初めて関門海峡を越えた。大会後の優勝パレードは、車が動けないほどの市民が殺到し、この機運に九州大会設立の構想が持ち上がる。そして早くも10月には、鹿児島で第1回の九州大会を開催。沖縄を除く7県から8校が集結し、小倉中が優勝を飾っている。翌48年には各地もこれに追随し、北海道、関東、中部、近畿、中国、四国、九州地区大会が開催。49年になると東北、また中部は東海と北信越に分かれ、9地区となった。56年からは、東京が関東から独立して10地区になっている。

各地区大会での出場枠は、大会により、また当該年の開催地により異なるが、2022年の秋季大会を例にすれば北海道20、東北18（各県3校）、関東15（山梨含む各県2＋開催県1）、東京64、北信越16（各県3＋開催県1）、東海12（各県3）、近畿16（大阪と兵庫が3、他府県は持ち回りで2か3）、中国16（各県3＋開催県1）、四国12（各県3）、九州16（各県2）。この10地区大会の結果を参考に、翌年のセンバツ選考会では北海道1、東北2、関東（4）・東京（1）＋1＝6、北信越2、東海2、近畿6、中国（2）・四国（2）＋1＝5、九州4の合計28チームを一般選考で選ぶ（記念大会は除く）。秋季各県大会序盤では、新チームがスタートしてまだ間もなく、また甲子園に出場した有力校は始動が遅れるため、比較的早い段階に新チームをスタートした県立の普通校などでも、しばしば快進撃を見せることがある。

運 宿舎
しゅくしゃ

甲子園出場校の滞在中の宿舎は、大会主催者が割り当てを決めるが、都道府県によって宿泊先はほぼ固定している。複数チームを受け入れる宿舎も多く、ときには同宿チームの対戦などという皮肉もある。かつては旅館が多く、大広間で雑魚寝というのも当然だったが、現在はビジネスホテルが主流。ツインルーム、あるいは個室も珍しくない。高野連からの宿泊費補助は責任教師、監督、選手18名の合計20名（23年夏から選手20名の合計22名）分、それぞれ1泊4000円だ。宿泊先では食事を取り、体を休めることはもちろん、駐車場や近くの公園で素振りをしたり、ミーティングルームが用意されるケースもある。練習以外で外出するのは、近隣のコンビニやコインランドリーに行く程度だが、1回戦勝利から次戦まで間が空いたり、敗退後の翌日などには、観光を組み込むチームもある。ちなみに、甲子園から最も近い宿舎は東京のチームが泊まるホテル夕立荘。球場の左中間奥から道をはさんだあたりに位置する。この夕立荘や、ほかにも球場から近い宿舎に泊まるチームは、時間があれば球場に試合を見に、あるいはおみやげを買いに来ていることもある。

事 出場辞退
しゅつじょうじたい

2021年夏、初出場の東北学院（宮城）は1回戦を突破したものの、新型コロナウイルスの感染者が出たため、松商学園（長野）との2回戦を辞退。2回戦から登場予定の宮崎商も同様に辞退した。開幕後の出場辞退は、史上初めてのことだ。翌22年のセンバツでも、開幕前日の3月17日に陽性者が出て京都国際が出場辞退。大会中にも、1回戦を買った広島商がやはり辞退した。大会では、京都国際の代替出場だった近江（滋賀）が準優勝している。また甲子園に限らず、都道府県の地方大会、春秋の各大会などでもコロナによっての多くの出場辞退があった。

それ以前にも、春夏の全国大会に出場が決まっていながら、辞退したチームは16校ある。第1号は1922年、第8回全国中等学校優勝野球大会の新潟商だ。この年の北陸大会、エース加藤昌助の活躍で敦賀商（現敦賀・福井）、富山商、新潟中、長岡中（新潟）を破って初出場を決めたが、その加藤が出発直前に高熱と激しい下痢に見舞われ、とうてい出場がかなわない。見舞いにきた松田校長に対し加藤は「自分を除く10人のメンバーで出場を」と要請したが、松田校長はチームの出場を認めない。エース抜きでは惨敗が明白と考えたのが理由らしい。松田校長は大会本部に棄権を申し出、北陸大会で準優勝した長岡中の代替出場案も出たが、大会直前のためこれも断念。ただし、このときの代表も新潟商の出場回数に含まれる。

大会直前での辞退といえば、2005年夏の明徳義塾（高知）もある。それも、第87回全国高校野球選手権大会の組み合わせが決まったあとだから異例中の異例だった。原因は、野球部員の喫煙と部内暴力。4～7月にかけての当該事案について、8月3日に主催者に匿名の投書があった。これが高野連への報告義務を怠ったとされ、出場辞退を余儀なくされたのだ。これを受け、高知大会決勝で明徳に敗れた高知が急きょ、代替出場している。

代表決定から間をおかずに本大会が開かれる夏は、この2例のほかに出場辞退は2校のみ。39年夏の東京大会は、決勝で敗れた日大三中が、優勝した帝京商（現帝京大高）の未登録選手の出場を指摘し、さらに日大三中にも、参加資格に抵触する選手の出場が露呈するダブル出場辞退。漁夫の利という言葉は適当ではないが、早稲田実が代替出場している。出場決定から開催まで期間のある選抜高校野球大会では、不祥事の発覚などで過去12例の出場辞退があり、そのほかに福岡中（岩手）は28年と29年、選抜されながら、練習不足、あるいは予算不足のため甲子園での本大会出場を辞退しているらしい。

社 出征
しゅっせい

１９４２年には文部省による全国中等学校錬成野球大会が開催されたが、太平洋戦争の激化により、翌年以降中学野球は中断された。その間に、甲子園経験者が次々と出征し、帰らぬ人となっている。43年は岐阜商（現県岐阜商）でセンバツに優勝した松井栄造、44年には沢村栄治（元巨人）、川上哲治（元巨人）と熊本工でバッテリーを組んでいた吉原正喜（元巨人）、45年は2試合連続ノーヒット・ノーランの嶋清一、松山商で準優勝経験のある景浦将（元阪神）、甲子園出場はないが、元大阪タイガースの西村幸生……東京ドームの敷地内にある「鎮魂の碑」には、戦死した多くの野球人の名前が刻まれている。

首里高校 →友愛の碑
しゅりこうこう

運 順延
じゅんえん

２０２１年夏の１０３回大会は7度、順延される異例の大会になった。まず、台風9号の接近で悪天候が予想され、開幕を1日順延してスタート。12日の第1試合の明桜（秋田）対帯広農（北北海道）は4回終了後に降雨ためノーゲームとなり、同日予定の残り3試合もすべて中止で1日順延される。13日は 降雨のため同日予定の4試合はさらに1日順延。これにより、3回戦と準々決勝の間に予定されていた休養日がなくなった。14日も降雨のため同日予定の4試合はさらに1日順延。これにより、準決勝と決勝の間に予定されていた休養日も消滅した。なお、3日続けての順延は75年以来。15日は降雨の影響によるグラウンド整備のため、第1試合が午前11時試合開始となり、第4試合は午後7時10分試合開始。試合終了は午後9時40分で、開始・終了時間ともに最遅記録を更新した。17日、第1試合の大阪桐蔭対東海大菅生（西東京）は、8回表東海大菅生の攻撃途中で降雨のためコールドゲームなり7対4で大阪桐蔭が勝利。試合後の校歌斉唱は省略された。この日の残りの3試合は翌日に順延、これにともない、決勝も28日（休養日は26日）に順延された。さらに18日は、降雨のため予定されていた3試合を1日順延したうえで日程を再調整し、出場を辞退した宮崎商と東北学院（宮城）が試合をする予定だった2試合分を詰めた。19日第1試合の近江対日大東北（福島）は、5回裏近江（滋賀）の攻撃途中で降雨のためノーゲーム。当該試合と第2試合の西日本短大付（福岡）対二松学舎大付（東東京）は、翌20日第1試合・第2試合にそれぞれ順延したが、グラウンド整備終了後にもともとの第3、第4試合は予定通り19日に行われた。この結果、1回戦が終わり切らないうちに、2回戦の試合が行われるという異例の事態になった。また、この日の順延により日程が再編され、第7日から第9日（20～22日）は1日4試合、第10日（23日）に朝8時試合開始予定で1試合のみを行うこととなり、決勝はこれも大会最遅の29日（休養日は27日）に順延された。雨天による順延7度は、もちろん最多記録。

試 春季地区大会

しゅんきちくたいかい

1947年、九州地区から始まった秋季地区大会に続き、48年には近畿、四国、九州で春季地区大会も開かれるようになった。各地区も順次追随し、62年には春の短い北海道でも始まる。ただ全国大会にはつながらないため、多くの都道府県では、大会の結果が夏の大会のシード決めに関わる程度。南北の気候差などにより開催時期や方式もまちまちで、センバツ中に県大会が始まる九州地区なら、センバツ出場校は九州地区大会に推薦出場する。同様に四国地区では、センバツ出場校と県大会優勝校が順位決定のためのチャレンジマッチを行い、勝者が四国地区大会に出場する。なお、秋季地区大会では独立している東京も、春季地区大会では関東大会に出場する。2020年は、新型コロナウイルスの感染拡大により沖縄が準々決勝で打ち切りとなり、そのほか各都道府県の春季大会がすべて中止。9地区大会すべてが行われなかったのも、史上初めてだった。

制 準優勝旗

じゅんゆうしょうき

選抜高校野球大会には、夏にはない準優勝旗がある。これは1933年からで、それまでのセンバツは、夏の大会の準優勝盾に対して準優勝盃を渡していたが、第10回大会を記念して準優勝チームに旗が渡されるようになった。色は、夏の優勝旗と同じ深紅。取手二（茨城）監督時代の木内幸男が、夏にも準優勝旗があると勘違いしていたのはよく知られている。

社 商業利用
しょうぎょうりよう

２０２２年のセンバツで準優勝した近江（滋賀）が、地元の彦根市に準優勝報告を行った際、市のキャラクター「ひこにゃん」と記念撮影したことから騒動が起きた。市から公式ＳＮＳへの写真掲載の可否を尋ねられた近江が県高野連に連絡すると「商業的な利益関係に関する、日本学生野球憲章に抵触する恐れがある」と返答を受けたのだ。日本学生野球憲章は、第1章の総則で「学生野球は、学生野球、野球部または部員を政治的あるいは商業的に利用しない」と明記する。第4章の学生野球資格と他の野球団体などとの関係のなかでも「学生野球が商業的に利用されてはならないこと」と明文化され、商業的な活動を禁じている。近江ナインとの写真撮影が、ひこにゃんグッズの販売などに与える影響を考慮したわけだ。これを受けた市は「感動をありがとうございます、という意味を込めて学校側には知らせず、サプライズで市側が企画させていただいた。喜んでもらおうと思ったことがあだになってしまった。近江高校さんに迷惑を掛けてはいけない」と公式ＳＮＳへの写真掲載を見送ることになった。

一方日本高野連は、滋賀県高野連を通じて状況などをヒアリングし、日本学生野球協会と協議。「よく頑張ったということで一緒に写真を撮ったということ。商業目的にはあたらない」との判断で一転不問となり、公式フェイスブックで訪問時の様子が写真掲載された。日本高野連は「自治体のキャラクターとの写真撮影などについて明確なルールがなく、今回はより慎重な対応をお願いした。今後もこうしたケースがあるかもしれないので対応を検討したい」としている。

２０１８年12月には、高知商のダンス同好会が高知市内の会場を借り、５００円の入場料で発表会を開催。チアガールとして応援してくれたお返しに、同校の野球部員がユニフォーム姿でゲスト出演し、試合を再現するなどのパフォーマンスを披露したことが、やはり学生野球憲章に抵触するのではないかと物議をかもしたことがある。このときも「抵触しない」と判断されたが、高野連では「10年に改訂された新しい学生野球憲章にそった（ケーススタディの）問答集を作るため、案をまとめたい」とした。

監 上甲正典
じょうこう・まさのり

甲子園での笑顔の采配は〝上甲スマイル〟と呼ばれ、気合を入れるときには指をなめてからサインを送る。緊張する選手の背中をグイと押した。1988年春、宇和島東（愛媛）で初出場初優勝し、松山商全盛だった愛媛の野球に新しい風を吹き込んだ。だが、練習では笑顔とは全く無縁。自ら闘争心を前面に押し出し、監督室からマイクを通して響く声は宇和島中を駆け巡るほどの迫力だった。厳しい一方で、選手を飽きさせないアイデア練習を次々考案。知り尽くした野球をさまざまな角度から分析し、「ストライクゾーンに何個のボールが入るか」「140キロを投げる投手の指先からボールが離れ、キャッチャーに届くまでには0・43秒」など数字を使って考えさせたり、ウエートトレーニングではボート競技用のエルゴメーターを早々と取り入れてパワーアップを図るなど、多彩な手法でチームを育てた。

夫人の他界で2001年春、監督を辞任。同年秋、当初は受けないつもりだったが強い要請により、新しく野球部を創部する私学・済美の監督に就任。それまで営んでいた薬局をたたみ、事務職員として松山市へ乗り込むと、丸2年の2004年春に早くもセンバツに出場し、初出場初優勝を果たす。特に準決勝の東北（宮城）戦では、9回表を終わって2対6の敗色濃厚から、最後は主将がレフトスタンドにセンバツ史上3度目の逆転サヨナラ3ランを叩き込み、決着をつけた。センバツで、2校を優勝に導いたのは上甲ただ一人。同年夏も決勝に進出して、駒大苫小牧（南北海道）と対戦。惜しくも敗れて春夏連覇を逃したが、「勝ちたかった。勝つべきだった」と、のちに本音を漏らしている。

無名の時代は、全国の著名な指導者のもとへ教えを乞いに積極的に出かけていた。箕島（和歌山）では尾藤公監督に「選手が安心してプレーできるようにするのが指導者の仕事」と言われ、元祖・尾藤スマイルが笑顔の采配のきっかけに。PL学園（大阪）の中村順司監督や、池田（徳島）の蔦文也監督のもとへも足を運んでいる。監督時代のキャッチフレーズは「夢叶うまで挑戦」。流暢な字で色紙に書き込んでいた。その字が語るように、豪快な指導の裏で素顔はとても繊細。知名度が上がれば上がるほど人の目が気になり、「しんどい」と口にすることも。持病で薬を飲む機会も多くなっていた。

　13年のセンバツでは、2年生エース安樂智大（楽天）を擁し準優勝。翌14年夏、県大会で敗れ甲子園出場を逃すと、直後の9月2日、胆道がんのため急逝した。享年67歳。「口うるさくて頑固で、喜怒哀楽が激しくてわがままで」と自分を評したあと、「こんな人間と3年間もつき合えば、この先どこへ行っても頑張れるな」。そういって照れ笑いした顔が、心に残る。宇和島東時代に春夏通算11回出場して10勝10敗、優勝1回（春）。済美では通算出場6回、15勝5敗、優勝1回（春）、準優勝2回（春、夏）。

チ 常総学院高校
じょうそうがくいんこうこう

　茨城県土浦市の私立共学校。1905年、常総学院中が創立されるが、戦時中に一度、閉鎖された。83年に常総学院高校が設置され、今は中学も併設。特進選抜、医学部理系選抜など、普通科の5コースがある。84年夏に取手二（茨城）を優勝させた木内幸男監督が翌月、監督に就任。3年後の87年、センバツ、選手権とも初出場すると、夏は決勝戦まで駆け上がった。島田直也（元近鉄ほか）がエース、仁志敏久（元横浜ほか）が1年生でレギュラーだったがPL学園（大阪）の春夏連覇の前に優勝はならなかった。94年センバツも準優勝で、初めての優勝は2001年のセンバツ。夏の大旗獲得は03年で、ダルビッシュ有（パドレス）のいた東北（宮城）を決勝で下した。金子誠（元日本ハム）、横川史学（元巨人）、内田靖人（元楽天）、飯田大祐（元オリックス）らがOB。木内は相手に読ませない先発投手、選手交代もめまぐるしく、機動力も使って「木内マジック」と評され、茨城弁でのインタビューも「木内節」として親しまれた。常総学院では32勝。学校としては夏28勝15敗、春は14勝9敗。42勝は26位タイ。20年夏には島田直也コーチが監督に昇格し、木内の取手二時代の教え子・佐々木力前監督は指導統括責任者となった。

試 招待試合
しょうたいじあい

　正確な定義はないが、招待する側が、招くチームの往復の交通費、監督や選手、関係者の宿泊費、食費を負担して行う試合。各自治体や高野連、テレビ局などが主体で定期的に行うもののほか、たとえば市制○周年、学校創立○周年、球場完成などを記念して、実力や知名度の高いチームを招待するケースもある。より人気のあるチームなら、球場が満員になることもざらだ。むろん公式戦ではなく練習試合だが、主催者に対する敬意もあり、背番号つきの公式戦ユニフォームで行うことが多い。センバツで上位まで勝ち上がると、6月までの間、全国各地から招待試合のオファーがあるという。招待される側にとっては名誉でもあり、県外チームと貴重な実戦経験を積めるいい機会だ。しかも、経済的負担もない。だが、あまりに人気が高いと毎週のようにオファーがあり、調整上はそれも善し悪し。過密日程を避けたくても、世間のしがらみや義理で断りたくても断り切れなかったり、招待された以上はエースが登板しないと失礼にあたるケースもある。1973年、作新学院（栃木）の江川卓（元巨人）などはまさにそれ。センバツのあとは、毎週のようにどこかに招かれて登板するから、迎えた夏本番は決して万全の調子ではなかったという。また、遠方での招待試合だと、平日に移動するケースもあるが、学業のほうは大丈夫なのだろうか。

選 正田樹

しょうだ・いつき

1981年11月3日、群馬県太田市生まれ。桐生第一の左腕エースで第81回夏の選手権で優勝した。185センチの長身からの大きなカーブが特徴的だった。1回戦は比叡山（滋賀）を2対0、2回戦は仙台育英（宮城）を11対2、3回戦では静岡を4対3、準々決勝は桐蔭学園（神奈川）を4対0で完封、準決勝は樟南（鹿児島）を2対0、決勝は岡山理大付を14対1で下した。53イニングを投げて3完封、5失点という安定した内容だった。99年、日本ハムにドラフト1位で入団。3年目の2002年は新人王を獲得したが07年に阪神に移籍。以後は台湾のプロ、BCリーグの新潟、ヤクルト、再び台湾を経て14年5月に四国リーグの愛媛マンダリンパイレーツに入団。最優秀防御率のタイトルを取った。紆余曲折、40歳を超えてもコーチ兼任で南国四国のマウンドに立ち続け、23年はコーチ専任に。

湘南高校
しょうなんこうこう

1921年、神奈川県では6番目の旧制中学として湘南中学が開校。48年県立湘南高校となり、50年からは共学化した。2013年に県の進学重点校に指定される。県内有数の進学校で、東大合格者に限ると公立では全国上位の常連だ。野球部は夏の選手権で1回の優勝があり、夏の出場は唯一その49年だけ。創部4年目で、神奈川では横浜市以外から初めての出場だった。二番サードが脇村春夫（元日本高野連会長）、1年生の七番レフトが佐々木信也（元高橋ユニオンズ）。準決勝で中西太（元西鉄）のいた高松一（香川）に勝つと、決勝では伝統校の岐阜に粘り勝ち。神奈川県勢として初めての優勝は、33年ぶりの大旗の箱根越えでもあった。

その年は終戦からまだ4年。宿泊した旅館が暗くて、衛生的にも感心できなかったため、チームは宿泊先を引っ越した。実は甲子園の内野スタンド下に、畳敷きの大広間があったのだ。「食堂も、阪神の選手が利用するそうでおいしくてね。長くいたいと思った」とは佐々木信也で、実際に決勝までそこで過ごしたわけだ。センバツは51、54年と選ばれたが初戦負け。サッカー部も戦後の46年に全国優勝している。卒業生は政財界、学界のほか各界の多岐にわたり、作家・石原慎太郎、鹿島茂などもOB。夏1回4勝0敗、春2回0勝2敗。藤沢市鵠沼にある。

樟南高校
しょうなんこうこう

鹿児島市の私立共学校。学校法人時任学園が経営する。1883年の、博約義塾創立が起源。1925年に鹿児島鉄道高等学校、50年に鹿児島鉄道学校、60年に鹿児島商工とそれぞれ改称。機械科、商業科、電気科、自動車科を増やし、85年に普通科ができる。94年に樟南高校に改称。現在は普通科の中に文理、英数、未来創造コースがある。ほかに商業科に2コースと工業科に3コース。初出場は70年の選手権だが、71年に就任した枦山智博監督が強豪に育てた。鹿児島実、鹿児島商と鹿児島御三家といわれた時代がある。現校名になった94年夏には、3年連続で出場し、福岡真一郎と捕手の田村恵（元広島）のバッテリーで

▶1994年夏、準優勝した樟南

快進撃。決勝は佐賀商との九州対決になったが、9回表に満塁ホームランを喫して準優勝に終わる。2000年夏は青野毅（元ロッテ）がエースでベスト8に。夏19回出場24勝19敗、春7回出場4勝7敗。28勝は48位タイ。主なOBは岩下正明（元大洋ほか）、吉鶴憲治（元ロッテほか）、鶴岡慎也（元日本ハムほか）など。

制 賞品
しょうひん

1915年、第1回全国中等学校優勝野球大会では、優勝した京都二中（現鳥羽）に朝日新聞社が持ち回りの深紅の大優勝旗と、選手には銀製の優勝メダルを、また参加全選手に銅製の参加章を贈った。ただし、遠来の選手に対し参加章だけでは気の毒と、賞品の贈呈を申し出る会社が続出。結局、優勝した京都二中には、朝日新聞社からスタンダードの大辞典が1冊、箕面有馬電気軌道からは50円の読書切手（図書券。ちなみに当時、月刊総合誌『中央公論』は1部20銭程度）、村山龍平・朝日新聞社社長からは、各選手に腕時計が贈られた。また準優勝の秋田中にも、英和中辞林が各選手に1冊ずつ、初戦を突破したチームの選手には万年筆が贈呈されている。

ただし、こんなうがった見方も。朝日新聞は数年前まで野球害毒論のキャンペーンを展開していたはず。それが、手のひら返しで野球大会を主催するには、何か大義名分がほしい。そこで、野球は教育の一環であると強調するために、辞書や図書券などを賞品としたのではないか……。もっとも、学生のスポーツの見地から、賞品の贈呈はふさわしくないと判断され、第2回大会ではメダルと参加章の授与のみにとどめている。

社 食中毒
しょくちゅうどく

1990年の夏に出場した高崎

商（群馬）。大会初日の第2試合で沖縄水産に1対7と敗れたが、実は食中毒禍に泣かされていた。8月6日の組み合わせ抽選会では、発熱した選手2人が欠席。篠崎哲也三塁手は高熱と下痢ですでに前日入院し、須賀英二捕手もこの日に入院。ほかにも合計11人が同様の症状を訴えていた。7日の開会式リハーサルは、4人が欠席。その時点では熱中症が疑われていたものの、翌日4人は回復に向かってベンチ入りを果たした。だがいかんせん、本番は翌日の大会初日と、本調子に戻るにはあまりにも時間がない。須賀も篠崎も出場したが、1対7で敗退した。食中毒が判明したのは、試合のあと。もし、試合の日程がもう少し後だったら……「いや、負けたのはあくまで実力です」と林孝夫監督、潔かった。

食中毒は夏のものとは限らず、98年のセンバツでこれに巻き込まれたのが日本航空（山梨）。3月24日の練習後に、ベンチ入り選手の3人が腹痛、嘔吐、発熱。前日発熱した保護者を合わせると、12人がダウンした。ただ検査の結果「食中毒にあたる顕著な症状はなし」と、予定どおり仙台育英（宮城）戦に挑んだ。こちらも大会初日の第2試合だったが、発熱していた3選手も出場が認められ、わずか3安打ながらバスター、スクイズ、スクイズ……終わってみれば4対3の勝利で、初鹿勇監督に初勝利をプレゼントした。

社 食糧
しょくりょう

1946年、終戦後1年で早くも再開された中学優勝大会だが、当時甲子園は進駐軍が接収中。西宮球場での開催となった。代表は次のとおり。北海道／函館中（現函館中部）、奥羽／一関中（現一関一・岩手）、東北／山形中（現山形東）、北関東／桐生工（群馬）、南関東／成田中（千葉）、東京／東京高師付中（現筑波大付）、山静／沼津中（現沼津東・静岡）、信越／市立松本中（現松本美須々ヶ丘・長野）、北陸／敦賀商（現敦賀・福井）、東海／愛知商、京津／京都二中（現鳥羽）、大阪／浪華商（現大体大浪商）、兵庫／芦屋中、紀和／和歌山中（現桐蔭）、山陽／下関商（山口）、山陰／松江中（現松江北・島根）、四国／城東中（現追手前・高知）、北九州／小倉中（福岡）、南九州／鹿児島商。かつての名門校が目につくのは、近年の実績などはともかく、有力なOBや後援者の援助を得て、比較的早く野球部を再建できたためか。また多くの学校が用具の調達に苦しむなか、一関中や東京高師付中では、買いだめしたボールやバットが倉庫に残っていたという。

この大会では戦後の食糧事情の逼迫のため、朝日新聞から「食糧は持参するように」と通達があったり、宿舎も関西学院大の寮だった。鹿児島商は大阪駅に着いたあと、食糧などを入れた大きなリュックを背負って歩いていると、闇屋と疑われて警察につかまったという。当時は米が配給制だったが、配給に回らない闇米が出回り、これを仲介した裏の稼業が闇屋だ。大会では、山形中が函館中に、一関中が鹿児島商に初戦で敗れたが、いずれも余った米を勝利チームに残していった。この美風はしばらく続いた一方、下関商は持参した米が盗まれるという、この時代ならではの悲劇もあった。

社 女子校からの転身

じょしこうからのてんしん

少子化の進行とともに全国各地で学校の再編が進むなか、甲子園で目立つのは、女子校から共学化した学校のスピード出場だ。2002年夏に初出場した遊学館（石川）は、女子校だった金城が1996年に共学化して名称変更した学校だ。野球部の創部は01年になってからだが、創部2年目に2年生だけで早くも甲子園に出場し、ベスト8まで進んでいる。その年に共学化して創部したのが済美（愛媛）で、宇和島東で88年のセンバツを制した上甲正典を監督に招へいし、創部3年目の04年センバツに初出場優勝。夏も決勝に進出し、あわや春夏連覇と思わせた。

鹿児島の神村学園も、90年に串木野女子から共学化して名称変更。04年に創部した野球部は、女子ソフトボールの名将・長沢宏行を招いて強化し、05年のセンバツで準優勝した。長沢はその後の10年、ベル学園から共学化した岡山の創志学園に移り、その年は全員1年生で秋季中国大会準優勝。11年のセンバツに出場している。創部2年目のセンバツ出場は、史上最速記録だ。これを上回るには、創部1年目の夏に甲子園に出るしかない。いずれにしてもこれらは、共学化を機会に、大物監督を招いて野球部強化を進め、早い時期に甲子園に出たい、そして知名度を上げたい……という経営戦略によるものだろう。

最近では福井市にある啓新が19年のセンバツに初出場し1勝をあげているが、福井女子高が98年に共学化された学校だ。

制 女子部員
じょしぶいん

日本高野連の大会参加資格者規定には、「その学校に在学する男子生徒で……」という条文がある。つまり現状では、残念ながら女子生徒は甲子園でプレーできないわけだ。ただそれを承知で、日常は男子部員に交じって同じ練習をこなす女子部員も全国には少なからずいる。チームが甲子園出場を果たしたら、そういった選手には、なんとか甲子園の土だけでも踏ませたいと考えるのが指導者の人情だろう。2016年夏、大分の女子マネージャーが、試合用ユニフォーム着用で甲子園練習を手伝っていた。だがやがて、大会本部からの指導でグラウンドから出た。当時の規定では、記録員としての女子部員のベンチ入りは認めているが、練習参加については触れていないため、参加を認めなかったわけだ。ただし、これが時代錯誤と批判を浴び、17年春からは危険が伴わない範囲で（グラウンドでの行動は人工芝部分）練習参加が容認されている。22年夏の全国選手権大会からは、女子部員によるノック時のボール渡しなどの練習補助、試合中に球審にボールを渡す「ボールパーソン」が認められており、女子部員の活動範囲が広がっている。

制 女子マネジャー
じょしまねじゃー

日本高野連は、1996年5月に全国高等学校野球選手権大会の大会規定の一部を改定した。「今大会から16人の選手以外に、一人の記録員のベンチ入りを認める。部員登録している者なら男女を問わない」。この規定によって、すでにいくつかの地方大会では認められていた女子マネジャーのベンチ入りが甲子園でも可能になった。歴史的な第1号は大会第3日、東筑（福岡）の三井由佳子さん。1年の秋から記録員としてベンチ入りしていたが、この年夏の県大会では、メンバーから外れた3年生の一人が記録員としてベンチ入りしたため、スタンドから声援を送った。そして、甲子園出場が決まったとき。その部員は青野浩彦監督に「甲子園では自分ではなく、三井をベンチに入れてあげてください」。通学に1時間もかかりながら、野球部を支え続けた仕事ぶりと人柄から、だれもが納得するベンチ入りだった。東筑は盛岡大付（岩手）に勝って初戦を突破し、三井さんは勝利の女神と注目された。この大会では、トータルで8人の女子マネジャーがベンチ入りを果たしている。

2005年のセンバツでは、愛工大名電（愛知）が初優勝を果たしたが、このときの記録員はマネジャーの倉野智加。倉野光生監督の娘で、これが春夏通じて史上初の優勝校の女子記録員だった。記録員以外でも女子マネは、ことに部員数の少ないチームでは、日常の練習から重要な戦力で、トスを上げたりノックのボールを手渡したり。春夏の甲子園練習には、危険性を考慮して加わることができなかったが、17年のセンバツからは、ヘルメット着用などの要件を満たせば参加が認められるようになった。そして22年の夏からは、試合前の守備練習で女子によるノックが認められる。第1号は23年のセンバツに21世紀枠で出場した城東（徳島）の女子マネジャー・永野悠菜さん。ふだんの練習からノッカーを務め、甲子園でも東海大菅生（東京）との初戦、約2分間ノックをした。

制 女性部長
じょせいぶちょう

福岡県は、女子マネジャーだけではなく、甲子園に初の女性部長を誕生させた県でもある。1995年夏の第77回大会でのこと。戦後50年目という節目の大会で、柳川の高木功美子さんが女性部長として甲子園のベンチに座ったのだ。地方大会では、70年代から登場していた女性部長だが、甲子園大会では史上初だった。高木さんは剣道4段の腕前で、インターハイ団体優勝の経験を持つ体育の先生。ただし野球に関しては素人で、スコアの付け方から覚えていったという。寮生の多い柳川では母親代わり、または球児の心のケアでも活躍した。この年の柳川は2勝して3回戦まで進出したが、敦賀気比（福井）と延長15回の死闘の末、1対2で無念のサヨナラ負けを喫している。

他 ジョックロック
じょっくろっく

智弁和歌山が、2000年夏の甲子園を史上唯一100安打という猛打で制したとき、応援団がチャンステーマとして演奏。ビッグイニングを演出する曲として注目され、一部では「魔曲」の異名で知られるようになった。原曲は1990年代、ヤマハが自社で販売するキーボードにサンプルとして添付した曲といわれているが、作曲者が誰かは不明という。智弁和歌山の吹奏楽部が、押せ押せムードが出るようにアップテンポにアレンジした。以後は、とっておきの場面で演奏するようにタイミングを計り、原則は8回以降、得点圏に走者が進んだ場面のみ限定の演奏。応援リーダーの振り付けが激しい曲で、ひんぱんには演奏できない事情もあるようだ。この「魔曲」、ほかのチームも応援曲として使用するケースは多いが、どのチームも本家・智弁和歌山のそれに比べると、やや物足りない。

社 白河の関

しらかわのせき

白河の関は、かつて江戸から陸奥国に通じる東山道の要衝に設けられた関所。高校野球では、1915年の夏の第1回大会で秋田中が準優勝に終わったのを皮切りに、東北のチームは春夏ともに優勝がなかった。優勝旗を手にしていない象徴として用いられるのが、白河の関という表現だ。2004年夏に駒大苫小牧（南北海道）が優勝し、優勝旗は一気に津軽海峡を渡ったが、それでも慣用表現として生きていたのは、関所というのが越えなければならないハードルになぞらえられるからだろう。なにしろ東北のチームは、春夏合計で12回決勝に進みながら、どうしても勝てなかったのである。

たとえば光星学院（現八戸学院光星）は2011年、青森県勢として夏は42年ぶりに、翌12年センバツでは県勢初の決勝進出を果たしたものの、いずれも準優勝。その夏も3季連続となる決勝戦に進出したのは、83年夏から84年夏のPL学園（大阪）以来28年ぶり。また12年は春夏ともに決勝の相手が大阪桐蔭で、春夏の決勝が同一カードとなるのは史上初だった。仲井宗基監督は試合前、「いつまでも白河の関といわれないように、結果を出したい」と語ったが、3季連続の準優勝に終わっている。

それでも以下に挙げるように、東北勢が決勝に進出するまでの空白期間は徐々に縮まり、09年以降19年夏まで6回の決勝進出は、九州の5回をしのいでいる。

▽1915夏
秋田中●1―2京都二中（現鳥羽）
▽1969夏
三沢（青森）△0―0松山商（愛媛）
再試合 ●2―4
▽1971夏
磐城（福島）●0―1桐蔭学園（神奈川）
▽1989夏
仙台育英（宮城）●0―2帝京（東

し

東京）（延長10回）
▽2001春
仙台育英（宮城）●6―7常総学院（茨城）
▽2003夏
東北（宮城）●2―4常総学院
▽2009春
花巻東（岩手）●0―1清峰（長崎）
▽2011夏
光星学院（青森）●0―11日大三（西東京）
▽2012春
光星学院●3―7大阪桐蔭
▽2012夏
光星学院●0―3大阪桐蔭
▽2015夏
仙台育英●6―10東海大相模（神奈川）
▽2018夏
金足農（秋田）●2―13大阪桐蔭

なお東北6県のうち、決勝に進出していないのは山形県だけだ。

優勝できない原因については、気候面の不利や人材不足、遠隔地のため強豪校との交流が困難……などさまざま挙げられてきたが、21世紀の現在、人材は全国から集まるし、交流機会も格段に増えた。室内練習場なども充実し、いつ優勝してもおかしくはなかった。

そして22年夏、仙台育英によってついに白河越えが果たされることになる。甲子園からあえて陸路で仙台に戻る新幹線の車中、14号車に乗車した選手たちはスマートフォンの位置情報で「その瞬間」を確認し、佐藤悠斗主将らは優勝旗を広げて記念撮影。仙台市内の同校に戻って取材に応じた須江航監督は「あの瞬間、感慨深いものがありました。歴史が本当に変わったんだなと。新幹線で駆け抜けていく感じ。〝ここからが東北なんだな〟と改めて感じました」と振り返り、「白河神社に行かないといけないですね。お礼参りというか、それはしないといけないと思います」と語った。白河神社は関所の近くにあり、97年からは春夏甲子園に出場する東北6県の代表校の健闘と、甲子園での東北勢初優勝を祈念し「通行手形」を贈るなどバックアップしていたという縁。

須江監督はさらにこう語る。「大会歌の〝栄冠は君に輝く〟がありますけど、君っていうのはすべての東北の人だなと思っている。すべての人に栄冠が輝いたと思っています」。22年12月3日、仙台育英ナインは白河神社へお礼参りをしたという。

チ 市立和歌山高校

しりつわかやまこうこう

1951年、和歌山市立和歌山

商業高等学校（定時制）として開校し、57年に全日制を併設。別に県立の和歌山商業高校もあるため、「県和商」「市和商」と区別していた。2009年に普通科が設置され、市立和歌山高校と改称したが、慣例として市和商と呼ばれることも。現在は普通科、総合ビジネス科、デザイン表現科と、定時制のビジネス実践科、ビジネス情報科がある。野球部は57年の創部で、64年センバツに初出場すると翌年は藤田平（元阪神）らの活躍で準優勝。67年のセンバツは野上俊夫（元南海ほか）がノーヒット・ノーランを達成してベスト8、夏も4強まで進んだ。その後は長く出場が途絶えていたが、94年夏に出場し、15年のセ・リーグ首位打者である川端慎吾（ヤクルト）がいた2004年夏、05年春も2季連続出場。19年のセンバツではベスト8入り。21年センバツは、注目右腕小園健太（DeNA）と松川虎生（ロッテ）のドラフト1位バッテリーで1勝を挙げた。夏も期待されたが、和歌山の決勝で智弁和歌山に惜敗した。22年センバツもベスト8と、春は8回出場で11勝8敗、夏5回で5勝5敗。川端の妹で、女子プロ野球選手の川端友紀も卒業生だ。

社 新型コロナウイルス

しんがたころなういるす

2020年に、パンデミックを引き起こした新型コロナウイルス。19年11月、中国・武漢市で最初の症例が確認されて以降、中国大陸、さらにほかの国家と、世界中に拡大していった。3月には、世界保健機関が世界規模の流行、パンデミックに相当するとの認識を表明。感染者は全世界で約6億8700万人、死者は約685万人（23年6月30日現在）に達した。日本国内では、23年5月3日に感染症法上の位置づけがいわゆる「5類感染症」に移行したが、いまだ完全収束には至っていない。

長期間収束が見通せず、世界各地で都市のロックアウトや外出自粛などが続いた感染拡大期には、ことに経済的な打撃は1929年の世界恐慌以来といわれていた。いわゆるコロナ・ショックにより、リモートワークなどの新しい生活様式が浸透したが、この感染拡大により、スポーツ界も甚大な影響を受けた。なにしろ、世界最大の祭典・東京オリンピックさえも1年延期となったのだ。

高校野球ではまず、2020年3月19日に開幕予定だった第92回選抜高校野球大会が中止になった。

2月19日段階では、「他競技の動向も見ながら判断」（日本高野連・小倉好正事務局長）しつつ、通常開催するのが基本線だった。だが、26日に当時の安倍晋三首相が大規模イベントの2週間自粛を呼びかけ、翌日には全国の小、中、高校などに臨時休校を要請したことで、開催に暗雲が。出場予定だった32校のほぼすべてが、3月8日解禁の練習試合を中止。練習そのものも休止か、縮小を余儀なくされた。それでも選手、観客、大会関係者らの安全確保を絶対条件としながら、球児たちには甲子園を体験してほしい。そうしたせめぎ合いのなか、3月4日の運営委員会では感染のリスクを少しでも減らすため、無観客での実施という方向性が示された。だが、組み合わせ抽選会を2日後に控えた11日、感染拡大がおさまらない状況を受け、日本高野連はセンバツの開催を断念。過去に戦争による中断はあるが、1995年1月17日の阪神・淡路大震災、2011年3月11日の東日本大震災という国難にも、希望のもとに開催されたセンバツが、史上初めての中止となった。

さらに感染拡大は衰えず、24日には東京オリンピックの1年程度の延期が決定。すでに無観客で開幕していた春季沖縄大会も準々決勝で打ち切りとなり、結果的に47都道府県の春季大会、地区大会はすべて中止となった。4月7日には埼玉、千葉、東京、神奈川、大阪、兵庫、福岡の7都府県に緊急事態宣言が発令され、16日には対象が全国に拡大する。そして26日、全国高校体育連盟が全国高校総合体育大会の中止を決定。当初は5月6日までの予定だった休校期間が延期され、4日には緊急事態宣言の延長も決まる……こうしたプロセスを経て日本高野連は20日、第102回全国高校野球選手権大会の運営委員会と理事会を開き、8月10日から予定されていた夏の甲子園と、地方大会の中止を発表した。感染防止対策として無観客での開催や、開会式を行わないことも検討したが、「球児の安全安心に最大限配慮した。苦渋の決断だとわかっていただきたい」（ウェブでの記者会見で、八田英二・日本高野連会長）。

中止の主な理由は、49代表を決定する地方大会については、

・約3800校が参加し、約250球場で開催予定の地方大会で、新型コロナウイルスの感染リスクを完全になくすことができない

・休校や部活動停止などが長期間に及び、練習が十分ではない選手のケガなどの増加が予想される

・授業時間確保のために夏休みを短縮し、登校日や授業日を増やす動きがあり、学業の支障になりかねない
・運営を担う役員や審判員を十分確保できない
・治療や感染防止などに傾注する医療スタッフに、例年どおりの球場への常駐を依頼できない
・公的施設の使用制限で使用球場が限られる可能性がある

ことが挙げられた。これに加え、甲子園で開催期間が2週間以上に及ぶ全国大会を開催するとなると、"代表校が全都道府県から長時間かけて移動し、集団で宿泊してまた地元に帰ることなどを考慮すると、感染と拡散のリスクが避けられない"ことが大きな懸念となった。夏の甲子園の中止は、太平洋戦争の戦局が悪化した1941年以来（42～45年は中断）で、センバツとの両大会ともに行われないのは45年以来だった。

つまり2020年度の高校3年生は、春の公式戦が軒並み中止となり、最後の夏も奪われたわけで、その心情に配慮した代替大会の開催、またセンバツに出場予定だった32校による甲子園交流試合など、救済策が実施されることになる。23年には、当時高校3年生だった大武優斗さんを代表に、「あの夏を取り戻せプロジェクト」が発足。20年、各都道府県の独自大会で勝ち残った44チームによる元高校球児野球大会を、11月29日に開催することを目指している。

21年以降、春夏の甲子園は開催されたが、コロナ下とあり開催にあたってはさまざまな制約や特例が設けられた。21年、2年ぶりに開催されたセンバツでの感染防止対策は次のとおり。

・甲子園での事前練習は行わない
・大会前に選手とチーム関係者、大会関係者に対しPCR検査を実施し全員の陰性を確認。また1回戦勝利校は、試合翌日（最後に登場する2校は試合当日）に再度、PCR検査を受ける
・開会式は初日に試合が組まれた6校のみの参加とし、入場行進は6校が外野からマウンドに1校ずつ前進し、その後ほかの26校が事前に自校グラウンド等で収録した行進の映像をバックスクリーンのビジョンで放映
・入場行進曲や大会歌は、例年のように警察音楽隊や西宮市高等学校吹奏楽連盟の演奏ではなくCDによる
・試合中は出場選手とベースコーチを除き原則マスク着用、球審はマスクかマスクシールドを着用する。相手チームとの握手や素手でのハ

イタッチを禁止
・甲子園の土を集めるのは禁止し、出場校には後日甲子園の土を贈る
・開幕後、出場校から感染者が発生し、当該校が大会に参加できなくなった場合は、相手チームの不戦勝
・各試合終了後に、ベンチの消毒と応援団の入れ替えを行うため、試合の間隔を10分増の40分に変更
・閉会式でのメダルの授与は、各チームの代表者1名に全員分のメダルが授与される形式
・観客の上限を1万人とし、アルプス席は学校関係者限定で1000人を上限
・飛沫感染防止のため、ブラスバンドの演奏や大声での応援を禁止するが、ブラスバンドが事前に録音した音源を攻撃時に場内スピーカーで流すことは可能。チアリーダーはマスクを着用し、発声をしなければ応援可能
・入場券は全席指定で前売り券のみ、当日券の販売は行わない

などだ。夏の甲子園も、抽選会をオンラインで行ったほか、

・代表校の選手とチーム関係者、および大会関係者全員に対しPCR検査を実施。代表校関係者は大会前と初戦勝利後、勝ち進むと準々決勝勝利後にPCR検査（最大3回）を受ける
・球場での観戦は出場チームの部員、保護者、生徒等の学校関係者で個人情報等を把握でき、学校の管理下で出場チームを応援する人に限られる。一般の観客は入場できない
・ブラスバンドはアルプス席で間隔を空ける形で最大50人まで可能

などの感染拡大予防策がとられた。決勝は智弁和歌山と智弁学園（奈良）という、大会史上初の兄弟校対戦。勝った智弁和歌山は1回戦と2回戦が不戦勝で、4試合での優勝だった。

22年センバツも、大会直前に陽性者が出た京都国際が急きょ出場を辞退し、1回戦を突破した広島商も同様に無念の辞退など、コロナ下での開催が続く。開会式の入場行進は前年同様、初日に出場する6校のみと簡略化。それでも、兵庫県には「まん延防止等重点措置」がとられながら、上限2万人まで観客の入場が認められ、それも大会中に撤廃されるなど、少しずつ日常が戻りつつあった。

同年夏も、大会前の検査で集団感染とされた4校のほか、体調不良者が出た2校の初戦を遅らせるなどの措置がとられたが、3年ぶりに有観客で行われた開会式は、それ以外の43校の主将が行進。前年には2校が不戦敗となったため、

可能な限り出場辞退を避けるよう、体調不良者が出た場合には野球部員全員を対象に登録の変更が認められた。また大会本部は期間中、感染症対策の徹底を求める6項目の通知を出すなどし、全49代表が無事に試合を行うことができた。

23年のセンバツでは、4年ぶりに前出滋養選手が揃っての入場行進が行われ、声出し応援も解禁。観客の上限、アルプス席の吹奏楽も50人の人数制限が撤廃され、ようやくコロナ以前に近い大会開催となった。

蜃気楼旋風
しんきろうせんぷう

1958年夏の大会では、それまで春夏合わせて2勝しかしていない富山県が大健闘した。春夏通じて初出場の魚津は1回戦、優勝候補の浪華商（現大体大浪商・大阪）をエース・村椿輝雄が4安打で完封すると、明治（東京）、桐生（群馬）を次々と撃破。桐生も4安打で完封した村椿の右腕は、徳島商との準々決勝でも冴えた。豪腕・板東英二（元中日）との一歩も譲らない投手戦は、延長に入っても0対0のまま。18回を終わっても両者無得点で、この夏から設けられた規定により、引き分け再試合となった。翌日、村椿は先発を避けたが、4回途中から救援。よくしのいだが1対3で敗れた。それでも、県勢初のベスト8という快進撃は、富山湾の名物になぞらえて蜃気楼旋風と呼ばれ、夜行列車で帰郷したチームは、1万人以上の熱狂的な出迎えを受けたという。村椿と板東の2人は2008年夏、90回大会の記念イベントに招かれ、思い出の甲子園でキャッチボールをしている。

深紅の大優勝旗→優勝旗
しんくのだいゆうしょうき

人工芝→芝
じんこうしば

神港橘高校
しんこうたちばなこうこう

第一神港商から市神港（ししんこう）として親しまれ、流れをくむ現在の校名は神港橘。市神港としては2018年3月で閉校している。1907年、私立神港商として設立され、10年に神戸市に移管して21年、第一神港商業学校と改称。47年神港商業。かたや市立女子商業が17年に創立し、47年、湊商業に。この2校が49年に統合して市立神港高等学校になった。

２０１６年、市立兵庫商と再編統合した神港橘高校が開校し、市神港の生徒の募集停止。17年の夏は市神港と橘の合併チームとして出場し、歴史ある市神港の名前での最後の大会だった。創部は第一神港商時代の１９１７年。24年夏に初出場すると、29年と30年にセンバツ連覇を成し遂げる。センバツ連覇は過去３回しかない（ＰＬ学園と大阪桐蔭）。昭和初期には、スケールの大きなチームで人気を集めた。殿堂入りした山下実（元阪急）、島秀之助（元名古屋金鯱軍）が在籍したのは連覇の少し前。戦後は63年春に捕手・吉田孝司（元巨人）でベスト4に進み、池永正明（元西鉄）の下関商（山口）に敗れた。68年春夏は山口高志（元阪急）がエースで甲子園に。しかし、76年の夏を最後に以降は出場することができなかった。夏７回６勝７敗、春８回16勝６敗。二出川延明（元名古屋ほか）がＯＢ。

戦 申告敬遠
しんこくけいえん

２０１７年からＭＬＢは、守備側の監督が故意四球の意思を球審に示した場合、投手が投球を行うことなく打者に一塁への安全進塁権が与えられる規則を採用した。いわゆる申告敬遠だ。試合時間の短縮を目的として、ソフトボールの国際ルールでは以前から、日本では18年からＮＰＢ、社会人、大学で導入された。高校野球は当初、高校野球特別規則で「申告故意四球は採用しない」としていたが、20年シーズンインより同規則から削除し、「運用方法は以下の通り」としている。

・守備側／申告は伝令からに限る。また、連続して行う場合、最初の通告時に申し出ることもできる。カウントの途中からでも適用可とする。申告後、その打者への投球数は加算されない。

・攻撃側／当該打者は一旦必ず打者席に入る。

・審判／球審はタイムをかけ打者に１塁を与える。

付け加えれば、部員が９人しかいない場合、守備側の主将か捕手が一度ベンチに戻り、監督の指示を受けて球審に告げる。ただし、投手が敬遠のつもりで不用意に投げた球が甘く入り、打者がそれをすかさず打ったり、全力投球と勝手が違って、敬遠球が暴投になる……などというドラマが起きる余地がないのは、やや球趣をそぐのでは。また、申告敬遠によって意図したはずの時間短縮効果はさほど期待できないというデータもある。

第104回全国高校野球選手権大会準々決勝で球場ファンがどよめいた申告敬遠のシーンがあった。高松商（香川）対近江（滋賀）戦。高松商が2点を追う7回1死一、二塁で、一番の浅野翔吾（巨人）に対して故意四球が申告されたのだ。世代屈指の右腕、近江の山田陽翔（はると・西武）に対し、浅野は3回1死一塁からの同点2ランを含め、ここまで3安打。3回の一発は、「敬遠してもいいぞ」というベンチの指示に対して、勝負を選択した山田からの通算67本塁打目で、7回の山田はさすがにベンチの指示に従った。大会ナンバーワン打者が歩き、満塁から二番の井桜悠人が初球を叩くと、遊撃手のグラブを弾く内野安打となり1点差。続く渡辺升翔も初球を右翼線にしぶとく落とし同点、さらに五番・久保慶太郎は外角の際どい変化球を見極めて押し出し四球で、高松商がいったんは逆転するが、最終的には近江の再逆転勝ちとなった。スター同士が激突した、大会のハイライトだった。

選 新谷博
しんたに・ひろし

1982年夏の甲子園でノーヒット・ノーランを達成したのに、完全試合を逃した、と形容されることが多い。少し気の毒だが、夏の甲子園ではいまだ達成されていない大快挙を、あと1人で逃したのだから、その形容も無理はない。64年7月14日、佐賀市生まれ。中学時代はエースで四番。監督と対立して退部したが、再び野球をやりたいと強豪・佐賀商に進んだ。2年秋からエースとなり、3年夏の甲子園に出場。出場49校中、チーム打率と防御率がトップと、図抜けた力を持っていた。評判どおり、木造（青森）との1回戦では、1人の走者も許さずに9回も2死。しかしここで27人目の打者、代打の1年生・世永幸仁に死球を与えてしまう。次打者を打ちとり、ノーヒット・ノーランは達成したものの、完全試合は大会史上初と知らされると、ヒットを避けるために内角を攻めたことを悔やんだという。東農大二（群馬）との次戦も1失点完投した新谷だが、津久見（大分）との3回戦では、延長14回、3失点で敗退した。大会後は、日本代表に選ばれている。駒澤大、日本生命を経て92年西武に入団し、のち日本ハムでもプレーした。現役引退後は、女子野球の指導者としても知られる。

チ 新湊旋風
しんみなとせんぷう

1986年のセンバツでは、富山から出場の無名校・新湊が全国の共感を呼んだ。前年秋の富山県大会では3位だったが、地元開催ということで秋の北信越大会に滑り込み。そこでの準優勝が出場につながったが、チーム打率は出場校中最低で、注目されることはなかった。ところが1回戦、大会ナンバーワンともいえる近藤真一（元中日）のいた享栄（愛知）にはわずか3安打ながら虎の子の1点を奪い、これをエース・酒井盛政が2安打完封で守り切る。2回戦も、やはり優勝候補の拓大紅陵（千葉）から6回に大量6点で逆転勝ちすると、準々決勝は酒井が京都西（現京都外大西）に18安打されながら、「ファ〜イ〜ト、酒井」の声援を背にピンチをねばり強く切り抜ける。延長14回表には、相手のボークで決勝点をもらい、春夏通じて富山勢最高のベスト4に進出した。準決勝では、酒井が宇都宮南（栃木）打線に打ち込まれたが、強豪を次々に倒してのベスト4は新湊旋風と呼ばれた。　もともと新湊市（現射水市）は野球の盛んな土地で、前身の高岡東部高校時代には、判定に怒ったファンが審判を殴打して一時学校が高野連から除名になったほど。そういう土地だから、アルプスの盛り上がりはすさまじい。本来は貨物専用のJR新湊駅（現高岡貨物駅）から大阪駅まで、臨時列車を9往復運転して応援の人々を運んだ。市議選まっただなかの地元でも、試合中には選挙カーが一時ボリュームを下げたという。

す

練 水泳
すいえい

ある年代以上なら、「肩を冷やすから、野球選手は泳いではいけない」といわれた経験があるはずだ。高校野球で最後の試合が終わったら夏休みに何をするか？　海に泳ぎに行く、というのが野球部員の定番の答えでもあった。だが、肩を冷やすのが良くないのは、むしろん迷信。今や投球後の投手が肩をアイシングするのは、普通の公立高校でも常識だ。同様に水泳にはクールダウンやリラクゼーション効果があるだけではなく、低水温での有酸素運動により持久力や心肺能力がアップし、全身運動で体幹やバランス感覚を鍛えることが知られている。また、水の適度な負荷は筋力強化にもなれば、水の振動には疲労回復効果もあるという。それでなくても、男子小学生の3割以上がスイミングスクールに通う時代。高校生は「水泳をやっていたことによって肩の可動域が広くなっていると思います」と答える投手が多い。1983年のセンバツで、内心自信を持っていた帝京（東京）は、池田（徳島）のパワーに0対11と粉砕された。それ以降、帝京の当時の監督、前田三夫氏がメニューに水泳を採り入れたのはよく知られた話だ。

医 水分補給
すいぶんほきゅう

水泳もそうだが、かつては「練習中には水を飲むな」といわれたもの。科学的裏づけはなく、先輩に聞くと「腹がたぽたぽになるから」「汗をたくさんかくから」などとごまかされたものだ。いかに先輩の目を盗んで水を飲むかは「野球部あるある」で、元阪神の亀山努などは「水を入れたコンビニ袋をあらかじめ守備位置付近に埋めておき、ノックのときにダイビングキャッチのふりをして飲んだ」という。だが1980年前後からスポーツドリンクが普及し始めると、熱中症予防の啓蒙もあり、水分だけではなく塩分やイオンの補給も大切なことが徐々に浸透してきた。今や、練習中にも時間を決めて水分補給をするのが当たり前だし、試合中もイニング間にこまめな水分補給が欠かせない。かつての野球少年なら、「汗をたくさんかくから水分はとらない？　いや、汗をたくさんかかないと体温調節ができないでしょう」と先輩に恨み言をいいたくなるところだ。ちなみに、古い時代の球児たちが試合中に塩をなめたり、蜂蜜につけたレモンを持参したのは理に叶っているし、香川伸行（故人・元ダイエー）は自らの高校時代についてこんなふうに語っていた。

「自分がいた浪商（現大体大浪商・大阪）は、体育大の系列でしょう。ですから、練習は厳しくてもそういうところは進んでいて、僕らは練習中からしっかりと水を飲んでいましたよ」

選 スーパー1年生
すーぱーいちねんせい

8月に開催される夏の甲子園。1年生にとっては、入学から4カ月強しか経過しておらず、ベンチ入りすることさえ至難の業。例えば、２０１９年の夏は、全登録メンバー中1年生は38人と約4パーセントで、うち主力級になると10人に過ぎない。だが、そうしたなかでもときにずば抜けた力量を発揮する選手がおり、スーパー1年生と形容される。ただ１９７７年、80年夏にいずれも準優勝した東邦（愛知）の坂本佳一、早稲田実（東東京）の荒木大輔（元横浜ほか）も1年生だったが、当時そうした呼び方がされた記憶はない。83年に1年生だったＫＫ（ＰＬ学園）は別格として、比較的近年の表現ではないか。たとえば05年、打者としても一発を放ち、投げては１４７キロを計時した大阪桐蔭・中田翔（日本ハム）あたりがそう。帝京（東東京）の伊藤拓郎（元横浜）は、09年夏の甲子園で１４８キロをマークした。10年夏の甲子園で一発を放ち、「清原和博（ＰＬ学園・大阪）以来の1年生四番ホームラン」と評された九州学院（熊本）・萩原英之、同年夏にやはり1年生として報徳学園（兵庫）のベスト4進出に貢献した田村伊知郎（西武）。14年夏の藤嶋健人（東邦・愛知、中日）はバンビ2世と呼ばれたし、15年夏には、いわずと知れた早稲田実（西東京）・清宮幸太郎（日本ハム）が、桑田真澄（ＰＬ学園）以来となる1年生として２本のアーチを甲子園に架けている。いまでは1年生にとどまらず、たとえば16年に大阪桐蔭に入学した根尾昂（中日）などは、すでに１４０キロを投げていた中学時代から「スーパー中学生」と呼ばれていたものだ。

選 監 末次秀樹
すえつぐ・ひでき

春夏の甲子園とともに、連続打数安打の記録は8でそれぞれ複数人いるが、８「打席」連続で、しかもその大会の打率10割というのはこの末次秀樹1人だ。1958年佐賀県生まれで、福岡・柳川商（現柳川）に進学。中学までは剛球投手だったが、同級生で久保康生（元近鉄ほか）がいたため野手に。75年のセンバツには一塁手として、3年になった76年夏、久保とのバッテリーで甲子園に四番で出場した。三重との初戦は、三重大会をすべて完封している山路一夫から4打席4安打。PL学園（大阪）との次戦も1、2打席目でヒットを打ち、新記録のかかった7打席目もしぶとく右前に落ちるヒット。チームはこの試合で敗れたが、末次は結局ここも4打席4安打だった。卒業時はプロにも注目されたが、腰痛の不安があって中央大へ。社会人のヤマハ発動機を経て94年から母校の監督となり、06年からは同じ福岡の自由ヶ丘を、13年からは真颯館を率いている。母校で春2回、夏3回、自由ヶ丘で春1回の甲子園出場がある。

監 須江航

すえ・わたる

1983年4月7日生まれ。現仙台育英監督。2022年夏の選手権で全国制覇し、史上初の東北代表の優勝監督となった。埼玉県さいたま市出身。鳩山中学から仙台育英に進学。2年秋からはグランドマネジャー、3年時には春夏連続で甲子園大会に記録員としてベンチ入りをした。高校卒業後は八戸大学進学。野球部で学生コーチを務める。大学卒業後には、地元の埼玉県で高校教員を目指していたが、恩師に誘われ仙台育英高校の系列校の秀光中等教育学校に赴任し、創部間もない野球部の監督となる。長く中学野球の指導者として実績を残し続けてきたが、母校・仙台育英の野球部内で不祥事が発覚。監督の佐々木順一朗が17年12月10日に引責辞任することになり、18年1月1日付で須江が監督に就任することになった。22年8月22日、第104回夏の選手権の決勝で下関国際（山口）をを下して仙台育英を優勝に導き、東北としても悲願であった全国制覇を果たした。決勝戦の試合終了後の優勝インタビューでコロナ禍の高校生たちの思いを代弁して「青春って、すごく密なので」と言葉を発し、「苦しい中で全国の高校生たちが頑張って、今日、最後に（ウチが）ここに立ったと言うだけなので…… 全国の高校生に拍手を送って下さい」と締め括り、感謝の意を表した。この「青春って、すごく密なので」は、同年の新語・流行語大賞の候補30語にノミネートされ、のち同年12月に選考委員特別賞を受賞した。春は出場3回4勝2敗（20年コロナによる大会中止を含む）、夏出場3回8勝2敗。まだまだ勝ち星を積み上げていくだろう監督の一人。

施 スカウト席

すかうとせき

2008年のセンバツから、甲子園のネット裏中央特別自由席に設けられたプロ野球スカウト用の席。それまでは、各自が一般客に混じって席を確保し活動していたが、12球団に2席ずつの計24席をNPBスカウト席として1、2回戦まで設置。以降も使用するかは、各球団の希望による。プロアマ関係の改善を目的とし、スカウト会の提案で、06年から各球団の使用ボールを全国の高校に贈っていることへの返礼の意味もあった。実際には、設置されたスカウト席以外に陣取るスカウトも多いのだが……。また日本高野連は、プロ野球関係者がスカウト活動をする際は、コミッショナーが発行する身分証明書（IDカード）の着用を要請した。18年夏から、中央特別自由席が中央特別指定席になるのにともない、廃止された。

他 スキージャンプ大会

すきーじゃんぷたいかい

甲子園ではプロ野球、高校野球のほか大学野球なども行われているが、もともとが「阪神大運動場」である。野球に限らず、多目的に利用されてきた。アメリカンフットボールの全日本大学選手権の決勝戦・甲子園ボウルは毎年開催されているし、開場翌年の1925年からは、日本フットボール優勝大会（サッカー、ラグビーの全国大会）も開催されていた。戦前は特にさまざまなイベントに使用されており、意外なところでは38～39年、外野グラウンドにジャンプ台を設置して開催された全日本選抜スキー・ジャンプ大会がある。雪にあまり縁のない近畿圏では、観客4万人を集める人気イベントで、同時期に東京の後楽園球場でも行われていた。しかし長野県から運ぶ雪の輸送コストが莫大なことと、天候不順のリスクがあり、わずか2年で終わっている。2020年1月13日には、初めて兵庫県西宮市の成人式が開かれ、スタンドには華やかな振り袖やはかま姿の新成人約3700人が陣取り、ジェット風船を飛ばして門出を祝った。

選 杉内俊哉
すぎうち・としや

１９９８年夏の甲子園で、鹿児島実のエースとしてノーヒット・ノーランを達成したサウスポー。80年10月30日、福岡県大野城市生まれ。中学時代は大野城ガッツのエースで全国大会準優勝している。鹿児島実では２年夏も甲子園に出場したが初戦敗退。98年鹿児島大会決勝では川内の木佐貫洋（元日本ハムほか）との投手戦を３対１で制し、47回３分の２で64奪三振というドクターＫぶりだった。甲子園初戦は八戸工大一（青森）と対戦し、落差の大きいスライダーで16三振を奪い、快挙を成し遂げた。次戦では、松坂大輔（元西武ほか）との投手戦が期待されたが、松坂にホームランを浴びるなどで、横浜（東神奈川）に完敗している。三菱重工長崎時代は、松坂らとシドニー五輪に出場。２００１年の日本選手権で初優勝に貢献し、翌年ダイエー入りした。のち巨人に移籍し、通算１４２勝。

▶杉内俊哉

選 監 杉浦藤文
すぎうら・ふじふみ

中京商（現中京大中京・愛知）の現役時代には、一番・二塁手として１９５９年のセンバツで優勝し、母校の監督として３年目の66年に春夏連覇した。41年一宮市に生まれ、早稲田大卒業後すぐに中京商の監督となると、「３年間の在学中に、一度は甲子園へ連れて行くこと」を自分に課し、83年夏に退任するまで春夏13回甲子園に出場。部長として出場した２度を含めれば、杉浦の教え子で甲子園を知らずに卒業した学年はなく、プロ選手も数多い。名前から「トウブンさん」と親しまれ、のち中京大の監督を務めて99年没。82年のセンバツ（当時は中京）では、２回戦に勝利して学校創立以来の通算１００勝を達成し、甲子園通算29勝11敗は18位だ。

選 杉山慎次郎
すぎやま・しんじろう

夏の選手権で史上初めてサイクルヒットを記録した平安（現龍谷大平安・京都）の選手。１９４９

年夏の選手権、1回戦の盛岡（現盛岡一・岩手）戦で大会第2号ホームランを含んで達成。しかし2回戦では柳井（山口）に敗れた。その後日大に進学、3回の優勝を果たす。プロでは大映に3年間在籍した。

戦 スクイズ

すくいず

英語のｓｑｕｅｅｚｅは「搾り出す」という意味で、バントによって三塁走者を生還させようという戦術の一つ。無死または1死。三塁走者は投球動作と同時に本塁に走り、打者はバントで打球を転がし、打球処理の間の得点を意図する。ただ、失敗すると三塁走者がアウトになるリスクがある。走者のスタートのタイミングが早過ぎると、ことに右投手の視野に入るため、とっさにウエストされて打者が空振りし、三走が憤死するシーンも。２００６年選手権決勝では、早稲田実（西東京）の斎藤佑樹投手（元日本ハム）が、駒大苫小牧（南北海道）との延長11回、1死満塁のピンチを見事なスクイズ外しで切り抜け、再試合での優勝につなげている。また日本で最初にスクイズを試みたのは、松本中（現松本深志・長野）という説がある。１９０６年、上田中（現上田）との対抗試合、3回2死走者三塁の場面で打者が三塁前にバントを転がした。野球部員のだれかが、米国の『野球年鑑』を研究して発見したものだという。2死にもかかわらず、見たことのないこの作戦に上田中野手があわててしまい、まんまと成功したとか。

他 スコアブック

すこあぶっく

試合の経過を記録する冊子やシート。スコアラー、マネジャーなどが、1球ごとの経過、打者の結果、得点経過などがわかるように記入し、試合の記録や集計、選手の分析等に使用する。記入法には慶応式と早稲田式がある。プロ野球の公式記録では慶応式を使用しているが、一般には95パーセントが早稲田式を使用している。日本に野球が伝えられたころのものとしては、１８９６年の旧制一高のものが残っているが、詳細がわからず記録としては不十分なもの。１９１０年、日本初のルールブックを完成させた直木松太郎が慶応式の記入方法を紹介し、直木に師事した山内以九士が初代パ・リーグ記録部長に就任したこともあり、プロ野球ではこの慶応式を用いている。1925年には、飛田穂洲が早稲田式を提案。飛田が朝日新聞記者となったこともあり、マスコミには早稲田式が広まり、一般的になった。記入方法の詳細は避けるが、春夏の甲子園を取材するメディアにとっての必需品。その際、自分さえわかればいいので、各自が自分なりの記入方法を工夫する。また試合後、取材した話をメモするのに、当該試合ページの余白を利用する者が多い。

他 スコアボード

すこあぼーど

開場した1924年、甲子園球場のスコアボードは得点掲示のみの仮設の板だった。夏の中学野球開催のための突貫工事で、常設が間に合わなかったのだ。選手名も表示できる初代スコアボードの開設は、翌25年。その当時から、やや平べったい独特な明朝体で選手、チーム名を表記していた。ただし延長回の最長表示は16回で、33年夏の準決勝、明石中（兵庫）対中京商（現中京大中京・愛知）はなんと延長25回まで0対0の同点が続き、継ぎ足して間に合わせたから、仮設のボードではいかにも見にくい。34年には、軍艦形と称された形状の2代目スコアボードを設置。これは83年まで、半世紀にわたって使われた。

選手名、校名は、球場係員による白ペンキの手書きで、職人芸ともいえる高度な技術が必要だったという。使用頻度の高いプロ野球選手のボードは、雨に濡れても消えない処理がされていたが、高校野球用のものはその処理がなされず、雨中の試合では手書きペンキが雨で流され、時間の経過とともに読みとれなくなることがあった。オールドファンなら「(スコアボードが)涙を流している」といった表現を記憶しているだろう。独自の書体「甲子園体」と合わせ、これらの特徴もまた独特の雰囲気を演出していた。その後、球場開設60年を機に近代化が実施され、84

▶甲子園球場のスコアボード

す

年には2代目をモチーフにした電光掲示板を設置した。外野スタンドに高さと位置を合わせ、さらに大きくなった3代目は、表示部分より下側がそのままバックスクリーンになっている。またプロ野球では、92年から球速も表示されており、高校野球でこれが導入されたのは04年センバツからだ。11年には、国際基準に合わせてカウント表示がSBOからBSOに変更されている。19年には大幅改修し、1面の大型ビジョンに変更された。全体の大きさは、縦13メートル×横31・6メートル。

高校野球で独特なのは、校名の略し方だ。電光化後、イニングの頭に入るチーム名は基本的に漢字3文字までだったため、智弁和歌山ならば和智弁、駒大苫小牧ならば駒大苫などと工夫されたのだ。ただし、略し方に一定の法則があるわけではなく、同じ学校でも年によって違った表示がされることもある。86年の夏、桐蔭（和歌山）と対戦した宇都宮工（栃木）の表示は、試合開始時には「宇都宮」だった。だが、観戦していた宇都宮工OBから「4文字入れるのが無理なら、地元で通りのいい宇工にしてくれ」と強硬な申し入れがあり、試合の途中で「宇工」と表示を変更したという。また外野席からもわかりやすいように、バックネット上にはサブスコアボードがある。実施されれば投球数制限が導入されていた20年センバツからは、当日の投球数を表示する設定ができていた。時計台型が特徴で、球場のシンボルマークになっており、立体商標にも登録されている。

施 素盞嗚神社
すさのおじんじゃ

甲子園球場外周に隣接した南西、ライト側にある神社。創建年代は不詳だが、本殿柱に元禄から天保年間に度々再建された記録が残っていたという。場所柄、阪神の選手やファン、高校野球関係の必勝祈願者が多く、タイガース絵馬や「勝ち上がり守」というお守りもある。つつましい境内には野球にまつわる建立物が多く、岡田彰布（現阪神監督）が寄贈建立した野球塚、星野仙一（元中日）が「夢」と揮毫したボール型のモニュメントなどがある。

選 鈴木一朗
すずき・いちろう

1990年夏、91年春に出場も、

甲子園では無名だった稀代のヒットメーカー。日本のプロ野球、メジャー・リーグの登録名は「イチロー」。73年10月22日、愛知県生まれ。中学時代から地元では有名な野球少年で、89年春、多くの高校から誘いを受けた末に愛工大名電に進学。1年時からレギュラーを獲得すると、2年時の90年夏に三番・レフトで甲子園に出場する。1回戦の相手は、優勝候補の筆頭で大会注目の本格派右腕・南竜次(元日本ハム)を擁する天理(奈良)。その第1打席でセンターにはじき返し、甲子園初安打を記録するが、結局これが甲子園唯一の安打となった。試合は1対6で敗れる。翌91年春はエースで三番に成長して出場。松商学園（長野）との初戦でエース・上田佳範(現中日コーチ)と対戦。鈴木・上田の両先発が初回にそろって2点を献上したが、その後は両者譲らず緊迫した投手戦となる。試合が動いたのは8回表。松商学園の2死一塁から、鈴木は左中間を深々と破られる適時打を許し、これが決勝点となって2対3で甲子園を去った。3年夏は、愛知大会決勝で東邦に敗退。鈴木の甲子園は9打数1安打と記録にも記憶にも残らない結果となったが、最後の夏の県大会は打率6割超え、才能の片りんをのぞかせていた。そういえばプロ入り後には、「高校時代、ヒットならいつでも打てた」と語っていた。卒業後にオリックスに入団。94年にプロ野球記録のシーズン210安打を記録し、一気に才能が開花した。

▶鈴木一朗

2019年3月20日、東京ドームで開催されたアスレチックスとのMLB日本開幕戦にマリナーズの一員として帯同して全2試合に出場し、21日に引退を発表した。2019年4月30日にはマリナーズ会長付特別補佐兼インストラクターに就任。マリナーズでの選手指導をはじめ、傘下の3Aタコマでも外野守備・走塁の指導や打撃コーチ補佐、GMのサポートといった職務も任されることとなった。19年12月、学生野球資格回復研修を受講し20年2月7日に学生野球資格を回復した。プロ球団に在籍している場合、原則として学生野球資格の回復を認められていないが、イチローは野球界への功績が大きいことや、アマチュア選手の獲得に携わる立場ではないことから、マリナーズに在籍しながら特例を容認されたものである。ただし、高校生や大学生への指導が可能なのはマリナーズでの活動がないオフシーズンに限られる。実際に高校の指導は同年12月2日から3日間、智弁和歌山が最初。同校は翌年の夏に全国制覇をする。21年は11月29、30日に国学院久我山（東京）、12月2、3日に千葉黎明、11、12日に高松商（香川）を訪れた。22年オフには都立新宿、富士（静岡）の二つの進学校を訪問した。また21年12月18日には、全日本女子野球連盟と全国高等学校女子硬式野球連盟が主催する「女子高校野球選抜強化プログラム２０２１」の一環として行われた女子高校野球選抜チーム（監督・中島梨沙）と、自らオーナーを務める草野球チームの「ＫＯＢＥ　ＣＨＩＢＥＮ」とのエキシビションマッチに九番・投手として先発出場している。

戦 頭脳プレー
ずのうぷれー

１９４８年の学制改革は、高校野球の勢力図に一時変化をもたらした。というのも戦前は、早く実社会での活躍を目指すため、小学校から高等小学校経由の生徒が実業学校に進学。そのため、ことによると実業学校には、現在でいう大学1、2年生にあたる年代の選手もいたのだ。一般に、上級学校への進学を目指す旧制中学では、それが少ない。それが、実業学校の戦前の強さの一因にあった。だが、学制改革以後は、義務教育を終えた同じ年代の高校生が野球をやることになる。また、伝統校であればあるほど、後援会やＯＢの支援で、物資不足の戦後でも、比較的野球環境が整いやすい。そうした背景もあり、戦後の高校野球では一時、旧制中学が勢いを取り戻した。48年夏から54年夏までの春夏13回の大会のうち、普通高校の優勝が10回。中断するまでの戦前、35年春から41年春の13大会の優勝校は逆に、商業学校の優勝が10回なのだ。

49年センバツの決勝は、北野（大阪）と芦屋（兵庫）のフレッシュな対戦となった。北野が2対0とリードした9回裏、芦屋が2点を返し、試合は延長にもつれる。10回もそれぞれ2点ずつ。しかも芦屋は、なおも1死満塁だ。ここで九番打者が、レフトにライナー。タッチアップから三塁走者が還ってサヨナラ……のはずだった。だが北野のレフト・長谷川圭市は、ライナーだったためにつられて飛び出していた二走を視界に入れると、バックホームよりそちらがアウトにできると瞬時に判断して二塁に送球、ホームインより早くスリーアウトを取った。このファインプレーで命拾いした北野は、12回に勝ち越しの2点を挙げて優勝している。このときの投手兼外野手の山本次郎は、のちに弁護士になったとか。そういえば、かの橋下徹氏も北野のOBで、さすがの頭脳プレーといえる。

2012年夏には、済々黌（熊本）が鳴門（徳島）との初戦でこんなプレーを見せている。済々黌は7回1死一、三塁からの遊直が好捕され、一塁に送られて併殺となった。このとき、三走の中村謙太も三塁を飛び出していたが、三塁に戻らず一気に本塁へ。一塁転送よりも早く本塁を踏んだ。ここで守備側が三塁に触塁し、アピールすれば、3アウト目の置き換えで三走がアウトとなり、得点は認められない。だが鳴門側は、併殺でチェンジと全員がフェア地域を離れ、その時点でアピール権が消滅。2対1とリードしていた済々黌に、貴重な3点目が入った。このプレー、野球漫画『ドカベン』に登場している。中村はそれを読んだことがあったし、済々黌・池田満頼監督も「頭を使う野球じゃないと勝てんけん。野球規則を読んで話し合え」と日ごろから話していたとか。併殺か……とあきらめてしまわず、「もしアピールされても、ダメでもともと」と全速力で本塁を駆け抜けたゆえのファインプレーだった。

具 スパイク

すぱいく

2020年夏の甲子園、コロナ感染で選手権が中止になり、その代わりにセンバツに選ばれていた高校を招待する形で開かれた甲子園交流試合。ここに出場した32校のうち、14校が白色のスパイクを履いた。これまでは規定で黒色に限られていたが、暑さを軽減する効果があるとされ、採り入れるチームが増えている。白色スパイクは2019年5月、熱中症対策の一環として日本高校野球連盟が使用を認めた。「高校野球用具の使用制限」というルールでスパイクは「黒の単色」と定められていたが、黒より温度が上がりにくいとされる白色も20年春の公式戦から履けるようになった。日本高野連は、数年前から他国のチームが白色スパイクを使用していることに着目。各地の指導者からも暑さ対策として許可を求める声があがっていた。2019年夏のU-18ワールドカップに出場した日本代表も試験的に白色のものを使用して、実際に使った選手から好評だった。「選手に聞くとね、今までより熱を感じないらしい」と明徳義塾（高知）の馬淵史郎監督。大手スポーツメーカー・ミズノの試験によると、気温32度で黒色のものと比較すると白色の方が内部温度は約10度、表面は約20度低かったという。21年夏は47校中40校が白スパイクだった。黒スパイクは高校野球では消えてしまうかもしれない。

事 スパイ事件

すぱいじけん

２００２年3月29日、センバツの宇都宮工（栃木）と福岡工大城東戦で露見した不正行為。ネット裏の観客から本部に「スタンドにいる福岡工大城東の関係者が、ボールボーイに何度もメモを渡している」という通報があった。大会本部が当該の副部長に事情を聞くと、「（初回3点を先制され）3回、同点に追いつくまでメモを渡していた」と認めたという。そのため、試合中の8回に城東の清野潤二部長を糺すと、ベンチ内の控え選手が3枚のメモを持っていることが判明した。ネット裏から見て、相手投手の配球傾向などを分析したもので、それぞれに「清野先生に渡せ」と記されている。これはむろん、試合中にベンチ外との接触を禁じた高校野球規則に違反する。以前から、外野席から何者かが双眼鏡で捕手を凝視しているなどの噂はあったが、証拠が押収されたのは初めてのことだ。ただ聞き取りの結果、メモは清野部長には渡っていないと判断され、試合はそのまま続行。延長11回に、城東がサヨナラ勝ちを収めている。試合後、城東には副部長の謹慎処分と、部長の変更が言いわたされ、学校側は出場辞退も申し入れたが、選手に非はないとして取り下げられた。城東は2回戦で、明徳義塾（高知）に完敗。「ああいう騒動があると、次の試合はやりにくいもんよ」とは、みずからも〝騒動〟の経験がある明徳・馬淵史郎監督がしみじみもらした言葉である。

施 スピードガン

すぴーどがん

春夏の甲子園で、オーロラビジョンに球速が表示されるようになったのは２００４年のセンバツからだ。もちろん、それまでも球速表示は可能だったが、球速と同時にスポンサー名が表示される仕組みだったため、高校野球にはふさわしくない、として表示が見送られていたのだ。そのため、03年以前の数字はテレビ中継用に表示されていたものが参考である。例えば松坂大輔（横浜・東神奈川、元西武ほか）が1998年夏に151キロを計測すると、01年夏に寺原隼人（日南学園・宮崎、元ヤクルトほか）が154キロをマークし、これが最速とされていた。球場でも表示されるようになった04年センバツ以後では、07年夏の佐藤由規（仙台育英・宮城、元楽天ほか）と13年夏の安樂智大（済美・愛媛、楽天）の155キロが最速。154キロが、いずれも09年夏の菊池雄星（花巻東・岩手、ブルージェイズ）と今宮健太（明豊・大分、ソフトバンク）で、そういえば今宮、高校時代はピッチャーだった。ほかにも、150キロ超えの高校生はぞろぞろいる。となると尾崎行雄（浪商、現大体大浪商・大阪、元東映）や江川卓（作新学院・栃木、元巨人）、あるいは小松辰雄（星稜・石川、元中日）ら、伝説的な剛球投手の球速も知りたくなる。もっとも、表示される数字はあくまでも参考。ときには渾身の速球が98キロなどと、明らかに誤作動と思われる表示もあるのだが……。

▶2007年夏、155キロの最速記録を出した佐藤由規

医 スポーツ障害予防
すぽーつしょうがいよぼう

1991年夏、準優勝した沖縄水産・大野倫（元ダイエーほか）は、右ヒジの痛みを押しながら全6試合を完投し、それがもとでその後の投手生命を絶たれた。これ以前から日本高野連は、投手複数制を推奨していたが、現実はなかなか厳しく、92年夏も5試合を一人で投げ抜いた森尾和貴の西日本短大付（福岡）が優勝している。だが93年夏になると、日本高野連がスポーツ障害予防に本腰を入れはじめた。大阪大学医学部整形外科学教室の相互協力のもと、甲子園本番に先立ち、試合に登板する可能性がある全137選手の肩肘機能検査を始めたのだ。結果、炎症などの初期症状を起こしている者が28人、登板できないほど症状が進行している者も3人いたという。これを踏まえ、95年12月には、甲子園大会での投手としての出場禁止規定が設定されている。以来、

肩肘検査は春夏の甲子園大会前に行われるようになり、大会中のケガや病気で出場が微妙な選手については、指導者が判断するのではなく、もし出場不能の場合はドクターストップを出すようになっている。95年以降、甲子園にはつねに理学療法士も含めたメディカルスタッフが常駐し、試合後の取材終了後には整理体操の指導もしている。

2018年12月、新潟県高校野球連盟は翌年の春季県大会限定で、投手の投球数を1試合につき1人100球までにする「球数制限」を導入することを明らかにした。公式戦では全国初の試みになるはずだった。「県内大会に限るが複数投手の育成、障害予防が狙い」と専務理事が説明。県内の高校の指導者に向けた事前のアンケートでは67%が導入に肯定的だったという。富樫信浩・県高野連会長は「日本高野連には連絡、相談はしていないができることを少しでも前に進めたい。100球への医学的見地はともかく、まず設けてみて、検証だとかを今後考えている」と話した。

ただ、物議を醸したのは新潟独断専行だったこと。中央の日本高野連が慌てただろうことは想像ができる。そこで日本高野連は翌19年4月、「投手の障害予防に関する有識者会議」の第1回会合を招集する。東京・明治神宮記念館で開かれ、座長に中島隆信・慶応大商学部教授が選出された。他に委員は高校野球指導者、医師、弁護士ら13人。投球数制限については賛否両方の意見があり、導入した場合に部員不足の学校が苦しむという地方の現状、もちろん連投による負担を指摘する声もあった。会合後、中島座長は「目的は投球数制限導入ではなく、選手第一、選手の将来を考えようという提言が大事になる」と述べ、「どこまでルール化できるかが課題」と語った。

議論の発端になった新潟県高野連の富樫会長は、「(投球数制限の)賛否は承知している。(議論のテーマから)外してはならないのは、子どもたちを守るということ。この会合が一つの切り口になれば」と話した。この「投手の障害予防に関する有識者会議」は秋まで計4回行われ、11月4日、1人当りの1週間の総投球数を500球以内とする投球数制限を盛り込んだ答申の骨子をまとめた。試行期間を翌春の第92回選抜大会を含む春季大会から3年間とし、期間内は罰則のないガイドラインとして運用するよう提示した。答申では、日本高野連や都道府県高野連など「競技団体の責務」として、「3連戦を回避する日程を設定すること」と明記した。そして「加盟校が行うべきこと」として、週1日以上の完全休養日の導入や積極的な複数投手の育成など、以前から推奨されてきた障害予防対策を改めて強く求めた。中島座長は「投球数制限ばかりが注目されたが、少子化、スポーツの多様化、選手個人の人権尊重という三つのことを踏まえて答申をまとめた」と説明した。その後、日本高野連は答申の内容を念頭に置いて検討、20年のセンバツから1週間500球の球数制限を実施することを決定。しかし、コロナ感染が広がり、センバツは大会そのものが中止になった。

選 住谷湧也
すみたに・ゆうや

2018年夏の第100回大会に近江（滋賀）の外野手として出場し、従来記録を30年ぶりに破る・769の個人大会最高打率を記録した。それまでは1988年の第70回大会で、古閑憲生（津久見・大分）が3試合11打数8安打で記録した・727。選手権では、打率を比較する上で、その対象を準々決勝進出チームとしている。それはそうだ、1回戦で敗退した選手の3打数3安打、10割が大会記録になるのならキリがない。津久見の場合、2回戦からの登場で2勝すればベスト8だったから、古閑の11打数でもその〝規定打席〟に達する。近江の住谷は、同じベスト8ながら4試合に出場したから、九番打者でも13打数は三番の古閑より多く、しかもそこで10安打しての記録更新だから、立派なものだ。たとえば3試合で規定打席に達し、9打数7安打でも記録更新ではあるが、なんとなくすっきりしないでしょう?

2001年、滋賀県栗東市生まれ。滋賀栗東ボーイズから入学した近江では、1年から外野の定位置をつかむと、2年センバツでは一番・レフトで2戦3安打、打率・273。滋賀大会で4割超を記録して臨んだ夏の甲子園では、智弁和歌山戦で2打数2安打、前橋育英（群馬）戦3打数2安打、常葉大菊川（静岡）戦4打数3安打、そして準々決勝の金足農（秋田）戦では、九番から六番に昇格し、吉田輝星（日本ハム）から4打数3安打。3年夏も、甲子園を経験している。20年には、近江でエースだったサウスポー・林優樹（楽天）

ともに、社会人・西濃運輸に入社した。「小柄ながらスイングが力強く、高卒1年目からのポジション獲得も不可能じゃない」というのが周囲の評価。23年は社会人４年目、勝負の時を迎えている。

チ 洲本高校
すもとこうこう

兵庫県淡路島の洲本市にある県立共学高校。島内では一番古く、県内でも5番目に古い。１８７５(明治8)年に徳島師範期成学校洲本分校が開校。翌年に淡路島は兵庫県になっている。77年、神戸師範学校に編入。１９０１年、兵庫県立洲本中学校に改称。48年に淡路高校と統合して洲本高校に。野球部は53年センバツに初めて選ばれる。エースの北口勝啓と捕手加藤昌利(元近鉄)のバッテリーは地元の少年野球時代からのコンビで息も合い、決勝では浪華商(現大体大浪商・大阪)を完封して頂点に。初出場初優勝の快挙だった。北口は4試合中、1失点だけ。監督の広瀬吉治は、46年夏に自らが捕手として優勝している母校を破っての美酒だった。しかし、以後75年夏、86年春、21世紀枠で選出の２０１２年春の3回とも初戦敗退。スポーツ紙で夏の期間中、甲子園の詩を発表し続けた作詞家・阿久悠はセンバツ優勝時の在学生で、第二応援歌の作詞をしている。OBの鎌田実(元阪神)は華麗な守備で甲子園を沸かせた。夏1回0勝1敗、春3回4勝2敗。

戦 スローボール
すろーぼーる

明確な定義はないが、おおむね球速１００キロ未満で、大きな山なりの軌道を描く投球をさすことが多い。打者のタイミングを外し、また通常は打撃練習していない球種のため、使いどころによっては効果があるとされる。２０１４年夏、東海大四(現東海大札幌・南北海道)の西嶋亮太投手は、推定50キロ台の超スローボールを投じて話題になった。九州国際大付(福岡)戦では、テレビの画角からも一瞬消え、スピードガンも計測できないほどの山なり投球を4球用い、清水優心(日本ハム)らのいた打線を12奪三振の完投勝利。小柄な西嶋は、ストレートとスライダーの配球に変化を加えるため、前年秋からブルペンで練習を始めた。実戦でも、その超スローボールのサインを強く要求するため、キャッチャーが半信半疑で使ってみたところ、相手打者を戸惑わせる思わぬ効果があったのだという。この投球は、元民放アナウンサーがツイッターで「ダメとは言わないが、少なくとも投球術とは呼びたくない。意地でも。こういうことやっていると、世の中をなめた少年になって行きそうな気がする」と批判し、思わぬ議論となったが、本人にしてみればアナタにいわれる筋合いはない、というところではないか。

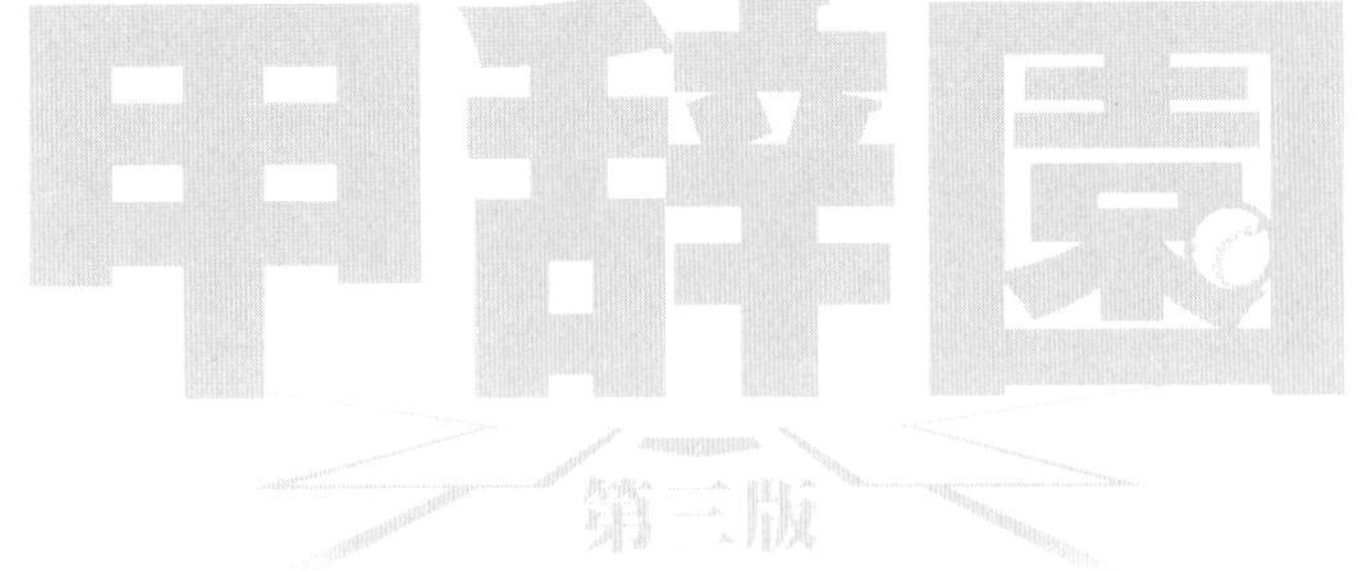

せ

チ 聖光学院高校
せいこうがくいんこうこう

1962年創立、福島県伊達市にあるキリスト教主義の高校。聖光学院工業高等学校から77年に聖光学院高等学校と改称。「聖光」は福音書の第5章14節の「あなたがたは、世の光である」に由来する。「神と共に働く人に」を校訓に掲げ、高校3年間が人生を決める3年間、という理念を持つ。2022年4月に学科再編を行い、現在は2学科6コースの中の普通科にスポーツ探求科がある。硬式野球部は斎藤智也監督のもとセンバツに6回、夏の全国選手権に17回出場している。どちらの出場回数も福島県勢最多。夏は01年の83回が初出場で08年、10年、14年、16年、22年の5度、ベスト8に進出。22年の第104回大会では福島県勢51年ぶり、同校初のベスト4に進出したが、仙台育英（宮城）との東北対決に敗戦。センバツでは13年85回大会でベスト8に進出している。2008年の福島大会の2回戦から、13年の秋季高校野球福島大会の準々決勝まで、福島県内公式戦95連勝を記録した。夏の選手権福島大会は、07年から19年まで地方大会としては戦後最長となる13連覇だったが（独自大会を含めると14連覇）、21年の第103回福島大会準々決勝で光南に敗れ、連続出場は13回で途切れた。主なプロ野球選手は歳内宏明（元ヤクルトほか）、八百板卓丸（元巨人ほか）、横山貴明（元楽天）、岡野祐一郎（中日）、佐藤都志也（ロッテ）、山浅龍之介（中日）など。夏17回出場23勝17敗、春6回出場5勝6敗。

社 青春って密
せいしゅんってみつ

ここでいう「密」は密集を意味する。2022年、第104回夏の選手権で宮城県代表の仙台育英が優勝した。東北地方代表の悲願の初優勝だったが、20年からコロナ感染が広まり、20年入学の世代はあらゆる制約を受けた。コロナ対策の一つに密集を避けることがあった。学校での授業、部活はある意味の密集。密を避けての分散での練習も少なくなかった。高校野球をやりたくても、学校活動そのものができない時期もあった。仙台育英の須江航監督は優勝インタビューで「青春って密なので」とコメントした。全国の高校生の気持ちを思いやっての言葉だった。「〝密〟はもともと、コロナ禍のミーティングで使ってきた言葉」とは須江監督で、この年の新語・流行語大賞の特別賞を受けている（須江航の項参照）。

チ 済々黌高校
せいせいこうこうこう

熊本県内で最も古い歴史を持つ。1879年、士族によって作られた同心学舎という私塾が起源。いったんは経営不振から廃校になるが、82年、支援を受け「済済黌」として発足した。当時の後ろ盾は県内の保守勢力だったため、最終的には公立になる。94年、熊本県尋常中学、99年熊本県中学済々黌と改称。1948年、熊本県立済々黌高等学校になり、49年から共学になった。市内のライバル熊本高校は1901年に済々黌から分離独立した高校。校名は「詩経」の「濟濟たる多士、文王以て寧んず」から採られ、「黌」は学校の意味。戦後になって47年センバツに甲子園初出場。50年夏にベスト4。53年センバツに古葉竹識（元広島ほか）らの活躍でベスト8に。58年センバツは、記念大会で枠が増えたため、県、九州大会ともに熊本工に敗れていたが運もめぐって選抜された。準々決勝では、王貞治（元巨人）で2連覇を狙う早稲田実（東京）に勝ち、準決勝は熊本工に3度目の正直とばかり本番で快勝。決勝でも、優勝候補の中京商（現中京大中京・愛知）を破り、九州に初めて紫紺の旗を持ち帰った。2012年夏には、2年生エースの大竹耕太郎（阪神）の頭脳的な投球で、春夏連覇する大阪桐蔭を苦しめている。翌春も出場して1勝を挙げた。夏7回8勝7敗、春4回8勝3敗。各界に〝濟濟たる〟4万人の人材を送り出している。

▶1958年、センバツで優勝した済々黌

社 聖地
せいち

聖地とは、ある宗教や信仰にとっての本山、本拠地、拠点となる寺院、教会、神社のあるところ。またはその宗教の開祖や創始者にまつわる重要な場所や、奇跡や霊的なできごとの舞台となったところをいう。これをスポーツに転用して、シンボルとなる施設や、最高峰のイベントが行われる場所を聖地と呼ぶことがある。高校野球ならば阪神甲子園球場、高校サッカーなら国立競技場（最近は埼玉スタジアム２００２か）、高校ラグビーなら東大阪市花園ラグビー場がそれにあたる。似たような言葉に「メッカ」があり、メッカそのものはイスラム教の聖地。「高校野球のメッカ・甲子園」などと表現するが、近年は宗教的な配慮か、あまり用いなくなっている。

社 青年の主張

せいねんのしゅちょう

正しくはＮＨＫ青春メッセージ（１９５６～89年は「ＮＨＫ青年の主張全国コンクール」）といい、１９５６年から２００４年まで、毎年1月の成人の日に開催されていたＮＨＫ主催のアピールコンテスト。１９８０年、夏の甲子園に出場した広陵（広島）は、準々決勝で天理（奈良）に敗れたものの、ベスト8まで進出。捕手が原伸次（元横浜ほか）、中井哲之現監督が三塁を守っていた。投手は渡辺一博で、二段モーション気味の変則下手投げだった。ただしそのフォームは、ルール違反すれすれと大会本部で物議をかもし、渡辺は天理に敗れた後、球審から「これからは、もうごまかしの投法はやめるように」といわれ、目の前が真っ暗になった。愛媛・八幡浜から甲子園を目指して広陵に進み、艱難辛苦した3年間が果たして「ごまかし」だったのか。その苦悩を国語の時間に書いた作文が「ＮＨＫ青年の主張全国コンクール」の中国地方代表となり、翌年1月の全国大会で準優勝した。

チ 聖望学園高校

せいぼうがくえんこうこう

埼玉県飯能市の私立高校。前身は１９１８年創立の寿多館養蚕学校で、24年には飯能実業学校と改称。49年、飯能暁高校となるが、51年には米国・ルーテル教会の経営参加で学校法人聖望学園に組織変更した。男女共学の普通科校で、中学校を併設する。82年に創部した野球部は、岡本幹成監督が就任した86年以降力をつけ、鳥谷敬（元ロッテほか）のいた99年夏に甲子園初出場。初戦で敗れたものの、鳥谷はマウンドにも立っている。センバツ初出場だった２００８年は、大塚椋司が好投し決勝まで進出。沖縄尚学の東浜巨（ソフトバンク）に完封負けしたが、準優勝という好成績を残した。野球のほかに体操、陸上、サッカー、女子バレーボールの部活動が強化指定されている。ＡＫＢ48グループなどに多く楽曲を提供しているミュージシャンの杉山勝彦もＯＢ。春1回出場4勝1敗、夏4回3勝4敗。

清峰高校
せいほうこうこう

長崎県北松浦郡佐々町にある県立高校。1952年、北松南高校として設立。2003年に現校名となった。普通科、商業科、情報処理科をまとめて総合学科に改編している。05年夏の初出場では、センバツ優勝校の愛工大名電（愛知）、前年センバツ優勝校の済美（愛媛）を破り、3回戦では辻内崇伸（元巨人）、平田良介（元中日）のいた大阪桐蔭に敗れたが健闘した。06年センバツでは東海大相模（神奈川）、ＰＬ学園（大阪）など、ことごとくビッグネームを倒して決勝に進んだが、横浜（神奈川）に0対21と大敗。その夏は屈辱を晴らすように、1回戦で22得点の猛打を見せている。

そして09年春、本格派右腕・今村猛（元広島）を擁して決勝に進み、花巻東（岩手）の菊池雄星（ブルージェイズ）との投手戦は双方7安打ずつ。最後は犠打5つを決めた清峰の巧者ぶりが上回り、1対0で長崎県勢の初優勝を遂げた。21世紀に入っての強豪で、甲子園での初戦敗退がまだないが、その優勝以来甲子園に出ていない。夏3回4勝3敗、春2回9勝1敗。当時の吉田洸二監督は、母校・佐世保商（長崎）の監督などを経て清峰で優勝監督に。現在は山梨学院の監督を務め、23年センバツで再び頂点に立った。学校の最寄りはかつて松浦鉄道上佐々駅だったが、07年に「清峰高校前」に改称している。

星稜高校
せいりょうこうこう

石川県の、いや北信越の雄といっても過言ではない金沢市の私立高校。1962年に実践第二高校として開校し、翌年星稜高校に改称。一時期、校名を金沢経済大学付属星稜と改称していた時期もある。現在は星稜中学校との中高一貫教育による緻密な進路指導で、国公立大合格者は東大、京大などの難関を含み毎年100人超。学業への比重や希望進路別に、中高一貫を含む4つのコースが設置され、約1700人の生徒が学ぶ。開校と同時に創部した野球部は、72年夏に甲子園初出場。79年夏は箕島（和歌山）との延長18回、92年夏の明徳義塾（高知）戦では松井秀喜（元レイズほか）の5敬遠、18年夏には、タイブレークから史上初の逆転満塁本塁打で敗れるなど、なぜかドラマチックな試合が多い。地方大会でも、14年夏の石川大会決勝では9回裏に8点差を大逆転するドラマを演じた。19年夏は、エース・奥川恭伸（ヤクルト）で95年夏に続く2度目の準優勝。センバツは、中止になった20年をカウントして15回出場の11勝14敗、21回出場の夏は24勝21敗。通算35勝は35位タイで、北陸のチームではトップだ。本田圭佑がOBのサッカー部や、星稜中学の軟式野球部も強豪で、いずれも全国優勝歴がある。多数のプロ野球選手が育ち、異色のOBには文部科学大臣を務めた馳浩がいる。

チ 聖隷クリストファー高校

せいれいくりすとふぁーこうこう

静岡県浜松市北区にあるキリスト教主義の中高一貫の私立高校。母体は聖隷病院。この病院の起源は1930年にできた結核病棟だ。聖霊三方原病院の認可は42年に降りて、その後に日本初のホスピスを開設する。66年に聖隷学園高等学校が開校。2001年に聖隷クリストファー高校と改名。グループには幼稚園から看護大学までを併設する。

22年1月、センバツの選考委員会で前年秋の東海大会で準優勝しながら選出されず、ベスト4止まりだった大垣日大が選ばれて物議を醸すことになる。東海地区の鬼嶋一司選考委員長は大垣日大を「個人の力量に勝る」「甲子園で勝てるチーム」という選出理由を述べた。また優勝した日大三島（静岡）との地域性は全く考慮しなかった、という。選考の不透明性については毎日新聞を除いた複数のメディアやSNSから批判が上がり、ついには末松伸介文部科学大臣からも丁寧な説明を求める意見が出、選考委員会1週間後の毎日新聞では「センバツ出場校の選考について 毎日新聞社からのご説明」が掲載されることになった。20年の静岡県の独自大会では優勝したが、甲子園出場は春夏ともない。鈴木翔太（元阪神ほか）がOB。

戦 セーフティー・スクイズ

せーふてぃー・すくいず

スクイズバントは、相手バッテリーに外されたり、空振りすると三塁走者にタッチアウトのリスクがあり、バントの打球次第では併殺の恐れもある。「サインを出すのに、もっとも勇気のいる作戦」と語る監督も多いほどだ。それに対して、打者がバントをした打球から判断し、三塁走者がスタートを切るのがセーフティー・スクイズという作戦だ。打者は、送りバントのときと同じように確実にバントできる投球を狙って転がし、三塁走者も打球の行方を見て判断するため、リスクは格段に低い。

高校野球では、80年代からよく見られる戦法で、現在ではむしろ、純正のスクイズよりも多い印象がある。たとえば2014年夏には、聖光学院（福島）が1点差を追いついた9回裏、なおもセーフティー・スクイズで近江（滋賀）に逆転サヨナラ勝ちした例がある。

制 責任教師

せきにんきょうし

日本高野連の2022年度大会参加者資格規定によると、責任教師とは「その学校に在籍している校長、副校長、教頭、または教諭、常勤講師、臨時的任用講師で、校長が適任者として委嘱したものに限る」とある。部長と称されることも多い。その役割は学校によってまちまちで、野球経験があり、監督をサポートするコーチ的な責任教師もいれば、野球未経験でフィールド外の雑務や渉外に専念するケースも。ある学校が、センバツ高校野球に出場するとしよう。責任教師は、主催者に提出する書類を準備し、募金活動に奔走し、関係者へ挨拶に回り、応援団手配をし、取材を申し込んだり訪れたりするメディアの窓口になり……これらの仕事を、女子マネジャーや副部長などに振り分けるとしても、事務作業は多岐にわたる。そしていざ甲子園で試合が始まれば、応援団が些細なトラブルを起こして叱責を受けるのは責任教師。選手が野球に集中するための縁の下の力持ちで、常に気が休まらず、特に初出場チームともなると、甲子園という感慨にじっくり浸るヒマもなく、アッという間に大会が終わってしまうとか。

記 惜敗率

せきはいりつ

2022年夏の北北海道大会決勝に北海道有数の伝統校・旭川東が53年ぶりに進出した。結果は強豪の旭川大高（23年4月に旭川志峯と校名変更）に1対7で敗退。初の甲子園出場はならなかった。旧制旭川中時代にはヴィクトル・スタルヒン（のち巨人ほか）がエースを務めた1933、34年に北海道大会決勝で敗れた歴史もある同校にとって、甲子園出場は長年の悲願。「あと1勝で夏の甲子園出場」という試合に敗れるのは、過去10回あり（1926、29、30、33、34、49、50、53、61、69年）、これが11回目。春夏通じて1度も甲子園出場がない学校では全国で最も多い「惜敗の歴史」をさらに更新したことになる。

この「春夏通じて甲子園未出場校

の夏の地方大会決勝の敗戦数」を調べると、旭川東の11回がダントツで、秋田南、米沢中央（山形）の2校が5回でこれに続く（中止になった20年センバツ出場の鹿児島城西も夏の決勝敗退は5回）。センバツ出場こそあるが夏の甲子園出場まで「惜敗」を繰り返した例としては、2014年に11回目の挑戦で初めて壁を破った二松学舎大付（東東京）、13年に8回目で突破した彦根東（滋賀）がある。甲子園出場歴の有無を問わなければ、夏の決勝最多敗戦は郡山（奈良）の23回で、高知が20回、高松商（香川）が19回、熊本工、鹿児島商が18回と続く。

制 背番号

せばんごう

1931年のセンバツでは、日本の野球で初めて背番号を採用。ただし、この大会だけの試験的な採用だった。現在と同じで、投手が1、捕手2、一塁手3、二塁手4……というもの。控え選手はポジションに関係なく11、12、13……というのも、現在同様だ。その年の秋、ベーブ・ルースらの大リーグ選抜が来日し、大リーガーが背番号をつけているのを見て一般に知られるようになったが、甲子園ではその半年前からつけていたのだ。グラウンド上の選手が、スタンドからでもよくわかるようにと採り入れられ、おおむね好評だったが、なぜかこの年限り。本格的に導入されたのは戦後52年夏の大会からで、センバツでも翌53年に復活している。

東京六大学ではさらに遅く、59年春のリーグ戦からだ。高校野球の背番号は、上記のようにレギュラーのポジションに応じるのが原則だが、現在はベンチ入りが20人で、しかも当時に比べて選手層が格段に厚くなっている。背番号二ケタの選手がスタメンで活躍するのもひんぱんだし、複数投手制の浸透により、背番号1以外の投手が実質エースというチームも珍しくない。

攻めダルマ→蔦文也

せめだるま

試 全員出場で勝利

ぜんいんしゅつじょうでしょうり

2022年夏の甲子園2回戦、仙台育英（宮城）は10対0で鳥取商を下した。ベンチ入り登録選手18人全員を起用しての勝利で、03年夏にベンチ入り人数が18人に増えて以降、夏の全員出場は19年の岡山学芸館（対作新学院）以来。同じ日、仙台育英の他に佐久長聖も記録して史上13、14度目だが、18人で勝利は仙台育英が史上初。また投手5人で完封試合を記録というのも春夏を通じて史上初。過去最多は4人で、春は17年報徳学園（兵庫、対多治見・岐阜）、夏は12年常総学院（茨城、対杵築・大分）、14年健大高崎（群馬、対利府・宮城）、18年浦和学院（埼玉、対仙台育英・宮城）が記録していた。ゲーム後、須江航監督は「この世代は入学からコロナで非常に苦しんだ。今日はどんな展開になっても、全員出したいと思っていた。それができて良かった」と話した。翌年の23年センバツでは、作新学院（栃木）が準々決勝の山梨学院戦で全員出場を記録したが敗退。作新は2回戦の大分商戦に17人を投入して勝利していた。

記 全員複数安打
ぜんいんふくすうあんだ

金属バット導入後初のセンバツとなった1975年は、開会式直後の倉敷工（岡山）と中京（現中京大中京・愛知）の一戦がなんと16対15。空中戦時代の幕開けだが、その同じ75年夏には、史上初の全員複数安打という記録も生まれている。磐城（福島）対習志野（千葉）の準々決勝。習志野は1回裏に二番・越智修一が三塁打を放ったのを皮切りに、打つわ打つわで合計23安打16得点。四番・小川淳司（元ヤクルト）の4安打を筆頭に、一番から九番までが全員2安打以上を放った。1試合のチーム打率は40打数23安打の・575で、これは当時の大会記録だった。「20安打以上なんて、練習試合でもないから驚きました」とは習志野・石井好博監督だが、習志野はこの大会、2度目の優勝を果たしている。このあと、全員複数安打が達成されるのは30年後、2005年夏の酒田南（山形）だ。姫路工（兵庫）戦で19安打10得点。2安打が8人と1人だけ3安打ということで、なかなか効率のいい記録達成だ。

試 全国高等学校女子野球選手権大会
ぜんこくこうとうがっこうじょしやきゅうせんしゅけんたいかい

女子の競技人口の増加を受け、1997年に創設された大会。従来の高校野球部を統括する日本高等学校野球連盟は、危険防止の観点から、主催の野球大会に女子部員が参加することを認めていない。だが95年には中国の、翌年には韓国の女子硬式野球チームが来日して親善試合を行ったのを機に、97年に創設されたのがこの大会だ。翌98年には、国内の高校に所属する女子硬式野球チームを統括する競技団体として、全国高等学校女子硬式野球連盟が設立される。現在、同連盟加盟校は全国で50。神村学園(鹿児島)、花咲徳栄(埼玉)、福井工大福井、作新学院(栃木)、履正社（大阪）など、硬式野球強豪校の名前も見える。毎年8月に兵庫県丹波市のスポーツピアいちじまで行われるこの大会で、準決勝に進んだ4チームは、2011年開始のプロ・アマ統一の全日本総合選手権「女子野球ジャパンカップ」への出場権を得る。最多優勝は、第1回から23回連続出場している埼玉栄の7回。なお同校は、女子野球ジャパンカップでも11年に優勝している。20年2月、日本高野連と女子硬式野球連盟が初めて情報交換会を開催。両者はまったくの別組織で、クリアすべき課題は多いものの、21年には、初めて甲子園でこの大会の決勝を行った。22年の第26回大会では、出場校が49校にまで達したほか、1回戦から準決勝まで丹波市内の右記球場を使用。丹波市は大会の開幕を前に、全国12カ所目の「女子野球タウン」に認定された。23年の第27回大会でも、決勝は3年連続甲子園で行われる予定。また00年には、全国高等学校女子硬式野球選抜大会もスタート。3〜4月に埼玉県加須市の加須きずなスタジアムで行われる大会で、最多優勝はやはり埼玉栄の6回。いずれも、参加校数が少ないため地方大会はない。

試 全国高等学校軟式野球選手権大会

ぜんこくこうとうがっこうなんしきやきゅうせんしゅけんたいかい

日本高野連主催で、毎年8月に行われる軟式野球の高校野球大会。「もう一つの甲子園」とも称されている。第1回の1956年は、大阪・藤井寺球場で15代表で開催された。現在は兵庫県明石市の明石トーカロ球場を主会場に行われている。47都道府県を16の地区に分け、府県代表による地区大会を勝ち上った16校が出場する。16地区は、軟式野球部の偏在も考慮に入れ、北海道、東京都のほか大阪府、兵庫県も1都道府県で1地区。東中国、西中国という代表枠もある。

夏の甲子園の終了後から夏休みの期間中に全日程を終わらせることになっており、当該日までに決勝戦が終わらなかった場合は、優勝預かり（両チーム準優勝扱い）となる。かつては延長15回までに決着しない場合、準決勝までならサスペンデッドゲームとして翌日延長16回から再開し、決着がつくまで行っていた。軟式野球はもともと、レベルが上がるほど点が入りにくいのがゲーム特性で、2014年、中京（東海・岐阜）と崇徳（西中国・広島）の準決勝はまず初日に延長15回0対0でサスペンデッド。2日目も15イニング（延長30回）を戦って0対0のままで、大会初の「再サスペンデッドゲーム」となった。3日目の延長45回を終えても0対0で、なんと「再々サスペンデッドゲーム」にもつれた。結局4日目の延長50回に、中京が3点を挙げて勝利している。

それまでの記録・延長25回を大きく上回る大熱戦だったが、この影響で15年の第60回大会から、決勝戦を除きタイブレークを導入した。ちなみに軟式ボールは18年度から、得点が入りやすいように公認球の規格を変更している。大会の最多優勝は中京の11回、続くのは作新学院（栃木）の10回、龍谷大平安（京都）6回。ほかに仙台育英（宮城）、天理（奈良）などにも優勝経験があり、硬式の強豪校とある程度重なっている。なお20年の第65回大会は、新型コロナウイルスの感染拡大により、史上初めて中止となった。

試 全国高等学校野球選手権大会

ぜんこくこうとうがっこうやきゅうせんしゅけんたいかい

戦後から1年経った１９４６年に西宮球場で再開した全国中等学校優勝野球大会は、翌年には7年ぶりに甲子園球場で開催。そして48年には、学制改革によって全国高等学校野球選手権大会となった。これが、いわゆる夏の甲子園だ。旧制の高等学校野球もあったが、高校野球はそれとは別物で、旧学制の中等学校野球にあたる。この年、地方大会の参加校が多い神奈川、愛知、福岡が独立して1代表を送るようになり、ほかの地区の再編含めて代表は23。小倉（福岡）の福嶋一雄投手が全5試合を完封し、小倉が連続優勝を達成している。大会前の公募により、「栄冠は君に輝く」が新大会歌に制定されたのもこの大会。高校生のスポーツとしては最大の規模で、国民的行事として数々のドラマを繰り広げてきた。ときには社会現象となるほどの盛り上がりを見せる。主催は日本高等学校野球連盟と朝日新聞社で、２０１０年からは全国大会の後援に毎日新聞社が加わった。

試 全国選抜中等学校野球大会

ぜんこくせんばつちゅうとうがっこうやきゅうたいかい

大正初期から隆盛する中学野球人気を受け、もう一つ全国大会を開催しようという動きから創設につながったのが、１９２４年開始の全国選抜中等学校野球大会（現在の選抜高校野球大会）である。夏の優勝野球大会が朝日新聞社の主催で行われるのに対し、毎日新聞が主催し、地域にこだわらず全国から選んだ強豪8

校で開催した。当時は、夏の大会の優勝が近畿に偏るなど、地区によるレベルの差が大きかった。実力校の多い地区では、全国大会出場に匹敵する力があっても、地方大会で敗退してしまうこともある。そこで地域の枠にあまりとらわれず、真の実力があると見られるチームを選考委員が選ぶ、という形式の大会となったのだ。会場は名古屋市郊外の山本球場で、朝日新聞が主催する近畿と重ならないための判断と、毎日新聞が新たに創設した東海版の販売政策もあったといわれる。

　このとき、各チームの戦力の把握に関わったのが、大阪毎日新聞を母体とした大毎野球団という社会人チームだ。全国各地を転戦し、地元チームのコーチも行うなどする際に、目と耳で情報を集めたと思われる。そして第1回大会に選抜されたのは、関東／早稲田実（東京）、横浜商（神奈川）東海／愛知一中（現旭丘）関西／立命館中（京都）市岡中（大阪）和歌山中（現桐蔭）四国／高松商（香川）松山商（愛媛）の8校で、優勝したのは高松商。夏の大会では松山商などに阻まれ、6年間出場を逃していたが、四国から2校出場する選抜方式のおかげで見事に実力を示し、また大会の妙味も証明したわけだ。この第1回の出場8校はすべて県が異なるが、以後は同県から2校どころか3校出場も多く、33年には和歌山県から海南中、海草中（現向陽）、和歌山商、和歌山中（現桐蔭）、37年には愛知県から中京商（現中京大中京）、享栄商（現享栄）、愛知商、東邦商（現東邦）の4校が出場した。現在では21世紀枠を除き、一般枠での選考は1県最大2校までという内規がある。2018年のセンバツで滋賀県から近江、彦根東に加え、21世紀枠で膳所が選ばれて3校が出場したのは、レアケースだ。

試 全国中等学校優勝野球大会

ぜんこくちゅうとうがっこうゆうしょうやきゅうたいかい

　1915年に第1回が行われ、戦中の中断を含み、戦後の47年まで29回開催された大会。翌48年には、学制改革によって全国高等学校野球選手権大会となったが、いわゆる「夏の甲子園」のことである。創設の経緯には諸説ある。有力なのは、京都二中（現鳥羽）でバッテリーを組んでいた高山義三と小西作太郎が仕掛け人、という説だ。当時、近畿中等学校連合野球大会は最も権威ある大会とされ、主催の旧制三高野球部主将だった小西が、朝日新聞京都支局に優勝旗の授与を相談。またこれに並行して、京都帝大にいた高山も、「京津地区の大会を開きたい、またできれば他県優勝チームとも手合わせをしたい」と全国大会開催の企画を朝日新聞に持ち込んだとされる。これとは別ルートで、朝日新聞社社長・村山龍平にも企画が持ち込まれ、さらに豊中グラウンドの有効活用法を探っていた箕面有馬電気軌道からも似た趣旨の話があった。これがすんなりとまとまり、「来る八月中旬豊中に於て挙行」という第1回大会開催の社告が、15年7月1日付の大阪朝日新聞1面に発表されたが、なんとも駆け足のスタートだった。

記 全試合安打

ぜんしあいあんだ

森岡良介（元ヤクルトほか）は、明徳義塾（高知）1年の2000年夏から計4回甲子園に出場。02年夏に同校の初優勝を経験し、全13試合にヒットを打った。1年夏は2試合7打数3安打、2年夏2試合9打数4安打、3年春3試合12打数6安打、夏6試合25打数10安打の計53打数23安打で打率・434。原辰徳（東海大相模・神奈川、元巨人）も夏に3回出場し、全試合にヒットを放っている。1978～79年と、2年春から4季連続出場した箕島（和歌山）の嶋田宗彦（元阪神）は、全16試合安打の66打数27安打。82年夏から3季連続出場の池田（徳島）・水野雄仁（元巨人）も、全16試合安打の69打数34安打で、出場回数以外は森岡と嶋田をしのぐ。KK（PL学園・大阪）では清原和博（元オリックスほか）は26試合のうち無安打が8試合あり、桑田真澄（元巨人ほか）は9試合連続安打が最長だ。

記 全試合完封

ぜんしあいかんぷう

一人の投手が相手を無失点に抑えて勝つのが完封で、甲子園では過去、1大会に登板した全試合で完封して優勝した例が5回ある。年代順に列挙すると、

▽1938春
野口二郎（中京商・現中京大中京、愛知）
4試合36回

▽1939夏
嶋清一（海草中・現向陽、和歌山）
5試合45回
※準決勝の島田商（静岡）、決勝の下関商（山口）をいずれもノーヒット・ノーラン

▽1940春
大島信雄（岐阜商・現県岐阜商）
4試合36回

▽1948夏
福嶋一雄（小倉・福岡）

5試合45回

▽1952春

田所善治郎（静岡商）

4試合36回

この後は徐々に打高投低時代になっていき、複数投手制も浸透していくなか、惜しかったのはまず65年春の平松政次（岡山東商）だ。4試合連続完封で決勝に進み、決勝の4回に市和歌山商（現市和歌山）に1点を許すまで、39回連続無失点だった。結局この試合に延長13回2対1で勝ち、優勝している。92年夏に優勝した西日本短大付（福岡）の森尾和貴も惜しかった。5試合通じて四死球が2という抜群の制球を武器に高岡商（富山）、三重、東邦（愛知）、拓大紅陵（千葉）をすべて完封。北陸（福井）との準々決勝だけが1失点完投だった。9回の1失点は、二塁手・森範秀のグラブをすり抜けた打球がタイムリーとなったもので、森は当時「あれは、チーム内ではエラー」と語っている。もしこれをうまく処理していれば、金属バット導入後初の全試合完封という偉業があったかもしれない。

制 選手宣誓
せんしゅせんせい

開会式での選手宣誓を採り入れたのは1929年の夏からで、センバツも翌30年に追随した。当初は、紙に書かれた宣誓文を読み上げるスタイルだったとか。またかつては、組み合わせ抽選会の予備抽選で1番を引いた学校の主将が指名されて務めたが、現在は原則として立候補制で、希望する主将の中から抽選で選ぶ。以前は、「われわれはァ、スポーツマンシップにのっとりィ……」という絶叫型だったが、84年の夏に福井商の坪井久晃主将が行った宣誓は、語りかけるような、わかりやすい宣誓だと評価され、それ以後は自分の言葉で語りかけるのが現在までの主流になっている。また、抽選以外で宣誓選手が指名された特例も過去にはあって、

・1972年夏　沖縄返還後最初の大会であることを記念し、名護（沖縄、南九州）の平安山良克主将が指名され宣誓

・2011年春　直前の東日本大震災により東北地方の高校が参加できなくなる事態も想定され、通常の選出方法を自重して奥島孝康高野連会長が抽選をし、創志学園（岡山）の野山慎介主将が宣誓

・2015年夏　第1回大会から100年を記念して、第1回大会の優勝校・旧京都二中の後身でもある鳥羽（京都）の梅谷成悟主将が指名され宣誓

・2020年交流試合　コロナで春

夏とも本大会が中止になり、センバツに出場が決まっていた32チームが招待されてそれぞれ1試合づつの交流試合が行われた。8月10日の開会式には開幕戦に出場する花咲徳栄と大分商の選手のみ参加。選手宣誓も両校の主将が共同で行った（新型コロナウィルスの項参照）。なお宣誓文の内容は、チームで話し合って決めるのが慣例だ。文言決定後に主催者が確認し、リハーサルで入念にテストする。87年のセンバツでは、京都西（現京都外大西）の上羽功晃主将が、学校の特性を生かして英語の一文を織り交ぜたが、途中でつかえてしまい、「スミマセン！」と謝ってやり直したことがある。

記 選手宣誓からの優勝

せんしゅせんせいからのゆうしょう

春夏甲子園大会の歴史の中で、大会最終日の決勝に勝って閉会式で優勝旗を握った主将が大会初日の開会式で選手宣誓を行っていた――という「選手宣誓からの優勝」は、下記のケースが確認できる。

（春）
1972　第44回
日大桜丘（東京）　常田昭夫
1979　第51回
箕島（和歌山）　上野山善久
1996　第68回
鹿児島実　林川大希
2015　第87回
敦賀気比（福井）　篠原涼

（夏）
1932　第18回
中京商（愛知）　桜井寅二
1933　第19回
中京商（愛知）　吉田正男
1953　第35回
松山商（愛媛）　小川滋
1974　第56回
銚子商（千葉）　宮内英雄
1998　第80回
横浜（東神奈川）　小山良男

戦前から戦後にかけて選手宣誓の詳細が不明な年代があるが、1932年夏、前年の初優勝に続いて2連覇を果たした中京商（現中京大中京）・桜井寅二主将が最初の該当例と見られる。中京商は3連覇の翌33年も、主将を務めた吉田正男が宣誓を行っており、2年連続の快挙。しかし、53年夏に松山商・小川滋主将が3例目となって以後、しばらく途絶えたこともあり「選手宣誓した学校は優勝できない」のジンクスも囁かれた。その後は、70年代に3例出たがまたブランクがあり、90年代に2例出ると、さらにまたブランクがあって2015年春の敦賀気比・

篠原涼主将が久々のケースとなった。春は4例、夏は5例。実際に経験した選手にとっては「盆と正月が一緒に来たような」出来事。春夏合わせて史上9例しかない「偉業」であることは間違いない。

チ 仙台育英高校
せんだいいくえいこうこう

夏29回出場、41勝28敗、センバツ15回（中止になった2020年を含む）出場、16勝14敗、合計57勝は18位。東北・北海道では勝ち星が最上位校である。仙台育英学園高等学校が正式名称で、仙台市宮城野区と多賀城市にも校舎がある。創立は1905年。48年の学制改革で高校と仙台育英中学を併設。中学は一度、閉校するが、96年に仙台育英秀光中学として開校。こちらも軟式野球の強豪校である。89年、大越基投手（元ダイエー）で春にベスト8、夏は惜しくも決勝で帝京（東東京）に敗れ、涙を呑んだ。2001年のセンバツは常総学院（茨城）、15年夏は東海大相模（神奈川）に決勝で敗れて準優勝。常に東北勢初優勝に近い位置にて、22年夏、ついに悲願の全国制覇を果たした（須江航の項参照）。同じ仙台市の東北高校とはライバル関係で、東北が42勝と接近している。

▲1989年夏、決勝で帝京に敗れ準優勝に終わった仙台育英

金村暁（元阪神ほか）、佐藤由規（元楽天ほか）、上林誠知（ソフトバンク）、平沢大河（ロッテ）らOBも多い。また、陸上の駅伝競技も全国で男子7回、女子3回の優勝を数え、ラグビーも冬の全国高校ラグビーに26回出場するなどスポーツが盛ん。

記 先頭打者本塁打&サヨナラ本塁打
せんとうだしゃほんるいだとさよならほんるいだ

2019年センバツ。明石商（兵庫）の一番打者・来田涼斗は、智弁和歌山との準々決勝の1回裏、先頭打者としてライトへホームラン。3対3の同点で迎えた9回裏にも、ライトスタンドへホームランし、明石商がサヨナラ勝ちした。センバツでのサヨナラ本塁打は21本目、裏の攻撃で先頭打者本塁打は8本目（表は13本あり）だが、同一試合で先頭打者本塁打とサヨナラ本塁打を放ったのは、史上初めてのこと。先頭打者本塁打を含む1試合2本という記録も、センバツでは17年の藤原恭大（大阪桐蔭・現ロッテ）しかいない（夏は3人）。また来田は19年夏にも、履正社（大阪）との準決勝で1回裏に先頭打者本塁打を放ち、史上初めて甲子園で先頭打者弾を2回記録した。ちなみに夏の甲子園では、35本目で、うち1回表が19本。

制 前年優勝校枠

ぜんねんゆうしょうこうわく

かつてセンバツにあった前年優勝校が無条件に出場できる制度。1925年の第2回大会から32年まで続いた。もともとが強豪校の招待試合的な意味合いで始まった大会であり、当時は各地区の秋季地区大会も現在のような体系が統一されていなかった。水準以上の力量が保証される前年優勝校の出場は、それほど無理な話じゃない。現に24年の第1回に優勝した高松商（香川）は、翌年も決勝まで進んでいるし、26年優勝の広陵中（広島）も翌年決勝まで進出、その27年に優勝した和歌山中（現桐蔭）も翌年の決勝まで進み……と、制度のあった8年間、前年優勝校は半分の確率で決勝まで進んでいる。29～30年は、第一神港商（現神港橋・兵庫）が初の連覇を達成した。この制度が廃止されたあとも、センバツの優勝校は翌年の大会にも必ず選出され、戦後48年の優勝校・京都一商（現西京）が翌年出場できずに、前年優勝校の出場がストップした。

運 センバツ応援イメージキャラクター

せんばつおうえんいめーじきゃらくたー

２０１３年の第85回大会から、オスカープロモーションとのタイアップで選抜高校野球大会を応援する「センバツ応援イメージキャラクター」を制定している。13年から順に吉本実憂、14年・小芝風花、15年・小澤奈々花、16年・井頭愛海、17年・岡田結実、18年・玉田志織、19年・井本彩花で、中止にはなったが20年は石井薫子、そして21年・小泉のん、22年・伊丹綾香と続く。告知ポスターなどに登場するほか、ＧＡＯＲＡの開会式中継にゲスト出演するのが慣例。そして23年の記念大会となった95回のイメージキャラクターを務めたのは17歳、現役女子高生の久慈愛。かつて阪神タイガースや中日ドラゴンズで活躍した元プロ野球選手の久慈照嘉さんの長女だ。

制 センバツ改革検討委員会

せんばつかいかくけんとういいんかい

日本高校野球連盟は2022年7月、選抜大会の理念を明示した「大会綱領」と、出場校の選考過程を初めて明文化した「選考ガイドライン」を発表した。前年秋の東海大会準優勝の聖隷クリストファー（静岡）ではなく同4強の大垣日大（岐阜）が選ばれ、騒ぎになった第94回大会後にセンバツ改革検討委員会で重ねられてきた議論をもとに作成した。しかし、曖昧さが解消されるどころかさらに増した内容に、ファンからは早くも批判が集中した。

日本高野連と毎日新聞社はセンバツ改革検討委員会を6回にわたって開催した。横浜高野球部元監督の渡辺元智氏ら3人を外部アドバイザーとして選任。各地区高野連の代表理事や地区別小委員会の正副委員長らもまじえ、大会理念の再検討と出場校の選考過程や発表のあり方について協議するものだ。注目すべきは、初めて明文化された選考ガイドラインだ。

基本原則は次のようになっている。

（1）選抜高校野球大会は招待大会であり、選考委員が選考委員会において厳正、公平に出場校を選出する。

（2）本大会の特色は予選を持たないことである。秋季大会の試合結果は重要ながらも、あくまで参考資料の一つである。

（3）本大会の理念を実現するため、勝敗のみにとらわれず、出場にふさわしい学校を選出する。

（4）選考委員それぞれが選出の理由を客観的に説明できるように努める。

その上で選考ポイントを次のように定めた。

（1）秋季大会の試合結果、試合内容をもとに評価する。その割合は同程度とし、総合的に判断する。

（2）試合内容については投手力、打撃力、守備力、機動力など技術面のみならず、作戦の徹底、創意工夫、粘り強さといった試合運びや、フェアプレー、マナー、きびきび、はつらつとした動きといった野球に取り組む姿勢のほか、戦力のバランスやチームの潜在能力、大会を通しての成長ぶり、チームワークなども評価の対象とする。

（3）複数の学校の評価が並んだ場合、できるだけ多くの都道府県から出場できるよう地域性も考慮する。

（4）秋季大会については、府県大会についても参考とするが、選考委員が視察する地区大会の結果、内容を優先する。

第94回大会では東海地区から選出された2校をめぐってさまざまな意見や批判が殺到。ネット上は炎上状態と化した。東海大会の優勝校、準優勝校が順当に選出されなかったのは1978年の第50大会以来、実に44年ぶりであり、あまりにも不可解な選考だとして物議を醸した。

さらに選考の責任者を務めた、東海地区の鬼嶋一司委員長の説明が火に油を注いだ。鬼嶋委員長は「個人の力量に勝る大垣日大か、粘り強さの聖隷クリストファーかで賛否が分かれた。特に投手力で差があった。春の選抜大会では失点の多いチームは厳しい。大垣日大は総合力の高いチーム。（日大三島と聖隷クリストファーが）静岡県同士ということはまったく考慮していなかった。甲子園で勝てる可能性の高いチームを選んだ」と説明した。

これに静岡県高野連（高橋和秀会長）だけでなく、聖隷クリストファーのある浜松市の鈴木康友市長や静岡県の川勝平太知事も納得できないと反論。聖隷クリストファー野球部OB会は、大垣日大と入れ替えるのではなく、33校目の出場校として聖隷クリストファーを認めてほしいと署名活動を開始。3日で1万筆を集めている。

選考理由に「個人の力量」が含まれた点に、評論家の上原浩治（元巨人ほか）さん、パドレスのダルビッシュ有らもツイッターを介して反論の声をあげた。まとめられた選考ガイドラインは、特に選考ポイントで曖昧さがさらに増す内容となったとファンに受け止められている。例えば（3）で「地域性も考慮する」と明記されているが、これは鬼嶋委員長の「静岡県同士ということはまったく考慮していなかった」という説明と食い違う。大垣日大の選出を後付け的に認めさせたようにも映る。

選考の客観性はこれまでも言われてきた。これに対しても（2）で「野球に取り組む姿勢」や「戦力のバランスやチームの潜在能力、大会を通しての成長ぶり、チームワーク」には、どちらかと言えば主観的な要素が多く入り込んでくる。参考資料のひとつとされた秋季大会も（1）で「試合結果、試合内容をもとに評価する。その割合は同程度とし、総合的に判断する」と定められたが、選考委員の主観に委ねられる。府県大会よりも地区大会を優先するとした（4）も残念ながら説得力を伴わない。など、ツッコミどころ満載のガイドラインとなった。

試 選抜高等学校野球大会
せんばつこうとうがっこうやきゅうたいかい

1948年、学制改革によって選

抜中等学校野球大会から名称を変え、最初に行われたいわゆる「春の甲子園」（通称センバツ）。ただしこのときは、年度をまたぐ端境期で、また新校名ではなじみがないこともあって、校名としては○○中が用いられた。47年春には、5年の中断を経てセンバツが復活したが、開催までには紆余曲折があった。甲子園球場がGHQの接収から解除されたのが47年1月。その後毎日新聞社は「センバツ再開」の社告を掲載している。だがGHQは文部省を通じ、全国大会は夏に1回あればよいと圧力をかけた。結局、それまでの大会名から「全国」をはずして第1回選抜中等学校野球大会とし、また近畿のチーム中心の招待試合形式をとることでなんとか妥協した。この大会では、近畿中心という整合性を保つためか、出場校も近畿勢に偏っている（16校中6校）。ただこれらは、開催にこぎ着けるための方便といっていい。のち55年、大会回数は中学野球の時代から通算されたが、今も大会名には全国がつかないままだ。

主催は日本高等学校野球連盟と毎日新聞社で、2010年からは後援に朝日新聞社が加わった。ちなみに全国大会、いわゆる選手権は年に一度でいい、というGHQの指摘はいまも引き継がれているのか、どのスポーツでも選手権と名のつく大会は、カテゴリーごと（たとえば中学、高校、大学、社会人など）に年に一度となっているようだ。

制 選抜選考委員会

せんばつせんこういいんかい

各地方大会で優勝した高校が出場する全国高校野球選手権大会に対して、センバツでは選考委員会によって出場校が決められる。選考は、まず21世紀枠を選出し、次に「北海道・関東・東京」「東北・近畿」「東海・北信越・九州」「中国・四国」という地区別の小委員会で選考が行われる。選考委員は地区ごとに異なるため、地区によって全く逆の基準により選考がなされることも。ある地区では絶対的エースを評価したかと思えば、別の地区では一人の投手に頼り過ぎとも言われかねないのだ。出場は通常32校、記念大会でも36校のため、1校も出場しない府県もあれば、複数以上選出される可能性もある。出場か否かボーダーラインの学校にとっては、ここが泣き笑い。実は、専門誌もそうなのだ。選考委員会後すぐに雑誌を発売するためには、出場が微妙な学校を含め、事前に多めに取材しておくのが効率的だ（たとえば一般枠28に対して30～32チームを事前に取材）。それでも毎年のように1、2校は予想を裏切られ、新たに取材に出向くことになる。2000年のセンバツで準優勝した智弁和歌山がそうだったように、選考委員が強く推せば、前年秋の地区大会初戦で敗退していても選考されることもある。ただし高野連は、出場校の選考基準として、センバツ改革検討委員会によるガイドライン以前に下記を挙げている。

（1）大会開催年度高校野球大会参加者資格規定に適合したもの。

（2）日本学生野球憲章の精神に違反しないもの。

（3）校風、品位、技能とも高校野球にふさわしいもので、各都道府県高校野球連盟から推薦された候補校の中から地域的な面も加味して選出する。

（4）技能についてはその年度全国高等学校野球選手権大会終了後より11月30日までの試合成績ならびに実力などを勘案するが、勝敗のみにこだわらずその試合内容などを参考とする。

（5）本大会はあくまで予選をもたないことを特色する。従って秋の地区大会は一つの参考資料であって本大会の予選ではない

（第92回記念選抜高等学校野球大会要項より抜粋）。

22年、第94回大会の選考の際、東海大会で準優勝の聖隷クリストファーが選ばれず、ベスト4止まりだった大垣日大が選ばれて、文科大臣までが選考理由を知りたい、と発言する騒ぎになった（聖隷クリストファー高校の項参照）。一連の騒動が報道される中で、意外な事実も知られることになった。例えば、選考委員が秋の大会を観戦していないことも場合によってはあるし、本会議の他にも、事前に非公式な会議を行ったり委員同士で意見を交換したりして、選考の準備をしているという。

社 旋風

せんぷう

辞書によると旋風とは、比喩的に使われる場合は「突発的に社会に与える動揺」。「動揺」はともかくとして甲子園では、「突発的に」活躍したチームが○○旋風と称されることが多い。例えば2001年のセンバツには、関西創価（大阪）と宜野座（沖縄）が初出場した。いずれもベスト4まで進んだが、宜野座が旋風と呼ばれたのに対し、関西創価はそういう形容はされていない。宜野座は前年秋の九州大会ベスト8で、新設された21世紀枠での出場だった。対して関西創価は、近畿大会準優勝で、エースの野間口貴彦（元巨人）は大会ナンバーワンともいわれた右腕だ。つまり同じベスト4でも、宜野座の活躍は「突発的」に勝ち進んだ印象で、関西創価が勝ち進んだの

はある意味順当だった、ということだろう。過去の甲子園では魚津（富山）の蜃気楼旋風（1958年夏）、興南（沖縄）旋風（68年夏）、甲西（滋賀）旋風（85年夏）、新湊（富山）旋風（86年春）、2007年夏佐賀北の〝がばい旋風〟、18年夏のカナノー（金足農・秋田）旋風などが代表的。

他 全力疾走

ぜんりょくしっそう

1953年夏の大会決勝は、松山商（愛媛）と土佐（高知）の争いとなった。屈指の名門で、すでに春夏4回の優勝がある松山商に対し、土佐は前年センバツが初出場。夏も、これが初めての甲子園だった。だが初戦、1試合13盗塁の新記録を達成して金沢泉丘（石川）を破ると、準々決勝・準決勝は山本順三が連続完封。決勝でも山本は好調で、7回終了時は2対0と土佐がリードしていた。8回表に1点を返した松山商は、9回に同点に追いつくと延長13回、1点を勝ち越し。逆転で、夏は3回目の優勝を果たした。土佐にとっては、9回2死からの悪夢の同点劇で、山本投手は「土壇場になりネット裏では閉会式の準備が行われだし、優勝旗が目に止まり功を急いだ」とのち、『土佐路の白球』に記している。

ただ、正式な創部が49年という土佐は、攻守交代の全力疾走がきびきびし、また高校生らしいマナーも好感を呼んで、「優勝旗のない優勝校」とたたえられた。以後、全力疾走は土佐の代名詞ともなっているが、もともとは50年夏に出場した鳴門（徳島）が実践していたもの。これに影響を受け、さらに進学校の土佐は練習時間も限られるため、効率的な練習のためにも全力疾走を採り入れていた。近年の甲子園で全力疾走が目立つのは、ほかに滝川西（北海道）、花巻東（岩手）あたりか。攻守交代時はともかく、全力疾走は走者のアウト、セーフにも影響する。極端にいえば走者は、コンマ1秒でゆうに50センチは進むのだ。また高校レベルでは、全力で一塁に走る姿が、野手の心理に微妙な重圧となることもある。それなのに、ほとんど全員が高校球児だったはずのプロ野球では、凡打すると一塁まで流して走ることが多いのはなぜ？

そ

事 象
ぞう

1951年のセンバツ。鳴尾（兵庫）の応援団長が、なんと象に乗って甲子園に登場した。甲子園のほど近くにあった阪神パークのアジア象で、パフォーマンスとして借り出すべく交渉。首尾よく連れ出して、実際にはかま姿の生徒が校旗を手にしてそのまま象に乗り、一塁側ファウルグラウンドを歩く姿が写真に残っている。当然、高野連は激怒するし、今では想像もつかないできごとだ。阪神パークは2003年に閉園。当時の象は千葉県の動物園「市原ぞうの園」に移ったというが、アキ子とキク子の2頭のうち、どちらが甲子園を歩いたのかは定かではない。

チ 崇徳高校
そうとくこうこう

西本願寺系の龍谷学園加盟校で、校名は明治時代に西本願寺法主から授けられたもの。広島市西区にある。1875年にできた寺院子弟の専門学校が起源。1901年、校名を広島仏教中学、13年には崇徳中学に。48年中学を併設し崇徳高等学校となり、00年から中高一貫教育になって進学実績も伸びている。

▲ 1976 年春に優勝を果たした崇徳

野球部にとっては常に「打倒広商」が目標だった。76年のセンバツ初出場初優勝が輝かしい。ピッチャー黒田真二（元ヤクルト）、キャッチャー應武篤良、ショート山崎隆造（元広島）、センター小川達明（元広島）らがいた完成度の高いチーム。決勝の小山（栃木）には5対0など、すべての試合でリードされたことがないほどの圧勝だった。春夏連覇を狙ったが、夏は3回戦で酒井圭一（元ヤクルト）の海星（長崎）に0対1で敗れた。OBは小林宏（元オリックス）、井上晴哉（ロッテ）など。バレー部は選手権などのタイトル獲得が全国最多で、OBの日本代表選手も多い名門。軟式野球部は14年の選手権で、岐阜の中京と延長50回という歴史的ゲームをしている。夏2回出場3勝2敗、春3回出場5勝2敗。

選 副島浩史
そえじま・ひろし

2007年の夏、広陵（広島）との決勝で8回、優勝を決める劇的な逆転満塁本塁打を放った佐賀北の三塁手。佐賀県勢にとって2度目の優勝は、〝がばい旋風〟と呼ばれた。1994年の夏に優勝した佐賀商も、樟南（鹿児島）との9回表、西原正勝の決勝としては史上初の満塁本塁打が決勝点。副島が放った決勝の満塁弾は2本目だが、逆転となると史上初だ。この大会の副島は、福井商との開幕試合で、8回表に大会第1号を放っている。そして決勝の満塁弾は大会最後の本塁打で、大会第1号と最後の1本（大会第24号）を同一チームの同一選手が放つという、史上唯一の珍しい例となった。この大会の副島の打撃成績は、24打数8安打7打点3本塁打。卒業後は福岡大に進み、3年秋には打点とホームランの二冠を獲得するなど活躍し、就職した佐賀銀行では軟式野球部に入部、硬式野球からはいったん距離を置く。だが野村祐樹（広島）、小林誠司（巨人）ら対戦した広陵の選手と食事をする機会があり、野球の虫がうずいた。指導者として甲子園に戻りたい……。銀行は2年半で退職し、支援学校の講師を経て18年、唐津工に保健体育教師として赴任。その秋から監督となった。夏の初陣だった19年は、ベスト8まで進出。その夏は、同じがばい旋風のエースだった久保貴大が、佐賀北を率いて甲子園に出場しており、副島も続きたいところだ。

事 空谷事件
そらたにじけん

空谷泰（そらたに・やすし）は、1953年夏の甲子園で優勝した松山商（愛媛）のエース。3試合連続完封（被安打は合計わずか7）のあと、決勝でも土佐（高知）を延長13回6安打2失点。40回を計13安打2失点という力量は、プロの目に止まった。当時はドラフト会議などなく、自由競争の時代。空谷の獲得合戦は、巨人と中日の入札で入団先を決めることに。結局空谷は中日入りしたが、未成年である高校生の進路を入札で決めるという事態に、日本高野連は松山商を1年間の公式戦出場停止処分とした。50年から2リーグ制となったプロ野球の人気も盛り上がったこのころ。高額な契約金にモノをいわせる、強引な選手の獲得競争が目立ちはじめた。空谷はプロ入り後、本来の児玉姓に戻り（松山商入学には学区の壁があったため、松山商OB・空谷家の養子となっていた）、通算63勝を挙げている。

た

規 ダートサークル
だーとさーくる

本塁周辺に設けられた円形の土の部分、またはそれを示すための円形の白線を指す。これは和製英語で、英語ではdirt cut outという。甲子園では2007年のセンバツから、本塁の基点を中心として、直径26フィート（約7・925メートル）の円が白線で引かれるようになった。公認野球規則6・09bの原注（07年導入当時）には、「第三ストライクと宣告されただけで、まだアウトになっていない打者が、気がつかずに、一塁に向かおうとしなかった場合、その打者はホームプレートを囲む土の部分を出たらただちにアウトが宣告される」とある。この「ホームプレートを囲む土の部分」がダートサークルのこと。第3ストライクを宣告されただけでアウトにはなっていない、つまり振り逃げが可能な打者が、一塁に走ろうとすることなくダートサークルから外に出たらアウト、ということだ。

メジャーリーグの球場の多くは、土と芝の境界線でこのダートサークルを示すが、日本では内野の全面が土であることが多い。そのため、アマチュア野球のほとんどの団体・組織では、白線を引いて境界線を示すようになった。ただプロ野球では線が引かれることはなく、打者が境界を出たかどうかの判断は審判員による。なお、世間では何かと保守的、お役所的と見られることもある高校野球だが、球審がボールカウントのコールを「ボール→ストライク」のように大リーグの世界標準にしたのは1997年のこと。これはアマチュアでも高校だけで、日本のプロ野球と大学や社会人は10年からだから、こと球審のコールに関しては随分と先を行っていたのだ。

記 第1号ホームラン
だいいちごうほーむらん

第1回の全国中等学校優勝野球大会で、記念すべき大会第1号ホームランが生まれたのは、1915年8月18日のことだ。広島中（現広島国泰寺）と鳥取中（現鳥取西）の開幕戦。広島中の中村隆元一塁手が、鳥取中の鹿田一郎投手から記録している。試合が行われた豊中グラウンドは、およそ140メートル四方の運動場で、外野にはフェンスがなく、境界として張ったロープをノーバウンドで越すとホームランとされていた。

ホームベースからの距離は、もっとも深いセンターでも、100メートル程度だったという。中村の第1号は、広島中の9回2死二、三塁で飛び出した。センターへ飛んだライナーは、鳥取中の中村延孝中堅手の頭上を越え、しかも転がった打球は、外野に生い茂った草むらに隠れてしまう。打った中村はその間にホームまで達し、つまり大会第1号は3点ランニング・ホームランというわけだ。ただし広島中は、この一打で追いすがるも7対14で敗戦。ちなみに、鳥取中の鹿田はこの試合で、毎回奪三振第1号を記録した。また、翌年の第2回大会では、4本のホームランが生まれている。24年夏、甲子園球場第1号を放ったのは静岡中の田中市太郎。北海中（北海道）との5回表、しかも史上初の満塁弾だったが、試合は延長12回、4対5でサヨナラ負けしている。翌年センバツの甲子園第1号は、第一神港商（現神港橘・兵庫）の山下実（元阪急）。

第一神港商→神港橘高校
だいいちしんこうしょう

試 第1回全国中等学校優勝野球大会
だいいっかいぜんこくちゅうとうがっこうゆうしょうやきゅうたいかい

1915年、第1回の全国中等学校優勝野球大会は8月18日、大阪府の豊中グラウンドで開催された。東北、東海、京津、関西、兵庫、山陽、山陰、四国、九州の9地区で地方大会を行い、春の東京都下大会優勝の早稲田実を関東代表として加え、秋田中（東北）、早稲田実（関東）、三重四中（現宇治山田・東海）、京都二中（現鳥羽・京津）、和歌山中（現桐蔭・関西）、神戸二中（現兵庫・兵庫）、鳥取中（現鳥取西・山陰）、広島中（現広島国泰寺・山陽）、高松中（四国・香川）、久留米商（九州・福岡）の10代表が参加した。このときには、完全な野球規則がなかったため、11カ条の規則を決定したという。最初の試合は、鳥取中と広島中。広島中が1回表に2点を先制したが、その裏には鳥取中が1点を返し、以後は点の取り合い。結局、8回裏に大量7得点した鳥取中が、14対7で記念すべき1勝目を記録している。国泰寺は現在まで、この開幕戦が唯一の全国大会で、甲子園の土は踏めていない。なお決勝は、秋田中が7回に1点を先制したが京都二中が8回裏に追いつき、迎えた延長13回裏、1死一、三塁から内野ゴロの間に三走が生還し、京都二中がサヨナラで秋田中を下している。このときもし秋田中が勝っていれば、「優勝旗の白河の関越え」という東北勢初優勝の悲願が、1世紀以上にもわたることはなかった。

大会歌
たいかいか

↓「今ありて」「栄冠は君に輝く」

制 対外試合禁止
たいがいじあいきんし

「日本学生野球協会は審査室会議を開いて高校■件の処分を決め、○○を●月●日から、3カ月の対外試合禁止とした……」。新聞紙上などでよく目にする、対外試合禁止処分。日本学生野球憲章によると、「日本学生野球協会は、学生野球団体、野球部、部員、指導者、審判員および学生野球団体の役員が本憲章に違反する行為をし、（中略）た場合には、「当該の者に対して処分をすることができる」。その処分として、

①謹慎　処分対象者が個人の場合であって、野球部活動にかかわることの禁止

②対外試合禁止　処分対象者が野球部の場合であって、対外試合への参加の禁止

③登録抹消・登録資格喪失　処分対象者が個人、野球部または学生野球団体であって、学生野球団体へ登録をしている者については登録を抹消し、処分対象者が未登録の場合には、登録資格の喪失

④除名　処分対象者が個人であって、学生野球資格の喪失

の4つがある。審査室会議では、期間と合わせて処分を決定するわけだ。たとえば、「暴力や暴言などがあった□□の監督は●月●日から4カ月の謹慎」という具合だ。

運 大会第0日
たいかいだいぜろにち

2005年のセンバツは、開幕日の3月23日が雨天のため、史上初めて開会式のみを行った。そして公式には、この日を大会第0日とし、翌日の3月24日が大会第1日という扱いになっている。開会式のみの第0日目が存在するのは大会史上初のこと。何やら、まれに鉄道駅にある0番線のようだ。ちなみに、1日遅れの開幕戦・駒大苫小牧（北海道）と戸畑（福岡）の一戦は、駒苫が勝利。完投勝利を収めているのが、前年秋までは捕手だった2年生の田中将大（楽天）である。

社 対抗試合禁止令
たいこうじあいきんしれい

明治後期の野球害毒論にもかかわらず、中学野球は隆盛を迎えていたが、あまりの過熱ぶりに各地で応援団を中心としたトラブルが相次いだ。1908年の全九州大会では、中学済々黌（現済々黌）と熊本師範（現熊本大）の試合で、熊本師範がチャンスを逸しかけたことで収拾がつかなくなり、主催者が大会を中止した。09年、札幌一中（現札幌南）と北海道師範（現北海道教育大教育学部）の応援団同士で紛争が起こり、北海道庁が対抗試合禁止令を発令。15年に始まった全国大会予選参加の道も閉ざされ、ようやく解禁になったのは20年のことだ。13年の第5回山陰大会では、松江中（現松江北・島根）と米子中（現米子東・鳥取）との対戦で米子中の応援団が松江中の応援団に暴行。松江中は試合を放棄し、翌年は大会自体が開催されなかった。これが尾を引き、15年の第1回全国中等学校優勝野球大会の山陰大会は、地元以外での異例の開催を余儀なくされる。また鹿児島でも、試合後の喧嘩がきっかけで、06～18年まで一切の対抗戦が禁止されていた。

社 大正・昭和・平成3年号優勝
たいしょう・しょうわ・へいせいさんねんごうゆうしょう

1996年の夏、松山商（愛媛）は「奇跡のバックホーム」で夏は5回目の優勝を達成。これで大正、昭和、平成の3年号すべてで、少なくとも春夏どちらかの優勝を飾った。内訳は1925（大正14）年春、32（昭和7）年春、35（昭和10）年夏、50（昭和25）年夏（当時松山東）、53（昭和28）年夏、69（昭和44）年夏、そして96（平成8）年夏だ。もともと大正期に優勝している学校自体が少なく、春は3校、夏は10校にすぎない。そのうち大正（1912～26年）と昭和（26～88年）に優勝しているのは、関西学院（兵庫、20年夏＋28年春）、高松商（香川、24年春、25年夏＋27年夏、60年春）、広島商（24年夏＋29、30年夏、31年春、57年夏、73年夏、88年夏）の3校だけだ。広島商の88年夏の優勝は昭和最後の大会で、1年遅ければ平成だったし、高松商は2016（平成28）年のセンバツ準優勝が惜しい。というわけで、3年号で優勝があるのは松山商のみ。その古豪もこのところ元気がないが、令和になって20年には、今治西時代の15年間で11回甲子園出場を果たした大野康哉監督が就任。22年には、96年夏優勝時の監督・沢田勝彦氏がOB会の顧問となり、復活が待たれる。

試 代替大会
だいたいたいかい

新型コロナウイルスの感染拡大により、春と夏の甲子園だけではなく、都道府県大会も中止になった2020年。東京都や大阪府は早くから独自に代替大会を行うことを検討していたが、萩生田光一文部科学大臣の「各種目の集大成を用意してやることが望ましい」という発言を受け、当初断念を表明していた福岡県も含め、各地方高野連が代替大会の開催に次々と手を挙げた。日本高野連も5月下旬、新型コロナウイルス感染防止対策のガイドラインを作成し、各高野連に配布するとともに、都道府県高野連ごとの代替大会について、開催指針となる大会実施要項を発表。「これまでの練習の成果を発揮する機会を設ける」と目的を明記し、無観客開催ながら公式戦と位置づけた。

これにより、代替大会の結果も各地区の公式記録として残るわけで、故障防止の観点から1週間500球の球数制限も初めて導入されることに。ほかにも3年生を多くベンチに入れたいなどの事情によりベンチ入り登録のルールを柔軟にしたり、練習が十分ではないことを考慮しての7回制または2時間制など、試合方式の細部や、大会の名称そのものも主催者である各連盟の裁量に任された。また東北6県の優勝校による東北大会のほか、東西東京、三重と岐阜でも各優勝校同士が対戦する例もあれば、学業の遅れを取り戻すための夏休みの短縮、1、2年生での新チーム始動への影響などから、決勝まで行われない地方もあった。

この代替大会は日本高野連と朝日新聞社が後援し、日本高野連は各都道府県高野連に総額1億9000万円の財政支援を行った。私的な団体から寄付の申し出もあり、学生野球憲章を満たしている場合は積極的に受ける。プロ野球選手会からは、日本高野連に1億円の寄付があった。またスポーツ庁は野球に限らず、各地域で中止になったインターハイ（高校総体）の代替大会の開催を促し、8億4000万円の支援を計上。これには、開催する都道府県への一律1000万円の支援も含まれ、各競技団体はさまざまな形式で代替大会（独自大会という場合もあり）が行われた。

大ちゃんフィーバー
だいちゃんふぃーばー

→荒木大輔

制 代表枠
だいひょうわく

夏の甲子園で、現在のような1県1代表制が定着したのは1978年の第60回記念大会から。それまでは一部の都道府県を除き、一つの代表枠を複数の府県で争っていた。第1回全国中等学校優勝野球大会では東北（事実上秋田のみ）、東海（愛知、岐阜、三重）、京津（滋賀、京都）、関西（大阪、和歌山）、兵庫、山陽（岡山、広島）、山陰（鳥取、島根）、四国（香川、徳島）、九州（福岡、長崎）各地区の優勝校と、春の東京大会優勝校の10代表が出場した。あわただしく開催されたため、全国といいながら参加都府県は17にすぎなかった。その後段階的に代表数は増加したが（1県1代表となるまでの地区割りの変遷はP302～303の表を参照）、それでも57年の時点で23代表。翌年の40回記念大会で、初めて沖縄を含む各都道府県から47代表が出そろった。これは以降5年ごとの記念大会でも維持され、78年以降は南北北海道、東西東京を含めて49代表が定着した。98年の80回記念大会では参加校の多い埼玉、千葉、神奈川、愛知、大阪、兵庫の各府県が2代表を送り、90回大会も同様。100回大会では、右記6府県に福岡も加え、代表校は史上最多の56となった。

規 タイブレーク
たいぶれーく

野球におけるタイブレーク（tie break）とは、同点で延長戦にもつれた場合、攻撃側にあらかじめチャンスを設定して得点が入りやすいようにし、早期決着を促す方式。運用方法は団体や大会によって異なるが、2018年センバツから採用された春夏の甲子園では、延長13回から無死一、二塁、前イニングの継続打順から攻撃を始める方式だった。もともと選手の体調への考慮や大会運営の観点から、神宮大会では11年、国体では13年、春季各都道府県や地区大会では14年から導入されていた（運用は、規定のイニングで1死満塁、攻撃側が任意の打者を選ぶ選択打順）。ただし、春夏の甲子園とそれにつながる大会では、得点の入りやすい状況を人為的に設定することへの拒否反応が予想され、採用については慎重だった。

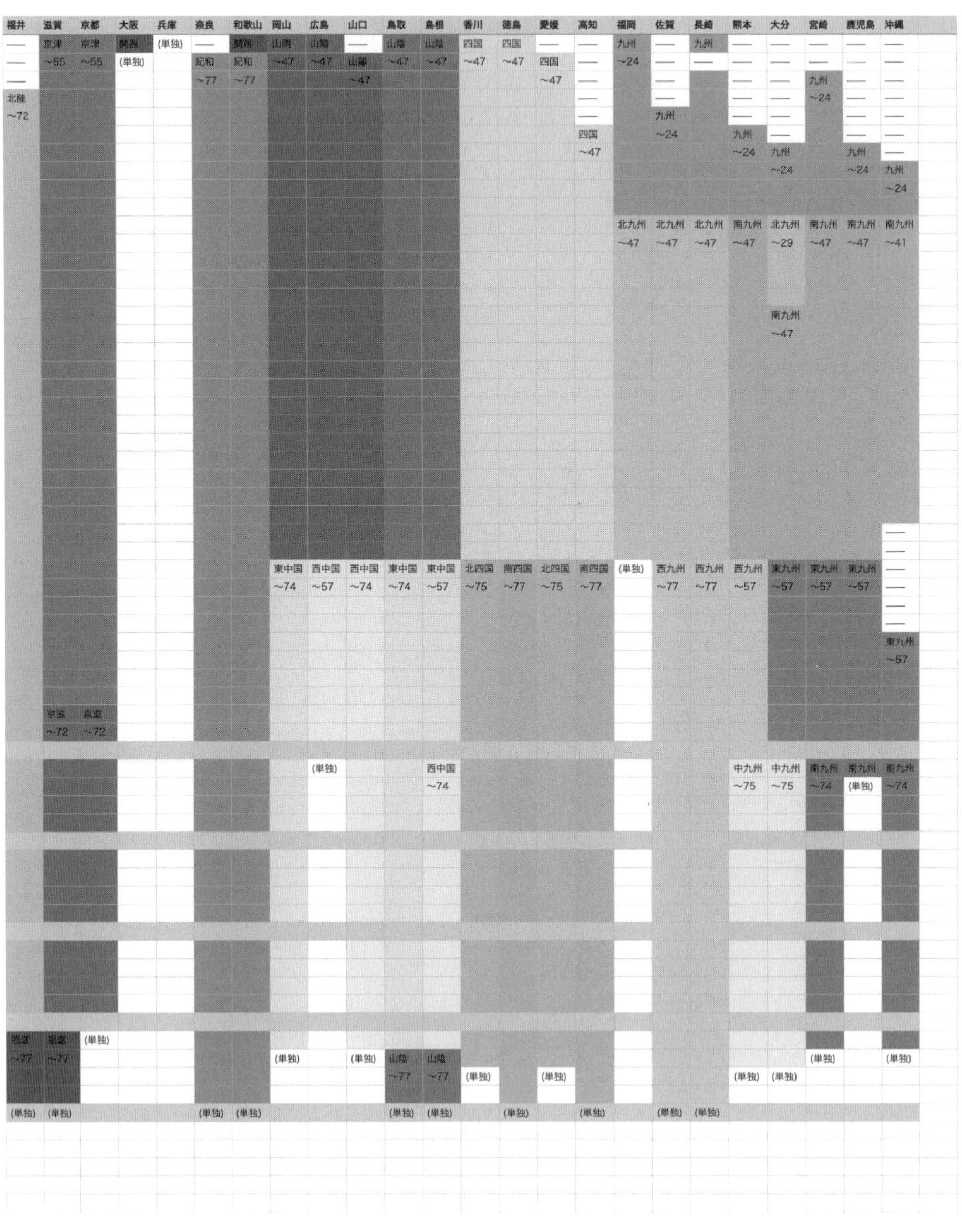
福井 滋賀 京都 大阪 兵庫 奈良 和歌山 岡山 広島 山口 鳥取 島根 香川 徳島 愛媛 高知 福岡 佐賀 長崎 熊本 大分 宮崎 鹿児島 沖縄
京津 京津 関西 (単独) 関西 山陽 山陽 山陽 山陽 四国 四国 九州 九州
~55 ~55 (単独) 紀和 紀和 ~47 ~47 山陽 ~47 ~47 ~47 ~47 四国 ~24
~77 ~77 ~47 ~47
北陸
~72
九州
~24
九州
~24
四国
~47
九州
~24
九州
~24
九州
~24
九州
~24
九州
~24
北九州 北九州 北九州 南九州 北九州 南九州 南九州 南九州
~47 ~47 ~47 ~47 ~29 ~47 ~47 ~41
南九州
~47
東中国 西中国 西中国 東中国 東中国 北四国 南四国 北四国 南四国 (単独) 西九州 西九州 西九州 東九州 東九州 東九州
~74 ~57 ~74 ~74 ~57 ~75 ~77 ~75 ~77 ~77 ~77 ~57 ~57 ~57 ~57
東九州
~57
京滋 泉紀
~72 ~72
(単独) 西中国 中九州 中九州 南九州 南九州 南九州
~74 ~75 ~75 ~74 (単独) ~74
福滋 福滋 (単独)
~77 ~77 (単独) (単独) 山陰 山陰 (単独) (単独)
~77 ~77 (単独) (単独) (単独) (単独)
(単独) (単独) (単独) (単独) (単独) (単独) (単独) (単独) (単独) (単独) (単独)

■代表枠 _ 地区割りの変遷

		北海道	青森	岩手	秋田	山形	宮城	福島	茨城	栃木	群馬	埼玉	千葉	東京	神奈川	山梨	新潟	長野	静岡	愛知	岐阜	三重	富山	石川
1915	1	—	—	—	東北	—	—	—	—	—	—	—	—	東京	—	—	—	—	—	東海	東海	東海	—	—
1916	2	(東北)	—	東北	~24	—	東北	東北	関東	—	—	—	—	関東	関東	—	北陸	北陸	東海	~47	~47	~47	北陸	北陸
1917	3	—	—	~33		—	~75	~72	~25	—	—	—	—	関東	関東	—	~22		~22				~57	~77
1918	4	—	—			—				関東	—	—	関東	京浜	京浜	甲信		甲信						
1919	5	(東北)	—			東北				~25	—	—	~25	~22	~22	~22		~22						
1920	6	単独	—			~24					関東	—												
1921	7	~58	—								~25	関東												
1922	8		東北									~25												
1923	9													東京	神静	甲信越	甲信越	甲信越	神静					
1924	10													~73	~30	~30	~30	~30	~30					
1925	11		奥羽		奥羽	奥羽																		
1926	12		~57		~57	~33			南関東	北関東	北関東	北関東	南関東											
1927	13								~57	~74	~77	~35	~57											
1928	14																							
1929	15																							
1930	16																							
1931	17														甲神静	甲神静	信越	信越	甲神静					
1932	18														~35	~35	~57	~57	~35					
1933	19																							
1934	20			奥羽		東北																		
1935	21			~57		~57																		
1936	22											南関東			南関東	山静			山静					
1937	23											~57			~47	~57			~57					
1938	24																							
1939	25																							
1940	26																							
1941	27																							
1946	28																							
1947	29																							
1948	30														(単独)					(単独)	三岐	三岐		
1949	31																				~74	~74		
1950	32																							
1951	33																							
1952	34																							
1953	35																							
1954	36																							
1955	37																							
1956	38																							
1957	39																							
1958	40																							
1959	41	(南北)	北奥羽	北奥羽	西奥羽	西奥羽			東関東			西関東	東関東			西関東	北越	(単独)	(単独)				北越	
1960	42		~72	~72	~72	~72			~72			~74	~72			~74	~72						~72	
1961	43																							
1962	44																							
1963	45																							
1964	46																							
1965	47																							
1966	48																							
1967	49																							
1968	50																							
1969	51																							
1970	52																							
1971	53																							
1972	54																							
1973	55																							
1974	56		奥羽	(単独)	奥羽	東北		(単独)	(単独)				(単独)	(東西)			(単独)						北陸	
1975	57		~77		~77					(単独)		(単独)				北関東					(単独)	(単独)		
1976	58					(単独)	(単独)									~77								
1977	59																							
1978	60		(単独)		(単独)						(単独)					(単独)							(単独)	(単独)

※40回、45回、50回、55回は記念大会のため、1県1校出場
※第80回記念大会から大会回数の下1ケタが0の大会時のみ、埼玉、千葉、神奈川、愛知、大阪、兵庫県は2ブロックに分けて大会を行う。
第100回記念大会は福岡県も2ブロックに分けて大会を行う。

その一方で甲子園では、13年夏から準々決勝翌日に休養日を設定。勝ち上がるチームが最大4連戦とならないための配慮だった。だが翌14年のセンバツでは雨天順延が続いたうえ、広島新庄と桐生第一（群馬）が引き分け再試合となって休養日が消滅。体調管理という休養日の意義が形骸化してしまった。後半が過密日程となったこの事態を受け、日本高野連はその年7月、タイブレーク制の甲子園での導入について全加盟校にアンケートを実施。集計のさなか、全国高校軟式野球の決勝が3日連続のサスペンデッドを経て延長50回で決着したことも後押しし、将来的に導入の方向性が固まった。さらに17年のセンバツでは、2試合続けて延長15回引き分け再試合という史上初の事態が発生。タイブレーク制導入やむなしという機運のなか、17年の再度のアンケートでは、40都道府県の回答中38が導入に賛成。6月には、翌18年センバツと選手権を含むすべての大会での採用が決まる。ただし18年センバツでは、全試合が延長12回までに決着した。

甲子園での初めてのタイブレーク適用は、18年夏だ。8月6日、第2日第4試合では、佐久長聖（長野）と旭川大高（現旭川志峯・北北海道）が延長12回を終わって4対4。タイブレーク2イニング目の14回表、佐久長聖が1点を勝ち越して逃げ切った。第8日第3試合では、星稜（石川）が済美（愛媛）との2点差を9回に追いついて12回を終え9対9。13回に星稜が2点を勝ち越したが、その裏の済美は、無死満塁から矢野功一郎が逆転満塁アーチで11対13。逆転満塁サヨナラ弾での決着は、史上初めてだった。

20年までの高校野球特別規則には、「決勝はタイブレーク制度を採用しない」という一項があり、それはこう続いていた。「決勝での延長回は15回で打ち切り、翌日以降に改めて再試合を行う。ただし、決勝の再試合ではタイブレーク制度を採用する」。つまり、決勝だけは従来どおり15回引き分け再試合というわけだ（神宮大会、国体はタイブレークあり）。そのレアケースがいきなり実現したのが、18年秋の北信越大会で、主役はまたも星稜。啓新（福井）との決勝が延長15回、2対2の引き分け再試合となったのだ。再試合は9回で星稜の勝利だったが、もしここでタイブレークまでもつれたら、延長回数は無制限。決着がつくまで延長16回以降も行うこともありえた。ところが、故障予防の早期対応で日本高野連は21年2月の理事会で主要大会の決勝でもタイブレークを導入することを決定し同年から採用。これで甲子園の名勝負として語り継がれてきた69年夏の松山商―三沢、06年夏の早実―駒大苫小牧のような決勝引き分け再試合はなくなった。また23年には、高校野球特別規則を改正し、選手の障害予防などを図るため、タイブレークの開始イニングをこれまでの13回から10回に。同年のセンバツでは、2試合がタイブレーク決着となった。

大鉄高校→阪南大高校

だいてつこうこう

他 ダイヤのA

だいやのえーす

寺嶋裕二による漫画作品。講談社の「週刊少年マガジン」で2006年の第24号から15年第7号まで第1部が連載され、同年第38号から22年第48号まで第2部が連載された。34巻と、同誌から単行本化された中では歴代1位の巻数を誇る。高校野球を題材にしており、登場キャラクターたちが苦悩、葛藤を重ねた末、成長していく姿が最大の見どころ。フライボール革命や二番打者最強論などトレンドを取り入れる点も特徴。また、漫画特有のいわゆる魔球が登場せず、超高校級の選手はいても現実的な描写であるのも特徴だ。作者の寺嶋は「リアルな野球漫画だとよく言われますが、それは地味な練習描写が多く、また実在の選手やシーンを参考にして作画するスタイルが影響しているかもしれません」。「ダイヤ」は内野とダイヤの原石という意味が含まれている。21年7月時点でシリーズ累計発行部数は4000万部を突破している。13年10月より16年3月まで、テレビアニメが放送され、15年8月に舞台化作品が上演された。「ねとらぼ」の21年6月のアンケート「『好きな野球漫画』ランキング」(回答数2974票)で第1位(得票数は459票、得票率は15・4%)となり、投票した読者のコメントとして「現実離れしていないリアル感がいい」「『ダイヤのA』みたいな高校生活を送りたかった」「強豪校が舞台なので新鮮だった」などが寄せられた。「ねとらぼ」の22年4月のアンケート『野球漫画』人気ランキングTOP32」(回答数1978票)でも第1位(投票数386票、得票率は19・5%)だった。高校球児に与えている影響も大きく、22年5月に朝日新聞で行われた第104回全国高校野球選手権東・

西東京大会の出場校（計272校）へのアンケート「影響を与えた野球漫画やアニメ」で主将59票、エース60票、マネジャー32票と高校生の1位は全て『ダイヤのA』。10年の82回センバツ以降、17年まで、夏も含めてほぼ毎回、開催期間中に限り甲子園球場や甲子園駅の広告枠に出稿していた。また、同時期に阪神電鉄車両1編成を貸切で全面車内吊り・側面広告を出稿したこともあった。作中の一部のグラウンドやユニホームは埼玉栄、済美がモデルになっているという。

規 第4アウト

だいよんあうと

1982年夏の2回戦、益田（島根）対帯広農（北北海道）は9回表、益田の攻撃。1死二、三塁からのスクイズで三走が生還し、二走も本塁を狙うがこれは挟殺でアウト。2死となり、次打者がセカンドフライでチェンジ、のはずだった。だが、4人の審判員のほか各選手らはそのままで、次打者が打席に入る。これがサードゴロとなり、4つ目のアウトでようやくのチェンジとなったが、帯広農の加藤浩一投手はその際、指を4本立ててけげんな表情。2死になっても、スコアボードのアウトカウントがランプが1つしか灯っていなかったのが原因とされたが、あまりにお粗末。帯広農の星栄監督は「どうしたんだろう？　とアピールをうかがっている間に、次打者が打席に入ってしまってタイミングを失いました」とか。試合は5対2で益田の勝利。公式記録では、4アウト目のサードゴロは抹消されている。

なお、第3アウトが成立しても、それより先に走者がホームに触れていれば走者の本塁到達が認められ、イニング終了と同時に得点が記録されるのだが、その走者に対してアピールアウトを取ることができる場合、守備側はそのアウトを第4アウトとして取得し第3アウトに置き換えることで、一度認められた攻撃側の得点を無効にすることができる。

この、第3アウト成立後のアピールプレイは、守備側チームの選手が競技場を去るまでに行わなければならない。守備側チームの選手がベンチなどに戻るためにファウルラインを越えてフェア地域を離れる瞬間をさすが、このアピールプレイが残っているにもかかわらず、それをアピールせずに投手及び内野手がファウルラインを越えた場合、その時点で「アピール権の消滅」と見なされることとなる。

社 台覧試合
たいらんじあい

台覧試合とは、武道やスポーツ競技の試合を皇族が直接観戦なさること。甲子園の高校野球で、初めて台覧試合が行われたのは2009年だった。8月8日、当時の皇太子徳仁親王が第91回選手権大会の開会式に出席され、開幕戦の九州国際大付（福岡）と常総学院（茨城）の一戦をご観戦された。

1922年には、めずらしい例がある。前年、現在でも記録に残る4試合合計75得点、総失点はわずか7という圧倒的な強さで中学優勝大会を制した和歌山中（現桐蔭）は、この年には史上初の連覇を達成。同校は大会後、OBを含めて中国の青島に遠征し、帰国後に現役対OBの試合を開催した。この観戦のため、四国での大演習に参加した帰途、皇太子（のちの昭和天皇）が和歌山中を訪れたという。連覇を果たした通称「和中」の強さが、それだけ耳目を集めたということだろう。また昭和天皇は30年、視察に訪れた静岡中（現静岡高）グラウンドで、結果的に今も続く静岡中と静岡商の定期戦・第1回をご観戦している。

チ 大連商業学校
だいれんしょうぎょうがっこう

日露戦争後、1905年のポーツマス条約で、日本が租借地として実効支配した中国北東部・満州にあった、私立の中等教育学校。全国中等学校優勝野球大会の時代、21年から満州と朝鮮の代表も出場するようになると、34年までの14年間に12回、夏の甲子園に出場した。うち21、24、25年とベスト4に進出。26年には浪華商（現大体大浪商・大阪）、敦賀商（現敦賀・福井）、京城中（朝鮮）、和歌山中（現桐蔭）を破って決勝まで進んだが、静岡中に1対2で惜敗した。その後も7回出場したが、1勝を加えたのみにとどまり、夏12回の出場で12勝12敗。

タオル回し
たおるまわし

→判官びいき

監 多賀章仁
たが・あきひと

滋賀県彦根市の近江高校監督。社会科教諭で同校の副校長でもある。1959年彦根市生まれ。進学した平安（現龍谷大平安）では一塁手、捕手を務めたが低迷期で甲子園に出られなかった。高校の1学年後輩に現在、母校で監督を務める原田英彦がいた。大学は龍谷大に進学。卒業後はコーチをしながら聴講生として残って教員免許を取得した。83年近江に赴任。コーチ、副部長を経て89年に監督に就く。92年夏に監督として初出場。01年夏と22年センバツの準優勝は滋賀県勢の最高成績だ。01年は力のある投手を三人擁し〝三本の矢〟と例えられる（三本の矢の項参照）。それとは対照的に22年は山田陽翔（西武）という大黒柱エースがセンバツも夏も奮闘した（夏はベスト4）。その年の選手に合わせるマネジメント手腕の評価が高い指導者だ。夏は15回出場して19勝、春は6回出場して9勝をあげている。

監 高嶋仁

たかしま・ひとし

２０２３年春の時点で通算68勝（35敗）は歴代トップだが、智弁学園（奈良）から１９８０年に智弁和歌山に移ると、甲子園ではなかなか勝てなかったのである。85年春の初出場から、甲子園初戦ではなんと5連敗だった。46年5月30日長崎県生まれで、進学した海星（長崎）では2年夏、3年夏と外野手で甲子園に出場している。指導者として甲子園に立つため、1浪して日体大卒業後、大学の先輩・赤松健守監督から智弁学園にコーチとして招かれ、72年4月に監督に就任。76年春の初出場を皮切りに、3回の甲子園で7勝を挙げている。77年春は、山口哲治（元南海ほか）をエースにベスト4まで進出した。80年には開校3年目、創部2年目の智弁和歌山に。当時は野球部員9人、未経験者も多く一からのスタートだった。ただ前出のようになかなか勝てず、模索の末に現在のような1学年10名程度の少数での運営に。93年夏に初勝利を挙げ、「それまではベンチで座っとったけど、立ったら勝ったので、座れんようになった（笑）」というのが、試合中の仁王立ちの理由らしい。

94年のセンバツで優勝。ここからの10年間は黄金期で、センバツは96、２０００年と準優勝、夏は97、00年と優勝し、02年が準優勝だから、10年で6回の決勝進出を果たしていることになる。10年のセンバツでは初戦で高岡商（富山）に勝ち、中村順司（元PL学園監督）の58勝を抜き、通算勝利数でトップに立った。18年のセンバツで久々に決勝まで進出。大阪桐蔭に敗れ

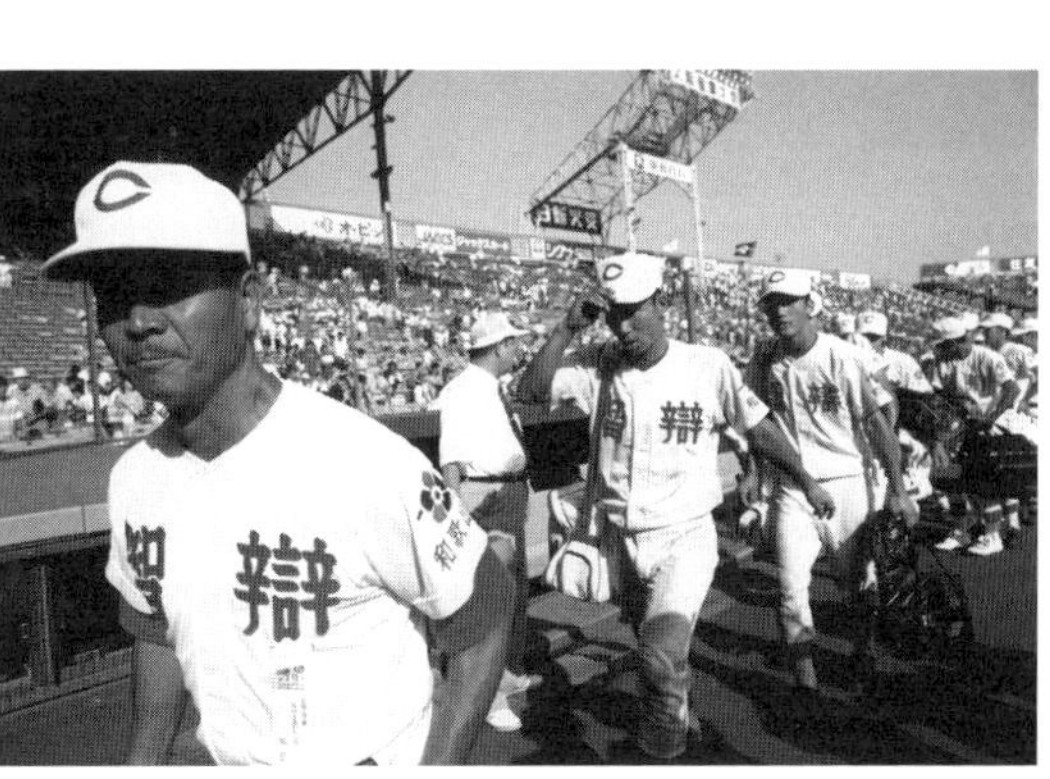

▶高嶋　仁

たが、監督として歴代最多の通算37度目の出場を果たし、準々決勝の創成館（長崎）戦で史上初めて監督通算100試合目の指揮を執った。同年夏、初戦で近江（滋賀）に敗れると大会後、勇退を表明。教え子でコーチを務めていた中谷仁（元巨人ほか）が監督となり自らは智弁和歌山、智弁学園両校野球部の名誉監督となっている。

　夏に勝つための調整方法が独特で、5月中旬から1カ月かけてのハードな練習でどん底まで落とす。例えば、練習試合に出かけたら3時間以上前に着き、100メートルダッシュを100本、さらに腹筋、背筋……くたくたになって試合をし、競った内容であれば「まともな状態やったら勝てるに決まっとるやろ」というわけだ。もし本番までそうした疲労を引きずり、和歌山大会で負けるようなチームなら、もともと甲子園では通じないと割り切っている。少数精鋭なので、複数のポジションを守れる選手が多く、1年生から抜擢した選手が、経験を財産として新チームに継承していくパターンも目立つ。08年には暴力事件によって3カ月の謹慎処分を受けて一時退任した。謹慎期間中には、四国八十八カ所を巡拝していたとスポーツ新聞に報じられている。謹慎後には監督に復帰した。

選 高橋光成
たかはし・こうな

　前橋育英（群馬）で2年時、夏の選手権で全国制覇を果たした右腕。1997年群馬県利根村（現沼田市）生まれ。前橋育英では1年からベンチ入り。秋にはエースの座に。13年夏は初戦、岩国商（山口）から9者連続三振を奪って完封。これは歴代2位の記録。2回戦も樟南（鹿児島）を完封。3回戦は横浜（神奈川）相手に1失点（自責点0）、準々決勝はリリーフ登板しサヨナラ勝ちのお膳立て。日大山形との準決勝は1失点（自責点0）、決勝は延岡学園（宮崎）と。3失点（自責点2）したが長打を許さず完投。大会通算で50イニングを投げて防御率は0・36だった。チームは初出場初優勝を果たす。3年時は甲子園出場ならず。14年秋のドラフト会議で西武から単独1位指名を受け、入団。22年まで55勝を挙げ、今や西武のエースに成長した。高橋といえば、茶髪長髪の代表格。21年は開幕投手に指名され、連勝が伸びるように髪を伸ばし始め5連勝まで験を担いだ。一度は切ったが、その後も伸ばしている。チームの同僚、作新学院（栃木）で98回大会の優勝投手となった今井達也と茶髪ツインズとなっている。

チ 高松商業高校

たかまつしょうぎょうこうこう

１９２４（大正13）年、第1回のセンバツ優勝校である。１９００年に市立で設立され、22年に県立となった。16、17年の夏に香川商として出場。25年のセンバツは準優勝で連覇を逃したが、夏に宮武三郎（元阪急ほか）、水原茂（元巨人）らのレジェンドを擁して優勝した。水原は、27年の夏も投手として優勝に貢献した。さらに60年のセンバツに優勝し、61年は連覇を逃すもセンバツ準V。60年の決勝戦は、センバツ史上唯一のサヨナラ本塁打での優勝だった。２０１６年のセンバツでは、智弁学園（奈良）に敗れて準優勝だったが、20年ぶりの甲子園で復活を遂げた。ストッキングにセンバツ２回の優勝を表す赤線２本、選手権優勝２回を表す白線２本、国体優勝１回を表す黄色線１本、計5本のラインが入っている。牧野茂（途中で転校、元中日ほか）、島谷金二（元阪急ほか）、大森剛（元

▲1924年、第１回のセンバツで優勝を果たした高松商業

巨人）などがＯＢ。21年の冬にイチローが指導に訪れた。22年は春夏とも甲子園に出場。春は28回出場37勝26敗、夏は22回出場して25勝20敗。合計62勝は全国14位タイ。商業科の他に情報処理科、英語実務科、情報数理科がある。

人 寶馨

たから・かおる

日本高校野球連盟現会長（8代目）。1957年滋賀県彦根市生まれ。75年兵庫県立西宮北高校を卒業。79年京都大学工学部土木工学科卒業。94年から98年10月まで京都大学防災研究所助教授。イギリス、オランダなどの赴任を経て、98年11月から2018年3月まで京都大学教授、15年から17年は防災研究所所長も兼ねる。22年4月から京都大学名誉教授。専門は雨洪水災害、土砂災害等に関する研究で水文学、水資源工学、防災技術政策、極値統計学。日本における水文統計学の第一人者的存在で日本自然災害学会の会長などを歴任してきた。

野球人としては西宮北硬式野球部から京都大学硬式野球部へ。高校、大学と投手や捕手としてプレーした。同部のコーチを経て同部監督を81、82年と2013、14年の4年8期務める。また、同部部長を05年から19年まで務め、その後は京都大学野球倶楽部（同部ＯＢ会）の会長である。14年秋のドラフト会議でロッテから2位指名を受けた田中英祐投手（17年に現役引退）を京大初のプロ野球選手として送り出している。

21年12月、日本高野連会長に就任した。11月、会長就任が固まった時、「誠に栄誉なことであり、大変うれしい。責任の重さを考えると身が引き締まる思い。みなさま方のご指導のもと、職責を果たしていきたい」とするコメントを出した。22年9月、アメリカで開催された第30回ＷＢＳＣＵ-18ワールドカップの開幕前日（9月8日）に行われた記者会見で、日本チームは手違いのため通訳不在。チームの団長を務める寶が急遽、馬淵史郎（明徳義塾）監督の通訳を代行することとなり、海外メディアからの質問に答えた。「俺は英語はさっぱり。会長がおらんかったら、大変なことになっとった。助かりました」と馬淵監督はコメントしている。

選 監 滝正男

たき・まさお

1921年10月9日、愛知県一

宮市生まれ。36年に中京商（現中京大中京・愛知）に入学し、甲子園には5回出場している。準優勝した37年センバツ、優勝した37年夏は控えだったが、38年センバツでは野口二郎（元阪急ほか）とバッテリーを組んで優勝し、39年春もベスト4に進んだ。名古屋高等商業学校（現名古屋大学経済学部）に進学後、マレーシアへ出征。終戦後の捕虜生活を経て47年に復員すると、一宮市で繊維メーカーに就職した。49年には、請われて愛知県立起工（現一宮起工科）の野球部監督に。エースは山内一弘（元広島ほか）だった。53年母校の野球部長に招かれ、深谷弘次監督とのコンビで、戦後低迷していた母校を立て直し、54年夏はエース中山俊丈（元中日）で優勝。日常は深谷監督が指導したが、甲子園では滝部長が采配を振ることが多かったという。56年春の優勝も経験した。その56年には、開校したばかりの中京大硬式野球部初代部長兼監督に就任し、83年まで愛知大学野球リーグで28回の優勝、70年の大学選手権でも優勝を果たした。栽弘義（元沖縄水産他の監督）らは、この間中京大で指導を受けている。2012年没。18年に野球殿堂入りしている。

チ 拓殖大学紅陵高校

たくしょくだいがくこうりょうこうこう

学校創立は1978年。千葉県木更津市に木更津紅陵高校として開校し、80年から現校名。81年に男女共学となった。拓殖大学と冠しているが、設置者は学校法人拓殖大学ではなく、同大学の系属校としての位置づけである。

学校創立と同時に創部の野球部は、81年に小枝守監督を招いてから力をつけ、84年のセンバツ初出場で小川博文（元横浜ほか）らを中心にベスト8。これを皮切りに春4回、夏5回の出場がある。なかでも92年夏には、立川隆史（元阪神ほか）が池田（徳島）との準々決勝で9回、逆転2ランを放つなどの活躍で準優勝した。2回戦から登場し、準決勝までの4試合ですべて勝ち投手が異なるという、投手複数制も話題だった。空手部、相撲部も強豪。

監 竹田利秋

たけだ・としあき

和歌山県から東北の地に渡り、宮城県の野球を全国区にした人物。1941年1月5日生まれ。58年のセンバツ、和歌山工3年で甲子園に出場した。国学院大を卒業後、

た

2年ほど会社勤めを経験し、65年に東北コーチに就任。当時は水はけの悪いグラウンドで、野球をする環境は決していいとは言えなかった。冬になれば一面が雪景色。温暖な気候の関西に比べ、寒さが東北の選手たちの〝強くなりたい〟という向上心を低下させているように思えた。そこで徹底したのが、時間の有効活用と環境改善。空き缶とコンクリートでウエートトレーニング器具を手作りするなど工夫もこらした。コーチ時代の3年間、甲子園出場はなかったが、監督就任1年目の68年夏、念願の甲子園出場を果たした。85年の甲子園は春夏連続でベスト8。その後、宮城県内のライバル・仙台育英の監督に転じる。一説には、竹田を県内にとどめろという宮城政界の意向があったという。89年夏の甲子園では、エース大越基（元ダイエー）を中心に勝ち進み、決勝の帝京（東東京）戦は延長で惜しくも敗れたが大健闘した。東北で春夏計17回、仙台育英で計10回の甲子園出場で通算30勝27敗。国学院大監督を経て現在は同大総監督。

練 竹バット
たけばっと

竹の板を貼り合わせて角材を作り、その角材をバットの形状に削って作られたバット。堅くて折れにくく、安価で経済的なため、おもにアマチュア野球の練習用バットとして使われている。また金属バットよりも芯が狭く、その芯を外すと衝撃がくるため、ボールを芯でとらえる感覚を体で覚えるのに効果的とされる。そのため、多くの甲子園常連校が練習に採り入れ、近年では中学生のチームにも浸透しているという。おもに練習用だが、実戦での使用もOKだ。

他 タッチ
たっち

あだち充による漫画作品。小学館の「週刊少年サンデー」に1981年36号から86年50号まで連載された。高校野球を舞台に、双子の兄弟である上杉達也・和也と幼馴染の浅倉南の3人を軸にした恋愛ものでもある。連載時の単行本の初版は200万部に達し、その後もロングセラーを続け、文庫本なども含めたコミックスの総売上は2004年12月時点で1億部を突破していたという。あだち充にとっても最大のヒット作。第28回（1982年度）小学館漫画大賞受賞。テレビアニメ、映画アニメも制作されたり、実写のテレビドラマ、映画も作られた。

この作品に関しての評価は従来のスポーツ根性漫画と一線を画す、というものが一般的だ。ヒットの理由について「ポスト・スポ根時代の新しい人生観が示されていて、マンガは新しい時代に突入したと言える」と言われた。2006年に小学館が発行した『現代漫画博物館1945-2005』は、「高校野球が背景に選ばれているが、好きな女の子のためにがんばる兄弟と美少女との淡くせつないラブコメに特化している点で、それまでのスポーツ漫画とはまったく趣を異にして、読者から絶大な人気を博した」と評している。また一方では、「実際は骨太の野球漫画」という声もあり、「過去の作品より恋愛の比重が大きく、魔球も登場しないものの、達也が鬼監督による理不尽なしごきに耐えたり、指から流血しながらボールを投げる、といったシーンなどもあり、どちらかといえば昔ながらのスポ根漫画の定型だ」という評価もある。

テレビアニメの岩崎良美が歌った主題歌もヒットし、今でも応援歌の定番でもある。85年からの放送のエンディングテーマ「青春」は86年、58回センバツの入場行進曲に使用された。当時の高校球児が一番、影響を受けた漫画作品であることは言うまでもない。あだち充は群馬・前橋商のOBで、同校が甲子園に出場すると観戦に駆けつけるなど、さまざまなかたちで応援している。

選 立浪和義

たつなみ・かずよし

1987年に春夏連覇したPL学園（大阪）の主将・遊撃手。本来は右打ちだが、幼いころ父親に左打ちを仕込まれたという。茨木浪速ボーイズ時代は、チームメイトに橋本清（元ダイエーほか）がいて無敵を誇り、橋本とともにPLに進学。2学年上がKK世代で、さすがに1年夏からレギュラーとはいかなかったが、秋から定位置を獲得すると翌年のセンバツに出場した。87年には春夏連覇までの11試合すべてでヒットを放ち、うち7試合がマルチ。春は24打数9安打、夏は21打数9安打2本塁打と天性のヒットメーカーぶりを見せている。87年のドラフト1位で中日に入団すると、攻守に卓越した技術を見せて開幕からスタメン。新人王のほか、高卒ルーキーとしては初のゴールデングラブ賞を受賞した。なお、87年春夏連覇のメンバーは橋本のほかに野村弘（元横浜）、片岡篤史（元阪神ほか）、

▶立浪和義

1学年下に宮本慎也（元ヤクルト）らがいる。2022年から中日の監督を務める。

選 田所善治郎

たどころ・ぜんじろう

1934年7月生まれ。静岡県焼津市出身。静岡商のエースとして52年春の第24回センバツに出場。初戦（2回戦）で函館西（北海道）に1対0、準々決勝で平安（現龍谷大平安・京都）に3対0、準決勝で八尾（大阪）に2対0と勝って決勝進出。大会2連覇を狙った前年の覇者・鳴門（徳島）との決勝も2対0で快勝し、センバツ史上3人目の「全試合完封」での優勝投手になった。171センチ、66キロと上背はないが、真っ向から投げ下ろす速球とドロップ、時折横手から投じる小さなカーブを駆使して相手打者をほんろうした。53年に国鉄スワローズに入団。1年目から先発陣の一角に加わり、64年まで11シーズンプレー。57年の15勝（21敗）が最高成績で通算56勝83敗だった。2021年1月に86歳で病没。

選 田中将大

たなか・まさひろ

駒大苫小牧（北海道）で2005年春夏、06年夏と、3度甲子園出場を果たした投手。1988年11月1日生まれ。兵庫県出身。05年夏には背番号11の2年生ながらエース格の活躍を見せ、140キロ後半の直球とスライダー、フォークを巧みに織り交ぜる投球術を武器に勝利に貢献。救援で登板した決勝の京都外大西戦では、疲れもあって本調子でなかったものの気迫の投球を披露。最終回に自己最速の150キロを記録するなどの豪速球で3者三振に切って取り、胴上げ投手に輝いた。2年連続2度目の優勝は、57年ぶり6校目の夏連覇だった。そして

▶田中将大

3連覇を目指して迎えた06年夏。大会ナンバー1右腕として甲子園に戻ってくる。2回戦・南陽工（山口）戦で14奪三振と好発進。その後は「打倒・駒苫」の包囲網で、苦戦が続くもチームは決勝に進出。早稲田実（西東京）との決勝戦では3回途中からリリーフして延長15回1対1で試合終了。37年ぶりの決勝引き分け再試合となった。そして再試合でも1回途中から登板し、3失点に抑えたが3対4で惜敗して準優勝。田中がリリーフでマウンドに上がると割れるような拍手が起きるほど、観衆を魅了する選手だった。07年楽天に入団、13年に開幕から24連勝の日本プロ野球記録を達成。14年にヤンキースに移籍して活躍し、21年より楽天に復帰した。

人 谷村新司
たにむら・しんじ

センバツ高校野球大会の3代目の大会歌「今ありて」を作曲したシンガーソングライター。1948年12月11日、大阪市住之江区出身。93年の第65回記念大会で、「今ありて」が入場行進曲として使用された際には、作詞の阿久悠とともに開会式のゲストとして招かれた。2018年の第90回記念大会でも、25年ぶりに行進曲となり、「阿久さんがお亡くなりになっても、春になれば甲子園球場に〝今ありて〟の歌が響いている。年を経るごとに、その詞の中に込められた思いが深く突きささってくるようになりました」などと主催の毎日新聞にメッセージを寄せている。

監 谷脇一夫
たにわき・かずお

1944年4月15日生まれ、高知県出身。75年から18年間、母校である高知商の監督を務めた。小学生時代はソフトボールの投手で、伊野中時代に野球を始め、捕手に転向。以来、扇の要として全体を見るポジションの魅力に引き込まれ、社会人の鐘淵化学まで捕手一筋だった。その経験が、のちの監督業に生かされることになる。また、高校2年の夏に甲子園の土を踏んだものの、最後の夏は出場できなかった悔しさが指導の原動力になった。78年夏、監督として初の甲子園出場で準優勝。80年のセンバツでは優勝を成し遂げた。とりわけ重要視していたのが投手の育成。投手力がチームの勝敗を握るとし、ブルペンでは投球制限し

ISBN978-4-583-11626-6
C0075 ¥3000E

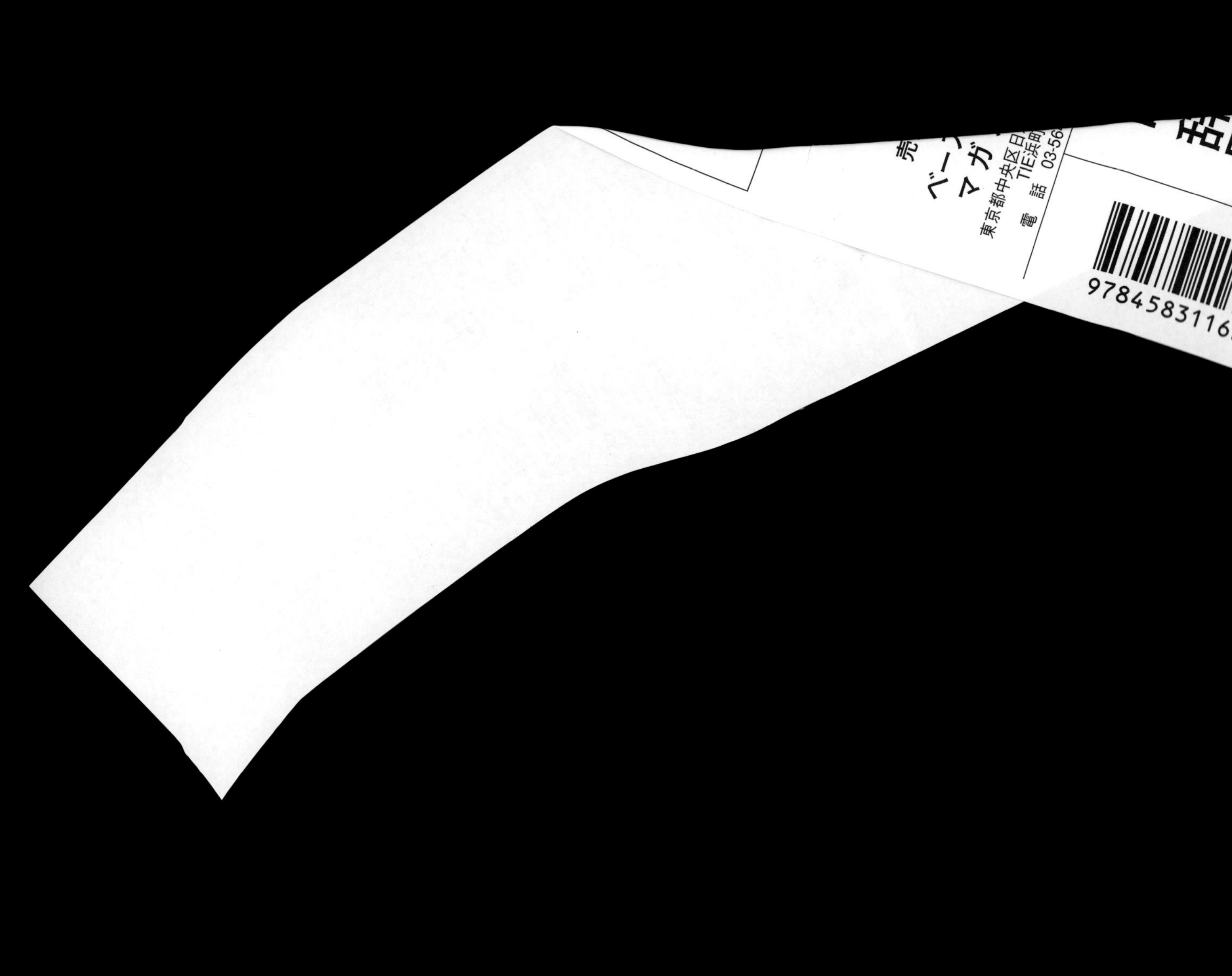

ながらも打者相手に投げる実戦形式で鍛え上げた。93年夏の甲子園に出場後、監督を退任。総監督を務めたのち、2000年に一度は野球界から身を引いたが、03年からは高知市と姉妹都市提携を結ぶ北海道北見市・北見柏陽の総合コーチに。その後、高知に戻り、県小中高野球連絡協議会技術指導員として野球に携わった。甲子園通算25勝13敗。勝利数は明徳義塾の馬淵史郎監督に次いで県勢歴代2位。

選 玉川寿
たまがわひさし

土佐（高知）の俊足好打の外野手だった。1975年、夏の57回大会に2年生で出場。2回戦の桂（京都）戦で大会史上2人目のサイクルヒットを記録。最初の打席は捕邪飛だったが、3回に右中間に本塁打を放ってから、5回はセンターに三塁打、7回に左中間に二塁打、8回は一塁強襲ヒットと順番に重ねて達成した。チームは8対0で快勝。しかし、3回戦は上尾に惜敗。翌センバツにも出場しベスト8まで進んだ。後に慶大に進学し、六大学で活躍した後、社会人・日本石油（現ＥＮＥＯＳ）でもプレーした。

監 玉国光男
たまくに・みつお

1948年、山口県生まれ。76年に母校・宇部商（山口）の監督に就任。その直前までの数年間は、協和発酵宇部準硬式野球部の選手兼監督をしながら高校野球の審判をしていた。県大会での球審や、決勝戦でも線審を経験。関わった理由は「なぜ山口のチームは弱いのかを確かめたかったから」。それがのちの高校野球指導に生かされ、グラウンドでのマナーなどチーム作りに何が必要かを学べたという。会社員を続けながら、当時低迷期にあった宇部商を就任直後の夏に早々と甲子園に導く。以来30年の間に通算16回甲子園出場、24勝16敗、準優勝1回。宇部商といえば代表的な形容詞が〝ミラクル〟だ。85年夏、桑田・清原のいたPL学園（大阪）と死闘を繰り広げた決勝戦（サヨナラ負けで準優勝）や、88年春の中京（現中京大中京・愛知）との3回戦で完全試合寸前から逆転本塁打で勝利したゲーム。同年夏の3回戦、東海大甲府（山梨）戦では、1年生による史上初の代打逆転本塁打で勝利するなど、豪快さと粘り強い戦いで記録と記憶に残る試合を数多く演じた。

試合でも日ごろの練習でも、選手に決して難しいことは言わない。シンプル・イズ・ベストを貫き、監督就任当初に掲げた「野球部11項目」は、これだけはしっかり守れと最後まで増えることも減ることもなかった。実業学校の不人気から限られた部員数だったが、コンバートを重ねながら戦えるチームへと育て上げた名物監督の一人。「公立校優位の山口県は一番高校野球らしい」と語り、2005年教え子に監督の座を譲り、総監督を経て勇退。自身も66年の第38回センバツに二塁手、主将として出場している。

選 ダルビッシュ有

だるびっしゅ・ゆう

2003年春夏、04年春夏と4度甲子園出場。1986年8月16日生まれ、大阪府出身。中学時代から評判の投手で、02年に東北（宮城）に進学。甲子園に初登場した2年春からスケールの大きい投球を見せる。初戦の浜名（静岡）戦で無四球完投。巧みに変化球を打たせて内野ゴロの山を築いた。続く夏は持病の腰痛と闘いながら、決勝戦の常総学院（茨城）戦で9回完投、124球を投げ抜き、準優勝に輝いた。試合後涙を見せながら「甲子園は弱いチームでも強くなれる不思議なところでした」と語っている。

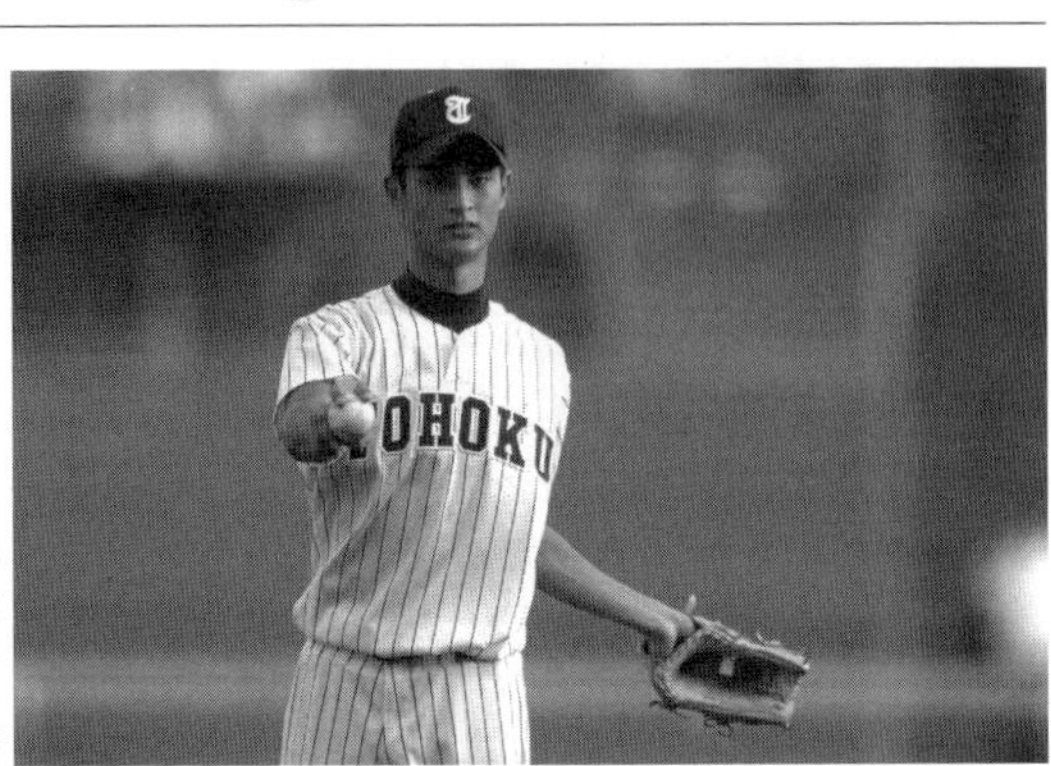

▶ダルビッシュ有

投手ながら主将を務めた翌04年春はさらなる成長を見せ、熊本工戦でノーヒット・ノーランを達成。チームは優勝最有力とみられていたが、登板を回避した初陣・済美（愛媛）との準々決勝で9回逆転サヨナラ負けを喫した。

優勝候補筆頭として迎えた最後の夏は順調に勝ち上がるも3回戦・千葉経大付に敗退。雨中の対戦となったが、ダルビッシュは集中を切らすことなく好投。しかし、3試合連続完封目前の9回表2死から同点に追いつかれ、延長10回表に2点を奪われた。その裏ダルビッシュは2死走者なしの場面で打席に立ち、見逃し三振。全国制覇の夢は消えた。直後、一瞬小さな笑顔を見せる。その心境を試合後「ああ、終わったなと、高校3年間に悔いはないです」と語っている。05年日本ハムに入団。12年にレンジャーズに移籍し、ドジャース、カブスを経て21年よりパドレスに在籍。

㊓タンザニア甲子園

たんざにあこうしえん

アフリカ東海岸の国・タンザニアに、「甲子園」の名を冠した全国大会がある。元高校球児で、国際協力機構（ＪＩＣＡ）の職員である友成晋也氏は、ガーナで野球の普及に努めたのち、２０１２年にタンザニアに赴任。野球を知る人のほとんどいない国で政府の協力を得て、14年からタンザニア甲子園大会を実現させている。日本でいう中学2年から高校2年の年代が参加し、19年12月に行われた第7回タンザニア野球選手権大会（別名タンザニア甲子園）には、全国から12チーム、女子のソフトボールには6チームが出場した。友成氏は3カ国目の赴任地・南スーダンでも野球教室を始め、同国は22年12月に開かれた第10回大会に特別参加した。

ち

選 小さな大投手
ちいさなだいとうしゅ

　1954年のセンバツは、飯田長姫（現飯田OIDE長姫・長野）の身長157センチ左腕・光沢毅が快投を見せた。優勝候補の浪華商（現大体大浪商・大阪）、高知商、熊本工を破ると、決勝でも小倉（福岡）に1対0で勝って初優勝。光沢は小さな大投手と呼ばれた。また71年夏の甲子園で準優勝した磐城（福島）の田村隆寿は、準決勝までの3試合を完封。決勝では7回裏に1点を失い、桐蔭学園（神奈川）に0対1で敗れたが、身長165㌢ながら33回無失点を続けた好投で、小さな大投手と称された。以来、低身長で奮投するエースの代名詞となった。

　52年6月2日生まれ、いわき市出身の田村は、中学浪人して進んだ磐城では70年夏に捕手として甲子園に出場。2年秋の新チームでも捕手だったが、エース候補がパッとせず、中学時代に経験のある投手へ。3年の春先には打ち込まれることが続いたが、シンカーを会得してから大飛躍。71年夏の甲子園にコマを進めた。地方大会で右肩を痛めていたが、30校中最後の登場というクジ運の良さで優勝候補の日大一（東京）を完封すると、決め球のシンカーを武器に準々決勝、準決勝も完封。ただ桐蔭との決勝は、7回2死三塁のピンチで投じた宝刀・シンカーが、降り出した雨で滑って思うように落ちない。田村によると「落ちないならボールになるか、いっそ当たってくれ」と願った球が峰尾晃に痛打され、決勝点を奪われた。35回を投げて1失点は、準優勝投手で最少。のちに安積商（現帝京安積・福島）と母校を率いて甲子園に出場し、聖光学院の監督も務めた。

▶「小さな大投手」と呼ばれた田村隆寿

運 チケット販売
ちけっとはんばい

　翌日のチケットを求める徹夜組は夏の甲子園の風物詩だったが、警備上の懸念やあまりの混雑での危険回避のため、2018年夏からチケットの販売方法が大きく変わった。従来の中央特別自由席は中央特別指定席となり、価格も2000円から2800円へ。プレイガイドのサイトやコンビニの端末機で販売する完全前売りで、単日券と大会16日間すべてを観戦できる「通し券」（４万４８００円）の2種類。一・三塁側の特別自由席も同様で、単日券（従来は大人１５００円が２０００円に、子ども［4歳～小学校6年生］６００円が８００円に）と通し券（3万２０００円）を前売りし、こちらは電話でも受け付けるほか、球場で当日券も販売する。アルプス席は６００円が８００円となり、従来どおり一般のファンは当日券を購入する。それまで無料だった外野自由席も、18年夏から有料となった（大人５００円、子ども１００円）。

　センバツの前売りチケットは、夏と違って指定席ではないが、サイトかコンビニの端末機、もしくは指定販売所の店頭で購入が可能だ。18年のセンバツ総入場者数は、平成以降で最多の54万人となり、雑踏事故などを防ぐための警備費用増加などを受け、19年から料金を改定している。中央特別自由席は従来の２０００円を２５００円に、一・三塁側特別自由席は大人１５００円→２０００円、子ども６００円→８００円、アルプス席６００円→８００円。中央特別自由席の通し券は2万２０００円→2万５０００円、一・三塁側特別自由席は１万５０００円→1万８０００円となった。外野席は無料のままだ……と、ここまでが第2版の説明だが、時計が進んで23年の95回センバツは、コロナ感染防止策を施す状況下のため全席指定前売りになった。中央特別席３９００円、一、三塁指定席３４００円、アルプス席、１２００円、外野は７００円。

　一方の夏は１０４回の場合、全席がウェブによる前売りで中央指定が４２００円、一、三塁側指定が３７００円、アルプス（一般指定）が１４００円、外野指定が１０００円だった。4人のボックス席、ペア席などの企画席もあった。まず、3回戦までの売り出しがあり、準々決勝以降は順次発売された。この年の料金改定は4年ぶり。中央指定席は大幅に上がって１４００円増。応援団以外の来場者入れ替えがなくなるため、総入場者数は減少した。高野連は「暑さ対策、感染症対策の費用が増えており、やむを得ず入場料を値上げすることにした」と説明した。２０１８年から22年（21年は無観客）までは一部の自由席を求めて早朝に1万人以上が並ぶことが3度あり、熱中症の４００人を手当てしてきたという。混雑解消と熱中症予防を図るため全席指定に。

また、22年の入場料改定にともない1000円（子ども500円）になっていた外野指定席を、23年は700円（同200円）に値下げした。

他 血染めのボール
ちぞめのぼーる

1957年のセンバツで優勝した早稲田実（東京）のエースは、2年生の王貞治（元巨人）。初戦の2回戦で寝屋川（大阪）を1対0、準々決勝の柳井（山口）を4対0、準決勝の久留米商（福岡）を6対0と、3試合連続完封で決勝へ進出した。初戦は1安打しか許さず、準々決勝は11奪三振無四球、準決勝も無四球という完璧な内容。ノーコン克服のために採り入れたノーワインドアップ投法が抜群だった。高知商との決勝も、7回まで5対0と楽勝ペース。だが、実は準決勝で利き手の左中指の爪を割り、出血するというアクシデントがあった。その王が崩れたのは8回で、連続タイムリーを浴び、3点を失う。無失点は34回で途切れてしまった。だが王はここで踏ん張り、5対3で優勝。高知商の小松敏宏（元巨人）も指のマメをつぶして力投したため、「血染めのボール決戦」として、大きく報じられた。

チ 智弁学園高校
ちべんがくえんこうこう

1965年創立、奈良県五條市にある弁天宗系の中高一貫の共学私立校。近年は進学にも力を入れている。68年夏に初出場。76年春、山口哲治（元南海ほか）を擁してベスト8、77年春も3年生エースの山口でベスト4。夏は初日に小松辰雄（元中日）の星稜（石川）と対戦。ここは2対1で振り切って3回戦まで進んだが今治西（愛媛）に敗れた。80年代は甲子園で勝てない時代が続いたが、90年代後半から復活。2016年センバツで悲願の初優勝を果たした。準決勝の龍谷大平安（京都）戦は9回裏逆転サヨナラ、決勝の高松商（香川）戦は延長11回、僅差の2対1で連続サヨナラ勝ち。右腕・村上頌樹（阪神）の力投が光った。奈良県内では天理と私学2強として雌雄を争っている。高代延博（元広島ほか）、岡本和真（巨人）、廣岡大志（オリックス）らがOB。夏は20回出場で26勝20敗、春は14回出場で16勝12敗（中止になった20年センバツも出場回数にカウント）。通算42勝は全国25位タイ。弟分の智弁和歌山が春夏ともに優勝しているだけに、本家としても夏

の優勝が待ち遠しい。両校は甲子園での直接対決が2度ある。最初は02年夏の3回戦で実現。勝利した弟分の和歌山がそのまま準優勝した。そして、21年夏は決勝で当たるという智弁推しにとってはなんともドラマチックな展開。ここでも、和歌山が16安打を放ち9点を奪って快勝している。

▲智弁学園。2007年春、近畿大会優勝時のひとコマ

チ 智弁学園和歌山高校

ちべんがくえんわかやまこうこう

学校法人智弁学園が運営する小中高一貫の共学校。先に設置された奈良県五條市の兄弟校・智弁学園は、和歌山県からの通学生徒が4割ほどいて、和歌山市にも作ったらどうか、と行政側の要請もあって設置された。「中高6年一貫コース」で進学にも力を入れ、東大、京大などに複数の合格者を出している。

「スポーツコース」もあり、野球部は１９７９年創部。80年に高嶋仁監督が智弁学園から転任して強化を始める。85年にセンバツ初出場を果たすが、92年まで実は甲子園初戦5連敗。初優勝は94年の66回センバツで、準々決勝では9回に一挙5点を追いついて宇和島東（愛媛）に逆転勝ち。さらにＰＬ学園（大阪）と常総学院（茨城）を破った。選手権は97年に初優勝。高塚信幸（元近鉄）と中谷仁（元巨人ほか、現智弁和歌山監督）のバッテリーだった。智弁といえば一気呵成の集中打。２０００年のセンバツでは準優勝に終わったが、夏に猛打が爆発した。中京大中京（愛知）、ＰＬ学園（大阪）、柳川（福岡）など強豪と戦った6試合の合計得点が59点。１大会最多本塁打11本、チーム打率・４１３、決勝戦最多安打20など、当時の記録を塗り替えた。02年は決勝で明徳義塾（高知）に敗退。06年夏の準々決勝、帝京（東京）戦もすさまじかった。８回まで８対４でリードしていたが、

9回表に帝京が8点を取って大逆転。だがその裏、3ランホームランで追い上げ、最後は押し出し四球でサヨナラ勝ちした。この試合のチーム5本塁打は大会記録。その後、決勝への進出は18年のセンバツまで待つことになる。その18年のセンバツは高嶋監督にとって春夏通算37度目の出場で、福井商・北野尚文元監督を抜いて歴代最多となった。個人の監督勝利数も歴代最多（68勝35敗）。ＯＢの岡田俊哉（中日）、西川遥輝（楽天）らがプロで活躍し、川崎絢平は大分の常連・明豊で指揮を執っている。

▲2000年夏、2度目の優勝を飾った智弁和歌山

教え子の中谷が高嶋から監督を引き継ぎ、21年夏に優勝している。初戦となった2回戦は宮崎商にコロナ感染者がいて不戦勝。決勝は兄弟校の奈良の智弁学園を破った。前の年の秋にマリナーズのイチロー氏がコーチに来ていて、恩返しの優勝にもなった。夏は26回出場で優勝3回43勝23敗、春は15回出場で優勝1回27勝13敗。70勝は全国10位。

試 地方大会

ちほうたいかい

全国高校野球選手権の地方大会は、事実上は甲子園の予選に相当するが、「予選」という言葉は用いず、地方大会と呼ぶ。たとえば、第○回全国高校野球選手権●●大会」という具合。各都道府県高野連と朝日新聞社が、それぞれの地方大会を独立した大会として主催し、その優勝校が代表として甲子園に出場するという建前だ。もし、日本高野連がすべての地方大会を主催するのであれば、予選という表現も成り立つが、そうではない。となると、センバツの出場校を代表校とする表現をたまに見かけるが、それは正しくないことになる。

地方大会の大記録
ちほうたいかいのだいきろく

甲子園大会よりも膨大な数の試合が行われる地方大会では、レベル差の大きいチームの対戦もあり、とてつもない大記録が生まれることがある。語りぐさなのは、1998年夏の青森大会で記録された122対0だ。タイブレーク導入以前には、2試合連続延長引き分け再試合もあり、ほかにもギネス級の記録には事欠かない。2018年夏の西東京大会では、日大鶴ヶ丘と明大中野八王子の対戦で両軍合計41四死球。19対15で日大鶴ヶ丘が勝利したが、試合時間はなんと4時間4分。球審のストライクゾーンがあまりに厳格すぎたらしい。そうした記録は、ほかにも枚挙にいとまがないだろう。実力伯仲の決勝でも思わぬ大差がつくことがあって、2010年の宮城大会決勝では、仙台育英が29対1という大差で気仙沼向洋を降している。28点差は、地方大会決勝での最多記録といわれる。18年の石川大会決勝では、金沢学院を22対0で圧倒した星稜が、チーム7本塁打というマンガのような打棒を見せている。

中京大学付属中京高校
ちゅうきょうだいがくふぞくちゅうきょうこうこう

↑中京商

春夏通算の甲子園勝利数は136勝で、全国最多を誇る。夏78勝21敗、春58勝27敗。夏7回、春4回で計11の優勝回数も全国最多。現在は学校法人梅村学園が運営する中京大学の付属校で、正式名称は中京大学附属中京高等学校。名古屋市昭和区にある。1923年に中京商業として創立。初優勝は31年、夏の第17回大会。そこから、エース・吉田正男で唯一の夏3連覇という偉業を果たした。33年の19回大会準決勝、明石中（兵庫）との延長25回は最長記録として永

▲1932年夏、連覇を果たした中京商

遠に残る。66年にエース加藤英夫（元近鉄）で史上2校目の春夏連覇を達成した。翌年、普通科を設置し中京高校に改名。95年、正式名称を中京大中京と改称し商業科を廃止したのを機に、翌年から伝統のユニフォームを変更した。ただ、立て襟が象徴的な旧デザインを熱望する関係者が増えたこともあり、２０１９年夏から復刻。オールドファンを喜ばせている。09年夏には、決勝で日本文理（新潟）を破り、春夏連覇以来43年ぶりの全国優勝を果たした。直近では21年センバツでエースの畔柳亨丞（日本ハム）が活躍しベスト4まで進んだ。主なＯＢは野口二郎（元阪急ほか）、木俣達彦（元中日）、稲葉篤紀（元日本ハムほか）、嶋基宏（元ヤクルトほか）、高橋宏斗（中日）など。サッカー、陸上駅伝も強豪で、フィギュアスケートの浅田真央、安藤美姫、宇野昌磨も卒業生。

社 中止になった大会

ちゅうしになったたいかい

１９１８年には米騒動の余波で本大会が中止になったが、41年には戦局深刻化による文部省次官通達で、夏の地方大会の半ばで中止が決まっている。続く42年から45年は、第2次世界大戦のため春、夏の大会ともに空白期間となった。41年に関しては、優勝まで決まった府県も多かったが、第3次近衛文麿内閣は、臨戦態勢をとるため学徒は居住地にとどめるとしてスポーツの全国的な催しが禁止されたのだ。しかも、防諜上の必要として、朝日新聞は中止の社告を出すこともままならず。各地の大会は、単なる府県大会に切り替わり、途中で中止した県も、開催しなかった県もある。府県大会優勝を決めたチームのうち、帝京商（現帝京大高・東京）は幻の初出場となり、同様に県大会で優勝した青森工、韮崎中（山梨）、畝傍中（奈良）にしても、現在まで甲子園出場がないだけに、このときが大チャンスだった。

以降も、開催が危ぶまれたことは何度かある。戦後すぐ、ＧＨＱが「全国大会は年に一度でいい」と難色を示した47年センバツ、阪神・淡路大震災、また東日本大震災に見舞われた95年、２０１１年。高校野球はそれらを乗り越えて開催されてきたため、これからもブランクなく続くものと思われていた。だが20年には、見えない敵に阻まれることになる。新型コロナウイルスの感染拡大という世界的危機によるセンバツの中止、各都道府県の春季大会、選手権地方大会の中止、そして夏の甲子園の中止がそれだ。これ以後は高校野球のみならず、当たり前のことが当たり前に続く世の中であらんことを願わずにはいられない（新型コロナの項参照）。

　そして、このコロナで大会が中止になった世代が動き出した。「あの夏を取り戻せ～全国元高校野球大会２０２０－２０２３～」の企画が立ち上がり、23年5月に記者発表があった。２０２０年の独自大会の優勝校、上位進出校を集めて試合などを行うというもので51校46チーム、約１０００人の参加が予定されている。11月29日に甲子園でセレモニーや練習、記念撮影などを行い、11月30日と12月1日の2日間で兵庫県内の球場で交流試合を実施予定だ。

　発起人で自身も城西（東京）の高校球児だった武蔵野大3年の大武優斗さんは、20年からＳＮＳなどで賛同者を募っていた。「当時の球児、僕たちの世代はやっぱり3年たっても悔しい思いが残っている。そこに終止符を打ちたい」とプロジェクト開催への思いを明かした。

チ 銚子商業高校

ちょうししょうぎょうこうこう

　1900年に銚子中学としての開校が起源。銚子工時代もあり、女子高と統合するなど変遷があって、２０００年に１００周年を迎え、08年には銚子水産と統合している。港町、漁業が盛んな千葉県銚子市にあり、海洋科の中の船舶コース、食品総合コースに特徴がある。日本陸連名誉会長の青木半治はＯＢ。62年、斉藤一之が監督に就任して千葉県随一の強豪になる。65年夏、木樽正明（元ロッテ）を擁して決勝に進むも、原貢（東海大相模、東海大監督歴任）が率いた三池工（福岡）に敗れた。初優勝したのが74年夏。前年は、江川卓（元巨人）のいた作新学院（栃木）を雨中の延長で下したがベスト8止まり。右腕の土屋正勝（元ロッテほか）が3年で主力になり、2年生の篠塚利夫（元巨人）らを中心に千葉に優勝旗を初めて持ち帰った。95年センバツは澤井良輔

▶１９７４年夏、銚子商はエース・土屋正勝を中心に優勝

（元ロッテ）が四番で準優勝。ほかにも宇野勝（元中日）、尾上旭（元中日）らを斉藤が指導した。ただ95年以降は、05年夏の出場があるだけ。夏12回出場25勝11敗、春8回出場14勝8敗。39勝は32位。上下切れ目のない打線が黒潮打線と呼ばれたこともある。

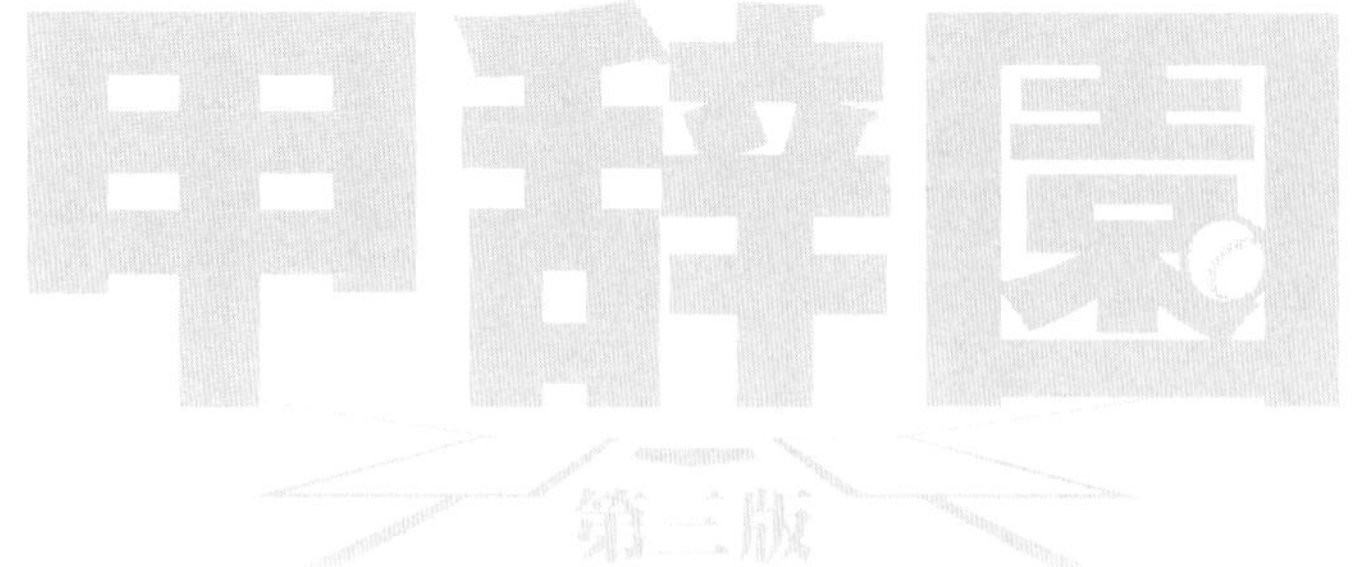

記 通算最多勝利
つうさんさいたしょうり

歴代の春夏通算最多勝利投手は、吉田正男（中京商・現中京大中京・愛知）の23勝。ただしこれは旧学制のもので、新制高校になってからは桑田真澄（PL学園・大阪、元巨人ほか）の20勝が記録。吉田の23勝は、数字の上では現在でも達成可能だが、5大会パーフェクト出場で一大会4・6勝を挙げなくてはならない計算だから、事実上はほぼアンタッチャブル。それを言うなら、桑田の20勝だって1大会4勝計算で、この後まず破られそうにない。センバツの最多勝利も吉田正男の9勝。現在の制度では、2回出場して連覇しても最高で10勝（記念大会を含めば11勝の可能性もあり）だから、これもほぼ不滅だろう。選手権では吉田と桑田が並んで14勝。3年間の5大会中4度決勝に進出した桑田も、夏3連覇の吉田に負けていない。

記 通算最多本塁打
つうさんさいたほんるいだ

これは1983年夏から85年夏にかけて26試合に出場し、13本を放った清原和博（PL学園・大阪、元オリックスほか）がほかを寄せつけない。2試合に1本というだけでも驚きだが、91打数で13本ということは、7打数あたり1本だ。2位に並んでいるのが桑田真澄（PL学園・大阪、元巨人ほか）、元木大介（上宮・大阪、元巨人）、そして17年夏に清原の1大会記録を抜いた中村奨成（広陵・広島、広島）の6本。清原はセンバツの4本、選手権の9本も最多記録だ。

社 通信制高校
つうしんせいこうこう

学校教育法によると、正式には高等学校通信教育といい、一般には通信制高校と呼ばれる。全日制の課程と違い、毎日学校に登校する必要はなく、主として自宅や、学校が設置する学習センターなどで学びながら、添削指導や面接指導、試験によって単位を修得して卒業する。教育現場を取り巻く状況が複雑化するなか、21世紀以降、通信制高校の生徒数は約18万人で推移してきた。ただ、生徒全員が毎日通学するわけではない通信制高校では、日常的な部活動が難しい。だからそもそも、高野連に加盟する学校自体が少なかった。長野県佐久市にある地球環境は、2005年に創部。通信制ながら生徒は毎日登校し、週に3日以上練習することで長野県高野連への加盟が認められ、12年のセンバツに初出場を果たした。これは、通信制高校としての甲子園初出場でもあった。16年夏には、同じ通信制としてクラーク記念国際が北北海道から出場し、22、23年のセンバツにも出場している。16年には、日本ウェルネス（東東京）が5回戦に、星槎国際湘南（神奈川）が4回戦に進出。17年も両校は5回戦へと躍進し、甲子園出場が射程内に見え始めた。その特性から、練習時間を豊富に確保しやすい通信制。今後、ますます活躍の機会が増えるかもしれない。

戦 ツーランスクイズ

つーらんすくいず

走者が二、三塁にいるときにスクイズを仕掛け、野手が一塁に送球する間に、三塁走者だけではなく、二塁走者も一気に生還しようという作戦。これが成功すれば、ツーランスクイズとなる。守備側がスクイズを警戒するあまり、二塁走者に対する警戒が薄くなることをつく。のちに長く母校の監督を務めた玉国光男は、初出場だった宇部商（山口）時代の１９６６年、金沢（石川）との試合で、ツーランスクイズにより二塁走者として生還した。また、広島商を率いた迫田穆成は、73年夏の大会の3回戦・日田林工（大分）戦で、ツーランスクイズを仕掛けて成功。このときは周囲も何が起こったのかと驚き、当時の実況アナウンサーも状況を説明できなかったとか。２０１８年夏の準々決勝では、鮮やかにツーランスクイズを成功させた金足農（秋田）が、近江（滋賀）に逆転サヨナラ勝ちしている。

チ 津久見高校

つくみこうこう

大分県津久見市にある県立高校。旧津久見高校は２０１２年、臼杵商、海洋科学高校と3校統合して、新津久見高校となった。旧津久見高校は14年に閉校となり、現在海洋科学高校は別に開校している。旧津久見の起源は、１９３９年に作られた津久見町立工業学校。44年に県に移管し、48年に大分県立津久見高校に。閉校するまでには工業科、電気科、普通科情報処理コースなどがあった。戦後、夏の甲子園に5回出ていたが全国制覇は春が先。初出場の67年に倉敷工（岡山）、報徳学園（兵庫）に勝ち、決勝では高知との延長12回の熱戦を制した。主力には2年生の大田卓司（元西武）がいた。夏は72年に初制覇。1回戦で鹿児島商に逆転サヨナラ勝ちして勢いに乗った。長らく指揮を執った小嶋仁八郎監督は、今の西武の前身でもある西日本パイレーツでプレーした名物監督だった。80年代までは強力打線で甲子園を沸かせたが、88年、川崎憲次郎（元中日ほか）で春夏ベスト8になって以降、30年以上甲子園から遠ざかっている。高橋直樹（元巨人ほか）、鉄平（元オリックスほか）などもOB。夏12回16勝11敗、春6回8勝5敗。県内では最多勝1位を守っている。

▶川崎憲次郎をエースに、1988年春夏ともにベスト8進出を果たした津久見

施 蔦
つた

かつて甲子園球場の外周の外壁はびっしりと蔦に覆われ、それが独特の風情を醸し出していたが、これは甲子園が完成した1924年の12月に植栽されたもの。完成当時の球場の外壁はコンクリートのままだったため、見た目を向上させる策として、時が経つと外壁を覆ってくれる蔦が選ばれたのだ。約430株ほどが植えられ、総面積にしておよそ畳8000畳分あったといわれる葉の管理は、阪神園芸が行っていた。80年以上もかけて成長してきたのだから、それは歴史や伝統を感じさせただろう。21世紀のリニューアルでは、甲子園のシンボルでもある蔦を残すために、改修工事前にいったん伐採し、外壁をレンガで覆う工事終了後に再植栽している。この植栽には、里帰りした蔦も用いられた。

リニューアル前の2000年、高校野球20世紀メモリアル事業の一環として、当時の全国の高野連加盟の4170校に甲子園のツタが配布され、各校で育てていた。そのうち生育状態のいい233校の苗が集められ、08年6月14日、「ツタの里帰り」として甲子園に植えられたのだ。その233校の名前を刻んだ銘板は、レフトスタンド照明塔支柱の根元にある。

現在、蔦は順調に成長を続けており、甲子園の外壁はふたたび蔦に覆われつつあるが、全面を覆うまでにはあと20年から30年がかかるのでは、と阪神園芸ではみているという。ちなみに、球場内にある関係者食堂の名前も「蔦」。

監

蔦文也

つた・ふみや

1923年8月28日、徳島県生まれ。徳島県立池田高校野球部監督を長く務め、豪快に打ちまくる野球で「攻めダルマ」の異名をとった。自身は徳島商で39年センバツは一塁手、40年の春夏は投手として甲子園に出場。40年は勝利なしに終わる。同志社大卒業後は全徳島に加入し、都市対抗に3度出場。50年に東急フライヤーズに入団したが1年で退団し、帰郷した。

▲蔦文也

徳島県の教員試験を受け、池田に社会科教諭として赴任し52年から監督に。着任当時はボールが3個、バット2本などという苦しい状況が長く、徳島商の壁も厚く、甲子園初出場は20年目の71年夏だった。そして74年春、部員11人で準優勝。報徳学園（兵庫）に敗れたが「さわやかイレブン」と称された。79年夏は牛島和彦（元ロッテほか）・香川伸行（元ダイエー）の浪商（現大体大浪商・大阪）に準決勝で勝ち、箕島（和歌山）に惜敗するも準優勝。「甲子園で勝つには金属バットを生かして打ち勝つこと」と筋力トレーニングを取り入れ、バッティングを強化。山の中の池田町に金属バットの音がこだましたこと、試合でヒットを打ち出すと止まらないことから「やまびこ打線」といわれた。

82年夏は畠山準（元横浜ほか）がエースで四番。早稲田実（東東京）の荒木大輔（元横浜ほか）を14対2と粉砕するなど、強力打線で他校を圧倒する。決勝の広島商にも12対2と、高校野球の従来のスタイルを変える勝ち方で優勝した。翌センバツはエースの水野雄仁（元巨人）が5試合失点1で夏春連覇。夏も優勝候補の筆頭だったが、準決勝で1年生の桑田・清原のPL学園（大阪）に0対7と衝撃的な敗北を喫した。86年センバツでは、左腕の梶田茂生を中心に手堅い野球も加えて優勝。その夏は明野（三重）にまさかの1回戦負けを喫したが、87年センバツは4強、夏にも1勝と甲子園をわかせ続けた。池田高校内の碑には「山あいの町の子供たちに一度でいいから大海をみせたかったんじゃ」という蔦の言葉が刻まれている。「コツコツ当てていく野球は嫌いじゃ。伸び伸び打ったらええんじゃ」など蔦語録も味があり、記者にも人気があった。酒好きでも知られる。92年勇退。春夏14回出場で優勝3回、準優勝2回。37勝は9位タイ。2001年4月、77歳で没。池田町名誉町民第1号でもある。池田の井上力・現監督は教え子で86年センバツの優勝メンバー。

施 土
つち

甲子園球場の内野グラウンドには、独特の黒土が使われている。もともとは淡路島の土が使われていたが、現在は鹿児島、岡山、鳥取、大分など日本国内の黒土と、中国福建省の白砂のブレンドだ。また、季節によって異なる雨量や太陽光量などを考慮に入れ、春は白砂を多めに（黒土5・5：白砂4・5）、夏は黒土を多めに（黒土6：白砂4）入れるなどして、ブレンドの比率を変えている。スタンドの観客からも、スピードのあるボールの行方を見えやすくするためで、このあたりもグラウンド整備を担当する阪神園芸のこだわりだ。

高校野球では、甲子園で敗退したチームの選手が、記念として土を持ち帰るのが当たり前になっている。この慣習の起源にはいくつか説がある。

・37年夏の第23回大会、決勝で敗れた熊本工の川上哲治（元巨人）がユニフォームのポケットに甲子園の土を入れ、自校のグラウンドにまいた。川上は、甲子園以外で同様のことをしている選手の真似だったと語っている

・46年夏の第28回大会、準決勝で敗退した東京高等師範附属中（現筑波大附）の佐々木迪夫監督が、最上級生以外の選手に、各ポジションの土を手ぬぐいに包んで持ち帰らせた。来年また返しに来よう、という意味。ただしこれは米軍接収中の甲子園ではなく、阪急西宮球場でのこと

・49年夏の第31回大会、準々決勝で敗れた小倉北（現小倉）のエース福嶋一雄が、ホームベースの後方

▶甲子園球場の土

で足元の土をつまみ無意識にズボンの後ろポケットに入れた。大会役員からの励ましの速達でこれに気づいた福嶋は、洗濯前のユニフォームから土を取り出し、玄関にあったゴムの木の植木鉢に入れた。

もっとも下級生のうちや、指導者の方針によっては土を持ち帰らないことがある。前記の3例はいずれも夏であり、春に敗退したとしても、その時点で土を持ち帰るチームは少ない。その行為は、たとえ無意識にしろ、夏には来られなかったときのための記念という意味になるためだ。ただ、高校時代に甲子園で出られなかった元プロ野球選手から、「プロに入って初めて甲子園に投げたとき、試合のあとにスパイクの裏についた土をこっそりとっておいたことがある」と聞いたことがある。いずれにしても野球選手にとって、土は特別なものであるようだ。

コロナ禍で春夏の甲子園が中止になった2020年には、阪神甲子園球場と、本拠とするプロ野球の阪神タイガースが、高野連に加盟する3年生野球部員に、甲子園の土を透明なカプセルに入れたキーホルダーを贈呈。阪神の選手たちから、「甲子園を本拠とする球団として、なにかできないか」との声が上がり、当時の矢野燿大監督を中心に発案したもので、監督やコーチ、選手一同が費用の一部を負担した。キーホルダーには、オリジナルグッズに使われる予定だったロゴがデザインされ、夏の大会回数を表す「102」などがあしらわれている。阪神の監督や選手が、透明なボール状のカプセルに直接土を詰めた。20年の高野連の加盟校は、硬式3932、軟式408校。これに女子硬式野球部員も加え、合計で約5万人に上った。矢野監督は、「単にものを贈るだけではなく、土を集めることで応援している思いが高校球児に届き、一歩を踏み出す後押しになればうれしい。将来、このキーホルダーを持った選手たちと出会えたら、特別な気持ちになると思う」と、粋なコメントを残した。

21年のセンバツではコロナウイルスの感染症対策として、選手が試合後に土を集める行為が禁止されたが、出場校には後日「土」が贈られている。

選 監 土屋恵三郎

つちや・けいざぶろう

1953年神奈川県生まれ。桐蔭学園（神奈川）の監督を経て現在は星槎国際湘南（神奈川）の監督。高校時代、桐蔭学園では捕手で四番打者で主将。3年の春季関東大会で決勝に進出し、深谷商（埼玉）を破って優勝。夏の神奈川大会でも武相に勝って甲子園初出場を決める。同大会では準決勝で岡山東商に逆転勝ち。決勝で磐城の「小さな大投手」田村隆寿に苦しむが1対0で辛勝、初優勝を飾った。法大から三菱自動車川崎を経て82年秋に母校である桐蔭学園の監督に就任。就任直後に春夏通じて12年ぶりの甲子園、55回センバツに導いた。92年夏の大会は高橋由伸（元巨人）らを擁して県大会を制し、甲子園でも東の横綱として優勝候補の呼び声が高かった。しかし開幕戦で沖縄尚学に延長戦の末、敗北。これが桐蔭学園史上唯一の夏の甲子園初戦敗退。07年に総監督になったが、09年には2年ぶりに監督として現場復帰をしている。13年の夏をもって桐蔭学園監督を勇退し、14年の4月より星槎スポーツ振興室長に就任した。15年1月1日付で星槎国際湘南の監督に就任。同年夏の高校野球神奈川県大会では1勝を挙げ健在ぶりをアピールした。

監督として数多くのプロ野球選手を育てたが、ポリシーとして高校から直接プロに進むことは良しとせず、大学または社会人を経験したのちにプロ入りと言う指導を行っているという。ずっと高校から即プロの教え子は存在しなかったが、17年のドラフトでオリックスから4位指名を受け入団した本田仁海が高校から即プロの初めての教え子となった。桐蔭学園監督で春5回、夏5回の甲子園で10勝10敗の成績を残している。大久保秀昭（現ＥＮＥＯＳ監督）、関川浩一（元楽天ほか）、鈴木大地（楽天）、茂木栄五郎（楽天）らが教え子。

選 土屋正勝

つちや・まさかつ

1974年夏、銚子商（千葉）のエースとして全国制覇した。1956年千葉県旭市生まれ。73年春から4季連続で甲子園出場を果たしていて同校の黄金期を作った。2年春は控え投手。センバツの1回戦でチームは報徳学園（兵庫）に敗れるがリリーフして甲子園初登板。同年夏はエースとして起用され、2回戦で江川卓（元巨人）のいた作新学院と激突。互いに無失点で投げ合い、延長12回の末にサヨナラ勝ち。雨中の試合で、江川が満塁から押し出しを与えての決着は語り継がれる伝説の試合でもある。ところが、準々決勝で植松精一（元阪神）がいた静岡に敗れた。翌年のセンバツは準々決勝でやはり優勝した報徳学園に惜敗。

夏の千葉県大会の決勝は石毛宏典（元ダイエーほか）が牽引した市銚子を下して甲子園に。大会中は肩を痛めていて電気治療器を携えての登板だったというが、投げては好投。篠塚利夫（元巨人）を中心とした打線も活発。圧倒的な強さで勝ち進み、決勝で防府商（現防府商工・山口）を7対0と圧倒し初優勝を飾る。5試合で失点わずか1という見事なピッチング内容だった。同年のドラフト会議で中日に1位指名を受ける。84年にロッテに移籍。叔父も銚子商の外野手で65年夏の準優勝に貢献した。

選 筒香嘉智
つつごう・よしとも

プロ野球選手の珍名ランキングでは間違いなく上位にくる筒香。和歌山県と三重県南部である紀ノ国伊都郡筒香庄がひとつのルーツとされており、全国で10人程度といわれている。1991年11月26日、和歌山県橋本市生まれだが、中学時代は大阪の強豪・堺ビッグボーイズに所属し、ボーイズ関西選抜の四番として世界大会に出場している。甲子園で横浜（神奈川）の試合を見て感激し、自ら連絡して入学を志願。当時の横浜では、近畿圏からの入学は異例だった。「打球の速さでは、横浜の歴代ナンバーワン。飛距離は松井秀喜級」（小倉清一郎部長・当時）で1年春から四番に抜擢され、グラウンドのライト側ネットは5メートルほど上に継ぎ足された。2年時の2008年、第90回全国高等学校野球選手権記念大会に出場したが、南神奈川大会は絶不調。小倉部長は「当たればマッハだけど、当たんねえんだよ」と嘆いていた。それが浦和学院（南埼玉）との初戦、先制本塁打を放つと、準々決勝の聖光学院（福島）戦では満塁ホームランを含む2打席連続本塁打などで、1試合個人最多タイとなる8打点。準決勝で大阪桐蔭（北大阪）に敗れたが、この大会では打率・526、3本塁打、14打点と爆発した。主将を務めた3年時には甲

▶筒香嘉智

子園出場はなかったものの、第8回AAAアジア野球選手権大会では日本代表に。高校通算69本塁打をひっさげ、ドラフト1位で横浜に入団した。日本で205本塁打を記録し、20年からレイズに所属。ドジャースなどを経て23年はレンジャーズ傘下に所属。

アメリカに渡る頃、「甲子園に本当に行きたいのは誰なのかというと、結局、監督や部長ではないか」、「将来がある子ども達を守るには、一発勝負のトーナメント制をやめてリーグ制を導入したり、ルールで球数制限や練習時間を決めたりする必要があると思います」など、少年野球に対しての提言を盛んに行っている。

ふるさとの橋本市に大型野球施設「TSUTSUGO SPORTS ACADEMY（筒香スポーツアカデミー）」を2億円の自費を投じて建設中であることが報じられ、本人も「ここから大勢の子どもたちが野球の楽しさを知り、生涯を通じて野球を楽しめるスタートになるような場所にしていきたいと思っています」と話している。

㋠敦賀気比高校

つるがけひこうこう

福井県敦賀市にあり、学校法人嶺南学園が経営する。1986年開校、88年に中学を併設した。以前は国際科、電子情報科があったが、現在は普通科のみで特別進学コース、教養コースなどがある。

94年夏に初出場し、翌95年夏、ベスト4へ。準決勝は帝京（東東京）の白木隆之に完封されたが、内藤剛志投手を中心にまとまっていた。97年夏は、三上真司（元ヤクルト）が開幕戦を完封するなど活躍した。98年は春夏連続出場。東出輝裕（元広島）が主将兼エースで一番を打った。13年にはセンバツ4強、14年夏ベスト4など上位の常連となり、15年センバツでついに北陸勢として初の頂点に。成長した前年夏からのエース平沼翔太（西武）が力強いボールを内外角に投げ込み、仙台育英（宮城）、静岡などを接戦で破って勝ち上がる。準決勝では、前年夏に敗れた大阪桐蔭に松本哲幣の満塁ホームラン2発でお返しすると、決勝の相手は同じ北国の北海道の東海大四（現東海大札幌）。ハンディを感じさせない戦いを見せた。内海哲也（元西武ほか）、吉田正尚（レッドソックス）、西川龍馬（広島）など近年は好選手が育っている。夏11回18勝11敗、春10回13勝9敗。31勝は全国44位で、県内のライバル福井商の33勝に迫っている。

て

㋠帝京大学系属帝京高校
ていきょうだいがくけいぞくていきょうこうこう

帝京大学系属帝京高校が正式名称で、中高一貫教育の共学校。1943年に杉並区で創立され、46年に今の板橋区に移転した。特進コース、進学コース、インターナショナルコース、アスリートコースがある。50年以上にわたって指揮を執っていた前田三夫が大学卒業と同時に72年に監督に就任し（2021年7月に勇退、現在は名誉監督）、スパルタ指導で力をつける。78年にセンバツ初出場。80年、エース・伊東昭光（元ヤクルト）が高知商・中西清起（元阪神）との投手戦に敗れながら準優勝し、強豪の仲間入りを果たした。85年センバツは、渡辺智男（元西武ほか）の伊野商（高知）にまたも決勝で涙を呑むが、89年夏に〝三度目の正直〟で初優勝。吉岡雄二（元楽天ほか）は5試合で1失点。初めて頂点に立った。92年春にはエース・三澤興一（元中日ほか）でセンバツ優勝。95年に2度目の夏制覇を成し遂げた。しかし11年夏以来、甲子園からは遠ざかっている。春は14回出場で21勝13敗、夏は12回出場、30勝10敗で計51勝は20位。すべて前田監督時代の勝利で、これは監督として5位タイ。芝草宇宙（元ソフトバンクほか、現帝京長岡［新潟］監督）、山崎康晃（DeNA）ら右の本格派投手が多く育ち、森本稀哲（元西武ほか）、中村晃（ソフトバンク）、杉谷拳士（元日本ハム）などもOB。前田の跡を継いだ金田優哉監督の元、23年春は決勝で関東一を破って10年ぶりに春の東京を制した。もともと、サッカーの強豪校として知られ、冬の高校選手権で6回の優勝を数える。Jリーガーも数多く輩出している。

▶1989年夏、優勝し前田監督を胴上げする帝京の選手たち

具 低反発バット
ていはんぱつばっと

2024年から新基準の金属バットが使われることになっている。よって、これまでの基準のバットは使用禁止になる（23年まで使用可）。

21年秋から、反発性能を抑えることを目的として打撃試験を実施していた。その時の数字によると試作品は球を打つ部分の直径がそれまでより3ミリ薄い64ミリ。これにより打球の初速が3・6パーセント抑えられたという。過去には練習試合で打球が投手を直撃して死亡事故もあったり、19年の第101回全国高校野球選手権で、投手が顔に打球を受けて骨が折れる大けがを負い、有識者会議で金属製バットの反発を抑える必要があると声が上がって、見直しに乗り出していた。21年秋以降、データや安全性を確認し、新たな基準値を策定。2年の猶予期間を経て完全移行する、と言われていて、ほぼ予定通り、導入することに決定したものだ。

高野連は23年秋に全国の加盟校に新基準の金属バットを2本づつ、配布する。これは各校の経済的な負担を考慮したためで、さらにセンバツが95回、夏は105回という記念大会で、朝日新聞社、毎日新聞社と共に、記念事業の一環として実施するという。流通するバットがまだ少ないため、軟式野球部にも2本を配布する予定で、合わせて2億5000万円を予定している。近年は「打高投低」の傾向が強く、低反発のバットの導入により、打者を打ち取りやすくして、投手の負担を軽減する狙いもある。21年当時、日本高野連の田名部和裕顧問は「目標は木製バットにより近づけること。投手の安全、そして（打者有利の現状から）投打の力のバランスをできるだけ均一にできれば」と話していた。

社 敵性スポーツ
てきせいすぽーつ

1915年の第1回中学優勝大会開催から、隆盛の一途をたどった中学野球だが、日米開戦前夜にはその影響を受けざるを得なかった。選手宣誓は軍事色にあふれたものになり、文部省主催で〝幻の甲子園〟と呼ばれた42年夏のスコアボードには「勝って兜の緒を締めよ」「戦ひ抜かう大東亜戦」という横断幕が。ユニフォームのロゴは漢字のみを使い、ローマ字は禁止された。試合開始のサイレンは、空襲警報と誤認しないように禁止され、そのかわりが進軍ラッパ。開会式には、東条英機首相（当時）も姿を現し、国民の戦意を鼓舞する挨拶をした。

選手は「選士」と呼ばれ、「打者は球をよけてはいけない。球に当たっても死球にならない」「原則として1チームあたりの選手数は9人とし、選手交代ならびに控え選手の起用は怪我を除いて原則禁止する」などという特別ルールが採用されたというから、噴飯ものだ。そもそも野球そのものが、事実上敵国アメリカ発祥の競技なのに……それを行うのは矛盾ではないのか？　そういう世相で、全国各地の中学に創部された野球部は、軍部の圧力に屈し、次々と休・廃部に追い込まれていく。出征や学徒動員で、選手自体がいなくなったことも廃部傾向に輪をかけた。

具 手袋

てぶくろ

昔の高校野球の画像や映像を見ると、打者は素手でバットを握っている。若いファンの目には奇異に映るかも知れないが、かつては手の平を保護するバッティンググローブ（高校生は〝バッテ〟、あるいは革手袋を略して〝カワテ〟と呼ぶことが多い）の着用は認められていなかった。1995年から、負傷箇所を保護する目的で可能になり、97年には「投手の打撃時および走者となった時の投げ手、捕手の守備時の受け手、監督、コーチのシートノック時」に認められ、99年から「リストバンドを兼ねたようなものは禁止し、手首から先のものとする」などの条件つきで手袋の使用が認められた。

長く解禁しなかったのは、経済的な格差で使用道具に差が出ないように、という配慮が根底にあったともいう。確かに、ある年代以上にとってカワテは贅沢品に近く、社会人野球で素手で打っている選手に聞くと、「自分なんか、まだまだ手袋をつけられるような選手じゃないですから」と答えてくれたことがある。

社 テレビ中継

てれびちゅうけい

インターネットによる無償中継も行われる時代だが、ここではおもに地上波、NHKについて述べる。NHKがテレビによる中継を始めたのは、1953年夏の第35回大会から（センバツは54年の26回大会から）。ただし、一般家庭にはまだテレビが普及しておらず、ほとんどは朝日新聞大阪本社前や、京阪神のデパートに置かれた街頭テレビでの観戦だったという。やがて家庭にも普及すると、基本的には総合テレビのみで夕方6時までの中継が続いていた。ところが74年夏の準々決勝・東海大相模（神奈川）と鹿児島実戦は大熱戦の延長戦となり、放送予定時間を大幅に超えても終わらない。放送延長を重ねながら、試合途中の6時55分で放送を打ち切った。するとその直後から、視聴者の抗議がNHKに殺到。このため、7時の定時ニュース終了後に、急きょ中継を再開している。ところがこれが思わぬ好評で、翌75年から、総合テレビとNHK Eテレへのリレー方式で完全生中継を行う、現在の方式につながった。また夏の甲子園は、近畿地区ではABCテレビ（朝日放送）でも中継される。そのほか、独立テレビ局のある県では各地方大会も中継され、準決勝以上となると基本的に地元のNHKテレビなどが放送する場合が多い。

制 転校
てんこう

高校野球では、転校して満1年がたたないと公式戦に出場できない規定がある。日本高校野球連盟の大会参加者資格規定第5条（3）によると「転入学生は、転入学した日より満1ヵ年を経過したもの（には参加選手の資格がある）。ただし満1ヵ年を経なくても、学区制の変更、学校の統廃合または一家転住などにより、止むを得ず転入学したと認められるもので、本連盟の承認を得たものはこの限りではない（後略）」。つまり、高校1年を終えて転校した場合、やむを得ない事情と認められない限り、高校2年の1年間は出場できないということだ。深読みすると、選手の引き抜き防止策の意図が見てとれるが、これにはある事件がきっかけとなっている。

1920年の第6回中等学校優勝野球大会は、北海道大会が新設されて15代表となった。このときの九州代表・豊国中（現豊国学園・福岡）に、小方二十世という投手がいた。青山学院中時代、その実力を法政大関係者に見いだされて転校し、中学生ながら法政大のチームで登板した実力の持ち主。しかし、中学を卒業しないと徴兵が免除されない。そのため卒業資格を得ようと、1年間限定で豊国中に転校した。そこでもエースとして起用され、九州大会を制したのだ。

小方は満19歳だが、当時は尋常

小学校（修業年限6年）から高等小学校（2年）を経て中学（5年）に進むケースも多く、大学で登板したことも前例があって問題ない。だが転校直後であることが、全国大会に出たいがための引き抜きと受け取られた。当時の規則では、校長が許可すればOKだったため、小方の出場は認められたが、以後このような引き抜きが横行すれば収拾がつかなくなる。そのため22年の第8回大会からは、参加資格を「転校編入後2学期以降」とし、変遷を経て現在に至っている。

チ 天理高校

てんりこうこう

奈良県天理市にあり、天理教が経営する共学校。創立は1908年。柔道、ラグビー、ホッケーも全国レベルの強豪。夏の選手権に28回、センバツ24回出場は県内最多。甲子園初登場は第26回（54年）のセンバツで、初めての夏、59年はベスト8まで進んだ。1986年、現監督の中村良二（元阪神ほか）が主将のときに夏の初優勝。決勝では松山商（愛媛）を3対2で振り切った。4年後の72回大会には南竜次（元日本ハム）が決勝で沖縄水産を1対0で完封して優勝した。センバツの優勝は97年。準決勝は上宮（大阪）に2対1、決勝は中京大中京（愛知）に4対1と僅差だった。「豪打天理」といわれるとともに、決勝では無敗と勝負強さも見せる。紫の帽子、アンダーシャツ、ストッキングのユニフォームもお馴染み。ブラスバンドの応援も草分けと言われる。門田博光（元ダイエーほか）、藤本博史（元オリックスほか、現ソフトバンク監督）、関本健太郎（元阪神）、中村奨吾（ロッテ）、達孝太（日本ハム）らがOB。柔道の野村忠弘、細川伸二ら五輪の金メダリストや、23年度ラグビートップワンで初優勝を遂げた東京ベイの主将、立川

▶1986年夏、初優勝を果たした天理

理道らも卒業生。通算79勝（51敗）は全国6位。

規 伝令
でんれい

高校野球特別規則には、左記のようにタイムの制限がある（抜粋）。

（1）守備側の伝令によるタイムの制限

1　監督の指示を伝える伝令は、マウンドに行ける回数を1試合に3回までとする。

2　延長回（タイブレーク）に入った場合は、それ以前の回数に関係なく、1イニングにつき1回だけマウンドに行くことが許される。

（3、4略）

5　内野手（捕手を含む）が2人以上マウンドに行った場合は、1回にカウントする。

6　投手交代の際に野手がマウンドへ集まったり、伝令がマウンドに行ってもタイムの回数にカウントしない。ただし、準備投球が始まってから再び複数の野手がマウンドへ集まったり伝令がマウンドに行った場合は、回数をカウントする。

（7略）

（2）攻撃側の伝令によるタイムの制限

1　打者および走者に対する伝令は、1試合につき3回を限度として許される。

2　延長回（タイブレーク）に入った場合は、それ以前の回数に関係なく、1イニングにつき1回だけ伝令を使うことが許される。

3　攻撃側に責任なく試合が中断（例えば選手の怪我や選手の交代など）した際の伝令は、回数としてカウントしない。

4　伝令は、審判員が〝タイム〟を宣告してから30秒以内とする。

5　回数の確認は、守備側の伝令と同じ方法で行う。

（3）相手側のタイム中に伝令を出すことは認められるが、相手側のタイムが終了してもなお継続する場合はそのチームのタイムとしてカウントする。また、どのような場合でも打者をベンチに呼び戻すことは禁止する。

タイムの回数が制限されたのは、1997年のセンバツからだ。はるか昔には、守備のピンチにベンチの監督が選手を呼び寄せたりもしていたが、その後はベンチから伝令がひんぱんに出ることに。その際には回数制限がなく、極端にいえば勝負どころでは打者一人ごとにタイムをかけ、伝令を飛ばすシーンがよく見られた。あまりに目に余ると審判も釘を刺すが、出場経験豊富な監督にかかると、文字通りそれは糠に釘。攻守問わず、延々とタイムが繰り返されることになる。それでは時間がかかりすぎるし、見ているほうの興を殺ぐ。というわけで、この特別規則の導入となった。

社 電話
でんわ

「春のセンバツに選ばれました」。そんな偽電話が相次いだ事件があった。1993年2月1日。群馬県館林市の関東学園大附に「高野連のサトウ」と名乗る男の声だったという。山口澄夫校長が電話に出ると、男は「5番目でセンバツが決まりました」と告げた。同校は前年秋の関東大会準々決勝で横浜（神奈川）に1対4で敗れ、大宮東（埼玉）と最後の5枠目を争っていた。校長がグラウンドに出て報告すると、野球部員たちは飛び上がって大喜び。戸ヶ崎弘美監督も感涙にむせび、直後、歓喜の胴上げで宙を舞った。そこまでは良かったが、約15分後、テレビニュースで出場34校が発表されると、同校の名前がない。驚いて高野連に確認すると、落選して補欠校になったことがわかった。男の電話は悪質ないたずら電話だったことが判明した。改めて選手たちに説明すると、大きなショックを受け、泣きだす者もいた。その後、法政二（神奈川）、大宮東（埼玉）、世田谷学園（東京）、市船橋（千葉）、早稲田実（東京）にもいたずら電話があったことが判明（ただし大宮東、世田谷学園、市船橋は選出された）。犯人は同一人物とみられたが、結局、素性はわからずじまい。球児たちの気持ちを踏みにじるような卑劣な行為に、世論は憤りを感じた。

23年のセンバツ選考は大きな転換期になった。その伝達法で電話が使われなくなったのだ。これまでは、校長室で校長が電話を受け、「謹んでお受けいたします……」などのやりとりは、必ず、ニュースでも流された。だが、これは儀礼的なもので、今や、テレビやネットでの中継があって、選考の当落はリアルタイムで把握できる時代。そもそも固定電話で話すことさえ減ってきている世の中で、簡素化は流れでもある。

と

記 同一県連覇
どういつけんれんぱ

同一チームはもちろん、同じ都道府県のチームがなんらかのパターンの連覇を遂げること。徐々に参加校が増えた１９７０年代以降は、同一県が連覇すると「〇〇（県）を制する者は全国を制す」のような表現がされるようになっていた。以下に、同一都道府県連覇の例を挙げる（同一校の連覇も含む）。

兵庫県
夏連覇／第5～6回　神戸一中（現神戸）、関西学院中
春3連覇／第5～7回　関西学院中、第一神港商（現神港橘）の2連覇
夏春連覇／第34回芦屋、第25回洲本

和歌山県
夏連覇／第7～8回　和歌山中（現桐蔭）
第25～26回　海草中（現向陽）
春夏連覇／第51回→第61回　箕島

広島県
夏連覇／第15～16回　広島商
夏春連覇／第16回→第8回　広島商

愛知県
夏3連覇／第17～19回　中京商（現中京大中京）
夏春連覇／第19回中京商→第8回東邦商（現東邦）
第23回→第15回　中京商
春連覇／第15回中京商、第16回東邦商
春夏連覇／第38回→第48回　中京商

福岡県
夏連覇／第29～30回　小倉中・高

神奈川県
夏春連覇／第42回→第33回　法政二
夏連覇／第52～53回　東海大相模、桐蔭学園
春夏連覇／第70回→第80回　横浜

栃木県
春夏連覇／第34回→第44回　作新学院

東京都
春連覇／第43～44回　日大三、日大桜丘

千葉県
夏連覇／第57～58回　銚子商、習志野

大阪府
春連覇／第53～54回　PL学園
第89～90回　大阪桐蔭
春夏連覇／第59回→第69回　PL学園
第84回→第94回　大阪桐蔭
第90回→第１００回　大阪桐蔭
夏連覇／第１００回～１０１回　大阪桐蔭、履正社

徳島県
夏春連覇／第64回→第55回　池田

北海道
夏連覇／第86～87回　駒大苫小牧

沖縄県
春夏連覇／第82回→第92回　興南

こうして見ると、同一都府県の別のチームでなんらかの連覇を達成しているのは9回。２０１９年夏、履正社で達成した大阪は、

1975年夏の習志野の千葉以来44年ぶりだった。

▶1971年夏、初出場・初優勝を決めた桐蔭学園

桐蔭学園高校

とういんがくえんこうこう

神奈川県横浜市青葉区にあり、1964年設立の私立校。2018年度から中学は桐蔭学園中等教育学校に一本化し、以前あった女子部は高校から男女共学になった。生徒数2000人以上のマンモス校。ラグビー部は全国大会上位の常連で、サッカー部もインターハイでの優勝がある。また、進学実績のレベルも高い。野球部は66年の創部。5年後の71年、春の県大会で優勝して期待も高まる夏、甲子園初出場、初優勝の快挙を達成する。サイドハンドのエース・大塚喜代美は5試合のうち4試合を完封。磐城（福島）との決勝戦は1対0で、小さな大投手・田村隆寿に投げ勝った。このときの四番で捕手が、長らく監督（総監督を含めて82年から2013年まで）を務めた土屋恵三郎だった。88年センバツもベスト4があり、19年春には、16年ぶりに甲子園の土を踏んだ。水上善雄（元ダイエーほか）、関川浩一（元楽天ほか）、高木大成（元西武）、高橋由伸（元巨人）、鈴木大地、茂木栄五郎（いずれも楽天）、森敬斗（DeNA）などプロ野球界のOBが数多い。夏6回、12勝5敗、春6回4勝6敗。

桐蔭高校

とういんこうこう

1879年に開校した県立和歌山中学が起源。戦後の48年、桐蔭高校として開校。07年、併設型中高一貫校の県立桐蔭中学も開校した。かつては「わちゅう」として親しまれ、全国でも有数の旧制中学の一つ。今も校舎は和歌山市にある。野球部創部は１８９７年。１９１５年の第１回夏の大会に出場したレジェンド校で、以来なんと14回まで連続出場した。連覇はこの学校が最初で、夏の７、８回大会だった。センバツも１回から11回まで連続出場している。第４回には、殿堂入りした小川正太郎投手で優勝した。桐蔭高校になってからは夏に３回、センバツにも３回出たのみにとどまっている。夏は20回出場、優勝２回、準優勝３回で32勝18敗、春は16回出場、優勝１回、準優勝１回で13勝15敗。45勝は全国24位。宇野光雄（元国鉄ほか）、西本幸雄（元毎日）が野球部のOBで、連覇したときの主力選手、井口新次郎も殿堂入りをしている。進学実績も高く、民俗学者の南方熊楠、作家の津本陽、元総務大臣の竹中平蔵も同窓生。

チ 東海大学付属浦安高校

とうかいだいがくふぞくうらやすこうこう

２０００年夏、本来のエースが故障し、背番号４の浜名翔を投の軸に準優勝。東海大系列の決勝進出は、相模に次ぐ２校目だった。１９５５年、東海大を母体として東海大学付属高校が東京都渋谷区に開校。75年、東海大学付属浦安高校と校名変更して千葉県浦安市に移転した。当初は男子校だったが、91年に共学化している。野球部は浦安移転とともに創部し、82年夏に甲子園初出場。85年が初出場のセンバツといずれも初戦敗退し、出場が決まっていた87年センバツは、１週間前に暴力事件が発覚して出場辞退。00年夏は、決勝で智弁和歌山に敗れたものの、甲子園初勝利から準優勝までたどり着いたわけだ。ただし、以後は甲子園から遠ざかり、春夏通算４勝３敗。

チ 東海大学付属甲府高校

とうかいだいがくふぞくこうふこうこう

学校法人東海大甲府学園が経営するため、付属ではあるが東海大

▲2004年夏、4度目のベスト4を記録した東海大甲府

の連携校になる。所在地の甲府市内では「東海」と呼ばれる。前身は1957年創立の山梨商業。一時、東洋大学と連携し東洋大学第三高校になるが、東洋大の学園紛争があって74年に東海大の傘下に入った。大八木治監督が就任するとデータ、攻撃野球が花開き、81年の選手権に初出場。山梨県からは、初めての私学の出場だった。80年代は春夏9回、甲子園に出場し、85年夏のベスト4は県勢初の進出。大八木監督は、春夏で17勝を挙げている。これ以降、その他の私学も多く台頭し、県内のレベルを上げた。その後、村中秀人が監督に。東海大相模（神奈川）では原辰徳（元巨人）と同期で、相模同様に打撃のチームを作った。04年夏、12年夏はベスト4に進み、山梨県初の優勝も期待されたが、23年センバツで優勝した山梨学院に先を越された。夏13回20勝13敗、春6回8勝6敗で合計28勝。久慈照嘉（元阪神ほか）、村中恭兵（元ヤクルト）、高橋周平（中日）、渡邉諒（阪神）らがOB。

チ 東海大学付属相模高校

とうかいだいがくふぞくさがみこうこう

1963年に開校。神奈川県相模原市にキャンパスがあり、今は中等部も併設する。全国に14ある東海大の付属では最も知名度があり、甲子園で優勝しているのは「さがみ」だけである。66年に三池工（福岡）から原貢監督を招聘し、70年に選手権初優勝。74、75年と原辰徳（元巨人）、津末英明（元日本ハム）、村中秀人などを擁した人気チームだったが、その間は74年センバツの準優勝が最高で、優勝には手が届かなかった。92年センバツは15年ぶりに甲子園に戻り、準優勝。2000年、原貢門下生である就任1年目の門馬敬治監督でセンバツで初優勝した。10年は興南の春夏連覇に飲み込まれたが、夏、準優勝。翌11年春に、アグレッシブな猛打の門馬野球が結実する。5試合の合計得点が46点、大会通算最多安打などの記録を作って豪快に打ち勝ち、センバツ2度目の優勝を果たした。続いて15年の夏。世代ナンバーワン左腕の小笠原慎之介（中日）と右の吉田凌（オリックス）の2枚看板が充実。関東一（東東京）、仙台育英（宮城）など有力校を順当に蹴散らし、夏も2度目の優勝を果たす。コロナ後の21年センバツで3度目の紫紺の旗を獲得する。1回戦で東海大甲府（山梨）との兄弟対決を制して波に乗って決勝で明豊（大分）を下した。門馬監督の二男・功が一番バッター、レフトを守りセンバツ史上初の父子鷹優勝。エースの石田隼都は3試合先発29イニングを投げ無失点。69年ぶりに無失点優勝投手、防御率0・00を記録した。春夏連覇を狙ったが、7月にチーム内でコロナ感染者が出て神奈川大会の準々決勝を辞退した。そのタイミングで体調不良を理由に門馬監督が突然辞任。東海大静岡翔洋からOBで元巨人の原俊介監督を迎えている。夏は出場は11回19勝9敗。春は12回（中止になった20年センバツもカウント）28勝8敗。合計47勝は22位。県内のライバル・横浜に勝利数は劣るが、勝率では上回る。プロ野球で活躍する選手は最近だけでも、菅野智之（巨人）、大田泰示（DeNA）、田中広輔（広島）、森下翔太（阪神）、大城卓三（巨人）など数多い。他のスポーツも盛んで、特に柔道は山下泰裕、井上康生が卒業生。

チ 東海大学付属札幌高校

とうかいだいがくふぞくさっぽろこうこう

↑東海大学付属第四高校

現校名に変更したのは2016年だが、それ以来甲子園出場はなく、出場時は東海大付属第四高校。1964年の開校と同時に創部した野球部は、初出場は76年夏だが、そこから初戦5連敗。大村巌（元ロッテ）のいた86年夏に初勝利を挙げるとそこから初戦は6連勝と、春6回、夏5回の出場で9勝11敗。15年センバツでは、大沢志意也が好投を見せて決勝まで進出。敦賀気比（福井）に敗れ、惜しくも道勢初のセンバツ制覇はならなかった。伏見寅威（日本ハム）、今川優馬（日本ハム）らプロ球界にもOBは多いが、スキージャンプの原田雅彦、葛西紀明、モーグルの里谷多英ら冬季五輪のメダリストがずらりで、男子バスケットボール、男子バレーボールも日本代表が多くそろう。

規 投球数制限

とうきゅうすうせいげん

いわゆる球数制限。高校野球では、連戦での過度な負担が選手の健康を害しかねないと、かねて問題視されてきた。ことに投手の肩、ヒジの故障。高野連では、投手複数制の奨励、大会前の肩・ヒジ検査、休養日の導入など、障害予防に取り組んではきたが、抜本的な対策とはいいがたい。たとえば18年夏の甲子園では、決勝まで進出した金足農（秋田）の吉田輝星（日本ハム）が、地方大会から甲子園決勝で途中降板するまで93イニングを一人で投げ抜き、その球数は1517。致命的な故障につながってもおかしくない。そこへ2018年12月、新潟県高野連が、19年春から1試合100球の投球数制限を独自に採用すると提言。富樫信浩県高野連会長は「ケガの防止とそれにともなう投手複数制の普及、少しでも多くの選手に出場機会を与えるため」とその理由を説明した。

日本高野連は、部員不足のチームへの影響が大きいこと、また勝敗に影響を及ぼす規則は全国一律が望ましいと新潟県高野連に再考を促しながら、19年4月には「投手の障害予防に関する有識者会議」を発足。富樫会長は「有識者会議で議論を前に進めていこうという考えはありがたい」と再考を受け入れた。その後有識者会議は11月までに4回にわたる会合を持ち、「大会期間中に1週間で一人の投手が投げられる球数は500球以内」などの答申をまとめることになる。最終的に高野連は、11月29日の理事会で1週間500球以内とする投球数制限の導入などを決定した。

以下、高校野球特別規則から引用する。

1．投手の投球制限（2020年から2024年まで延長）

（1）以下の大会では投手の投球制限を実施する。

硬式…春季・秋季都道府県大会、春季・秋季地区大会 選抜高等学校野球大会、全国高等学校野球選手権大会（地方大会含む）明治神宮野球大会、国民体育大会

軟式…春季・秋季都道府県大会、春季・秋季地区大会、全国高等学校軟式野球選手権大会（地方大会含む）、国民体育大会

（2）投手の投球制限に関する運用は以下の通りとする。

▽投球数、対象期間、試合について

①1人の投手が投球できる総数は1週間500球以内とする。

②1週間とする対象期間は、都道府県大会等とそれに連続する大会日程の期間を含む。

③試合が降雨、暗黒などで続行不可能となりノーゲームとなった試合の投球数も500球の制限に投球数としてカウントする。▽投球数（公式記録）の取り扱い

①試合終了後、原則として電子スコア等を活用した公式記録で大会本部と両チームは各投手の投球数を必ず確認する。

②試合前（直近1週間に試合を行っていないチームは除く）に、大会本部はメンバー交換時に原則として両チームにそれまで1週間の試合の双方の各投手の投球数を記

したシート等を配布し投球数を確認する。

▽1週間で500球に到達した場合の取り扱い①500球に到達した打者の打撃完了まで投球可能。(次打者で投手交代)
②降板した投手は、以降当該試合では投球できない。

投球数制限に抵触したチームはまだ、ない。もちろん、球数を計算しながら投手を交代させるわけだが、力のある複数投手を有するチームが勝ち上がるのは当然の結果になると思われる。22年夏に優勝した仙台育英(宮城)は140キロ投手が5人いた、と言われている。

試 東京代表決定戦
とうきょうだいひょうけっていせん

1930年の夏、東京では2つのリーグの勝者で代表決定戦を行うという異常事態になった。23年に京浜大会から分離し、単独で代表を送り出していた東京。だが大会を主催する東京都中等学校野球連盟は、新しい参加校を一切認めず、練習試合が行えるのも加盟校同士のみという、偏狭な運営だった。しかし各校では野球部の創部が相次ぎ、連盟の閉鎖性に対する不満が高まっていく。そこで29年には、攻玉社中と赤坂中(現日大三)が中心となり、新たに東都中等学校野球連盟を設立。さらに、東京連盟に加盟していた早稲田実も、秋田県遠征を理由に大会参加を停止されると、飛び出して東都連盟に加わった。ただしこの29年、東都連盟に属した4校は東京連盟の大会に出場できていない。第1回の全国大会に出場している早稲田実が、いわゆる皆勤校に数えられないのは、この1年のブランクもあるからだ。しかし翌30年は、両連盟がそれぞれリーグ戦を行い(ちなみに東京では、23年からリーグ戦の結果で代表を決定していた)、東京連盟10校では慶応商工(現慶応)が、東都連盟6校では早稲田実が優勝し、両校が代表決定戦を行った結果、慶応商工が甲子園に出場している。翌31年には両連盟が合併して東京府中等学校野球連盟に。参加は33校に増え、トーナメントで代表を争うようになった。

施 東京ドーム
とうきょうどーむ

2020年は本来、東京オリンピック・パラリンピックの開催年で、神宮球場は7月6日から70日間、来賓の待機場所や資材置き場として使用される予定だった。神宮は、東西東京大会の準々決勝以降が行われるメイン球場であり、代替球場探しは喫緊の課題。たとえば2015年の夏、清宮幸太郎（日本ハム）の早稲田実と東海大菅生の決勝は、2万8000人もの観客が詰めかけていたが、都内にはほかに2万人規模の球場がない。そこで、五輪開催でプロ野球が中断中の東京ドームが候補として浮上。東京都高野連が打診したところ、読売新聞と株式会社東京ドームの協力が得られ、20年東西東京大会の準決勝・決勝の開催が決まった。8月1～3日間、準決勝2試合ずつと、3日目には決勝2試合を行う予定で、高校野球の公式試合が東京ドームで行われれば、史上初めてのこととなる……はずだったが、新型コロナウイルスの感染拡大により両東京大会、東京五輪は一度は中止になった。翌21年に東京五輪が開催され、予定通り高校野球6試合が東京ドームで行われた。東東京が関東一―修徳、二松学舎大付―帝京、西東京が国学院久我山―日大三、世田谷学園―東海大菅生の各準決勝。そして翌日、関東一―二松学舎大付、国学院久我山―東海大菅生の決勝が行われた。空調が効いていて暑さもしのげ、各校には記念の試合になったようだ。

試 同県決勝対決

どうけんけっしょうたいけつ

1948年のセンバツでは、京都一商（現西京）と京都二商（のち西陣商・廃校）が決勝で対決した。両校の前身はともに京都府商業学校で、生徒数が増えすぎたために分裂したもの。決勝は投手戦となったが、11回裏の京都一商は、2死二塁からの三盗が相手捕手の悪送球を誘い、サヨナラ勝ちしている。同一都道府県から複数が出場することもあるセンバツではそこまで、38年の中京商（現中京大中京）1対0東邦商（現東邦）、41年の東邦商5対2一宮中というずれも愛知県同士の決勝があり、このときの京都同士の決勝が3回目。72年には東京都の日大桜丘5対0日大三が、2017年には大阪府の大阪桐蔭8対3履正社がある。選手権では、さすがに同都道府県勢の決勝は実現していない。

制 東西東京

とうざいとうきょう

1974年、東京は東西に分かれて夏の甲子園2代表を送るようになった。北海道はすでに、参加校数の多さに加えて、面積の広大さや移動の困難さを考慮し59年から南北に分割されていた。東京都高野連も、参加校数が膨大なため、かねて2代表制を要望していたが、この年1月には「第56回大会に東京代表が二校出場するお願い」という要望書を提出した。参加校の増加が見込まれる地区であるうえ、マンモス地区であるうえ、参加校の増加が見込まれる。将来的に1県1代表に移行すると、参加校数の少ない県とは著しく公平を欠く。離島からの参加もある点では北海道の事情にも通じる……という内容。これが実った。72年のセンバツ決勝では、日大桜丘と日大三の東京勢対決となり、当時のあるナインは「あれで東京の実力がアピールできたのでは」と語る。

分割当初は早稲田実、修徳、帝京などがいて、実力では東が優勢だったが、2代表3年目の76年には、西東京の桜美林が初出場優勝。東京勢としては60年ぶりだった。その後、参加校数のバランスに対応してときおり東西の境界を調整しているが、現在の東東京では関東一、二松学舎大付などが常連だ。早稲田実が移った西東京では、ほかに日大三なども全国制覇を果たしている。77年夏の甲子園では、東東京の早稲田実と西東京の桜美林が初戦で激突。早稲田実が4対1で勝利しているが、これがきっかけだったのか、翌年夏の組み合わせ抽選からは、近県同士が初戦でぶつからないよう、あらかじめ東西にグループ分けして抽選を行うようになった（2006年まで）。東京同士の対決はほかに、95年夏の準々決勝・帝京（東東京）8対3創価（西東京）、10年夏の3回戦・関東一（東東京）10対6早稲田実（西東京）がある。形の上では、いずれも東東京が勝ったわけだ。なお、95年の帝京は優勝を果たしている。

東邦高校
とうほうこうこう

名古屋市名東区にある私立共学校。1923（大正12）年に東邦商業として創立された。戦後すぐに東邦高校と校名変更。普通科と美術科がある。センバツにめっぽう強く「春の東邦」といわれ、その歴史は34年の11回大会に始まる。初出場からそのまま一気に優勝すると、18回まで連続出場して、すべてベスト8以上。16回と18回に全国制覇。

平成最初の大会だった89年センバツは、準優勝した前年からのエース・山田喜久夫（元広島ほか）が健在で、上宮（大阪）との決勝戦は0対1と劣勢の10回裏に相手のエラーで逆転サヨナラ勝ち。

2019年センバツは石川昂弥（中日）の投打の活躍で制し、平成の最後を締めくくった。センバツの勝ち星は、同県のライバル・中京大中京と並び全国トップの58勝（26敗）。夏は77年に1年生エースの坂本佳一で決勝へ進むが、東洋大姫路（兵庫）に9回裏、サヨナラ3ランを浴びて悲願はならず。決勝まで勝ち上がったのも、17回出場してこのときだけにとどまる（19勝17敗）。通算77勝は7位。山倉和博（元巨人）、関根大気（DeNA）、藤嶋健人（中日）らのOBがいる。

チ 東北高校
とうほくこうこう

学校法人南光学園が運営する私立共学校。仙台市青葉区と泉区にキャンパスがあり、文理、創進、スポーツなど5つのコースがある。創立はライバルの仙台育英同様に古く、1894年の東京数学院宮城分校設立が起源。1900年に東北中学校、48年に東北高校となる。センバツは20回出場で14勝20敗、選手権は22回出場で28勝22敗。42勝は25位タイで、仙台育英とは15勝差だ。決勝進出はダルビッシュ有（パドレス）がエースだった03年夏。常総学院（茨城）の前に惜敗した。主なOBは佐々木主浩（元横浜ほか）、斎藤隆（元楽天ほか）、高井雄平（元ヤクルト）など。1963年に就任した竹田利秋監督は85年まで務めた後、仙台育英監督に転じた。当時の県知事に「竹田を県外に出すな」と言われたとされる。22年8月にOBで元巨人の佐藤洋監督が就任し23年春、12年ぶりにセンバツに出場した。丸刈り不要、練習ではユニフォーム着用不要など大胆な指導法を取り入れている。フィギュアスケートも強く荒川静香、本田武史、羽生結弦が卒業生である。また、ゴルフも盛んで宮里藍、有村智恵、菊地絵理香ら多くの女子ゴルファーが育っている。

▶1984年夏から3季連続出場し、3年生の春夏はともに東北をベスト8に導いた佐々木主浩

制 東北絆枠
とうほくきずなわく

2013年、センバツの第85回記念大会は東北の一般選考枠や21世紀枠とは別に、東北絆枠という特別枠を制定した。11年の東日本大震災からの復興を目指す東北地方の学校の中から、「一般選考の中に含めつつも、何かキラリと光るものを持っているチームを選抜する」もの。もともと前年7月4日に、選抜運営委員会が記念大会として通常より4校増の36校出場を決定。21世紀枠を1校増の4校とするほか、特別枠を設けるとした。これを東北絆枠と名づけ、東北地区の一般選考候補の中から選ぶとしたのが夏の甲子園後の9月。懸命な復興へのいわば優遇措置にも、異論をはさむ余地はなかった。ただ、11月の神宮大会で宮城の仙台育英が優勝。神宮枠も獲得したことで、東北地区の一般選考枠は異例の4になった。1月25日の選考委員会で、東北絆枠に選ばれたのは東北大会8強の山形中央。同4強だった酒田南（山形）は、準決勝で仙台育英（宮城）に7回コールドで大敗しているのが響いた。またこの選考委員会では、21世紀枠としていわき海星（福島）を選出。かくして13年のセンバツには、前年秋準優勝の聖光学院（福島）、ベスト4の盛岡大付（岩手）を加え、東北から史上最多の5校が出場した。

試 同名校対決
どうめいこうたいけつ

1972年の夏、春を含めて甲子園では史上初めての同名校対決が実現した。三重の海星と長崎の海星だ。どちらもカトリック系の学校で、聖母マリアの別名である「海星」が校名の由来だが、兄弟校ではない。このときは2対0で長崎が勝っており、両校はなんと89年夏にも再び対戦。今度は10対2で三重が勝っている。このときバックスクリーンのスコアボードには文字数の関係で三重の海星は「三・海星」、長崎の海星は「長・海星」と表記された。それにしても、どちらも勝ち上がってではなく初戦での激突だから、なんとも不思議な縁だ。

チ 東洋大学付属姫路高校
とうようだいがくふぞくひめじこうこう

中学も併設し、姫路市唯一の私立共学中学校、高等学校。生徒数約1200人のマンモス校である。1963年に開校。甲子園は69年夏が初出場。5回目の77年夏、前評判の高かった左の剛腕、松本正志（元阪急）を擁して優勝。決勝戦は東邦（愛知）の1年生・坂本佳一投手から四番の安井浩二主将が9回裏にサヨナラ3ランを放って決着した。03年センバツでは、準々決勝の花咲徳栄（埼玉）戦で延長15回引き分け。翌日の再試合でも延長になり10回でサヨナラ勝ちで準決勝に進出。ベトナム系のグエン・トラン・フォク・アン投手の粘投が光った。他に76年センバツ、79年センバツ、82年選手権、08年のセンバツでもベスト4に進んでいるが、夏は2011年以来、甲子園出場がない。2022年4月1日よりOBで元履正社監督の岡田龍生が監督に就任した。弓岡敬二郎（元オリックス）、長谷川滋利（元オリックスほか）、松葉貴大（中日）、原樹理（ヤクルト）らがOB。夏は12回出場、20勝11敗、春は7回出場、13勝8敗で33勝は38位タイ。

ドカベン→香川伸行

どかべん

他 ドカベン

どかべん

水島新司が描いた野球漫画。秋田書店の「週刊少年チャンピオン」に1972年から81年まで連載された。それを原作としてアニメ、映画なども制作された。2020年時点での参考数字だが、単行本の累計発行部数は4800万部を記録している。舞台は神奈川県の明訓高校。主人公はドカベンこと、山田太郎。チームメイトは岩鬼正美、殿馬一人、里中智ら。山田が在学中、明訓高校は4度の甲子園出場を果たし、3度、優勝している。山田は右投げ左打ちのキャッチャー。品行方正、クレバー。甲子園大会での通算打率は7割を超えていた。遠投120メートル以上の強肩だが、唯一の弱点は鈍足であること。早くに両親をバス事故で亡くし、畳屋をしている祖父と妹サチ子と長屋で3人暮らしをしている。岩鬼は右投げ右打ちの三塁手。いつも学生帽をかぶり葉っぱをくわえている。豪快で破天荒な性格の大男。ストライクゾーンに来た球はまったく打てないが、大きくはずれたボール球を打つ悪球打ちが代名詞になっていく。実家は建設会社を営む資産家だったが、岩鬼が高校2年の春に倒産した。座右の銘は「花は桜木、男は岩鬼」。殿馬は右投げ右打ちのセカンド。主に二番を打つ。小柄な体格で鼻が大きく、とぼけた風貌。ピアノの腕は天才レベル。抜群の音楽センスを生かした秘打白鳥の湖、秘打G線上のアリアなど数々の秘打によって明訓高校を何度も勝利に導いた。語尾に「づら」をつける癖がある。エースの里中は右投げのアンダーハンド。中学時代は控え投手だったが、山田こそ生涯の捕手と惚れ込み明訓高校へ進学。170センチに満たない身長であることから「小さな巨人」と呼ばれ、多彩な変化球を操る。しかし故障やケガも多く、肩を壊して投球のできない時期もあった。他の登場人物は山田の祖父の山田のじっちゃん、明訓高校の先輩キャプテン・土井垣将、チームメイトの山岡鉄司、微笑三太郎ら。ライバルは白新高校の不知火守、横浜学院・土門剛介、いわき東高校の緒方努、土佐丸高校・犬飼小次郎・武蔵兄弟、通天閣高校・坂田三吉、赤城山高校・国定忠治、クリーン・ハイスクール・影丸隼人など。

続編に「大甲子園」などもある。魔球などの超人的・非現実的要素の多かった野球漫画にあって、配球の読み、リアルな作戦などの描写を盛り込んだことは斬新で、躍動感のある水島独特の画風も手伝って野球漫画の新境地を開拓したといわれた。明訓高校は、水島新司が入学を果たせなかった新潟明訓が由来。また水島の母校である新潟市立白新中学校は、当時の新潟明訓高校の隣に位置しており、明訓高校のライバル校、白新高校として劇中に登場する。

徳島海南高校→海部高校

とくしまかいなんこうこう

チ 徳島商業高校

とくしましょうぎょうこうこう

徳島市にある1909年開校の県立商業高校。戦後直後、城東高校、城北高校の商業課程校の時代があったが、52年に分離し今の校名になった。商業科の他に情報処理科と会計情報科がある。戦後復活第1回目となった47年春。6年ぶりのセンバツは戦争末期に海軍に供出しており、甲子園の鉄傘がなかった大会。5回目出場で初優勝を果たす。決勝は、福嶋一雄がマウンドに君臨していた最強の小倉中（福岡）を延長で下し、唯一の優勝として輝いている。

58年夏の40回大会、板東英二（元中日）と魚津（富山）の村椿輝雄の0対0の投げ合いは史上初の引き分け再試合に。板東は決勝で柳井（山口）に屈したが、大会での

83奪三振は今も破られていない。また42年には、学徒体育振興会と文部省による全国中学錬成野球大会が甲子園で行われ、優勝。これは正式な回数に数えられていない「幻の甲子園」だ。夏は23回出場、21勝23敗1分、春は19回出場、20勝18敗。41勝は29位タイ。センバツは2003年以来、夏は11年以来、甲子園から遠ざかっている。広野功（元中日ほか）、川上憲伸（元中日ほか）らがOB。県内の池田を強豪に育てた蔦文也もここの出身で、元首相・三木武夫の母校でもある。

制 特待生
とくたいせい

2007年、西武ライオンズがスカウト活動の際にアマチュア選手に金銭供与を行っていたことが判明。これをきっかけに日本高野連は、かねてから学生野球憲章に違反しかねなかった特待生制度の全国調査に乗り出した。中等学校野球の草創期から、保護者と同居せず学業、あるいは野球を主目的として、学校に通う例はめずらしくなかった。下って70～80年代のPL学園（大阪）や東海大相模（神奈川）などは、すぐれた人材が全国から集まることで強豪となっていった。いわば、腕試し的な留学である。それが90年代以降、違った方向での野球留学も目立つようになる。近畿圏や関東圏の中学生が、地元よりもややレベルが劣り、甲子園への難易度が低いと思われる地区へ進学するケースだ。私学の経営戦略としては、甲子園に出場することが知名度を上げる一つの近道。需要と供給の一致が、都市圏から地方への野球留学を促したといえる。

高野連の調査では、野球留学の理由として、全国大会に出場する難易度が低くなる、環境や施設の充実、いい指導者の存在などが挙げられ、07年に行われた高校野球特待生問題有識者会議でも、こうした理由での野球留学は可とされた。問題は、野球の技量を理由に入学金や授業料、寮費など金銭的負担の全部、あるいは一部を学校側が免除する特待生制度をともなう野球留学だ。当時の学生野球憲章によると「選手又は部員は、いかなる名義によるものであっても、他から選手又は部員であることを理由に支給され又は貸与されるものと認められる学費、生活費その他の金品を受け取ることができない」（のち10年2月4日に全面改正）。つまり野球の能力があってもなくても、特待生の存在自体が

NGということになる。

高野連は、特待生制度について「実施しないよう」に通達は出していたが、事実上は野放し。しかし07年の問題発覚後の調査では、この学生野球憲章に違反する特待生制度を採用していた学校が３７６校、対象になる生徒は７９７１人いた。だが結局、生活困窮者が学費や寮費の減免がある学校へ特待生として進学していることもあれば、膨大な数の生徒を処分するわけにも、転校、退学させるわけにもいかない現実がある。そこで在学中の特待生に関しては、学校長が経済的救済が必要と認めた選手は違反とみなさない、という救済措置がとられた。さらに、翌08年度新入生に対する野球特待生制度を認めたうえで、制度そのものをどうするかを検討する方針に変化し、有識者会議の答申をもとに、限定的ながら「野球特待生」を公に認めた。12年度からは野球特待生制度を1学年5人以内などと定め、15～17年度の実態調査では、特待生制度の採用校は４５３校、採用人数は１９３８人だった。日本高野連によると、採用校の意見では特待生が「他生徒の模範になっている」と肯定的なものがほとんど。この制度は、今後も継続するとしている。かつて日本高野連のホームページには、特待生制度を採用する３７６校一覧表が載っていた。

チ 常葉大学付属菊川高校

とこはだいがくふぞくきくがわこうこう

静岡県菊川市にあり、１９７２年に女子校で開校し、76年から共学。78年、校名を常葉学園菊川高校に。２０１７年から現校名に変更した。常葉大橘中学・高校は系列校。普通科と美術・デザイン科がある。キャンパス内に常葉美術館があるのも貴重。96年夏に初出場し、07、08年は4季連続出場。07年センバツは一気に優勝まで駆け上がった。初戦は仙台育英（宮城）、準々決勝で中田翔（巨人）擁する大阪桐蔭を接戦で下した。決勝は初出場の大垣日大（岐阜）との東海決戦。8回に逆転し6対5で初優勝した。静岡県の優勝は、78年の浜松商以来29年ぶりで、田中健二朗（ＤｅＮＡ）をエースに、送りバントを使わない積極的な攻撃や力強いバッティングが特徴だった。

その年の夏も勝ち上がり、準々決勝で再び大垣日大と当たると6対1で快勝。最後は広陵（広島）に敗れたが、平成初の県勢ベスト4に進んだ。翌年、08年も豪打は健在で春夏連続出場。夏は決勝まで進出したが、大阪桐蔭に投手陣が打ち込まれ、大敗に終わった。夏6回10勝6敗、春5回8勝4敗。門奈哲寛（元巨人）、奈良間大己（日本ハム）らがOB。

チ 土佐高校
とさこうこう

１９２０年、川崎幾三、宇田友次郎両氏が設立した旧制土佐中学を起源とする全国屈指の私立進学校。共学となった47年に野球部も創部し、52年センバツに初出場した。翌53年は山本順三と永野元玄（元日本高野連理事）のバッテリーで春夏連続出場し、夏は決勝まで進出。松山商（愛媛）に9回2死までリードしていたが、追いつかれて結局、延長で敗れた。ただしきびきびとしたマナーのよさは、優勝旗のない優勝と讃えられた。63年には籠尾良雄監督が就任。限られた時間で効率的に練習する手段として徹底した全力疾走は、甲子園でも実践され、チームの代名詞となった。66年センバツの準優勝は、部員わずか12人。決勝は春夏連覇する中京商（現中京大中京・愛知）に0対1の惜敗だった。80、90年代と一度ずつの出場があり、２０１３年センバツには、私立として初めて21世紀枠の選出でチーム20年ぶりの出場。16年センバツは前年秋の四国大会で準決勝に進んだことが評価され一般枠で選ばれた。ただし白星は、いまのところ76年春が最後だ。春8回出場9勝8敗、夏4回出場6勝4敗。OBに大橋勲（元大洋ほか）、前東大監督・浜田一史、中谷元元防衛相、漫画家の黒鉄ヒロシら多彩。

試 鳥栖リーグ
とすりーぐ

正しくは「クロスロードイン鳥栖」で、毎年、5月の大型連休を利用して行われる高校野球の錬成会。１９９４年、鳥栖・平野国隆元監督らが中心になり、「佐賀東部地区のレベルアップを」と創設した。もともと、栽弘義監督が沖縄水産時代、九州大会に出場したらしばらく鳥栖にとどまり、盛んに練習試合を行ったのがルーツ。初年度の参加は16校だったが、九州の交通網の要衝（鉄道、高速道路が集まり分岐する土地、クロスするのでその名がついた）にある鳥栖市を中心に最大で１４０校が参加したこともあり、九州のレベルアップに貢献した。その後は鳥栖だけにとどまらず、各地から強豪が集まる交流練習試合となっており長崎、大分などでも同様のリーグができている。コロナ禍以降は2020年は完全中止、21年は条件付き開催、22年は縮小開催、例年通りの活気あるイベントに戻りつつある。

選 戸田秀明
とだ・ひであき

1976年センバツでノーヒットノーランを達成した茨城・鉾田一の左腕。第48回大会1回戦、糸魚川商工（新潟）との試合で鉾田一も放った安打は2本。これは75年の金属バット採用後はセンバツでの勝利チームの最少安打になる。2安打のうち1本は4番の戸田自らが初回に放った適時打で、スコアは1対0だった。2回戦はその大会で優勝した崇徳（広島）で戸田が8回まで追い詰めていた。0対0で迎えた8回裏に戸田が自らレフトへホームランを放って先制。9回表も2三振を奪ってあと一人で勝利。「最後の打者」の打球は一塁へ。これを一塁手が後逸してしまう。ここから長短打で逆転され、さらに牽制悪送球、四球など戸田も自滅して4失点。惜しい試合を落としてしまった。鉾田一は茨城大会を勝ち抜いて夏も出場。初戦で市神港（兵庫）と対戦し、延長11回に戸田が打ち込まれ4対7で敗退した。

チ 鳥取西高校
とっとりにしこうこう

1757年設立の鳥取藩校「尚徳館」を継ぎ、73年に第四学区第十五番変則中学校として尚徳館跡に開校した。学制改革後の1949年、鳥取第一高等学校（旧鳥取一中）・鳥取第三高等学校（旧鳥取高女）・鳥取商業高等学校（後に分離）を統合して鳥取県立鳥取西高等学校となる。その後、商業科、家庭学科をを廃して今は普通科のみの進学校である。2023年秋に創立150周年記念事業が行われる。尚徳館の「文武併進」の精神を継承する全国でも有数の公立校といえる。1915年第1回の選手権に出場した15校のうちの一つでいわゆる、レジェンド校である。夏に23回、春は4回の出場があって、戦前は4回、準決勝に進んだ。最近は夏は08年、春は93年を最後に甲子園からは遠ざかっている。日本のプロ野球第1号ホームランを放った大阪タイガース（現阪神）の藤井進、80年代、広島カープの一時代を築いた時のエースだった福士敬章らがOB。

チ 鳥羽高校

とばこうこう

旧制京都二中の流れを汲み、1984年に創立した京都府立高校。京都二中は1900年設立で、高校野球を生んだともいえる名門。01年に創部した野球部は、10年には大学屈指の強豪・早稲田大との招待試合で終盤まで互角の戦いを演じる。そのときのバッテリーが、高山義三と小西作太郎だ。5年後の4月、当時京大生だった高山と、旧制三高野球部主将の小西が後輩の練習を見学し、その強さに手応えを感じて近県の覇者を決める大会を構想。朝日新聞社に持ち込まれたその企画が、全国大会の創設へと発展していくのである。そしてその15年、記念すべき第1回全国中等学校優勝野球大会では、いい出しっぺともいえる京都二中が、決勝で秋田中を下して記念すべき初代優勝校となった。京都二中はその後も、戦後再開された46年大会で準優勝するなど、全国大会出場は春夏計5回を数えている。

ただし48年の学制改革の際、当時在学していた映画監督・大島渚らの抵抗に遭いながら、いったん廃校となった。夜間部だけは定時制の鳥羽高校として存続したが、半年後には朱雀高校に吸収されて同校鳥羽分校となっており、京都二中は消滅という扱いだったのである。

それから36年後の84年。学制改革のあと、新制の洛南中学校となっていた京都二中の跡地に、京都府が「京都二中の流れを汲む学校」として府立鳥羽高校を開校した。新設校のため、厳密には京都二中の後身ではない。だがもともと、第1回大会優勝校の廃校を惜しむ声は多く、鳥羽の誕生は名門の復活と受け止められた。

そして2000年センバツの出場が決まると、日本高野連が「鳥羽高校は京都二中の後身校」という見解を発表。長い中断をはさんだ再興と位置づけられた。鳥羽は00年センバツからの3季連続出場を含め、計5回甲子園に出場。「高校野球100周年」の15年大会では、第1回大会の代表として、当時のユニフォームで入場行進の先頭を歩くことが決まっていた。だがダークホースと見られた京都大会から、神がかり的な勝利を重ねて15年ぶりの選手権出場を果たし、3回戦まで進んだ。鳥羽の甲子園での成績は、京都二中時代から夏が6回出場で10翔4敗。春が4回出場で通算で3勝4敗。所在地は京都市西区。

人 飛田穂洲

とびた・すいしゅう

日本の学生野球の発展に貢献したことから〝学生野球の父〟と呼ばれる野球人。本名は飛田忠順で穂洲は筆名。１８８６年12月１日、茨城県水戸市生まれ。１９０２年、水戸中学校（現水戸一）に入学し、4年生で主将を務めた。早稲田大に進学すると二塁手として活躍し、5代目主将になる。卒業後は編集者、新聞記者を経て19年に早稲田大の初代監督に就任、24年まで務めた。就任中は選手を猛練習で鍛え上げ「早大野球部の黄金期」と呼ばれる一時代を築いた。監督を勇退すると26年に朝日新聞社の記者に。大学や高校（当時は中学）の学生野球に関する評論を書き続け、野球を通じた人格形成や精神修養を重んじ、学生野球の発展と充実のために奔走する。現在でもプロアマ問わず野球選手ならだれもが一度は聞いたことがある「一球入魂」という名文句は飛田によって生まれた。また、戦時中の有名な「最後の早慶戦」の実現に奔走したと伝えられる。戦後は評論活動のほか、日本学生野球協会の創設にも尽力。60年に「早稲田大学監督として黄金時代を作り終始学生野球の発展に力をつくし、健筆を用いて野球の鍛練的精神を高唱した」として野球殿堂入りを果たす。65年１月26日死去。78歳だった。

施 豊中グラウンド

とよなかぐらうんど

第１回全国中等学校優勝野球大会が創設された１９１５年当時、甲子園球場はまだ存在しておらず、大阪府豊納郡豊中村（現豊中市）にあった豊中グラウンドで開催された。13年、阪急電鉄の前身である箕面有馬電気軌道が建設・設置したものだが、もともと野球場ではなく、１周４００メートルのトラックを持つ運動場だった。そのため外野にフェンスはなく、ロープを張って境界線とした。また常設の観客席もなく、木造の仮設席を設け、ネット裏には女性専用座席もあった。仮設スタンド上部には、よしず張りの屋根を配したという。翌年の第２回大会も同地で開催されたが、殺到する観客（第１回大会では5日間で５０００人から1万人程度といわれる）に対し、会場への足となる箕面有馬電鉄の輸送能力の限界などから、第３回大会からは開催地が鳴尾球場に変更された。22年には宝塚球場が開設されたことで豊中グラウン

▲豊中グラウンド

ドは閉鎖。跡地一帯は現在住宅地となり、88年には大会が70回を迎えたことを記念し、朝日新聞社・日本高野連、豊中市によって「高校野球メモリアルパーク」が建設されている。2017年には豊中市が再整備し、「高校野球発祥の地記念公園」となった。

制 トライアウト
とらいあうと

新型コロナウイルス感染拡大によりセンバツ、春季大会、夏の選手権が次々と中止になり、3年生にとって公式戦の機会が大きく奪われた2020年。独自に各地方大会は行われたが、「地域によってNPBのスカウトが行けないところがあり、あるいはスカウトの入場が認められるところと、認められないところが出てくる。3年生部員の進路保証の観点から、平等性に欠ける。救済措置の意味が大きい」（日本学生野球協会・内藤雅之常務理事）ため、NPBと日本高野連による合同練習会の実施が決まった。正式名称はプロ志望高校生合同練習会で、8月29～30日には甲子園、9月5～6日には東京ドームで行われた。日本高野連に登録し、プロ志望届を提出した3年生が対象で、プロ野球スカウトのほか大学、社会人野球、また独立リーグ関係者も視察する。紅白戦なども行われ、プロを目指す高校生を対象としたトライアウトとも呼べるものになった。

甲子園での練習会には77選手が参加。東京ドームの41人を大きく上回った。「聖地の土を踏みたい」という思い出づくり組もいたようだ。オリックス1位指名の山下舜平大（福岡大大濠）、中山礼都（中京大中京・愛知、巨人3位指名）ら、交流試合出場者3名も甲子園でのトライアウトに参加した。合同練習会参加者のうち、ドラフト指名選手は甲子園からは6人、東京ドームからは1人だった。トータル120名近い参加者のうち、指名されたのは7人だから、確率6%弱の狭き門だった。プロ志望届は例年、夏の甲子園終了後から受け付けを開始（締め切りはドラフト会議の2週間前）していたが、20年は8月1日から受け付けた。提出者は前年より70名も増えたが、最終的にドラフト会議で指名された高校生は30名（育成除く）。新型コロナウイルス感染拡大による実戦機会や、練習不足の影響で例年より力が劣ると判断され、高校生の指名は減ったとみられる。

制 ドラフト会議

どらふとかいぎ

プロスポーツで、選手を各チームに振り分けるために行う会議のこと。ｄｒａｆｔには、「(人を)徴兵する、徴募する」などの意味がある。門岡事件や、１９６１年に中日が協定違反で日本生命の柳川福三と契約するなどのトラブルがあり、65年からメジャーリーグに倣って新人選手選択会議、いわゆるドラフト会議を開催することになった。高騰を続ける契約金や年俸の抑制という目的もあったといわれる。第1回が行われたのは11月17日、各球団があらかじめ獲得を希望する選手30人の名簿を提出する方式で行われた。各球団の

▲ドラフト会議

1位指名のうち高校生は、産経（現ヤクルト）／河本和昭（広陵・広島）大洋（現ＤｅＮＡ）／岡正光（保原・現伊達、福島）西鉄（現西武）／浜村孝（高知商）阪神／石床幹雄（土庄・現小豆島中央、香川）東映（現日本ハム）／森安敏明（関西・岡山）中日／豊永隆盛（八代一・現秀岳館、熊本）南海（現ソフトバンク）／牧憲二郎（高鍋・宮崎）巨人／堀内恒夫（甲府商・山梨）。

66年の第2回は、高校生の進路確定の時期に配慮し、9月5日と11月17日の2回に分けて行われた。以来さまざまに形を変えながら、今日ではイベントとしてのショーアップもしている。会議導入以前の自由競争時代のように、有望選手を巡る極端な札束攻勢はなくなったといわれるが、それでも抜け道や水面下での交渉、さらに職業

選択の自由という根本の問題もいまだにはらんでいる。

社 トラブル
とらぶる

そもそも阪神甲子園球場は、野球ブームによって押しかける観衆を鳴尾球場では収容しきれないというのが建設の大きな理由だった。そのころの各地方大会では、過熱ぶりを物語るトラブルのエピソードが多くある。審判の判定を巡る抗議、応援団同士の紛争、地元チームへの目に余るひいきなどだ。香川勢と愛媛勢がしのぎを削る四国大会なら、高松で開催されて地元チームが形勢不利の場合、当時海に通じていたグラウンドの水門を開けて水浸しにし、松山なら道後温泉界隈で地元ファンが夜半まで大騒ぎし、宿泊しているライバルチームを睡眠不足にさせたといわれている。

主に応援団にまつわるトラブルは、戦後も続いた。1950年夏の北陸大会では、武生（福井）戦での判定を不服とした高岡東部（現新湊・富山）のファンがグラウンドに下り、審判に暴行。高岡東部は大会後、高野連から除名（1年で復帰）されただけではなく、富山県のすべてのチームが、翌春のセンバツの資料となる秋の北信越大会に出場できなくなった。54年夏の東中国大会決勝は、米子東（鳥取）のサヨナラ勝ちに終わったが、決勝打がフェアかファウルか微妙で、敗れた関西（岡山）のファンがグラウンドになだれ込み、警官が出動する騒ぎとなった。日本学生野球協会は、不手際の非は岡山県高野連にあるとして、年内の岡山県高野連主催大会の開催を禁止。秋季県大会を行うことができず、富山県同様、翌年のセンバツへの道を閉ざされた。

また最近はアルプススタンドの女子チアリーディング部員への盗撮が頻発している。それぞれの大会期間中、日本高野連には何件かの被害が報告されているというが、法整備もされておらず、一般の来場者への対策はむずかしいのが現状のようだ。

施 ドリームシート
どりーむしーと

2016年の第88回選抜高校野球大会から、甲子園球場のバックネット裏に少年野球チームを招待するために設置された席。日本高野連はその目的を「少子化の影響などで少年野球人口が減少している。子供たちが、臨場感あふれるバックネット裏で間近に高校野球を観戦することでいっそう野球に興味を持ってもらい、野球振興に寄与すること」と説明。バックネット裏の最前列席を含む118席が「ドリームシート」となり、近畿2府4県の全日本軟式野球連盟に所属する少年野球チームを、1試合ごとに交代で招待。同年夏には、熊本地震で被害が大きかった熊本県益城町・益城中学校の野球部員18人が招かれ、ドリームシートで観戦した。

ネット裏の最前列を含む、いわば特等席を子どもたちに優遇するわけだが、高校野球ファンの評判はさほど悪くない。というのも近年、高校野球私設ファンクラブの「8号門クラブ」による席の私物化が目に余っていたからだ。いわゆる「ラガーさん」らが陣取っていたのは、まさにドリームシートの最前列。高野連ではあくまで子どもたちのためと説明するが、この設置によって、同クラブの占拠エリアが押し出されたのもまた事実だ。ただ、テレビ中継で常時映し出されるエリアだけに、居眠りしている子供などは悪目立ちする。実際に観戦した子供によると、「試合前に、警備員さんから『ピースをしたり、携帯をいじったりしないように』と説明されました。テレビ用のパフォーマンスも、ぜんぶ球場の係員さんに注意されてました」という。コロナ下の21年夏から22年春までは取りやめになっていたが、22年夏から復活した。

◀ドリームシートで観戦する小中学生は臨場感を楽しめる

チ 都立高校
とりつこうこう

1980年夏、東京都立高校である国立（くにたち）が、西東京代表として初めて甲子園に出場した。東京では、草創期から大学の系列校が強く、一貫して私立が優勢だった。公立では戦後すぐの46年、用具などを確保していた東京高師付中（現筑波大付）が選手権に出場し、ベスト4まで進出しているが、これは国立（こくりつ）だ。80年の西東京では、国立の市川武史投手が準々決勝（佼成学園）との延長18回引き分け再試合を含めて一人で8試合、81イニングをわずか6失点で投げ抜いた。甲子園では、前年に春夏連覇している箕島（和歌山）に0対5で完敗したが、箕島も人気校にもかかわらず、甲子園全体が国立応援ムード一色だった。率いたのは市川忠男監督で、49年夏に同校が東京でベスト4に入ったときのエース。市川洋服店を営んでいたが、甲子園で試合をして「みんなが目の色を変えてここを目指すのがわかるな」と感じたという。

この国立を皮切りに、都立高校は城東（2回）、雪谷とのべ4校が夏の甲子園に、2014年のセンバツには21世紀枠で小山台が出場しているが、いまだ白星がない。近年では、この小山台が18、19年と2年連続東東京大会決勝で敗退。13年夏の西東京で決勝に進み、センバツ21世紀枠候補に3度なっている日野、22年夏も東東京の4強入りした城東など、強豪私学と互角にわたり合う「都立の星」たちが、甲子園初勝利の夢を追っている。

チ 取手第二高校

とりでだいにこうこう

茨城県取手市にある県立高校。1922年、北総実修学校の女子部が設立され、25年取手実科高等女学校ができる。48年、取手女子高に改組。49年から共学になって今の校名に。84年夏の決勝で、桑田・清原が2年生で最強といわれたPL学園（大阪）を破ったゲームが語りぐさだ。この年はセンバツにも出てベスト8。夏の2回戦は、箕島（和歌山）から8回に5点を取って逆転勝ちして波に乗る。決勝は終盤までリードするが、9回裏、同点ホームランでPLに追いつかれる展開。10回表、中島彰一の3ランホームランなどで突き放し、茨城県勢初の優勝を飾った。主将でショートの吉田剛（元近鉄）がチームを引っ張り、エースの石田文樹はその後、横浜へ。57年から取手二の監督を務めた木内幸男だが、当初は元女子校のため、甲子園は遠い存在だった。77年に初出場し次第に「木内マジック」で強豪へ。しかし、この優勝後の秋に常総学院に移る。取手二はこの夏以降、甲子園には出ていない。夏4回6勝3敗、春2回2勝2敗。松沼博久（元西武）、松沼雅之（元西武）、大野久（元中日ほか）がOB。

な

施 ナイター

ないたー

甲子園球場にナイター設備が完成したのは、1956年5月のこと。水銀灯の214万燭光という のは、当時日本一の明るさだったという。そこでこの年夏の選手権でも、最後の試合が日没となった場合、ナイターとして続けて行うことに。大会第1日から好試合が続いて時間がかかり、伊那北（長野）と静岡の第3試合が開始されたのは午後4時37分。1対1で終盤に入ると薄暮となり、8回表、伊那北の攻撃に入るところで内野4基の照明灯がつけられた。さらに延長に入ると、外野の2基にも灯が。もちろん史上初めてのことで、試合は延長10回、伊那北が4対1で勝っている。現在の甲子園では、点灯試合になると線審が2人つき、審判6人制となる。

このときの照明器具は白熱灯と水銀灯で、カクテル光線と呼ばれるようになる。74年には、演色性を重視したメタルハライドランプと高圧ナトリウムランプを組み合わせた光源（HID照明器具）に変更。2009年までのリニューアルでは、照明灯は建て替えたものの、LEDの技術がカクテル光線に必要なオレンジ色を出すには至らず、LED化は見送った。LED照明756台を導入したのは、22年のこと。環境保全推進の一環でもあり、従来のHID照明器具より、二酸化炭素の排出量を約60％抑制できると見込まれている。

ナイターにちなむと、21年夏の第3日は、3日順延させた雨の影響が残り、第1試合の開始が10時59分と大幅に遅れた。高川学園（山口）と小松大谷（石川）の第4試合は、開始が19時10分で、終了はプロ野球のナイターなみの21時40分。これは、記録が残る53年以降では、最も遅い試合開始時刻18時50分（第47回・報徳学園［兵庫］対広陵［広島］）、最も遅い試合終了時刻20時43分（第89回・興南［沖縄］対文星芸大付［栃木］）をいずれも塗り替え、開始・終了とも最も遅い。68年には、津久見（大分）6対5高岡商（富山）の延長12回が21時27分に終了しているが、これは大会第1日。当時は開会式のあとに4試合が組まれていたため、参考記録扱いだが、高川学園と小松大谷の一戦は、この参考記録をも上回ったわけだ。

なおセンバツでは、22年の大会第4日、雨の影響で第1試合が3時間30分遅れの12時30分開始となり、第3試合の只見（福島）と大垣日大（岐阜）の一戦は試合開始が18時26分。終了は20時19分で、これが開始・終了時刻とも大会史上最も遅い記録。

監 直村鉄雄
なおむら・てつお

甲子園で「殉職」した名監督。1917年5月6日、中国（旧満州）・大連生まれ。松山商（愛媛）を経て、52年に戸畑（福岡）の監督に就任。全く無名だったチームを鍛え上げ、就任6年目の57年夏、甲子園初出場に導く。初戦は高知に2対1と接戦を制して甲子園初勝利を手にすると、続く準々決勝の坂出商（香川）戦でも5対0と退け、いきなりベスト4進出を果たして注目された。59年春は初戦で準優勝した岐阜商（現県岐阜商）に惜敗。悲劇が起きたのは同年夏だ。春夏連続出場を果たしたが、福岡大会終了から体調を崩し、甲子園に向かう列車の中で発熱。ノックバットが握れないほど悪化したが、それでも8月11日の1回戦、日大二（東京）との試合にはベンチ入り。采配を振っていたが、0対0で迎えた6回表。先制点を与えた直後、ベンチで倒れた。阪大附属病院に搬送されたが、意識の戻らないまま4日後に息を引き取った。42歳だった。翌60年夏、連続出場を果たし甲子園に戻ってきた戸畑ナインは、開会式で直村監督の遺影を持って行進。初戦の高岡商（富山）戦ではベンチに遺影を置き、見守られながら2対1で勝利。亡き恩師に白星を捧げた。この日は奇しくも、監督の一周忌だった。

選 監 中井哲之
なかい・てつゆき

男気の監督である。「これで監督をやめろと言われたらやめてもいい。批判されるかもしれませんが、言わないと変わらないし、教育者

▶中井哲之

として言う権利はある。誰が見てもおかしい」。2007年夏の決勝で、佐賀北に敗れたあと。広陵（広島）のエース・野村祐輔（広島）の微妙なコースがことごとくボール球と判定されたことに対する発言だ。実際、高野連から厳重注意を受けている。1962年7月6日、広島県生まれ。高校進学時、当時全盛だった広島商進学を志したが、広陵の校長が「ぜひとも、わが校に……」と誘いにきた。当時は甲子園から遠ざかっていた古豪。だが父は「強い学校で甲子園を目指すのと、助けて下さいといっている学校を強くするのと、どっちが男らしいかわかるよの？」。これで広陵進学を決めたのが男気のルーツである。その広陵時代、80年春に10年ぶり、夏に8年ぶりに出場し、春4強、夏8強まで進んでいる。大阪商大を経て母校に赴任、コーチとなると90年4月から監督に。当時27歳ながら、「打診も何もなく、やるしかない状況でした」。

84年のセンバツを最後に甲子園から遠ざかっていた時期で、低次元と理不尽が大嫌いな中井は、伝統校にありがちな悪弊を一掃。するといきなり、翌91年センバツで65年ぶりの優勝を果たした。決勝でサヨナラ勝ちした相手は松商学園（長野）で、これは初優勝した65年前の広陵中時代と同じ顔合わせ（当時は松本商）だった。03年春にも西村健太朗（元巨人）、白濱裕太（元広島）、上本博紀（元阪神）らで再び全国制覇。その後2度辞任しては復帰し、17年夏は、中村奨成（広島）の爆発などで再度決勝まで進んだが、またも涙を呑んでいる。

生徒には「真っすぐであれ！正直に生きろ」と説き、選手といっしょに泣き、笑うことが身上。07年夏の準優勝時には、大会途中に熱中症でダウンするハプニングがあったが、仮にノーサインでも、日常から選手たちが自ら考え、動くことを徹底しているという。サインといえば甲子園のある試合、どうしても1点がほしい展開で、「もし三塁に走者が行ったら、だれが打者でも2球目にスクイズ」と大胆にもあらかじめ決めておき、成功させたことがある。甲子園通算37勝（19敗1分け）は9位タイ。

監 仲井宗基
なかい・むねもと

1970年5月3日生まれ、大阪府出身。大阪・桜宮高3年の88年は捕手・主将で決勝まで進出したが、近大付に敗れて甲子園出場はなし。東北福祉大を経て92年、青森・光星学院（現八戸学院光星）に赴任し、野球部コーチ、部長を歴任。2010年に監督となり、主力に田村龍弘（ロッテ）、北條史也（阪神）らがいた11年夏からは甲子園で3季連続準優勝するなど、着実に勝ち星を積み重ねて24勝（13敗）は歴代29位。U-18日本代表コーチも3度務めた。

選 永川英植

ながかわ・えいしょく

作新学院（栃木）の江川卓（元巨人）が怪物ぶりを見せつけた1973年のセンバツで優勝した、横浜（神奈川）のエース。1年生だった72年秋季関東大会、横浜が決勝で敗れたのが作新学院だった。センバツの決勝は広島商・佃正樹との投手戦となったが、永川は延長11回を1失点と力投し、甲子園初采配だった渡辺元（当時）監督に初優勝をもたらしている。同年夏は、神奈川大会準々決勝で長内孝（元横浜ほか）のいた桐蔭学園に敗退。74年にはセンバツに連続出場したが、延長12回、高知・杉村繁（元ヤクルト）にサヨナラ打を浴びた。同年夏の神奈川大会は、決勝で原辰徳（元巨人）らのいた東海大相模に敗退、夏の甲子園には縁がなかったが、センバツは計6試合に登板し、延長3試合を含んですべて完投している。定岡正二（鹿児島実・元巨人）、土屋正勝（銚子商［千葉］・元ロッテほか）、工藤一彦（土浦日大［茨城］・元阪神）とともに「高校四天王」と呼ばれ、74年ドラフトでヤクルトに1位指名。ただプロでの登板は1試合にとどまった。91年、35歳で夭逝。

施 中沢佐伯記念野球会館

なかざわさえききねんやきゅうかいかん

大阪市西区にあり、日本高等学校野球連盟の第2代会長・中澤良夫、第3代会長・佐伯達夫の名を冠した建物。日本高野連の本部事務局が置かれている。2008年には、甲子園球場の改修工事で取り外した内野席の寄贈を受け、中庭に「メモリアルシート」が完成した。寄贈されたのは、中央ボックス席最前列の3席。春夏の高校野球期間中は、主催者席として使用されていた緑色のシートで、伝統と歴史を後世に伝えている。

人 中澤良夫

なかざわ・よしお

日本高野連第2代会長。1883年9月19日、応用化学者・

中澤岩太の長男として生まれる。父は東京開成学校の生徒時代、日本に野球を伝えたと言われるホーレス・ウィルソンから指導を受け、その影響で野球を始めた。第三高等学校では三塁手としてプレー。06年、東京帝国大学工科大学応用化学科を卒業後、11年に九州帝国大学教授、14年に京都帝国大学工学部の教授になり、15年の全国中等学校優勝野球大会の創設にも携わった。48年、学制改革によって全国中等学校野球連盟が日本高等学校野球連盟に改組されると、上野精一に代わって第2代会長に就任。66年8月28日に逝去するまで、高校野球の発展に尽力した。65年、「アマチュア野球、ことに高等学校野球の育成、発展に多年尽くした功績」により朝日文化賞を受賞、91年に野球殿堂入りしている。

選 中島治康
なかじま・はるやす

長野の松本商（現松商学園）が1928年夏に全国制覇したときのエースにして、日本プロ野球史上初の三冠王。10年6月28日、松本市生まれ。松本商に進んでエースとなり、藤本定義の指導を受け、28年は春夏の甲子園に出場。ことに夏は、準々決勝で愛知商を2安打完封すると、高松中（香川）との準決勝は3対1とリードした6回、無死一、二塁のピンチを迎えながら雨天コールドで決勝に進出し、決勝は平安中（現龍谷大平安・京都）に1失点で完投した。早稲田大で野手に転向し、藤倉電線を経て34年に大日本東京野球倶楽部に入団。そのまま巨人軍結成に参加した。38年秋季、打率・361、10本塁打、38打点で三冠王。引退後は読売新聞運動部に在籍し、野球記者としてアマチュア野球論に健筆を奮った。63年、野球殿堂入り。

選 長島康夫
ながしま・やすお

19歳で甲子園のマウンドに立った投手。小学3年のとき、北朝鮮で終戦を迎える。戦後の混乱で、日本の本土に引き揚げるまで姉を栄養失調で失うなど、過酷な1年間を過ごした。母、妹とともに命からがら帰国後は、1年間の療養を経たため、米子東（鳥取）への入学は2年遅れた。つまり高校3年生で満20歳を迎えることになり、本来なら年齢超過で出場できなかったが、1956年夏、鳥取大会開幕の約1カ月前に特例が認められて参加できることになった。チームの部長が高野連に嘆願書を出してくれていたおかげという。

エースとしてマウンドに立ち、村山実（元阪神）から教わったシュートを武器に見事地方大会を勝ち抜いて甲子園出場。全国の舞台でも快進撃は続き、初戦の別府鶴見丘（大分）戦は12三振を奪う快投で接戦をものにした。続く準々決勝でも、春王者の中京商（現中京大中京・愛知）に完封勝ち。岐阜商（現県岐阜商）との準決勝は、延長10回の投手戦の末1点差で敗れたが、大会の大きな話題となった。

プロ野球や大学野球の誘いはあったが、富士製鐵（現日本製鉄）広畑に入社。野球部で5年間プレーして都市対抗野球に5回出場している。引退後は社業に専念。同社で定年まで勤めあげた。その後、米子市の観光大使に就任している。

選 監 中谷仁
なかたに・じん

1979年5月5日生まれ、和歌山市出身。智弁和歌山高では捕手として甲子園に3回出場し、96年のセンバツで準優勝、97年夏は主将としてチームを引っ張り、打率・563を記録して優勝に貢献した。高校通算21本塁打の打棒で98年、阪神入り。15年のプロ野球生活では出場111試合にとどまったが、学生野球構成員資格を回復し、2017年4月に母校の部長となる。恩師でもある高嶋仁監督の勇退後、18年の8月から監督となった。17年夏には、部長として夏の甲子園を経験し、監督となって以降も毎年甲子園に出場。20年のセンバツは中止となったが、21年夏には智弁学園（奈良）との兄弟校決勝対決を制して優勝を果たしている。選手権本大会の決勝が兄弟校の対戦、また和歌山代表と奈良代表の対戦になるのはいずれも史上初だった。高校時代に優勝した母校を率い、監督としても優勝するのは中谷が8人目で、プロ野球経験監督の優勝も8人目だが、84年の学生野球資格回復制度の導入後では史上初だ。監督としては甲子園通算9勝4敗。

選 監 永田裕治
ながた・ゆうじ

1981年、報徳学園（兵庫）3年時に金村義明（元西武ほか）らとともに春夏甲子園出場。春は初戦敗退も、夏は全国制覇した。中京大を経て、桜宮（大阪）でコーチを務めた1年目は府大会準決勝、2年目は決勝まで進んでいる。伊丹（兵庫）で1年コーチののち、

92年に母校・報徳でコーチに。2年後に29歳で監督となり、翌春の甲子園初出場では「監督でなくキャプテンやってました」と、選手以上に一喜一憂していた自分を振り返っている。阪神・淡路大震災直後の大会で、1月17日の震災直後から野球どころではなかった。永田自身も新築したばかりの自宅が倒壊する苦境の中で、甲子園では初戦に勝って監督1勝目を挙げた。97年は春ベスト4、夏も連続出場し自身の全国制覇以来の夏の勝利を挙げる。2001年、大谷智久（元ロッテ）を擁して秋の近畿大会、明治神宮大会、翌春のセンバツとすべて優勝。夏は初戦で敗れて春夏連覇はならなかったが、県大会では1年間敵なしと、報徳での監督生活で最強といえるチームだった。センバツ優勝後、それまでの事務職員から正式に保健体育科教諭として採用される。

一貫してきたのは全員野球。レギュラー、補欠関係なく日々の練習では全員が同じように打ち、守る。来るもの拒まず、希望者全員を受け入れ、常に100人を超す大所帯で分け隔てなく指導することをポリシーとした。コテコテの関西弁で、常に大声を張り上げて選手を鼓舞。本人曰く「非科学的」な厳しい練習をする一方で、技術よりも礼儀、挨拶といった精神面を重視し、「監督の仕事は技術以上にいかにやる気を起こさせるか」と、自主性を育てる環境作りに意欲を燃やした。報徳のグラウンドはいわゆる校庭で、全国クラスのラグビー部など中・高の複数の部活と共用。打球がいつ他部の選手に当たるかわからないような状況ながら少しずつ改良。人工芝の外野など整備を進め、バックネット裏に2階建てのクラブハウスも作られた。また、指導者になってからすぐに行ったのが、選手の〝出口〟の開拓。アポなしで大学野球部巡りを行い、教えを請いながら進路のルートを切り開いた。学校が伊丹空港に近いこともあり、日曜日に東京へ行き、月曜の朝一番の飛行機で帰阪。1時間目の授業に間に合わせるなど精力的に動き、高校・大学の指導者と幅広いネットワークを作った。

17年春には、「逆転の報徳」そのままの力強い戦いでセンバツ4強入り。この大会を最後に教え子に監督を譲り、18～19年は侍ジャパンU-18代表の監督を務めた。18年のBFAU-18アジア選手権は3位、19年のWBSC U-18ワールドカップは、佐々木朗希（大船渡［岩手］・ロッテ）らがいて話題となったが、5位に終わった。20

年には、静岡・日大三島の監督に就任。21年の秋季東海大会優勝を果たし、22年には同校38年ぶりのセンバツ切符をつかみ、春夏連続出場も果たした。甲子園通算23勝（19敗）は31位タイ。

選 中西清起
なかにし・きよおき

1978年夏、79年春、80年春夏と4度の甲子園出場を果たした高知商の投手。1962年4月26日生まれ。1年夏は、1学年上のエース森浩二（元ヤクルトほか）の控え投手として出場。2試合に登板する。この大会では決勝に進み、PL学園（大阪）に9回逆転負けを喫して準優勝。2年春は右翼手兼控え投手として出場。2回戦で牛島和彦（元ロッテほか）、香川伸行（元ダイエー）のバッテリーを擁する浪商（現大体大浪商・大阪）に敗退。エースナンバーをつけて乗り込んだ80年春。大会注目選手として取り上げられ、水島新司の野球漫画『球道くん』に登場するエースで四番の主人公・中西球道（苗字が同姓）にちなみ「球道くん」と呼ばれるようになった。この大会、四番打者としてもチームをけん引。期待通りに順調に勝ち上がり、準々決勝・尼崎北（兵庫）戦では、センバツ通算200号本塁打を放つ。決勝の帝京（東京）戦では好投手・伊東昭光（元ヤクルト）との1点を争う熱戦を制し、1対0で9回サヨナラ勝ち。そこまで準優勝が3回という同校悲願の甲子園初優勝をもたらし、紫紺の大優勝旗を堂々土佐路に翻した。春夏連覇の期待がかかった同年夏は、初戦で松商学園（長野）を完封するも、2回戦で箕島（和歌山）に敗退。卒業後は社会人野球のリッカーを経て阪神に入団。主にクローザーとして活躍し、85年に最優秀救援投手を獲得。

▶中西清起

選 中西太
なかにし・ふとし

1949年春夏、51年夏に甲子園に出場し「怪童」と呼ばれた選手。1933年4月11日生まれ、香川県出身。高松一に入学すると、学制改革の特例で1年のセンバツから三塁手で甲子園デビュー。関西

（岡山）に勝利してベスト8に進出した。1年夏は水戸商（茨城）、芦屋（兵庫）を退けて4強入り。準決勝では初出場の伏兵・湘南（神奈川）に延長戦で敗れる。湘南には、のちにフジテレビ系列の番組「プロ野球ニュース」のキャスターとしておなじみとなる佐々木信也（元大毎ほか）、のちの高野連会長の脇村春夫がいた。3年夏はランニングホームランを2本放ち、ベスト4進出に貢献。準決勝の相手は平安（現龍谷大平安・京都）。前日に芦屋の好投手・植村義信（元毎日）から6点を奪って意気上がる高松一だったが、この日は平安のエース清水宏員（元毎日）のドロップを打ちあぐねて8回まで2安打、中西も無安打に抑えられていた。4点差で迎えた9回の最後の攻撃に意地を見せ、1死一、二塁から中西が本領発揮の左翼適時二塁打。さらに2点適時打が続いて1点差まで。惜しくも決勝進出を逃した。卒業後は福岡に本拠地を置く西鉄ライオンズ（現西武）に入団。53年から4年連続で本塁打王を獲得するなどした。２００８年の第90回選手権では、記念イベントとして伝説の11選手で構成する「甲子園レジェンズ」の一員として開会式に登場した。23年5月に逝去。享年90。

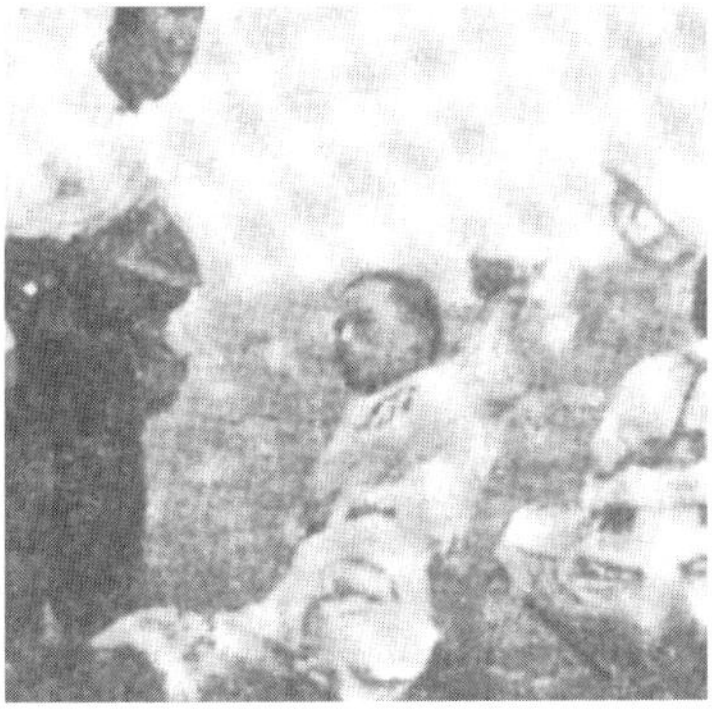

▶中西太

選 仲根正広
なかね・まさひろ

１９７２年のセンバツで、日大三との東京勢同士、しかも兄弟校対決を制して優勝した日大桜丘のエース。54年9月24日、東京都渋谷区生まれ。笹塚中時代、近所に住む日大桜丘・香椎瑞穂監督に見初められて入学。すでに１８８センチあり、当時デビューした旅客機・ジャンボジェットにあやかって「ジャンボ」と呼ばれた。72年のセンバツはまず松江商（島根）を1安打完封し、高知商、東北（宮城）には9回でサヨナラ勝ち。決勝の相手は前年優勝の強豪・日大三だ。桜丘は、そのセンバツ期間中、三高の留守番部隊と合同練習をやってもらったというから、三高のレギュラーとなると雲の上の存在だった。それが71年秋の都大会では、決勝で当たって3対2と勝つほど、力を伸ばしていた。

センバツの決勝も、仲根はヒジ痛から決して本調子ではないとはいえ、それがかえって丁寧な投球につながる。直球にも角度があり、わずか2安打で完封。5対0で桜丘に優勝をもたらした。連続出場した夏は、春に勝った高知商に延長で初戦敗退。近鉄に1位指名されてプロ入りすると、投手としてはわずか2勝だったが、7年目に打者転向。85年にプロ野球通算5万号を放つなど、通算36本塁打している。88年に中日に移籍し、その年限りで引退。95年、40歳で夭逝した。

チ 長野師範学校

ながのしはんがっこう

１９１９年、第5回全国中等学校優勝野球大会で決勝に進出し、4対7で神戸一中（現神戸・兵庫）に敗れたものの、学制改革が行われる48年以前に、唯一全国大会の決勝に進出した師範学校である。師範学校とは、戦前の日本で初等・中等学校教員の養成を目的とした教員養成機関。長野師範は１８７３年、筑摩県が現在の松本市に開設した筑摩県師範講習所がルーツで、変遷を経て98年に長野師範学校となった。学制改革により、現在の信州大学教育学部にあたる。野球部は16年夏に早くも全国大会に出場。のちプロ野球第3代コミッショナーとなり、野球殿堂入りする内村祐之をコーチに力をつけ、4年連続出場（うち18年は米騒動により大会中止）の19年は、エース・山崎正人が2試合連続完封で決勝に進出した。

選 中野真博

なかの・まさひろ

１９９３年春夏、94年春に甲子園に出場し、完全試合を記録した金沢（石川）の投手。76年6月8日生まれ。スライダーと鋭いカーブをコーナーギリギリに決め、打たせて取るタイプ。2年春は1回戦で関西（岡山）と対戦。先発の中野は、毎回走者を出す苦しい試合展開にも踏ん張って好投。2失点に抑えたが惜敗した。2年夏は初戦でエース・山村宏樹（元楽天ほか）を擁する甲府工（山梨）に敗れている。

その名を全国に轟かせたのは翌春。ひと回り成長して甲子園に戻ってきた中野は快挙を成し遂げる。センバツ開幕当日の3月26日、第3試合に江の川（現石見智翠館・島根）と対戦。先発した中野は2者連続三振と最高の立ち上がりで初回を終え、その後も相手打線を翻弄。凡打の山を築いて1人の走者も許さない。9回も七番打者から簡単にアウト3つを取り、難なくゲームセット。9イニング計99球を投げ、第50回大会の松本稔（前橋・群馬）以来16年ぶり、センバツ史上2人目の完全試合を達成した。続く2回戦ではPL学園（大阪）と対戦。12奪三振の好投だったが0対4で敗れた。卒業後は青山学院大を経て、東芝野球部に所属し、都市対抗野球も経験。

チ 中村高校

なかむらこうこう

1977年のセンバツ、部員わずか12名で準優勝。「二十四の瞳」で甲子園をわかせたのが中村だ。00年、旧制高知県立第二中分校として開校。03年に第四中として独立後も何度か改称を経て、学制改革で中村高校に。後の49年には中村女子を併合して共学化した。大逆事件で処刑された思想家の幸徳秋水は、旧制中学時代の卒業生。28年に創部した野球部だが、公式戦参加は学制改革後の48年。76年秋には、山沖之彦（元阪神ほか）をエースに県大会を制し、初めての四国大会でも準優勝。77年センバツではなんと決勝に進み、箕島（和歌山）に敗れたものの準優勝を果たした。準々決勝では天理（奈良）を破っており、「全員が前の晩に帰り支度をしていたけど、僕だけは（市川幸輝）監督に呼ばれて『鈴木康友から三振を取れ』と言われたんです。そうすれば勝てる、と。頼られていると感じて、僕は荷造りはしませんでした」と山沖。事実、天理戦で山沖は、高卒で巨人入りする四番・鈴木康から2三振を奪っている。

2005年、中村市は西土佐村と合併して四万十市となったが、校名はそのまま。16年秋、明徳義塾を破って県の頂点に立つと、17年には21世紀枠でなんと40年ぶりのセンバツ出場を果たした。このときも、77年よりは多いものの、部員はベンチ入りの定員18人に満たない16人だった。センバツ2回出場で4勝2敗。

監 中村順司

なかむら・じゅんじ

甲子園優勝6回の通算58勝10敗、勝率・853。智弁和歌山の高嶋仁前監督、大阪桐蔭の西谷浩一監督に抜かれてトップの座を譲ったが、驚くべきはこの数字を18年間で挙げたこと。それが〝大記録〟といわれるゆえんだ。母校・PL学園（大阪）のコーチから監督に昇格した翌1981年春。のちに巨人入りする吉村禎章を擁していきなり全国制覇し、翌年もあっさり2連覇を果たす。83年夏、桑田・清原のKKコンビが1年生で甲子園に登場し、池田（徳島）の3季連続優勝の夢を打ち砕き自身初めて夏を制しても、年齢はまだ35歳だった。84年春も再び決勝に進出し、岩倉（東京）に惜敗するまで、甲子園で20連勝という驚異の数字を残した。連覇に挑んだ同年夏も、決勝で取手二（茨城）に屈して準優勝。85年春は、準決勝で伊野商（高知）の前に敗退。5季連続甲子園出場を果たしたKK最後の夏は、決勝で宇部商（山口）にサヨナラ勝ちして有終の美を飾った。

このとき1年生だった立浪和義（元中日）、野村弘（元横浜）らも、3年になった87年に春は関東一（東京）、夏は常総学院（茨城）を決勝で下して史上4校目の春夏連覇を成し遂げた。この夏の大会では、「全試合初回得点」も記録に残る。あまり取りざたされてはいないが、大一番で打線を組み替えるなどの中村の采配が生きたものといえる。その後も、6回の甲子園出場で春4強2回、8強1回、夏8強1回。98年センバツでは、松坂大輔（元西武ほか）の横浜（神奈川）に準決勝で敗退し、この試合を最後に勇退すると、11月にはやはり母校の名古屋商科大の監督に就任し、2015年まで務めた。

よく口にしていたのが「私は技術屋。教えること、コーチすることが好き」。有望選手が集まっていたPLでも、指導のスタートは「歩き方」「走り方」だった。その基本である「姿勢」には特にうるさく、例えば打席に立ったときの姿勢では、清原和博（元オリックスほか）なら打ち気にはやると無意識に頭が投手側にいきがちなので、「構えたときに一度バットを見ろ」などと声かけをした。全体練習では自らグラブを持って手取り足取り、グラウンドを小刻みに歩いて選手にアドバイス。わかりやすく選手に伝えることにこだわりを持ち、徹底的に指導したのは体を上手に使い、最も効果的な送球、スイングをすること。肩や腕、脚の関節

▶中村順司

の仕組みといった理論を的確に教え、野球への向上心につなげていた。当時から「短い時間にいかに集中してやるかが大事」と、長時間練習には否定的。疲労感を残さず終えることで自主的に個人練習を行うように仕向け、この個人練習の量こそがＰＬ飛躍の源でもあった。「選手は決して野球のエリートではなく、努力型です」と、中村は振り返る。

　モットーは部訓でもあった「球道即人道」。有望選手と充実した野球環境ゆえに冷ややかな目で見る人もいただろうが、その前にあったのは確かな人間教育。そして、「世のため、人のため、チームのために何をするかという原点。それがＰＬの教えのなかにあったことが何より大きい」。１９４６年、福岡県生まれ。ＰＬ学園では2年春に内野手としてセンバツ出場。名古屋商科大を経て、キャタピラー三菱では主将。76年より母校のコーチとなり、80年夏から監督。通算出場16回、優勝6回、準優勝2回。すべての学年からプロ野球選手を輩出、その数39人。なんともすごい。

選 中村奨成
なかむら・しょうせい

　２０１７年の夏の選手権で準優勝した、広陵（広島）の捕手。中村自身は6試合で28打数19安打、6ホーマー17打点と打ちまくり、ことごとく従来記録を塗り替えている。１９８５年、ＰＬ学園（大阪）の清原和博（元オリックスほか）が記録し、更新は不可能といわれていた一大会最多本塁打5を6に塗り替えたほか、列挙すると、

・1大会個人最多安打19　大会タイ（2人目）
・1大会個人最多打点17　大会新
・1大会個人最多塁打43　大会新
・1大会個人最多二塁打6　大会タイ（4人目）
・1大会個人最多本塁打6　大会新
・1試合2本塁打（2試合）57度目、63度目。1大会に2度記録するの

も清原以来。また公式記録ではないが、猛打賞5回というのも史上初の記録だった。それまでは85年夏の佐藤勝美（宇部商・山口）、08年浅村栄斗（大阪桐蔭・楽天）の4回が最高。

この記録ラッシュに本人は、「調子がいいときはボールが止まって見える」と、かつて打撃の神様といわれた川上哲治（元巨人）ばりのセリフをはいたものだ。広陵・中井哲之監督は「まぐれです」と突き放すが、それでも「アイツの場合、金属バットでもしならせて打つことができるんですよね」と舌を巻いた。

捕手としての守りも一級品。ボールが1本の矢のように見える二塁送球は、すぐにでもプロで通用するといわれた。1999年6月6日生まれ、広島県廿日市市出身。中学3年時には軟式野球「大野シニア」のメンバーとして、広島県でベスト8に入ると、広陵では1年春の広島県大会からレギュラーとして活躍した。高校通算45本塁打。同年のドラフトで地元・広島の1位指名を受けて入団した。

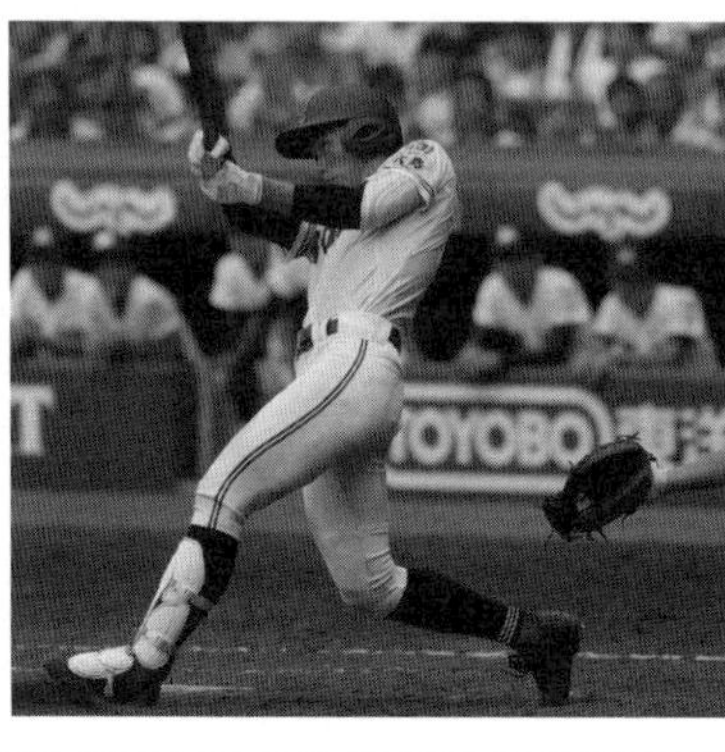

▶中村奨成

チ 夏将軍
なつしょうぐん

夏にめっぽう強いことから呼ばれ始めた、愛媛・松山商の異名。甲子園で春夏通算80勝している松山商だが、実にその4分の3の60勝が夏なのだ。優勝回数も夏は5に対して春は2、勝率は60勝21敗1分けの夏が・741なら、20勝14敗の春は・588にすぎない。似たような例では龍谷大平安（京都）は、夏には優勝3回、準優勝4回があるが、春は長く決勝進出さえなし。2014年のセンバツでようやく優勝を果たした。各県レベルでは、北海道の旭川志峯（旭川大高が校名変更）、岩手の福岡は10回、新潟の中越は11回の出場がある夏に対して、春の出場が一度もない。夏の甲子園に二ケタ以上出場していながら、センバツ出場がないのはこの3校と戦前に夏12回出場、春出場なしだった大連商（満州）のみだ。ほかにも、なぜか夏に強いチームがあって、鹿児島商は夏13回出場して14勝に対し、春は12回出場してわずか1勝。沖縄水産も、夏は9回の出場で20勝し、準優勝も2回あるが、春は3回出場でわずか1勝だ。

夏春連覇→連覇
なつはるれんぱ

→連覇

他 生ビール
なまびーる

ことに夏、灼熱の甲子園のスタンドでは生ビールが飛ぶように売れる。そんな中、メーカーごとに異なるカラフルなユニフォームに身を包み、汗だくになりながら通路を走り回るのが生ビールの売り子さんだ。満タンで20杯分の生ビールが入るサーバーは、重さにして15〜20キロになり、空になるたびに何度も入れ替え、達人になるとそれを抱えて3万歩以上動き回る。過酷な運動量でいて、お客の目を引くには笑顔と声が欠かせない。収入は固定給＋杯数ごとの歩合、それにノルマ達成にともなう報奨金で、トップクラスなら軽く日給1万円は超えるとか。観客には、朝からビールを楽しむ剛の者も多く、リピートしてくれる固定客をいち早く見つけるのが売り上げアップの秘訣だ。

チ 習志野高校
ならしのこうこう

千葉県習志野市立の共学校。現在は普通科と商業科がある。1957年、初代習志野市長の指導によって創立。67年、2回目の出場で夏の頂点に立つ。エースは右の本格派石井好博。準決勝で中京（現中京大中京・愛知）、決勝では広陵（広島）に7対1と会心のゲームで、千葉に初優勝をもたらした。石井は72年、早稲田大在学中に母校の監督に。75年春は1回戦で豊見城（沖縄）に敗れたが、猛練習で主戦の小川淳司（元ヤクルト）らが奮起。その夏は広島商を完封し、決勝は新居浜商（愛媛）を9回サヨナラで下して、前年の

▶1975年夏、優勝した際の習志野高校

銚子商に続いて県勢2連覇を成し遂げた。石井は史上初めて、優勝投手にして母校の優勝監督となった。

2019年のセンバツでは決勝に進出し、千葉勢初の春制覇に挑んだが、東邦（愛知）に敗れた。夏9回出場20勝7敗、春4回出場6勝4敗。谷沢健一（元中日）、掛布雅之（元阪神）、福浦和也（元ロッテ）、古谷拓郎（ロッテ）らがOB。サッカーも千葉県内の古豪で全国制覇の経験があり、名塚善寛、玉田圭司など日本代表が出ている。部活動が盛んで、ボクシング、バレーボールも強い。吹奏楽部は東の横綱と称され、アルプススタンドの応援も「美爆音」として甲子園の名物になっている。

施 鳴尾球場
なるおきゅうじょう

1917年の第3回から、全国中等学校優勝野球大会が開催された球場。兵庫県西宮市（当時は武庫郡鳴尾村）にあった鳴尾競馬場をリニューアルし、16年にオープンしたものだ。グラウンドは競馬用トラックの内側にあったが、土の質が非常に悪く、雨が降るとしばらく使えなかったと言われている。またスタンドの常設ができず、木造の仮設席を設置した。もともと、第2回大会まで使用した豊中グラウンドの収容力と、輸送能力の限界で開催地を移したはずなのに、観客席が仮設で、しかも競馬場内とあって増設もままならないのでは、押し寄せる観客を収容しきれない。そもそも、仕切っただけの仮設席だったから、押し出された観客が外野に入り込み、試合が中断することもしばしばだったという。

▶鳴尾球場

そこで新たに建設することになったのが、阪神甲子園大運動場だった。鳴尾球場が使用されたのは、23年の第9回大会まで。戦後は進駐軍に接収され、接収解除後は日本住宅公団（現在の都市再生機構）

より浜甲子園団地として開発され、現在に至っている。球場の正確な跡地ではないが、隣接地に整備された鳴尾浜公園には、93年に「全国中等学校優勝野球大会開催の地」という記念碑が建てられた。

鳴尾高校
なるおこうこう

1943年に鳴尾村立鳴尾中学校として設立、学制改革の後兵庫県に移管し、兵庫県立鳴尾高校となった。51年センバツでは3年の野武貞次、2年の中田昌宏（元阪急）の二本柱、さらにショート鈴木武（元大洋ほか）、捕手藤尾茂（元巨人）、山田清三郎（元近鉄）などの強力メンバーで決勝まで進出。鳴門（徳島）との決勝は、9回裏まで2対1と1点リードしながらエラーで同点とされ、中田の三塁けん制悪送球でサヨナラ負けした。この年には、同校の応援団長が象に乗って甲子園に登場したことでも知られている。翌年センバツもエース中田で準決勝まで進むが、またも鳴門に敗退。所在地は西宮市で、物理的には甲子園に最も近い高校だが、甲子園出場はその2回のみで通算5勝2敗。フジテレビアナウンサーの佐々木恭子もOB。

鳴門渦潮高校
なるとうずしおこうこう

鳴門第一と鳴門工が統合し、2012年に新設された県立高校。いずれも甲子園出場歴のある学校が統合した数少ない例で、徳島県の公立高校では、体育に関する学科（スポーツ科学科）が最初に設けられた学校でもある。鳴門第一は1913年、板野郡立実科高等女学校として設立し、48年の学制改革で共学の撫養高校に。のち統合した鳴門商業高校と名前を変え、93年に鳴門第一高校となった。撫養時代の61年にセンバツに初出場し、鳴門商時代に3度のセンバツ、鳴門第一として夏は04年に初出場したが0勝5敗。鳴門工は63年、鳴門市立鳴門工業高校として創立し、初出場だった73年センバツでいきなりベスト4と旋風を起こした。同年夏も出場を果たしたあと沈黙が続いたが、99年春に26年ぶりの出場を果たすと、02年春には準優勝し、連続出場の夏もベスト8と躍進した。春夏通算10回出場で16勝10敗の成績を残している。OBに撫養時代の長池徳二（元阪急）、鳴門工時代の里崎智也（元ロッテ）ら。17年夏には、鳴門渦潮として統合後初めての夏の甲子園出場を果たした。出場回数や戦績は、鳴門工と鳴門第一の出場回数を合算して引き継ぐため、通算成績は16勝16敗となる。ちなみに校名は、一般公募で決定された。

チ 鳴門高校

なるとこうこう

徳島県鳴門市撫養町にある県立の共学普通校。1909年に撫養中学として開校。48年に撫養中を廃止して新たに鳴門高校が設立された。71年に理数科を設置したが80年に募集停止。38年センバツの初出場は撫養中での出場だった。50年の夏に進出した決勝は松山東（現松山商・愛媛）との四国対決だったが、8対12と打ち負けた。ただ「うず潮打線」と名づけられた打撃が活発で、大会中のチーム打率が・362。21年の和歌山中（現桐蔭）の数字を上回り、木製バット時代の最高打率を記録した。そして称賛されたのが攻守交代時の全力疾走。高知・土佐高校のそれが知られるが、実は鳴門の実行が早く、土佐が真似たものらしい。準優勝から半年後の51年のセンバツは、サイドハンドからのボールがホップしたという2年生・栗橋博の好投などで勝ち進み、決勝の鳴尾（兵庫）戦は9回裏、逆転サヨナラ勝ちで優勝。センバツ連覇を狙った翌年は、決勝で静岡商に敗れて快挙を逃した。夏14回13勝14敗、春8回15勝7敗。28勝は48位タイ。2013年から夏は4年連続出場するなど、伝統の力は健在で、16年夏はベスト8。秦真司（元ロッテほか）、潮崎哲也（元西武）、板東湧梧（ソフトバンク）らがOB。

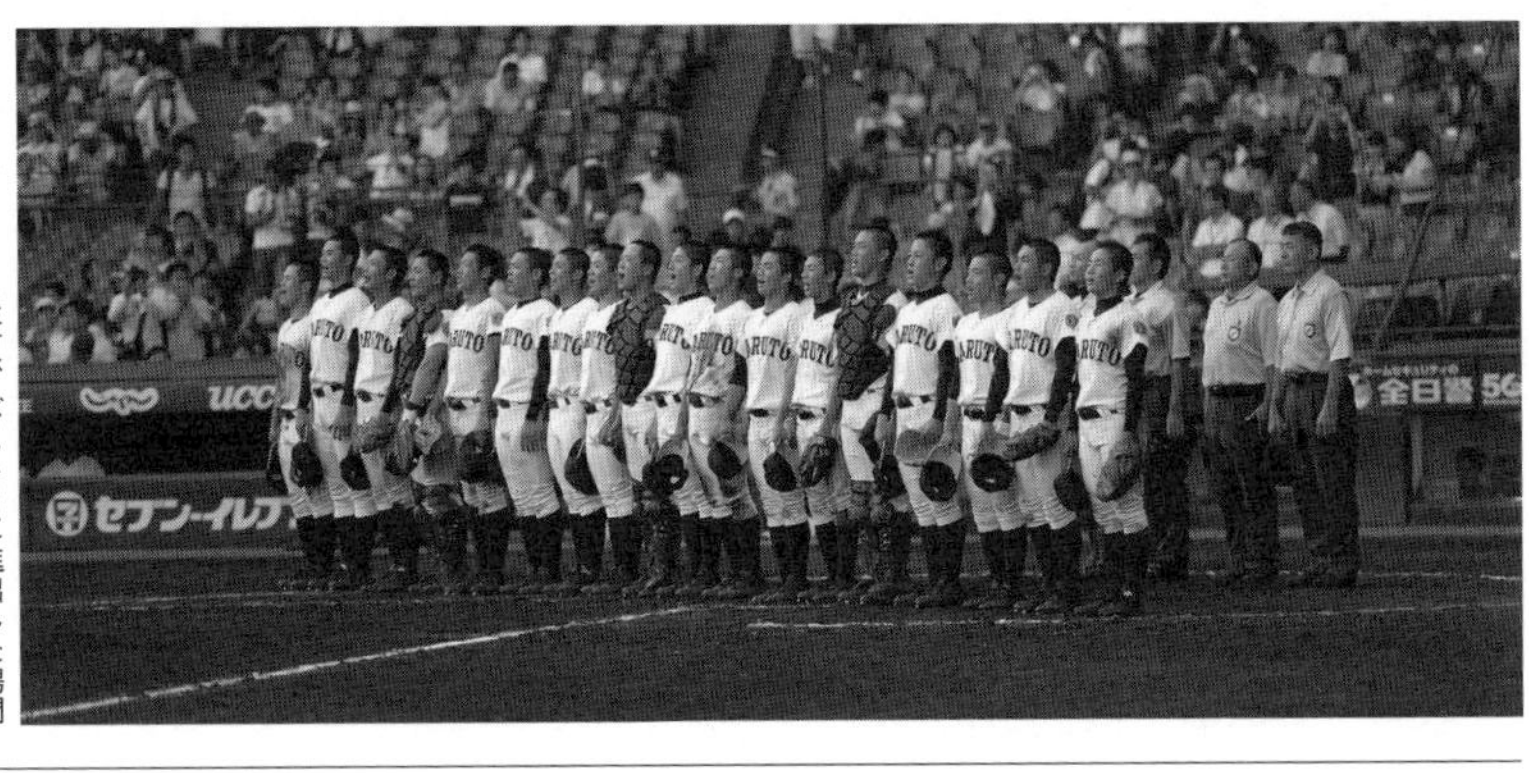

▶2016年夏、ベスト8に進出した鳴門

制 南北北海道
なんぽくほっかいどう

夏の甲子園で、北海道が南北2代表を送るようになったのは1959年のことだ。前年、40回記念大会で47都道府県から代表が出場したことに刺激され、57年の23代表から一気に6校増した年である。長野、静岡、広島、60年には鹿児島が独立したものの、複数県で1代表を争う地方も多いのに、北海道だけ2代表というのは奇異に映ったが、広大な面積で移動が困難なうえ、学校数も多いためだ。この南北分割の59年大会には、北北海道は77校、南は69校が出場している。ただ、それまでの北海道代表は、札幌市の北海や函館工など、南北海道のチームが大半を占めていた。北北海道では、札幌などに比べて有力な私立が少なく、分割までの甲子園では、春も含めて北北海道の勝利は49年の帯広（現帯広柏葉）の1勝のみだった。2勝目は、分割から6年後の65年、帯広三条まで待たねばならない。

94年夏の甲子園で、たった一度だけ南北北海道の対決がある。2回戦、北海（南）と砂川北（現砂川・北）の対戦だ。練習試合経験もあり、宿舎も同じ。顔見知りのお互いに気を使い、砂川北・佐藤茂富監督は、「2時間、兄弟ゲンカをしようじゃないか」とイキな台詞を吐いているが、終わってみれば10対1で北海が大勝した。この北海や、2004～05年の夏を2連覇した駒大苫小牧をはじめ、実力的には南がリードしている。北北海道は気温がより低いため、夏の甲子園では気候との戦いという面もあるだろう。冬の練習も条件が厳しく、そういえば旭川のチームでは、「冬に外で素振りなんかしたら、耳が凍傷になります」と聞いたことがある。

もっとも、南北とはいえ直線的に分けたわけではなく境界が入り組んでいるため、ときに逆転現象もある。たとえば12年夏に初出場した北北海道代表・釧路市の武修館の所在地は、同じ年の南北海道代表・札幌市の東海大四（現東海大札幌）よりも、緯度でいえばわずかに南なのだ。ちなみに、22年夏の参加チーム（連合を含む）は北が74、南が102だった。

に

㋠新居浜商業高校

にいはましょうぎょうこうこう

夏は初出場だった1975年、エース・村上博昭と2年生捕手・続木敏之（元阪神）のバッテリー、のちにヤクルト入りする片岡大蔵がいて、あれよあれよと決勝に進出。ことに天理（奈良）との準々決勝は、打たせて取る村上が4安打で1失点完投した。決勝は、同じ市立校の習志野（千葉）が相手。小川淳司（元ヤクルト）から一時3点をリードしたが、4対4と同点の9回、2死一、三塁からサヨナラ負けした。60年、愛媛県内唯一の市立校として開校したが、90年に県立に移管。商業科と情報ビジネス科がある。甲子園初出場の67年センバツはいきなりベスト8に進出し、準々決勝でも報徳学園（兵庫）に9回までリードしながら延長で敗れた。村上らが2年だった74年センバツは土浦日大（茨城）・工藤一彦（元阪神）に2安打で敗れたが、翌夏に全国制覇に迫ることになる。ただしその後、同じ70年代に3回の甲子園があるが、79年夏を最後に晴れ舞台から遠ざかっている。春4回出場2勝4敗、夏は2回出場の4勝2敗。

㊣新浦壽夫

にうら・ひさお

1968年夏に準優勝した、静岡商のエース。1951年5月11日、東京都世田谷区に生まれ、静岡に転じて67年に静岡商の定時制に入学。チームはその年の静岡大会で1回戦負けしたが、救援登板した新浦の投球に光るものを感じた橋本勝栄監督は、全日制の生徒が授業を受けている昼間、マンツーマンで徹底指導した。翌年は全日制の1年に編入し、5月の埼玉遠征ではセンバツで優勝した大宮工を完封するなどエースに。夏も静岡を圧勝すると、甲子園では決勝までの5試合のうち3試合が完封で、45回を投げて自責点はわずか1だった。180センチの長身からのストレートに威力があり、興国（大阪）との決勝も、丸山朗との投手戦。5回1死一塁からの平凡な投手ゴロを、なぜか一塁に送球し、残った走者が後続の適時打で生還したのが唯一の失点となり、0対1で敗れた。「野球をやれ、といわれたから野球をやり、ピッチャーをやれ、といわれたから投げていただけ。結局、野球をよく知らなかったんです」とはのち、なぜ併殺を狙わなかったかと問われた本人の答えである。

1年上（年齢は同じ）に藤波行

雄（元中日）らがいたチームは、大国体の出場が決まっていたが、大会終了5日後の8月27日に発表されたメンバーに、新浦の名がない。韓国籍の新浦は「日本国籍を有する者」という参加資格を満たしていなかったためだ。当時、外国籍選手はドラフト会議の対象外で、これを機にプロによる争奪戦が激化。結局新浦は、9月6日に巨人入りを決めた。甲子園をわかせた〝1年生〟エースが、決勝からわずか2週間後にはプロ選手となったわけだ。

野球を始めたのは安倍川中に入学してからで、「ボールを握ってわずか5年でプロなんて、ちょっといないでしょう」とは、後年の述懐である。プロでの新浦は、4球団に在籍した日本で通算116勝39セーブ、韓国でも3年間で54勝を記録している。

選 西田真二
にしだ・しんじ

PL学園（大阪）を〝逆転のPL〟たらしめた主役の一人。1977年には、木戸克彦（元阪神）とのバッテリーで近畿大会に準優勝。ちなみに決勝で敗れた相手は、牛島和彦（元ロッテほか）と香川伸行（元ダイエー）バッテリーの浪商（現大体大浪商・大阪）だった。78年センバツでは、準々決勝で箕島（和歌山）に敗れたが、夏は順当に4強に進出。中京（現中京大中京・愛知）との準決勝は、9回裏の攻撃まで0対4と敗色濃厚だったが、四番・西田の三塁打から同点に追いつくと、延長12回にサヨナラ勝ち。続く高知商との決勝も、0対2の9回裏、2死から西田の二塁打で同点に追いつくと、連日のサヨナラ勝ちだ。PLに〝逆転の……〟という枕詞がつくのは、この大会からだ。西田はこの両試合はじめ、甲子園で登板した8試合をすべて完投し、7勝1敗。法政大では外野手に転向すると、プロ入りした広島でも、貴重なバイプレーヤーとなった。現在は社会人・セガサミーで監督を務めている。

監 西谷浩一
にしたに・こういち

2018年、大阪桐蔭は史上初めて2度目の春夏連覇を達成。その2度の連覇を含め、センバツ4回、夏4回と通算8回の優勝は、中村順司（PL学園元監督）の6回を抜いて歴代最多。監督歴25年で67勝13敗の・838の勝率も、アンタッチャブルといわれた中村の・853に迫り、センバツ31勝は中村に並ぶ歴代トップ。高嶋仁（智弁和歌山前監督）の歴代最多68勝も目前だ。1969年9月12日、兵庫県生まれ。報徳学園（兵庫）では、下級生の不祥事により3年夏の県大会出場を辞退している。1年浪人して関西大に進み、4年時にはおもにブルペン捕手ながらも主将を任され、100人以上の部員をまとめた。いま大阪桐蔭には全国から逸材が集まるが、ライバル監督もどこか憎めない存在として西谷と接するのは、大学時代の目配り、気配りが生きているからかもしれない。大学卒業後は報徳学園で臨時コーチを務めたあと、93年に大阪桐蔭コーチ。98年11月に監督となり、一度コーチに退いた後、2004年から再び監督。08年夏、浅村栄斗（楽天）を中心とした強力打線で自身初、同校としては2度目の全国制覇を果たしたが、このときが一つの分岐点だったと西谷はいう。

「中田（翔・巨人）が2年だった06年の1回戦、横浜（神奈川）と対戦して11対6で勝ったんですが、試合中にスクイズのサインを出したんです。すると横浜の小倉（清一郎）先生が、すぐに何かのサインを出された。見破られたと思った僕はあわてて取り消したんですが、実は小倉先生のはダミーでした。横浜の圧力に負けて、過剰に反応してしまったんです。丸裸にされているような感じだった」

当時の大阪桐蔭といえば、02年夏、初出場優勝した91年以来久々に甲子園に出場したものの初戦負け。05年夏は平田良介（元中日）らがいて4強まで進んでいるが、06年時点なら番付は関脇程度か。だから、横綱・横浜のオーラに過剰反応したのかもしれない。その横浜との再戦が、08年夏の準決勝だ。5対3とリードしながら、じわじわ追い上げられるイヤなムード。だが、7回。スリーバントスクイズで6点目をもぎ取った大阪桐蔭が、結局さらに差を広げて逃げ切っている。

「しんどい展開で、どこかで勝負しなくては……という場面でのスクイズ。成功して渡辺（元智監督）先生と小倉部長を見たら、『やられた！』みたいな顔をされているんです。あれで吹っ切れた、行ける

▶西谷浩一

と思いました」

さらに12年には藤浪晋太郎（アスレチックス）、森友哉（オリックス）のバッテリーで史上7校目の春夏連覇。14年夏も制すと、17～18年は、史上3校目の春連覇と、前述のごとく史上初の2度目の春夏連覇。歴史に残る大監督だ。

チ 西日本短期大学付属高校

にしにほんたんきだいがくふぞくこうこう

西日本短期大学の付属の共学私立校で、福岡県八女市にあり、「ニシタン」と略される。1948年、大憲塾という戦後の困窮学生のための私塾の創設が起源。62年に高校を開校した。普通科内に特進選抜、特進看護・医療進学、特進総合進学、保育進学、キャリアセレクトのコースがある。八女市からは唯一の甲子園出場経験校。84年秋、元久留米商の監督だった森秀男監督を招へいした当時は部員わずか6人だったが、86年夏に〝ニシタンの奇跡〟と言われる初出場。90年夏にはベスト4に進み、星稜（石川）・松井秀喜（元レイズほか）の5敬遠があった92年の夏に優勝を遂げた。エース森尾和貴はストレートに伸びがあって絶好調。準々決勝で戦った北陸（福井）戦の9回に1点を献上しただけで他の4試合を完封。準決勝の東邦（愛知）、決勝の拓大拓陵（千葉）も完璧に抑え込んだ。拓大紅陵が、史上初めて勝ち投手4人と複数投手制の優等生だったのに対し、森尾一人で投げ抜いての優勝だった。石貫宏臣（元広島）は86年夏と87年のセンバツに出場している。同期には柴原浩（元ロッテ）、2学年下に新庄剛志（元日本ハムほか）、小野郁（ロッテ）もOB。夏6回9勝5敗、春1回0勝1敗。

▶1992年夏に優勝した西日本短期大学付属

選 監 西村進一

にしむら・しんいち

1919年12月30日京都市生まれで、旧姓は木村。平安中では遊撃手として、36年のセンバツから38年夏まで、6季連続で甲子園に出場した。準優勝した36年センバツは控えだったが、優勝した38年夏は三番を打ち、5試合で18打数6安打を記録している。卒業後は立命館大を中退して名古屋軍へ入団。42年に応召されると、45年、誤って砲弾を逆に持ったため暴発して右手首を失い、選手生命を絶たれた。48年からは、指導者として母校である平安（現龍谷大平安）の監督に就任。右の義手にボールを乗せて左手1本でノックし、「片腕しかないオレがここまでできるんだ。お前たちなら絶対できるぞ」という熱血指導で、隻腕監督として知られた。西村に改名した51年には、夏の甲子園で優勝。現役と監督で母校の優勝を味わっている。その後他校や大学、社会人チームの監督も務め、77～80年、85～87年と三度にわたり母校の監督を務めた。甲子園通算5勝1敗。

制 21世紀枠

にじゅういっせいきわく

２００１年に21世紀が始まったのにちなみ、選抜高校野球大会に新設された出場枠。大会を主催する毎日新聞によると「勝敗にこだわらず多角的に出場校を選ぶセンバツ大会の特性を生かし、技能だけではなく高校野球の模範的な姿を実践している学校を以下の基準に沿って選ぶ。少数部員、施設面のハンディ、自然災害など困難な環境の克服・学業と部活動の両立・近年の試合成績が良好ながら、強豪校に惜敗するなどして甲子園出場機会に恵まれていない・創意工夫した練習で成果を上げている・校内、地域での活動が他の生徒や他校、地域に好影響を与えている」など、一般選考とは違った選考基準を示している。選考においては、前年の秋季大会はあくまで参考資料にすぎない。それでも、事実上はセンバツの予選に近いほど秋季大会の成績に重きが置かれるため、夏の選手権とは違う独自性を打ち出そうというものだ。

選考過程はまず、各都道府県の高野連が1校を推薦。その推薦には一定水準の成績が必要で、参加校数が１２８校を上回る都道府県では秋季大会ベスト32（12年まではベスト16）、それ以外の県ではベスト16（12年まではベスト8）以上。その推薦校からさらに全国9地区（関東・東京で1地区）で各1校に絞る。01年から07年までは東日本と西日本1校ずつの2校を、08年からはさらに地域を問わずもう１校の3校を選出してきた（13年は

85回記念大会のため4校、21年は前年の明治神宮大会中止となり、神宮枠分を含めて4校）が、24年からは東西関係なく2校を選出することになった。なお21世紀枠で選出されなかった高校でも、一般選考枠で選出対象となる。

出場校の固定化を避ける意味もあって、「出場から、より遠ざかっている学校」が優先され、公立高校が選出されることがほとんど。私立では、13年の土佐（高知）が初めてだった。また、地域による偏りも大きく、4回選出されている道県があるかと思えば、未出場の府県も13ある。23年のセンバツ終了時点で、21世紀枠の初戦の成績は14勝47敗（21世紀枠同士の対戦2試合を含む）で、通算では20勝61敗。21世紀枠同士の対戦を除くと、15年から連続19校が初戦敗退だ。仮に秋の大会でベスト16か32のチームが選出されると、他地区の上位と対戦した場合に、チーム力が若干落ちるのは否めないか。過去の最高成績は01年宜野座（沖縄）、09年利府（宮城）のベスト4で、同年夏の甲子園に出場したのもこのときの宜野座と、10年の山形中央の2校のみである。

チ 二十四の瞳

にじゅうしのひとみ

1977年のセンバツに高知から初出場した中村が、部員わずか12名だったため、壺井栄の小説になぞらえて「二十四の瞳」と話題になった。しかも開幕戦に登場すると、山沖之彦（元阪神ほか）のピッチングが冴えて勝ち進み、並みいる強敵を打ち破って決勝まで進んだ。決勝では箕島（和歌山）に敗れたが、このときコーチをしていた竹内茂夫はのち、明徳（現明徳義塾・高知）に移って強豪の土台を築くことになる。また66年のセンバツで準優勝した同じ高知の土佐も、やはり部員わずか12人

▶12人だけの部員で決勝進出した中村の表彰式での様子

だった。

この当時の甲子園、登録メンバーは14人だったが15、16、18人と段階的に増え、23年夏からは20人に。24年のセンバツでも検討されるという。それでも、少数部員のチームはときたま登場する。87年のセンバツでは、部員10人の大成（現海南大成校舎・和歌山）が、2017年にはやはり部員10人の不来方（岩手）が、21世紀枠で出場した。同じ大会の21世紀枠には、中村も選ばれ、40年ぶりに甲子園の土を踏んだが、このときも選手は16人。23年センバツに21世紀枠で出場した城東（徳島）も選手12人だった。

チ 二松学舎大学付属高校

にしょうがくしゃだいがくふぞくこうこう

漢学者で、法曹界の重鎮であった三島中洲が1877年に創設した漢学塾・二松学舎を前身とする。1948年、二松学舎高校として開校し、53年に現校名になった。校舎は東京都千代田区にあり、靖国神社や日本武道館にほど近い。58年に創部した野球部は、66年に千葉県柏市に専用グラウンドが完成。かつて日大三を率いた青木久雄氏の指導で頭角を現し、80年にセンバツ初出場した。82年春は、現監督の市原勝人投手をエースに決勝まで進出したが、PL学園（大阪）の佐藤公宏に先頭打者初球本塁打を浴びるなどして敗れた。その後も2002、04年とセンバツは出場するものの、夏はなんと地方大会決勝で10連敗と、なかなか手が届かない。ようやく出場したのが14年で、その年を含めて5回出場の夏は、いずれも初戦を突破している。春4勝7敗、夏6勝5敗。OBには在学時はエースだった鈴木誠也（メッツ）、大江竜聖、秋広優人（いずれも巨人）、初芝清（元ロッテ）ら。

規 2段モーション

にだんもーしょん

投球時にフリーフットをいったん上げてから下げ、また上げて投球動作を行うなど、一連の動きではないとみなされる投法はいわゆる2段モーションとされ、公認野球規則に抵触する反則投球だった。ただ日本では、反則となる境界があいまいで、また審判によっても解釈が異なるため、混乱をきたすことが多い。そうした問題を解決するため、2018年から日本のプロ野球では、従来走者がいればボークとされてきた2段モーションでも、ボークを取らないとした。

社会人野球、大学野球はこれに追随。ただし高校野球特別規則では、2段モーションは従来どおり反則投球のままだ。つまり高校野球では、2段モーションであるかどうかは、各審判の判断による。

15年の夏、千葉からは専大松戸が初出場した。エースの原嵩（元ロッテ）は、プロ注目の大型本格派。だが初戦、花巻東（岩手）との試合開始直後、審判に2段モーションの注意を受けた。2回、先頭打者に四球を与えると、モーションを気にしたこともあってか2失点。結局2対4で敗退した。「言い訳にしかならないんですけど……」と本人が飲み込んだ言葉は、千葉大会ではOKだったのが、なぜ2段モーション？　という疑問だっただろう。相手を欺きかねない、あるいは走者の盗塁機会を制限する2段モーションを反則とするのはいい。ただし、その判断基準は明確に統一すべきだろう。

社 日航機墜落事故

にっこうきついらくじこ

1985年、夏の大会第5日の8月12日。あってはならない事故が起きてしまった。乗客乗員524人を乗せた羽田発伊丹行きの日航123便ジャンボ機が、群馬県の御巣鷹山の尾根に墜落。520人が帰らぬ人となったのだ。歌手の坂本九さん、阪神タイガースの球団社長・中埜肇さんのほかに、元広島の捕手だった竹下元章さんも犠牲に。甲子園に出場する息子、東農大二（群馬）の背番号14・政宏選手の応援に向かうところだった。竹下選手は、野球用具を宿舎に置いたまま群馬の実家へ。1回戦を突破していたチームは「竹下が戻ってくるまで勝ち続けよう」と、16日、熊本西との2回戦も突破。だが3回戦で宇部商（山口）に敗れた。元章さんの遺体はその前日、17日に発見された。

チ 新田高校

にったこうこう

1990年のセンバツ初出場では、日大藤沢（神奈川）との2回戦、北陽（現関大北陽・大阪）との準々決勝をサヨナラ本塁打で勝利。ことに北陽戦は延長17回、引き分け再試合寸前の劇的さで、決勝は近大付（大阪）に敗れたもののミラクル新田として強烈な印象を残した。1大会に同一チームによる2回のサヨナラ本塁打勝利は、春夏通じてこれが唯一である。85年から指揮を執っていたのは、69年、松山商（愛媛）を率いて三沢（青森）

との伝説的な延長18回を戦った一色俊作監督だった。愛媛県松山市内に位置する学校は39年、私立新田中学として創立。48年に新田高校、86年に男子校から共学化した。スポーツも盛んで、バスケット、ラグビーは全国大会の常連、柔道は世界選手権覇者も輩出している。71年、東映がプロ野球記録の5者連続本塁打を達成しているが、その1本目を放った作道烝、元巨人の越智大祐らがOBだ。2005年には15年ぶりのセンバツ、21年には夏の初出場を果たし、1勝を記録している。通算5勝3敗。

他 日本学生野球協会

にほんがくせいやきゅうきょうかい

日本高等学校野球連盟と全日本大学野球連盟を傘下に置く、大学野球と高校野球の監理組織。正式名は公益財団法人日本学生野球協会。日本の学生野球は、1903年に早慶戦が始まり、15年には全国中等学校優勝野球大会、25年には東京六大学野球連盟がスタートした。野球ブームの高まりは熱狂的なファンを生んだが他方、便乗した営利行為を含め、大学生や中等学校生の枠を超えた行為が頻発するようになる。そのため、文部省は32年にいわゆる野球統制令を発令し、学生野球を統制下においた。終戦後は、学生野球側の自主監理組織として学生野球指導委員会を発足させ、学生野球の健全な発展を自主的に行うように指導。その結果、46年に学生野球基準要項を定めることが決まり、日本学生野球協会が発足した。47年には野球統制令が廃止され、学制改革にともない全国新制大学野球連盟(現在の全日本大学野球連盟)、日本高等学校野球連盟がスタート。名実ともに自主監理の体制が整っている。

日本学生野球協会は、日本学生野球憲章と定款を定め、加盟校や加盟連盟がこれらの規定違反を犯した場合、自主監理の観点からその処分を審査するための審査室を設置。学生野球憲章の詳細は同協会などのホームページに記載されているが、たとえば加盟選手の商業目的行為の厳しい規制などがそれにあたる。また、明治神宮との共催で明治神宮野球大会を運営しているのも日本学生野球協会。

他 日本高等学校野球連盟

にほんこうとうがっこうやきゅうれんめい

公益財団法人日本高等学校野球連盟は、日本の高校野球の統轄組織で、47都道府県の高等学校野球連盟が加盟している。1945年、佐伯達夫は終戦のあとすぐに朝日新聞社に中等学校野球再開を直訴。以後社内の調整により、文部省として設立する競技団体とともに主催するのが望ましい、と野球連盟の結成が要請された。こうして46年、上野精一初代会長のもと、2月25日に日本中等学校野球連盟が設立された。現在の日本高等学校野球連盟である。そして46年7月2日には、朝日新聞紙面に「8月15日から7日間、西宮球場で大会を開く」という社告が掲載されて中学野球が再開され、現在の高校野球へと続くことになる。運営するのは全国高等学校野球選手権大会、選抜高等学校野球大会、全国高等学校軟式野球選手権大会。

チ 日本大学桜丘高校

にほんだいがくさくらがおかこうこう

日本大学の付属高校。1950年、日大世田谷教養学部（現在の文理学部）の付属として、日大世田谷高等学校が設立。61年に今の校名に。正式には「櫻丘」と表記する。2001年から共学になった。日大のグラウンドや図書館も利用できたり、大学の講義を受けて単位を取得できる制度もある。甲子園出場は72年の春夏連続出場がそれぞれ唯一。センバツはその1回の出場で優勝を成し遂げる。決勝は桜丘と日大三という、史上初の東京勢同士、兄弟校同士の対戦で、これは前年秋、東京大会決勝の再戦にもなった。桜丘のエースは「ジャンボ仲根」こと、仲根正広（元中日ほか）だった。191センチの長身から投げ下ろすストレートで、決勝は5対0で完封し、日大三の春連覇を阻んだ。夏にも出場したが、春の準々決勝

▶1972年センバツで優勝した日大桜丘

で下した高知商との1回戦に延長11回で敗れ、春夏連覇はならなかった。ゴルフや水泳などが盛ん。芸能関係の卒業生も多い。

日本大学第三高校
にほんだいがくだいさんこうこう

東京都町田市にある私立中学、高校の共学校。東京では「さんこう」の名で親しまれている。1891年、麹町の高等商業学校予備門の開設が起源。私立赤坂中学などを経て、後に経営を日大に移管し、30年に日大三中へ改称。48年、新制高校を併設開校し、76年に今の場所に移転した。62、71、72、2010年のセンバツで決勝に進出と、センバツに強い時代があった。71年は後に阪急に進んだ吉澤俊幸らの活躍で悲願の初優勝。翌年も決勝に進んでセンバツ連覇がかかったが、兄弟校の日大桜丘に阻まれた。01年には、投手・近藤一樹（元ヤクルトほか）で夏の初優勝を遂げる。トップバッター・都築克幸（元中日）らの打線は、当時のチーム最高打率を残した。11年にも2回目の夏を獲る。横尾俊建（楽天）、高山俊（阪神）らの打線は6試合連続2ケタ安打、4試合で2ケタ得点など打ちまくった。春は20回出場27勝19敗、夏は18回出場、27勝16敗で54勝は全国19位。小倉全由監督は87年、関東一（東京）の監督でセンバツ準優勝、97年に母校に移り、日大三では春10勝7敗、夏20勝9敗。夏にも強さを発揮し、2022年度限りで勇退した。教え子はほかに山崎福也（オリックス）、坂倉将吾（広島）、櫻井周斗（DeNA）など。

▶2011年夏、10年ぶり2度目の優勝を決めた日大三

日本文理高校
にほんぶんりこうこう

1984年、学校法人白ゆり学園が新潟文理高校として創設。86年、新法人の日本文理学園に権限を委譲したのを機に、現校名となった。教育方針は「心身を鍛え、健康な心身と不屈の精神を養う」

「心豊かで調和の取れた人間を育成」など。開校と同時に創設された野球部は86年、59年夏の甲子園で宇都宮工（栃木）のエースとして準優勝を果たした大井道夫監督を迎えて強化に乗り出す。たまたま好投手・吉田篤史（元阪神ほか）がいたが、「打ち取っても守ればエラー、打線は点が取れない」（大井監督）で1、2回勝てばいいところだった。それでも徐々に実力を蓄え、甲子園初出場は97年夏。3度目の出場となる04年夏まで未勝利だったが、06年のセンバツでは横山龍之介（元阪神）らを擁して県勢のセンバツ初勝利を挙げると、ベスト8まで進出。09年夏には、中京大中京（愛知）との決勝で、6点差の9回2死から5点を奪う驚異的な粘りを見せて準優勝し、全国区となった。飯塚悟史（元ＤｅＮＡ）がエースだった14年夏も、ベスト4まで進出。前年秋には、神宮大会でも県勢初勝利を記録し、新潟を代表する強豪だ。春は5回出場で3勝5敗、夏は12回出場で9勝12敗。部活動ではほかにサッカー、柔道、レスリング、ソフトボールなどが全国大会で活躍している。

運 入場行進（夏）

にゅうじょうこうしん・なつ

会場を兵庫県西宮市の鳴尾球場に移した１９１７年の第3回全国中等学校優勝野球大会から、入場式が行われるようになった。これはオリンピックや、この年5月に開催された第3回極東競技大会の開会式を参考にしたものといわれる。現在は、開式の辞ののちファンファーレが鳴り響き、「大会行進曲」（作曲・山田耕筰）の演奏とともに、ライトスタンドと一塁側アルプスの間に設けられたゲートから先導者・国旗・大会旗（記念大会は歴代優勝校旗）の順に入場し、司会進行のアナウンスに従って各代表校がそれに続く。先頭は前年度優勝校で、その年も地方大会を制して代表となった場合は出場選手全員、敗退した場合は優勝旗を持った主将のみ。そのため夏の地方大会前、前年度優勝校の選手は「全員で旗を返しに行きたい」と語るのが通例だ。その後、下1桁が奇数回の大会では北から南、偶数回の大会では南から北の順にプラカードガール、地方大会優勝旗を持った主将を先頭にし、選手は3列で入場。近年は、グラウンドコンディションに配慮してか、アップシューズで行うこともあるようだ。

一塁側からホームベース後方、

そして三塁側ファウルグラウンドへと進み、前年度優勝校は外野の最もレフト寄りに整列。続いて入場した学校はセンター、3校目は2校目に入場した学校の手前、4校目は2校目に入場した学校の奥と、交互に整列していく。全出場校がそろったところで先導者が号令をかけ、一斉にバックネット方向へ前進するのがクライマックス。行進曲に乗せて足並みをそろえるそのシーンを見て、目頭を熱くするかつての高校球児も多い。なお『(全国中等野球)大会行進曲』は、1935年の第21回大会から使用されている。新型コロナウイルスの感染拡大下にあった2021年は、密や接触を避けるために場内1周をしないなど簡素化し、22年も当初は全員が開会式に参加予定も、直前で主将一人のみとなった。

運 入場行進（春）

にゅうじょうこうしん・はる

選抜高校野球大会の開会式・選手入場では、下1桁が奇数回の大会では北から南、偶数回の大会では南から北の順に入場するのは夏と同じだが、出場校数の少ないセンバツでは、選手は2列。そして夏との最大の違いは、夏の入場行進が「大会行進曲」で行われるのに対し、センバツは62年以降、前年の流行曲を行進用に編曲して演奏することだろう。それ以前は軍歌や行進曲、2代目大会歌「陽は舞いおどる甲子園」などを使っていたが、62年は坂本九の「上を向いて歩こう」。以降、93年に新しい3代目大会歌「今ありて」を使用した（2018年も）以外は、時代の世相を反映するものが使われている。平成最後の大会だった19年は、「世界に一つだけの花」「どんなときも。」の2曲を組み合わせた編曲。いずれの曲も2度目の採用と異例だったが、「平成を象徴する歌ということを意識した」（大会主催者）。

また春の入場行進では、外野に全チームが集合したあとの本塁方向への前進と同時に、仕掛け花火に点火して大会名と出場校名が書かれた連続旗が垂れ下がる仕組み（ただし、強風時などには行わないことがある）。選手宣誓時に、各校の主将が選抜旗を持って宣誓台を取り囲むのも夏との違いだ。退場は、3校ずつ駆け足で一塁側内野席とアルプスの切れ目に。新型コロナウイルスの感染拡大下にあった21年は、大会第1日に出場する6校のみがセンター方向に集まり、大会行進曲「パプリカ」（中止になった前年からのスライド）に乗って前方に行進。残る26校の行進も、事前に収録したものがスコアボードに映し出された。翌22年も、同様に簡素化して行ったが、23年には4年ぶりに全出場校の選手が入場行進。ようやく、いつもの甲子園が戻ってきた。

チ 韮山高校
にらやまこうこう

1950年のセンバツで優勝した静岡の県立高校で、所在地は伊豆の国市。世界遺産の反射炉を建設した韮山代官・江川太郎左衛門の高弟だった柏木忠俊が、1873年に開設した仮研究所がルーツで、95年に旧制中学となった。野球部は、その翌年に創部という。戦争の拡大により1942年に一時解散したが、46年に復活。48年に新制高校となって3年目の快挙がセンバツ優勝である。兵庫工との初戦は、東泉東二（元東急）の好投と広田伝衛部長の弟・広田直衛のランニング・ホームランなどで勝ち、2回戦は福岡の八幡につけられた5点差をはね返し、最終回に4点を奪って逆転サヨナラ勝ちした。試合終了後の挨拶のあと握手したのは、このときの八幡の主将・松永怜一が始まりという説がある。準決勝では、前年の優勝投手・多湖隆司がいる北野（大阪）に7、8回の6得点で逆転勝ち、決勝は勢いに乗り、高知商を4対1で下した。

駿豆鉄道（現在の伊豆箱根鉄道）の韮山駅から学校までのパレードは何千人もの地元ファンが出迎え、ふだんなら10分ほどの距離を1時間かかった。95年夏、45年ぶりの甲子園で3回戦まで勝ち進んだときは、その韮山銀座に人っ子一人いなかったという。有数の進学校で甲子園は遠くなったが、春夏1回ずつの出場で6勝1敗。OBに、JR東日本の監督として11年の都市対抗を制し、現在は慶応大を率いる堀井哲也監督、シダックスの創業者・志太勤ら。

▶1995年夏、韮山が45年ぶりに甲子園出場した際のエース・平井渉

ね

選 根尾昂
ねお・あきら

2000年4月19日生まれ、岐阜県飛騨市出身。小学校時代はドラゴンズジュニアに選抜され、飛騨高山ボーイズでは投手と遊撃手を務めて中学3年時に最速146キロをマーク。NOMOジャパンに選ばれて米遠征を経験し、さらにアルペンスキーでも全国大会Vの腕前、両親は医師……と、文武でスーパー中学生と注目された。大阪桐蔭では1年夏からベンチ入りし、その秋からは主力として投手、遊撃手、あるいは外野手として、2年春から3年夏まで4季連続甲子園出場。そのうち2年春、3年春、3年夏と3回の優勝は、PL学園最強時代のKKをもしのぐ。史上3校目のセンバツ連覇、史上初の2度目の春夏連覇を牽引し、同じく下級生から主力として活躍した藤原恭大（ロッテ）、横川凱（巨人）、柿木蓮（日本ハム）らとともに、大阪桐蔭の最強世代と言われる。

広角に打ち分ける積極的な打撃と対応力が持ち味で、高校通算32本塁打。50メートル6秒0、遠投115メートルの運動能力も申し分ない。投手としても最速150キロという二刀流で、17、18年センバツでは、史上初めての2年連続優勝投手となった。4回出場した甲子園で、打っては19試合70打数26安打の打率・371、20打点。18年夏には3本塁打を記録している。投げては、7試合42回を投げて27安打41三振、防御率は1・93。通算6勝で、18年春は柿木より安定感のあるエース格だった。18年のU-18アジア選手権では、おもに五番として5試合18打数7安打。大勝した香港戦で、サイクル安打も達成している。18年のドラフトでは4球団が1位で競合のすえ、中日に入団した。

▶根尾昂

医 熱中症対策
ねっちゅうしょうたいさく

甲子園近辺の神戸気象台のデータを過去からさかのぼって分析すると、たとえば8月上旬の一日の平均気温は、1945～50年代が27・5度に対し、2012～17年では29・4度まで上がっているという。同様に、一日の最低気温は24度強から約27度まで上昇。あるベテラン監督が「昔とは、暑さが違うよ」と語るのを待つまでもなく、明らかに日本列島はどこでも暑くなっている。11年夏には、広島の地方大会で双方の選手が熱中症などで次々にダウンし、控え選手がいなくなって没収試合になっているし、猛暑の観戦で、例年少なくない数の観客、一般生徒が熱中症で搬送されている。日本体育協会は熱中症予防の指針として、気温35度なら原則運動禁止としており、19年には萩生田光一文部科学大臣が「アスリートファーストの観点で言えば、甲子園での夏の大会は無理だと思う」とまで発言した。

　夏の甲子園ではことに投手が、熱中症から足がつって思うような投球ができなかったり、降板を余儀なくされることが目立つ。たとえば18年の１００回大会では、星稜（石川）の2年生エース・奥川恭伸（ヤクルト）は足がつって4回で降板し、あとを受けた竹谷理央も投球練習中に足がつり、星稜は結局タイブレークで済美（愛媛）に敗れた。同様の例は枚挙にいとまがなく、同じ18年夏の日大三（西東京）と折尾愛真（北福岡）戦では、球審が熱中症で途中交代している。この試合では、新設された給水タイムを初めて適用し、7回終了時に試合を10分中断しているのだが、それでもアクシデントは起きた。ちなみに熱中症といっても物事に熱中するわけではなく、熱に〝中る〟（あたる）を意味し、毒に〝中る〟中毒と同じ使い方だ。

　高野連も手をこまねいているわけではない。選手や観客の健康管理のために、さまざまな手を打ってきた。18年には、給水タイムのほかにも、甲子園のベンチのエアコン強度を従来の１・５倍にし、アルプススタンドにはミスト散水機を3台、球場の内外にも大型扇風機を設置。19年には、熱中症対策を促す文書を日本高野連から各高野連に周知し、対策にかかる費用を全国大会の支出費用から助成した。さらに甲子園でも、前年からの熱中症対策を拡充。場内通路に天井埋設型のエアコン28台、入場門12カ所に壁つけ型扇風機を設置し、アルプススタンドには学校応援団用の冷房完備休憩所を設けたり、床面には遮熱塗装、通路の窓には遮熱シートを貼り付けた。球場周辺にも、ミスト散水機や大型テント、扇風機などを増強している。

　試合中は、理学療法士が観客席前列に座り、担当チームの選手の様子をチェック。ほかにも19年夏には、3試合日の第1試合を従来より1時間早めて午前8時開始とした。酷暑の時間帯をなるべく避けるための開始時間の調整で、これは地方大会レベルでも見られる。18年の京都大会は、準々決勝の第1、2試合終了後に休憩をはさんで猛暑の時間帯を避け、第3試合の開始を午後4時に。続く第4試合が始まったのは午後7時1分、終了は同10時37分というナイターになった。また多くの地方大会で、グラウンド整備の回数を増やすなどして、選手らが水分を補給する時間を確保するようになっている。ベンチへの扇風機の持ち込みを許可する大会もあり、開会式で先に入場した選手たちが、座って他チームの入場を待つ例もあったという。23年夏には、各試合の5回終了後、グラウンド整備を含めて10分間、選手の身体冷却や水分補強など、暑さ対策にあてるクーリングタイムの導入が決まっている。

記 年間公式戦無敗

ねんかんこうしきせんむはい

1997~98年に横浜（神奈川）が達成した、破天荒な偉業。松坂大輔（元西武ほか）らが最上級生になった横浜は、ほかにも捕手・小山良男（元中日）、一塁手・後藤武敏、外野手・小池正晃（いずれも元DeNAほか）ら強力なメンバーをそろえて秋の神奈川大会、秋季関東大会、明治神宮大会、98年にはセンバツ、神奈川県大会、春季関東大会、選手権東神奈川大会、夏の甲子園をことごとく負けなしで制覇。おまけに、地元・神奈川で開かれた国体でも優勝して、この代のチームはなんと公式戦を44勝無敗で終えたのである。44試合を列挙してみる。

▽97年秋季県大会
11−1市ヶ尾　10−0氷取沢　14−4鶴見工　4−3藤嶺藤沢　14−0茅ヶ崎西浜　8−4東海大相模　7−1川崎北　7−1横浜商　9−0日大藤沢

▽秋季関東大会
11−1水戸商（茨城）　9−0浦和学院（埼玉）　2−1日大藤沢

▽明治神宮大会
5−1豊田西（愛知）　5−2国士舘（東京）　5−3沖縄水産

▽98年選抜高校野球大会
6−2報徳学園（兵庫）　3−0東福岡　4−0郡山（奈良）　3−2PL学園（大阪）　3−0関大一（大阪）

▽春季神奈川大会
10−0柏陽　12−2川崎北　4−0慶応　4−0横浜商　17−8東海大相模

▽春季関東大会

3—0埼玉栄　1—0八千代松蔭（千葉）6—5坂戸西（埼玉）1—0日大藤沢

▽選手権東神奈川大会

6—0神奈川工　10—0浅野　10—0武相　12—0鶴見工業　25—0横浜商大　14—3桐光学園

▽全国高校野球選手権大会

6—1柳ヶ浦（大分）6—0鹿児島実　5—0星稜（石川）9—7PL学園（南大阪）7—6明徳義塾（高知）3—0京都成章

▽国民体育大会

3—2日南学園（宮崎）18—2星稜　2—1京都成章

同一チームで3大大会制覇（神宮大会と春夏連覇）を達成し、さらに3大大会を含む公式戦無敗というのは史上唯一で、今後も破られそうにない記録といっていい。惜しかったのは、2018年に春夏連覇した大阪桐蔭で、17年秋の新チームは11連勝で大阪、近畿大会を制したが、神宮大会準決勝で敗れて連勝は12止まり。しかし18年にはセンバツ、春の大阪、春の近畿大会、選手権の北大阪、そして甲子園とすべて優勝で27連勝し、天候不順で4校優勝だった国体も2連勝。つまりこの世代は、公式戦41勝1敗で、もし17年秋の神宮大会も優勝していたら、横浜に続く年間無敗の4大会制覇となるところだった。大阪桐蔭は21～22年も、無敗のまま神宮大会とセンバツを連覇したが、春季近畿大会の決勝で智弁和歌山に敗退、公式戦連勝は29でストップしている。

の

試 ノーヒット勝利
のーひっとしょうり

NHKがテレビ中継を開始した、1953年夏の甲子園。極めて珍しい試合があった。慶応（神奈川）と北海（北海道）の1回戦は、北海・田原藤太郎（元中日）と慶応・川本良樹の投手戦。5回裏の慶応は、山田彰一の高い内野フライを相手捕手が落球し、この間に二塁まで達した山田が、犠牲バントとスクイズで生還して1点。6回には薄好男が遊ゴロ失策で出て二盗、さらに試みた三盗が捕手の悪送球を誘って2対0とした。ただし、この時点で慶応にヒットはまだ1本もない。対する北海打線も、川本の前になかなかヒットが出ず、初安打は8回表。だが結局ヒットはこの1本だけで、慶応が2対0で逃げ切っている。つまり北海の田原は、無安打に抑えながら敗れたわけで、慶応はノーヒットながら勝つという不思議。出た走者はエラー2、四球2ながら、結果的に機動力がモノをいった。田原の剛速球に手は出なかったが、足は出たということか。なお、薄の二遊間への打球は内野安打と判定されてもおかしくなかったらしく、球運というのはときにこんないたずらをする。

記 ノーヒット・ノーラン
のーひっと・のーらん

投手が相手チームに安打を与えず、完封勝利すること。春夏の甲子園では、完全試合2を含む35回、34人が達成している。

●選抜高校野球大会

1931年
第8回 灰山元治 広島商
2回戦 4―0坂出商（香川）

1933年
第10回 河合信雄 一宮中（愛知）
1回戦 3―0松山商（愛媛）
森田俊男 海草中（現向陽・和歌山）
1回戦 3―0桐生中（群馬）

1938年
第15回 野口二郎 中京商（現中京大中京・愛知）
準々決勝 4―0海草中（和歌山）

1951年
第23回 野武貞次 鳴尾（兵庫）
1回戦 5―0静岡城内（現静岡）

1955年
第27回 今泉喜一郎 桐生（群馬）
準々決勝 12―0明星（大阪）

1967年
第39回 野上俊夫 市和歌山商（現市和歌山）
2回戦 5―0三重

1976年

第48回　戸田秀明　鉾田一（茨城）
1回戦　1—0糸魚川商工（現糸魚川白嶺、新潟）

1978年
第50回　松本稔　前橋（群馬）
1回戦　1—0比叡山（滋賀）※完全試合

1991年
第63回　和田友貴彦　大阪桐蔭
1回戦　10—0仙台育英（宮城）

1994年
第66回　中野真博　金沢（石川）
1回戦　3—0江の川（現石見智翠館・島根）※完全試合

2004年
第76回　ダルビッシュ有　東北（宮城）
1回戦　2—0熊本工

●全国高校野球選手権大会

1916年
第2回　松本終吉　市岡中（大阪）
準々決勝　8—0一関中（現一関一・岩手）

1927年
第13回　八十川胖　広陵中（広島）
2回戦　8—0敦賀商（現敦賀・福井）

1928年
第14回　伊藤次郎　平安中（現龍谷大平安・京都）
準決勝　6—0北海中（北海道）

1932年
第18回　楠本保　明石中（兵庫）
1回戦　4—0北海中（北海道）

1932年
第18回　水澤清　長野商
2回戦　6—0遠野中（岩手）

1932年
第18回　岡本敏夫　熊本工
準々決勝　3—0石川師範（現金沢大教育学部）

1933年
第19回　吉田正男　中京商（現中京大中京・愛知）

1934年
1回戦　11—0善隣商（朝鮮）

第20回　長谷川治　海南中（和歌山）
2回戦　5—0神戸一中（現神戸、兵庫）

1936年
第22回　小林悟桜　和歌山商
2回戦　10—0福井商

1938年
第24回　浦野隆夫　大分商
1回戦　4—0台北一中（台湾）

1939年
第25回　嶋清一　海草中（現向陽・和歌山）
準決勝　8—0島田商（静岡）
決勝　5—0下関商（山口）
嶋清一　海草中
※2試合連続で達成、決勝では初

1951年
第33回　服部茂次　熊谷（埼玉）
準決勝　4—0和歌山商

1957年
第39回　清澤忠彦　岐阜商（現県岐阜商）
1回戦　7—0津島商工（現津島北・愛知）

1957年
第39回　王貞治　早稲田実（東京）
2回戦　1―0寝屋川（大阪）
※延長11回（延長戦での達成は初）

1958年
第40回　森光正吉　高知商
2回戦　5―0松阪商（三重）

1969年
第51回　降旗英行　松商学園（長野）
1回戦　14―0三笠（北海道）

1973年
第55回　有田二三男　北陽（現関大北陽・大阪）
3回戦　1―0高鍋（宮崎）

1981年
第63回　工藤公康　名古屋電気（現愛工大名電・愛知）
2回戦　4―0長崎西

1982年
第64回　新谷博　佐賀商（佐賀）
1回戦　7―0木造（青森）
※9回2死から死球を与えて、大会史上初の完全試合を逃す

1987年
第69回　芝草宇宙　帝京（東東京）
2回戦　3―0東北（宮城）

1998年
第80回　杉内俊哉　鹿児島実
1回戦　4―0八戸工大一（青森）
※杉内はプロ入り後、巨人在籍時の2012年にも達成。高校野球の全国大会とプロ野球での達成は史上初
松坂大輔　横浜（神奈川）
決勝　3―0　京都成章
※決勝での達成は59年ぶり2回目

このほか、春夏ともに継投によるものが1回ずつあるが、これは達成人数には含まれていない。センバツでは19年、夏は24年も達成されていないこの快挙だが、思い出すのは松坂に決勝で敗れた京都成章・奥本保昭監督（当時）の話。「決勝のノーヒット・ノーランは、嶋清一さん以来じゃないですか。でもそのときにやられた相手の下関商（山口）は、1963年のセンバツで全国優勝しています。だから、忘れたらアカン、それより第二の下関商になれ、というてます」。なお本書内では、ノーヒット・ノーラン達成者を見出し語で網羅している。

▶1928年、夏の大会では3人目となるノーヒット・ノーランを達成した平安中・伊藤次郎

の

選 野上俊夫
のがみ・としお

1967年のセンバツで、三重を相手にノーヒット・ノーランを達成した市和歌山商（現市和歌山）のエース。出した走者は4四球と1失策だが、9回には2死一、二塁というピンチをしのいだ。この快挙の直前には、甲府商（山梨）の望月省二が近大付（大阪）を相手に9回2死まで無安打投球を続けながら、あと一人で逸しており、続けて見ていた観客はどんな思いだっただろうか。市和歌山商は次戦、その甲府商と対戦。望月の好投の前に0対1で敗れている。野上は同年夏も甲子園に出場し、宮崎大宮を4安打完封するなど、ベスト4まで進出した。その年のドラフト1位で阪神入りするも、未勝利。49年8月3日、和歌山県生まれ。

選 野口二郎
のぐち・じろう

1937年春夏、38年春に甲子園出場した中京商（現中京大中京・愛知）の鉄腕投手。20年1月6日生まれで、明（元中日ほか）、二郎、昇（元阪神軍）、渉（元グレートリング）と4人のプロ野球選手を輩出した野口家の次男。のちに監督として母校を優勝に導くことになる滝正男とバッテリーを組み、まずは37年春に出場。正確なコントロールと快速球を武器にコマを進め、浪商（現大体大浪商・大阪）に惜敗するも準優勝を果たす。夏の大会は再び決勝まで勝ち上がり、のちの〝打撃の神様〟川上哲治（元巨人）がエースで主力打者の熊本工と対戦。冷静なマウンドさばきで反撃を9回の1点だけに抑えて優勝した。この大会の中京商は夏4回目の出場で、そのすべてに優勝するという快挙だった。翌38年春はノーヒット・ノーランを含む史上初の全4試合完封の快投で大会記録を作り、史上2校目となる夏春連覇を飾る。甲子園通算12勝1敗。プロ野球・東京セネタースに入団すると1年目の39年に33勝を挙げ、以後も33勝、25勝、40勝、25勝と目覚ましい活躍で鉄腕の異名を取った。89年野球殿堂入り。2007年5月21日死去。

▶野口二郎

選 野武貞次
のたけ・さだはる

1951年のセンバツでノーヒット・ノーランを達成した、鳴尾（兵庫）の投手。この大会で準優勝する鳴尾は、野武と2年生の中田昌宏（元阪急）を交互に先発させる、当時としては先進的なチームだった。野武が快投を見せたのは、静岡城内（現静岡）との1回戦。奪三振5、四死球は3だった。続く準々決勝は登板せず、準決勝は明治（東京）に4安打1失点で勝利。決勝は予定通り登板しなかった。法政大からリッカーを経て、プロ野球の審判を務めた。

監 野々村直通
ののむら・なおみち

1951年12月14日、島根県生まれ。大東高校時代、内野手として弱小の同校を県ベスト4まで導き、広島大では2年時に広島六大学の首位打者を獲得。主将となった4年時には、大学選手権に初出場している。卒業後、府中東（広島）の監督となると、79年センバツに初出場。帰郷して松江日大（現立正大淞南・島根）の監督、88年には野球部を創部する松江第一高校（現開星）の初代監督に就任。93年夏に初出場を果たした。5度目の夏となる2007年に、甲子園初勝利を挙げている。センバツでは、09年の慶応（神奈川）戦が初勝利。ただ10年のセンバツでは初戦、21世紀枠で出場した向陽（和歌山）に1対2で敗れ、試合後のインタビューで「21世紀枠に負けたのは末代までの恥。切腹して死にたい」と発言したことなどが問題となり、監督を一時期辞任した。ただし復帰を願う声に後押しされ、11年に再度監督になると、夏の甲子園出場を果たし、初戦突破を置き土産に退任した。野球部監督としてはめずらしい美術科教諭で、中国大会パンフレットの表紙を書くなど、画家としても活動。抽選会では羽織袴姿で登場するなど、ユニークなキャラクターでも知られる。20年、再度開星野球部監督に復帰した。甲子園通算3勝10敗。

戦 伸び伸び野球
のびのびやきゅう

たとえば尾藤スマイルで知られる尾藤公は、箕島（和歌山）を率い、試合中はつねに笑顔でいるように心がけた。そのほうが選手も「いつもは厳しい監督が、あんなに笑っているんだ」と威圧を感じることなく、力を発揮しやすいと考えたからだ。1979年夏のあの星稜（石川）戦では、1点を勝ち越された延長12回裏2死走者なしから、打席に向かう嶋田宗彦（元阪神）が「監督！　僕、ホームランを狙ってもいいでしょうか」と宣言し、見事に土壇場の同点弾。そうさせるようなチームのムードが、伸び伸び野球と形容された。あるいは84年のセンバツで優勝した岩倉（東京）、同年夏優勝の取手二（茨城）は、まるでやんちゃなガキ大将が奔放に飛び跳ねるような野球で頂点に立っている。そしてそれを見つめてガハハと笑う木内幸男監督という構図……。

古くからの高校野球は、指導者が厳密に選手を管理し、緻密なプランで試合を組み立てるイメージだった。そこでは監督は絶対、監督が白いといえば黒い物も白だ。伸び伸び野球に明確な定義はないにしても、指導者と選手の距離は近いといえ、選手が自分の意見を述べることもあれば、練習メニューを選手主導で考えることもある。管理野球とどちらがいい、悪いではなく、現在ではむしろそれがふつうで、だからか、伸び伸び野球という言葉はさほど使われなくなっている気がする。

チ 延岡学園高校

のべおかがくえんこうこう

2013年夏、宮崎県勢として春夏通じて初の決勝進出を果たした高校。1951年、宮崎県延岡市に延岡高等経理学校として設立し、55年に学校法人延岡学園が認可されると延岡学園高等経理学校に改称。65年、可愛ヶ丘高等学校と改称したが、66年に延岡学園高校に落ち着いた。学校創設とともに創部した野球部は、78年夏に甲子園初出場。春夏通算9回目の出場だった13年は、初めての1大会2勝を遂げると、3投手をうまく使いながら富山第一との準々決勝、花巻東（岩手）との準決勝も突破し、決勝は前橋育英（群馬）に敗れたものの堂々の準優勝だった。おもなOBに黒木知宏（元ロッテ）、アテネ五輪から4大会連続出場し、4個のメダルを獲得した水泳元日本代表の松田丈志ら。夏7回出場で6勝7敗、3回出場の春はまだ勝ち星がなく0勝3敗。

監 野本喜一郎

のもと・きいちろう

埼玉県立上尾高校を強豪に育て、新興の浦和学院の礎を築いた監督。1922年5月5日、埼玉県生まれ。不動岡中では3年だった37年から投手として活躍し、38年夏には県の4強まで進出した。卒業後は台北高商から戦後、社会人野球のコロムビアへ。50年、2リーグ制によって誕生した西日本入りし、近鉄を経て53年に引退した。プロ通算18勝。58年、野球部が創部された上尾商（現上尾・埼玉）に監督として招へい。途中、東洋大の監督を務めた時期もあるが、22年間の在任で甲子園に6度出場し、75年にはベスト4に進んでいる。スパルタ指導が全盛の時代にあって、自主性を尊重する指導者だったといい、高校野球の指導者になるにあたっては、桐生で実績を残していた稲川東一郎に「全て教えてもらった」と語っている。84年には無名の浦和学院に転じ、86年夏には、鈴木健（元ヤクルトほか）らを軸に3年目で甲子園にスピード出場。ベスト4と旋風を起こしたが、本人は体調を崩し、初戦の前々日に64歳で逝去している。甲子園通算6勝6敗。教え子としては多くのプロ野球選手のほか、のちそれぞれ桐生第一（群馬）、浦和学院を率いて全国優勝する福田治男、森士らもいる。

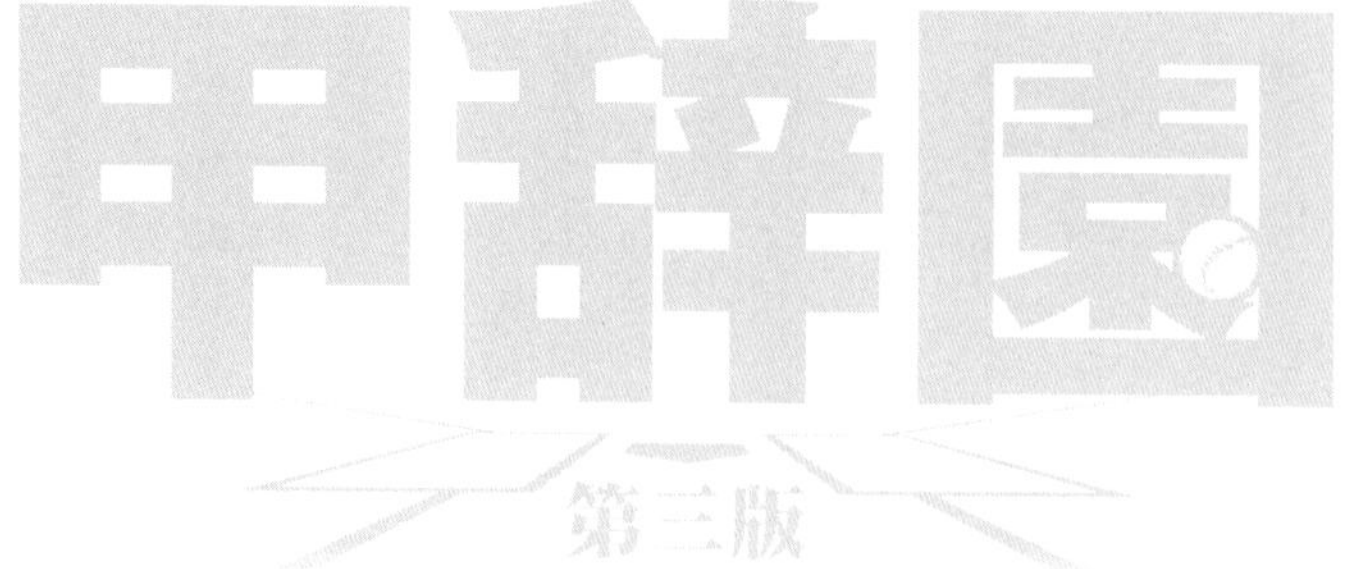

は

他 バーチャル高校野球
ばーちゃるこうこうやきゅう

2015年、朝日新聞社と朝日放送（旧社、現在は朝日放送グループホールディングス）が、高校野球をいつでも楽しめるようにと企画したインターネットのポータルサービス。夏の選手権全国大会はもちろん、ANN各系列局などとの協力により、主要地方大会を配信するだけでなく、国民体育大会、明治神宮野球大会など、日本高野連が主催する公式戦を多くは無料でライブ配信し、有料によるオンデマンド配信も提供している。2022年からは、スポーツブルやスポーツナビでもバーチャル高校野球を扱うようになった。

動画配信だけではなく過去大会の歴史や記録、各校の戦績、ニュース、さらに企画記事などもワンクリックでわかる、高校野球ファンにとってはまことにありがたいサイト。

制 敗者復活制度
はいしゃふっかつせいど

1916年の第2回中等学校優勝野球大会では、北陸大会が新たに新設されて各地方大会参加校が115と増えた。また大阪が独立し、全国大会には12の代表が集まった。そこで新たに導入されたのが、敗者復活制度である。1回戦で12校が対戦し、勝ち残りの6校が2回戦を行うと勝者は3校。これではトーナメントがうまく組めないためか、初戦で敗れた鳥取中（現鳥取西）と中学明善（現明善・福岡）が敗者復活戦を行った。この試合を制した鳥取中が準決勝に進んだが、市岡中（大阪）に延長で敗れている。この敗者復活制度は、会場を兵庫県の鳴尾球場に移した17年の第3回大会でも採用された。しかも、前回は2チームだったのを4チーム復活させている。第2回では、鳥取中がこの制度から準決勝に進んだが、勝ち星は復活戦の1つのみ。2回戦で敗退するチームも同じ1勝1敗では不公平のため、1回戦の敗者から抽選で4チームを選び、そこから勝ち残った1校が準決勝に進むことに改められた。

その恩恵を受けたのが、愛知一中（現旭丘）である。1回戦で長野師範（現信州大教育学部）に敗れたが（一説によると、降雨のために中止と思い込み、遊びに出かけていた道頓堀から急きょ駆けつけたという）、翌日の午前中には敗者復活戦でまず和歌山中（現桐蔭）を、午後には明星商（現明星・大阪）を下して4強進出。準決勝では杵築中（現大社・島根）を破って決勝に進んだ。関西学院中（兵庫）との決勝は、1点リードを許した6回裏に激しい夕立で降雨ノーゲーム。翌日の再試合は、愛知一中・長谷川武治、関西学院中・内海寛の投手戦となり、迎えた延長14回表、小島島二の内野安打で1点をもぎ取った愛知一中が優勝した。敗者復活からの抽選、劣勢での降雨ノーゲームと幸運にも恵まれた愛知一中だが、一度敗れた学校が優勝するのは違和感があると物議をかもし、敗者復活制度は翌年の第4回大会から取りやめとなった。つまり愛知一中は、一度敗れながら優勝した、唯一のチームというわけである。

社 輩出指数

はいしゅつしすう

全国1896自治体のうち、甲子園球児がよく生まれるのはどこか。日刊スポーツ紙が膨大なデータをまとめ、割り出した甲子園球児輩出指数を、2020年に掲載した。1995～19年の25年間、夏の甲子園出場者およそ2万1000人が、各媒体に公開した出身中学をもとに算出したもの。その際には、地元色がより明確になるよう、公立校を市区町村で分類し、国立中や私立中は参考数とした。総務省発表の「平成31年度住民基本台帳に基づく人口」に基づき、人口10万人のA市には、高校生年代を含む15～19歳男子が、たとえば2000人いるとする。このA市から、過去25年にのべ15人が夏の甲子園に出ているなら、輩出指数はこのように算出する。

15÷（2000［15～19歳の男子人口］×0・6［15～19歳の5年代から15、19歳を除くための比率］×25［年］）×10万（なるべく小数点以下のないわかりやすい整数にするため）

これで算出されたA市の輩出指数は、50ということになる。指数50ということは、A市の中学出身の男子高校生1万人のうち、5人が夏の甲子園を経験する計算になる。むろん、15人の甲子園出場者すべてが、A市の高校に所属したとは限らない。近隣B市の高校に進学することもあれば、県外の強豪校で腕試しをすることも。つまり輩出指数はあくまで、その自治体で育った中学生が、どれくらいの比率で甲子園に行くかを示すものだ。ごく大ざっぱに言えば、野球どころランキング。それにしても、この細かい集計と計算を、およそ1900自治体分。膨大な作業量には感服する。

それによると、出場者の絶対数が最も多い都道府県は大阪で、25年間で1705人。ベンチ入り人数を18人とすると、25年では1県450人が標準だから、大阪出身の球児はその3倍以上にもなる。年平均68人強。

夏の大会49代表のベンチ入り総数882に対して、大阪出身者が8パーセント弱を占める計算だ。絶対数で大阪に続いては兵庫、神奈川、福岡、愛知がベスト5で、有数の野球どころと言えそうだ（1大会2代表の北海道、東京を除く）。逆に絶対数が少ないのは、高知が207。以下青森、香川、山梨、島根と続いている。野球どころの印象がある高知だが、代表常連の明徳義塾には私立の明徳義塾中出身者が多く、これをカウントしないためか。青森、島根は、代表となるチームに野球留学生が多いこと、香川、山梨ならば比較的交通の便がよく、他県からの越境通学も可能なことが、絶対数が少ない理由として考えられる。

ただし、高校生男子の人口比を反映した輩出指数だと、絶対数とは別の話になる。都道府県トップは、徳島の164。この指数が高ければ、おおむね地元密着度が高いといえるのだが、なにしろ徳島といえば、いまだに私立高校が甲子園に出ていない公立王国だ。指数の高さは、県内の公立中学生がそのまま県内に進学する率が高いことを示している。徳島に次いでは鳥取、佐賀、秋田、和歌山の順。佐賀、秋田もやはり公立が強い県で、和歌山にしても強豪・智弁和歌山が地元出身選手中心で構成するのはよく知られている。輩出指数が低いのは20の埼玉を筆頭に東京、愛知、神奈川、千葉がほぼ同程度。大都市圏が多いのは、公共交通機関の充実による越境の利便性に加えて、分母となる人口の多さが影響しているようだ。なおこのときの日刊スポーツでは、47都道府県にとどまらず、各自治体の全内訳、自治体単位の輩出指数ランキングまで算出している。

選 灰山元治

はいやま・もとはる

1931年のセンバツで、坂出商（香川）を相手に、大会史上初のノーヒット・ノーランを達成した広島商の投手。12年7月、広島県生まれ。広島商に入学し、29年夏にはショート・四番で12打数7安打と全国制覇に貢献し、30年夏はエース・四番で連覇を達成。日本の野球史上、初めて背番号が採用された31年センバツでも、八尾中（大阪）との準決勝以外3試合を完封して史上初の夏春連覇を達成した。この31年までの5年間は、センバツで優勝したチームには、夏休みの期間、招待試合を含む海外旅行が与えられており、広島商ナインも渡米。留守番部隊は夏の地区予選で敗れたため、甲子園出場を逃した。ただ、センバツの決勝で広島商に敗れた中京商（現中京大中京・

愛知）が、この年から夏3連覇の偉業を達成しており、もし広島商がこの夏も出場していたら、夏春夏の3連覇を達成していたのでは、という説もある。灰山は、甲子園通算9勝1敗。慶大では一塁手として活躍し、社会人を経て40年ライオン（のちの松竹ロビンス）に入団。50年に広島が創設されると、監督に就任した広島商時代の恩師・石本秀一に請われ、二軍コーチとなった。

戦 バスター

ばすたー

打者が打席でバントの構えをし、投手が投球動作に入ってからヒッティングに切り替える打法のこと。和製英語で、英語ではｓｌａｓｈ ｂｕｎｔ、ｆａｋｅ ｂｕｎｔ ａｎｄ ｓｗｉｎｇなどと呼ぶ。１９６５年、巨人がドジャースのベロビーチキャンプに参加したとき。バントの構えからヒッティングをする選手を見たドジャースのコーチが、「Ｏｈ！ Ｂａｓｔａｒｄ！」（「この野郎」転じて、「なかなかやるな」くらいの意味）。これを聞きつけたヘッドコーチの牧野茂は、バントの構えからのヒッティングを「バスター」と呼ぶのだと勘違いし、それがそのまま流布したと言われる。打者がバントの構えを取り、守備側がバントシフトを敷いてきたら、バントから強攻に切り替えてシフトの裏をかいたり、バントだと思わせて打者にとって打ちやすい球種を誘う。あるいは、ヒットエンドランをからめるバスターエンドランも、よく用いられる戦法だ。また、テイクバックを小さくしたり、タイミングの調整のために、無走者でもバスターを用いる打者もいる。

高校野球では73年、作新学院（栃木）の怪物・江川卓（元巨人）に挑んだ柳川商（現柳川・福岡）の例がよく知られる。福田精二監督は「江川の高めに手を出せば、ほぼバットに当たらない。バスターなら、高めに手を出す可能性が低い」と、打線にバスターを徹底。5回までは10奪三振を喫したが、6回に2安打と三塁打で1点を先制し、江川はこの夏、栃木大会から通じて初めて失点を許すことになる。試合は結局、延長15回で作新がサヨナラ勝ち。江川は23三振を奪ったが、続く銚子商（千葉）との2回戦、雨中の延長12回で力尽きた。

選 監 長谷川治

はせがわ・おさむ

16年6月、奈良県生まれ。海南中（和歌山）のエースとして33年センバツ、34年春夏と甲子園に出場し、

34年春はベスト4まで進むと、夏は神戸一中（現神戸・兵庫）との初戦（2回戦）でノーヒット・ノーランを達成した。35年のセンバツにも出場し、甲子園通算4勝4敗。明大、社会人を経て近畿（現ソフトバンク）に入団し、引退後は日本通運でプレーした。49年春夏は母校の、56年春は日高（和歌山）の監督として甲子園に出場し、また市和歌山商（現市和歌山）を率いた65年センバツでは準優勝している。監督としては甲子園通算5勝4敗1分け。

監 枦山智博
はぜやま・ともひろ

1944年5月28日、鹿児島県生まれ。鹿児島商工（現樟南）を卒業後、63年、日本ジャスパーに就職。軟式野球部でエースとして活躍し、入社した年の山口国体での優勝に貢献した。その後、転職した鹿児島ダイハツでは準硬式野球部に所属。2年目の岐阜国体で再び優勝した。その実績が認められ、71年秋、母校の監督に就任。27歳と若かったこともあり、当時は珍しくなかったスパルタ式の猛練習で選手を鍛え上げる一方、野球にかける人一倍の情熱とユーモアあふれる人柄も魅力だった。77年夏、就任6年目で自身初の甲子園出場。93年夏の甲子園は3回戦で常総学院（茨城）と対戦。4対0とリードしていたが、降雨ノーゲームとなり、翌日の再試合に0対1で敗れた。校名を鹿児島商工から樟南に変更直後の94年夏の甲子園は、県勢として初の決勝進出。しかし、佐賀商との九州決戦に敗れ、優勝を逃した。2010年に監督を引退。甲子園通算26勝23敗。奇しくも勝ち星の数で並ぶライバル・鹿児島実の久保克之（現・名誉監督）とともに、鹿児島県の高校野球を牽引した。

選 畠山準
はたやま・ひとし

1982年夏の甲子園で優勝した池田（徳島）のエース。64年6月11日、徳島県小松島市生まれ。5季連続出場も夢じゃない、とほれ込んだ蔦文也監督に誘われて入学し、1年秋からエースとなったが、ようやく甲子園に出場したのは最後の夏だ。徳島大会5試合で3完封、32回を投げて36三振という完璧な内容だったが、甲子園では本調子を欠き、静岡との初戦は11三振を奪いながら9安打を浴びた。日大二（西東京）との2回戦も2三振しか奪えず辛勝、3回戦でも都城（宮崎）に10安打された。ただ準々決勝は、〝山びこ打線〟が火を吹き、荒木大輔（元横浜ほか）擁する早稲田実（東東京）に圧勝。

決勝も広島商を圧倒して頂点に立った。南海入りすると、2年目に5勝を記録するが、87年には外野手に転向。82年の夏は四番として6試合すべてにヒットを放ち、25打数9安打と、打力にももともと定評があった。

社 8号門クラブ
はちごうもんくらぶ

私設ファンクラブの通称で、春夏の甲子園観戦のために全国各地から集まる。甲子園のバックネット裏に通じる8号門入口に集うことから、高校野球ファンの間で8号門クラブと呼ばれるようになった。結成は１９９０年ころで、メンバーは２０１０年当時で数十人ほどといわれる。甲子園はかつて、バックネット裏も全席自由席だったため、いい席を確保するために開幕数日前、あるいは大会中は当日の試合終了直後から8号門前で野宿する姿が話題となり、やがて8号門クラブと呼ばれるようになった。開門と同時にバックネット裏の最前列と2列目に陣取り、全試合を観戦。その姿はテレビ中継で確認され、ことに毎試合ラガーシャツで観戦する「ラガーさん」は、著書を出版するほどの名物ファンとなった。

だが一方で、自由席とはいえ同じ集団がバックネット裏の席を占有し続ける行為への批判が、ことにネット上で吹き出ることになる。8号門クラブ以外の観客が、徹夜して並び正規の方法で最前列を確保したのに、8号門クラブ関係者から立ち退くように恫喝され、これがSNSで発信されたこともある。15年夏、早稲田実（西東京）・清宮幸太郎（日本ハム）が出場して一般ファンの関心も増大すると、批判はさらにエスカレート。オンラインの署名収集サイトでは、「甲子園のバックネット裏は8号門クラブのものではありません。一部団体の私物化に抗議します」とのページに約８０００もの抗議の署名が集まったという。

16年のセンバツからは、バックネット裏の座席が少年野球チームの無料招待席「ドリームシート」となった。これにより8号門クラブが陣取っていたエリアは、三塁側方向に移動することになる。高野連は騒動との因果関係は否定するが、ネット上では歓迎の声が上がったものだ。また18年夏からの選手権では、バックネット裏の従来の中央特別自由席が、全席前売り・指定化された。

チ 八戸学院光星高校
はちのへがくいんこうせいこうこう

青森県八戸市のカトリック系私立共学校。１９５６年に学校法人白菊

▶2011年夏に準優勝した光星学院（現八戸学院光星）。ここから12年夏まで3季連続準優勝

学園によって創立されたが、59年に学校法人光星学院に変わる。2013年に今の校名になった。普通科の他にビジネス科、工業技術科、保育福祉科がある。巨人の坂本勇人らのように東北以外、関西などから選手が集まる傾向にあって強豪の仲間入り。1990年代以降、青森山田と県の覇権を争ってきた。97年春夏に初出場。青森山田に遅れること4年だったが、先にベスト4に進んだのはこちら。00年夏、根市寛貴（元楽天ほか）らの奮投があって県勢31年ぶりの準決勝に進み、01、03年の夏はベスト8。惜しいのは11年夏、12年春夏と3季連続の準優勝だ。12年は大阪桐蔭の春夏連覇の引き立て役になったが、田村龍弘（ロッテ）、北條史也（阪神）の中軸打線の破壊力は圧巻だった。このときの、春夏の決勝とも同一カードというのは史上初。夏11回24勝11敗、春10回8勝10敗。32勝は全国43位。青森山田の12勝を上回る。八木彬（ロッテ）、武岡龍世（ヤクルト）らもOB。レスリングも盛ん。

施 バックネット

ばっくねっと

ボールがホーム後方、グラウンド場外に飛び出すのを防ぐ構造物で、公認野球規則上はバックストップという。本塁後方方向へのファウルボールは勢いがあるものも多く、バックストップは多くは金属や繊維の網で作られることから、通称としてバックネットと呼ばれる。1924年、初めて甲子園で行われた夏の大会は、開幕試合が静岡中と北海中（北海道）の一戦。マウンドには後攻・北海のエース、手島義美が立った。その第1球は、気持ちを落ち着かせるためか、あえてバックネットに直接ぶつける大暴投。つまり、甲子園の高校野球の歴史は、大暴投から始まったわけだ。以後、第1球を意図的にバックネットにぶつける投手は、まれに出現する。

施 バックネット裏

ばっくねっとうら

甲子園の中央特別席（バックネット裏）は、2018年センバツまでは自由席だったが、同年夏の第100回全国高校野球選手権記念大会から全席前売り・指定化された。その2、3年前から、チケットを求めて甲子園を訪れる来場者が急増したが、席を指定しての前売りは行わず、従来どおり当日券のみ。そのため、当日券を求める観客が、開門前に早朝から長い行列を作った。早稲田実（西東京）の清宮幸太郎（日本ハム）が1年生で登場した15年以降は、徹夜組も含め開門時に5000人が並ぶこともザラで、横浜（神奈川）や大阪桐蔭といった強豪校が登場した17年8月11日には、1万2600人が列を作ったという。

これにより重大事故が起こる危険性が高まると、主催者は球場側とかねて協議。八田英二高野連会長は「夏は満員になることが多く、遠隔地のお客さんも購入しやすいようにしないといけない。（指定化することで）来場を分散させ、混雑を避けられるように」と説明。さらに来場の時間帯が分散し、混雑緩和につながると期待された。また入場無料だった外野席も有料となり、開門時の混乱は一定程度緩和されている。なお中央特別席はインターネットやコンビニで販売するため、遠方のファンも購入しやすくなった。空席があれば、当日の一定時刻まで購入できるが、球場窓口では販売しない。一・三塁の特別自由席、アルプス席は従来通り当日販売を行っている。21年は観客の入場制限、前売りのみの全席指定などの新型コロナウイルスの感染拡大防止対策が講じられたが、22年は制限なし（センバツでは、まん延防止等重点措置適用期間は1日の入場者を2万人に制限）。ただしコロナ前の19年まで販売されていた通し券「連券」の発売は廃止された。

記 初出場初優勝

はつしゅつじょうはつゆうしょう

第1回大会を除き、全国高等学校野球選手権大会、選抜高等学校野球大会で、甲子園に初出場した学校が優勝すること。リズムがいいためか、初出場初優勝と言いならわされるが、初出場優勝でもいいのではないか。それはともかく、次の学校が達成している。

●全国高等学校野球選手権大会
第2回　1916　慶応普通部★（東京、現慶応・神奈川）
第3回　1917　愛知一中★（現旭丘）
第5回　1919　神戸一中★（現神戸・兵庫）
第9回　1923　甲陽中★（現甲陽学院・兵庫）
第17回　1931　中京商（現中京大中京・愛知）
第22回　1936　岐阜商（現県岐阜商）
第31回　1949　湘南★（神奈川）
第37回　1955　四日市（三重）
第47回　1965　三池工★（福岡）
第50回　1968　興国（大阪）
第53回　1971　桐蔭学園★（神奈川）
第58回　1976　桜美林（西東京）
第73回　1991　大阪桐蔭
第95回　2013　前橋育英（群馬）

●選抜高等学校野球大会
第11回　1934　東邦商★（現東邦・愛知）
第22回　1950　韮山★（静岡）
第25回　1953　洲本★（兵庫）
第26回　1954　飯田長姫（現飯田ＯＩＤＥ長姫・長野）
第33回　1961　法政二（神奈川）
第36回　1964　徳島海南★（現海部）
第39回　1967　津久見（大分）
第40回　1968　大宮工★（埼玉）
第44回　1972　日大桜丘★（東京）
第45回　1973　横浜（神奈川）
第48回　1976　崇徳（広島）
第56回　1984　岩倉★（東京）
第57回　1985　伊野商★（高知）
第60回　1988　宇和島東（愛媛）
第57回　1995　観音寺中央★（現観音寺総合・香川）
第76回　2004　済美★（愛媛）
★は春夏通じて初出場で優勝

　ことに夏の甲子園では戦前に多いが、これはまだ歴史の浅い大会のため、初出場校自体が多かったせいだろう。春夏通じて初めての甲子園というと、独特の雰囲気に飲まれて力を出し切れないことが多いが、三池工や徳島海南、日大桜丘、伊野商などに共通しているのは、傑出した投手を持っていたことだ。順に上田卓三（元南海ほか）、ジャンボ尾崎として知られる尾崎正司（元西鉄）、これもジャンボと呼ばれた仲根正広（元中日ほか）、渡辺智男（元西武ほか）……。また、三池工と徳島海南はともに、この優勝が現在まで1回ぽっきりの甲子園で、甲子園での勝率は負けなしの10割になる。特筆すべきは、優勝したときの宇和島東と、済美を率いたのが、いずれも上甲正典監督だったということ。ややこしいが、2回の初出場優勝を経験していることになる。また済美では、04年の夏も決勝まで進み、駒大苫小牧(南北海道)に惜敗した。もしこれを勝利していれば、創部3年目で初出場春夏連覇という、とんでもない記録になるところだった。

人 八田英二
はった・えいじ

2015年9月16日から21年11月30日まで、日本高等学校野球連盟の第7代会長を務めた。1949年3月20日生まれ、京都市出身。71年、同志社大卒業後大学院、カリフォルニア大バークレー校を経て同志社大経済学部講師となり、85年から教授。高校、大学と英語のサークル活動に励み、京都御所で外国人観光客にボランティアのガイドもしたという。

「単なる通訳ではなく、歴史や伝統を知る必要があったから、京都の本物の文化を学べた。伝統文化が息づく京都が私のバックボーンになっている」。現在は学校法人同志社第18代総長・理事長。98年から2013年までは同学の学長も歴任した。その間、関西学生野球連盟の会長を2年間務め、08年から日本学生野球協会会長、10年からは全日本野球協会会長。夏の甲子園が100回を迎えた18年には、新聞のインタビューで、「高校野球の神髄は、若い子が一つの道を突き進み、人格的に成長すること。ファンはそこに魅力を感じる。学校教育の使命の一つは人格形成や人間性の涵養だ。チームのために戦う高校野球は人生の縮図のようでもあり、教育の一環。だから教育者の私が会長に選ばれたと思う」

と答えている。19年8月、日韓関係が悪化しているさなかに韓国で開催されたU-18ワールドカップでは、出入国の際、日の丸やJAPANのロゴ入りの代表用のシャツではなく、無地のシャツを着用する決定。「韓国の国民感情に配慮した」ためだ。20年、新型コロナウイルスの感染拡大という難局には、「苦渋の決断で」センバツの中止を決定し、緊急事態の収束が見通せずに選手権も「断腸の思いで」中止に。ただ、センバツ中止時から「出場校にはなんらかのかたちで甲子園の土を踏ませてあげたい」と、出場が決まっていた32校の救済措置にふれており、甲子園での甲子園交流試合の実施にこぎ着けた。

選 服部茂次
はっとり・しげじ

熊谷高校2年時にノーヒット・ノーランを達成した投手。1934年

11月17日、埼玉県生まれ。51年夏の甲子園では、下関西（山口）を3安打完封し、続く大垣北（岐阜）との延長11回を8安打完封。シュートが効果的で、続く県和歌山商（現和歌山商）との準決勝で快挙を達成した。ただ、平安（現龍谷大平安・京都）との決勝は、連投の疲れからかスピードが落ち、初回に3点を献上して連続無失点は29回でストップ。守備の乱れもあって7失点で敗れた。54年に洋松（のち大洋）に入団し、通算5勝。57年限りで引退後は行田市役所に勤務するも、67年7月に32歳で夭逝した。

チ 花咲徳栄高校
はなさきとくはるこうこう

1982年に開校し、学校法人佐藤栄学園が運営し、生徒数は1700人を超えるマンモス校。所在地は埼玉県加須市花崎。系列校に埼玉栄、栄東などがあり、大学では平成国際大もそう。普通科にα理数選抜クラス、α特別選抜クラスなど6クラスに細かく分かれ、さらに食育実践科がある。開校と同時に創部した野球部は、2000年代に入って浦和学院と埼玉県の両雄的な存在になり、03年センバツでは東洋大姫路（兵庫）との準々決勝で引き分け。再試合も延長で惜敗だった。15年夏は、準々決勝で優勝した東海大相模（神奈川）に3対4のサヨナラで惜敗。16年夏は高橋昂也（広島）を中心に3回戦に進んだが、作新学院（栃木）にエース温存で敗れた。2年続けて優勝校に敗れた翌17年は、活発な打線でついに優勝する。6試合で61得点、すべての試合で9得点以上だった。準々決勝の盛岡大付（岩手）に10対1、準決勝は延長11回で東海大菅生（西東京）を破り、決勝は個

▶花咲徳栄高校

人本塁打記録6本を作った中村奨成（広島）を擁する広陵（広島）を14対4と猛打で圧倒した。綱脇慧と清水達也（中日）のリレーも毎試合決まり、埼玉県勢にとって、これが夏の初優勝だった。根元俊一（元ロッテ）、若月健矢、岡崎大輔（いずれもオリックス）、野村佑希（日本ハム）ら、近年、好選手が育っている。夏7回12勝6敗、春は中止になった20年も含めて5回出場で3勝4敗。女子野球も全国優勝7回の強豪だ。

チ 花巻東高校

はなまきひがしこうこう

花巻商業専門学院を前身として、花巻商業高校が創立したのが1956年。76年に富士短期大学花巻高校と改称し、82年に私学の谷村学院高校と統合して現校名となった。学校創立の56年に創部した野球部は、花巻商時代から県内では強豪として知られ、64年夏に甲子園に初出場。校名変更後の90年夏、2度目の出場を果たした。2001年に佐々木洋監督が就任すると、05年夏の3回目出場以降はすっかり常連に。09年には、菊池雄星（ブルージェイズ）をエースに明豊（大分）、清峰（長崎）などと好勝負を繰り広げ、センバツでは県勢初の決勝進出を果たして準優勝、夏も県勢90年ぶりのベスト4。大谷翔平（エンゼルス）は11年夏は帝京（東東京）、12年春は藤浪晋太郎（アスレチックス）にのいた大阪桐蔭に、いずれも初戦で敗れた。春は4回出場の6勝4敗、夏は10回出場の10勝10敗。20年には岩手県内では初の女子野球部ができ、22年の女子ユース大会で準優勝を果たしている。女子ソフトボールも強豪。

他 浜風

はまかぜ

特に夏の甲子園開催時、甲子園ではライトからレフト方向へ海風が吹くことが多く、これが甲子園名物の浜風。浜風が強い日は風が舞い、高く打ち上がったフライは野手を翻弄し、ときに魔物がいたずらを仕掛けることもある。1996年夏、熊本工と松山商（愛媛）の決勝では、延長戦でライトに大飛球が上がり、誰もが犠牲フライで熊本工のサヨナラ優勝を確信した。だが強い浜風に押し戻され、右翼手からの「奇跡のバックホーム」と呼ばれるスーパープレーで併殺となり、結局松山商が優勝を飾っている。また甲子園では、アルプススタンドと外野スタンドの隙間を風が通り抜けるため、浜風の強い日でも右翼ポール際へは打球が伸びるといわれている。ただし、リニューアルによって2009年に銀傘が架け替えられ、広告看板の撤去などスタンドの形状も変わったことから、浜風が弱まったという声もある。また夏は、浜風と逆にレフトからライトに風が吹くときは天気が下り坂といわれている。

他 浜甲子園駐車場
はまこうしえんちゅうしゃじょう

かつて阪神電鉄が1975年まで運行していた路面電車・甲子園線の浜甲子園駅跡地にあり、基本的に甲子園球場でのイベント（プロ野球、高校野球）開催日のみ開放される、観光バス用臨時駐車場の一部。とくに春夏の高校野球開催期間中は、各出場校の応援バスが多数待機している。一般客の利用はできず、あくまで高校野球大会などの遠方からの来客と、観戦ツアーバスのために用意されているもの。球場まで1キロほどの距離があるため、高校野球開催時にはシャトルタクシーが用意されている。ただしかつては、徳島・池田高校が泊まっていた網代旅館が、甲子園までの通り沿いにあったことなどに思いをはせながら、球場までてくてく歩くのも観戦気分を高めるアプローチとして捨てがたい。

チ 浜松商業高校
はままつしょうぎょうこうこう

静岡県浜松市中区にあり、通称「はましょう」といわれる県立商業高等学校。1899年、町立商業学校が寺の境内に開設され、1911年に市立、22年に県立移管になる。浜松第二工業学校時代を経て、48年浜松商業に。商業科と情報処理科がある。歴史のある伝統校で、地元財界への貢献度が高い。78年の第50回センバツ。大きなカーブで打ち取る技巧派の2年生左腕エース・樽井徹を中心に、守りが特に堅いチームはまず、2回戦で早稲田実（東京）に3点差を終盤に逆転。準決勝では、桐生（群馬）に1点差で勝ち、決勝は福井商と商業高校同士の対戦になった。1回戦で完全試合を達成した前橋（群馬）の松本稔を打ち崩すなど、打線活発な福井商だったが、樽井が持ち味を発揮。内野ゴロを多く打たせて2対0で完封し、紫紺の大旗を獲得した。

▶1978年春、樽井徹をエースに優勝を果たした浜松商

その後も出場を重ね、夏9回11勝

9敗、春8回10勝7敗だが、2000年の夏に出て以来、甲子園から遠ざかる。船田和英（元ヤクルトほか）、榊原良行（元日本ハムほか）らがOB。

選 林裕也
はやし・ゆうや

2004～05年夏と、駒大苫小牧（南北海道）の連覇に貢献した内野手。1987年4月6日生まれ、北海道出身。2年生だった04年夏はセカンドを守り、18打数10安打でチーム最多の8打点を稼いだ。・448と大会最高打率を記録したチームにあって、ひときわ目立ったのは横浜（神奈川）との準々決勝だ。林は涌井秀章（中日）からのホームランを皮切りに二塁打、三塁打、ヒットを連ね、大会5人目のサイクル安打を達成。この大会の三振0が示すように、バットコントロールが出色だった。05年センバツでは2回戦敗退にとどまったが、主将として迎えた同年夏は一番を打ち、やはり18打数10安打。1学年下の田中将大（楽天）らとともに、57年ぶりの夏連覇に貢献した。駒沢大から東芝を経て、現在は駒沢大のコーチ。

チ 早鞆高校
はやともこうこう

甲子園初出場だった1964年夏、準優勝を果たした山口県下関市の私立高校。01年、裁縫の家塾として興り、12年に下関阿部裁縫女学校が創設される。48年、財団法人早鞆学園を設立して早鞆高校に。ちなみに早鞆の校名は、関門海峡のうち、とくに幅の狭い壇ノ浦あたりを早鞆の瀬戸と呼ぶことから。51年に学校法人となり、男子部も創設された。普通科は細かく4コースに分かれ、自動車学校を併設する法人らしく自動車工学科、ほかに生活クリエイト科、衛生看護科がある。野球部は、共学になった翌52年に創部。夏に3回の出場があり、67年には歌手の山本譲二が代打で甲子園の打席に立っている。2007年に教師として赴任した大越基（元ダイエー）が09年8月に監督になると、12年のセンバツで45年ぶりの甲子園出場を果たした。ただし初出場準優勝以来勝利はなく、通算4勝4敗。

選 原辰徳
はら・たつのり

1974年夏、75年春夏、76年夏に甲子園に出場したスラッガー。58年7月22日生まれ、福岡県出身。父は三池工（福岡）監督として65年夏に全国制覇、その後70年夏に東海大

▶原辰徳

相模（神奈川）の監督として自身2度目の優勝を果たした原貢。74年に父が率いる東海大相模に入学すると、1年から三塁手レギュラーに定着。その夏、自身初めて臨んだ大会で、チームは強打の優勝候補として注目される。原も1年生ながら、五番として3試合すべてで2安打以上を打ち、7安打4打点と活躍。ベスト8入りに貢献した。「親子鷹」として話題を呼ぶと、1年生というフレッシュさ、都会的な二枚目のルックスも手伝って、一躍女性ファンの人気者になった。2年春は延長の末に高知に敗れたが準優勝。原辰徳フィーバーはさらに過熱し、神奈川大会の球場にも中高生が殺到した。2年夏は2年連続のベスト8入り。最後の3年夏は優勝を期待されたが、小山（栃木）に敗れた2回戦では最後のバッター。親子で全国制覇の夢は叶わなかった。戦後、夏の大会に3年連続で出場し、全試合出場した選手はPL学園（大阪）の桑田真澄や清原和博ら複数いるが、全試合（夏の大会）で安打を放っているのは原と森岡良介（明徳義塾・高知、元ヤクルトほか）のみ。森岡は春の1回も含めて全13試合でヒットを放っているが、原は全12試合中、春に無安打が1試合あるのが惜しい。甲子園通算成績は12試合で52打数20安打1ホーマー、75年春の準優勝が最高成績だ。東海大を経て巨人に入団。「若大将」の異名を取って四番で活躍し、引退後は巨人やWBCの監督を務める。

監 原田英彦
はらだ・ひでひこ

昭和の後半から元気のなかった古豪・平安（現龍谷大平安・京都）を再建した熱血監督。1960年5月19日、京都に生まれた原田は、幼いころから熱狂的な平安ファン。「小学生のころから平安にあこがれ、自分の白いユニフォームの胸にマジックで〝HEIAN〟と書きました。中学時代には、平安の選手が利用するスポーツ屋さんで〝平安が使こてるのと同じストッキングください〟ゆうて喜んだり、学校の帰りに練習を見学したり。当時エースだった山根（一成）さんの練習ぶりを見たときは、〝さすが平安のエースや〟と感激しましたね。その山根さんが1年のとき、僕は西京極球場に応援に行ったんですが、京都商（現京都先端科学大付）戦でリリーフに出て、ホームランを打たれて負けてしまったんです。試合のあとには、山根さんが泣いとった。自分のことのように悔しくて、キョーショーが憎くて（笑）」

ちなみに京都商とは、あの沢村栄治（元巨人）を生んだ名門で、当時は常時平安と代表を争うライバルだった。現役時代最後の78年夏、原田が3回戦で敗れたのもその京都商。「球場からの帰りしな、傘を振り回したファンがバスに乱入してきた（笑）。当時の監督さんは引きずりおろされ、ファンに責められて3時間ほど解放されなかったんです」。平安ファンはそれだけ熱狂的だったわけだが、自らがファンだけに、原田もその気持ちは痛いほどわかるという。社会人・日本新薬に進み、外野手として都市対抗に10回出場し引退後は社業に専念していた原田に、母校から監督就任の要請があったのは92年秋のこと。「迷いました。ちょうど仕事が面白くなっているときでも、またとないチャンスですし、女房が『野球をしている方が生き生きしている』と言ってくれて」引き受けた。

当時の平安は、センバツは80年、夏は16年ぶり出場の90年を最後に出場できていない。再建を託されたわけだが就任早々、先が思いやられた。ユニフォームの着方、道具への愛着、日常生活、どれ一つとっても、平安野球部のプライドがない。「改善すべき点が60いくつありました」。細かいことまでうるさいくらいに指摘し、口すっぱく伝統の重さを説いた。1年が経ち、2年が過ぎ、3年目になるころ。60いくつの改善点を一つずつつぶし、ようやく古豪らしさが出てきた95年夏。入学したばかりの1年生大型左腕・川口知哉（元オリックス）をエースにすえたチームは、南京都に初戦敗退する。「負けて球場から帰るとき、ファンにつかまったんです。『1回戦負けとは、どういうこっちゃ。土下座せぇ！』」。原田の現役時代につるし上げられた監督と、似たような立場に追い込まれたわけだ。だが原田は、肚をくくって川口をどっしり育てていくと、97年のセンバツではベスト8に進出し、夏には智弁和歌山に敗れたものの、41年ぶりの決勝進出と、

▶原田英彦

古豪復活に結びつけた。それ以降、夏は7回、春10回の甲子園で上位の常連となる。平安愛はいまだに強い。08年、新年度から龍谷大付属となるため「平安」としての最後の大会であるセンバツ、鹿児島工との試合が15回引き分け再試合になると、「平安として1試合でも多くできることがうれしい」と目を潤ませた。14年には、戦前からめっぽう強かった夏だけではなく、センバツも初制覇。このときが監督就任から丸21年だった原田はナインに、「教え子のみんなが応援に来てくれている。21回、胴上げしてくれ」と無茶なお願いをしている。通算31勝（18敗）は14位タイ。

監 原貢

はら・みつぐ

1935年3月30日、佐賀県生まれ。鳥栖工時代は投手兼一塁手で、進学した立命館大を中退して54年、社会人の東洋高圧大牟田に入社した。控えの三塁手で58年に引退すると、会社に在籍したまま福岡・三池工の監督に就任。65年夏に初出場優勝を飾る。このとき、東海大一（現東海大静岡翔洋）に大勝したのが東海大グループの松前重義の目に止まった。ヘッドハンティングに応じ、「都で一旗揚げたい」と、福岡から乗り込んで神奈川・東海大相模の監督に就任したのが66年だ。この新興チームで69年夏に初出場を果たすと、70年には早くも全国制覇を達成している。

息子の辰徳が74年に入学すると、当時日刊スポーツの記者だった軍司貞則が「神奈川に親子鷹」として紙面で紹介し、大きな話題を呼ぶことになる。実は貢は当初、辰徳の入学にいい顔をしなかった。だが辰徳は、父に連れられて行った73年夏の甲子園で、怪物と呼ばれた江川卓（作新学院）と対面。その感激から「どうしても甲子園に出たい。それには相模しかない」と入学を決断する。貢は「親子だからこそ、厳しくする。（辰徳が他の選手を）実力的に6対4で上回っても使わない。7対3で初めて考える」という条件を突きつけた。辰徳は入学早々それをクリアし、1年の夏から甲子園に出場。以来3年間で4回甲子園に出場した。辰徳が東海大に進学するとともに、貢も大

▶原貢

学野球部の監督に転身。在学8シーズンのうち、首都大学で7回の優勝を果たしている。辰徳の巨人入り直後の84年12月、東海大相模の監督に復帰し、84年からは系列校野球部総監督、90年には東海大監督に復帰し、96年に勇退した。2014年5月没。春夏通算9回の出場で17勝7敗。

記 春夏通算勝利数
はるなつつうさんしょうりすう

選抜高校野球大会と、全国高校野球選手権大会。1世紀以上積み重ねてきた歴史で、通算300勝以上を記録しているのが4都府県ある。ランキングを示すと、

1 大阪 395勝（春213＋夏182）
2 兵庫 320勝（176＋144）
3 東京 316勝（132＋184）
4 愛知 309勝（176＋133）

これがビッグ4。愛知は2019年、東邦のセンバツ優勝で大台に到達した。2校出場の夏、東京が勝ち星を稼いでいるのは当然だが、大阪は基本的に1校しか出ない夏の勝利数でその東京に迫るのがすごい。大阪、兵庫、愛知は、複数出場することも多いセンバツの勝利数が、夏を上回っている。これに次ぐのは

5 和歌山 234勝（107＋127）
6 広島 215勝（96＋119）
7 神奈川 210勝（81＋129）
8 京都 207勝（83＋124）

の4府県で、ここまでが日本の高校野球ベスト8か。ただし、最上位の和歌山でも、300勝の仲間入りするにはしばらく時間がかかりそうだ。通算100勝以上は、ほかに18道県ある。

9 高知 191勝（93＋98）
10 愛媛 188勝（66＋122）
11 福岡 155勝（62＋93）
12 奈良 148勝（60＋88）
13 千葉 145勝（46＋99）
14 静岡 143勝（56＋87）
15 岐阜 142勝（67＋75）
16 徳島 139勝（73＋66）
17 香川 133勝（63＋70）
18 埼玉 120勝（49＋71）
19 山口 118勝（36＋82）
20 北海道 118勝（46＋72）
21 宮城 112勝（34＋78）
22 岡山 109勝（45＋64）
23 熊本 107勝（41＋66）
24 群馬 106勝（36＋70）
25 栃木 104勝（43＋61）
26 沖縄 102勝（31＋71）

ここまでの100勝以上がほぼ上位半分で、Aクラスと言っていい。この上位26都道府県で負け越しているのは福岡（171敗）、静岡（155敗）、北海道（244敗）、山口（132敗）、岡山（121敗）、熊本（110敗）、群馬（117敗）。特筆は9位

の高知で、戦前はまったく甲子園出場がなく、戦後だけでベストテンに入っている。急ピッチで勝ち星を積み上げているのは、初出場が1958年だった沖縄も同様で、60年強で100勝を突破した。ほかにも、春夏の内訳を見ると愛媛、神奈川、千葉、宮城あたりの夏の強さ、逆に徳島を筆頭に高知、香川の四国勢が春に強いことがうかがえる。以下は次のとおり。

27 福井 95勝（36＋59）
28 鹿児島 93勝（28＋67）
29 長野 86勝（24＋62）
30 大分 85勝（25＋60）
31 茨城 84勝（30＋54）
32 山梨 73勝（30＋43）
33 長崎 70勝（28＋42）
34 宮崎 69勝（16＋53）
35 滋賀 65勝（23＋42）
36 石川 64勝（22＋42）
37 青森 63勝（13＋50）
38 三重 62勝（27＋35）
39 秋田 61勝（14＋47）
40 鳥取 58勝（20＋38）
41 岩手 57勝（15＋42）
42 福島 50勝（11＋39）
43 佐賀 44勝（6＋38）
44 島根 43勝（11＋32）
45 山形 38勝（10＋28）
46 富山 37勝（7＋30）
47 新潟 31勝（3＋28）

※すべて引き分けは除く。勝ち星が同じ場合は勝率順

夏に2回の優勝経験がある佐賀だが、通算勝利数ではこの順位というのがおもしろい。

選 春夏別のチームでの出場
はるなつべつのちーむでのしゅつじょう

1948年には学制改革が実施され、それまでの中等学校野球から、実質、高校野球が始まった。実質というのは、この年のセンバツから新制高校の大会となったものの、混乱を防ぐため、校名は旧制中学のままで開催されたからだ。学制改革では、旧制中学と旧制女学校を統合して普通科の共学高校としたり、既存中学からの移行ではなく新たに高校を創立するなど、各地で学校再編が目まぐるしかった。

そういうどさくさで、センバツには旧制金沢三中（現金沢桜丘）で出場したレギュラーの多くが、金沢一（旧金沢一中、現金沢泉丘）のメンバーとして選手権に出場した例がある。石川県では、学制改革時の特例として在校生の転学の自由を認めており、これを受けて金沢三中のメンバーのほとんどが、男子校の金沢一に転学したためだ。つまりこの48年の石川は、春夏別のチームが甲子園に出場してはいても、実質はほぼ同じメンバー。メンバー表を確認する

と、夏の登録14人中11人が金沢三中でセンバツにも登録されており、レギュラーは8人が同じだった。

　またこれは戦前の例だが、のちに阪急でプレーし、プロ野球の監督も務めた浜崎真二は、広島商予科2年時の17年、外野手の補欠として第3回の全国中等学校優勝野球大会に出場した。しかし翌18年、無期停学となった友人の巻き添えで自身も退学。この後呉海軍工廠で野球を続けながら19年、神戸商に入学する。すると22年には全国大会に出場し、左腕の快速投手として決勝まで進出。当時無敵を誇っていた和歌山中（現桐蔭）に終盤までリードしたが、8、9回に味方のエラーなどもあってひっくり返された。つまり浜崎は、金沢三中の例とは異なり、まったく別の学校で2度全国大会に出場したわけだ。同様のケースには、47年夏に海草中（現向陽・和歌山）の投手として、また48年夏に桐蔭（和歌山）の投手として出場した西村修（47年までは伊沢、元大阪タイガース）がいる。ちなみに48年夏の西村も、エースとして決勝まで進んだが小倉（福岡）に敗れた。

春夏連覇→連覇

はるなつれんぱ

選 春夏優勝投手のプロでの対戦

はるなつゆうしょうとうしゅのぷろでのたいせん

　2020年7月22日、西武対ロッテの7回戦は、西武が2対1で勝利。先発投手はロッテが小島和哉、西武が高橋光成で、6回3分の2を1失点の小島が勝利投手、7回2失点の高橋が敗戦投手となった。この2人、それぞれ13年春夏の優勝投手。小島はセンバツV・浦和学院（埼玉）の、高橋は夏のV・前橋育英（群馬）のいずれも2年生エースだった。同じ年の甲子園春夏優勝投手が、プロの試合の先発として対決するのはきわめてめずらしく、これが公式戦3度目のこと。過去には1940年3月17日に野口二郎（中京商［現中京大中京・愛知］で38年春V）と天川清三郎（平安中［現龍谷大平安・京都］で38年夏V）が投げ合った翼と南海戦が引き分けに終わり、52年5月24日に名古屋・大島信夫（岐阜商［現県岐阜商］で40年春V）と阪神・真田重男（＝重蔵、海草中［和歌山］で40年夏V）が投げ合い、このときは真田が勝ち、大島が負け投手になった。春夏V腕の先発対決はそれ以来だから、なんと68年ぶりだったわけだ。日本シリーズでは、90年の第3戦で西武・渡辺智男と巨人・桑田真澄が先発した。渡辺は伊野商（高知）時代の85年センバツ、桑田はＰＬ学園（大阪）時代の85年夏に優勝している。試合は渡辺が勝利投手、桑田が敗戦投手となり、３連勝の西武がそのまま日本一になった。高校野球ファンならたまらないＶ腕の顔合わせ、今後はたとえば16年、智弁学園（奈良）でセンバツＶの村上頌樹（阪神）と、作新学院（栃木）で夏Ｖの今井達也（西武）あたりに実現可能性がありそうだ。

チ 春の甲子園専門
はるのこうしえんせんもん

センバツに強いことで「桜の○○」と呼ばれるのは、東邦（愛知）と広陵（広島）が代表格だ。東邦は平成最後、２０１９年のセンバツを制して春の優勝回数は最多の５回。準優勝も２回あり、出場31回で７回の決勝進出だから、５大会に１回以上の確率だ。通算58勝26敗で、勝利数は中京大中京（愛知）と並んで最多タイ、勝率は・６９０になる。対して夏は、準優勝こそ１回あるものの優勝はなく、19勝17敗。春夏通算では、勝率もかなり下がる。広陵は春42勝23敗、夏34勝23敗と勝率の差は東邦ほどではない。ただ、やはりセンバツ３回の優勝に対し、夏は決勝に４回進みながら、ことごとく敗退だ。愛工大名電（愛知）も、春に強いチーム。通算24勝のうち16勝がセンバツという極端さで、センバツは優勝、準優勝があるのに対し、夏は平成以降初戦８連敗だった。ほかにも大阪の上宮は、センバツは８回出場がありながら、夏は１回だけ。成績も春は優勝、準優勝が１回ずつあって19勝７敗だが、夏は３勝１敗にとどまる。この上宮のように、複数校に出場の機会がある春に出場回数が偏るのは、大阪に限らず競争の激しい大都市圏に見られる傾向だ。また、夏に10回以上出場しながらセンバツは未経験、というチームは複数あるが、甲子園出場が春のみというチームのうち、出場回数は最多でも４回にとどまる（三田学園・兵庫、博多工・福岡）。

試 春優勝校対夏優勝校
はるゆうしょうこう・たい・なつゆうしょうこう

１９２６年に大正天皇が崩御し、翌27（昭和２）年のセンバツは国喪に服して出場校が８に縮小された。４月29日と開幕を大幅に遅らせ、３日間で行われた大会を制したのは和歌山中（現桐蔭）だった。和歌山中は優勝校の特典としてアメリカ遠征を敢行したため、夏の紀和大会は残った選手で戦ったが、それでも二軍ともいえるメンバーで代表を勝ち取った。さすがに甲子園では通用せず、初戦で鹿児島商に敗退。優勝したのは高松商（香川）だった。ただし、夏は和歌山中の主力メンバーが不在だったため、ファンから「ホンマに強いのはどっちやろ」という声が起こったという。これを受けて11月6日に、京阪電車の主催で両校が寝屋川球場で対戦した。試合は初回、高松商の先頭打者がセーフティーバントを試みる。今ではよく見かけるが、当時としては目新しい戦法で、高松商は和歌山中の混乱に乗じて3点を先取。結局、春優勝校対夏優勝校の決戦は、7対4で高松商が勝っている。この優勝校決戦はその後も4年続いたようで、

28年　松本商（現松商学園・長野）
3－0関西学院中（兵庫）
29年　第一神港商（現神港橘・兵庫）
5－2広島商
30年　広島商5－2第一神港商
広島商9－2第一神港商
31年　中京商（現中京大中京・愛知）
5－1広島商
中京商5－2広島商

という結果が残っている。ちなみに、エキシビション的性格の強い国体でも、春夏優勝校が決勝で対戦した例はない。ただし、24年から42年まで開催されていた明治神宮競技大会では29年、センバツ優勝の第一神港商と夏優勝の広島商が決勝で対戦し、4対1で第一神港商が勝っている。

春連覇
はるれんぱ

→連覇

ハワイ遠征
はわいえんせい

→1億円チーム

ハンカチ王子
はんかちおうじ

→斎藤佑樹

施 阪急西宮球場
はんきゅうにしのみやきゅうじょう

かつて兵庫県西宮市・阪急神戸線西宮北口駅前にあった多目的スタジアムで、阪急電鉄が所有していた。1937年に完成。甲子園球場がGHQに接収されていた46年には、第28回全国中等学校優勝野球大会が開催されている。翌年からは甲子園開催となったが、58、63年にも、夏の選手権が開かれた。両年は40、45回の記念大会にあたり、出場校がそれぞれ47、48代表に拡大。甲子園のみの開催では、日程が消化しきれないため、甲子園との併催となったのだ。両大会とも、西宮では3回戦までの18試合が行われている。ただし、「私は高校時代の63年、〝甲子園〟に出たんだけど、それは開会式だけ。実際の試合は西宮だったんです」と残念そうなのは、のちに母校・日大

▶阪急西宮球場

山形などを率いて何度も甲子園に出場した渋谷良弥氏。やはり、高校生にとっては〝聖地〟とされる甲子園への思いが強く、西宮開催はこの3回だけとなっている。のち91（このの年、阪急西宮スタジアムに改称）～93年には、夏の大阪大会の一部で特例として使用した。2002年末に閉鎖。スタジアム敷地を含めた周辺再開発により、08年11月に大型複合商業施設「阪急西宮ガーデンズ」が開業している。

社 阪神・淡路大震災

はんしん・あわじだいしんさい

1995年1月17日に発生した阪神・淡路大震災は、死者6434人を出す未曾有の大惨事となった。第67回センバツも、2月1日が予定だった選考委員会を延期。多数が避難所生活を送る住民感情などに配慮し、開催すべきか否かを巡って議論が交わされた。結局日本高野連は2月17日、「復興センバツ」と銘打っての開催を決断。4日後には、当初予定から3週間遅れて出場校が決定した。被災した甲子園球場も、スタンドの一部に亀裂や崩落が発生したが、基礎部分の検査を行った結果開催に問題はなく、大会を前に亀裂や崩落箇所のみの補修が行われた。大会は、交通機関の障害や選手の健康管理面の問題を考慮し、それまで大会を通じて4日間あった4試合日を準々決勝当該の1日のみとした。また開会式では、場内を一周する入場行進を行わず、全校が外野に整列した状態で開始。いずれも電力事情の逼迫にかんがみ、できるだけナイトゲームを避けるためだった。この大会、被災地の兵庫県からは57年ぶりに神港学園、育英、報徳学園の3校が出場。練習不足など多くの試練を

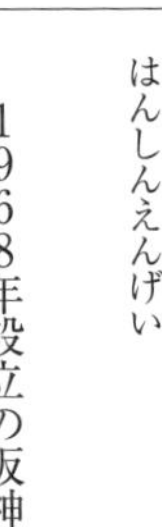

乗り越え、3校そろって初戦を突破している。

▶震災直後の甲子園。スタンドに亀裂が入った

他 阪神園芸
はんしんえんげい

1968年設立の阪神園芸株式会社は、兵庫県西宮市に本社を置く阪神電気鉄道系列の造園会社。阪神甲子園球場の阪神タイガース主催ゲームや、高校野球のグラウンド整備を請け負う。試合間、あるいは5回のインターバルで見せるグラウンド整備の手際は職人技で、ていねいに整備された黒土のグラウンドは、ときに枯山水の庭園を思わせる。2017年、とうてい開催不可能と思われたセ・リーグのクライマックス・シリーズが、同社の尽力で開催にこぎ着けたのは記憶に新しい。レアなところでは、突然の雨に対して、フィールドを瞬時に特大のシートで覆うチームワークは、まるでテニス会場のウィンブルドンのよう。雨天中断後、再開のためにグラウンドにたまった水を抜く作業なども見ものだ。

施 阪神甲子園球場
はんしんこうしえんきゅうじょう

全国中等学校優勝野球大会（1915年創設）の開催を主目的として建設された野球場。24年3月に起工し、7月末に完成した。

同大会は2回まで豊中グラウンド、第3回からは鳴尾球場で開催されていたが、人気が高まるにつれ同球場の仮設スタンドでは観客を収容しきれなくなった。23年の第9回大会では、甲陽中（現甲陽学院・兵庫）と立命館中（京都）の準決勝第1試合で、ロープで仕切っただけの客席から押し出された観客が外野に入り込み、試合が一時中断するという事態に。急きょ、準決勝の第2試合を別のグラウンドで行い観客を分散させたが、決勝で地元の甲陽中が和歌山中（現桐蔭）との近畿対決を制すると人気がピークに。もはや、鳴尾球場での大会開催が困難なのは明らかだった。主催の朝日新聞はこの事態を重く見て、本格的な野球場の建設を提案する。また鳴尾球場の所有者だった阪神電鉄も、武庫川の改修によって生じた土地の払い下げを受け、さらに周辺と合わせて広大な土地を取得。開発の一環で新球場の計画を進めており、朝日側と利害関係が一致した。設計にあたっては、23年に完成していたニューヨークのヤンキースタジアムに匹敵する大球場を目指したという。

建設に着手したのは、24年3月11日だった。全国大会の開幕はすでに8月13日と決まっていたから、わずか5カ月弱というスピードで完成した。竣工式が行われたのは8月1日。陸上競技場や他の球技場としての使用も想定していたためにグラウンドが広大で、初めて見た人はその偉容に驚いたという。開場したこの24年は、十干十二支の最初の組み合わせで、縁起がいいとされる甲子年（きのえねとし）にあたっていたため、「甲子園大運動場」と名づけられた（のちに球場と改名）。観客6万人という、鳴尾球場とはけた違いの収容能力を誇り、当時としては画期的な大球場だった。

8月13日の開幕第1戦は北海中（北海道）対静岡中。延長12回で北海中のサヨナラ勝ちとなった。建設当初は、さすがにここが観客で埋まることはないのでは……と思われていた大球場だが、お盆と重なった15日には満員札止めとなり、翌16日も同様で、球場前には徹夜組が１０００人並んだといわれる。なお、この大会から7日間通しの指定券が5円で発売されている。甲子園の初代優勝は広島商で、中国地方以西、また商業学校の優勝も初めてだった。

他 阪神電車

はんしんでんしゃ

阪神電気鉄道株式会社は、大阪と神戸を結ぶ鉄道を運営する大手私鉄で、阪神電車は通称。１９０５年に営業を開始し、現在は阪急阪神ホールディングスの完全子会社となった。高校野球開催にいたる経緯は、「阪神甲子園球場」に詳しい。甲子園球場の最寄り駅は同社の甲子園駅で、大きな収入源となっている。プロ野球、高校野球の試合開催時には大阪梅田・難波方面（特急が中心）・神戸三宮方面（急行が中心）ともに断続的に臨時列車が運転される。ちなみに、大阪梅田と甲子園間は片道運賃２８０円。近年は大阪梅田などの主要駅でも、満員通知（現在は入場券完売通知）や中止の知らせが比較的早く出されるため、球場まで行ったはいいが札止め……というムダ足は少なくなっている。

選 板東英二
ばんどう・えいじ

1958年夏の甲子園に、徳島商から出場した投手。プロ野球選手を経て現在はタレントとしておなじみ。40年、満州（現在の中国東北部）に生まれ、戦後父の故郷である徳島に引き揚げた。徳島商に入学すると猛練習を積み、3年夏の40回記念大会に出場。快速球を投げる剛腕投手として、大会の注目株だった板東は評判通りの活躍を見せる。高校野球史上珠玉の名勝負に数えられる魚津（富山）との延長18回の熱戦では、一試合で25個の三振を奪い、引き分け再試合を含む大会6試合のうち、4試合で2ケタ奪三振を記録した。1試合25奪三振と、大会通算83奪三振の記録は現在も破られていない。ちなみに大会通算奪三振の2位は斎藤佑樹（早稲田実・西東京、元日本ハム）の78、3位は松井裕樹（桐光学園・神奈川、楽天）の68。

このときの板東は決勝まで勝ち上がったが、さすがに力尽き、柳井（山口）に敗れて準優勝に終わった。また、この大会から延長18回引き分け再試合の規定が設けられ、徳島商と魚津戦がその適用第1号。そもそも、規定のきっかけを作ったのが板東本人だ。春季四国大会で延長16回を投げ抜き、次の試合も延長25回と連投で完投したことが問題視され、選手の体力面を考慮して延長に制限が設けられたのだ。当時はエース一人に頼り、完投するのが当たり前で猛練習も常識の時代。のちに板東は当時を振り返り「練習より、試合のほうが楽だった」とコメントを残している。

▶板東英二

チ 阪南大学高校
はんなんだいがくこうこう

プロ通算1065盗塁を記録し、世界の盗塁王と言われた福本豊（元阪急）の母校として知られる大鉄。1939年、2年制の大鉄工学校として創立された。現在の近鉄の路線の一部を運営していた大阪鉄道の社長が、学校建設を支援したことが校名の由来と言われる。41年に5年制

の大鉄工業学校に改組し、47年には学制改革によって新制の大鉄中学校を、48年には大鉄高等学校として、普通科と商業科を設置した。52年に電気科、1953年に機械科を設け、普通科・商業科・工業科を併設する総合制高等学校に。86年に普通科単独の高等学校へと移行し、現校名の阪南大学高等学校に改称している。

野球部は49、60年のセンバツに出場し、60~70年代の大阪では浪商（現大体大浪商）、PL学園、明星、興国、近大付、北陽（現関大北陽）と並んで私学7強と言われながら、夏は福本のいた65年が初出場。甲子園では秋田との初戦、延長13回裏に福本と二塁手がフライをお見合いしてサヨナラ負けしている。71年のセンバツでは、決勝で日大三（東京）に敗れたものの準優勝。主力の故障で控え投手だった奥田直也（元中日ほか）が奮起し作新学院（栃木）、福島商を連続完封した。外野手に1学年下の岩木哲（元南海）がいた。77年夏は、津久見（大分）との3回戦で延長13回、川端正が史上初のサヨナラ満塁本塁打を放つなどでベスト4に進出。準決勝ではバンビ・坂本佳一のいた東邦（愛知）に敗れた。いまのところ、それが最後の甲子園。春夏通算8勝6敗で、OBにはほかに土井正博（元西武ほか）、岩本勉（元日本ハム）らがいる。

バンビ坂本→坂本佳一
ばんびさかもと

ひ

チ PL学園高校
ぴーえるがくえんこうこう

所在地は大阪府富田林市。母体のパーフェクトリバティー教団は「人生は芸術」と謳い、高校球界に数々の栄光を築いてきた。創部は1956（昭和31）年。62年センバツに初出場すると、70、76年夏に準優勝し、78年夏には準決勝の中京（現中京大中京・愛知）戦の9回裏に4点を追いついて延長で逆転。決勝の高知商戦も、2点差の9回裏に3点を奪ってサヨナラ勝ちし、〝逆転のPL〟といわれた。81、82年には、史上2校目のセンバツ連覇。83年は1年生の桑田真澄（元巨人ほか）、清原和博（元オリックスほか）を擁して夏2回目の優勝。翌年は取手二（茨城）に敗れて準優勝に終わったが、85年夏の決勝は宇部商（山口）をサヨナラで下し、KK時代の有終を飾った。その85年夏は、東海大山形を相手に史上唯一の毎回得点を記録してもいる。さらに87年は、史上4校目の春夏連覇。また98年夏、松坂大輔（元西武ほか）のいた横浜（東神奈川）との延長17回の準々決勝は、歴代名勝負ランキングの上位に入る。応援のボードを使った人文字も有名で、「永久（とわ）の学園」のフレーズで知られる校歌を歌えるファンは少なくない。野球部の「研志寮」もなじみの名称だろう。

プロ球界でも長く一大勢力で、なんと77年から2001年まで、25年連続でプロ野球選手を輩出し続けた。KKの他に新井宏昌（元近鉄ほか）、木戸克彦（元阪神）、吉村禎章（元巨人）、立浪和義（元中日）、宮本慎也（元ヤクルト）、松井稼頭央（元西武ほか）、福留孝介（元中日ほか）、前田健太（ツインズ）ら、多くの超一流選手が育った。春の出場が20回で48勝、夏に17回出場して同じく48勝。黄金期を築いた中村順司監督の甲子園58勝（勝率・853）は歴代3位。15、16年は野球部員募集を停止し、16年夏、現役部員の引退で休部が決定。輝かしい歴史にひとまず、終止符が打たれている。

▶85年夏、宇部商との決勝をサヨナラで制し優勝したPL学園

選 監 比嘉公也
ひが・こうや

1999年のセンバツで、沖縄尚学高校が県勢初の優勝を遂げたときの左腕エース。当時のチームメイト

には比嘉寿光（元広島）、荷川取秀明らがいた。比嘉公は、浜田（島根）との2回戦でベースカバーの際、右足首を軽くねんざしていたが、PL学園（大阪）との準決勝では、打者の手もとで曲がる変化球が効果的。自身が「あこがれだった」という田中一徳（元横浜）には3安打されたものの、延長12回を自責点2で完投している。愛知学院大ではヒジを痛めて学生コーチを務め、卒業後は沖縄市の浄水管理所に勤務しながら、沖縄大学で社会科教員免許を取得。母校のコーチや副部長を経て、2006年に監督に就任した。08年センバツは東浜巨、1学年下の嶺井博希（いずれもソフトバンク）のバッテリーを擁し、自身のとき以来2度目のセンバツ優勝を果たす。ただし99年は、準決勝で212球を投げたこともあり、水戸商（茨城）との決勝は登板していない。優勝投手にして母校の優勝監督というのは、いまのところ習志野（千葉）の石井好博ただ一人だ。13年の明治神宮大会では、日本文理（新潟）との決勝で最大8点差を逆転し、これも沖縄勢の初優勝を記録している。1981年6月29日生まれ、沖縄県出身。監督としての甲子園通算は13勝7敗。

社 東日本大震災

ひがしにほんだいしんさい

2011年のセンバツ大会は、3月23日の開幕まで2週間を切った11日に、東日本大震災が発生。1月28日の選考委員会で出場校は決まっていたが、1995年の阪神・淡路大震災時と同様、大会を開催するか否かが議論された。15日には開催を前提とした組み合わせ抽選会を行ったが、最終的に条件つきの開催という結論が出たのは18日の臨時運営委員会でのことだ。条件とは・開会式の簡素化・ナイトゲームの回避・鳴り物応援の禁止・入場料の一部を義援金として被災地へ・球場内での募金活動の実施。「がんばろう!! 日本」を特別スローガンに掲げ、被災者追悼などの社会的配慮から、

・東日本大震災で被災した東北（宮城）を特例として1回戦最後の試合に配置

・選手宣誓は日本高等学校野球連盟会長の奥島孝康が抽選

・開会式の入場行進は一部省略。開会式に際して選手全員で黙とう

という特別措置がとられた。開会式では、当初入場行進の取りやめを決めたが、最終的に中堅付近から1校ずつ内野側へ前進。行進曲はCDが流れた。ほかに文部科学大臣の挨拶と開幕試合の始球式は行われず、大会2日目以降の小・中学生による始球式も行われていない。スコアボ

ード上の国旗、大会旗、毎日新聞社社旗は、半旗とした。また、被害を大きく受けた光星学院（現八戸学院光星・青森）、東北、大館鳳鳴（秋田）、水城（茨城）については、

・光星学院は震災当時沖縄県で合宿中だったため、帰郷が困難となり、特例として直接現地入りが許された

・東北は組み合わせ抽選会を欠席したが大会への参加を表明したため、大会6日目の第1試合に行われる1回戦最後の試合に配置。多くの関係者は学校に残ってテレビ観戦したが、岐阜の大垣日大に敗れた

ほか大館鳳鳴や水城を含めた4校は、応援団を送ることが困難なため、本戦に出場できなかった兵庫県内の17校の高校生野球部員が「友情応援」を行っている。また応援については、楽器類による鳴り物入り応援は全面禁止。ただし、チアガールの配置や人文字、メガホン、チアスティックの応援は許可された。また、応援団賞は選考しなかった。

ナイトゲームの回避というのは、計画停電などによる省エネルギー対策だ。そのため、試合間のインターバルは極力短縮され、従来の約35分から約25分へ。試合前のノックを7分から5分に、イニング間の投球練習も5球から3球へと徹底した。さらに迅速な攻守交代、また好球必打の傾向も相まって、点灯試合なく大会を終了している。大会としては26年ぶりに延長試合がなかったのも、スピードアップを後押しした。優勝したのは、前年夏には準優勝に泣いた東海大相模（神奈川）。門馬敬治監督が「（事故が発生した福島第一原子力発電所近くの）浪江町には、親戚がいたんです……」と目を潤ませたのが印象的な大会だった。集まった募金は、毎日新聞大阪社会事業団を通じ、被災者義援金として贈られている。

選 東浜巨

ひがしはま・なお

1990年6月20日、沖縄県うるま市生まれ。「心も体も大きく育つように」との願いを込めて名づけられた。与勝中3年夏にエースとして県大会優勝、九州大会3位。沖縄尚学では1年夏からベンチ入りしたが、部内の不祥事により秋は1カ月の対外試合禁止処分を味わう。2年夏はエースとなったが、準決勝の浦添商戦で両足けいれんにより途中降板し、チームも延長で敗れた。2年秋、140キロ超のストレートと多彩な変化球で、公式戦9試合で3完封、防御率は0・88。奪三振率10以上ながら、1試合あたりの四死球は2未満と、制球も抜群だった。迎えた2008年センバツでは、聖光学

院（福島）との初戦で自己最速の147キロを計測して完封するなど2完封。5試合計41回を投げて自責点3、防御率0・66と圧巻の数字で比嘉公也監督が現役だった99年以来の優勝をもたらした。亜細亜大を経て12年ドラフト1位でソフトバンク入り。高校でバッテリーを組んでいたのは1学年下の嶺井博希で、大学、そしていまはソフトバンクでも女房役を務める。

選 左利き捕手、三塁手

ひだりききほしゅ、さんるいしゅ

野球というスポーツにおいて、左利きは有利な一面もあるが、ふつうは守備位置が限定される。ピッチャー、ファースト、それに外野。捕手は、右打者が多いので左投げは二塁送球がやや困難になるうえに、本塁でのタッチプレーが遠くなる。内野手はゲームの性質上、左利きが一塁送球するには、体を一度反転させる必要があることが多い。だが2000年夏、左利きの捕手が甲子園に登場した。那覇（沖縄）の長嶺勇也だ。「別に、左利きのハンディはないです」と本人。もともと池村英樹監督は既成概念にとらわれず、一番打者が極端にオーバースイングするかと思えば、エース・成底和亮が捕手を務めたり、そもそも三塁手・金城佳晃も左利きだった。その那覇は、中京商（現中京・岐阜）に勝って3回戦まで進出している。左利き三塁手は、96年夏の大湯輔（弘前実・青森）が史上初だと言われている。46年の芦屋中（兵庫）にも、橋本修三という左利きの捕手がいた。戦後すぐのこと、左利き用のミットなどどこにもなく、右利き用ミットの網を外し、中身を詰め替えて無理やり左利き用に仕立てたという。

尾藤スマイル→尾藤公

びとうすまいる

監 尾藤公

びとう・ただし

1979年の春夏連覇、さらに夏の大会で見せた星稜（石川）との延長18回の死闘。記憶に刻みこまれる数々の名勝負を生み、「どこの島ですか」と聞かれることもあった和歌山県有田市の箕島を、野球で一躍有名にした指揮官。32年、和歌山生まれ。母校・箕島では四番で捕手だったが、甲子園出場経験はない。近畿大中退後は銀行に勤め、仕事の合間に母校でノックの手伝い。66年、監督就任要請を二つ返事で引き受ける。平安（現龍谷大平安・京都）進学を決めていた東尾修（元西武）ら地元の有望選手を説得し、彼らが3年になった68年春にセンバツ初出場を果たす。ベスト4入りして夏も期待されるが、和歌山大会の2回戦でよもやの敗戦を喫した。「このチームは箕島史上最強だったが、勝てなかったのは自分の未熟さ」と、のちに振り返っている。その後、70年センバツで島本講平（元近鉄ほか）を擁し甲子園初優勝を飾った。72年からは2年間現場を離れたが、選手全員による信任投票の結果、不信任がわずか1票あったためだ。潔く監督を辞したあとは、学校横にあるボウリング場に勤務していた。再び請われて復帰し、容赦のないスパルタ指導から一転、試合では笑顔を見せるようになる。やたら緊張する内野手に「あと3つはエラーするな」と笑ったら、周りの選手が「そんなふうにニコニコしてくれたらリラックスできる」と尾藤に言ったのがきっかけ。のちに〝尾藤スマイル〟と呼ばれ、上甲正典らの指導者にも大きな影響を与えた。

77年、センバツ2度目の優勝。79年には石井毅（元西武）、嶋田宗彦（元阪神）のバッテリーで春3度目の優勝、そして史上3校目にして公立校では唯一の春夏連覇を果たす。夏、星稜との3回戦は、のちに〝神様が作った試合〟と形容されるほど球史に残る。1点のビハインド、延長12回2死走者なしから、嶋田宗彦が「ホームランを狙ってもいいですか」。そして、本当にホームランが飛び出し同点。このとき、監督が選手より先に負けを覚悟してしまったことを反省している。再びリードされた14回にも起死回生のホームランで同点に追いつき、最後は18回裏、劇的なサヨナラ勝ちで決着した、3時間50分の名勝負だった。この試合で尾藤は、知人の医者のアドバイスでベンチ裏にバナナや飲料を用意。「水は飲むな」の時代だったが、根性論だけでなく科学的な目も兼ね備えた指導だった。この取り組みは、のちに製薬会社から発売されるスポーツドリンクの先駆けだった。

86年夏は、長男・強（元箕島監督）がエースで県決勝まで進んだが、あと一歩のところで甲子園を逃した。腰痛から、監督の仕事で最も好きなノックが満足に打てなくなり、95年に監督を退任。29年にわたる指導者生活では自分をさらけ出し、笑うときには笑い、泣くときにはとことん泣いた。その人柄は多くの高校野球ファンの心をつかみ、愛された。勇退後は日本高野連の理事として、講演活動や技術指導で全国を回る。２００８年には育成功労賞を受賞。04年にガンの手術を受け、酒やタバコは禁じられたが、「納得のいく人生。思い残すことはない」と神経質になることもなく、周りの心配をよそにいつも通りを貫いた。10年秋、

31年前の星稜との再戦が甲子園球場で行われ、車いすで駆けつけたのが公の場での最後の姿になった。明けて11年3月6日、死去。享年68歳。通算甲子園出場14回、35勝10敗。優勝春3、夏1の計4回。愛称は〝トンちゃん〟だった。

▶尾藤公

他 人文字
ひともじ

　人間のグループが、色画用紙、ポンポン、帽子、服飾などの衣装や道具を用い、ある一つのテーマに沿った絵や文字などを表現するもの。高校野球でよく知られるのが、ＰＬ学園(大阪)のそれだろう。「当時私は、ＰＬ中学の3年生。アルプススタンドで、人文字のドットのひとつになりましたよ。もっとも、まだ全体の人数が少なかったから、〝Ｐ〟の１文字だけでした」と回想するのは、のちにＰＬの監督を務めて58勝を記録する中村順司氏。１９６２年、ＰＬ学園がセンバツに初出場したときの回想だ。独創的な応援を目ざし、紺の学生服と白の体操服で「Ｐ」の字を表現したという。

　ＰＬの生徒数が増え、中・高校生で5、６００人の規模になると、黄色、赤、白、青と裏表色の違う旗を持ち笛の合図で裏返すなど、道具を使って色を変えるようになる。出場を重ねるたびに、洗練の度も増していった。旗は青、白など7色の厚紙で作ったカラーブックに変わり、図案作成にはコンピューターを導入。各自に異なる指示書が座席に置かれ、指示の合図に合わせてカラーブックをめくり「ＰＬ」「打て」など、メッセージが一瞬で変わるようになる。優勝すれば「Ｗｅ　ａｒｅ　Ｎｏ・１」などという〝長文〟も登場した。阪神・淡路大震災直後の95年センバツでは、学校の枠を超えた激励、再生への思いとして応援席に「希望」「輝け」「未来」の人文字が浮かび上がった。そうした手法は、ブラスバンドの独創性も加えて、多くのチームに影響を与えることになる。

　91年夏、大阪桐蔭が初優勝したときには、「熱戦」「青春」「汗」「涙」の人文字が甲子園の観衆をわかせ、優勝した瞬間には「日本一」。ＰＬ野球部のＯＢである森岡正晃野球部長（当時）は、「マネとは思わなかった。人文字はＰＬだけのものじゃなく、大阪の象徴でしたから」と振り返る。2019年には、マスターズ甲子園にPL学園が出場。北は北海道、南は沖縄と全国からOBや一般参加者630人が集結し、名物の人文字応援が復活した。最年長の参加者は同校2期生の81歳女性。「人文字に参加したことがないので」と福岡県から駆けつけたという。

また夏の甲子園では、「ようこそ西宮へ」と浮かび上がる人文字が開会式の名物だった。00年に西宮青年会議所が始め、市民団体「西宮をPRする会」が事業を引き継いで運営。全国から集う選手や応援団を激励しながら、市民にも郷土愛を育んでもらおうと、市民800〜1200人にボードをかざしてもらい、ライトの外野スタンドからメッセージを送るもの。だが19年2月、メンバーの高齢化で同会が解散。別団体での継続も模索されたが、夏の甲子園には間に合わず、名物の人文字は残念ながら途絶えることになった。

運 陽は舞いおどる甲子園

ひはまいおどるこうしえん

1934年に制定された、選抜中等学校野球大会の2代目の大会歌。ただし「陽は舞いおどる甲子園」は通称であり、正式には「全国選抜中等学校野球大会歌」（後に「選抜高等学校野球大会歌」）。実はそれ以前の31年に初代の全国選抜中等学校野球大会歌（通称「蒼空高き甲子園」。林不忘こと長谷川海太郎作詞、陸軍戸山学校軍楽隊作曲）が誕生していたが、当時は敵性語であった英語が歌詞に含まれていた。それが、作曲した当事者である陸軍上層部の反感を買い、わずか1年で廃止となった。それに代わる2代目は、主催者・大阪毎日新聞社学芸部部長で、詩人の薄田泣菫の作詞、作曲は陸軍戸山学校軍楽隊。一節に「戦塵」とあるなど、軍国主義色の強い歌詞だった。

制定された34年から4大会連続して開会式の入場行進曲に使用されるなど、90年代初頭まで使われた歌だが、これは意外と知られていないのではないか。62年の「上を向いて歩こう」を皮切りに前年の流行曲が入場行進曲に使われるようになると、時代にそぐわない歌詞もあり、徐々に忘れられた存在となっていったためか。93年からは、3代目の大会歌「今ありて」が親しまれている。

試 122対0

ひゃくにじゅうにたいぜろ

1998年夏、青森大会の東奥義塾と深浦（現木造深浦校舎）で記録された、ギネス級のスコア。7回コ

ひ

ールドで東奥義塾が勝ったものの、それまでの記録である埼玉大会の豊岡実（現豊岡）と松山中の72対0をはるかに上回った。東奥義塾は甲子園に4回出場しているのに対して、深浦は部員わずか10人、しかも6人は他部からの助っ人とあって、実力差は歴然だ。東奥は初回から39点を入れると、その後も二ケタ得点をずらりと並べる。メンバーを入れ替えながらもその後もやりたい放題。常に全力を尽くすことが最大限の敬意、という考えから、手を抜くことはしなかった。5回終了時点で93対0。グラウンド整備中に、深浦の工藤慶憲監督は選手の体調も考慮し、「放棄試合にもできるぞ」と提案した。それならばルール上は、0対9の敗戦になる。

だが、「1アウトを取るたびに、応援の声が聞こえて……」という一人の発言に、ゲーム続行を決めた。この点差であれば、5回コールドゲームになる県も多いが、当時の青森では試合の成立は7回。結局東奥義塾はあと2回、敬意を持って攻撃を続け、122得点をたたき出した。7本塁打含む86安打で5人がサイクルヒットを記録し、33四死球の78盗塁。深浦は5四死球のみで、1本のヒットも打てなかった。試合時間は3時間47分。この試合をきっかけに、それまではバラバラだった地方大会でのコールドゲームの規定が、5回10点差、7回7点差と統一された。

選 平古場昭二

ひらこば・しょうじ

1946年、西宮球場で行われた戦後第1回目の第28回全国中等学校優勝野球大会で、浪華商（現大体大浪商）を大阪勢初の夏の優勝に導いた左腕エース。準決勝の東京高師付中（現・筑波大附属中・高）戦では、大会最多タイ記録（当時）の1試合19奪三振を達成し、決勝では、初回の先頭から6連続三振の力投で京都二中（現鳥羽）を完封した。本来右利きだったが、兄に無理やり左に転向させられたという。バッテリーを組んだのは、のちに洲本を率いて53年センバツを制する広瀬吉治。慶応大では通算65試合に登板し、29勝26敗。18年秋の東大1回戦ではノーヒット・ノーランも記録した。社会人野球の全鐘紡に進み、都市対抗3連覇に貢献した。プロ入りはしなかったが、のちにパ・リーグ審判員となり、4年間務めている。

選 平本龍太郎

ひらもと・りゅうたろう

報徳学園（兵庫）がベスト4まで進んだ2009年のセンバツで、記録ずくめの活躍を見せたヒットメーカー。今治西（愛媛）との2回戦で、2回に左越え2ランを放つと単打、三塁打、単打、そして9回には2本目のアーチだ。従来の記録を4も上回る1試合16塁打の新記録をはじめ、1試合6安打は大会3人目、2本塁打は17人目。8回の三塁打は、二塁打ならセンバツ史上2人目のサイクル安打達成と知りつつ、「チームのプラスになる」と三塁まで進んだ。「アイツらしい」とは、中学からバッテリーを組む宮谷陽介投手。実は前日までは体調が悪く、病院で点滴を打ち、この日朝の練習でも調子はいまひとつ。しかも打順は八番というから驚きだ。六番に打順を上げた準々決勝でも、2打席連続安打で8打席連続安打は大会最多に並び、終わってみれば4試合で17打数10安打、打率・588。大会通算21塁打の新記録も達成した。立教大を経て、のちENEOSでプレー。

選 平田良介

ひらた・りょうすけ

PL学園（大阪）時代の清原和博（元オリックスほか）とたった2人だけ、甲子園で1試合3本塁打を記録した大阪桐蔭の選手。2005年夏、大阪桐蔭は準々決勝で東北（宮城）と対戦し、6対4で勝利したが、平田はこの試合第1打席で左翼に先制ソロ、第2打席はセンターへソロ、2対4と逆転された5回の第3打席は右中間へフェンス直撃の適時二塁打、第4打席はセンターへ逆転2ランと、1人で5打点を記録した。1試合14塁打は、清原をもしのぐ大会記録だ。1988年3月23日、大阪生まれ。大阪桐蔭では1年夏からレギュラーで、秋から四番に座った。辻内崇伸（元巨人）と同期で、2学年下に中田翔（巨人）がいた。なお05年夏の大阪桐蔭は結局、準決勝で田中将大（楽天）のいた駒大苫小牧（南北海道）に敗れている。甲子園での平田は、04年センバツでも1本アーチを架け、合計5本塁打は史上5位タイで、高校通算70本塁打。05年の高校生ドラフト1巡目で中日に指名されて入団し、22年まで現役を続けた。

▶平田良介

選 平松政次
ひらまつ・まさじ

1965年のセンバツで、準決勝まで4試合を完封し、いまも大会記録の39回連続無失点という好投で優勝した、岡山東商のエース。4試合連続完封は、ほかに3人しかいない大会記録だ。藤田平（元阪神）のいた市和歌山商（現市和歌山）との決勝は、延長13回2対1のサヨナラ勝ちで、平松はトータル49回を投げて1失点ということになる。同年夏は倉敷商の松岡弘（元ヤクルト）、関西の森安敏明（元東映）と、まれに見る高レベルの大会を勝ち抜いて春夏連続出場。しかし日大二（東京）に初戦で敗れた。卒業後は社会人の日本石油（現ＥＮＥＯＳ）に入社し、2年目にエースとして都市対抗制覇を達成。優勝から2日後に、大洋に入団した。47年9月19日、岡山県高梁市生まれ。

▶平松政次

チ 広島商業高校
ひろしましょうぎょうこうこう

「ひろしょう」の名で親しまれている県立の古豪。1899年に設立され、広島市中区に校舎がある。センバツに22回、夏に23回の出場があり、センバツは1回、夏は実に6回の優勝があり、「春の広陵、夏の広商」と県内では呼ばれている。真剣の上を裸足で歩く練習をする、と言われるように精神野球を基本として、バント、盗塁を仕掛け、守り重視で緻密な野球が持ち味とされる。夏の1924年が初めての優勝で、29、

▲1973年夏、広島商業の優勝パレード

30年と夏は2校目となる連覇を達成した。翌31年のセンバツにも勝って、史上初の夏春連覇。戦後も57年夏、そして73年夏は捕手の達川光男（元広島）が中心となり、レベルの高い江川世代の頂点に立った。この年のセンバツの準決勝、江川卓（元巨人）の作新学院（栃木）に2安打で2対1と勝ったゲームが、広商野球の真骨頂だった。新型コロナウイルス渦中の22年センバツでは、1回戦を勝利したもののその後の検査で陽性者が確認され、大阪桐蔭との2回戦出場を辞退した。開幕後の出場辞退はセンバツ史上初。OBには鶴岡一人（元南海）、三村敏之（元広島）、山本和行（元阪神）、柳田悠岐（ソフトバンク）らがいる。春20勝、夏43勝の通算63勝は全国13位。

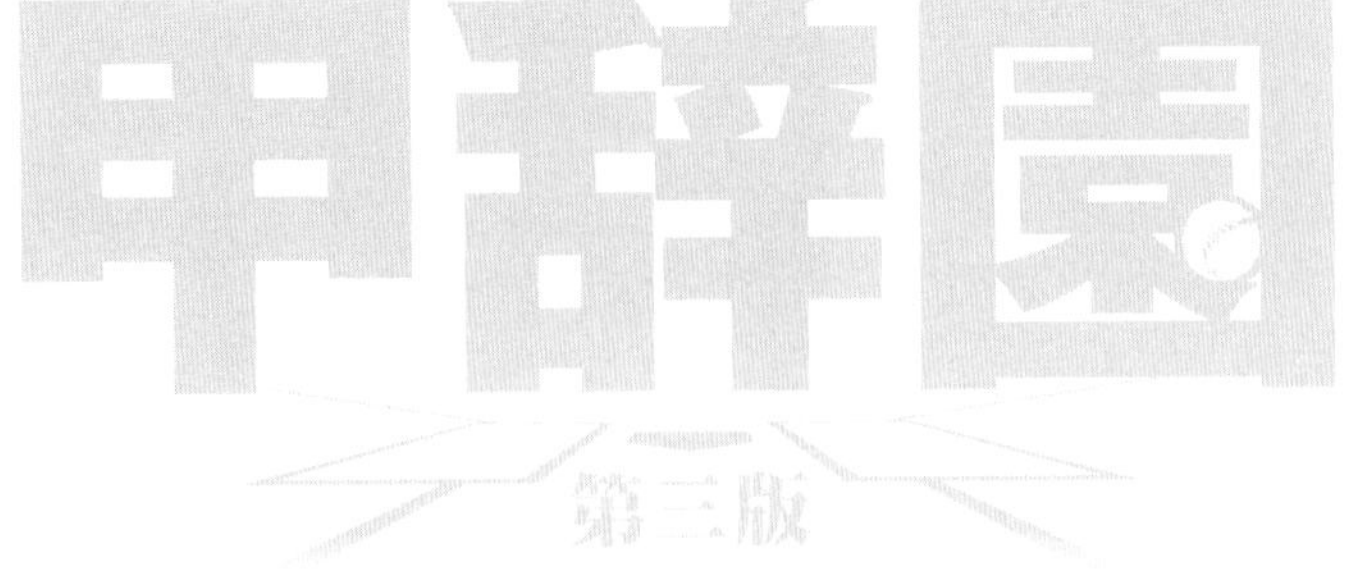

他 部員数
ぶいんすう

日本高野連は、ホームページ上で登録部員数を公開している。それによると、もっとも古いデータである1982年度で全国の硬式野球部員合計が11万7246人、加盟校数は3488だった。以後、どちらもおおむね右上がりで推移し、加盟校数は2005年の4253校、部員数は14年の17万312人がピーク。両者のピークがずれているのは、05年の81・1パーセントが14年には87・7パーセントと、部活動の継続率が上昇していることも関係ありそうだ。だが学校再編や少子高齢化の影響もあり、加盟校数、部員数ともにピーク時から漸減。加盟校は17年には4000を割り、02年以来15万人以上をキープしていた部員数は、18年に前年度比8389人減と調査開始以来最大の減少を見せ、19年にはその減少幅を更新する9317人減。14万3867人と、15万人を割った。減少ペースは以後落ち着いたが、新型コロナウイルスの感染拡大も影響してか、22年には14万人を割り、23年は12万8357人となった。加盟校数は23年が3818校と、18年連続で減少している。

日本高野連が23年、加盟校に行ったアンケートでは、回答を得た3788校のうち「野球部員が10人未満」が13・4パーセント。15年前は2・6パーセント、10年前は3・5パーセント、5年前は7・8パーセントだったが、加盟校の1割以上が、部員数一ケタで活動していることになる。また、「新入部員に野球経験者が減っていると思うか」という問いには、57・4パーセントが「そう思う」。こうした回答も、野球人口の減少を裏付ける。

深刻なのは1年生の減少で、21年には4万4864人と調査開始以来最少となった。むろんコロナ禍もあるが、コロナ以前の18年には5万413と歴代4番目、19年は4万8036人は3番目の低水準。22年は4万5246人、23年は4万5321人と2年連続で増加に転じはしたものの、楽観はできない。この傾向は、ほぼすべての都道府県で共通している。高校生予備軍である小・中学生の野球人口を見ると、07年には硬式、軟式合計で66万4415人いたそれが、20年は40万9888人と40パーセント近く激減している(全日本野球協会調べ)。危機的なのが、中学部活の部員数だ。09年には男女計30万8386人だったのが、19年は16万4173人と、10年間でほぼ半減。部活動のあり方が見直されるなか、今後も減少は避けられないだろう。中学部活は軟式で、硬式の減少度は定かではないが、野球人口の減少という課題はすでに待ったなし。かつてはだれもが親しんでいたキャッチボールを、経験したことがない子どもも珍しくない。近年、全国高等学校女子硬式野球連盟の加盟校が漸増しているのは、せめてもの救いか。

部員登録→ベンチ入り人数
ぶいんとうろく

社フェアプレー
ふぇあぷれー

公正な勝負を意味する言葉。フェアプレー（規則を守って競技を行うこと）を推奨するため、選手個人、チーム、フェアプレーに貢献した人物や団体に対して、フェアプレー賞を設けている競技も多い。たとえば国際サッカー連盟（FIFA）は、サッカーに関してとくにフェアな振る舞いを行った個人もしくは団体に対してFIFAフェアプレー賞を贈っているが、一説にはこんな話がある。サッカー発祥の国・イギリスであるとき、子どもたちに「審判が見ていなければ、違反行為をしてもいいか」というアンケートを取ったところ、相当数の回答が「いい」。この結果を重く見た競技団体が、あらためてフェアプレーの大切さを認識し、それが1987年のフェアプレー賞の創設につながったというのだ。

それはともかく、2019年夏の甲子園で気持ちのいいプレーがあった。花咲徳栄（埼玉）と明石商（兵庫）との2回戦、7回。菅原謙伸の打席は、左肩への死球と判定されたが、本人は「よけていないので」とこれを辞退。直後の1球をレフトスタンドに運び、試合は3対3と一時振り出しに戻った。結局チームは敗れたものの、菅原の同点ホームランは、「フェアプレー弾」と話題になっている。あるいは同じ大会では、足がつりかけた星稜（石川）の奥川恭伸（ヤクルト）に対し、対戦相手の智弁和歌山・黒川史陽（楽天）が、熱中症予防のサプリメントを託したり。もともと、すがすがしさが高校野球の魅力。今後も「フェアプレー賞」に匹敵するシーンが見られるだろう。

施フェンス
ふぇんす

グラウンドと客席を仕切るフェンスが、ときに思いもかけないハプニングのもとになるとは……1998年8月10日、日大東北（福島）と宇部商（山口）の一戦、4対2とリードする宇部商の6回裏の攻撃。清水夏希の打球は、左翼線に伸びていった。日大東北のレフト・渡辺功之が懸命に追う。フェンス直撃。清水は二塁を回る。そこで、打球を処理しようとフェンス際に頭から突っ込んだ渡辺が動かないのに気づいた。おかしいな、と思いながらも、三塁も回ってホームイン。実はフェンスのラバー下に取り付けられたブリキ板と、地面とのわずかな隙間に、渡辺の右手がはさまって抜けなくなっていたのだ。渡辺は「ストップ、ストップ！」と左手のグラブを振って叫んだが、他の野手がバックアップに走っており、インプレーとの判断。ランニング本塁打と認められたあと、渡辺の救出作戦が始まった。まず石けんをぬって滑りをよくし、バールでブリキ板を持ち上げる。救急救命士の資格を持つ審判員がいたこともあって処置は順調に進み、渡辺の手を抜くことに成功。試合中断は約10分間ですんだ。渡辺に大きなケガはなかったが、控え選手と交代。チームは2対5で敗れた。

事 4アウト事件

ふぉーあうとじけん

1982年の夏、益田（島根）と帯広農（北北海道）の試合で珍妙な事件が起こった。9回表、益田の攻撃。先頭の斎藤浩三が四球、二番・中村藤雄が右前打し、三番・宮崎稔之が送って1死二、三塁とした。続く豊田伸広のスクイズで、三走・斎藤が生還し、守備がもたつく間に二走中村も本塁を狙ったが、これは三本間で挟殺された。益田は5対2と、リードを3点に広げたがこれで2死。続く金原政行はセカンドフライ……。だが打席に六番・池永浩二が入ると、スタンドがどことなくざわめいている。それもそのはず、数えてみればスリーアウトチェンジなのに、アウトを示すスコアボードの赤いランプは二つしか灯っていない。この時点で間違いに気づいていた帯広農の星栄監督は、次打者・池永浩二が打席に入ったとき、抗議しようとしたが、「きっかけを失った」という。一方、益田のベンチでも、槙和久監督をはじめほとんどの選手が間違いに気づいていたが、「審判は

▶二塁走者中村もホームを狙ったがタッチアウト

何も言わないし、ウチの攻撃で得だから」とアピールすることはない。マウンドの加藤浩一も、「おかしいなと思ったけど、僕の間違いと思った」とそのまま投球。2球目を打った池永は三塁ゴロに倒れ、〝4アウト〟チェンジとなった。そのまま5対2で試合終了後、9回裏の守りについてから4アウトに気づいたという池永の記録は抹消されたが、益田にとっての甲子園初勝利は当然、そのまま残っている。

監 深谷弘次

ふかや・ひろじ

中京商~中京（現中京大中京・愛知）や、系列校の三重で部長・監督を務め、監督としては中京商時代の1954年夏、56年春、59年春と3回優勝。66年には部長として、杉浦藤文監督とのコンビで春夏連覇も経験している。28年5月28日生まれ、愛知県出身。中京商から日大を経て、53年に中京商の監督に就任。54年夏、56年センバツと全国制覇した。58年からは部長、監督を歴任、その後三重の監督でも甲子園に3回出場し、再び中京に戻った。78年の夏の準決勝、PL学園（大阪）に4対0の9回に追いつかれ、延長サヨナラ負けしたのを最後に辞任し、再び部長。甲子園通算33勝（11敗）は13位タイで、杉浦と2人で挙げた勝ち星は62勝にもなる。中京大でも指揮を執った。150センチそこそこと小柄。だが長いノックバットを自在に扱い、「体が小さいと子どもたちになめられちゃう。だけどノックがうまかったから、文句を言われなかったのかなぁ」と言うほどの名人芸を見せた。中京野球部は初代校長の梅村清光が創部し、梅村清明があとを継いだのだが、深谷は中京野球をこう説明した。「清明さんによると、足はどんなときでも実力が出る、でも打者はピッチャー次第で打てなくなる。足の速い子が一番安定しているから、そういう子を探さないといけない、ということでした」。2018年没。

チ 福井商業高校

ふくいしょうぎょうこうこう

1908年に市立校として創立され、48年には市立福井高校、58年に県立福井商業に。福井市にあり、商業科の他に流通経済科、会計科、情報処理科、国際経済科がある。36年、敦賀商（現敦賀）がそれまで独占してきた夏の福井代表に「ふくしょう」が初めて名乗りを上げた。その後全国舞台は途絶えていたが68年、北野尚文監督が就任して、県内のトップランナーに成長する。78年センバツ、完全試合を達成した前橋（群馬）の松本稔を2回戦、2ケタ得点で粉砕。浜松商（静岡）に敗れたが、準優勝を飾った。県内では84年から20年連続夏の決勝に進出し、96年夏、02年春はベスト4に。ユニフォームの左袖には、70年夏から「炎と燃えて、雪をも溶かせ」と赤い炎の刺繍が縫い込まれ、闘志を示すエンブレムとして甲子園でもおなじみ。横山竜士（元広島）、山岸穣（元ヤクルトほか）、中村悠平（ヤクルト）らがOB。夏は22回出場で19勝22敗、春は17回出場で14勝17敗。甲子園での優勝は同県の敦賀気比に先んじられたが、33勝と全国38位タイの勝ち星ではリードしている。

チ 福岡第一高校
ふくおかだいいちこうこう

昭和最後となる1988年夏の甲子園で準優勝した、私立高校。56年、高宮学園・福岡第一高校として設立し、64年に工業科と商業科を増設した（商業科は66年、現第一薬科大付属高校として独立）。学校創立と同時にできた野球部は、74年夏に角富士夫（元ヤクルト）をエースに甲子園初出場。80年には、運営母体が都築高宮学園に、85年には都築学園に名称変更した。前田幸長（元巨人ほか）、山之内健一（元ダイエー）と投打に強力な軸のいた88年は、センバツこそ岡幸俊（元ヤクルト）のいた高知商に初戦で敗れたものの、夏は接戦を勝ち上がって決勝まで進出。広島商に0対1と惜敗した。春夏通算6勝3敗だが、準優勝以来甲子園から遠ざかっている。陽岱鋼（元巨人ほか）、従弟の張奕（西武）もOB。

選 福嶋一雄
ふくしま・かずお

1946年夏、47春夏、48春夏、49春夏に甲子園出場した福岡県の旧制小倉中（小倉、小倉北）のエース。31年1月6日生まれ。46年夏はベンチ入りするも登板なし。47年春はエースとして大会に臨み、決勝まで進んで徳島商と延長13回の激闘を演じるも惜敗。準優勝で自信をつけた福嶋は同年夏の大会で投球が冴え、神戸一中（現神戸・兵庫）を制すると、桐生中（群馬）、志度商（現志度・香川）、成田中（千葉）、岐阜商（現県岐阜商）と5試合を一人で投げ抜いて、見事優勝。深紅の大優勝旗が、初めて関門海峡を越えた。翌48年夏、学制改革で中等野球から高校野球に切り替わった最初の大会に出場すると、やや横手投げからカーブ、シュートを絶妙な制球で投げ分ける技巧派・福嶋の右腕は絶好調で、丸亀（香川）、大分二（現大分商）、関西（岡山）、岐阜一（現岐阜）、決勝では戦前の名門和歌山中から改名した桐蔭をすべて完封。夏の大会2連覇を果たした。5試合連続完封は戦前の39年夏、海草中（現向陽・和歌山）の嶋清一に並ぶ記録で、戦後は福嶋のみ。49年夏は小倉北と改名（この年のみ）して3連覇に挑んだが、ヒジ痛のため本来の投球ができず準々決勝で倉敷工（岡山）に惜敗した。福嶋はグラウンドを去るとき、無意識に甲子園の土を一握りすくってユニフォームのポケットに入れる。このエピソードが広く知られるようになり、甲子園の土を最初に持ち帰った球児とされている（熊本工・川上哲治という説もある）。

▶福嶋一雄

選 藤王康晴
ふじおう・やすはる

1983年のセンバツで、11打席連続出塁（大会史上初）、8打数連続安打（大会2人目）を記録した享栄（愛知）の左打者。一宮市立大和中学校卒業後、享栄では1年秋から一塁手、四番打者として活躍。82年夏の愛知大会では決勝に進出するが、中京（現中京大中京）のエース・野中徹博（元ヤクルトほか）に抑えられ敗退。翌83年のセンバツでは、ベスト8まで進んでいる。高砂南（兵庫）との初回に3ラン本塁打、以降は左中間二塁打、中越え二塁打、四球。泉州（現近大泉州・大阪）戦では3回と7回にホームランなど3打数3安打1四球、東海大一（現東海大静岡翔洋）との準々決勝も初回はショートへの内野安打、3回は四球で歩き、11打席連続出塁の新記録を達成した。6回のセカンドゴロが、12打席目で初めてのアウト。この試合も3打数2安打の藤王は、3試合10打数9安打の打率・900を記録した。一大会3本塁打も、当時2人目の大会タイ記録。同年夏は、愛知大会決勝でまたも中京・野中に敗退。高校通算49本塁打を記録し、83年のドラフトで地元・中日の1位指名を受けて入団した。

選 藤浪晋太郎
ふじなみ・しんたろう

2012年に春夏連覇を達成した大阪桐蔭のエース。大阪泉北ボーイズに所属した中学時代、すでに最速

142キロを記録し、3年時には日本代表としてAA世界野球選手権大会に出場。中学卒業時ですでに194センチの長身で、大阪桐蔭に進学すると2年春からエースとなった。3年のセンバツでは、1年後輩にあたる森友哉（オリックス）とバッテリーを組み、初戦で大谷翔平（エンゼルス）のいた花巻東（岩手）を下すと（ただし大谷には一発を浴びている）、史上初めて全5試合で150キロ以上をたたき出して優勝した。40回で41三振を奪っており、ことに浦和学院（埼玉）との準々決勝、同点の7回無死満塁からの三者連続三振は圧巻。夏はさらにすごみを増し、明徳義塾（高知）との準決勝を2安打、決勝の光星学院（現八戸学院光星・青森）戦も2安打で連続完封。準決勝、決勝の連続完封は20年ぶりの快挙で、決勝では史上最多タイの14を奪っている。甲子園通算76回を投げ、防御率1・07で90奪三振。日本代表として臨んだ第25回AAA世界野球選手権大会では、2次ラウンドの3連投を含む計4試合で24回3分の1を投げて防御率1・11の成績を残し、ベストナインに相当する「オールスターチーム」に選出された。またこの活躍などから、国際野球連盟の12年18歳以下男子年間最優秀選手に選ばれている。史上7校目の春夏連覇を達成した大阪桐蔭は、10月の岐阜国体でも仙台育英（宮城）と同時優勝。79年の箕島（和歌山）、松坂大輔（元西武ほか）のいた横浜（神奈川）以来、史上3校目の「高校三冠」を達成している。その年のドラフト会議で阪神に入団。23年からアスレチックスでプレーする。

選 藤村富美男

ふじむら・ふみお

1916年8月14日に広島県呉市に生まれる。32年夏、大正中（34年に呉港中と改称）のエースとしての初出場を皮切りに、夏は4年連続、春も33、34年と計6回出場した。34年夏の決勝では、熊本工の川上哲治（元巨人）から3三振を奪うなど、2安打14三振の完封で優勝した。35年夏はベスト8にとどまったが、飯田商（現飯田OIDE長姫・長野）戦で19奪三振の大会タイ記録をマーク。卒業後は大阪タイガース（阪神）に入団し、物干し竿として知られるバットからの快打でミスター・タイガースと呼ばれた。

のち、一族も多く甲子園に出場している。39年春には弟の隆男（のちタイガース）が呉港中の投手、65年には長男・哲也が育英（兵庫）の三

▶藤村富美男

塁手、67年のセンバツには次男・雅美が三田学園（兵庫）の三塁手として出場。さらに96年の夏には、哲也の長男・一仁が海星（三重）の三塁手、98年夏と99年センバツにはその弟・賢も海星の捕手で出場した。2000年のセンバツでも、育英の監督、選手として雅美とその長男の光司が出場したから、本人から3代にわたって兄弟で出場しているという希有な例である。

選 藤本敏也
ふじもと・としや

1998年夏の甲子園、準決勝の横浜（東神奈川）戦で、サイクルヒットを達成した明徳義塾（高知）の外野手。80年5月6日生まれ、大分県出身。「もっとうまくなりたい」と明徳に進学し、98年センバツではさほど目立たなかったものの、春以後は一番に定着。高知大会では・474の高打率を残し、甲子園でも4試合で19打数6安打とコンスタントにヒットを記録した。準々決勝で延長17回を投げた松坂大輔（元西武ほか）が先発を回避した準決勝では、第1打席こそ三振したものの右前打、左本塁打（これが本人にとって公式戦初ホームラン）、左二塁打、左三塁打で大会史上4人目のサイクル安打を達成。「ベンチで教えられて初めて知った」快挙だが、試合は6対0から横浜の驚異的な粘りにあい、サヨナラ負けを喫している。現時点で春夏通じて7人のサイクル安打達成者のうち、チームが敗れたのはこの藤本ただ一人。

選 藤原恭大
ふじわら・きょうた

同学年の根尾昂（中日）らとともに大阪桐蔭最強世代を築き、在学中に2017年春、18年春夏と3回の全国制覇を経験した外野手。枚方ボーイズに所属した中学時代は、小園海斗（広島）らが同期にいた。大阪桐蔭では、1年6月の招待試合でデビューし、ノーゲームとなったものの右中間に先頭弾を放っている。1年夏から主力となり、2年のセンバツでは5試合で一番を務め、打率は低いながら2発含む4長打を記録。ことに履正社（大阪）との決勝では、

ふ

先頭弾含む効果的な3長打を記録している。以来4回出場した甲子園では、19戦85打数で27安打、打率・318、5本塁打、21打点。3年春の三重との準決勝では、延長12回にサヨナラ二塁打と勝負強さを見せ、3年夏は打率・462、3本塁打、11打点と大暴れだった。5本塁打は平田良介（元中日）、森友哉（オリックス）ら先輩に並ぶ歴代5位タイ。思い切りのいいスイングで高校通算32本塁打、50メートル5秒7の俊足も大きな武器で、18年のドラフトでは3球団が1位で競合し、ロッテに入団した。

運 不戦勝・不戦敗

ふせんしょう・ふせんぱい

2021年の第103回全国高校野球選手権大会は、新型コロナウイルスの感染拡大が収まらないなかでの開催。日本高野連は事前に、全国大会にチームとして出場できない場合でも、代表校差し替えを行わないこととした。センバツでは、開幕前まで補欠校の代替出場が可能とされたが、夏は補欠がないためだ。また開催中に陽性者が出たチームは、選手の変更などで対応できずに出場がかなわなかった場合、対戦校の不戦勝になる。新型コロナウイルスの感染拡大に歯止めがきかないなか、大会前、また初戦勝利チームはその後にもPCR検査を実施。さらに出場校の移動は、宿舎とグラウンドのみに限定するなど、徹底した感染予防対策を講じながら、緊張感のある大会運営が続く。だが、なんとか全校が無事に試合を……という願いをよそに、不測の事態が発生した。

愛工大名電（愛知）との1回戦を勝利した東北学院（宮城）では、翌々日に陽性者が出、数人が濃厚接触者と判定される。また2回戦から登場予定の宮崎商も集団感染が確認され、両校は出場を辞退。東北学院と対戦予定の松商学園（長野）、宮崎商と対戦予定の智弁和歌山は、春夏の甲子園史上初めての不戦勝となった。

過去に棄権・出場辞退は4校（1922年・新潟商、39年・帝京商、日大三中［東京］、2005年・明徳義塾［高知］）あるが、開幕後の出場辞退・不戦敗も史上初めてだった。また翌22年センバツでも、1回戦を勝ち上がった広島商が、やはり陽性者が出たため大阪桐蔭との2回戦を辞退、不戦敗となった。新型コロナウイルスの感染拡大によって、21～22年は、地方大会でも不戦勝・不戦敗が続出していた。

戦 プッシュバント
ぷっしゅばんと

一塁手の守備位置が深い、投手の一塁カバーが遅い、あるいは極端なバントシフトを敷いてきた場合などに、バットを押し込むようにして、意図的に強い打球にするバント。たとえば走者一塁で、一塁手が猛チャージしてきたのを見越し、その頭を越えるようなバントをすれば、打球の質と相手の守備次第では、走者を進めるだけではなく、打者も一塁に生きることができる。

1979年センバツの箕島（和歌山）は、下関商（山口）の横手投げ・山本一彦のカーブに苦しみ、1点を追う展開だったが、4回表のスクイズなど、再三のバントでかく乱。その多くはピッチャー、ファースト、セカンド3者の中間に落ちるようなプッシュバントで、結局10対4で勝利し、春夏連覇へのスタートとなった。箕島は日常、尾藤公監督が「ここに転がされたら困るな」と考えるエリアに打球を転がし、守備練習を行っていたが、それがことごとく内野安打になる。これを攻撃に生かしたら……という発想が、この年のプッシュバント多用につながったという。

運 プラカード
ぷらかーど

夏の大会の開会式では、西宮市立西宮高校の女子生徒がプラカードを持ち、入場行進を先導する。その前を行く国旗、大会旗を持つのも同校の生徒。これは1949年に始まったもので、学制改革によってできた新制高校にはなじみのない名前も多く、プラカードによって印象づけよう、また男女共学校も多く生まれており、女性にも大会に参加してもらおうという意図だった。参加する女子生徒は、希望者のオーディションによって決め、2倍程度の倍率に合格した生徒がどのチームのプラカードを持つか、あるいは国旗や大会旗を持つかは、くじ引きで決められる。プラカードを持ちたい、と同校に入学する生徒も多く、なかには祖母・母・娘と3代続いたケースも。導入時には「身長155センチ以上、身体強健、運動選手、容姿端麗」という選考基準があったが、現在は時代に合わせて運動選手にこだわらず、「歩く姿勢とリズム感」だとか。また、容姿端麗の条件も削除され、23年からは生徒の性別も問わなくなった。

閉会式の優勝、準優勝のプラカードを、開会式と同じ生徒が持つことになったのは2002年から。当初は3年生だったが、担当チームが勝ち上がると受験勉強に支障があるため、現在は2年生が担当している。またかつては、先導したチームの主将とプラカードガールが結婚したこともある。なお開会式後には、甲子園近くのホテルでプラカードOG会が開かれるのが通例だ。

センバツでは39年から校名プラカードの先導が始まり、国旗、大会旗、校名プラカードを持つのは、07年まではボーイスカウト日本連盟所属の高校生だった。それが、08年の第80回大会から、校名プラカードは各出場校の生徒が持つように。08~10年は閉会式でも、優勝・準優勝したチームのプラカードは生徒が持った（11年からはボーイスカウトに）。またその08年から、プラカードの校名は「国際高校生選抜書展」で地区優勝した学校が、地域ごとに書いたものを用いる。18年のセンバツでは、原本を転写したシールを貼る際にミスがあり、「慶応義塾」の「応」の字の「点」が1つ抜けているという珍事があった。

他 ブラスバンド

ぶらすばんど

ブラスバンドとは、金管楽器を主体として編成される楽団のことだが、日本では一般的に吹奏楽団のことをさす。「ブラバン甲子園」というCDがシリーズ化されて人気のように、各校ブラスバンドの個性的な応援も甲子園の魅力の一つだ。そもそもブラバンの応援が始まったのはいつか。1952年夏、日大三（東京）が1回戦を突破すると、長野県の野尻湖畔で合宿していた同校吹奏楽部に、鎌田彦一理事長から電報が届いた。1勝したので、次は応援に来るように……という内容で、8月18日、長崎商を相手に戦う日大三のスタンドには、演奏する吹奏楽部の姿があった。当時の朝日新聞に報道されたこれが、甲子園のブラスバンド事始めのようだ。

ほかにも53年夏に初出場した津（三重）の吹奏楽演奏会HPには「1勝をと、10人編成のブラスバンドが結成されました」とある。天理（奈良）のブラスバンドが、初めて甲子園の応援に登場したのは59年のセンバツと、これも天理高校吹奏楽部のHPにある。早稲田大の応援団で「コンバットマーチ」が作曲されたのが65年。それからすぐの70年代には高校野球でも定番になっており、50年代から登場した甲子園でのブラスバンドは、60年代中ごろから70年代にかけて一般的になっていたと思われる。

高校野球ファンなら、おそらくお気に入りのブラバンが2校や3校はあるはずで、たとえば天理、「ツァラトゥストラはかく語りき」を採り入れていたＰＬ学園（大阪）、オリジナル曲にこだわる横浜（神奈川、柳沢慎吾の芸でおなじみ）、「アフリカン・シンフォニー」を世に広めた智弁和歌山、レッツゴー習志野（千葉）の大音量、浦学サンバの浦和学院（埼玉）、流れるような三重のメドレー、団員の白い制服が硬派な熊本工あたり。古豪でいえば龍谷大平安（京都）は、得点圏に走者を置くと流れる通称「あやしい曲」が人気だ。駒大苫小牧（北海道）も、オーティス・レディングの「Ｉ Ｃａｎ't Ｔｕｒｎ Ｙｏｕ Ｌｏｏｓｅ（お前をはなさない）」や「駒大コンバット（チャンス）」がいい。相手が伝令を出したときには、演奏自体がスローになり、ピアニッシモを利かせる配慮は駒苫から始まった記憶がある。東北のチームではほかに、青森山田のオリジナリティーも目立つ。

コロナ下では、21年のセンバツでは演奏を禁止し、録音した音源を場内スピーカーで流した。21年夏は、50人以内での可能が可能だったが、大会途中で開催地の兵庫県に緊急事態宣言が発出。演奏は禁止となった。22年のセンバツでも、演奏は50人以内という制限があったが、同年夏からは従来のような応援が完全復活し、23年センバツでは声出しも可能に。甲子園名物のひとつでもあるブラスバンド応援。あなたのブラバン番付は？

施 ブラスバンド席
ぶらすばんどせき

アルプススタンドでブラスバンドが陣取るエリアは一、三塁側とももっとも内野席寄りに設定されている。この位置取り、かつては各チームの裁量だったが、ブラスバンド員は演奏に集中しているため、試合中に打球の行方に気がつかないこともある。２０００年代初頭の夏には、ファウルボールが生徒を直撃する事故があった。それ以後、ブラスバンド席は角度としてファウルボールが飛び込みにくいもっとも内野寄りとし、さらに大会期間中は内野席とアルプス席のネットを高くしている。そしてブラスバンド席の周囲を、グラブを持った野球部員が取り囲み、飛んできたボールをキャッチする態勢になった。

規 振り逃げ
ふりにげ

走者が一塁にいない、または2死で、第3ストライクが宣告された投球を、捕手が正規に捕球できなかったとき、打者が一塁へ進塁しようとするプレー。正規の捕球とは、ノー

ふ

バウンドでしっかりつかむこと。もし正規に捕球できなくても守備側は、打者が一塁に到達する前に打者、または一塁に触球すればアウトにできる。ただし振り逃げは便宜的につけられた名称で、正式名称はない。また振り逃げが成功した場合でも、投手、打者ともに三振が記録され、打者が一塁に生きた場合、記録上は暴投か捕逸、あるいは捕手などの失策となる。

球児は日ごろから、球審が「ストライク・スリー」を宣してもまだアウトではない……と教わっているはずだが、ときどきアウトと早合点してとんでもないミスにつながることがある。2007年7月28日、神奈川大会準決勝は、東海大相模と横浜という強豪の激突。4回表に3点を先制した相模は、なおも2死一、三塁で、打者の菅野智之（巨人）は2ストライク2ボールからハーフスイング。球審は、一塁塁審に確認したうえで、第3ストライクを宣告した。これを横浜ナインは、「打者アウト」と勘違いし、全員がベンチに引き揚げる。だが菅野は、自軍ベンチからの「走れ！」という指示を受けて一塁に走り出し、結局2人いた塁上の走者と菅野の3人の走者が本塁まで到達。第3ストライクの投球がワンバウンドだったにもかかわらず、横浜の捕手が菅野に触球せず、一塁にも送球しなかったことが、振り逃げ3ランを招いた。横浜は終盤反撃したが、結果的に相模が6対4で勝っている。

選 降旗英行
ふりはた・ひでゆき

長野県生まれ。1967年に松商学園に進学し、189チセンと長身からの速球を生かして1年秋からエースとなり、3年夏の甲子園に出場。三笠（当時は北海道立、現在は三笠市立）との初戦、初回の2四球など計3四球を与えただけでノーヒット・ノーランを達成した。5回途中で降板した玉島商（岡山）との2回戦で敗退。社会人の三協精機に進んだが、貧血症に悩まされ、3年で引退した。2018年には、長野県選抜の一員としてマスターズ甲子園に出場。「胸にグッとこみ上げてくるものがありました」と、感慨にひたった。

社 ふるさと納税
ふるさとのうぜい

2008年に開始されたふるさと納税。地方と大都市の格差是正・人口減少地域における税収減少対応・地方創生を主目的とした寄付金税制のひとつで、地方自治体への寄付金額が、法律で定められた範囲で、所得税や住民税から控除される。23年のセンバツ。石橋（栃木）が21世紀枠で出場するに際し、栃木県下野市とふるさと納税総合サイト「ふるさとチョイス」は、野球部の応援と各種活動を支援するため、ふるさと納税制度を通じてクラウドファンディング型で寄付を募ったところ、目標額の200万円には届かなかったが、集まった151万8000円は同校に寄付され、遠征費や部の活動費に充てられるという。同校初めてとなる甲子園では、初戦で能代松陽（秋田）に敗れたが、三塁側アルプスには3000人を超す大応援団が。クラウドファンディングによる寄付金集めは、今後もひとつの手法になりそうだ。

施 ブルペン

ぶるぺん

ブルペン（bullpen）とはもともと「牛を囲う場所」という意味で、野球用語としては投球練習を行う場所のこと。甲子園球場の一、三塁側アルプススタンドの1階内部は室内練習場で、プロ野球では1999年から、ここをブルペンとして使用している。投手交代時、リリーフ投手はリリーフカーに乗り、アルプススタンドと外野スタンドの間にある通路からマウンドに向かう。高校野球の大会では、室内練習場は次の試合のチームが待機し、ウォーミングアップに使用するため、一、三塁側のファウルグラウンドにそれぞれブルペンを1カ所仮設する。リニューアル以前は、バッテリー2組分が常設されており、ラッキーゾーンが撤去された92年以降98年までは、プロ野球でもこちらを使用していた。リニューアル以後はファウルグラウンドが狭くなったため、プロ野球開催時は一時撤去していたが、13年から常設され、17年6月に再び撤去。ファウルグラウンドのブルペンは、高校野球開催時のみに設置することになった。ただし高校レベルでは、バッテリーともに技術が未熟なため、投球練習中のボールが暴投や捕逸によってインフィールドに入り込むことがよくある。目ざとい審判ならそれをすぐに察知し、タイムをかけてくれるのだが……。

監 古屋文雄

ふるや・ふみお

「Y校」の愛称で親しまれている横浜商は、1882年に創立。野球部は1896年にスタートした全国屈指の古豪だ。そのY校野球部の戦後

ふ

の低迷を救ったのが古屋だった。
1944年5月3日に生まれ、横浜市立大を卒業後、68年から母校の教壇に立ち、71年に監督就任。当時は野球部への援助も少なく、夏の大会前の合宿練習もできなかったため、自宅にレギュラー選手を集めて合宿させたこともあった。41年ぶりの甲子園だった79年夏、82年のセンバツでともにベスト4。翌83年は春夏連続準優勝という好成績を残した。選手の自主性を尊重しながら自ら考えさせる、〝伸び伸び野球〟で戦うのが古屋流。その象徴として、83年夏の準決勝、久留米商（福岡）との試合で見せた10盗塁の半分はノーサインだった。監督としての考えも伝えつつ、積極的にコミュニケーションを取り、選手が持つ最大限の力を発揮させる指導に長けていた。甲子園通算23勝8敗。90年夏を最後に監督を退いた後は、他校の副校長、母校の校長などを務めた。

監 プロ経験監督

ぷろけいけんかんとく

1961年の門岡事件、あるいは社会人野球・日本生命の柳川福三を中日が強引に引き抜いた柳川事件をきっかけに、62年にはプロ野球関係者への高校球界への復帰、及び接触が一切禁じられた。それまでは、元プロ野球選手が高校野球の監督を務めるのは珍しくなかった。明星（大阪）の真田重蔵は、海草中（現向陽・和歌山）時代の40年夏の甲子園優勝投手にして、プロ野球・松竹では最多勝も獲得。58年から監督を務めた明星では、63年の夏に優勝を果たしている。東急に1年だけ在籍した蔦文也は、52年から池田（徳島）の監督になった。岡本利之（元ライオン軍）は母校・米子東（鳥取）を率い、九州学院（熊本）や母校・熊本工の指揮を執った八浪知行（元大映ほか）らもそうで、プロ球団を退団後、1年間を経るなどすれば監督として登録されることが可能だった。

だが62年の規定改正以降、プロとアマチュアの断絶は深まっていく。接触を禁じるというのは、極端にいえば、元プロ野球選手は高校球児の息子と野球の話ができない、という現実離れした溝だ。だがそれも徐々に緩和され、84年には、プロ経験者の指導者としてのアマ復帰が可能となった。このときは、高野連加盟の同一校で少なくとも10年以上教職員として教鞭をとり、日本学生野球協会の審査で指導者として認定を受けなければいけない厳しい条件があったが、教職員経験年数は94年には5年、97年には2年と短縮された。その後も、教員免許や教職経験がなくとも指導ができるよう、プロ・アマ間で検討された。プロ引退選手のセカンドキャリア対策、また少子化と野球人口減少への対応という意義もある。2013年7月からは、学生野球資格回復研修会を修了し、日本学生野球協会の認定を得れば、プロ経験者も高校生の指導が可能となった。以降、春夏の甲子園にはほぼ毎回、元プロが監督を務める高校が出場。ちなみに23年センバツでは2人で、そのうちの一人・智弁和歌山の中谷仁監督（元巨人ほか）は21年夏、資格回復者としては初めての優勝を飾っている。

制 プロ志望届
ぷろしぼうとどけ

正式名称は「プロ野球志望届」で、プロチーム入団を志す高校3年生が、日本高野連に提出する。この届を出さない高校生は大学進学、もしくは一般企業就職希望者とみなされ、プロ野球のドラフト指名を受けることができない。受付は夏の甲子園閉幕後からプロ野球ドラフト会議開催2週間前。2003年度までは、高校生がプロ野球関係者と交渉するには、高野連に退部届を提出する必要があった。ただしこれには、プロ球団の強行指名によるいざこざを招いたり、退部後の規律違反を問えないという盲点があり、04年度からプロ志望届が制度化された（大学生は07年度から）。プロ志望届を提出しても、学校に退部届を提出しなければ、野球部在籍者とみなされる。志望届を提出した者は高野連が発表し、その数はおおむね年間90～100人前後で推移してきたが18年は123人、以降19年＝139人、20年＝215人と急増。そこからは21年＝159人、22年＝154人と落ち着いてきた。

チ 分校
ぶんこう

日本高野連の大会参加者資格規定では、「参加チームは、その学校の代表であることを要する。ただし、同一学校であっても、遠隔地または交通不便などの理由で、本校と同一チームとして行動できない分校は、本連盟の承認を得ればそれぞれ単独で参加することができる。承認された分校は、当該都道府県高等学校野球連盟に単独加盟することを要する」とあり、原則としては1校1チームとしても、本校と離れた分校などは、単独チームとして加盟できる。1997年のセンバツには、和歌山県立日高高校中津分校が、史上初めて分校として出場した。夏は、高岡宇佐分校（現高知海洋）が1980年代に力をつけ、ことに86、88年には高知大会準決勝まで進んでいるが、いずれも高知商に阻まれており、いまだに分校の出場はない。

社 文武両道
ぶんぶりょうどう

文武両道とは学芸と武芸の両方に秀でていることをさす語で、現代では勉学と運動（スポーツ）の両面に秀でている、またはそう務めようとすることに用いる。高校野球では、県立の進学校が甲子園に出場したときに枕詞につくことが多い。これはあくまで理想で、極端にいえば東大が東京六大学リーグで優勝を争うようなもの、現実はなかなか厳しい。超進学校の灘や開成が甲子園に出場するのは難しいだろうし、甲子園で優勝した球児が東大や京大に合格したら、これはちょっとしたニュースだ。

2017年夏に初出場した下関国際（山口）の坂原秀尚監督が「野球と勉学の両立は無理です。〝一流〟というのは〝一つの流れ〟。例えば野球一つに集中してやるということで、文武両道って響きはいいですけど、（突き詰めた練習をするには限界があることに対する）逃げ。東大を目指す子が2時間の勉強で受かりますか。10時間勉強しても足りないのに」と発言して物議を醸した。

ちなみに、1999年のセンバツで優勝した沖縄尚学のユニフォームには、右袖に「文武両道」の文字が刺繍されていた。これに高野連が「好ましくない」と説明を求め、同年夏に出場したときにはその文字が外れている。

へ

運 閉会式
へいかいしき

閉会式の進行は春と夏で細部が異なるが、閉会式は大差はなく、まず式に先立ち共同インタビュー。そのあと選手入場、審判委員長（高野連会長）講評から優勝旗やメダルなどの授与と続き、センバツの場合は応援団賞の表彰がある。そして挨拶、国旗・大会旗降納（かつては、優勝・準優勝の両チームがバックスクリーンに集まり、共同で降納した時期もある）から両チームが場内を一周して閉式。そのあと写真撮影や取材対応があり、観客席では常連ファン同士が「また夏ね」「ではまた来年の春に」などと声をかけ合っている。また春も夏も、すべてのスケジュール終了後、宿舎に戻った両チームは所定の取材を受ける。なお、雨天順延が史上最多の7度あった2021年夏は、決勝＝閉会式が8月29日と、史上最も遅かった。

社 平成
へいせい

平成最初の甲子園だった、1989年の第61回選抜高校野球大会で優勝した東邦（愛知）は、5月から元号が令和に変わる2019年、平成最後のセンバツも優勝した。甲子園で活躍した平成生まれ第1号となると、中田翔（巨人）か。1989年4月22日生まれ、大阪桐蔭1年の05年夏に五番打者として登場し、打っては決勝ソロ含む4安打、投げてはリリーフして147キロのまっすぐを披露した。平成生まれの監督による甲子園初勝利は、2018年センバツ・三重の小島紳監督。89年4月30日生まれで、監督就任は17年8月だった。初戦で日大三（東京）に8対0で快勝し、ベスト4まで進んでいる。夏は19年、前橋育英（群馬）に7対5で勝った国学院久我山（西東京）・尾崎直輝監督。これは平成と関係ないが、生まれた西暦年度の下二ケタは、その選手が高校3年になったときの選手権回数と一致することを覚えておくと便利。たとえば、2000年度生まれの選手は、ちょうど100回大会の18年度に18歳を迎えたことになる。

平成の怪物
へいせいのかいぶつ

→怪物

選 別所昭
べっしょ・あきら

1940年春、41年春に甲子園に出場した滝川中（兵庫）の剛球投手。22年10月1日生まれ。40年春は初戦を突破して8強入り。翌41年春、優勝候補として臨んだ大会が、別所の名を一躍全国に知らしめることになる。桐生中（群馬）との初戦は、17奪三振と快調な滑り出しでベスト8に進出。だが、岐阜商（現県岐阜商）と対戦して事件が起きた。9回表滝川の攻撃。青田昇（元阪急ほか）の三塁ゴロを岐阜商の三塁手が悪送球すると、一塁走者だった別所がホームに突入。本塁上のクロスプレーで左肘を骨折してしまうのだ。しかし、別所は左腕を三角巾で吊り、9回裏のマウンドに上がると延長12回裏の途中まで投げ続ける。痛みに耐えかねてついに降板すると、チームは延長14回にサヨナラ負けを喫したが、戦時色が濃い時代に別所の敢闘精神は感動を呼び、「泣くな別所 センバツの花だ」と讃えられた。戦争中の42年にプロ球団南海に入団。戦後49年に巨人に移籍して毅彦と改名、長年主力投手として活躍し、スタルヒンの記録を抜く通算３１０勝の大記録を残した。巨人時代の２２１勝は、現在でも球団最多勝利記録。現役引退後はコーチ、監督を歴任し、解説者としても活動した。１９７９年に野球殿堂入り。１９９９年6月24日死去。

社 ヘリコプター

へりこぷたー

２０１７年のセンバツでは、滋賀学園の馬越大地がバットを頭上でくるくる回し、ヘリコプター打法などと呼ばれた。高校野球とヘリコプターといえば、夏の開幕試合で、朝日新聞のヘリが始球式のボールを投下するシーンがおなじみだが、とんでもない事故が起きたのは１９６２年のセンバツだ。開会式の予行演習で、毎日新聞社がヘリコプターをチャーターし、フィールド上に描かれた人文字などを撮影していたが、上空で旋回しようとしたとき、カメラマンが突然墜落。ヘリそのものもバランスを崩し、阪神国道に墜落・炎上した。翌日の毎日新聞紙面には、そのカメラマンの手による最後の写真が掲載されたという。

規 ヘルメット

へるめっと

打者にヘルメットの着用が義務づけられたのは、１９６０年のセンバツから。そもそものきっかけは54年、秋の東京都大会にある。頭に死球を受けた八王子工の木村功は、「大丈夫」と出塁はしたものの、意識がもうろうとしていたのかけん制でアウト。異常に気づいてベンチに寝かせたが、容体が急変して翌日帰らぬ人となった。東京都高野連はこれを憂慮し、アメリカのリトルリーグで選手がヘッドギアをつけているのを見て運動具店に発注。都では55年夏から着用を義務づけた。56年のセンバツには日大三が持参し、着用の効用を説明したが「着脱に時間がかかる」と、このときは使用しなかった。だがこれをきっかけに全国で着用が徐々に浸透すると、甲子園でも60年から採用となった。その後63年には走者にも義務づけられ、72年春からは片耳ヘルメットが義務化。両耳ヘルメットは94年春からで、09年にはベースコーチも着用が義務づけられた。さらに22年センバツからは、顎ガード（いわゆるフェースガード）付きヘルメットの使用も解禁。すでにプロ野球で普及していたがフェースガードだが、安全性を認証するSGマークの対象となったため。

規 ベンチ入り人数

べんちいりにんずう

ベンチ入りメンバーの登録人数が14人と決まったのは、1928年の夏だった。それまでは監督教師1人、選手11人の旅費や滞在費に補助が出ていたが、選手数に制限がなく、近隣のチームや強豪校は、12人以上の選手を連れてきていた。それでは不公平だし、かといって選手11人では病気やケガ人が出ると試合ができなくなるため、14人という人数に落ち着いた。これは77年まで続き、78年夏に1県1代表となったのを機に15人以内に改正された。その後投手複数制の奨励や継投策、代打、代走の起用など高校野球も進化し、94年のセンバツでは16人、2003年夏からは18人に。さらに23年夏には、球数制限の導入や故障予防、暑さ対策の観点から2人増の20人となっている。また22年夏には、新型コロナウイルスの感染拡大対策の特例として、出場辞退を回避するため、登録選手の入れ替えを認めている。

ほ

社 判官びいき
ほうがんびいき

もともとは九郎判官・源義経に対する同情や哀惜の心情のことで、弱い立場に置かれている者に同情を寄せる心理。日本人が伝統的に抱く感情といわれる。甲子園でも、圧倒的力量を持つ相手に健闘するチームや、その時点で劣勢のチームに対して、当事者以外でさえ肩入れする傾向が強い。一説によると、野球伝来前の日本のスポーツといえば柔剣道など個人戦が主体で、チーム戦は新鮮だった。さらに個々の力では劣っても、戦術や戦略、チームプレーで互角に戦いうる野球が、判官びいきの気質にマッチしたといわれる。ただし、これが行きすぎるとなんとも後味が悪くなる。

２０１６年夏の第8日第3試合は、東邦（愛知）と八戸学院光星（青森）の一戦。光星は9対5とリードして9回の守りを迎えたが、先頭打者がヒットで出たことで盛り上がる東邦アルプスに一般客も呼応。誰かが頭上でタオルを回し始めると付和雷同し、球場全体が東邦一色ムードになった。この肩入れ自体は判官びいきだとしても、実はこの日の第4試合は横浜（神奈川）と履正社（大阪）の、優勝候補同士の好カード。早朝からそのカード目当てで詰めかけた観客の大半はずっと席を立たず、東邦の最後の攻撃は、いわば待ちくたびれたところでの格好の退屈しのぎではなかったか。大差のゲーム、東邦が多少追いついた方が面白いぞ、という程度。だがそんな悪意のない期待感でも、光星の選手にとっては高密度の重圧となる。なんとか2死にこぎ着けたものの、そこからヒットが出るたびに球場は魔物となり、さらに4連打で悪夢のサヨナラ負けを喫してしまうのだ。試合後の光星の選手たちは、「周りみんなが敵に見えました……」と唇をかんでいる。ただこれ以降、タオル回しは自粛するマナーが浸透した。

規 放棄試合
ほうきじあい

なんらかのトラブルで事態の収拾がつかなくなったり、人数不足になったりした場合、トラブルのもととなったチームを敗戦扱いにする。公認野球規則上は没収試合と呼び、0対9で加害チームの負けとする。高校野球の全国大会では例がないが、地方大会では負傷者発生による人数不足などでまれに発生するほか、トラブルからの放棄試合も皆無ではない。１９５３年夏の滋賀大会、彦根東と大津東（現膳所）の一戦では、審判員が判定を覆したことに猛抗議した彦根東の選手がグラウンドに座り込み、観客の数百人もビンを投げ込むなど不穏な状況に。警官隊が駆けつけ、2時間半後に試合を再開させたが、彦根東が続行を拒否したため没収試合となり、0対9で敗退した。高校野球での放棄試合は、これが全国初と言われている。

59年夏の島根大会準決勝・大社と大田の一戦は、日没引き分けの再試合を前に、前日の判定に不服があった大社側が、審判の交代や主催者の謝罪を要求。高野連側はこれを拒否して試合を開始したが、大社側が納得せず守備につかなかったため、大社に没収試合が宣せられた（大田9対0大社）。また69年夏の長野大会では、打球の判定をめぐってスタンドから数人が乱入して試合が中断。これを丸子実（現丸子修学館）側の日没再試合狙いの遅延行為として、没収試合の裁定が下った（長野9対0丸子実）。のち、98年夏に準優勝するほどの強豪にも放棄試合がある。86年夏の京都大会。この年に創立したばかりの京都成章と東宇治の試合は、7対0で東宇治がコールド勝ちしたが、途中交代で出場した京都成章の選手が未登録だったことが発覚。没収試合で、東宇治が9対0の勝利となった。

07年の春季大阪大会では、飛翔館（現近大泉州）の投手に打球が直撃して心肺停止状態に。AEDによる蘇生措置によって一命を取り留めたが、ショックを受けた飛翔館側が、放棄試合を申し入れた。08年の春季埼玉大会・進修館と川本の一戦では、川本は先発投手を含む2人だけが正式部員で、ほかは他部からの助っ人。初回に26失点、2回は1死までに40失点し、進修館が66対0とリードしたところで、先発投手の投球数が250球を超えたことから、川本の飯田貴司監督が試合放棄を申し出た。

また20～21年の地方大会では、新型コロナウイルス感染者が確認されたチームの試合放棄（出場辞退）が相次いでいる。

(社) 坊主頭

ぼうずあたま

高校球児の頭髪は、坊主刈りと相場が決まっている。スポーツ刈りは生ぬるく、5分や3分刈り、いやいや気合いを入れるには前日に5厘3厘刈りにして臨み、スキンヘッドだって見かける。これには軍隊みたいで気持ち悪いと感じる人もいるようだが、なに、本人にとっては涼しいし、練習後に頭から水をかぶってもすぐ乾くし、いたって実用的な理由で快適なのだ。ただ近年は、高校生にしてはちょっと短いかな、という

ほ

程度のチームもたまに見かける。慶応（神奈川）が代表格で、上田誠・元監督はこんなふうにいっていた。「自分の高校生のころを考えれば、オシャレもしたいし女の子とも遊びたい。指導者になったとたん、それに眉をひそめるのは傲慢ですよ」。90年代の柳川（福岡）なら、授業の一環で海外研修に出かけるようになり、そのときに制服に丸刈りでは見栄えが悪い……と、当時の末次秀樹監督が髪型を生徒の裁量にまかせた。すると、「坊主だとよく目立つから、日常的に引っ込み思案になる。だけど髪を伸ばしてからは、不思議に積極的になるんです」。ほかにも仙台育英（宮城）など、わりと髪が長めの有力チームも増えてきた。日本高野連が２０２３年、加盟３８１８校に行ったアンケートでは、頭髪についての質問に「とくに取り決めず、長髪も可」という回答がほぼ6割を占めた。

チ 法政大学第二高校
ほうせいだいがくだいにこうこう

法政大の付属で、いま人気のエリア・神奈川県川崎市中原区の武蔵小杉駅近くにある。１９３９年創立で48年に現校名、２０１６年に共学になった。中高一貫教育を実践する。「史上最強チーム」といわれたのは、60年夏の選手権を制したころだ。２年生の柴田勲（元巨人）の快腕がうなり、サードには是久幸彦（元東映）、外野に的場祐剛（元大洋）がいた。剛腕・尾崎行雄（元東映）の浪商（現大体大浪商・大阪）とは2回戦で当たり、4点を取って快勝した。その後も勢いに乗り、危なげなく優勝。翌センバツも主力が残り、柴田が夏春連覇を達成する立役者になった。浪商とはこのときも2回戦で当たり、逃げ切っている。夏春夏の３連覇を狙った柴田らが3年の夏は、準決勝でみたび浪商との対戦となり、ここは9回に同点打を放つという尾崎の執念の前に最後は力尽きた。80年代に3度の甲子園出場はあるが、

▶1960年夏の大会を制し「史上最強チーム」と言われた頃の法政二

それ以降の出場がない。夏9回14勝8敗、春2回5勝1敗。日本人初のメジャー選手だった村上雅則（元南海）、大島公一（元オリックス）などがOB。ラグビー、バレーなども盛ん。

チ 報徳学園高校
ほうとくがくえんこうこう

二宮尊徳の教え「以徳報徳」の精神を基本理念とし、1911（明治44）年に設立された兵庫県西宮市の私立男子校。甲子園球場とは至近距離にある。スポーツが盛んでラグビー、陸上、相撲は全国レベルの強豪。32年創部の野球部は、61年夏に初出場。1回戦の倉敷工（岡山）戦で、延長11回表に6点を入れられるが裏に6点を取って追いつき、12回でサヨナラ勝ち。「逆転の報徳」を襲名した。74年春には、さわやかイレブンの徳島・池田に決勝で勝って初優勝。81年夏は金村義明（元西武ほか）がエースで四番。横浜（神奈川）、早稲田実（東東京）、名古屋電気（現愛工大名電・愛知）など優勝候補を倒して夏の覇権を握った。2002年のセンバツは、大谷智久（元ロッテ）が全試合を一人で投げ抜いて2度目の優勝。クリーム色に緑の文字のユニフォームもお馴染み。23年のセンバツは、4度目の決勝進出で初めて敗れ、準優勝に終わったが、通算勝利64勝は全国12位（春は22回出場36勝、夏は15回出場で28勝）。主なOBは基満男（元横浜ほか）、松本匡史（元巨人）、清水直行（元DeNAほか）、小園海斗（広島）、大阪桐蔭の西谷浩一監督など。

▶1981年夏、優勝を果たした報徳学園

チ 防府商工高校
ほうふしょうこうこうこう

防府商業高校当時の1974年、選手権初出場では、人気者となった定岡正二（元巨人）の鹿児島実を準決勝で倒すなどして準優勝した。29年、防府町立商業学校として創立し、42年に山口県立に移管。学科の改編やいくたびかの校名変遷を経て、53年に県立防府商業高校に落ち着いた。2012年に防府商工高校を併置し、14年には防府商を廃止して防府商工に。工業高校との統合ではなく、工業系の学科を新設した希有な例だ。野球部は30年の創部で、38年のセンバツに初出場。このときは優勝した中京商（現中京大中京・愛知）に、2回目の67年春も優勝した大宮工（埼玉）に、さらに74年春は準優勝の池田（徳島）にいずれも初戦で敗れていた。だが74年夏は、延岡（宮崎）に勝利して甲子園初勝利を挙げると、銚子商（千葉）に敗れたものの準優勝を果たした。次の出場は86年センバツで、1勝して2回戦で敗れた相手がこの大会で優勝する池田。ここまで5回出場した甲子園はすべて、決勝進出校に敗れている。いまのところ最後の甲子園出場は、96年夏。通算5勝6敗は、すべて防府商時代のものだ。

他 ボーイズリーグ

ぼーいずりーぐ

ボーイズリーグは、少年硬式野球の団体の一つで、正式名称は公益財団法人日本少年野球連盟。元南海の監督・鶴岡一人の主導により1970年、大阪市の28の少年野球チームでスタート。当初は近畿圏を中心にしていたが、その後全国各地に参加チームが増加し、現在は42支部、小中合計で720以上のチームが加盟している。春季大会と夏の日本選手権の二大全国大会を中心に、各地で大会を開催。世界大会や日中、日韓親善試合などの海外交流大会もある。リトルリーグ（12歳まで）、リトルシニア（13歳以上の中学生）と並び、少年硬式野球の有力な団体のひとつで、多数のプロ選手が育っている。リトルリーグでは、走者の離塁を認めていないが、ボーイズの小学生年代ではOKだ。ほかの規則はほぼ公認野球規則に準じるが、小学生は6回制、中学生は7回制。投手が1日に投げられる回数は小学生が6回まで、中学生が7回まで。小学生は、肩ひじへの負担を考慮し、変化球が禁じられている。

戦 ホームスチール

ほーむすちーる

高校野球だけではなく、記録上もっとも多いホームスチールは、走者一、三塁からの重盗だ。一塁走者が盗塁を企て、送球の間に三塁走者が本塁を陥れるケースである。ほかにどうしても1点ほしいが、打者にあまり期待できない2死三塁の局面も、本盗のしかけどころである。サヨナラ本盗の項で触れたように、1967年夏、報徳学園（兵庫）・吉田知幸の史上初のサヨナラ本盗がそう。驚いたのは2006年のセンバツで、PL学園（大阪）の前田健太（ツインズ）が記録した本盗。0対0の2回表2死三塁から、三走の前田は秋田商のバッテリーがサイン交換している隙にするすると本塁へ。秋田の投手・佐藤洋があわててプレートを外し、本塁へ送球したが間一髪セーフとなった。「あの運動能力って……」とは、前田の1学年下で試合に出ていた岡崎啓介と、後年雑談していたときだ。また11年夏には、静岡と初戦で対戦した習志野（千葉）の宮内和也が、7回2死満塁から本盗。打者が四番でセオリー度外視だったが、「投手が全然こっちを警戒してなかったし、モーションが大きかったので」という宮内は、50メートル6秒1の俊足で頭からホームへ。接戦の終盤に2点差とする、貴重な足だった。習志野は19年のセンバツ準決勝（対明豊・大分）でも、重盗による本盗を決めている。

運 ホームランボール

ほーむらんぼーる

甲子園で打者が放ったホームランボールは、大会役員が当該箇所まで探しに行き、試合後に責任教師を通じて打った選手に手渡す。球児にとっては一生の記念になることをわきまえているためか、ボールを拾った観客も、回収にはおおむね協力的なようだ。

制 ボール検査

ぼーるけんさ

甲子園大会の約1週間前、日本高野連がある中沢佐伯記念野球会館で、ボール検査が行われる。13フィート（約3・96メートル）の高さから、2フィート（約61センチ）平方、厚さ2インチ（約5センチ）の大理石板に落とし、バウンドが4フィート7インチ～9インチ（約1・40メートル～1・45メートル）の計測板の間におさまればまず第1段階をクリア。次に、公認野球規則に定められている周囲9インチ～9・25インチ（約22・9～23・5センチ）、重量5～5・25オンス（約142～149グラム）かどうかを正確に計測し、これをクリアしたものが合格球として甲子園で使われる。

ほ

運 ボールパーソン

ぼーるぱーそん

試合中、審判に試合球を手渡すボールボーイはかつて、地元・兵庫の報徳学園や神港学園の野球部員が担当していたが、1996年の夏からは、出場チームのベンチ入り以外の部員が担当するように。地元の野球部員では、自チームでの練習に差し障りがあるし、出場校の控え部員にとっても、ボールボーイとはいえ、甲子園の同じフィールドにいられるのは貴重な経験だ。96年の春までは、大会を主催する朝日や毎日新聞の名前入りユニフォームだったが、自チームのユニフォームを着用するようになった。96年は、女子マネ含む記録員のベンチ入りも認められ、ボールボーイともに1試合ごとの交代が可で、勝ち進むほど多くの部員が甲子園を経験できることになる。ボールボーイは自校のベンチすぐわき（のちには外野ファウルグラウンドにも）に控えており、自校のチャンスには応援したくなるところだが、そこは御法度。当初はスカイブルーのヘルメットに違和感があったものだが、今では見慣れた景色になっている。また、少数部員のチームが出場すると、ボールボーイ用の控え部員が足りないこともあるが、例えばセンバツなら卒業する3年生などが代替するようにあらかじめ許可を取る。22年の夏からは、女子部員にも試合前練習のノッカーの補助、またボールを手渡す役が認められたのを機に、呼称がボールパーソンと改められている。

人 ホーレス・ウィルソン

ほーれす・うぃるそん

1843年2月10日生まれ、アメリカ・メイン州出身。南北戦争に従軍後の71年（明治4年）、英語や数学の教師として来日し、第一番中学（東京大学の前身）で教鞭を執るかたわら、アメリカで盛んになりつつあった野球を生徒に教えた。第一番中学が開成学校となった73年には運動場が整備され、攻守に分かれて試合が行われたという。これが日本の野球事始めとされ、2022年には、「野球伝来150年」と銘打ってさまざまなイベントが催された。その後、日本各地に教師として赴任した教え子たちが、この競技を全国に広めたことから、ウィルソンは「日本野球の父」と称される。その功績を称え、2003年に日本の野球殿堂入り。

🄲補欠校
ほけつこう

選抜高校野球大会では、選考された学校の出場辞退に備え、各地区に1～2チーム程度の補欠が選出される。22年のセンバツでは、コロナ禍で開幕前日に出場辞退した京都国際の代替として、補欠1位の近江（滋賀）が出場。急きょの決定にもかかわらず、代替出場4校目の初戦突破を果たし、2回戦も勝利して92年の育英（兵庫）以来2校目の2勝。さらに代替出場初の4強どころか、決勝進出も果たした。センバツでは、滋賀県勢初の決勝進出でもあった。また03年から08年のセンバツでは、各地区の補欠1位校のうち、一定基準によりもっとも守備力が高いと判断されたチームが、希望枠としてセンバツに出場していた。

🄲北海高校
ほっかいこうこう

札幌市豊平区にある私立校。北海道の古豪であり、名門。夏の選手権39回出場は全国最多だ。1885年に北海英語学校として創立され、1905年、北海中学に。48年に学制改革で北海高校に改称し、99年には共学になった。01年創部の野球部の、全国大会初登場は20年夏。雪国のハンデもあり、全国舞台では上位になかなか進出できなかったが、60年、センバツで3勝して4強入りし、夏も8強。63年のセンバツでは、PL学園（大阪）、早稲田実（東京）などを破って決勝に進出したが、下関商（山口）の池永正明（元西鉄）に完封された。夏の最上位の成績は2016年。大西健斗が快投を続け、最後は作新学院（栃木）に敗れたが、日南学園（宮崎）、秀岳館（熊本）などを撃破して初めて夏の決勝に進んでいる。夏21勝39敗、センバツは13回出場で12勝13敗。33勝は全国38位タイ。北海道の代表では初の優勝を駒大苫小牧に譲ったが、北の雄の存在感は変わらない。野球部のOBは谷木恭平（元中日）、若松勉（元ヤクルト）、大津綾也（巨人）などがいる。南部忠平（ロス五輪金メダル）、金野昭次（札幌五輪70メートル級スキージャンプ銀メダル）や、冬季五輪出場者の卒業生も数多い。

他ホテル甲子園
ほてるこうしえん

甲子園から徒歩1分と、最も近いホテル。ことに4試合の日など、早朝から始まり遅いときはナイトゲームになり、長時間労働を強いられる報道陣にとってベストな立地だ。酷暑の夏には、中抜けして小休止することも可能だし、知人が宿泊していれば、大荷物を抱えて移動が大変なカメラマンにとって貴重な一時預かり所にもなる。むろんその分競争率は高く、大会期間中に予約するのは至難の業だ。

他 ポニーリーグ
ぽにーりーぐ

アメリカ合衆国発祥の、少年少女を対象とする硬式野球のリーグで、国際本部はアメリカ・ペンシルベニア州に置かれている。日本での誕生は1975年。小学生・中学生を対象とした硬式野球団体で、正式名称は一般社団法人日本ポニーベースボール協会。全国4連盟で、関東圏や九州を中心に68リーグ（チーム）と12歳以下のブロンコリーグに5リーグが加盟する。リーグ名のPONYは、Protect（守る）・Our（我々の）・Nation's（国の）・Youth（青少年）の頭文字で、「我々の国家の宝である青少年の成長を守ろう」という理念を表したもの。高橋由伸（元巨人）、石井一久（元ヤクルト）、栗山英樹（元ヤクルト）、今井達也（西武）らがポニーリーグ出身だ。

チ 堀越高校
ほりこしこうこう

1969年のセンバツで準優勝した、東京の私立共学高校。23年、堀越千代が堀越高等女学校を創立。学制改革後、57年には男子部を設置した。現在共学普通科の4コースがあり、全日制課程への通学が困難な芸能人やスポーツ選手はトレイトコース、体育コースに属する。野球部は58年にでき、67年夏に初出場。69年春には、エース・但田裕介（元阪神）を中心に決勝まで勝ち進み、三重に敗れたが準優勝。山本幸正（元阪神）がエースだった92年センバツでは、2回戦に進出したものの星稜（石川）の松井秀喜（元ヤンキースほか）に一発を浴びて敗れている。このときに2年生で出場していた井端弘和（元巨人ほか）は、翌93年夏も甲子園出場を果たした。春は5回出場で8勝5敗、夏は5回で2勝5敗の計10勝10敗。だが97年以降は甲子園出場から遠ざかっている。OBはほかに岩隈久志（元巨人ほか）、サッカーの松木安太郎ら。

ま

規 マークル事件

まーくるじけん

1908年、メジャーリーグのジャイアンツとカブスとの一戦。9回裏2死一、三塁からの中前打でジャイアンツのサヨナラ勝ち……のはずが、一塁走者のフレッド・マークルが二塁ベースを踏まず、カブスの二塁手が目ざとく触塁したため、ジャイアンツの決勝点が認められなかった事件。この試合は、サヨナラ勝ちと勘違いしたファンがグラウンドになだれ込んで収拾がつかず、引き分けに。のちに無効試合として、公式戦最終日に再試合を行うことになった。そしてなんと、両チームは同率首位で再試合を迎え、この試合を制したカブスが結局優勝している。マークルは、「アイツさえちゃんと二塁を踏んでいれば……」と、ジャイアンツのファンから恨まれたわけだ。

公認野球規則は当時の表現とは変わっているが、たとえサヨナラの走者が本塁を踏んでも、フォースプレーの場合、一塁走者は二塁に進む義務がある。何もむずかしく考える必要はない。これがサヨナラの場面だから混乱するが、たとえば最終回以外の2死一、三塁から内野ゴロで一走が二塁フォースアウトなら、三塁走者が仮にそれより早くホームを踏んでいても、得点にならない。マークルの例も、それと同じだ。

日本版マークル事件が56年夏の地方大会、しかもこれに勝てば甲子園出場が決まるという大事な場面であった。北関東大会決勝、足利工（栃木）と藤岡（現藤岡中央・群馬）の一戦は、1対1と同点の15回裏、藤岡に2死満塁のチャンスからヒットが出た。ただ藤岡の一塁走者は、うれしさのあまり二塁を踏まず、ベンチの歓喜に加わった。これを冷静に見ていた足利工の野手が、二塁ベースにタッチしてアピール。これが認められて藤岡の得点は帳消しとなり、どちらが勝っても甲子園初出場の試合は、延長21回の末に足利工が2対1で勝利したのだ。足利工は、これで甲子園初出場。逆に藤岡は、この大チャンスを生かせず、甲子園未出場のまま2007年度で統合により生まれ変わった。

甲子園でも、「やった、サヨナラ！」と、進塁義務のある走者が次の塁に到達しない場面をときどき見かける。たいていは相手守備陣がそれに気づかず、事なきを得るのだが、試合後進塁を怠った選手にそれを指摘すると、一瞬ドキッとしてからホッとする。逆に守備側の野手は、がっくりとうなだれる前に、相手走者がきちんと塁に触れるかどうかを確認するクセをつけておきたい。

マー君→田中将大
まーくん

記 毎回得点
まいかいとくてん

すべてのイニングで得点を挙げること。春夏の甲子園では、過去1回だけ記録されている。1985年、PL学園（大阪）のKKにとって最後の夏だ。優勝候補のPLは、7日目第2試合、満を持しての登場だった。すると鬱憤を晴らすように打つわ打つわ、得点経過は

東海大山形　001 000 015＝7
PL学園　254 362 52x＝29

相手の先発・藤原安弘が右ヒジを骨折していたとはいえ、まるでフリー打撃のようなヒット32本、2ホーマーの猛打だった。大量すぎるリードに、先発・桑田真澄（元巨人ほか）は6回でお役御免、清原和博（元オリックスほか）まで登板する余裕だった。当時の主将・松山秀明（元オリックス）によると、「みんな口では『打ち疲れた、もうええやろ』と言いながら、いざ打席に立つとやっぱりアウトになるのはイヤなんです」。この試合でPLが達成した記録は、

・毎回得点（大会初）
・チーム1試合最多得点29（従来は27、以下同）
・チーム1試合最多安打32（31）
・チーム1試合最多打点27（24）
・チーム1試合最高打率・593（・575）
・チーム1試合最多塁打45（37）
・個人1試合最多安打・笹岡伸好6（5）

また試合記録としては

・両チーム1試合最多得点36（31）
・両チーム1試合最多安打41（38）
・両チーム1試合最多塁打56（54）

なお筆者は、この大会が甲子園初取材。スコアブックつけにはまだ不慣れだったが、またとない練習課題となった。PLはこの試合、後攻。「9回すべて」の毎回得点は、いまだ達成されていない。

社 毎日新聞社
まいにちしんぶんしゃ

全国紙「毎日新聞」を発行する日本の新聞社で、1872年（明治5年）に東京日日新聞が創刊。1906年に大阪毎日新聞が東京に進出し、合併した（東京日日新聞は継承）。24年、大阪朝日新聞が主催する全国中等学校優勝野球大会に対抗し、春季の選抜中等学校野球大会を創設。27年には、東京日日新聞が第1回の都市対抗野球大会をスタートさせている。43年に、東京と大阪が「毎日新聞」と統一した。現在も、

選抜高等学校野球大会を日本高等学校野球連盟と共催。２００９年からは、全国高等学校野球選手権大会も後援している。

社 毎日放送

まいにちほうそう

１９５０年12月27日、新日本放送株式会社として創業（法人としては現在のＭＢＳメディアホールディングス）。現法人の株式会社毎日放送は、２０１７年４月１日に放送持株会社移行に伴い、毎日放送分割準備株式会社から商号変更したものだ。本社は大阪市で、近畿広域圏を放送対象エリアとし、略称はＭＢＳ。選抜高校野球大会は、59年から02年まで、１回戦から決勝戦を近畿圏でテレビ生中継。毎日放送制作の中継は、関東地区や名古屋地区などでも放送された時期があった。03年以降は、準決勝２試合と決勝を中継している（ただし、雨天のためナイターとなった04年の決勝は中継なし）。ラジオの中継は52年に開始。翌年から生中継は準決勝、決勝戦のみで、そのほかの試合は当日の12時、17時台（後年は22時台）にダイジェスト版を放送した。63年以降は全試合完全生中継となり、全国に配信した時期もあったが、09年からは準決勝と決勝のみとなっている。

監 前田三夫

まえだ・みつお

帝京大卒業直前の１９７２年１月より東京・帝京高の監督となり、２０２１年８月まで帝京一筋。約50年で積み重ねた甲子園通算51勝は、歴代５位タイだ。高校時代は木更津中央（現木更津総合・千葉）の三塁手としてプレーするも甲子園経験はなく、大学でも公式戦出場機会はゼロ。主力のキャンプや遠征期間に帝京高の練習を手伝った縁で、指導者の道に入る。選手が次々やめるほどの厳しい練習で目標とした甲子園がかなったのは、78年センバツの初出場だった。80年春には伊東昭光（元ヤクルト）を擁して準優勝。83年には春夏連続出場を果たし、同校ＯＢではないことに対する風当たりを封

▶前田三夫

じた。

ただし83年春には、自信を持っていたチームが池田（徳島）の強力打線に粉砕され、守り中心の野球から打撃中心の野球へ方向転換。そのために、筋力トレーニングや水泳を早々と取り入れたことでも知られる。体作りのために「食」も重要と、弁当は3合飯を義務づけ、食の細かった芝草宇宙(元ソフトバンクほか)にはつきっきりで食べさせた。池田・蔦文也監督の人としての重みに圧倒された自分自身も変わらなくては、と一念発起し、5年がかりで地理の教員免許を取得してもいる。そうした日々のあとの89年夏、吉岡雄二(元楽天ほか）を擁して初優勝。スパルタ指導に加えて自主性をも育て、92年春も制すると、95年には夏2度目の優勝を果たした。

このときは、夏の都大会直前に猛練習に反発した主力選手が退部し、急きょ2年生主体のチームに。東東京では、コールド勝ちが決まる場面で三塁走者を生還させなかったことが批判を浴び、甲子園入りしてもチームはどこかヒール役だった。後日、前田は都大会での行いを心底反省しながらも、「自分のやってきたことを突きつめたい。どのようなものか知りたいという思いからも絶対に逃げたくなかった」と、甲子園での日々を振り返っている。

自分自身にも厳しく、ノックが打てなくなったら終わりとジムに通ってトレーニングに励み、ノックはずっと名人だった。森本稀哲（元西武ほか）らのいた98年夏の甲子園前後から、時代に合わせて緩急つけた指導を模索しつつ、2006年夏から07年夏は3季連続出場。06年夏の準々決勝・智弁和歌山戦では、4対8から8点を奪って9回に逆転したが、その裏、智弁の猛打に反撃されて結局12対13と、壮絶なサヨナラ負けを経験した。勝負にこだわり、闘争心むき出しの姿は長く高校野球を盛り上げ、多くのファンを獲得する一方で、気さくな人柄からマスコミ関係者の人気も高く、常に誰かしらが取材に訪れているほど。1949年、千葉県生まれ。11年夏の出場を最後に甲子園から遠ざかったまま勇退したが、春夏で通算出場26回、51勝23敗。優勝春1、夏2の計3回。現在は帝京の名誉監督を務める。

チ 前橋育英高校

まえばしいくえいこうこう

学校法人群馬育英学園が経営する。群馬県前橋市にあり、近くを利根川が流れる。普通科男子校として1962年創立。83年に保育科などの女子部を新設し、94年に普通科の男女共学化などを経て、現在は特進選抜やスポーツ科学など、普通科のみの5類を設置する。運動部でまず強くなったのは専用グラウンドのあるサッカーで、2009、22年にインターハイ優勝、17年に冬の選手権を制した。山口素弘、松田直樹、細貝萌など、日本代表のOBもいる。野球部は11年センバツが初出場。13年夏、初出場で初優勝を飾る。何といっても原動力は2年生エースの高橋光成（西武）で、1、2回戦を1対0。続いて横浜（神奈川）、常総学院（茨城）の関東勢を、積極的でいて堅い守りで退ける。決勝の延岡学園（宮崎）戦は、3点のビハインドから逆転した。高橋は長身から角度のある球を投げ、大崩れしなかった。桐生第一に次いで、群馬県の優勝は14年ぶり。社会人野球を経験した荒井直樹監督の教えは「凡事徹底」で、日々の基本を積み重ねる野球が結実した。夏6回9勝5敗、春2回1勝2敗。

人 牧野直隆

まきの・なおたか

第4代日本高野連会長。佐伯達夫前会長が1980年3月に逝去したのを受け、副会長から81年に就任した。10年10月6日、鹿児島に生まれた牧野は、慶応商工（現慶応）を経て慶応大へ。水原茂（元巨人）と同期で主将・遊撃手として三遊間を組んだ。卒業後は鐘紡に入社した34年、全大阪の三塁手として都市対抗に出場。三原脩（元巨人）らとともに優勝を飾っている。戦後は、全鐘紡の監督として50年から都市対抗3連覇を果たすなど、社会人野球を中心に活躍していたが、60年に高野連の理事となり、69年から副会長として佐伯会長を支えた。会長になってからは、2002年に勇退するまで、21年の長期にわたって不祥事に対する連帯責任の緩和、外国人学校への門戸開放など、時代に合わせて高校野球の体質も変えていった。96年に野球殿堂入り、06年に95歳で没。

人 正岡子規

まさおか・しき

1867年10月14日、愛媛県松山市生まれ。名は常規（つねのり）で、のちに升（のぼる）と改めた。83年、松山中（現松山東）を中退して東京の共立学校（現開成中・高）に入学すると、日本に紹介された野球に熱中し、89年に喀血するまで続けたという。ポジションは捕手。俳句などの文学者として、自身の名である升（のぼる）にちなみ、「野球（のぼーる）」という雅号を用いたことがある。中馬庚がベースボールを野球（やきゅう）と翻訳する4年前の90年で、読み方こそ異なるものの、「野球」という表記を最初に用いたのは子規、ということになる。これは「ベースボール」に対する訳語ではないものの、「バッター」「ランナー」「フォアボール」「ストレート」「フライボール」などの外来語に対して、「打者」「走者」「四球」「直球」「飛球」という翻訳案を示したという。さらに「まり投げて　見たき広場や　春の草」「九つの　人九つの　場をしめて　ベースボールの　始まらんとす」など、野球を題材とした句や歌を詠むなど、文学を通じて野球の普及に貢献した。これらの功績が評価され、2002年、野球殿堂入りを果たしている。子規の出身地・松山市には、子規の野球好きにちなんだ野球資料館『の・ボールミュージアム』がオープンしている。

他 マスク

ますく

新型コロナウイルスの感染拡大で求められた生活様式では、マスクが必需品だった。1958年のセンバツでは、マスクをつけてマウンドに上がり、なんと優勝した投手がいる。済々黌（熊本）・城戸博だ。清水東（静岡）との1回戦が雨の試合となり、レギュラー6人が風邪を引いた。6安打で完封した城戸も38度の発熱があり、続く新潟商戦はマスクをつけての登板。しかしここも、16三振を奪って2試合連続完封を飾ると、準々決勝で対戦したのが、優勝候補でエース・王貞治（元巨人）を擁する早稲田実（東京）だ。初回の打席、城戸は途中からマスクを外して王の心理かく乱を狙ったが、先制打を許す。その後も特大のホームランを浴びはしたが、チームは7対5で勝利した。城戸はのちに「マスクは相手を油断させる狙いもあった」と振り返っている。この大会の済々黌は、準決勝で熊本工に、決勝では中京商（現中京大中京・愛知）に勝利。熊本県勢どころか、九州勢として初のセンバツ制覇を飾った。マスクのエースは身長167センチと小柄ながら、5試合で53三振。これは73年、作新学院（栃木）の江川卓（元巨人）が60に更新するまで大会記録だった。ネットの記事によると、本人は記録を抜かれたことを「江川は延長があったからたい」と笑い飛ばしたというが、73年大会の作新に延長試合はなく、しかもベスト4止まり。江川の登板は城戸の5に対して4試合で、当然投球回数も少ない。

試 マスターズ甲子園
ますたーずこうしえん

全国の元高校球児が、出身校別に世代を超えた同窓会チームを結成し、甲子園でのプレーを目指す大会。野球を通しての同窓会を行うとともに、生涯スポーツとして発展させ、また次世代に野球の素晴らしさを伝えていくことを目的に、２００４年に創設された。全国高校野球ＯＢクラブ連合に加盟（42都道府県６９８チーム）し、各地区予選を勝ち抜いた代表校が、甲子園球場での本大会に出場。ＯＢ戦各1試合を行う。運営は自己負担を原則とし、参加者からの会費（参加料）を基本に、スポンサーからの支援によって継続的な大会実施を目指している。主催は全国高校野球ＯＢクラブ連合で、朝日新聞社が共催する。19年の第16回大会には、休部したＰＬ学園（大阪）が出場。桑田真澄（元巨人ほか）氏ほかレジェンドメンバーが出場して話題になった。20～22年は新型コロナウイルスの感染拡大のため、地方予選大会・本大会ともに中止になったが、その分も回数にカウントした23年の第20回記念大会は、全国43都道府県から７００校以上が予選に参加し、11月11～12日の甲子園で、日本一決定戦が行われる予定だ。

選 松井栄造
まつい・えいぞう

１９３３年、35年センバツ、36年夏と、岐阜商（現県岐阜商）在校時に3回の優勝を経験した名投手。18年11月10日、静岡県浜松市に生まれたが、岐阜商の当時の後援会長・遠藤健三に見いだされて遠藤家に下宿しながら通学。2年生の33年にはおもにセンターを守った。35年センバツからはエースとなり、左腕からの落差の大きいカーブを武器に、雨天引き分けコールドを含む5試合42回を投げて9失点。徳島商戦では16三振を奪っている。36年センバツはおもにセンター、夏は2回戦途中からリリーフし、準決勝と決勝で先発完投した。肩痛に悩まされており、卒業後は早稲田大で打者として活躍したが、42年に応召し、翌年戦死した。センバツでの通算8勝は吉田正男

▶松井栄造

（中京商［現中京大中京］・愛知）の9勝に次ぐ記録で、36年夏の盛岡商（岩手）戦で放った3本の三塁打もいまだに残る大会タイ記録。岐阜市内の長良川球場には、投球フォームを模した銅像が建てられている。

選 松井秀喜
まつい・ひでき

1990年夏、91年夏、92年春夏の4度甲子園に出場したスラッガー。その怪物ぶりから愛称「ゴジラ」。74年6月12日生まれ。星稜（石川）に入学直後から四番に座り、1年夏には竜ヶ崎一（茨城）戦で右中間最深部に甲子園初本塁打を放つ。3年春には宮古（岩手）との開幕試合で2打席連続本塁打、1試合7打点を記録。この大会から撤去されたラッキーゾーンの影響も受けない、文句なしの飛距離だった。続く堀越（東京）戦では2試合連続本塁打、大会最多タイとなる3号をマーク、規格外のゴジラぶりを存分に見せつけた。同年夏の1回戦、長岡向陵（新潟）との試合は、本塁打こそなかったが、1打席目の本塁打性の大飛球は右中間を破る三塁打となり、スイングスピードは「すでに社会人にもおらんクラス」（これを見ていた明徳義塾・馬淵史郎監督）。迎えた2回戦は、その明徳義塾（高知）が相手。あまりにも有名な5打席連続敬遠で勝負してもらえず、試合も2対3で敗れた。のちに松井はこの一件を振り返り、「あれがあったから成長できた。5敬遠されるほどの打者であることを、自分で示さなければなりませんから」と語っている。93年、巨人に入団。03年にメジャー挑戦し、ヤンキース、エンゼルス、アスレチックス、レイズで活躍した。

▶松井秀喜

選 松井裕樹
まつい・ゆうき

2012年夏に奪三振ショーを展開した左腕投手。1995年10月30日生まれ、神奈川県出身。桐光学園の2年生エースとして迎えた12年夏。甲子園デビューとなる1回戦でいきなり規格外の実力を見せつける。甲子園常連校である今治西（愛媛）を相手に、140キロ超の威力ある直球とキレ味鋭く「消える」といわれるスライダーを武器に、大会史上最多の10連続奪三振と1試合22

奪三振を記録。続く常総学院（茨城）戦でも、旧大会記録に並ぶ19個の三振を奪った。2試合連続の毎回奪三振は、00年夏に浦和学院（埼玉）の坂元弥太郎（元西武ほか）が記録して以来、史上5度目のこと。さらに浦添商（沖縄）との3回戦では「打席の前に立ち、動きを小さくして、ノーステップで打つ」という松井対策によって毎回奪三振記録は初回に止められたが、2ケタの12三振を奪った。結局、準々決勝の光星学院（現八戸学院光星・青森）戦を含めて4試合連続2ケタ奪三振を達成し、歴代3位（1位・板東英二83個、2位・斎藤佑樹78個）、サウスポーとしては史上最多となる大会通算68奪三振を記録した。板東も斎藤も、決勝に進出して残した記録。松井がもし決勝まで勝ち進んでいたら、前人未到の記録が生まれていたかもしれない。3年春夏も注目され、快投を見せるが甲子園出場には至らなかった。14年楽天に入団。

▶松井裕樹

選 松尾汐恩
まつお・しおん

２００４年7月6日生まれ、京都府出身。京田辺ボーイズでは、日本代表として世界少年野球大会に出場して大阪桐蔭に進学。当初は遊撃手だったが、1年秋の大会中にチーム事情から務めた捕手で適性を見せ、そのまま捕手となる。21年のセンバツでは代打出場した初戦で敗退したが、同年夏の甲子園では背番号12で正捕手。近江（滋賀）との2回戦でソロ本塁打を放った。同年秋は神宮大会に出場すると、広陵（広島）との決勝で2本塁打を放つなど優勝に貢献した。チームは、22年のセンバツでも優勝。松尾は5試合で打率・３５３、2本塁打、4打点を記録している。同年夏も、聖望学園（埼玉）との2回戦で2打席連続本塁打を放ち、ＯＢの平田良介（元中日）、森友哉（オリックス）、藤原恭大（ロッテ）の先輩に並ぶ史上5位タイ、10人目の甲子園通算5本塁打に到達した。大会後のＷＢＳＣ Ｕ-18ワールドカップでもベストナインを受賞。22年のドラフト1位でＤｅＮＡに入団した。

選 松坂世代
まつざかせだい

１９９8年は、横浜（神奈川）が

史上5校目の春夏連覇を達成した。このときのエース・松坂大輔（元西武ほか）を筆頭として、プロ球界で優秀な人材が多数活躍したことから、1980年4月2日から翌81年4月1日生まれの学年を松坂世代と呼ぶ。日本のプロ野球に在籍した選手は、現役を含み94人。98年に春夏どちらかの甲子園に出場し、その年のドラフトで指名されて高卒でプロ入りしたのは、次の16人だ。横浜／古木克明（豊田大谷・愛知）小池正晃（横浜）巨人／加藤健（新発田農・新潟）ヤクルト／石堂克利（愛工大名電・愛知）高橋一正（明徳義塾・高知）丹野祐樹（仙台。宮城）広島／東出輝裕（敦賀気比・福井）井生崇光（東筑・福岡）矢野修平（高鍋・宮崎）西武／松坂大輔（横浜）赤田将吾（日南学園・宮崎）日本ハム／實松一成（佐賀学園）森本稀哲（帝京・東京）ダイエー／吉本亮（九州学院・熊本）近鉄／松本拓也（日本航空・山梨）ロッテ／寺本四郎（明徳義塾）。ほかに、98年には出場していないものの、前年に2年生で甲子園のマウンドを踏んだ藤川球児（高知商→阪神）らもいる。

社会人を経てのプロ入りでは、02年にダイエー入りした杉内俊哉（鹿児島実→三菱重工長崎）が代表格で、大卒で03年入団となるとダイエーには現在ただ一人現役の和田毅（浜田［島根］→早稲田大）、新垣渚（沖縄水産→九州共立大）、ほかに後藤武敏（横浜→法政大→西武）、村田修一（東福岡→日本大→横浜）、久保田智之（滑川［埼玉］→常磐大→阪神）ら、甲子園組だけでも絢爛豪華だ。これだけのメンバーで優勝争いが繰り広げられたのだから、98年の春夏は、歴代でも屈指のハイレベルだった。

選 松坂大輔
まつざか・だいすけ

1998年春夏に出場して甲子園に数々の伝説を残した怪物投手。80年9月13日生まれ。東京都出身。横浜（神奈川）ではエースとして3年時に史上5校目の春夏連覇。150キロ超の直球と、切れ味鋭いスライダーを武器に超高校級の投手として「平成の怪物」と呼ばれ、全国にその名を轟かせた。松坂を中心としたチームは「超高校級」「史上最強」と評判は高かったが、連覇への道のりは険しかった。中でも夏の準々決勝は、上重聡や大西宏明（元ソフトバンクほか）、平石洋介（元楽天）、2年生の田中一徳（元横浜）ら有力選手を揃えるPL学園（南大阪）と対戦。試合は延長17回におよぶ死闘となり、松坂は250球を投げ切って勝利を収めた。翌日の準決勝も球史に残る大激闘となる。相手はエース・寺本四郎（元ロッテ）を擁する明徳義塾（高知）。松坂が左翼で出場した試合は、8回まで大量6点をリードされる展開。だが8回裏、渡辺元智監督から「オマエら勝つ気はあるのか。昨日のPL戦をムダにしない戦いをしよう」と一喝されると打線が目覚めて猛反撃。2点差に詰め寄り、9回にはマウンドに松坂が上がって逆転サヨナラ勝利につながる好投を見せた。決勝の京都成章戦では、決勝戦史上2人目となるノーヒット・ノーランを達成して、連覇に花を添えた。このときのチームは明治神宮大会、国体も制して、公式戦44連勝無敗という驚異的な記録を残した。翌年西武に入団し、2003、04年に最優秀防御率を獲得するなど日本球界を代表するエースに。レッドソックス、メッツ、ソフトバンク、中日を経て西武に復帰し、21年限りで現役を終えた。

▶松坂大輔

松商学園高校

まつしょうがくえんこうこう

長野県松本市の私立共学校。1898年、戊戌学会の創立が始まり。1911年、松本商業と改称し、戦後になって松商学園と改名した。商業科と普通科があり、松本大学、松商短大、秀峰中等教育学校も同じ学校法人松商学園が経営する。長野県内では、草創期から歴史を刻んできた。夏の出場回数37は北海（北海道）に次ぐ全国2番目。戦前の松本商時代に甲子園でも常に上位に名を連ね、24年の夏、26年春に準優勝。そして28年夏には、後にプロ野球初の三冠王に輝く中島治康（元巨人）が投手として全試合に登板し、長野県唯一の夏の優勝をもたらした。平成になって91年、投手・上田佳範（元中日ほか）でセンバツ準優勝。上田は初戦で、愛工大名電（愛知）の鈴木一朗（イチロー）に投げ勝った。その年の夏はベスト8。OBは堀内庄（元巨人）、柳沢裕一（元中日ほか）など。2021年夏には、1回戦で高岡商（富山）に勝利し大正、昭和、平成、令和の4元号白星を一番乗りで達成した。夏37回の出場で28勝36敗、春16回出場で13勝16敗。41勝は全国29位タイ。

監 松田昇
まつだ・のぼる

高知商、伊野商、明徳（現明徳義塾）などで指揮を執り、甲子園通算19勝11敗の名監督。1905年5月18日生まれ。高知商から関大を経て中国（旧満州）へ。このときに監督を務めた天津商は、のち満州代表として38、39年夏に連続出場している。戦後は郷里に戻り、47年に母校の高知商監督に就任。当時は珍しかったデータ野球を取り入れ、高知商時代を築いた。50、57年センバツでは準優勝を果たしている（ただし57年の肩書きは部長。ほかに61年夏も部長）。夏は54年、58年にベスト4まで進んだ。中でも惜しまれるのは57年春の決勝。早稲田実（東京）の王貞治（元巨人）投手と対戦し、3対5と2点差に泣いた。78年に私立明徳中（現明徳義塾中）の監督になると、教え子の進級とともに81年から高校の監督。82年春には早くも、チームを甲子園初出場に導いた。初戦で瀬田工（滋賀）を11対0と退けて、チームは甲子園初勝利。2回戦は強豪・箕島（和歌山）と延長14回の激闘の末、1点差で惜敗し、試合後の松田は「武蔵、小次郎に敗れたり」と言い残して甲子園を去った。負けるはずがないと確信していた老将が、血気盛んな小次郎・尾藤公監督にしてやられた無念を表したのでは、と言われている。

センバツの連続出場を目ざした同年秋の四国大会開幕前日、開催地の高松市内で練習中に心臓に異常を感じて緊急入院。治療を受けたが、容体は好転せず、開幕当日の早朝に帰らぬ人に。77歳だった。最期の言葉は「ユニフォームは用意してあるか」だったという。

人 松永怜一
まつなが・れいいち

1931年11月3日生まれ、福岡県八幡市（現北九州市）出身。八幡高時代は三塁手、三番打者として活躍したが、同じ北九州地区には47、48年とエース・福嶋一雄で夏の甲子園を連覇した小倉が立ちはだかり、49年夏も2対5で敗れる。ただこれで手応えを得た八幡は、翌50年のセンバツに初出場。1回戦を突破したが、準々決勝では優勝する韮山（静岡）に9回裏逆転サヨナラ負けを喫した。試合終了の挨拶のあと、松永がともに戦った相手に握手を求めたことが、のちに慣例となったといわれている。法政大では腰痛を発症し、指導者の道へ。55年、法政大一高（現法政大高・東京）の監督になると60年センバツ、61年夏といずれも初出場に導いた。以後堀越（東京）の監督を経て65年、法政大の監督に。法政三羽烏と呼ばれた田淵幸一（元西武ほか）、山本浩二（元広島）、富田勝（元中日ほか）や、リーグ戦最多48勝の山中正竹らを中心に、リーグ戦で通算6度の優勝を果たした。80年、社会人・住友金属の監督となり、84年のロサンゼルス五輪では、公開競技だった野球日本代表の監督として金メダルを獲得。70年代には、やや辛口の高校野球解説でも知られた。２００７年に野球殿堂入りし、22年没。

選 松本終吉
まつもと・しゅうきち

春夏の甲子園では、完全試合を含むノーヒット・ノーランが35回達成されている。これを初めて記録したのは１９１６年、第2回中学優勝大会の市岡中（大阪）・松本終吉だ。12年に入学し、13～15年は捕手を務めていた。最上級生となった16年に投手で四番として夏の大会に出場。初戦で長野師範（現信州大教育学部）を3安打14三振で2失点完投すると、続く一関中（現一関一・岩手）戦で8奪三振のノーヒット・ノーランを達成した。準決勝でも鳥取中（現鳥取西）から10三振を奪って延長10回を完投。ただし慶応普通部（現慶応・神奈川、当時は東京）との決勝では肩を痛めて登板できなかった。翌年市岡中を卒業すると、野球続けたさで関西学院中に転校。18年夏には兵庫県代表となったが、米騒動のため全国大会が中止になった。早稲田大進学後は1年生から公式戦に登板し、21年には米国遠征メンバーにも入っている。

選 松本正志
まつもと・しょうじ

１９７７年夏の甲子園で、史上初めてのサヨナラ本塁打で優勝を決めた東洋大姫路（兵庫）のエース。59年4月2日、赤穂郡生まれ。高校入学当初は制球が定まらなかったものの、走り込みと投げ込みで克服。77年夏は千葉商を4安打で完封し、浜田（島根）との2回戦は5点差の終盤、宮本賢治（元ヤクルト）にマウンドを譲ったが、宮本が最初の打者のライナーを右手に受けて降板したため再登板。4安打無失点だったが、完封にはなっていない。準決勝は、今治西（愛媛）の好投手・三谷志郎との投手戦を延長10回、4安打で1対0の完封勝ち。東邦（愛知）との決勝、バンビ・坂本佳一との投手戦は10分打を許しながら要所を締め、10回を1失点で完投した。左腕からの速球が武器で、その年阪急の1位指名でプロ入り。

選 松本哲幣
まつもと・てっぺい

2015年のセンバツ、大阪桐蔭との準決勝で、2打席連続満塁本塁打という劇画のような快挙を成し遂げ、北陸勢初の優勝に貢献した敦賀気比（福井）の外野手。前年夏に準決勝で敗れた大阪桐蔭との再戦は初回、2死満塁からグランドスラム。2回にもやはり2死満塁から一発だから、2イニング2打席連発というわけだ。松本は東海大四（現東海大札幌・北海道）との決勝でも、同点の8回に決勝2ラン。背番号17の伏兵が、大会記録となる準決勝の1試合8打点を記録し、一大会最多タイの3本塁打は清原和博（PL学園［大阪］・元オリックスほか）らにも肩を並べた。1997年10月生まれ、京都市出身。敦賀気比では、2年春に投手から野手に転向すると、秋の北信越大会から17番でベンチ入りした。15年は夏も甲子園に出場し、通算成績は7試合21打数10安打3本塁打11打点。同志社大を経て、社会人のエイジェックでもプレーした。

選 監 松本稔
まつもと・みのる

1978年春に前橋（群馬）のエースとして甲子園に出場し、完全試合を達成した選手。60年8月18日生まれ。77年秋の関東大会で印旛（千葉）に敗れるも準優勝。翌春のセンバツ出場切符を手に入れる。1回戦では比叡山（滋賀）と対戦。下馬評では比叡山有利と見られていたが、松本が好投。変化球を主体に丁寧なピッチングで相手打線を翻弄する投球は回を追うごとに冴え、比叡山ナインの焦りからくる淡白な攻撃にも助けられて、27人目の打者を打ち取って試合終了。78球で試合時間は1時間35分、スピーディであっけないほどあっさりと史上初の完全試合が達成された。怪童と呼ばれた尾崎行雄（浪商・現大体大浪商、大阪）や、センバツの奪三振記録を塗り替えた怪物・江川卓（作新学院・栃木）ら、超高校級の投手でも成しえなかった大記録を、群馬県有数の進学校の168センチ、62キロという小柄な投手がやってのけたのだ。内訳は内野ゴロ17、三振5、内野飛球2、外野飛球3。左翼と中堅には1回も打球が飛ばなかった。次戦は福井商に0対14と大敗。卒業後、筑波大を経て中央（現中央中等・群馬）の監督となり、87年夏に甲子園初出場を果たした。大学時代の知見から定期的な休日の導入、練習中の補食などをいち早く取り入れ、その後は母校・前橋の監督として02年春、自身が完全試合を達成して以来24年ぶりに出場。監督としては、春夏1回ずつの出場で0勝2敗。22年からは、「高校時代に一度も勝ったことのない」県内の名門・桐生で監督を務める。

選監 松本吉啓
まつもと・よしひろ

初出場だった1976年夏、星稜（石川）、PL学園（大阪）など並みいる強豪を倒して優勝した桜美林（西東京）のエース。小柄ながら負けん気は人一倍で、決勝前夜も熟睡する豪胆さを併せ持ち、体重を6キロも減らしながら5試合を投げ抜いた。日大山形との初戦を完封して波に乗ると、市神港（現神港橘・兵庫）には逆転勝ち。銚子商（千葉）との準々決勝では、プロ注目の宇野勝（元ロッテほか）を3打数ノーヒットに抑えきる。準決勝は速球投手・小松辰雄（元中日）のいる星稜に4対1で勝利した。PLとの決勝は、4連投で持病の腰痛に苦しんだが、カーブを有効に使い、牽制も駆使して相手に流れを渡さない。延長11回にもつれた試合は、菊地太陽の左越え二塁打でサヨナラ勝ち。実に170球の熱投だった。58年6月30日、長崎県生まれ。明大でも投手として活躍し、4年時は大学選手権を制した。社会人・明治生命を経て97年に埼玉栄の監督となり98年夏、00年春に出場。01年からは千葉経大付の監督を務め、甲子園では極端な外野手のシフトが話題を集めた。04年夏はダルビッシュ有（現パドレス）が3年の東北（宮城）に勝つなど、ベスト4まで進んでいる。そのときは投手・松本啓二朗（元DeNA）との親子鷹でも注目された。

チ 松山商業高校
まつやましょうぎょうこうこう

1901（明治34）年創立、愛媛県松山市旭町にある県立校。繁華街からすぐにあるため、ふらりと練習の見学に訪れる地元ファンが多い。商業科の他、流通経済科、情報ビジネス科などがあり、2017年に地域ビジネス科を新設した。49年に松山第一高等学校に統合され、松山東高等学校商業科となるが、52年に分離しいまの校名になる。夏の選手権は出場26回、優勝5回、公立校中最多の60勝、センバツは出場16回、優勝2回、20勝を挙げている。合計80勝は5位。大正、昭和、平成の三つの元号下で優勝を果たしている唯一の学校だ。

「夏将軍」といわれ、夏の名勝負

▶1969年夏、決勝再試合で三沢を破り優勝した松山商

が多い。69年の51回大会では、太田幸司（元阪神ほか）を擁する青森・三沢との決勝は史上初の延長18回引き分け再試合。86年、浦和学院（埼玉）との準決勝では11人連続ヒットなどの猛攻。96年、熊本工との決勝では、延長10回裏にサヨナラ負けを阻む奇跡のバックホームなどが有名。錚々たるOBがそろい、野球殿堂入りしているだけでも藤本定義（元巨人、阪神監督）、森茂雄（元阪神など監督）、景浦將（元阪神）、坪内道典（元中日ほか）、千葉茂（元巨人ほか）の5人。エースとして巨人などでも活躍した西本聖は、ドラフト外でプロ入りした。

松山東高校→松山商業高校
まつやまひがしこうこう

監 馬淵史郎
まぶち・しろう

高校時代から「〝コト起こしの史郎〟と呼ばれていた」と自ら語るように、松井秀喜（星稜・石川、元レイズほか）の5打席連続敬遠でよくも悪くも知られる名物監督。1955年11月28日生まれ、愛媛県八幡浜市の大島で育った。愛媛の野球少年らしく、松山商に進学したかったが親に反対され、「三日三晩泣いて」地元の三瓶高に。甲子園出場はないが評判の遊撃手で、拓殖大では1年からレギュラー。ただずっと東都大学リーグの2部で、卒業後は就職が内定していた伊予銀行の野球部が休部したため、松山で職を転々とした。野球との復縁は80年。三瓶時代の恩師・田内逸明氏が、社会人野球・阿部企業の監督に就任し、マネジャー兼コーチとして誘われたの

▶馬淵史郎

だ。口説き落とされ、「では1、2年の基礎づくりだけ」と引き受けると、82年1月にその田内氏が急逝。成り行き上、最年長の馬淵が監督を引き受けざるを得なかった。26歳だった。

「本当は松山に帰りたかったけど、自分が選手を集めてきたのに、その本人がケツまくるんか、と言われたらね。じゃあ1年だけ残る……とうて、結局それから5年近く監督をやったね」。兵庫には、社会人の強豪がわんさといて、練習環境も素材も見劣りする阿部企業は、「けたぐりでもネコだましでもやらんと」（馬淵）勝負にならない。悪戦苦闘の末、86年には都市対抗予選を突破し、本大会でもベスト8に。秋の日本選手権で準優勝を飾ったところで「もう格好はついたやろ」とあっさりと監督職を退いた。愛媛に戻り、宅配便の運転手をしていると、当時の明徳義塾監督・竹内茂夫氏に練習見学に誘われた。田内氏の教え子というつながりだ。そこで、「『もう帰らんでええ、テレビも布団もユニフォームもあるから、明日から練習を手伝ってくれ』と言われて、そのまま居着いた（笑）」。87年5月のことだ。

コーチを経て90年8月に監督に就任すると、91、92年と連続して夏の甲子園に出場。松井5敬遠で批判を受けて一度、丸3年甲子園から遠ざかって二度目の辞表を出す。「ただ欲をいえば、もう1回甲子園に出るまでやらしてくれ、と。ワシは引きずってないんやけど、松井の敬遠でつぶれたといわれるのもつまらんからね」。そこで慰留され、翌96年のセンバツに出場してからは、すっかり常連になった。

確率重視が身上。監督は常に選択を迫られ、間違ったら全員が失敗する。そのためヒットエンドランなら、配球の過程、投手の性格、クセ、打者の能力……を見て、成功する確率が高い局面でサインを出す。松井の敬遠も、単に勝つために確率が高いという選択にすぎない。「汚い？　それなら、バスターバントもピックオフプレーも汚いんか。そういう駆け引きがあるからこそ、力のないものが勝つこともある。力通りに決まるんなら、試合前のフリー打撃とシートノックで勝負を決めたらええ」。そういう野球で、甲子園初出場の91年夏から、20大会連続で初戦を勝ち続けた。

松井5敬遠からちょうど10年後の2002年夏、念願の全国制覇。「早く高知に帰って、うまいカツオを食いたいわ」。馬淵節である。05年夏、高知を制して甲子園に乗り込みながら不祥事で出場辞退。監督を辞任し、翌年夏に復帰が認められるまでの期間は、「（敬愛する）司馬遼太郎さんの本は全部読み返したわ」。気さくな性格で全国の各監督と深い親交があり、故・上甲正典済美元監督や、智弁和歌山・高嶋仁前監督とも昵懇だ。14年のセンバツで、その智弁和歌山に延長15回の末スクイズで勝利したときには、「高嶋はん、スクイズしてすんまへん」とインタビューで笑いを誘っている。18年センバツで、歴代5人目の通算50勝に到達した。通算54勝（35敗）は歴代4位。

社 幻の甲子園
まぼろしのこうしえん

1942年は戦争のためセンバツ、選手権ともに中止となったが、8月22日からは文部省と学徒振興会主催の全国中学校・師範学校ならびに師範学校・青年学校体育大会の一環として、「第1回全国中等学校錬成野球大会」が行われた。例年より7地区少ない16地区で代表を決定。野球以外の競技は奈良県の橿原神宮外苑で開催され、野球は甲子園で行われた。代表は北海道／北海中、東北／仙台一中（宮城）、関東／水戸商（茨城）、東京／京王商（現専大付）、中部／松本商（現松商学園・長野）、北陸／敦賀商（現敦賀・福井）、愛知／一宮中、近畿／海草中（現向陽・和歌山）、大阪／市岡中、京津／平安中（現龍谷大平安・京都）、東中国／滝川中（兵庫）、西中国／広島商、四国／徳島商、北九州／福岡工、南九州／大分工、台湾／台北工。

決勝は、徳島商が延長11回、平安中を逆転サヨナラで降している。

徳島商に渡されたのは、深紅の大優勝旗ではなく小さな優勝旗だったが、これも空襲で焼けてしまった。この大会は朝日新聞が主催せず、戦意発揚を目的としたために大会史には残っておらず、「幻の甲子園」と呼ばれる。ただ、大会自体の実質は夏の選手権に匹敵する価値があるうえ、徳島商にとっては初めての全国制覇であるため、当事者は長い間忸怩たる思いだっただろう。そこで77年、徳島県を訪れた海部俊樹文相に徳島商関係者が事情を説明し、「なにか記念になるものを」と依頼。これに応じ、8月20日には徳島県庁で優勝旗と表彰状が徳島商に手渡された。

事 幻の代打
まぼろしのだいだ

1988年のセンバツ3回戦、上宮（大阪）は7対3で高知商を下したが、9回表、上宮の攻撃中にちょっとした事件があった。1死後、上宮は二番・佐久目大樹に代打・長田博昭を起用、長田本人が球審に告げたつもり、だった。「（背番号）九番、代打です」。だが、2万6000の観衆のざわめきにかき消され、球審の耳に届かない。だから場内アナウンスに「代打」を告げることもなくプレーが続行され、長田は初球、左前に安打した。だが次の打者に3球が投じられたところで、大会本部が球審に「交代の通告はあったのか」と確認。ここで高知商側も抗議した。ただ、交代発表のなかったプレーヤーでも、ルール上は正規の打者とみなされる。そもそも、高知商のアピール権も消滅している。約3分の中断後試合が再開され、上宮はこの回一気に5点を挙げて試合を決めた。逆転された高知商にとって、もし流れが変わったのだとしたら、罪作りな中断だった。

事 幻のホームラン
まぼろしのほーむらん

1985年の西東京大会。南野と永山の一戦で、南野の斎藤が2回無死一塁から左翼フェンスを越える2ランホームランを放った。斎藤は大喜び、三塁を回ったところで、コーチャーズボックスを飛び出したベースコーチと手をたたき合った。ところがこれが、三塁塁審によって「はしゃぎすぎ。高校生として見苦しい」と指摘され、それだけならまだしもその場でアウトにされてしまった。つまり記録上は三塁打……。これにはもう一説あり、三塁コーチャーが走者を手助けしたとしてアウトを宣告したというもの。だがそもそもサク越えならボールデッドで、手助けもなにもない。アウトにする根拠はどこにもないのだ。結局試合は南野が4対0で勝ったが、東京都高野連内部でも「やりすぎだったのでは」の声が上がったとか。

他 魔物
まもの

甲子園で、一般的には考えられないことが起こると、人智を越えたなにものかの力が働いたとして、「甲子園には魔物が棲んでいる」と表現される。いつから使われ出したのかははっきりしないが、1975年の夏、秋田商と洲本（兵庫）の対戦を報じた朝日新聞のコラムに「やっぱり魔物甲子園」というタイトルがついている。地方大会で甲子園での試合を経験している洲本が、初回にミスを連発して5失点したのに対し、不慣れなはずの秋田商が堅実にプレーして勝利した。魔物は甲子園にではなく、監督や選手の心に潜んでいるという内容だ。タイトルに「やっぱり」とあるのは、それ以前の甲子園でも、理屈では考えられない、得体の知れない力が働くことがあるというイメージだったのだろう。

87年春のPL学園（大阪）は、東海大甲府（山梨）との準決勝で4点のリードを許していた。だが突然、右から左への浜風が強まった6回。5安打を集中して同点とした。4本は風の影響を受けやすいレフトへのヒットで、そのうち2本は風にもてあそばれた野手が目測を誤ったものだった。結局この試合を延長でものにしたPLはそのまま頂点に立ち、夏も制して春夏連覇を果たしている。

ぬかるむ足もと、強い浜風、突然の雨。そういう自然条件は魔物のお気に入りだが、一つの凡プレーが、眠っていた魔物を起こすこともある。87年夏、初出場の徳山（山口）は、東海大山形を1対0とリードして9回2死三塁。四番打者の強いゴロは、エース・温品浩のグラブに収まる。だが、温品の一塁送球が高く浮き、同点の走者が本塁を駆け抜けると、悪送球で二塁まで進んだ走者が次打者のヒットでホームイン。試合終了のはずが、悪夢のような逆転負けとなってしまった。

79年、箕島（和歌山）と星稜（石川）の一戦は、延長16回に星稜が勝ち越し、その裏の箕島の攻撃も簡単に2死。続く森川康弘は一塁ファウルゾーンに打ち上げ、さすがに決着かと思われた。ところが、星稜の一塁手が、ファウルゾーンに貼られた人工芝の継ぎ目につまずいて転倒し、捕球できない。命拾いした森川の打ち直しが、またも同点ホームラン……この激闘を延長18回で制した箕島は、春夏連覇まで駆け上がった。

野球は筋書きのないドラマだが、ほとんどは筋書き通りに決着する。だが、何百試合に1回かの確率で魔物が出現するからこそ、甲子園は面白い。

運 満員通知

まんいんつうち

甲子園球場が満員（4万7000人）になると判断した時点で、スタンドに入場できない可能性を知らせるために大会本部が発表していたもの。早稲田実（西東京）に、清宮幸太郎（日本ハム）が登場した2015年の夏以来、その頻度が増した。たとえば17年夏の大会第4日には、休日で好カードが重なったこともあり、午前6時30分に早くも満員通知が出された。試合開始の1時間半前に出すのは異例。登場する8校中5校が夏の優勝経験校と強豪が集中し、球場前には早朝から長い列ができ、予定より45分早い午前6時15分に外野席を開門。同30分にはすべての席が開門となった。第1試合開始11分前の午前7時49分には、入りきれなかった観客のために、外野席下の通路を歩いて雰囲気を楽しんでもらう「通り抜け」が早くも始まった。「始発で来たのに、こんなに混んでいるなんてびっくり」という観客も多く、阪神電鉄では午前6時半から全駅で、電光掲示板に掲示するなどして球場の満員を知らせた。

この大会は、その後も連日満員通知が出ている。また翌18年のセンバツでも、地元や人気チームが多く登場する大会第3日の午後0時10分に満員通知が。センバツでは、88年以来30年ぶりだった。ただし、通知が出たからといって必ずしも入場できないわけではなく、試合が終わるごとに入れ替わりがあるため、満員通知が解除されることもあった。21年以降は入場券の全席指定・前売りが原則となり、「入場券完売通知」と呼ばれるように。23年夏からは、余裕がある場合に限り、すべての券種で当日券が発売される。

戦 満塁策
まんるいさく

僅差の試合で、特に走者が二、三塁にいるとき（場合によっては一、三塁、あるいは二塁のみ、三塁のみ、ときには2死でも）、敬遠の四球によってあえて満塁の状態にする守備側の戦術。満塁では、すべての走者に進塁義務が生じるため、守備側は任意の塁でフォースアウトにできる利点がある。

これが甲子園で初めて登場したとされるのは、１９２７年夏の大会だった。岩手県から初出場した福岡中は、準々決勝で好投手・水原茂（元巨人）の高松商（香川）と対戦。0対0のまま9回裏の守り、二塁打で出た先頭打者をバントで送られ、1死三塁とサヨナラのピンチである。ここで捕手の村田栄三は、「サヨナラ負けなら1点でも2点でも同じ。満塁にした方が守りやすい」と戸来誠投手に指示。戸来が続く2打者に故意に四球を与えると、満塁策という知識のない観衆はどよめいたという。そして1死満塁で迎えた打者の2球目、村田はウエストを要求し、飛び出した三塁走者をまんまとアウトに。さらに打者を三振に打ち取って、見事にピンチを脱した。福岡中は結局延長12回、0対1で敗れたが、朝日新聞の記者だった飛田穂洲は、この作戦を絶賛したという。

村田が指示したこの満塁策は、明治大の天知俊一（のち中日監督）に授けられた作戦だった。村田は翌28年夏も甲子園に出場し、大学、社会人でも活躍。戦前には仙台一中（宮城）、戦後は福岡中、青森、盛岡三（岩手）など、監督に招かれたチームをすべて甲子園に導いた。ちなみに「満塁策じゃったかなぁ……どう思います?」と取材で囲む記者に問いかけたのは99年夏、2回戦で長崎日大に敗れた明徳義塾（高知）・馬淵史郎監督だ。5対5と同点の11回裏、先頭のヒットとバントで1死二塁のピンチに三番打者と勝負した初球を捕手がパスボールし、長崎日大にサヨナラ負けしたときだ。このころから、いわゆる「馬淵節」がクローズアップされるようになってきた。

記 満塁本塁打

まんるいほんるいだ

夏の甲子園で初めて満塁本塁打が飛び出したのは、１９２４年の開幕試合。静岡中と北海中の5回、静岡中の田中市太郎が記録している。これは甲子園球場の第1号ホームランでもあった。決勝で初めて記録したのは、94年佐賀商の西原正勝で、樟南（鹿児島）と4対4で迎えた9回表、優勝を決定づけるものだった。同じ佐賀勢では、２００７年の決勝も印象的。広陵（広島）に0対4とリードされていた佐賀北が8回裏、押し出しで1点を返したあと、副島浩史のグランドスラムで劇的な逆転優勝を果たしている。佐賀勢の夏の満塁弾は3本あるが、決勝でそのうちの2本を占めるのがなんともすごい。11年には八幡商（滋賀）が大会初のチーム2本、2試合連続を記録している。22年の１０４回大会までトータルで54本が生まれており、半分強の28本が２０００年代に突入してからだ。1大会の最多は、08年の5本。

センバツで派手な記録が生まれたのは、２０１５年だ。北陸勢として初優勝した敦賀気比（福井）の松本哲幣が、準決勝の大阪桐蔭戦で初回、2回と2イニング連続の満塁ホームラン。1大会個人2本も春夏通じて初めてなのだから、1試合2本、2打席連続もむろん史上初。しかもこの松本、背番号17からの抜擢で、そういえば大会前に東哲平監督が「化ければ面白い」として名前を挙げていた。それ以前に大会初のチーム2本、1試合2本を記録したのが11年の東海大相模（神奈川）だ。履正社（大阪）との準決勝で、4回に森下翔平が左翼へ、7回には田中俊太（ＤｅＮＡ）が右翼へグランドスラム。この試合を大勝したチームは、2度目の春制覇を遂げた。また17年には、健大高崎（群馬）の山下航汰（元巨人）が、2年生ながら1大会2本を放っている。ついでに言えば84年、ワンバウンド満塁本塁打を放ったのは佐賀商の中原康博（対高島、滋賀）。いったい佐賀勢、どれだけ満塁弾に縁があるのか。センバツでは30年、平安中（現龍谷大平安・京都）の中川伴次郎の第1号以来28本生まれており、やはり半数強の15本が2000年以降のものだ。

打たれた側に目を向けると、第1号を浴びた北海中の手島義美は、翌25年も東山中（京都）の加藤常雄に打たれ、唯一2年連続での被弾。また07年、佐賀北に敗れた広陵の野村祐輔（広島）は、センバツの帝京（東京）戦でもグランドスラムを配給しており、同じ年の春夏で続けて打たれたのもただ一人だ。

▶1994年夏、佐賀商・西原正勝が放った、決勝戦では初となる満塁本塁打

み

三池工業高校
みいけこうぎょうこうこう

県内最南端にある、福岡県大牟田市の県立高校。1908年、日本三大財閥の一つ・三井家が経営する三池炭鉱と周囲の工場で、実習する環境のもと工員を養成する目的で三井工業学校を設立。戦後に私立三池工業高校になり、50年に県に移管され三池南高校、53年に現校名に。電子機械科、情報電子科、電気科、土木科、工業化学科の5学科がある。59年から原貢が指揮を執り65年夏、初出場初優勝の快挙を達成した。上田卓三（元南海ほか）が左のエース。初戦、優勝候補の高松商（香川）に延長13回サヨナラ勝ち、準々決勝の報徳学園（兵庫）にも延長10回サヨナラ。銚子商（千葉）との決勝は、ロッテのエースとして活躍した木樽正明から2点を奪い、工業高校初めての優勝をもたらした。爆発事故や炭鉱不況の大牟田の町は歓喜。決勝の経過は炭坑内にも電話で伝えられたという。パレードには町の人口を上回る30万人が集まった。甲子園出場は春も含めて1回だけで、勝率10割は徳島の海部高校（当時徳島海南）と2校だけだ。工業高校の優勝も夏では1回のみ。ＯＢに苑田聡彦（元広島）がいる。

▶1965年夏、初出場初優勝を遂げた三池工業。エース・上田卓三は決勝戦で銚子商を完封

三浦将明
みうら・まさあき

1983年春夏に準優勝した横浜商（神奈川）のエース。65年横浜市生まれで、中学時代には軟式野球で4度のノーヒット・ノーランを記録した。横浜商では1年秋からエースとなり、82年のセンバツに出場。PL学園（大阪）にサヨナラ負けしたが、ベスト4まで進出している。83年のセンバツでは、2回戦から星稜（石川）、駒大岩見沢（北海道）、東海大一（現東海大静岡翔洋）を3試合連続完封。池田（徳島）との決勝は、強力打線を3点に抑えたもの

の、打線が水野雄仁（元巨人）に沈黙して敗れた。その夏は打線が奮起し、三浦は佐世保工（長崎）を4安打完封するかたわら、大差がついた試合ではマウンドを譲るなど、余力を残して決勝に進出した。相手はまたもPL学園。7安打に抑えながら、1年生の清原和博（元オリックスほか）に甲子園第1号を打たれるなど3失点し、打線はやはり1年生の桑田真澄（元巨人ほか）に6安打完封を許す。センバツと同じスコア、0対3だった。いずれも歴史に名を残すチームに敗れての準優勝だから、なんとも悲運だった。この年の横浜商は、国体でも決勝で中京（現中京大中京・愛知）に敗れて準優勝に終わっている。83年のドラフト3位で中日入り。

チ 三重高校
みえこうこう

松阪市にある私立の共学校。創立は1961年。62年に中学を開校し、松阪女子高、女子中を分離設立した。85年に中高一貫教育体制を導入。94年に松阪女子高を統合し共学化。18年4月より、学校法人梅村学園から独立し、学校法人三重高等学校が運営する。かつての兄弟校として愛知の中京大中京、岐阜の中京があり、ともに野球を強化した歴史がある。野球部は61年に創部され、66年センバツと夏にそれぞれ初出場を果たす。68年夏にベスト8。準々決勝の相手は優勝した大阪の興国だった。このときのレギュラー6人が2年生で、半年後の69年センバツでの初優勝につながる。その夏は春夏連覇を狙ったが、初戦敗退だった。2014年夏も決勝に進んだが、大阪桐蔭に3対4の惜敗。18年センバツの準決勝でも、やはり大阪桐蔭に2対3の1点差で敗れている。夏14回13勝14敗、春は13回で16勝12敗。合計29勝は45位タイ。OBは水谷新太郎（元ヤクルト）、清水昭信（元中日）、加藤匠馬（中日）など。ソフトテニスも、男女ともに強豪だ。

戦 右投げ左打ち
みぎなげひだりうち

地球上の人口約79億のうち、70億人が右利きと言われている。人間が、狩猟のときのアドバンテージとして言葉を発達させていく過程で、言語野のある左脳も発達。左脳は右半身に指令を伝達するため、右利きが増えたらしい。一方野球というゲームでは、左打ちが有利な点が多々ある。右打席よりも一塁に近いため、出塁しやすいこと。左打席のほうが、圧倒的に多い右投手の球を見やすいこと。それを踏まえてか、あるいは90年代中盤からのイチロー（元マリナーズほか）や松井秀喜（元レイズほか）の活躍にあこがれてか、高校野球ではことに21世紀に入ってから、右投げ左打ちが増えた。たとえば1年生のKKでPL学園（大阪）が優勝した1983年夏、49代表のベンチ入りメンバー735人のうち右投げ左打ちは80人で全体の11％、左投げ左打ちは88人で12％とほぼ同じだった。それがすでに98年夏には、右投げ左打ちの数が左左を逆転し、21世紀に入ると差が顕著になっていく。

年	総数	右左		左左	
98	880	153	17%	88	10%
01	784	173	22%	91	12%
03	882	171	19%	102	12%
04	882	229	26%	95	11%

記録は多少古いとしても、左投げの比率はおおむね10％前後で普遍的と言えるが、ことに04年の右投げ左打ちの多さは突出している。足は速いがパワー不足という選手が、少年時代の指導者のアドバイスで転向するケースが多く、もろにイチローの影響だろう。このころには、スタメン9人中7人が左打ち、というチームもザラだった。以後も右投げ左打ちブームは続き、たとえば19年の甲子園春夏決勝戦に進んだ4チームは、いずれもベンチ入り18人中5人以上の右投げ左打ちがいた。23年センバツも、36チームの登録全641人中、右投げ左打ち（両打ちを含む）は152人と、24％の高い水準だ。

ただ、一塁に走ることばかりに気を取られ、しっかりと振り切らず走り出すいわゆる〝走り打ち〟や、後ろの腕（左打ちなら左腕）の押し込みの弱さなど、右投げ左打ちの弱点も近年指摘されてきた。また、左の強打者が多いプロ野球では、長く右の長距離砲不足が言われている。近年は、左利きの子を無理に右に矯正しない傾向もあり、右投げ左打ちの比率は少しずつ減っていくかもしれない。

選 三沢興一

みさわ・こういち

1974年6月8日生まれ、埼玉県出身。帝京（東京）時代の1991年春夏、92年春夏と4季連続甲子園出場を果たし、91年夏は池田との3回戦、3点差の8回に逆転弾を放つなど2本塁打した。六番を打ち19打数8安打で、投手としても3試合に登板。ただ、初優勝する大阪桐蔭との準々決勝では、救援した1回で自責4と打ち込まれた。秋は東京を制して神宮大会に進み、決勝では松井秀喜（元レイズほか）のいた星稜（石川）と対戦。三沢は松井に4四球（うち2つは敬遠）を与えたが、一度だけ勝負したら簡単に二塁打されるなどで、帝京が敗れた。だが、臨んだ92年センバツでは、4連投の末、決勝戦で東海大相模（神奈川）を3対2。帝京のセンバツ初優勝にエースとして貢献した。高校では通算29本塁打で、3年時はエース兼四番。92年夏の甲子園では、仲のよくなった松井と「対戦するなら決勝でやりたいね」と語り合ったが、帝京は初戦敗退、星稜は松井が5敬遠されて2回戦で散った。早稲田大在学中の95年夏、その顔合わせが甲子園の決勝で実現し、帝京が勝っている。卒業後巨人入り。

チ 三沢高校
みさわこうこう

1969年夏、エース・太田幸司（元阪神ほか）を中心に、松山商（愛媛）との決勝で延長18回引き分け再試合という珠玉の名勝負を演じ、準優勝。甲子園出場は合計3回ながら、球史に残るチームと言っていい。52年に青森県立三本木高校の定時制分校（町立）として開校し、54年に大三沢高校として独立。57年に県に移管され、三沢高校に改称した68年夏、甲子園に初出場した。このときと翌年のセンバツで1勝ずつ、そして69年夏には東北勢初優勝まであと一歩に迫ることになる。学校敷地には、「栄光は永遠に」という記念碑があり、背面には「破れて悔いなし、三沢高校　ほめてもほめてもほめたりない三沢高校」から始まる詩がある。父が青森出身のサトウハチローによるものだ。もともと裏面には、選手全員の名前を刻む案があったが、当時の校長は「まだ10代の生徒たちの人生が、準優勝した野球のようにうまくいくとは限らない。刻まれた名前が今後、重荷になってはいけない」とためらったすえ、野球好きの詩人の詩が刻まれた。春夏通算6勝3敗1分け。ＭＩＳＡＷＡという緑の胸文字を、その後の甲子園で見ることはない。それでも準優勝メンバーの小比類巻、八重沢といった青森らしい名前は、記憶に刻まれている。小

▶三沢高校

比類巻英秋捕手の息子・英史は2003年夏、光星学院（現八戸学院光星・青森）の三塁手として甲子園に出場した。

選 水澤清
みずさわ・きよし

1932年夏にノーヒット・ノーランを達成した長野商の投手。長野商2年の29年にショートのレギュラーとなり、4年になった31年に投手に転向。大分商を4安打1失点に封じ、チームに初勝利をもたらした。32年は春夏連続で甲子園に出場すると、センバツでは早稲田実（東京）を3安打完封するなどベスト8入りし、夏は初戦で千葉中を3安打1失点、続く遠野中（岩手）を相手に4四死球でノーヒット・ノーランを演じた。ただし準々決勝では、センバツに続いて中京商（現中京大中京・愛知）に敗退。投げ合ったのはいずれも吉田正男で、中京商はこの夏、連覇を達成することになる。

人 水島新司
みずしま・しんじ

『ドカベン』に代表される数々の作品で知られた、野球漫画の第一人者。ドカベンが所属するのは、新潟の実力校・新潟明訓をモデルにした『明訓高校』で、1991年夏に新潟明訓が甲子園に初出場したときには「あのドカベンの高校が……」と、大いに話題になっている。70年から週刊少年サンデーに連載した『男どアホウ甲子園』が出世作となり、72年から週刊少年チャンピオンに連載された『ドカベン』は、キャラクターの似た香川伸行（当時浪商［現大体大浪商］・大阪）の、『球道くん』は同じ姓の中西清起（当時高知商）のニックネームとなった。連載が41年の長きにわたった『あぶさん』では、プロ野球選手も実名で登場するなど、プロアマ問わず野球人と親交が深かった。2020年没。まだ取材規制がゆるかった1973年当時、甲子園では江川卓（当時作新学院・栃木）と同宿したこと。HARD OFF ECOスタジアム新潟ができたとき、「無償でドカベンスタジアムにしてもいいと申し出たけど……」諸般の事情で実現しなかったことなど、生前に聞いた逸話が思い出される。

選 水野雄仁
みずの・かつひと

1982年夏に池田（徳島）の外野手兼投手として優勝に貢献し、83年の春夏にはエース兼四番として甲子園に出場。その風貌や親しみやす

▶水野雄仁

いキャラクターから「阿波の金太郎」の愛称で人気だった。1965年生まれ。阿南一中から池田に進み、名将・蔦文也監督の指導を仰ぐ。チームは1学年上の本格派右腕・畠山準（元横浜ほか）を中心にめきめきと力をつけ、82年夏に2年生の主力打者として甲子園出場を果たす。攻めダルマと呼ばれる蔦監督の育てた打線は、打って打って打ちまくる。準々決勝の早稲田実（東東京）戦。水野は、当時アイドル的人気を誇った荒木大輔（元横浜ほか）から満塁本塁打を放ち、非凡さを披露した。以来、圧倒的な猛打を見せつけて全国の頂点に立ったその強力打線は〝やまびこ打線〟と呼ばれる。

翌83年春にはエースとなり、横浜商（神奈川）を破って史上4校目の夏春連覇。水野は5試合完投のうち3完封、自責点はゼロだった。夏春夏という前人未踏の3連覇に挑んだ夏は、順調に勝ち進み、頂点が見えかけた準決勝。相手は当時1年生だった桑田真澄（元巨人ほか）、清原和博（元オリックスほか）がいたPL学園（大阪）。前評判の高くなかったそのPLに、水野はまさかの7失点。桑田に本塁打を打たれるなど、3連覇はならなかった。

水野は広島商との3回戦で頭部に死球を受け、その影響なども取りざたされたが、池田の主将・江上光治は「抽選して帰ってくると（水野から）毎回小言をいわれたけど、PLを引いた時はよくやったといわれたんですが」と振り返る。つまり水野だけではなく、チーム全体がノーマークのPLに油断し、それが敗戦の大きな要因だったという。水野は打者としても非凡で、なんといっても3回の甲子園で出場16試合すべてにヒットを放っているのがすごい。69打数34安打の打率・493、23打点。甲子園出場10試合以上で、すべてヒットを放っているのはほかに嶋田宗彦（箕島［和歌山］・元阪神）森岡良介（明徳義塾［高知］・元ヤクルトほか）くらいだ。卒業後は巨人に入団して中継ぎ、抑えとして活躍。

施 水はけ
みずはけ

水はけのよいことで知られる甲子園球場。日をまたいで夜中まで土砂降りの雨が降り、明日は中止だろう……とタカをくくって深酒した明朝。予定どおりに試合が始まることに肩を落としたメディア関係者は数知れない。近年なら、とても無理……と思われる状態からプレーボールにこぎ着けると、「神整備」などと称賛されることも多々ある。グラウンド整備を担当する阪神園芸のHPによると、「水はけが良く、水持ちの良い状態が保たれています」。その理由はまず、マウンドを頂点として、内外野周囲のフェンスまでの勾配が均等で、表面の排水が効率良くできること。その勾配を把握し、試合ごとに機械とトンボによる人の手でていねいにならしている。また、土の吸水性の良さもそう。通常、グラウンド表面の2～3センチは、試合での使用や整備の手が加わることで、適度な硬度を保っているが、甲子園の場合はその厚みが30センチほどにもなる。強い雨なら表面の勾配が排水し、弱い雨でも30センチの土の厚みがしっかりと吸収する。それによって、グラウンドの水が飽和状態になるのを防いでいるという。そして、グラウンドがカラカラに乾いた状態なら、その吸水性から、散水することでしっかりと〝水持ち〟する。それにより、甲子園では「水はけが良く、水持ちの良い」状態が保たれる。

選 水原茂
みずはら・しげる

1909年1月19日、香川県高松市生まれ。高松商時代は、先輩の宮武三郎（元阪急）とともに甲子園に出場。投手・三塁手として名をはせ、25年春夏、26年春、27年春夏と甲子園に出場し、うち25、27年夏と2回全国優勝を達成し、25年春にも準優勝がある。宮武が卒業した27年から投手も兼任し、夏には4試合に登板。準決勝では愛知商を完封している。登板しなかった北野（大阪）との2回戦では、三塁打を含む3安打を放った。宮武と同じ慶応大に進むと三塁手に専念。34年結成の全日本倶楽部に入り、そのまま巨人入りした。現役引退後も長く監督を務め、77年に野球殿堂入り。

選 光沢毅
みつざわ・つよし

1954年のセンバツで、飯田長姫（現飯田OIDE長姫・長野）のエースとして、4試合を失点わずか1、3完封で優勝。160㌢（実際は157㌢と言われる）と小柄ながら、左腕から力のあるストレートを投げ込んだ〝小さな大投手〟だ。36年、飯田市生まれ。高3の春からエースとなり、センバツでは初戦、優勝候補の浪華商（現大体大浪商・大阪）を1対0と4安打完封すると、準々決勝は高知商に2安打1失点で2対1。準決勝は熊本工を6対0と完封し、決勝では小倉（福岡）の2年生エース・畑隆幸（元中日ほか）と投げ合い、ここも1対0で完封した。準決勝後右足が化膿したが、決勝が雨で1日順延となってやや回復し、登板がかなったという。明治大を経て社会人の三協精機に入ったときは、左肩を痛めて外野手。引退後は監督として、74年の第1回日本選手権で優勝している。一時は明治大の監督も務めた。87年、交通事故のために失明したがくじけず、ブラインドゴルフの名手となった。

チ 水戸商業高校

みとしょうぎょうこうこう

1902年、県内初の県立商業学校・茨城県立商業学校として開校し、28年に水戸商業学校、48年に高等学校となった。現在は商業科、情報ビジネス科、国際ビジネス科を設置。野球部は05年創部で、春4回夏10回の出場を誇る。99年のセンバツでは、サブマリン三橋孝裕で決勝まで進出し、準優勝を遂げた。夏は、94年にベスト8がある。春夏通算14勝14敗、ただし夏は2000年、春は08年を最後に甲子園から遠ざかっている。OBには豊田泰光（元アトムズほか）、大久保博元（元巨人ほか）、井川慶（元オリックスほか）ら。サッカー部も強豪だ。

チ 箕島高校

みのしまこうこう

和歌山県有田市の県立高校。1907年に箕島町立箕島実業学校として創立。48年に箕島商工と箕島高等女学校が合併して現校名に。現在はスポーツコースのある普通科系と専門学科系（情報経営科、機械科）がある。野球部は、66年に尾藤公が監督に就任し全盛期を迎える。68年、東尾修（元西武）を擁し、センバツに初出場。2年後の42回センバツはエースで四番、甘いマスクで人気の出た左腕・島本講平（元近鉄ほか）で優勝した。77年のセンバツも、定時制の生徒・東裕司投手などで優勝。79年は石井毅（元西武）と嶋田宗彦（元阪神）のバッテリーで史上3校目、公立校では唯一の春夏連覇を達成した。その夏の星稜（石川）との延長18回の激闘は、球史に残る。若いころは、スパルタで一度監督を離れた尾藤だが、その後復帰すると「尾藤スマイル」がファンの間でおなじみに。上川誠二（元ロッテほか）、石井雅博（元阪神ほか）、吉井理人（元ロッテほか）らがOB。夏は8回出場、13勝7敗、春は9回出場、24勝6敗。37勝は33位タイだが、勝率・740は、30勝以上では大阪桐蔭、PL学園（大阪）、池田（徳島）に次ぐ4位。

監 三原新二郎
みはら・しんじろう

広陵高から明治大を経て電電中国硬式野球部に在籍中、「広陵の切り札」として監督候補に名前が挙がった三原は、1965年秋に母校の監督に就任。67年夏の甲子園で準優勝、翌年も春夏連続甲子園出場でベスト8と、早々に結果を残した。とくに68年のセンバツでは、自身にとって忘れられない一戦があった。40年7月20日生まれの三原。地元・広島の広陵に入学し、1年秋からレギュラー入りすると3年時、58年のセンバツは初戦で中京商（現中京大中京・愛知）に敗れているのだが、10年後、今度は監督として中京（中京商から改名）との再戦が実現。これを3対1で下し、雪辱を果たした。70年には福井（現福井工大福井）の監督に。練習は選手が理解できるよう理由を説明、納得させたうえでの指導で、76年に春夏連続で甲子園に初出場し、センバツはベスト8まで勝ち進んだ。83年、京都西に移ると、84年は春夏連続甲子園初出場。さらに86年のセンバツはベスト8、89年のセンバツはベスト4と、着実にチームを強豪校へと育て上げた。92年に一度は監督を退いたが、02年、校名が京都外大西となった同校で監督に復帰。04年は11年ぶりに夏の甲子園に出場し、05年夏は準優勝を飾った。その後広島に戻り、06年からの5年間、山陽（広島）の監督を務め、11年から22年まで、広島文化学園大学野球部監督を務めた。甲子園通算26勝（14敗）は24位タイ。

▶三原新二郎

選 宮武三郎
みやたけ・さぶろう

1907年7月23日、香川県高松市生まれ。県少年野球大会に優勝した高松尋常小学校チームに補強され、兵庫県の鳴尾で行われた全国大会に出場すると工芸学校（現高松工芸）に進み、柔道のほか、撃剣、水泳、陸上競技などで活躍したが、人材不足に悩んでいた高松商野球部の監督が宮武の体格と抜群の運動神経に目をつけ、頼み込んで転校させたという。

するとすぐに主軸となり、甲子園には25年春夏、26年春と3度出場。25年春は投手兼一塁手として五番を打ち、投げては準々決勝、準決勝と完投して準優勝。同年夏の甲子園では投手兼一塁手で不動の四番を務めて19打数7安打、打率・368で全国制覇に大きく貢献した。甲子園では通算11試合に出場し、45打数15安打、1本塁打。投手としても10試合の登板がある。

慶応大でも投打の中心として活躍し、投手として15連勝、通算7本塁打は長くリーグ記録だった。社会人・東京倶楽部でも都市対抗で3回優勝し、36年、結成したばかりの阪急入り。65年、野球殿堂に入っている。

チ ミラクル

みらくる

直訳すると「不思議なこと。驚くべきこと。奇跡」という意味で、甲子園では確率的に起こりえないことが起きるとよく使われる便利な言葉。ただ、多くは単発であり、1998年に春夏連覇した横浜（神奈川）は、夏の準々決勝以降がミラクルの3連発だとしても、春夏つごう5回の優勝のうち、ほかにはさほど目立ったミラクルはない。〝逆転の〟報徳のように、ミラクルという形容が最も似合うとしたら、玉国光男が率いた宇部商（山口）だ。たとえば83年夏の2回戦。帝京（東東京）に1点ビハインドで迎えた9回裏無死一塁、まずは同点狙いでバントがセオリーのところ、強攻策をとると浜口大作が逆転サヨナラ2ラン。88年センバツでは、中京（現中京大中京・愛知）の木村龍治（元巨人）に9回表1死までパーフェクトに抑えられながら、内野安打を足がかりに2死から坂本雄が逆転2ラン。同じ年の夏には、東海大甲府（山梨）を相手に1点差を追う9回表1死一、三塁、1年生の宮内洋（元横浜）が代打逆転3ラン。ついでに言えば90年夏には、松本謙吾が清原和博（PL学園・大阪、元オリックスほか）らに並ぶ史上4人目の3試合連続本塁打を記録した。さらについでに、98年夏の2回戦（対豊田大谷・東愛知）では、延長15回にサヨナラボークで劇的に敗退しているのも、〝ミラクル宇部商〟らしい。

社 無観客試合

むかんきゃくじあい

スポーツの試合で、競技連盟や運営者などが観客を入れずに試合を行うこと。通常は観客のトラブルなどに対する制裁で、試合主催者となるチームや観客に対しての罰則の意味合いが強い。ほかにテロや暴動、感染症の拡大などが想定される場合も、選手・関係者や不特定多数の観客の安全や健康面への配慮、地域の保安面や防疫などの観点から実施される。2020年には新型コロナウイルスの感染拡大により、選抜高校野球大会を無観客で実施することが選択肢に上がったが、大会そのものが中止に。その後はプロ野球のオープン戦、さらに3カ月遅れて開幕の公式戦も当初、無観客で行われた。高校野球では夏の代替大会、さらに甲子園交流大会も無観客。コロナ禍中にあった21、22年春夏の甲子園も、感染拡大防止策として関係者以外は原則無観客、あるいは会期を通じて（もしくは一部）観客数に上限が設けられたりした。

ほかに10年4月には、宮崎県で家畜の伝染病である口蹄疫が発生。感染拡大防止のため、7月の選手権宮崎大会は、準々決勝まで出場選手の保護者、部員以外は非公開の無観客試合として開催されたことがある。準決勝以後は、口蹄疫感染が終息傾向となったことから一般観客の入場も認められた。

選 村上頌樹

むらかみ・しょうき

1998年6月25日生まれ、現在の兵庫県南あわじ市出身。賀集小学校で野球を始め、3年から投手を務める。南淡中学校時代はヤングリーグ・アイランドホークスに所属した。智弁学園（奈良）では1年夏からベンチ入りし、1年夏に早くも甲子園デビュー。岡本和真（巨人）が3年生だった。2年夏は奈良大会2回戦で天理に敗退するも、秋は奈良を制し、近畿大会ベスト8で翌年のセンバツに出場。小坂将商監督から与えられた「5試合連投に耐えられる心身」のテーマの通り、エースとして全5試合を1人で投げ抜いた。小学生時代には、10試合連続登板の経験もあったとか。右腕からのスピンの利いたボールで、福井工大福井との開幕試合、滋賀学園との準々決勝の2試合を完封し、47回で防御率0・38だった。決勝の高松商（香川）戦では延長11回までを1失点に抑え、その裏に自ら中堅越えのサヨナラ二塁打を打ち、同校の初優勝を決めている。同年夏は初戦を突破したものの、2回戦で河野竜生（日本ハム）擁する鳴門（徳島）に敗退。進んだ東洋大でも日本代表に選出されるなどし、2020年ドラフト5位で阪神に入団した。

選 村椿輝雄

むらつばき・てるお

1958年夏、富山勢として初めて一大会2勝以上し、ベスト8に進出した魚津のエース。40年、黒部市生まれ。生地中時代から投手で活躍し、58年夏の甲子園では、1回戦で優勝候補の浪華商（現大体大浪商・大阪）を4安打で完封。2回戦では明治（東京）に勝ち、3回戦では桐生（群馬）をまたも4安打で完封した。準々決勝では徳島商の板東英二（元中日）と投げ合い、ともに得点を許さず延長18回引き分け。翌日の再試合では1対3で敗れたものの、初出場でベスト8まで進出した活躍は、地元の名物になぞらえて〝しんきろう旋風〟と呼ばれた。

50年後の2008年夏には、90回大会を記念したイベント・甲子園レジェンズのゲストとして板東とともに招かれた。板東は「彼は『心の友』と初めて思えた人。会うたび、ダイヤモンドのようにキラキラした甲子園の時間を思い出す」と振り返った。プロ野球時代の板東を応援していたという村椿は、高校卒業後三菱重工に入り、社会人野球引退後は主に営業畑を歩んだ。高度成長時代の激務で壁に突き当たっても、延長18回を思い浮かべ、「自分はまだやれる」と奮い立たせたという。

人 村山龍平

むらやま・りょうへい

高校野球好きなら1915年、羽織はかま姿で行われた第1回中等学校優勝野球大会の始球式の写真を見たことがあるはず。それが、朝日新聞社社長時代のこの人だ。京都二中（現鳥羽）の有力OB、あるいは当時早稲田大の佐伯達夫、旧制三高野球部長だった中澤良夫らが「野球を正しく育てるために全国大会を開くべきだ」と訴えたことが、大会創設のきっかけだったという。村山は江戸時代の嘉永3年にあたる1850年、三重県生まれ。79年、朝日新聞の創刊に参加し、81年に同紙の所有権を獲得すると、共同経営にあたった上野理一とはのち、1年おきに社長を務めた。一方で、91年に初当選した衆議院議員を三期務めるなど、要職を歴任。「青少年の健全育成を目指し、教育の一環とする」と打ち出した夏の甲子園大会は、高校野球発展の礎となり、大会100周年の2015年、その功績をたたえて野球殿堂特別表彰者に選出された。

試 **明治神宮競技大会**
めいじじんぐうきょうぎたいかい

のちに明治神宮体育大会、明治神宮国民体育大会と改称し、1924年から43年にかけて14回行われた総合競技大会。現在の国民体育大会創設に影響を与えたといわれている。そのうち中等学校野球は6～8校の参加で、合計15回（28年の御大典奉祝大会、30年の神宮10周年大会を含む）行われている。決勝戦のスコアだけあげておこう。

第1回　1924
早稲田実（東京）　5—2　松本商（長野）
第2回　1925
第一神港商（兵庫）　5—1　長野商
第3回　1926
和歌山中　3—2　第一神港商
第4回　1927
愛知商　2—0　静岡中
御大典奉祝大会　1928
高松中（香川）　3—3和歌山中（日没引き分け）
高松中　10—0　和歌山中
第5回　1929
第一神港商　4—1　広島商
神宮10周年大会　1930
愛知商　5—3　松山商（愛媛）
第6回　1931
広陵中（広島）　2—1　広島商
第7回　1933
中京商（愛知）　3—2　明石中（兵庫）
第8回　1935
呉港中（広島）　5—4　岐阜商
第9回　1937
熊本工　3—0　海草中（和歌山）
第10回　1939
海草中　4—0　下関商（山口）
第11回　1940
海草中　5—0　島田商（静岡）
第12回　1941
海草中　5—0　熊本工
第13回　1942
海草中　2—0　平安中（京都）

施 **明治神宮野球場**
めいじじんぐうやきゅうじょう

東京都新宿区の明治神宮外苑にある野球場で、宗教法人明治神宮が所有する。通称は神宮球場、あるいは神宮。開場した1926年秋から、大人気だった東京六大学のリーグ戦が行われた。当時日本にはまだプロ野球は存在していない。建設にあたって六大学側が寄付したこともあってか、誕生時から大学やアマチュア野球のメッカだった。翌27年からは社会人の都市対抗の会場にもなっている。31年には、収容能力増強のため、東京六大学野球連盟が工費55万円を負担して内野・外野スタンドを増築。東京六大学はこの年からリーグ戦の全試合を行うようになり、32年には東都大学野球連盟のリーグ戦の開催も始まった。

その間、プロ野球の使用は単発にとどまっていたが、62年には東映（現日本ハム）、64年からは国鉄（現ヤクルト）のフランチャイズに。ただ61年に開場した神宮第二球場（2019年閉場）も併せ、高校野球の東東京・西東京大会、秋季大会（いずれも準決勝以降）や全日本大学野球選手権大会、明治神宮野球大会のほか、社会人野球、日本リトルシニア全日本選手権など、ヤクルトの日程を縫って多くのアマチュアの大会が開催されている。22年5月には、老朽化した球場の建替えを含む再開発推進のため「神宮外苑まちづくり」プロジェクトが発足した。

運 明治神宮大会枠

めいじじんぐうたいかいわく

2002年の明治神宮大会から、優勝校の所属地区に翌年センバツの出場枠1を加えるものとして設けられた。神宮枠とも言う。20年は大会が中止になったため、翌センバツではこの枠が21世紀枠に振り替えられている。その20年を除き、22年までの神宮大会優勝地区を見ると、東海が5でトップ。以下東北・四国・近畿各3、九州・北海道各2、関東・東京各1。東海地区のチームが、もっとも神宮枠の恩恵にあずかっている。例えば関東と東京なら、年による力関係でセンバツ選考の一般枠の数が行き来する。すると当落線上にあるチームは、いつもはライバルでも、それがこと神宮大会となると、本気で応援することになる。仮に優勝してくれれば、神宮枠によって自校の出場確率がアップするからだ。逆に北信越と中国は、まだ神宮枠を獲得したことがない。なおややこしいが、大会で優勝した高校が自動的に神宮枠で出場するわけではない。翌年のセンバツ選考会において、優勝した高校の地区で選考を最後に通過した高校が、「神宮枠で選出」されたことになる。また07年の神宮大会では、翌年センバツが80回記念大会で出場校が増えるため、優勝校と準優勝校の所属両地区に神宮枠が与えられている。

試 明治神宮野球大会

めいじじんぐうやきゅうたいかい

毎年11月に開催される学生野球のトーナメントで、大学の部と高校の部がある。1970年、明治神宮鎮座50年を記念して行われた奉納野球が始まりで、最初は大学野球のみだった。高校野球が加わったのは73年の第4回大会から。もっとも51年には、その年の秋季地区大会で優勝したチームを招待し、単発で高等学校野球地区代表大会を開催している。優勝は東京の日大三（決勝・3対1函館西［北海道］）。また創設2年前の68年には、明治維新100年記念明治神宮野球大会として、大学の部、高校の部、社会人の部が行われた。優勝は、東京の日体荏原だった（決勝・6対5小倉［福岡］）。

当初高校の出場は、北海道、東北、関東、東京、東海、北信越、近畿、中国、四国、九州から1校ずつの10校で、地区によっては今のように、秋季地区大会優勝チームとは限らなかった。秋季地区大会が早く終わる地区からは優勝校が出場していたが、開催時期との兼ね合いにより、地区によっては所属県の持ち回りで県大会の3、4位チームが推薦出場したりしたため、重要な位置づけの大会ではなかったのだ。82年からは出場8校に縮小。北海道・東北、中国・四国からは、隔年の出場になり、「寒いから行きたくないんよ」と冗談交じりに話す監督もいたくらいだ。

だが96年には8校すべて地区大会優勝校が出場し、97年は7校、98年は再度すべて優勝校になると、99年には10校出場に戻り（うち9校が地区大会優勝校）、2000年からは秋季地区大会優勝10チームの出場と規定された。これで名実ともに、秋の日本一決定戦にふさわしくなったと言える。さらに02年からは、優勝校の所属地区には、翌年センバツの出場枠が1増になる、通称・神宮枠が設けられた。過去の最多優勝回数は、東北（宮城）の4回。この大会と翌春のセンバツを連覇したのは83～84年の岩倉（東京）、97～98年の横浜（神奈川）、01～02年の報徳学園（兵庫）、21～22年の大阪桐蔭があり、横浜は甲子園春夏連覇、さらに国体まで同一チームで制した。ちなみにこの大会は日本学生野球協会と明治神宮の主催で、運営ルールや規定は大学のものに準じている。なお昭和天皇の病状が悪化した88年、新型コロナウイルスの感染拡大防止のため20年は開催が見送られたが、大会回数にはカウントされている。

チ 明星高校
めいせいこうこう

大阪市天王寺区にあり、学校法人大阪明星学園が運営する私立校。中学を併設する。明治時代から続く男子校のミッションスクールは、大阪府では唯一。1898年、日本マリア会が明星学校を設立。1902年、文部省が甲種商業学校に認定し明星商業に。48年に新制明星高等学校。難関大学を目指す6カ年コースなどがあり、府下ではトップクラスの進学校でもある。野球部は夏の第1回の予選から出ているレジェンド校で（ただし皆勤校ではない）、明星商時代の3、6、9回に全国大会出場の古豪。戦後、再び脚光を浴びるのが海草中（現向陽・和歌山）のエースで優勝し、プロでも活躍した真田重蔵（元タイガースほか）が監督に就任した58年以降。和田徹（元南海ほか）のいた63年春は、池永正明（元西鉄）の下関商（山口）に初戦で0対5と完敗したが、下関商が春夏連覇に挑んだ夏も決勝で当たると、敵失で挙げた初回の2点を守り切り、2対1と雪辱して優勝する。昭和40年代まで「大阪私学七強」の一つといわれて強さを誇ったが、72年の夏が最後の出場のままだ。阿野鉱二（元巨人）、平野光泰（元近鉄）らがOB。かつてはサッカー部も強豪で、65年には全国大会で優勝し、五輪選手も輩出している。夏8回10勝8敗、春4回1勝4敗。

チ 明徳義塾高校

めいとくぎじゅくこうこう

１９７６（昭和41）年に創立され、高知県須崎市の太平洋に面した半島にキャンパスがある中高一貫校。自宅外通学者の比率が高く、寮生活をする生徒が多い。全生徒にクラブ活動が義務づけられているのも特徴。初出場だった１９８２年センバツ（当時は明徳）、1勝した後の2回戦、箕島（和歌山）と延長14回の熱戦を演じてアピールし、平成に入ってからは四国では盟主的存在に。92年夏、星稜（石川）の松井秀喜（元レイズほか）への5敬遠で試合に勝利したが物議をかもす。98年夏の準決勝では、松坂大輔（元西武ほか）のいた横浜（東神奈川）に8回表まで6対0でリードしていたが、6対7と壮絶なサヨナラ負け。左腕エースの寺本四郎（元ロッテ）がマウンドに突っ伏すシーンは印象的だった。

悲願の初優勝は２００２年夏。主将の森岡良介（元ヤクルトほか）が引っ張り、決勝では智弁和歌山を7対2で破った。初戦にめっぽう強く、夏は84年の初出場から２０１５年、同年のセンバツ優勝校・敦賀気比（福井）に敗れるまで16連勝。センバツも含めると91年から10年まで、初戦20連勝を記録した。夏は22回出場して37勝、センバツは19回出場で25勝、合計62勝は14位タイ。90年から指揮を執る馬淵史郎監督は、現役ではほかに大阪桐蔭・西谷浩一だけの50勝以上で、名物監督の一人。ゲーム前後のだみ声のインタビュー、「馬淵節」はウィットに富み、人生訓も盛り込まれ、メディア内では人気が高い。伊藤光（ＤｅＮＡ）、代木大和（巨人）らがＯＢ。スポーツ界にも多数の人材を送り出し、第68代横綱の朝青龍明徳、サッカー元日本代表の三都主アレサンドロ、プロゴルファーの松山英樹らもOBだ。

▶優勝旗を先頭に行進する明徳義塾

チ 明豊高校
めいほうこうこう

学校法人別府大学を母体とする別府大付が学校法人明星学園と合併し、1999年に明豊中学校と同時に大分県別府市に開校。そのときに作られた校歌は、南こうせつさんの作曲だ。全日制の普通科、看護科、通信制の普通科が設置されている。野球部は99年に創部し、01年夏の甲子園初出場で8強入りすると、19年春は4強、21年春は大分県勢としてはセンバツ54年ぶりの決勝に進み、準優勝を果たしている。別府大付時代の城島健司（元阪神ほか）、明豊となってからは今宮健太（ソフトバンク）らがOB。今宮は全国大会常連の明豊中軟式野球部出身だ。春夏通算19勝12敗。全国的にもめずらしい中高一貫指導の剣道部も、県内では無敵。

他 名門！ 第三野球部
めいもんだいさんやきゅうぶ

1980年代後半から90年代前半にかけて、『週刊少年マガジン』に連載されたむつ利之原作の漫画。甲子園常連の名門・桜高校の野球部には、戦力外とされる選手ばかりの三軍「第三野球部」が存在していたが、ある日監督から解散命令を出されてしまう。主人公・檜あすなろたちの第三野球部は、最後に試合をさせてほしいと望み、勝ったら一軍に上がるという条件で一軍と試合をすることに。死に物狂いで練習を行い、努力と根性で勝利を目指していく姿が描かれている。1998年、横浜で春夏連覇した後藤武敏（元DeNAほか）ら、多くのプロ野球選手に影響を与えた。アニメ化、ゲーム化もされている。

木製バット→金属バット
もくせいばっと

制 黙とう
もくとう

黙とうとは、声を立てずになにがしかに祈る行為。日本では、弔意を表す際にも行われ、終戦の日などに戦死・戦没者への慰霊の意味から黙とうを行うことが見られる。夏の甲子園では、終戦の日の8月15日、試合中であればプレーを中断し、正午に選手、審判員、観客一同でサイレンの音とともに、戦没者をしのんで30秒間の黙とうを行う。試合中ではなかったり、応援団の入れ替わり時間帯と重なったりした場合は、次の試合開始前に行う。これは1963年夏に始まった慣習で、さらに8月15日といえば戦後の46年、西宮球場で大会が復活したその日でもある。

また東日本大震災のあった2011年センバツでは、開会式の開式に先だって、同じ年夏の開会式では、国旗・大会旗掲揚時に黙とうが行われている。16年夏、8月9日の第3日第2試合は、山梨学院と長崎商の対戦。試合時間が71年前に長崎に原爆が投下された11時2分をはさみ、山梨学院の吉田洸二監督が長崎出身ということもあり、両校関係者が試合中（応援団は1回表終了後、選手は1回裏終了後）に黙とうを行ったことがある。

また05年夏は、広島に原爆が投下された8月6日が開幕日。広島代表・高陽東のある選手が、開会式に備えて室内練習場にいる他校の全選手に、原爆投下時刻の8時15分に合わせて黙とうを呼びかけた。日本高野連が「終戦記念日の黙とうに合わせてほしい」とこれを制止したため、このときに黙とうしたのは高陽東の選手のみにとどまっている。事前の同校の相談に、「自校で黙とうすることはかまわない」と回答したが、これを他校への呼びかけも可としたための行き違いだった。

最も遅い終了時間→ナイター
もっともおそいしゅうりょうじかん

監 持丸修一
もちまる・しゅういち

1948年4月17日、茨城県藤代町生まれ。藤代中時代は木内幸男に指導を受けたこともあり、竜ヶ崎一高に進んで66年夏の甲子園に六番・二塁手として出場。2安打した興南（沖縄）戦に勝利したが、2回戦で報徳学園（兵庫）に敗れた。国学院大4年のときに母校のコーチを始め、卒業と同時に日本史の教員として母校に赴任。75年秋、27歳で監督に就任すると90年夏の甲子園に出場し1勝を記録した。翌91年夏も1勝したが、松井秀喜（元レイズほか）が2年生だった星稜（石川）に敗れた。96年、藤代に異動すると、2001年春に初出場し、初戦勝利を得た。03年もセンバツに出場したが、大会後に退職。同年9月、夏の甲子園制覇を置き土産に退任する木内の後任として、常総学院（茨城）の監督に就任した。ただし、春夏3回の甲子園をいずれも初戦敗退し、07年夏に辞任。12月に専大松戸（千葉）の監督となった。徐々に力をつけ、15年夏の甲子園に初出場。異なる4校を甲子園出場に導いたのは、蒲原弘幸以来だった。21年夏には専大松戸での甲子園初勝利を記録。甲子園で3校以上で勝利した監督は溝淵峯男（土佐・安芸・高知）、三原新二郎（広陵・福井［現福井工大福井］・京都外大西）、蒲原（佐賀商・千葉商・印旛・柏陵）についで戦後4人目だった。23年センバツでは、自身初めてのベスト8に。「こういう世界が74歳で見られるとは思わなかった」そうだ。

選 元木大介
もとき・だいすけ

春夏3回の出場で、甲子園通算6本塁打は歴代2位タイ（ほかに桑田真澄［PL学園・大阪、元巨人ほか］、中村奨成［広陵・広島、広島］）という、歴代強打者の一人。1971年12月30日、大阪府豊中市生まれ。幼少時代は南海ファンだったが、小学生のころ、当時巨人の王貞治監督と記念撮影をした際、「プロ野球に入るなら巨人に」と激励されて以来、巨人ファンに転向した。上宮では88年春、89年春夏と甲子園に出場。89年センバツでは、市柏（千葉）戦で2打席連続アーチを架けると、仙台育英（宮城）との準々決勝でも、大越基（元ダイエー）からホームラン。上宮は種田仁（元西武ほか）、エースに1学年下の宮田正直（元ダイエー）らを擁して決勝まで進出したが、東邦（愛知）に延長10回、逆転サヨナラ負けを喫している。甘いマスク

▶元木大介

で人気が沸騰した夏も、1試合2本塁打を放つなどしたが、今度は準々決勝で仙台育英・大越に抑えられて敗れた。八幡商（滋賀）との3回戦では、内野フライを打って途中で一塁に走るのをやめると、相手内野手がまさかの落球。走らなかった元木が一塁でアウトになり、ベンチの山上烈監督に怒鳴られたのを記憶している人もいるだろう。巨人入りを熱望し、同年のドラフトではダイエーの1位指名を拒否。1年間浪人のあと、晴れて巨人の指名を受けて入団した。

監 百崎敏克
ももざき・としかつ

2007年の夏を制した、佐賀北の監督。1956年4月4日、佐賀市出身。佐賀北では主将・中堅手として活躍し、3年夏に県ベスト4。国学院大に進むが、野球部には所属しなかった。卒業後の80年、国語科教師として佐賀農芸（現高志館）に赴任し、野球部監督。88年夏に佐賀東に移って91年夏まで監督を務め、翌年夏に部長として甲子園に出場した。「体育コースが設置され、ある程度選手が集まっていたのに、何年やっても結果が出ない。監督を交代したとたん、たった1年で甲子園ですから、自分の監督としての器、力量に限界を感じました。野球のない学校に転勤させてくれ、と……」。ところが、94年に異動した神埼では、野球部の監督がいなかった。「渋々引き受けたんだから、と気楽にやったら、01年には春夏の甲子園に出られた。不思議ですよね」と述懐する。02年から2年間は三養基で勤務し、04年に移った母校で、4年目の夏に快挙を達成した。17年夏に監督を退任。現在は選抜高校野球大会の選考委員を務める。甲子園出場は2校で通算5回、7勝4敗。

選 森尾和貴
もりお・かずたか

星稜（石川）・松井秀喜（元レイズほか）が5敬遠された1992年の夏、5試合すべて完投して4完封、わずか1失点で優勝した西日本短大付（福岡）のエース。74年7月18日、福岡県八女市に生まれ、八女西中2年時に投手として市大会に優勝した。西日本短大付では2年秋からエース。3年夏の福岡大会の森尾は、4試合連続完封を含む51回連続無失点など、64回をわずか3失点で甲子園に乗り込んだ。スライダーと精密なコントロールを武器に、まず高岡商（富山）を2安打完封、三重との3回戦を10安打完封、北陸（福井）との準々決勝は9回の1失点だけで

も

完投。準決勝は東邦（愛知）を3安打、決勝は拓大紅陵（千葉）を6安打でそれぞれ完封した。準々決勝以外は、いずれも3点差以内という接戦。与えた四死球は三重戦の2のみで、ほかはすべて無四球というから、制球は正確無比だ。卒業後は新日鐵八幡に入社し、1年目から先発投手として活躍した。それにしても、平成の時代に全5試合完封していたらどれだけすごかったか。いや、4完封でも十分すごい。引退後、しみじみと語っていたものだ。「年々、思いが募ります。1点しか取られないのが、どれだけすごかったか。なんであれだけ抑えられたんか、不思議に思います」。

監 森士
もり・おさむ

埼玉に浦学あり。その名を一気に全国区にした。1964年、埼玉県生まれ。野本喜一郎監督を慕い、高校は上尾へ。投手だったがケガに泣かされ、進んだ東洋大でも出番はなし。もともと指導者志望で、大学卒業後に1年間聴講生として通い続け、教員資格を取得して86年、浦和学院に赴任。上尾から移った野本監督の下でコーチ業を学ぶ思惑はしかし、赴任前に野本監督が急逝して叶わなかった。コーチを経て91年、監督に就任。翌春のセンバツに出場しベスト4入り。94年には、監督として初めて夏の甲子園に進むと常連校となり、2008年には初の夏の埼玉3連覇を果たした。「甲子園優勝に最も近いチーム」と全国制覇が待たれたが、途中甲子園5連続初戦敗退を喫するなどの苦境。2012年のセンバツで久々の1勝からベスト8、3季連続出場の13年春には、済美（愛媛）を破って悲願の全国制覇を果たした。

練習では、時間制限やペナルティーでプレッシャーをかけ、モチベーションの高さは緊迫感が漂うほど。ユニークで多彩な練習法も数多く取り入れる。16年から1年間は、早稲田大学大学院スポーツ科学研究科修士課程で学び、新たな指導法を模索もした。森はまず入部した選手に感謝の意を伝え、指導者として最善を

▶森 士

尽くすことを約束。そのうえで、「だから君たちも、最後の1分、1秒までレギュラーを目指し戦ってほしい」。「大事なのはこの先、人生のメンバー外にならないことだ」とも語った。規律には特に厳しく、練習や試合での徹底ぶりは時に「軍隊式」と言われたが、選手や保護者の心をしっかりとつかみ、独自の指導スタイルを貫いた。野球部のモットーは3つ。〝自分が自分を高める責任〟〝組織全体を高める責任〟〝後輩を育てる責任〟。徹底した食事管理で寮生、帰宅生にかかわらず全員が朝、夜に同じ食事をとる。グラウンド脇には野球部の畑があり、野菜づくりをしたのは、作り手の気持ちを理解するなど、心を育てるためという。甲子園出場22回、優勝1回、通算28勝（21敗）は19位タイ。親子で甲子園を経験した息子・大が16年にコーチとして加入し、21年秋からは父を継いだ。

監 森下知幸
もりした・ともゆき

浜松商（静岡）の二塁手・主将として、1978年のセンバツで優勝。2007年のセンバツでは、常葉菊川（現常葉大菊川・静岡）の監督としても優勝を経験した。浜松商から中部電力に進み、81年浜松商のコーチとして指導者をスタート。89年、同じ静岡の日大三島の監督となるとその年、同校を初めての夏の甲子園に導いた。02年、浜松商の恩師・磯部修三の招きで常葉菊川のコーチとなり、06年に礒部の後任として監督に就任した。不祥事があり、一時監督を退くなどしたのち、16年からは御殿場西の監督。甲子園だけ監督登録だった浜松商時代も含め、春夏8回の出場で13勝7敗。常葉菊川時代は、07年の神宮大会でも優勝している。

監 森田泰弘
もりた・やすひろ

東邦（愛知）では、バンビと呼ばれた坂本佳一が1年生エースの1977年夏、三塁手・主将として準優勝。母校を率いた2019年センバツでは監督として、石川昂弥（中日）をエースに平成最後の優勝を遂げた。1959年4月4日、愛知県知多市出身。東邦から駒沢大、本田技研鈴鹿を経て、83年に母校のコーチに就任。89年、平成最初のセンバツ優勝に貢献し、2004年には勇退した阪口慶三の後任として監督に就任した。センバツで優勝した19年度で定年退職。思い出の一戦は、9回に4点差をひっくり返して逆転サヨナラ勝ちした16年夏の八戸学院光星（青森）戦。球場中を巻き込んでの大応援に体が震え、「異質な感じだった」。甲子園通算14勝7敗。現在は東邦、及び系列の愛知東邦大の野球部総監督を務める。

監 森友哉
もり・ともや

大阪桐蔭時代の2012年、2年生ながら春夏連覇に貢献した強打の捕手。1995年8月8日、大阪府堺市生まれ。御池台小学校6年時、オリックスジュニアの捕手兼投手として、12球団ジュニアトーナメントで優勝。東百舌鳥中学校では堺ビッグボーイズに所属し、3年生春に全国大会で準優勝した。大阪桐蔭では1年の秋から正捕手となり、12年には藤浪晋太郎（アスレチックス）とバッテリーを組み、史上7校目の春夏連覇を達成した。センバツでは、5試合18打数8安打1本塁打の打率・444、夏は20打数8安打2本塁打の打率・400。チームは秋に行われた岐阜国体でも優勝（悪天候のため、仙台育英—宮城—と2校優勝）し、98年の横浜高校以来となる史上3校目の年間三冠を達成した。3年春のセンバツは主将で迎えたが、3回戦で敗退。夏は3試合12打数6安打2本塁打4打点、打率・500と爆発したが、チームは3回戦で明徳義塾（高知）に敗れた。4回の甲子園通算では、14試合55打数26安打で打率・473。5本塁打は歴代5位タイだ。高校通算では41本塁打を放ち、13年のドラフト1巡目指名で西武入り。23年からはオリックスでプレーする。

選 森光正吉
もりみつ・しょうきち

1958年夏にノーヒット・ノーランを達成した、高知商のエース。1941年3月5日生まれ。57年のセンバツ出場時はメンバー外ながら、その夏は投手として活躍。58年はセンバツで和歌山工を2安打で完封するも、2回戦は海南（和歌山）に延長12回でサヨナラ負け。夏は東奥義塾（青森）との初戦は不調で途中降板したが、松阪商（三重）との2回戦で快挙を達成した。アンダースローからの切れ味が抜群で、3回戦では銚子商（千葉）を6安打1点、準々決勝の平安（現龍谷大平安・京都）戦では1安打完封。準決勝は、柳井（山口）0対1で敗れた。59年に大阪タイガースに入団。03年7月に逝去。

監 門馬敬治
もんま・けいじ

「アグレッシブ・ベースボール」を旗印に、2000年以降、東海大相模（神奈川）で4回の全国制覇を遂げた監督。1969年12月18日生まれ、神奈川出身。東海大相模高では主将・内野手として活躍し、東海大時代には、巨人・原辰徳監督の父である原貢監督から多大な薫陶を受けた。「常に『動け』と言われました。ただ、無鉄砲に動くだけが動くことじゃない。例えば、先生と将棋を指すと、僕は攻めていくんですが、そういう性格を見て、〝守りも攻めになるんだぞ〟とおっしゃるんです」。15年夏、仙台育英（宮城）との決勝。6対6と膠着の9回表、打撃は期待できない先頭の小笠原慎之介（中日）に、あえて代打を送らなかった。小笠原には運がある……そのひらめきで送り出した小笠原が、まさかの決勝ホームランである。「代打策をやめたことが、結果的に〝動いた〟ことになったと思います」と門馬は言う。

とはいえ本来は、積極的な攻撃が真骨頂だ。好投手が相手でこそ、ファーストストライクからフルスイング。走者に出れば、足でプレッシャーをかける。優勝した11年センバツでもそうだが、序盤はほとんどバントを用いず、エンドランなどで果敢に攻め続ける。11年のセンバツでは、大会通算安打記録を72年ぶりに74本に塗り替え、通算塁打113も大会新記録。準決勝では史上初めての1試合2本のグランドスラムを達成した。18年センバツはベスト4に終わったが、準決勝での敗退は門馬だけではなく、東海大相模にとっても初めてのこと。つまり、準決勝まで行けば必ず決勝に進んでいたわけだ。

21年春のセンバツでは、初戦で東海大甲府（山梨）との縦じま対決を制するなどして優勝。体調不良の主将に代わり、次男の功が主将を務め、センバツでは史上初めての親子鷹による制覇だった。その年夏の神奈川大会前、体調面の不安から退任を表明。結果的にチームは、新型コロナの陽性者が出たため出場を辞退し、春夏連覇は夢と消えた。22年8月からは、岡山の強豪・創志学園の監督に就任。秋の大会では、早くも中国ベスト8まで進出した。甲子園で積み重ねた白星は、16位タイの30勝（7敗）。出場自体は11回（中止になった20年センバツは含まず）と少ないものの、うち5回決勝まで進み、4回優勝は4位タイ。8割超の勝率は大阪桐蔭・西谷浩一監督にも迫る。ちなみに同年齢の両監督、毎年練習試合を組む仲で、20年の甲子園交流試合でも対戦した。

八重山商工高校

やえやましょうこうこうこう

沖縄県石垣市、石垣島にある県立高校で、日本最南端の高校。甲子園出場校中では最西端でもある（同じ石垣島では、八重山農林高校が西に位置する）。2006年の春夏と甲子園に出場し、春はエース・大嶺祐太（元中日ほか）が17三振を奪う力投を見せて高岡商（富山）に快勝。2回戦では優勝する横浜（神奈川）に敗れたが、淡路島や沖縄本島を別にすれば、これは離島勢の甲子園での初勝利だった。連続出場した夏も、3回戦まで進出している。琉球政府立八重山商工高校として1967年に創立。機械・電気科、情報科学科、商業科があり、俳優の大地康雄は第1期の卒業生。67年に創部した野球部は、離島のハンデもあり目立った成績を残せずにいたが、03年には八重山から初の甲子園出場を目ざす石垣市が監督派遣事業をスタート。島内での学童野球、ポニーリーグ指導で実績を残した伊志嶺吉盛を監督に迎えると、04年8月の県新人中央大会で初優勝と、急速に力をつけた。そして06年には、伊志嶺監督の小学生時代からの教え子である大嶺らを中心に、初めての甲子園にコマを進めたわけだ。平良海馬（西武）らもOB。

八尾高校

やおこうこう

1952年、のちに早稲田大から南海入りして新人王を獲得した木村保をエースに、センバツはベスト4、夏は準優勝した大阪府八尾市の府立高校。52年の夏は、木村が大阪大会初戦から甲子園の準決勝まで10試合を連続完封。芦屋（兵庫）との決勝戦は初回に1失点し、植村義信（元大毎）との投げ合いは1対4で涙を飲んだ。1895年、大阪府第三尋常中学校として創立。01年に府立八尾中学校となり、48年八尾高校。野球部は15年に創部し、戦前はセンバツに5回、夏は2回の出場があり、センバツでは4強が2回の実力があった。52年夏は、そこまで3回敗れている準決勝の壁を突破し、初の決勝進出だった。〝塩じい〟と親しまれた元文部大臣の塩川正十郎がOBで、進学校として知られるが、甲子園には通算10回出場して16勝10敗。準優勝のほかにもベスト4が4回と、勝率はなかなか高い。私学の強い大阪にあって、さすがに59年夏のベスト4以来甲子園が遠いが、午後7時完全下校で、グラウンドは他部と共用という環境ながら、工夫をこらして強化を図っている。18年秋の府大会ではベスト16。選出はされなかったが、19年センバツの近畿地区21世紀枠推薦を受けた。20年秋にも府ベスト8と健闘。OBにはほかに、日本初の永久欠番を受けた黒沢俊夫（元巨人ほか）ら。

選 八木沢荘六

やぎさわ・そうろく

1944年12月1日、現在の栃木県日光市生まれ。実家は製材所を経営し、父・善吉は今市市の市長も務めた。祖父が明治期の陸軍参謀総長・川上操六を尊敬していたため、荘六と名づけられる。61年にセンバツ初出場した作新学院では実質2年生エースで、1回戦は柏原（兵庫）を6安打で完封するが、リリーフした2回戦で高松商（香川）に敗退。62年のセンバツにも出場し、八幡商（滋賀）との準々決勝延長18回を0対0で引き分け。翌日の再試合では先発を回避したが、1回2死からのロングリリーフで3安打に抑え、勝ちをもたらした。準決勝は松山商（愛媛）・山下律夫（元南海ほか）との投手戦。9回裏にスクイズで同点とされるが、加藤斌（元中日）のリリーフを仰いで延長16回で振り切る。4連投となる決勝は、日大三（東京）を7安打で完封して初優勝。八木沢は、52回3分の1の力投だった。チームは同年夏の甲子園も制し、史上初の甲子園春夏連覇を達成した。ただし八木沢は、大会前に下痢を起こして芦屋市立病院に隔離され、赤痢の診断。準々決勝から復帰してベンチ入りはしたものの、加藤が主戦として史上初の偉業をもたらした。卒業後は早稲田大学に進み、エースとして活躍。リーグ通算24勝を挙げ、66年ドラフト2位でロッテに入団した。73年には、史上13人目の完全試合を達成している。

社 野球害毒論

やきゅうがいどくろん

明治後期、学生スポーツである野球の人気がすさまじく高まると、勝負に熱中するあまり学業がおろそかになったり、行き過ぎた応援によるトラブルなどの弊害が目につくようになる。1907（明治40）年には、文部省が全国中等学校校長会議に対して「各学校間に行はるる競技運動の利害及び其弊害を防止する方法如何」と諮問。10～11年には、東京朝日新聞（現朝日新聞）が「野球と其害毒」というキャンペーンを26回にわたって掲載した。そこでは新渡戸稲造らの著名人が「野球という遊戯は悪くいえば巾着切りの遊戯、対手を常にペテンに掛けよう、計略に陥れよう、ベースを盗もうなどと眼を四方八方に配り神経を鋭くしてやる遊びである。ゆえに米人には適するが、英人やドイツ人には決してできない。野球は賤技なり、剛勇の気なし」などという論を展開した。これを受け、00年代までに各地で創部された中等学校野球部のうちかなりの数は、活動が制限される。ただし、東京日日新聞（現毎日新聞）が野球擁護論を展開するなど、野球熱は衰えることがなかった。

制 野球殿堂
やきゅうでんどう

日本のプロ野球などで顕著な活躍をした選手や監督・コーチ、また野球の発展に大きく寄与した人物の功績をたたえ、顕彰するために1959年に創設された。アメリカ野球殿堂に範をとったもので、東京ドーム併設の野球殿堂博物館内に殿堂ホールがある。アマチュア野球関係者は、特別表彰というカテゴリー。プロやアマチュアの組織、または管理にかかわり、野球の発展に顕著な貢献をした、あるいはしつつある者が委員の投票によって選ばれる。選手ならば引退後5年、監督、コーチ、審判員は引退後6カ月を経過した者が対象だ。野球殿堂入りのなかから、とくに高校野球と関わりの深い名前を挙げると、飛田忠順（穂洲）、佐伯達夫、小川正太郎、中澤良夫、吉田正男、廣岡知男、牧野直隆、井口新次郎、松永怜一、嶋清一、福嶋一雄、村山龍平、郷司裕、滝正男、脇村春夫、古関裕而らがいる（表彰年度順）。ほとんどの名前がこの本に掲載されているので、探してみては。

施 野球塔
やきゅうとう

甲子園の南側、左中間スタンド後方の外周部にあるモニュメント。2010年のリニューアル第3期工事の完工にあわせて、日本高野連・朝日新聞社・毎日新聞社の3団体により、高校野球の甲子園での開催を記念して建設された。中心の塔の高さは約15メートルで、それを取り囲む20本の列柱の一部には、春・夏の歴代優勝校名を刻んだ銘板が取り付けられている。実は3代目にあたり、初代の野球塔を受け継ぐ形状となっている。初代は1934年、夏の甲子園20回大会を記念して朝日新聞社が建設したもので、球場北東（現在の甲子園警察署付近）にあった。高さ約30メートルの塔、20本の柱廊などを備え、柱には第1回大会から第20回までの優勝校・選手名が1枚ずつ銅板に刻まれていた。しかし太平洋戦争中に、空襲などで崩壊している。2代目は58年、春のセンバツ30回大会を記念して、毎日新聞社が球場西側の敷地に建設したもの。高さ4.5メートルのモ

▶野球塔

ニュメントの台座には、第1回大会からの優勝校が刻まれていた。正式名称は「選抜高校野球塔」。リニューアル工事のため2006年に一時撤去されていた。22年には、野球塔と道をはさんだ南側に複合施設「甲子園プラス」が開業している。

社 野球統制令
やきゅうとうせいれい

1932年、文部省から発令された「野球ノ統制並施行ニ関スル件」という訓令の略称が、野球統制令だ。大正期から昭和期にかけて、野球人気は隆盛をきわめた。これに対応し、中等学校野球の場合なら、春夏の甲子園を筆頭とし、新聞社や電鉄会社などの営利企業が主催する野球大会が全国各地で開催されるようになる。各自治体の体育協会や、中学・高校・大学野球部が主催するリーグ戦も盛んになる。人気校になれば、毎週のように各地の試合に出かけ、県外のチームと年間30試合以上も対戦する学校もあった。こうした風潮では、小学生から大学生にいたるまでの野球を取り巻いて行きすぎた商業化、興行化、それにともなう選手の広告塔化などの問題が指摘された。

それらを受けて32年、野球統制臨時委員が作成した試合規定が、野球統制令である。訓令は何章かに分かれ、「中等学校ノ野球ニ関スル事項」には全国大会を春夏の甲子園と明治神宮体育大会に限定すること、平日試合の禁止、料金の徴収に関することなどが盛り込まれている。また「試合褒章等ニ関スル特殊事項」には文部省の承認のない外国への遠征と、来日外国チームとの試合の禁止、優勝旗、優勝牌以外の褒賞の禁止などが記されている。発令はセンバツ開幕直前の3月28日で、大会3日目の4月1日から適用されたため、この年のセンバツ優勝校のアメリカ見学は取りやめになった。この訓令で、中学校の全国大会の開催には文部省の承認が必要となったが、開催中の選抜大会の運営には支障がなく、むしろ文部省の公認を得た格好でさらに脚光を浴びたという。

また1943年3月には、太平洋戦争の戦局の悪化に伴い、文部省が「戦時下学徒体育訓練実施要綱」を制定。中学校のスポーツの全国大会などの開催が禁止された。戦後の46年、日本学生野球協会が結成され、「学生野球基準要綱」が制定されると、これらの訓令は翌47年に廃止。この学生野球基準要綱が、50年に改正されて日本学生野球憲章となる。

社 野球留学
やきゅうりゅうがく

野球留学とは一般的には、保護者が同居する自宅以外から高校に通学することをさす。２００７年に一挙に表面化した特待生問題には別項で触れるとして、野球留学は昭和初期からあった。古豪・龍谷大平安の甲子園初出場は、１９２７年夏（当時平安中）。メンバーのうち伊藤次郎投手、稲田照夫二塁手、西村喜章外野手は台湾出身で、現地名はそれぞれロードフ、アセン、キサといった。当時台湾在住の平安中ＯＢが日本名をつけ、留学生として送り出したのだ。16年から夏の京津大会に参加していた平安中は、強豪ぞろいの地区でなかなか勝てずにいたが、このときの初出場から32年春まで、実に10季連続で甲子園に出場している。国内でも、三重県出身の沢村栄治（元巨人）が京都商（現京都先端科学大付）に進んだように、越境はしばしば見られた。戦後になると例えばＰＬ学園（大阪）は、ＰＬ教団信者の情報網によって、おもに西日本から有望選手が集まった。

1県1代表が定着した78年前後からは、学校経営のために甲子園に出場して知名度を上げようと、特に私学が他県の有力中学生を勧誘することに拍車がかかる。鳥取の倉吉北は、81年のセンバツでベスト4に進んだ新興校だが、ベンチ入りメンバー15人のうち13人が関西出身で、よくも悪くも話題になった。また78年に創立・創部した茨城の江戸川学園取手は、静岡と東京のポニーリーグ出身者を集めて強化。創立3年目の80年夏に甲子園に初出場すると、知名度アップの目的は果たしたと、既定路線の進学校化を志向した。

ただこうした野球留学生はむろん、そのまま全員が特待生とは限らないし、生徒側にとっては、たとえ経済的な恩恵はなくても、留学する理由はある。自分の居住地が激戦区の場合、他県の高校に進んだ方が甲子園出場の難易度が下がると判断したり、あるいは指導者や練習環境に魅力を感じれば、居住地から他県に出るのも本人の自由である。ただ、特定のチームから数人が同一高校に進んだり、地元出身者の比率が著しく低いチームの甲子園出場を歓迎しないファンも多い。

選 安井浩二
やすい・こうじ

選手権の決勝で初めて、サヨナラ本塁打で決着をつけた選手。1977年、東洋大姫路（兵庫）と東邦（愛知）の決勝は、姫路・松本正志（元阪急）、東邦・坂本佳一の投手戦で1対1のまま延長10回、姫路の攻撃。2死一、二塁で打席に立ったのが四番の安井浩二だ。スリーボールワンストライクから5球目のまっすぐを叩くと、打球はライトのラッキーゾーンで弾んだ。優勝決定の、サヨナラ3ランだ。センバツでは60年、高松商（香川）と米子東（鳥取）の決勝で、高松商の山口富士雄（元阪急ほか）がサヨナラ本塁打を放っているが、決勝の延長では、安井の一打が春夏通じて唯一だ。安井はこの試合、初回の無死満塁、3回の1死一、三塁で凡退しており、しかも、主将。「このままじゃ姫路に帰れん」と情けない思いだった。10回は、目の前で三番・松本が敬遠されており、「挽回の機会をありがとう」と打席に入ったという。安井は、明大を経てスポーツメーカーのエスエスケイに勤務。最初の赴任地は、縁もゆかりもない名古屋だったが、営業で東邦・阪口慶三監督（当時）のもとに飛び込むと、あれこれと取引店を紹介してくれたという。

選 八十川胖
やそがわ・ゆたか

1927年夏にノーヒット・ノーランを達成した広陵中（広島）の投手。1909年6月28日、長崎県生まれ。広陵中では3年になった26年のセンバツは控えだったが、大きくリードした静岡中戦で3回を投げている。同年夏、27年センバツでは登板機会はなかったが、27年夏は横手投げのエースとして敦賀商（現敦賀・福井）との初戦で大会史上2人目の快挙を達成した。松本商（現松商学園・長野）との準決勝は、延長14回を3失点で投げ抜き、自らのサヨナラ打で4対3。ただ翌日、高松商（香川）との決勝では力尽きた。チームはこの年、春夏連続準優勝に終わっている。翌年も春・夏と連続して甲子園に出場したがいずれも初戦敗退。卒業後、明治大でも投手として活躍し、戦後は明治大監督も務めた。

チ 柳井高校
やないこうこう

山口県柳井市の公立共学校。1907年に柳井町立柳井女学校が創立され、23年、県立柳井高等女学校に。別に、21年にできた山口県立周東中学校が23年に柳井中学となり、戦後の48年、山口県立柳井高等学校が発足。翌年に柳井女子と統合した。25年夏に初出場し、センバツも翌年に出場している。戦後は現校名になって49年夏、53年春、57年春と、出場3回連続でベスト8まで進んだ。そして58年夏。当時は例年なら広島と代表決定戦があり、山口は分が悪かったが、40回記念大会のこの年、1県1代表として出場した柳井は、初戦を除いて1点差ゲームで勝ち進むと、決勝は板東英二（元中日）がいた徳島商。これを7対0で快勝し、山口県初の全国大会優勝を遂げる。72年夏も準優勝。ただセンバツには、57年以来出場がない。夏7回出場で12勝6敗、春は4回出場で4勝4敗。

▶1972年夏、準優勝に輝いた柳井

矢野勝嗣→奇跡のバックホーム

やの・まさつぐ

選 山沖之彦

やまおき・ゆきひこ

1977年のセンバツ、部員わずか12人で準優勝し、「二十四の瞳」旋風を起こした中村（高知）のエース。59年、高知県生まれ。大方中学校ではバスケットボール部に所属。すぐにレギュラーとなったが「練習がきつくて」2年生時に野球部に移った。中村では野球を続ける気はなかったが、熱心に勧誘されると、190チセンの長身から投げ下ろすストレートで1年の秋からエースとなる。2年秋には、4試合連続完封などで高知を勝ち抜き、四国大会でも準優勝。翌年センバツでは、開幕試合となった戸畑（福岡）戦を2安打完封して波に乗り、準々決勝では優勝候補の天理（奈良）から13三振を奪うなどで勝ち進んだ。決勝は箕島（和歌山）に0対3で敗れたが、疲労が目立ったこの試合までは4試合で41三振を奪う剛腕ぶりだった。ジャンボ山沖は一躍人気者になったが、夏の高知大会では強敵・高知商に1回戦負けだった。専修大を経てドラフト1位で阪急入りし、阪神に移籍して95年まで現役。

選 山口富士雄

やまぐち・ふじお

センバツ史上唯一、決勝でサヨナ

ラ本塁打を放った高松商（香川）の選手。1959年夏は、北四国大会決勝で西条（愛媛）に惜敗。秋季四国大会で準優勝して出場した60年のセンバツでは2年生左腕・松下利夫が準決勝で北海（北海道）を完封するなど、3試合わずか1失点で決勝に進出した。主将、三番、遊撃手の山口は、決勝までの3試合で7安打と好調。米子東（鳥取）との決勝は、松下と宮本洋二郎（元南海ほか）の投手戦で、1対1のまま9回裏、先頭打者として打席には山口。1ボール2ストライクと追い込まれてもファウルで粘り、次の5球目だ。真ん中高めのストレートを強振すると、打球は左翼ラッキーゾーンに飛び込んだ。優勝を決めるサヨナラ本塁打だ。この一発は実は、大会唯一の本塁打。のち、2007年夏に優勝した佐賀北・副島浩史は、開幕戦で大会第1号を、決勝で大会最後のホームランを放っており、これは選手権で唯一の例。山口の場合も、かたちとしては大会第1号かつ最後の1本ということになる。卒業後は立教大に進み、中退して阪急、大洋でプレーした。

監 山下智茂
やました・ともしげ

石川の星稜を名門に押し上げ、松井秀喜（元レイズほか）を育てた指導者。1945年2月25日、石川県鳳至郡（現鳳珠郡）門前町に生まれ、門前高から駒沢大へ。ただしレギュラーの壁は厚く、公式戦出場はなかった。67年4月、星稜高に赴任し同時に野球部監督に。当時は無名で、グラウンドもなく部員は8人だけだったが、夢や誇りを持たせたいと「3年で甲子園へ行く」と宣言。4年目の70年、71年と2年続けて北陸大会決勝まで進み、3度目の正直で72年夏に甲子園に初出場した。76年の夏は、2年生の豪腕・小松辰雄（元中日）をエースに石川県勢として初めてベスト4に進み、79年の夏は箕島（和歌山）との球史に残る延長18回の名勝負で、星稜の名を知らしめることになる。92年夏には松井5敬遠で2回戦敗退するが、95年にはエース・山本省吾（元ソフトバンクほか）を擁して北陸勢初の夏の決勝に進み（●1対3帝京［東東京］）、北信越を代表する強豪となった。生徒への人間教育が徹底していたことで知られ、現在でも全国の高校野球指

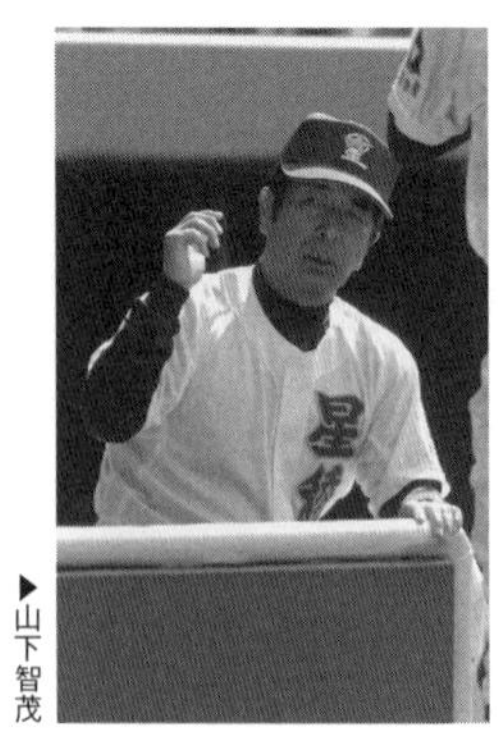

▶山下智茂

導者が目標とする人物の一人。2005年9月1日をもって監督を勇退。甲子園通算22勝（25敗）は34位タイにあたる。現在は息子の智将が星稜の監督を務め、本人は名誉監督。甲子園歴史館顧問なども務めている。

選 山田喜久夫

やまだ・きくお

1988、89年と2年続けてセンバツの決勝に進んだ東邦（愛知）の左腕エース。71年7月17日 生まれ、現在の愛知県弥富市出身。十四山中で東海大会に優勝し、東邦に進むと1年夏から公式戦に登板。新チームからエースとなり、東海大会Vに導いた。4試合で2完封するなどして決勝に進んだが、初出場の宇和島東（愛媛）に打ち込まれている。夏も愛知の準決勝で敗れ、小柄なためスタミナ不足が課題だった。それでも、秋の東海大会を制して89年のセンバツに出場すると、別府羽室台（現別府翔青・大分）から15三振を奪った1回戦、報徳学園（兵庫）を2安打に抑えた2回戦と連続完封。2年連続で進んだ決勝では、元木大介（巨人）のいた上宮（大阪）に延長10回、1点をリードされたが、その裏敵失もあって2点を奪い、サヨナラ優勝した。夏の甲子園では1回戦敗退するも、同年のドラフト5位で中日に入団。平成最初の優勝を飾った自身に続き、2019年のセンバツでは長男・斐祐将（ひゅうま）がアルプスで応援団長を務め、東邦は平成最後のセンバツVを飾っている。

選 山田陽翔

やまだ・はると

2021年夏から22年春夏と、3季続けで4強入りした近江（滋賀）のエース兼主軸打者。04年5月9日、滋賀県栗東市生まれ。中学時代は大津瀬田ボーイズでプレーし、大阪桐蔭に誘われるも近江に進学。1年夏からベンチ入りし、2年夏の甲子園では背番号8ながら全試合で先発登板し、大阪桐蔭を下すなど4強入り。山田は投手として3勝、打っても1本塁打含む打率・353を記録した。新チームでは主将に就任したが、右ヒジを痛めて秋は登板できず、近畿大会ではベスト8で敗退。22年センバツには選出されていなかったが、新型コロナウイルスの集団感染により出場辞退した京都国際に代わり代替出場すると、1回戦から準決勝まで、延長2試合を含む4試合連続完投勝利。浦和学院（埼玉）との準決勝は、右足に死球を受けながら延長11回を投げきった。ただ、先発した大阪桐蔭との決勝は打ち込まれ、4

回途中で降板。大敗して優勝は逃したものの、滋賀県勢としては大会初の決勝進出だった。同年夏の甲子園でも、4勝してベスト4。打っては、海星（長崎）との3回戦で満塁本塁打を放っている。甲子園通算11勝は松坂大輔（元西武ほか）らと並ぶ歴代5位タイで、通算１０８奪三振は田中将大（楽天）らを上回る歴代4位の記録。22年のドラフト5位指名で西武入り。

チ 山梨学院高校
やまなしがくいんこうこう

２０２３年のセンバツで、県勢初めての優勝を果たした男女共学の私立校。所在地は山梨県甲府市。１９５６年、山梨学院大学付属高校として開校し、16年に山梨学院中学高等学校となる。特進・グローバル・進学の3コースがあり、特進コースからは東大や京大の合格者が生まれている。全国クラスの部活動が多く、サッカー、男子駅伝が日本一を経験し、野球部も加わった。57年の創部以降、春夏16回（新型コロナウイルスの感染拡大で中止となった20年センバツを含む）出場の甲子園は、22年夏までは1大会1勝止まりだったが、23年春は初めて2勝すると勢いに乗り、準々決勝以降は作新学院（栃木）、広陵（広島）、報徳学園（兵庫）と、日本一経験校を次々と撃破した。センバツ史上初めての6勝しての優勝で、エース林謙吾が6試合をほぼ一人で投げ抜いた。率いたのは、長崎の清峰で09年センバツ優勝を果たし、13年に就任した吉田洸二監督。山梨学院大のＯＢという縁があった。春夏通算10勝14敗、明石健志（元ソフトバンク）、シドニー五輪水泳代表の萩原智子らがＯＢ。

やまびこ打線→池田高校
やまびこだせん

施 山本球場
やまもときゅうじょう

１９２４年、第1回全国選抜中等学校野球大会が開かれたのは、かつて名古屋市昭和区にあった山本球場である。これは22年、運動用具店を営んでいた山本権十郎という富豪が私費を投じて建設したもので、名古屋市内では初の本格的な野球場だった。総面積は約２８００坪、当時の収容人員は約２０００人といわれる。第1回のセンバツが開催されたのは、当時の大阪毎日新聞社（現毎日新聞社）の意向による。当時、夏の全国中等学校優勝野球大会が兵庫県西宮市の鳴尾球場で開かれて大人気を博しており、中京圏の野球ファンの要望に応えようというものだ。

また、夏の大会では関西地方の学校の優勝確率が高く（前年までの優勝校8校のうち6校、準優勝も5校）、それが関西の風土に関係あるのか、あるいは移動による負担が少ないことも影響しているのかを検証する意味合いがあったという。しかし大会は、翌年から阪神甲子園球場で行われ、名古屋での開催は1回限りだった。

球場は47年、国鉄（現ＪＲ）が取得し、所在地の名から国鉄八事球場と呼ばれた。国鉄の分割民営化後も、ＪＲ東海野球部の練習グラウンドとして使用されたがのちに同野球部は移転、球場は90年をもって閉鎖・撤去された。跡地にはその後マンションなどが建設されている。92年5月には「八事球場メモリアルパーク」が設けられ、日本高等学校野球連盟と毎日新聞社などの協力により、かつての本塁付近に「センバツ発祥の地」であることを示すモニュメントが設置された。

他 ヤングリーグ

やんぐりーぐ

正式名称は一般社団法人全日本少年硬式野球連盟Ｙｏｕｎｇ Ｌｅａｇｕｅ。もともとはボーイズリーグの兵庫県支部だったが、92年に10チームほどが独立し、１９９３年1月に設立した小・中学生対象の硬式野球チーム組織。小学生のチームはさほど多くないが、中学は東日本、中日本、関西、中・四国、九州・沖縄の6ブロックに約１７０チームが加盟している。発祥の経緯もあり、近畿以西で盛んだ。中学校の軟式野球の指導者、チームの減少にともない、受け皿として増加傾向にあるという。ヤングリーグ出身のプロ野球選手としては栗山巧（西武）、山田哲人（ヤクルト）、野村祐輔（広島）、西川遥輝（楽天）、中村奨吾（ロッテ）、大城卓三（巨人）らがいる。

ゆ

社 友愛の碑
ゆうあいのひ

１９５８年夏、沖縄から初めて甲子園に出場した首里高校の校庭にあるモニュメント。沖縄は戦後、アメリカの統治下にあり、東九州大会に参加して甲子園を目指すようになったのが52年。だが九州本土のチームとの実力差は大きく、なかなか代表になれなかった。そんな中、1県1代表だった58年の40回記念大会で、首里がようやく初出場を果たす。関西在住の沖縄県人会などの温かい声援を受けたが、試合は初戦で敦賀(福井)に敗退（1対5）。選手たちは、当時すでに習慣として定着していたように、甲子園の土を拾って持ち帰ろうとした。だがなにぶん、パスポート持参の参加だったように、沖縄はまだアメリカの統治下にある。日本は「外国」という扱いだ。思い出の詰まった甲子園の土は、検疫違反として那覇港で処分されることになる。それを聞いた日本航空の客室乗務員有志らが、「石なら検疫違反ではない」と甲子園球場周辺の石を拾い、桐箱に入れて首里に寄贈。それはいまでも、甲子園初出場を記念した「友愛の碑」の台座に、桐箱に入っていた配置をそのまま再現して飾られている。なお、沖縄勢のセンバツ初出場は2年後、60年の那覇。

社 友情応援
ゆうじょうおうえん

１９５８年夏には、沖縄勢として初めて首里が甲子園に出場。だが、当時はアメリカの統治下であり、また遠隔地で経済的な負担も大きく、なかなか在校生が大挙応援に駆けつけるというわけにはいかない。相手の福井・敦賀は、地元から甲子園まではさほどの距離ではないので、アルプス席には多くの応援団が詰めかけ、応援で圧倒されるのではないか……と危惧された。だが首里のアルプスには、関西在住の沖縄県人会メンバーが指笛を鳴らすだけではなく、地元・兵庫の報徳学園、また同じ大会に出場している済々黌(熊本)の友情応援があった。首里は試合には敗れたが、以後沖縄のチームが甲子園に出場すると、温かい友情応援が繰り広げられる。現在は、沖縄からの移動も比較的容易になり、出場校の在校生ほか、県人会や近隣の沖縄出身者がスタンドに詰めかけ、市尼崎（兵庫）の吹奏楽部による友情応援が『ハイサイおじさん』などで盛り上げる。また、２０１１年のセンバツでは、東日本大震災後の被災地など、多くの応援団が来場しにくいチームにも友情応援が見られた。

制 優勝旗
ゆうしょうき

全国高等学校野球選手権の優勝旗は、その色から深紅の大優勝旗と呼ばれる。初代は１９１５年から57年まで使用され、盗難事件などの星霜も経て傷みが激しかったため、58年に新調された。いずれも西陣の職人の手になり、初代は綾錦織り、２代目はつづれ織りと呼ばれる手法で、正絹を使用している。２０１８年には、第１００回大会を記念して新調され、２代目の意匠を踏襲したつづれ織り。縦１・２メートル、横１・51メートル、旗とポールを足した総重量は約10kgとなった。閉会式で場内を１周した優勝チームの主将が、ずっと掲げ続けた優勝旗を、決まって「重かったです」と苦笑するのもわかる。京都市内の旗専門店・平岡旗製造の制作で、「２代目には、選手の気持ちが表れた手あかがついていた。３代目も、手あかできれいに汚れてほしい」（平岡成介専務）。

特定の地区が優勝を飾ると「優勝旗が〜を越えた」と擬人化するのも、よく見られる表現だ。例えば駒大苫小牧が04年夏に北海道勢として初優勝したとき、その駒苫ナインを乗せた飛行機内で、「みなさま、当機はただいま津軽海峡を越えました。当機には高校野球の甲子園大会で優勝された駒大苫小牧高校の選手や関係者の方々にご搭乗いただいております。甲子園大会の深紅の大優勝旗も、ただいま初めて津軽海峡を越えました」とキャビンアテンダントがアナウンスしたという。22年の夏には仙台育英が初優勝し、ついに白河の関も越えた。

一方、選抜高校野球大会の優勝旗は紫に近い色の糸を使っており、大紫紺旗と称される。初代は24〜62年に使用された。41年、東邦商（現東邦）の優勝を最後に、戦争で大会が中断していた45年。名古屋大空襲により、同校の校舎が全焼した。だが校長室に保管されていた優勝旗は、燃え落ちる寸前に校庭に放り投げられ事なきを得ている。現在のものは、63年に新調された２代目。またセンバツでは、30年に準優勝盾が制定されたが、33年の10回記念大会を期して、深紅の準優勝旗を贈るようになった。これは選手権には存在しない。

事 優勝旗紛失
ゆうしょうきふんしつ

１９５４年、夏の甲子園で優勝した中京商（現中京大中京・愛知）から、深紅の大優勝旗が忽然と姿を消した前代未聞の事件。優勝旗は、閉会式で受け取った学校が１年間大切に保管し、翌年の開会式で返還することになっている。このときの中京商は、校長室に飾って保管していた。11月21日、芦屋（兵庫）と行った練習試合のときに芦屋ナインに披露したので、そのときまで存在していたのは確か。2年前、芦屋に招待されたときに、やはりその年に優勝していた芦屋に、同じようにしてもらった返礼だ。そして試合終了後、飾っていた教室から校長室に戻した。だが、27日。軟式野球部の部員が、卒業記念写真撮影のために、自分たちの優勝旗を持ち出そうと校長室に入ったところ、一番目立つ深紅の大優勝旗がなくなっていたのだ。

▶深紅の大優勝旗

もちろん大騒ぎ。手分けして探し、なんとか内々で処理しようとしたが見つからず、結局警察に届け出る。学校関係者にとどまらず、部員たちもあらぬ嫌疑をかけられながら、必死の捜索が続く。警察はともかく、学校側としては犯人の逮捕よりもなんとか無事に見つけ出したい。ある部員は神社に神頼みに日参し、学校側は面白半分の投書にも真剣に対応し、占いにすがり、ついに謝礼10万円を用意して一般の方の協力も依頼すると発表した。だが正月返上で探しても、優勝旗はいっこうに出てこない。1月、2月……高野連では「もうあきらめて新調すべきか」という声もささやかれはじめる。

そんな2月14日。中京商から600メートルほど離れた名古屋市川名中学で、廊下の修理をしていた職人が床下に風呂敷包みを見つけた。不審に思い開けてみると、小さくたたまれたくだんの優勝旗が。当時の中京商・川島広之主将は、練習中にこの連絡を受けると現場まで疾走。遅れてほかの部員たちも続き、確認した優勝旗を抱きしめる主将を見て歓声を上げたという。姿を消してから85日目のことだった。結局犯人はわからずじまいで、真相は藪の中だが、学校側では直ちに金庫を購入し、夏までその中に大切にしまっておいたという。

中京商はその55年夏も甲子園に出場。開会式では、優勝旗を持った川島主将を先頭に、堂々と行進している。その優勝旗は傷みがひどくなり、58年に新調された。一人真相を知る初代の優勝旗は、日本高野連がある中沢佐伯記念野球会館に保存されている。

選 監 優勝投手で優勝監督

ゆうしょうとうしゅでゆうしょうかんとく

　春夏の甲子園で、選手として優勝し、またのちに監督としても優勝するという幸福な野球人は、2021年夏の智弁和歌山・中谷仁監督ら、過去に15人いる。そのうち、現役時代は優勝投手だったのが2人。1940年夏、海草中（現向陽・和歌山）で優勝した真田重蔵は、プロ生活を経て大阪・明星の監督となり、63年の夏に優勝した。もう1人は67年夏、千葉の習志野で優勝した石井好博。早稲田大を卒業後の72年に母校の監督になり、75年の夏には、エース・小川淳司（元ヤクルト）で優勝を果たしている。99年のセンバツで優勝した沖縄尚学の比嘉公也もやはり母校を率い、08年春に東浜巨（ソフトバンク）を擁して優勝を飾ったが、99年のV時は主戦ではあっても、決勝戦に登板していないので、厳密には優勝投手ではない。優勝投手かつ母校を率いても優勝となると、今のところ石井たった一人ということになる。

社 優勝パレード

ゆうしょうぱれーど

　かつては、優勝校や活躍したチームが地元にがい旋してよく行われていたパレード。1965年夏に三池工（福岡）が優勝したときは、三池炭鉱の廃坑に沈む地元・大牟田市でのパレードに、当時の市の人口21万人を大きく上回る30万人が集まったという。46年、戦後第1回の夏に浪華商（現大体大浪商）が優勝したときには、大阪にとって選手権初優勝とあり、トラックで御堂筋をパレード。だが、労働運動と誤解され、さらに悪いことに深紅の優勝旗が赤旗と間違えられ、米軍のMPに誰何されたという。80年夏に横浜（神奈川）が優勝したときには、新横浜駅で2万人のファンが横浜ナインの到着を待ちわびた。これに起因し、雑踏警備対策として優勝パレードは禁止されるようになる。高野連は「華やかなパレードは高校生を英雄扱いし間違った心情を植え付ける」「ファンの熱狂が無統制を招き思わぬ事故を誘発する」としている。併せて商店街などによる「優勝セール」はそもそも、日本学生野球憲章が「学生野球を商業的に利用」することを禁じているため、80年以降は自粛を求めた。

事 ユニフォーム

ゆにふぉーむ

　1994年夏、初出場の佐久（現佐久長聖・長野）は、快進撃で準決勝に進出。だが、佐賀商とのその試合、三番・ショートの呉羽洋一がスタメンを外れた。実は、球場に向かうバスの中でユニフォームがないことに気づき、宝塚市内の宿舎に連絡して届けてもらうことになったのだが、メンバー交換までに間に合わなかった。ベンチ入りはしたものの、背番号なし。ようやくユニフォームが届いたのは1回表の攻撃中で、その間、代役の鎌倉裕也は内野安打を記録した。急いで着替え、1回裏からの守備になんとか間に合った呉羽。さっそく遊ゴロ併殺を決めるなど、10の守備機会を無難にさばいたが、チームは延長10回、優勝する佐賀商にサヨナラ負けを喫した。

ユニフォームにまつわる珍事といえばもう一つ、05年夏の清峰（長崎）と愛工大名電（愛知）の一戦。両チーム無得点のまま迎えた5回表、清峰の2死満塁から大石剛志は遊ゴロ……かと見えたが、ショートの柴田亮輔（元ソフトバンクほか）は送球せず、なぜかユニフォームの胸のあたりを押さえている。胸で押さえるように捕球したとき、ボタンとボタンの間にボールが入り込み、取れなくなってしまっていたのだ。その間、清峰は三塁走者がホームイン。記録は内野安打となった。試合は延長13回、清峰が4対2と勝利しているが、実はこのときの愛工大名電のユニフォーム、春夏連覇を目指して新調したものだったとか。

参考までに、高野連はユニフォームについて、「ユニフォームの表面にはいかなる商標もつけてはならない」、マーク加工表記・仕様については「校名、校章、都道府県名、地名は可。ただし、校名、校章に準じるものは差し支えない（都道府県を象ったマークを袖に表示することは可）。刺繍及び昇華プリントの混在は可とする」、アンダーシャツについても「ユニフォーム着用時、外部から見えない表面へ商標をつけることは可とするが、着用時に商標が透けて見えないよう注意、指導する」などと細かく規定している。また、「高校野球用具の使用制限」で、スパイクの色は黒の単色のみと長く規定していたのを、20年3月20日から白、またライン入りも使用を解禁した。かねてから「黒にこだわる必要もないのでは」と懐疑的な見方があり、また非公式ながら、黒では熱を吸収して足もとの温度が上がるというデータもあり、熱中症対策の一環でもある。

よ

よ

チ 横浜高校
よこはまこうこう

関東の高校球界をリードする盟主的な高校の一つで、横浜市金沢区にある。正式名称は横浜中学校・高等学校。長く男子校だったが、2020年に共学化した。創立は1942年で、春は16回出場23勝13敗、夏は20回出場で37勝18敗。合計60勝は17位で、同県のライバル・東海大相模の47勝を上回る。73年センバツに初出場初優勝を果たす。大型右腕の永川英植（元ヤクルト）がエースで、レベルの高い江川世代の大会を制した。80年の夏には愛甲猛（元中日ほか）を擁し、決勝で1年生エース・荒木大輔（元横浜ほか）の早稲田実（東東京）を破って悲願の夏の優勝を達成した。98年は松坂大輔（元西武ほか）、後藤武敏、小池正晃（いずれも元DeNAほか）ら、のちのプロ入り選手が4人いた大型チームで5校目の春夏連覇を遂げている。夏の準々決勝、PL学園（南大阪）との延長17回の激闘、松坂の決勝のノーヒットノーランなど記憶に残るゲームを多く残した。06年センバツは、清峰（長崎）との決勝で21対0という大差で優勝。5回の優勝すべて、渡辺元智（97年までは元）監督が指揮を執った。

▲98年、春夏連覇を果たした横浜高校

チ 横浜商業高校
よこはましょうぎょうこうこう

1983年の春夏ともに準優勝した、神奈川の古豪だ。そのおよそ100年前の1882年、横浜商法学校として開校。48年の学制改革により、横浜市立横浜商業高校となる。「Y校」と呼ばれ、1世紀以上にわたり多くの経済人、商業人を輩出してきた。現存する神奈川県内の公立高校としては最も古い歴史を持ち、1916年に作られた校歌は、作詞を森鷗外が手がけている。野球部は1896年の創部。23年夏に神奈川勢初の全国大会出場を果たすと、翌春には第1回のセンバツにも出場。関東の中等学校野球を牽引した。戦後は長く低迷したが、46年ぶりに出場した79年夏に大型左腕・宮城弘明（元ヤクルト）でベスト4。83年には三浦将明（元中日）をエースに春夏、そして国体でも準優勝を果たした。夏は7回出場で15勝7敗、春は9回出場で10勝9敗だが、97年のセンバツを最後に、ひのき舞台から遠ざかっている。

監 吉田洸二

よしだ・こうじ

「日本がWBCで優勝すると、縁起がいいんです」

　2023年のセンバツ。氷見（富山）に勝って2回戦を突破した山梨学院・吉田洸二監督はそう言った。なるほど確かに、06年のWBCで日本が優勝したときは、長崎の清峰を率いて準優勝。日本が2大会連続優勝した09年には、今村猛（元広島）の投球が冴え、長崎県勢初の優勝を果たしたのだ。そして、センバツ開催中に日本が久々に世界一になった23年。山梨学院は大会初の6つの勝ち星を重ね、これも県勢初の頂点に立つのである。異なる2校で頂点に立つのは原貢、木内幸男、上甲正典と、並みいる名監督に次ぐ4人目。しかもコンビを組んだのは長男の吉田健人部長で、親子コンビによる制覇だった。1969年5月6日生まれ、長崎県出身。佐世保商では外野手だが甲子園出場はなく、指導者を志して山梨学院大へ。卒業後、母校の佐世保商の監督に就任し、平戸を経て01年、北松南（03年から清峰に改名）の監督に就任した。当時は部員10人ほどだったが、丸太を抱えてのトレーニングなどユニークな指導で力をつけ、05年夏に甲子園初出場。センバツVの愛工大名電（愛知）、前年準優勝の済美（愛知）に勝つなど、旋風を起こした。その後も前述のように06年センバツで準V、09年センバツで優勝を果たし、13年には山梨学院に。06年のセンバツ決勝で大敗を喫した横浜を長く指導した、小倉清一郎氏を臨時コーチに招くなど、徐々に力を蓄えながら、丸10年で山梨学院を頂点に導いた。2校合計で甲子園通算21勝（12敗）は38位タイ。

選 吉田輝星

よしだ・こうせい

　2018年、夏の100回大会を準優勝まで駆け上がり、カナノウ旋風を起こした金足農（秋田）のエース。01年1月12日生まれ、秋田県出身。潟上市立天王中学校では軟式野球部に所属し、3年夏に県大会4強の実績がある。金足農では1年夏からベンチ入り。秋の新チームからエースとなり、2年夏には6戦中5試合で先発を務め、10年ぶり決勝進出の原動力となった。その秋には、地区大会・秋田工戦で5回参考ながら

▶吉田輝星

10三振のノーヒットノーランを達成。翌3年春、19年ぶりに優勝すると、夏も秋田大会5試合をすべて完投してV。甲子園でも5戦完投して決勝に進んだが、大阪桐蔭に敗れた。伸びのある速球を武器に、秋田大会では43回で57三振。甲子園では50回で歴代6位の62三振を奪い、史上7人目の4試合連続2ケタ奪三振も記録している。高校での最終登板となった10月初めの国体・常葉大菊川（静岡）戦で、自己最速の152キロをマーク。当初は八戸学院大進学の予定をプロへと変更し、外れ1位ながらドラフトで日本ハムに入団した。

選 吉田正男
よしだ・まさお

1931年春夏、32年春夏、33年春夏と6季連続で甲子園出場を果たし、不滅の大記録を築いた名投手。14年4月14日生まれ。中京商（現中京大中京・愛知）のエースとして活躍し、31～33年に高校野球史上燦然と輝く夏3連覇を達成。中でも33年夏の準決勝では明石中（兵庫）の中田武雄投手と熾烈な投手戦を演じ、4時間55分に及ぶ延長25回を投げ切って1対0で勝利。この試合は今もなお、空前絶後の名勝負として語り継がれている。この33年夏の大会では、主将として選手宣誓してもいる。また、春の大会でも勝利を積み重ね、31年春は準優勝、32年と33年の春はベスト4という成績を収め、甲子園23勝3敗という史上最多の驚異的な記録を残した。戦後の学制改革後、甲子園に出場する機会は最大で5回。その機会をフルに生かしたPL学園（大阪）の桑田真澄（元巨人ほか）でも20勝3敗（戦後最多）だから、吉田の最多勝記録は今後も破られそうにない。明治大に進学すると肩痛のため外野手に転向し、六大学野球初の4連覇に貢献。卒業後は社会人野球の藤倉電線で投手に復帰し、都市対抗で優勝した39年には、

▶吉田正男

橋戸賞も獲得した。その後、新聞記者として野球評論で活躍、生涯アマチュア野球に徹する。その功績が認められ、92年に野球殿堂入りした。

チ 四日市高校
よっかいちこうこう

三重県四日市市にある公立共学校。1899年、第二尋常中学校創立。1919年、三重県立富田中と改称。かたや01年、泗日市市立高等女学校が、26年には富洲原町立実科高等女学校が創立。48年の学制改革で、この3校が統合して三重県立四日市高等学校となった。通称は「しこう」。82年に被服科、84年に家政科が募集を停止し、普通科と国際科学コースがある。野球では富田中時代の47年にまず、センバツの出場がある。そして55年の選手権。高度成長元年と位置づけられ、新顔も多く番狂わせが多かった大会。四日市も夏は初出場ながら決勝まで進み、坂出商（香川）との顔合わせもダークホース同士といわれた。これを4対1で制し、三重県に初の深紅の大優勝旗をもたらす。エースはのち、巨人に入団する高橋正勝で、4試合3失点とすべての試合を1点以内に抑えた。67年夏にも出場があるが、大舞台は3回だけ。津市にある津高と競う、県下トップの進学校の現実はやはり厳しい。夏2回4勝1敗、春1回0勝1敗。

▶1955年夏、優勝を果たした四日市

チ 米子松蔭高校
よなごしょういんこうこう

1955年、米子高等経理学校として開校し、62年に米子商、2001年に米子松蔭と改名した私立高校。現在は普通科のみ。コロナ下にあった2021年夏の鳥取大会。7月16日の深夜、学校関係者に新型コロナウイルスの感染者が出たことが確認され、翌17日が試合だった選手らに陽性者は確認されなかったが、9時の試合開始までには、濃厚接触の有無の確認が取れない。県高野連による新型コロナ感染防止のための要領では「校内で患者が発生したときは、学校が臨時休校になることから、その間は大会参加できない」と定められ、同校は17日から臨時休校となるため、学校側はやむなく出場辞退を決めた。だが、西村虎之助主将が、部員から陽性者が出ていないとし、「必死に練習してきました」「何とか出場する道を模索していただけませんか?」と、ツイッターに苦しい胸の内をつぶやくと、SNS上などで出場を求める同情の声が大きくなり、学校側は18日に嘆願書を提出。文部科学省も19日、日本高野連を通じて県高野連に「夏の大会は高校球児にとって成果を発揮する重要な機会。可能であれば出場できるよう再検討してほしい」と要請した。

これらを受け県高野連は、不戦敗の取り消し、また21日に境と2回戦を行うことを決定。異例の公式戦仕切り直しとなったが、一度は勝ったはずの境も、「やろう、やろう」「頑張るぞ」と快諾。コロナ禍に翻弄され、各地で有力校の辞退が相次いだこの夏、SNSがその大きな影響力を示した。仕切り直しの一番を3対2で勝利した米子松蔭はベスト8まで進んだが、準々決勝で惜しくも敗退した。米子商時代も含め、春夏通じて4回の甲子園出場（1勝4敗）がある実力校。17年夏以来の甲子園に向け、もう一度仕切り直す。

チ 米子東高校

よなごひがしこうこう

1899年に鳥取二中として創立し、1909年に米子中、49年に現校名。「べいとう」の呼称で親しまれる。野球部は00年に創部し、地方大会には第1回から参加。同じ県内の鳥取西とともに、皆勤15校のひとつだ。56年夏には、19歳の長島康夫投手でベスト4、60年春には宮本洋二郎（元南海ほか）をエースに、県勢の最高成績である準優勝を記録した。夏は91年、春は96年を最後に甲子園から遠ざかったが、2018年秋の中国大会で準優勝し、19年のセンバツに出場。夏も決勝で鳥取城北に逆転勝ちし、28年ぶりの出場を決めた。またこれは大正・昭和・平成・令和の4元号での甲子園出場を決める第1号だった。使用する練習グラウンドは10年ころの設置とされ、現存するわが国最古の野球場という説もある。土井垣武（元毎日ほか）、野口裕美（元西武）らもOB。春は8勝9敗、夏は8勝15敗。

記 4元号勝利
よんげんごうしょうり

2021年夏の甲子園1回戦で、松商学園（長野）は高岡商（富山）に17対4と大勝。この白星で春夏通算40勝とすると同時に、大正・昭和・平成・令和の4元号勝利達成第1号となった。内訳は大正8勝、昭和21勝、平成10勝、令和1勝。元号が令和となった19年夏には静岡、米子東（鳥取）、高松商（香川）、広島商が4元号勝利に挑戦したがいずれも敗退。春夏とも中止になった20年をはさみ、21年春には北海（北海道）が敗れていたが、松商学園が6校目の挑戦で壁を破った。同じ21年夏には、高松商も作新学院（栃木）との2回戦で4元号勝利。22年春には広陵、広島商が続いている。

記 四大大会制覇
よんだいたいかいせいは

秋の明治神宮野球大会、翌春の選抜高等学校野球大会、夏の全国高等学校野球選手権大会、さらに国民体育大会高等学校野球競技の全国4大会を同一年度に制覇しているのは、1997〜98年の横浜（神奈川）ただ1校。なにしろ、新チーム結成以来公式戦負けなしの44連勝というからすごい。以下、年度は異なるが四大大会を全制覇しているチームを達成順にあげると、

・帝京（東京）／92春、89、95夏、87国、86、95神
・報徳学園（兵庫）／74、02春、81夏、78国、01神
・早稲田実（東京）／57春、06夏、77、06国、76神
・日大三（東京）／71春、01、11夏、11国、10神
・高松商（香川）／24、60春、25、27夏、58国（作新学院と両校優勝）、15神
・中京大中京（愛知）／38、56、59、66春、31〜33、37、54、66、2009夏、53、56、61、83国、19神
・大阪桐蔭／91、08、12、14、18夏、12、17、18、22春、12（仙台育英と両校優勝）、13（修徳と両校優勝）、18（4校優勝）、22国、21、22神

大阪桐蔭は12、18年度が前年の神宮大会を除く三冠、22年度が夏を除く三冠だからすさまじい。複数校の優勝が続いた国体も、22年には単独Vを遂げた。国体を除く三大大会制覇となると、上記に高知（75春、64夏、06神）が加わる。

ら

他 ライバル
らいばる

同等もしくはそれ以上の実力を持つ競争相手。好敵手。ラテン語の語源に「小川」の意味があり、これが「同じ川（水源、水利権）を巡って争う人々」「一つしかない物を求めて争う人々」の意味へと発展した。高校野球はライバルの存在がいっそう人気を盛り上げ、切磋琢磨がレベルを上げてきた面も大きい。古くは高松商（香川）と松山商（愛媛）、同県なら広島商と広陵、愛知の4商、静岡と静岡商。戦後は法政二（神奈川）と浪商（現大体大浪商・大阪）が3季連続甲子園で激突した。昭和の時代はほかに、千葉の銚子商と習志野、東東京の帝京と関東一、兵庫の東洋大姫路と報徳学園、高知の高知商と明徳義塾、鹿児島の鹿児島実と鹿児島商工（現樟南）。時間の経過とともに、どちらか、あるいはどちらも甲子園が縁遠くなったケースもあるが、宮城・東北と仙台育英、神奈川・東海大相模と横浜、富山商と高岡商、奈良・天理と智弁学園など、昭和から長く続く強いライバル関係だ。現在なら、2017年のセンバツ決勝で激突した大阪桐蔭と履正社が代表格だろう。ほかに2強の傾向が強い都道府県といえば、北海道・北海と東海大札幌、青森・八戸学院光星と青森山田、岩手・盛岡大付と花巻東、群馬・健大高崎と前橋育英、西東京・日大三と早稲田実、新潟・日本文理と新潟明訓、福井工大福井と敦賀気比、沖縄尚学と興南あたりか。

社 ラジオ中継
らじおちゅうけい

1925年の第11回中学優勝大会から、ラジオによる放送が始まった。社団法人大阪放送局（JOBK・現在のNHK大阪放送局）が午前中に6回、午後10回、時間を決めて試合経過を放送したのだ。もともと、社団法人東京放送局（JOAK・現在のNHKラジオ第一放送）によって、日本で初めてラジオ放送がされたのは同じ年の3月22日。それから間もなく、途中経過とはいえ中学野球が電波に乗るのだから、それだけ津々浦々に浸透したということだろう。

さらに27年には、球場からの中継放送が始まる。青森師範（現弘前大教育学部）と札幌一中（現札幌南）の一戦を実況したのは魚谷忠アナウンサーで、これにより地方のファンでもリアルタイムで試合の様子を知ることができるようになった。またこれは野球だけではなく、国内初のスポーツ実況中継だった。

現在は基本的に、NHKラジオ第

一放送では春夏の甲子園全試合を中継している（正午のニュースで一時中断するほか、毎正時ころのニュースや交通情報が挿入される）。また選手権は朝日放送が開局翌年の52年から、センバツも毎日放送が同じ52年から放送を開始した。地方でも、それぞれのネット局はもちろん、まれにはネット局以外でも放送されることがある。

施 ラッキーゾーン

らっきーぞーん

球場の外野フェンス内側に設けた柵と、本来のフェンスの間の空間のことを呼ぶ。設置柵をダイレクトで越えたフェア打球はホームランになる。多くはフィールドが広すぎる場合に、距離を短くしてホームランが出やすくする意図で設置される。日本で初めて設置された球場が甲子園で、１９４9年5月26日のこと。ことにプロ野球では、「ホームランは野球の華」と観客の人気が高いが、甲子園は広すぎてホームランが出にくかった。そこでホームランによる打撃戦で人気を高めようと、両翼から左・右中間付近にいたるエリアの外野フェンス内側に金網を設け、ラッキーゾーンとした。これにより、両翼３４０フィート（約１０４メートル）が、２８５フィート（約87メートル）と狭くなった。

高校野球でもこれを使用するかという議論があったが、そもそも金網はセメントで固定されており、撤去不能ということで、そのまま使用することになった。すると夏の甲子園ではこの年、ボールの品質改良もあり、ホームラン数が前年の4本から9本に倍増している。ラッキーゾーンまでの距離はのちに、両翼91メートルと広がったが、選手の体格向上、バットやボールの品質改良、高校生の場合は金属バットの使用もあってホームランの本数が増加。また野球が夏季オリンピックの実施競技とな

▶ラッキーゾーン

ら

ると、国際競技規格への適合も求められた。そのため、91年まで存続したラッキーゾーンは、プロ野球シーズン終了後の12月5日に撤去されている。撤去後は両翼が公称96メートルとなり、初めて開催された92年センバツでスタンドまで届く第1号ホームランを放ったのが、当時星稜（石川）の松井秀喜（元レイズほか）だった。取材者としては、ラッキーゾーン時代にはひんぱんにあったエンタイトル二塁打がほとんど見られなくなったというのが実感。

規 ラフプレーの禁止

らふぷれーのきんし

２０１２年に行われたＵ１８世界選手権大会で、米国の選手が本塁突入の際、日本の森友哉捕手（大阪桐蔭・オリックス）を2度突き飛ばし、負傷させたことが発端となり、日本アマチュア野球規則委員会は13年２月、落球を誘発するような体当たり行為を禁止した。野手が危険行為を受けて落球したと審判員が判断した場合、走者にアウトが宣告される。実際に13年のセンバツでは、大阪桐蔭と県岐阜商の3回戦で、9回裏に同点のホームインを狙った大阪桐蔭の走者が捕手に体当たり。守備妨害と判定され、そのままゲームセットになった。本塁突入時の危険行為によるケガ防止の喚起を促すことにもなるこのコリジョン・ルール。14年にはＭＬＢ、16年には日本のプロ野球でも、ボールを保持していない捕手が塁上で走者をブロックすること、走者が捕手に危険なタックルやスライディングを行うことを禁じている。

り

試 リーガ・アグレシーバ

りーが・あぐれしーば

日本の高校野球は、トーナメントによる「負けたら終わり」の緊迫感も魅力のひとつだが、秋春夏とすべて初戦負けしたら、年間で公式戦が3試合しかないことになる。そうした弊害を避けるため、ブロック予選をリーグ戦で行ったり、敗者復活戦を設けられたりもしているが、それでもチームによっては、試合の機会が少ないことに変わりはない。近年は1年生大会や、自治体単位などのリーグ戦も増えており、さらにリーグ戦を全国的に広げようと創設されたのがリーガ・アグレシーバだ。小中学生対象の硬式野球チーム「堺ビッグボーイズ」を運営するNPO法人BBフューチャーは2014年、中学硬式チームのリーグ戦を開始。3学年に分かれたチームが、約3カ月をかけて戦う形式で、15年には、大阪の6校の参加により高校野球のリーグ戦も始まった。同リーグのホームページによると、以下のようなメリットが考えられるという。

「①アマチュア野球においては、日本ではトーナメント戦で行われることがほとんどですが、世界的にはリーグ戦で行われています。

②プロ野球やMLBでも、優勝チームの勝率が6割に満たないケースもあり、野球という競技特性上、勝ったり負けたり繰り返しながら、年間トータルでの勝率を争うことに向いているスポーツだと思われます。

③特に、育成年代であるアマチュア世代では勝利を目指す中で、勝敗を繰り返すことで、勝った後や負けた後に次にどうつなげていくかが成長過程でも重要なポイントだと思います。しかしながら、トーナメント戦では負けた際に次がないために、最も大事な負けた後に再度挑戦する機会がありません。

④（トーナメント戦では）勝たなければ次がないために、指導者も選手も勝利至上主義に陥る可能性があり、勝つためなら手段を選ばないという思考に陥ることも懸念されます。また、選手起用も偏ったものとなる可能性があり、公式戦においてはある特定の選手のみが出場するケースがあります。

⑤リーグ戦において、負けてもいい、Bチーム（2番手の選手）のために実施すればいいということではなく、ルールとスポーツマンシップに則り、最大限勝利を目指し、勝っても負けても次の機会に積極的にトライする姿勢を学ぶ機会にできればと思います」

この試みは徐々に広がりを見せ、20年には18の都道府県単位で約120校が参加した。投手の球数や変化球の制限、低反発や木製バットの使用など独自のルールを設けて運営しているが、重視している取り組みは「アフターマッチファンクション」だ。試合を終えた両チームの選手たちがバッテリー、内野、外野とポジション別に、相手チームについて感じたことをお互いに伝え合う。同リーグに参加しているあるチームの指導者は、選手たちが積極的にコミュニケーションを取る姿に「初回の入り方や配球など、野球という共通言語によって、具体的な話をしているようです。野球に生きるのはもちろん、学校生活や社会に出てからのために、コミュニケーション能力を鍛えるいい経験ができていると思います」と語る。野球人口が減っているなか、新しい高校野球のあり方かもしれない。

チ 履正社高校

りせいしゃこうこう

１９２２年、大阪市福島区に大阪府福島商業学校として創設。学制改革により履正社高等学校へ、さらに大阪福島商業高等学校への改称を経て、83年から再び履正社高校となった。正式には履正社中学校・高等学校。創立以来、「履正不畏」「勤労愛好」「報本反始」が建学の精神。そのうち「正を履んで畏れず（せいをふんでおそれず。履正は、正しいことを行うこと）」から校名を取っている。63年には、校舎を全国中等学校優勝野球大会発祥の地である、現在の豊中市に移転した。学校創立と同時に創部した野球部だが、86年から指揮を執った岡田龍生監督が一から作りあげたと言っていい。97年夏に甲子園初出場を果たしたときは、大阪大会7試合で30犠打と、バントバント、またバントの野球で制した。甲子園では初戦で敗退したが、２００６年のセンバツ初出場から08年夏に甲子園初勝利を果たして以後は、コンスタントに強さを保っている。14年には龍谷大平安（京都）、

▲19年夏に初優勝を果たした履正社

17年には大阪桐蔭と、近畿対決に敗れたが、センバツで2度準優勝。4度目の出場だった19年夏、決勝で星稜（石川）を降して念願の初優勝を果たした。野球部員の多くはいわゆるスポーツクラスに属し、寮はない。OBにはT-岡田（オリックス）、トリプルスリー男の山田哲人（ヤクルト）、安田尚憲（ロッテ）、井上広大（阪神）、小深田大地（DeNA）ら、プロ選手多数。また、社会人球界にもOBは多い。春10回（中止の20年含む）出場で13勝9敗、夏は強力なライバルがいるため出場自体が多くなく、4回出場で9勝3敗。通算22勝は、全国64位タイ。

他 リトルシニア

りとるしにあ

　正式名称は一般財団法人日本リトルシニア中学硬式野球協会で、1972年に日本リトルシニア野球協会が発足。2005年にいったん全日本リトル野球協会と合併したが、12年に再度独立した。2022年4月現在、高知・島根・鹿児島・沖縄を除く43都道府県に561チームが存在する（12歳以下のリトルリーグは全国629チーム）。明治神宮野球場で8月に開く日本選手権を頂点に各地で大会が開かれ、WBSC U-15野球ワールドカップなどの国際大会にも出場している。一般には「シニア」と呼ばれることが多い。現在は全国7地区に連盟があり、競技ルールは、7イニング制という以外は、ほぼ公認野球規則に準じる。ボーイズリーグと並び、日本の中学硬式野球団体の二大勢力のひとつで、数多くのプロ野球選手が育っている。

　日本で活動を始めたのは、弟分のリトルリーグが早い。もともとはアメリカ発祥。55年ころには東京近郊で5、6チームが活動していたと言われ、62年には国立リーグが世界一決定戦であるワールドシリーズに出場した。以降、国内各リーグを体系化する機運が高まり、67年には第1回の全日本選手権を開催。荒木大輔（元横浜ほか）らがいた調布リーグが76年、アメリカなどを破ってワールドシリーズで優勝し、広く浸透するようになった。清宮幸太郎（日本ハム）の名が知られるようになったのも、12年、リトルリーグの東京北砂で世界一になってからだ。そのときの清宮は、中学1年生。だが年度の区切りをアメリカに倣うため、当該年の5月1日現在で12歳以下なら、中学生でも夏の大会まではリトルリーグに参加できる。

施 リニューアル

りにゅーあある

1924年に建設された甲子園球場は、随時改修してはきたものの、80年を経過すると老朽化が目立つようになってきた。そこで2004年に大改修の具体案がまとまり、08年から全面的なリニューアル工事を行うことになった。とはいえ、春夏の高校野球を甲子園以外で開催することは考えられず、さらにプロ野球でも使用されることから、実施するのは10月から3月のオフシーズン。07年度（08年3月まで）には内野スタンド、08年度はアルプススタンド、照明塔、銀傘、09年度には外野と売店などの改修を行った。またこのときに甲子園歴史館が完成し、球場外周が整備されて、足かけ4年のリニューアルが完了した。なおこれにより、収容人員は4万7000人に縮小し、フィールドの広さは公称で中堅118メートル、両翼95メートルに変更された。かつては、席によってはかなり窮屈だったり、銀傘の支柱によって見にくかったりした内野席も、支柱の撤去などによりおおむね解消。リニューアル後も、スコアボードの形状などを含め、甲子園独特の雰囲気が残っているのは好ましい。外周道路の煉瓦ブロックを「KOSHIEN NAMING BRICK MEMBERS」として購入者を募り、ブロック1個ごとに購入者の名前や短文を刻印して敷設したのも好評だ。リニューアル前は、ところどころに「自転車持ち込み禁止」などと内壁に記され（かつては、自転車で観戦に来る観客も多く、球場周辺には有料で自転車を預かる業者が多数いたとか。その代金を倹約しようとする観客が、スタンドに自転車を持ち込もうとしていたらしい）、古い時代の風情もあったが、さすがに大正・昭和の名残は姿を消した。

チ 龍谷大学付属平安高校

りゅうこくだいがくふぞくへいあんこうこう

甲子園出場夏34回、春42回。計76回の全国最多出場を誇る。2015年に学校法人平安学園と龍谷大が法人合併し、龍谷大の付属になった。正式名称は龍谷大学付属平安中学校・高等学校。1876年、西本願寺系の子弟教育のために金亀教校として創設、1910年に平安中学に改称。現所在地は、京都駅北側の西本願寺に隣接する。優勝は春1回、夏3回（準優勝も4回）。38年の夏に初めて全国制覇。51年、56年の夏にも優勝した。念願だった春の優勝は2014年だ。平安中、平安、龍谷大平安という3つの校名で優勝と強さを継続し、「古都の雄」はゆるぎない。12年、京都市伏見区醍醐に外野が人工芝、サブグラウンドも併設する「平安ボールパーク」が完成した。通算104勝（72敗）で、3ケタに達したのは中京大中京（愛知）に次いで2校目。衣笠祥雄（元広島）、桧山進次郎（元阪神）、炭谷銀次朗（楽天）、高橋奎二（ヤクルト）などプロ野球選手に多数のOBがいる。太田雄貴・元日本フェンシング協会会長も卒業生。

▲2014年、春夏通算70回出場にしてセンバツ初優勝を決めた龍谷大平安

両耳ヘルメット→ヘルメット

りょうみみへるめっと

規 臨時代走

りんじだいそう

不慮の事故などにより、一時正規の走者に代えて送られる臨時の代走者のこと。高校野球特別規則によると、「臨時代走者／試合中、攻撃側選手に不慮の事故などが起き、治療のために試合の中断が長引くと審判員が判断したときは、相手チームに事情を説明し、臨時代走者を適用することができる。この代走者は試合に出場している選手に限られ、チームに指名権はない（後略）」。例えば、七番打者がデッドボールを受け、治療に時間がかかる場合、七番から最も打順が遠い六番が代わりに一塁に出て（六番が塁上にいれば五番、五番も塁上ならその前。ただし投手は除く）試合を進めましょう、というもの。走者の負傷の場合にも当てはまる。近年では、頭部付近への死球の際は、審判員が大事を取って打者にベンチに戻るように指示し、ほぼ無条件で臨時代走の処置をしている。

これは特別規則のため、監督までが誤解しやすい面がある。2011年夏の東洋大姫路（兵庫）と海星（長崎）の一戦では、1対0と姫路リードの7回裏の攻撃、死球で出た投手に臨時代走が出て、次打者への暴投で二塁に進んだところで監督が臨時代走に代走を起用。後続がなく無得点に終わったが、特別規則では「臨時代走者に代走を起用することはできる。この場合、負傷した選手は正規の交代となり以後出場できない」とある。つまり、代走を起用すると、死球で出た（はずの）投手は正規の交代となる。1点差と緊迫の終盤、監督に二塁走者の（はずの）エースを交代させる意思はなかった。だが代走の起用は、死球で出た（はずの）投手の交代を意味する。本意ではないにしても姫路は、投手交代を余儀なくされた。結局は8回裏に3点を追加し、4対0。事なきを得たが、そのとき交代となったエースが原樹理（ヤクルト）である。

規 臨時代走の代走

りんじだいそうのだいそう

　臨時代走については、こんな審判団の不手際もあった。04年夏の山梨大会、甲府工と東海大甲府の決勝。東海大甲府が1対2とリードされた6回裏の攻撃は、1死から六番Aが死球。五番のBが臨時代走に出た。次のバントでBが二塁に進んだところで、東海ベンチは代走にCを送る。結局無得点に終わり、次の守備から東海はCをセンターに、治療を終えたAをファーストに戻した。代わりにBが引っ込んでいる。本来なら、AがCと交代することになるはずで、これはおかしい、と甲府工側が説明を求めるも、審判は受け付けなかった。

　試合は進んで8回裏の東海はまたも2死二塁のチャンス。だがここで試合が中断し、審判団が本部席に集められた。6回裏の審判の処置が正しいかどうか、大阪の日本高野連に確認を求めたところ、この時点で「誤りだ」との連絡。中断は40分にも及び、「誤りがあったイニングに戻して再開」も検討されたが、時すでに遅し。進行を優先したまま試合は続き、結局試合は9回に同点に追いついた東海大甲府が、延長11回サヨナラ勝ちを収めている。

　収まらないのは甲府工だ。「臨時代走に代走を送った件でその後の判断に誤りがあった」と認めた審判団だが、ややこしい混乱の中断後、再開の打者を打順を飛ばして指名するというミスも犯している。9回までリードしていた甲府工・原初也監督は「打順を飛ばすことなど、普通はありえない。それと、炎天下の中断なら、選手をいったんベンチに戻したかった……」。そもそも、7回が始まる時点で日本高野連の確認を待つべきで、なんとも後味の悪い結末だった。

れ る

他 ROOKIES
るーきーず

1998年から2003年まで「週刊少年ジャンプ」に連載された、森田まさのりによる野球マンガ。強豪の二子玉川学園高校は、部員の不祥事により活動停止に追い込まれ、不良の溜まり場になっていた。そこに赴任してきた新人教師・川藤幸一が、部員たちの心の奥に残る情熱に火をつけ、部員たちも様々な試練や逆境に見舞われながら、一致団結して甲子園を目指して奮闘する姿を描いた。二子玉川学園の人物名は、作者がファンである阪神に実在した選手に、対戦相手の選手名などは巨人の選手に由来している。三浦大輔(元DeNA)や稲葉篤紀(元日本ハムほか)ら、多くのプロ野球選手にも愛された。これを原作としたテレビドラマや映画もヒットしている。

制 歴代優勝校のパネル
れきだいゆうしょうこうのぱねる

かつてセンバツでは、歴代優勝校の校章が描かれた白いパネルボードが外野フェンスに飾られていた。だが1984年のセンバツ2日目、高島(滋賀)と佐賀商の一戦で、ワンバウンドでラッキーゾーンを越えた佐賀商・中原康博の打球が、ホームランと判定される事件があった。いわゆるエンタイトル本塁打だ。これを受けて日本高野連は誤審を謝罪し、「外野の白いパネルが打球とかぶり、審判が判定しづらい」として、この日の全試合終了後にただちに歴代優勝校パネルを撤去。センバツ名物だったパネルは、84年3月27日限りで姿を消した。

▶歴代優勝校のパネル

他 レジェンド始球式
れじぇんどしきゅうしき

2018年夏の100回記念大会では、節目にあたって大会の歴史を振り返り、次の100年につながるメッセージを込めて、伝説の甲子園選手〝レジェンド〟による始球式を連日行った。さまざまな年代で活躍した18人のレジェンドは、次の顔ぶれだ（校名は出身校）。

第1日　松井秀喜　星稜（石川）

※この開幕試合にはたまたま、松井の母校・星稜が登場。マウンドの奥川恭伸（ヤクルト）ら、守備についた後輩たちが見守る前での始球式だった。

第2日　石井　毅　箕島（和歌山）

第3日　定岡正二　鹿児島実

第4日　牛島和彦　浪商（現大体大浪商・大阪）

第5日　平松政次　岡山東商

第6日　谷繁元信　江の川（現石見智翠館・島根）

第7日　水野雄仁　池田（徳島）

第8日　本間篤史　駒大苫小牧（南北海道）

第9日　坂本佳一　東邦（愛知）

第10日　中西清起　高知商

第11日　安仁屋宗八　沖縄（現沖縄尚学）

第12日　板東英二　徳島商

第13日　金村義明　報徳学園（兵庫）

第14日　中西　太　高松一（香川）

準決勝（1）　桑田真澄　PL学園（大阪）

準決勝（2）　佐々木主浩　東北（宮城）

決勝　井上明　松山商（愛媛）

太田幸司　三沢（青森）

投じられたボールは、レジェンドのサイン後、阪神甲子園球場内の「甲子園歴史館」に展示された。

他 レッツゴー習志野
れっつごーならしの

習志野市の公式動画としてフルバージョンがアップされているくらいだから、習志野市民、また高校野球ファンもほとんどが知っていると言っていい習志野の応援歌。誕生したのは1975年で、当時同校吹奏楽部2年生だった根津嘉弘氏が、顧問の倉田芳雄先生の指示で作曲したもの。「ドンドン・ドドドン・ドドドドンLet's Go!」というそもそもあった応援のリズムに合わせて、完成した。甲子園で初めて披露されたその夏、習志野は2度目の全国制覇するのだから、なんともゲンのいい応援歌と言える。同校の吹奏楽部は、いまや全国大会上位の常連だけに、技量には定評があるとして、圧巻は敬意を込めて美爆音と呼ばれるほどの大音量。19年センバツでは、あまりの音量に近隣住民から苦情が出て、太鼓の数を減らしたほどだ。

試 連合大会
れんごうたいかい

明治期、旧制中学でも野球が盛んになると、同校内の紅白戦から対抗戦へ、そして次第に県大会へと発展していく。さらには、県を越えた連合大会も行われるようになった。旧制中学のエリートたちをまとめ、大会を主催したのは多くは各地の旧制高校である。

1901年には、京都の旧制三高が主催して近県連合大会が始まった。近畿一円のほか、愛知県や中・四国からも参加したという。02年には愛知一中（現旭丘）の校庭で愛知・静岡・岐阜・三重・滋賀の東海5県連合野球大会が開かれた。これは徐々に規模が拡大し、13年の第10回大会には、13校が参加している。03年には、熊本の旧制五高主催で全九州中等学校野球大会が、07年には岡山の旧制六高主催で近県大会が始まった。11年になると、東北地区でも東北中等学校連合野球大会が開催され、宮城から4校、岩手2校と福島1校が参加。翌年には秋田も加わっている。各地でのこうした動きが、全国レベルの大会で日本一を決めたいという気運につながり、やがて全国大会、つまり全国中等学校優勝野球大会へとつながっていく。

チ 連合チーム

れんごうちーむ

かつて高知にあった高岡高校宇佐分校は、野村貴仁（元巨人ほか）がいた1980年代には、夏の高知大会で4強入りするほどの力を持っていた。だが生徒不足で98年度限りの廃校が決まり、新設の高知海洋高校に生まれ変わる。その高知海洋の1期生が入学した97年には、高岡宇佐・高知海洋の連合チームとして夏の大会に出場した。この年高野連は、全国高等学校体育連盟の定めた指針に準じて規約を改正。学校が統廃合される場合には、新旧学校による連合チームの出場を認めていた。これを受け、廃校が決まっていた宇佐分校と、同じ敷地内に新設される高知海洋の連合チームが認められたわけだ。これが、全国で初めての連合チームの例である。チームを率いたのは、85年センバツで優勝した伊野商の山中直人監督だが、さすがになかなか勝てなかった。

2011年には、東日本大震災によって部員数が減少した高校同士による連合チームの出場を、特例措置で容認。そして12年夏の地方大会からは、部員が8人以下の学校同士による連合チームや、部員を他校から借りることも認められた。それまで、連合が認められたのは統廃合を控えた学校のみ。だが同じ都道府県の高野連に加盟し、原則として週2回ほど合同練習ができることなどを条件に、連合が認められた。ことに公立校や、小規模校の部員減に対応した条件緩和だといえるだろう。また、近隣に連合を組む適当な相手がない場合でも、他校から選手を借り、単独チームとして出場することも可能になった。ただしこの際には、母体の主体性を保つため、母体校に最低

５人が在籍し、借りる選手も含めて一チーム10人までとしている。

連合チームの戦績を見ると、06年夏の奈良大会で、斑鳩・法隆寺国際が天理との決勝まで進み、9回裏を迎えるまでリードしていた例はあるが、惜しくもサヨナラ負けして甲子園には出場できていない。もっともこれは斑鳩の最後の3年生、新設校・法隆寺国際の1、2年生という構成だから、ほぼ単独チームに近い。06年秋には、三重、三重農、緒方工の連合チームである豊後大野連合（現三重総合）が大分で準優勝、九州大会でも2回戦に進んでいる。ただセンバツはともかく、全く異なる2校以上の連合チームが夏の甲子園に出るのは、かなりハードルが高そうだ。また14年には福井の春江工が、同校がやがて統合する坂井と連合チームで出場（春江工の2、3年生と、坂井の1年生で構成）。春の福井を制し、秋もベスト4に進出した。だが翌15年は、連合を解消。3年生のみの春江工と、1、2年生の坂井という別のチームになった。するとなんと両校は、春のブロック大会初戦で当たったばかりか、夏も福井大会の1回戦で対戦。いずれも、ラストイヤーだった春江工が、弟分に勝っている。

制 練習補助員

れんしゅうほじょいん

甲子園では、各校5人が、自校のユニフォームを着用して試合前のシートノックなど、練習のサポートをする。夏なら、ベンチに入れなかった3年生をあてるケースもあれば、秋以降を見すえて下級生に空気を経験させることも。そして試合が始まればボールパーソンとしてフィールドに出、また試合後は速やかにチームの荷物をベンチから運び出す。

社 練習休み

れんしゅうやすみ

かつては1年３６５日のうち、練習を休むのは元日だけ、などというチームも多かったが、近年は強豪でも、練習試合あけの月曜や、あるいは平日に全体練習を休むチームが珍しくない。その日は休養や治療にあてるもよし、練習したいなら自主練習もよし、という扱いだ。休養の重要性が認識されたのはもちろん、教員の働き方改革という一面もある。部活動の顧問ともなれば、過労死ラインとされる月80時間以上の時間外労働が当たり前だからだ。２０１８年3月には、スポーツ庁が「運動部活動の在り方に関する総合的なガイドライン」を策定。これは、中・高校の運動部の顧問である教員の負担軽減を目的に、練習時間を「平日2時間、土日曜日3時間程度」としたもので、都道府県や市区町村の教育委員会などがこれをもとに方針を示し、校長が各校の指針を定めるように求めている。

これを受けてある県では、最終的な運用は各校にゆだねられるとはいえ、朝練習の原則禁止を打ち出した。実際には、ガイドラインに罰則規定は設けられてないにしても、社会情勢の変化によって、高校野球の環境も厳しさを増している。

記 連続出場
れんぞくしゅつじょう

2019年夏の福島県代表は聖光学院で、これはなんと13年連続。同校が持つ、夏の甲子園連続出場の戦後最長記録を更新した。従来の記録は1998～05年の明徳義塾（高知、ただし05年は出場辞退）と05～12年の智弁和歌山による県大会8連覇が最高。その記録を5年も更新したわけだ。だがコロナ禍で地方大会が中止になった20年をはさんだ21年、聖光学院は福島大会の準々決勝で光南に1対5と敗戦。15年ぶりに地方大会で姿を消した。ちなみに、中止になった20年は連続のカウントから除外し、21年夏には作新学院（栃木）が史上3校目の10「大会」連続出場を果たしたが、22年の夏は準決勝で国学院栃木に敗れ、記録は途切れた。

聖光学院の13年連続出場を上回る歴代1位は、戦前の和歌山中（現桐蔭）で、15年の第1回大会から14年連続出場を果たしている。和歌山中は草創期最強といわれたチームで、21～22年に史上初の連覇。23年にも決勝に進出した。この23年には、和歌山中のあまりの強さに、和歌山県大会で和歌山中に負けたチームは、敗者復活を認めるという特例があった。現に海草中（現向陽）は1回戦で和歌山中に敗れ、復活戦を勝ってまたも和歌山中と対戦し、ここも敗れている。

▶夏13年連続の出場記録を持つ聖光学院

れ

和歌山中は、センバツでも24～34年まで11回連続出場しているが、センバツでこれより長いのが岐阜商（現県岐阜商）。32～51年まで、戦争による中断をはさみ15大会に連続出場しているのだ（51、52年の校名は長良）。しかも優勝3回、準優勝1回という黄金時代だった。春夏連続出場では、15夏～29年春、和歌山中になんと20季連続出場がある。

社 連帯責任
れんたいせきにん

春夏の甲子園に出場が決まっていながら、出場を辞退したチームは、2021年のセンバツ開幕前日に辞退した京都国際など、17校。京都国際の場合は、部内で新型コロナウイルスのクラスターが発生したためだが、過去には、野球部員がその当事者ではなくても、別の在学生が起こした不祥事の連帯責任で、泣く泣く辞退したチームもある。たとえば、1975年センバツの門司工（現豊国学園・福岡）。3月24日、北九州市八幡東区で住居侵入、婦女暴行未遂事件が起きた。その容疑者として27日に逮捕されたのが、門司工の生徒2人だ。門司工は校長が甲子園入りし、佐伯達夫高野連会長と面談。「出場校は品位と校風を重視して選抜する」という大会規定に触れるとして、大会運営委員会に諮った上で、出場辞退が決まった。28日、開会式の朝に、前日にはつらつとリハーサルをこなしていたナインに通達。宿舎の大広間からはすすり泣きの声がもれたという。急きょ駆けつけたのは、代理出場が決まった佐世保工（長崎）。大会3日目、調整不足ながら、静岡商に4対7と善戦した。佐伯会長のあとを継いだ牧野直隆会長の時代になると、この連帯責任制は徐々に緩和されていく。

記 連覇
れんぱ

センバツと夏の甲子園で、どちらかの大会を2年続けて優勝することを春連覇、夏連覇と呼ぶ。連覇にはほかに、同一年に春と夏を優勝する春夏連覇、夏と翌年の春を優勝する夏春連覇などがある。達成頻度からすると、新年度でチームがまるっきり入れ替わる春連覇の難易度が高いようだ。夏春連覇も年度は替わるが、達成チームには夏優勝の主力がそのまま残っているケースが多い。達成年度の早いパターンから列挙してみよう。

・夏連覇
1921～22年　和歌山中（現桐蔭）
1929～30年　広島商
1939～40年　海草中（現向陽、和歌山）

１９４７～48年　小倉中・小倉（福岡）
２００４～05年　駒大苫小牧（南北海道）
・春連覇
１９２９～30年　第一神港商（現神港橘・兵庫）
１９８１～82年　ＰＬ学園（大阪）
２０１７～18年　大阪桐蔭
・夏春連覇
１９３０～31年　広島商
１９３７～38年　中京商（現中京大中京・愛知）
１９６０～61年　法政二（神奈川）
１９８２～83年　池田（徳島）
・春夏連覇
１９６２年　作新学院（栃木）
１９６６年　中京商
１９７９年　箕島（和歌山）
１９８７年　ＰＬ学園（大阪）
１９９８年　横浜（神奈川）
２０１０年　興南（沖縄）
２０１２年　大阪桐蔭
２０１８年　大阪桐蔭

大阪桐蔭が18年、史上初めて同一校による2度目の春夏連覇を達成したのは記憶に新しい。また大阪桐蔭は21～22年にかけて、明治神宮大会とセンバツを制する秋春連覇、さらにこれも史上初の神宮大会連覇を遂げた。秋春連覇の例をまとめると、
１９８３～84年　岩倉（東京）
１９９７～98年　横浜（神奈川）
２００１～02年　報徳学園（兵庫）
２０２１～22年　大阪桐蔭

そして、史上唯一の偉業である夏の3連覇は、
１９３１～33年　中京商

春夏春、あるいは夏春夏という3季連続優勝はいまだ達成されておらず、そもそも3季連続で出場すること自体が大変。春夏連覇のあと、翌年センバツに出場したのは99年の横浜と13年の大阪桐蔭があるが、横浜は初戦敗退、大阪桐蔭は3回戦で敗れた。夏春夏に挑戦権を得たのも過去2校で、61年の法政二と83年の池田。ともに準決勝まで進んだから、あと一歩だった。夏の3連覇は、唯一の記録である中京商以前にも惜しいケースはあり、和歌山中は連覇後の23年、決勝で敗退。49年の小倉北（小倉から一時改称）は準々決勝で敗れ、06年の駒大苫小牧も決勝引き分けと寸前まで手が届きながら、再試合で敗れている。

ろ

記 6回以上出場
ろっかいいじょうしゅつじょう

現在、1人の選手が甲子園に出場できる回数は1年夏、2年春夏、3年春夏で最大5回だ。5回すべてにベンチ入りした選手は「5季連続出場」で別掲している。学制改革前と端境期は、中等学校が5年制だったため、6回以上の出場も可能だった。詳細な資料はないが、個人の最多出場は岡村俊昭、波利熊雄、光林俊盛（29～33年。いずれも平安中・現龍谷大平安［京都］。岡村は元南海）の9回とみられる。33年夏準優勝のメンバーで、台湾からの留学生・岡村は、9回すべてレギュラーだったようだ。続くのが小川正太郎（和歌山中・現桐蔭）の8回（24～28年）。26年夏には長く大会記録だった8連続奪三振を記録し、27年センバツ優勝、翌年センバツでも準優勝した。唯一出場を逃した27年夏はセンバツ優勝校として米国遠征中で、これがなければ9回出場は確実だったか。8回出場はほかにも平安中、和歌山中などに多い。7回も数多く、平安中では岡村同様台湾からの留学生・伊藤次郎（27～30年、元セネタース）、島田商（静岡）のエースで四番・一言多十（37～40年、元阪急ほか）、小倉中～小倉（福岡）で47～48年夏を連覇した福嶋一雄なども学制改革をまたいで記録。6回出場では中京商（現中京大中京・愛知）夏3連覇のエース・吉田正男（31～33年）、中京商のライバル・明石中（兵庫）の楠本保（30～33年）、呉港中（広島）のエースとして34年夏を制覇した藤村富美男（32～35年、元阪神）、海草中（現向陽・和歌山）で39年夏、全5試合を完封して優勝した嶋清一（35～39年）らが代表的なところだ。

▶甲子園に8回出場し優勝に導いた和歌山中の小川正太郎

和歌山中→桐蔭高校
わかやまちゅう

人 脇村春夫
わきむら・はるお

1932年1月15日、東京都生まれ。実家は、和歌山県田辺市の山林王として知られる脇村家。49年夏に優勝した湘南（神奈川）では、2年生でサードを守った。中西太（元西鉄）のいた高松一（香川）との準決勝で3安打という記録が残っている。卒業後は東大法学部に進み、野球部で主将。東洋紡績に入社し、現役3年の間に55年の都市対抗にも出場した。のち社業に専念して専務、新興産業社長などを務めた。

2002年、日本高等学校野球連盟の第5代会長となると、牧野直隆前会長の取り組んだ連帯責任制度の緩和をさらに進め、04年には、プロ野球選手が高校生の指導をすることを、一定のルールのもとで認めた。高野連会長を08年で退任し、19年には野球殿堂入りした。

チ 早稲田実業学校高等部
わせだじつぎょうがっこうこうとうぶ

全国的に「早実（そうじつ）」という呼称も十分に通用する人気校。早稲田大学系属早稲田実業学校高等部が現在の正式名称。創立は1901年で、一時外れていた早稲田大学の系列校に63年から戻る。現在は普通科のみの難関進学校になった。創部は05年で、第1回夏の選手権に出場している代表10校のうちの一つ。以来、夏は29回、春は21回の甲子園出場があり、いずれも東京では最多。東東京の新宿区のキャンパスから、2001年に国分寺市に移転して現在は西東京に属する。男女共学で、初等部もある。早稲田実にはスター選手、アイドルの系譜があり、初優勝となった57年のセンバツは2年生エースだった王貞治（元巨人）が5試合を投げ抜いた。その後2回の夏も期待されたが優勝には届かず。3年では東京大会の決勝で敗れている。夏の甲子園で、決勝まで勝ち進んだのが80年。1年生エースの荒木大輔（元横浜ほか）は準決勝まで44回3分の1を無失点だったが、決勝では愛甲猛（元中日ほか）を擁する横浜（神奈川）にKOされた。荒木は3年夏まで5回の甲子園に出て、優勝旗は手にできなかったもののその間の人気はすさまじく、女子高生にとってのアイドルだった。かつて練馬区・武蔵関にあったグラウンドの塀には、彼女たちによる落書きがたくさん残っていたものだ。

悲願だった夏の優勝は2006

年。ハンカチ王子こと、エースの斎藤佑樹（元日本ハム）が3連覇を狙った駒大苫小牧（南北海道）の田中将大（楽天）らとの引き分け再試合を制した。92年に和田明前監督が急逝し、和泉実監督が引き継いで14年後の栄光だった。記憶に新しい2015年から17年までは清宮幸太郎（日本ハム）が在籍し、大注目された。夏は43勝28敗、春は23勝20敗。通算66勝は11位。プロには前記の3人のほか荒川博（元毎日）、榎本喜八（元西鉄ほか）、大矢明彦（元ヤクルト）らがいる。

▶2006年、斎藤佑樹をエースに夏初優勝を果たした早稲田実業

選 渡辺智男
わたなべ・とみお

1985年のセンバツで初出場優勝した伊野商（高知）のエース。67年6月23日、高知県生まれ。佐川小学校時代は、もう1人の投手と交互に投げて県内の9大会で優勝するほどだったが、中学時代にヒジを故障し、伊野商では「ピッチャーはもうやりません」と希望した。だが、ヒジがよくなると新チームからは投手に。2年秋にはエースとなり、宿毛工戦で当時の県記録の18三振。高知県、四国で準優勝し、翌春のセンバツで同校としては初めての甲子園出場を果たした。東海大浦安（千葉）との初戦は、自身のホームランなどで5対1、準々決勝では西条（愛媛）を完封し、準決勝では清原和博（元オリックスほか）、桑田真澄（元巨人ほか）らが3年となったPL学園（大阪）と対戦。渡辺はこの試合、清原を3打数3三振と完璧に抑える1失点完投で勝利すると、決勝は帝京（東京）を6安打完封した。

KKのいたPLとの準決勝では、下馬評は圧倒的不利。「マッサージ帰りに乗ったタクシーの運転手さんが、自分のことを知らずに、〃伊野商は初出場？　ピッチャーもよう頑張ってるけど、明日はPLやろ〃。（山中直人）監督と、笑いを必死でこらえた」という。その夏は、中山裕章（元中日ほか）がエースの高知商に決勝で敗れた。卒業後に社会人のNTT四国入りし、88年にはソウル五輪代表に。同年ドラフト1位で西武入りし、98年まで現役を続けた。

監 渡辺元智
わたなべ・もとのり

神奈川・横浜を率い、松坂大輔（元西武ほか）らのいた1998年に春夏連覇を果たすなど、史上3位の合計5回優勝を果たした名将。

1944年11月3日、神奈川県生まれ。横浜高では後にコンビを組むこととなる小倉清一郎と同期で三番・中堅手として活躍したが、全国大会には出場できなかった。神奈川大に進むが右肩を壊して野球部を辞め、大学も中退。自暴自棄の生活を送っているとき、退任する恩師・笹尾晃平の推薦で横浜のコーチとなり、68年の秋、24歳で監督に就任。73年にはエース永川英植（元ヤクルト）を擁してセンバツに出場し、イッキに頂点に立った。80年夏にも、左腕・愛甲猛（元中日ほか）で優勝したが、以後は東海大相模、横浜商らの強豪並みいる神奈川でなかなか勝てない。自らが一皮むけるため、また部員とのつながりを深めるため、関東学院大学の夜間部に通い教員免許を取得した。

再び力をつけるのは94年、同級生の小倉を部長として招いてからだ。名前をそれまでの元（はじめ）から元智とした翌98年、春夏連覇。その前年の新チームによる神宮大会から国体まで、公式戦をすべて優勝し、史上唯一の公式戦年間無敗（44勝）を達成している。2006年にはセンバツを制し、12年春に史上4人目の甲子園通算50勝を達成。この年には孫の佳明（楽天）が入学し、13年夏、14年センバツに祖父・監督、孫・選手で出場している。途中部長に就いた時期もあるが、勇退する15年の夏までで通算51勝（22敗）は歴代5位タイだ。教え子は鈴木尚典（元横浜）、多村仁志（元中日ほか）、成瀬善久（元オリックスほか）、涌井秀章（中日）、筒香嘉智（元パイレーツほか）近藤健介（ソフトバンク）など数多い。

▶渡辺元智

わ

他 ワッショイ

わっしょい

昭和30年代から甲子園でブラスバンドの演奏を始めた天理（奈良）。ブラバン番付では横綱格だろう。よく知られるのは、走者が出たときの「タータータータララララッタタラー」というファンファーレと、それに続く「ワッショイ」だ。「タータタッタタッタタ」という、ディープ・パープルにありそうなリフのあとに、アルプスが一体となって「ワッショイ！」と声をそろえる。あまりにもおなじみのため、例えば智弁和歌山が始めたアフリカン・シンフォニーのように他校も追随するが、重厚感のある本家に比べると、妙に軽かったりして格が違う。そもそも甲子園のアルプスで、天理のブラスバンドが登場したのは59年のセンバツで、「ワッショイ」は70年に創作されたものだという（天理高校吹奏楽部HPより）。天理と同じ奈良・郡山には、郡高音頭という名物応援歌がある。これがどことなく「ワッショイ」を彷彿とさせるメロディーで、合間に入るかけ声も、そのものずばり「ワッショイ！」。推測だが、天理と郡山のライバルのうちどちらかが先行し、他方が負けじと追いかけたのではないか。

選 和田友貴彦

わだ・ゆきひこ

高校球史で歴代の横綱に数えられる大阪桐蔭。甲子園初出場は意外と新しく1991年春。そのセンバツでノーヒット・ノーランを達成した和田は、74年2月9日、和歌山市生まれ。大阪桐蔭では同学年の背尾伊洋（元巨人ほか）と2枚エースで、仙台育英（宮城）との初戦は4回の1四球だけで快挙を達成した。「初出場校が初戦でノーヒット・ノーランなんてありえない。経験を積ませるためにも、早く背尾を登板させたい」と長沢宏行監督が考えているうちの快挙だった。このときは準々決勝で敗れたが、夏も甲子園に出場すると、帝京（東東京）との準々決勝を2失点完投するなど、背尾との二枚看板で優勝。卒業後は東洋大から東芝府中、東芝でプレーした。

索引

資料編

甲子園 DATA FILE

選手権大会HISTORY

選手権大会記録集

センバツ大会HISTORY

センバツ大会記録集

選手権大会HISTORY

1915(第1回)~2019(第101回)優勝メンバー

<<注釈>> ※優勝メンバーについて

▷1915年から1951年までの期間の一部に、試合に出場しなかったベンチ入り選手や、監督名、部長名など未確認のものがあります。

▷背番号正式採用の1952年夏の第34回大会以降は背番号順。1952年春の第24回大会以前の大会については、原則として初戦の先発出場選手をポジション(1~9)に応じて上から順に配列し、以降は任意の配列とした。

第1回大会

1915年(大4)
8月18日-23日

▽決勝

秋田中	000 000 100 000 0	1
京都二中	000 000 010 000 1	2

(秋)長崎-渡部
(京)藤田-山田
(延長13回)

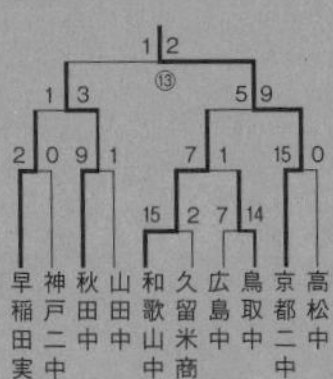

監督 加藤 備
部長

京都二中
- 藤田 元
- 山田惣次郎
- 西川五三郎
- 津田 良三
- 大場義八郎
- 綾木保次郎
- 内藤源次郎
- 中 啓吉
- 野上 実
- 岡井 明義
- 半井 修一

第2回大会

1916年(大5)
8月16日-20日

▽決勝

市岡中	000 200 000	2
慶応普通部	005 100 00X	6

(市)富永-田中
(慶)山口-出口

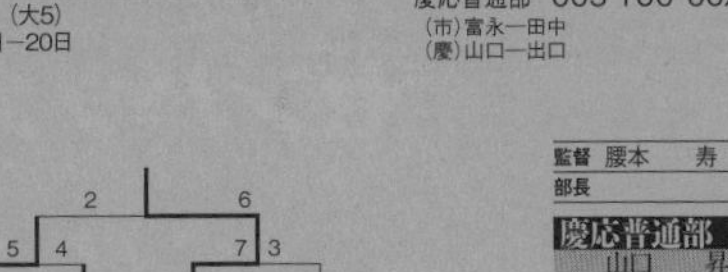
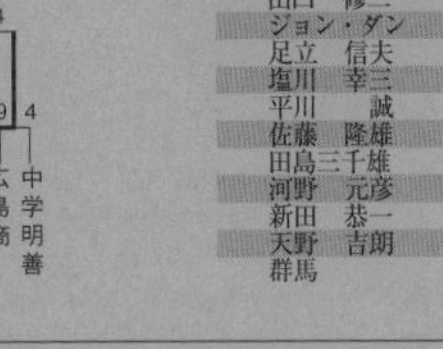

監督 腰本 寿
部長

慶応普通部
- 山口 昇
- 出口 修二
- ジョン・ダン
- 足立 信夫
- 塩川 幸三
- 平川 誠
- 佐藤 隆雄
- 田島三千雄
- 河野 元彦
- 新田 恭一
- 天野 吉朗
- 群馬

第3回大会

1917年(大6)
8月14日-20日

▽決勝

関西学院中	000 001
愛知一中	000 00

(降雨ドローゲーム)

▽決勝

愛知一中	000 000 000 000 01	1
関西学院中	000 000 000 000 00	0

(愛)長谷川-伊藤
(学)内海-近藤
(延長14回)

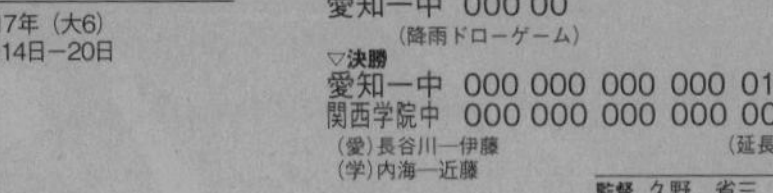
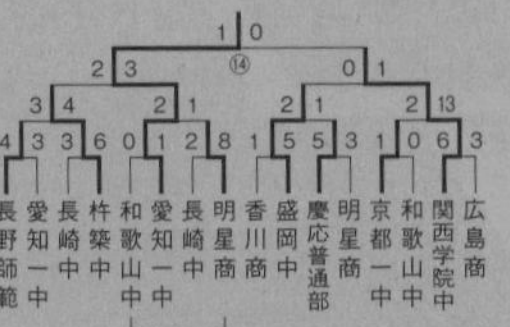
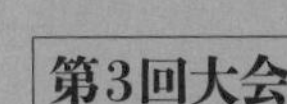

監督 久野 省三
部長

愛知一中
- 長谷川武治
- 山本 美正
- 小島 島二
- 安藤 敏男
- 前納 良平
- 一柳弘太郎
- 加藤 高茂
- 伊藤 慶一
- 石井 栄三
- 小島 憲
- 大木喬之助

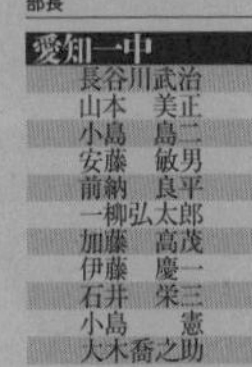

第4回大会

1918年(大7)

米騒動で全国大会中止

第5回大会

1919年(大8)
8月13日-19日

▽決勝

長野師範	000 002 002	4
神戸一中	020 000 05X	7

(長)山崎-平林
(神)山口-石関

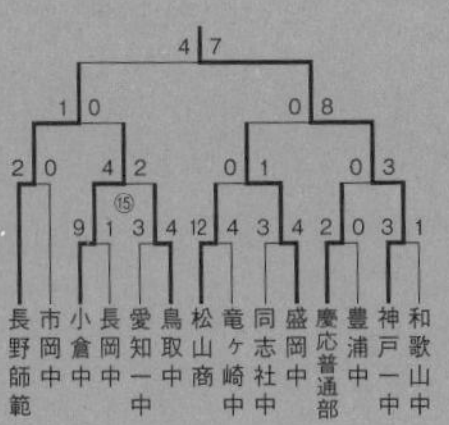
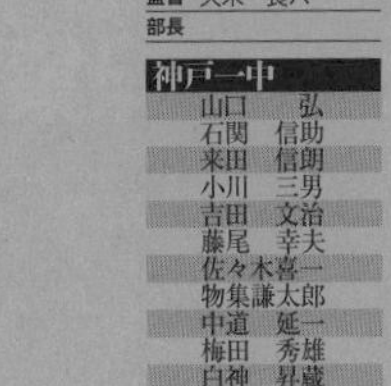

監督 久米 良八
部長

神戸一中
- 山口 弘
- 石関 信助
- 来田 信朗
- 小川 三男
- 吉田 文治
- 藤尾 幸夫
- 佐々木喜一
- 物集謙太郎
- 中道 延一
- 梅田 秀雄
- 白神 昇蔵

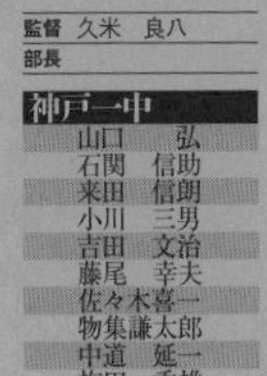

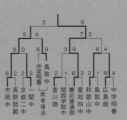

第6回大会

1920年(大9)
8月14日-19日

▽決勝

慶応普通部	000 000 000	0
関西学院中	004 071 05X	17

(慶)田島、谷口-大川
(学)沢-三輪

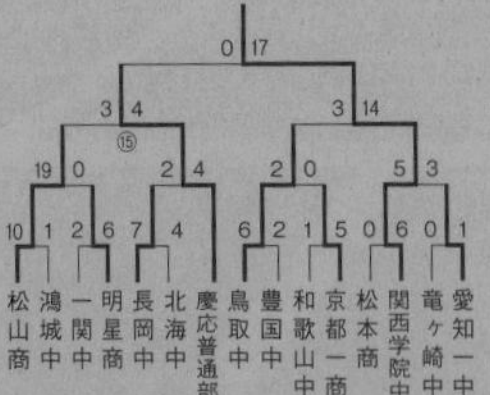

監督 加藤 美江
部長

関西学院中
- 沢 昇
- 三輪 竹男
- 沼田 勇
- 岡田 静雄
- 成瀬 成
- 丹羽 勉
- 辻 昇
- 柴田 博
- 堀 竜三
- 山本 清
- 平森 六郎

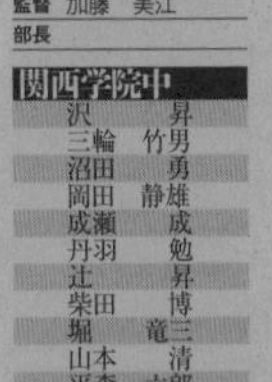

第11回大会

1925年（大14）
8月15日−23日

▽決勝

高松商	050 000 000	5
早稲田実	000 000 030	3

（高）宮武、本田、宮武−小柴
（早）高橋−平山
本 七里（早）

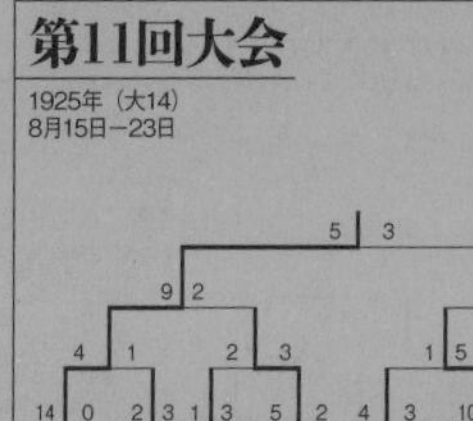

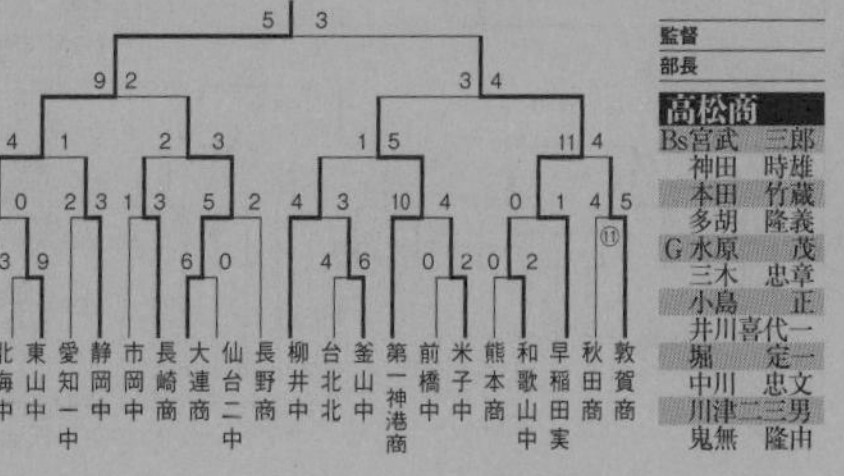

監督

部長

高松商

Bs宮武 三郎
神田 時雄
本田 竹蔵
多胡 隆義
G水原 茂
三木 忠章
小島 正
井川喜代一
堀 定一
中川 忠文
川津二三男
鬼無 隆由

第12回大会

1926年（大15）
8月13日−20日

▽決勝

静岡中	000 100 001	2
大連商	010 000 000	1

（静）上野−福島
（大）円城寺−桜井

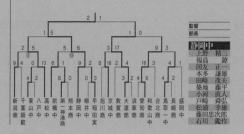

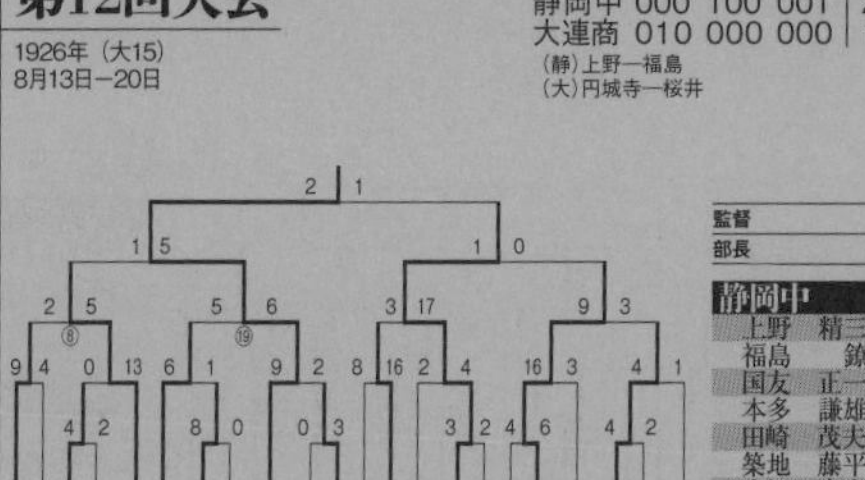

監督

部長

静岡中

上野 精三
福島 鐐
国友 正一
本多 謙雄
田崎 茂夫
築地 藤平
小河 直人
戸崎 舜弘
松浦 幸雄
藤田忠次郎
石川 鑑作

第13回大会

1927年（昭2）
8月13日−20日

▽決勝

広陵中	000 000 001	1
高松商	010 030 01X	5

（広）八十川−小川
（高）水原、井川、水原−多胡

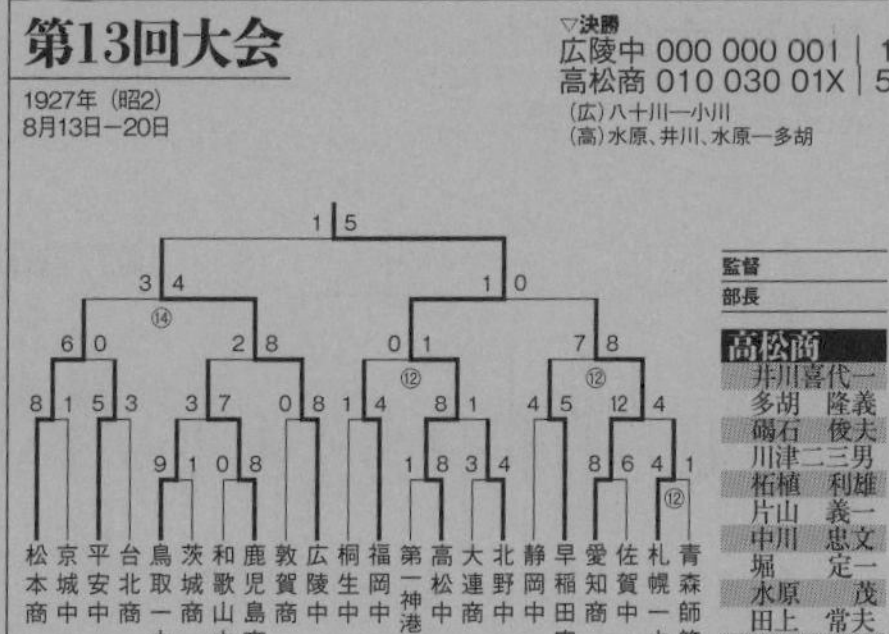

監督

部長

高松商

井川喜代一
多胡 隆義
碣石 俊夫
川津二三男
柘植 利雄
片山 義一
中川 忠文
堀 定一
水原 茂
田上 常夫
中西 清

第14回大会

1928年（昭3）
8月12日−22日

▽決勝

松本商	102 000 000	3
平安中	000 000 001	1

（松）中島−百瀬
（平）伊藤兄−西村

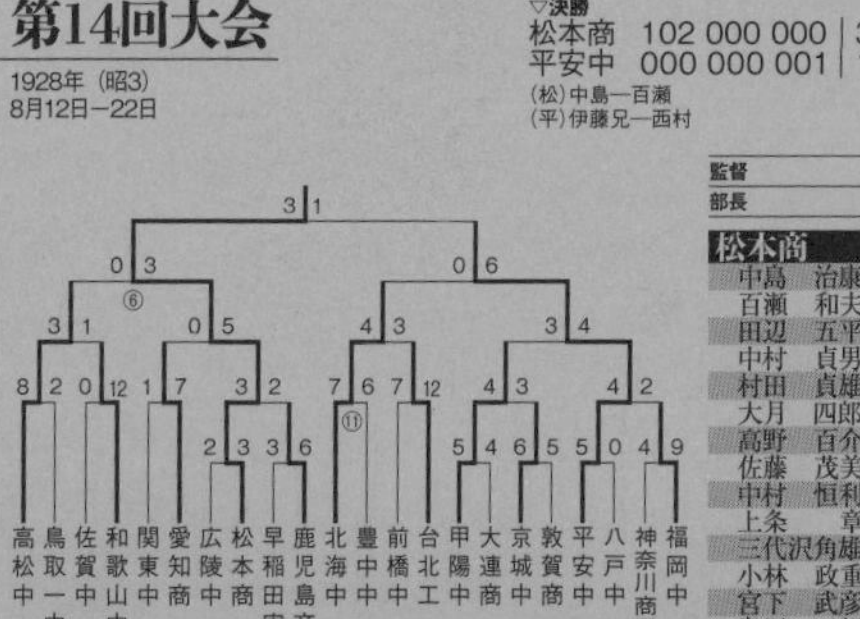

監督

部長

松本商

中島 治康
百瀬 和夫
田辺 五平
中村 貞男
村田 貞雄
大月 四郎
高野 百介
佐藤 茂美
中村 恒利
上条 章
三代沢角雄
小林 政重
宮下 武彦
奥原 三郎

第7回大会

1921年（大10）
8月14日−18日

▽決勝

京都一商	003 100 000	4
和歌山中	105 013 24X	16

（京）安江−古藤
（和）北島−武井
本 戸田、堀

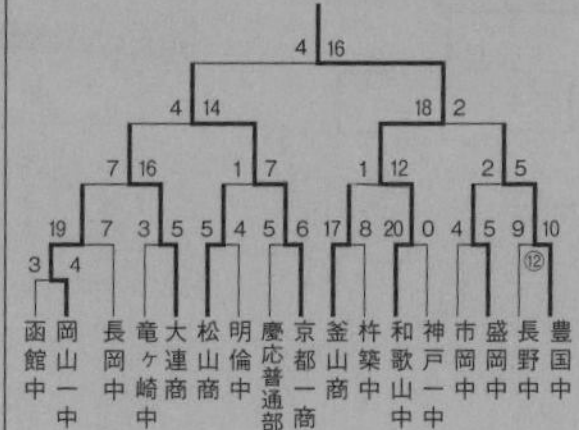

監督 有本常太郎

部長

和歌山中

北島 好次
武井 健二
深見 顕吉
柳 純一
田嶋豊次郎
井口新次郎
堀 龍三
戸田 廉吉
高木 秀雄
高村俊次郎
小笠原紀三九

第8回大会

1922年（大11）
8月13日−18日

▽決勝

和歌山中	000 000 053	8
神戸商	300 100 000	4

（和）井口−武井
（神）浜崎−網干

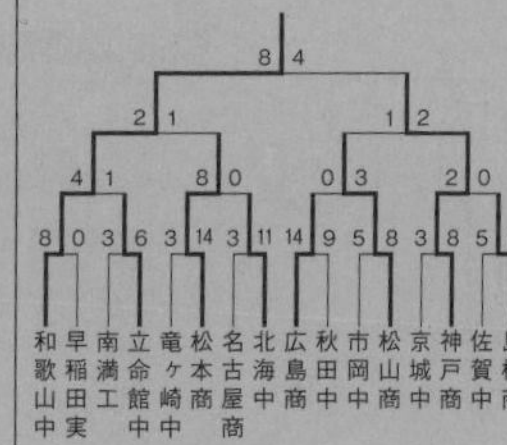

監督

部長

和歌山中

井口新次郎
武井 健二
深見 顕吉
小笠原紀三九
田嶋豊次郎
柳 純一
高村俊次郎
高木 秀雄
阪井 敏雄
西本 林蔵
浜口清六郎

第9回大会

1923年（大12）
8月16日−20日

▽決勝

甲陽中	000 400 001	5
和歌山中	100 000 001	2

（甲）宇井−岡田
（和）田島−由良

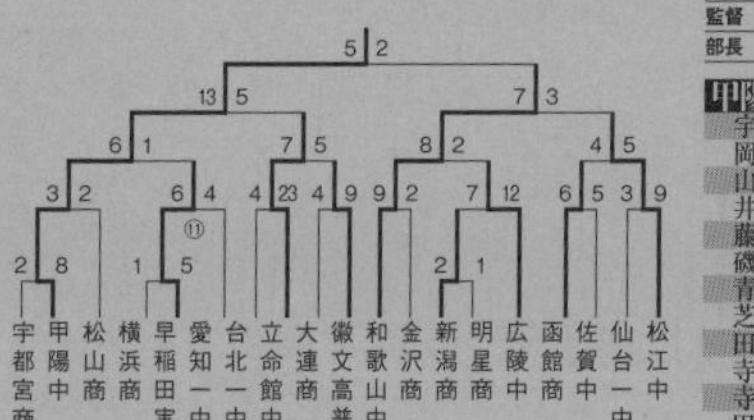

監督

部長

甲陽中

宇井 正吾
岡田 貴一
山野井 満
井上 正男
藤田 謙吉
磯野 勝
青山 進
芝 茂夫
田中 猛
寺沢 武夫
寺本 四郎
田中 広

第10回大会

1924年（大13）
8月13日−19日

▽決勝

松本商	000 000 000	0
広島商	000 000 03X	3

（松）伊藤−手塚
（広）浜井−杉田

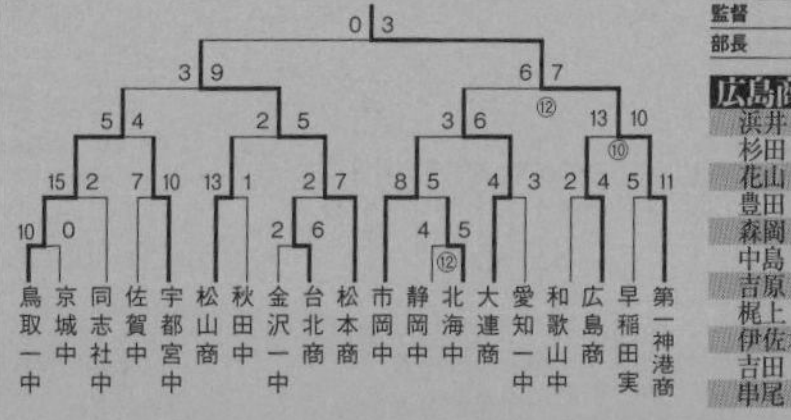

監督

部長

広島商

浜井 武雄
杉田 俊雄
花山 武
豊田 正
森岡 登
中島 利雄
吉原 四郎
梶上 初一
伊佐木 孟
吉田 君三
串尾 禎

第19回大会

1933年（昭8）
8月12日–20日

▽決勝

平安中	000	010	000	1
中京商	200	000	00X	2

（平）高木–掘添
（中）吉田–野口

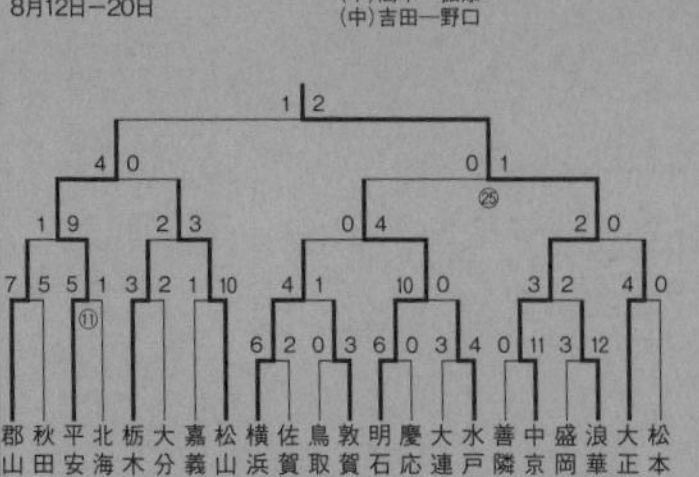

監督 恒川通順
部長 今村直三郎

中京商
吉田正男
野口明
田中隆弘
神谷春雄
福谷正雄
杉浦清
岡田篤治
鬼頭数雄
大野木浜市
前田利春
加藤信夫
榊原明一
花木昇
伊藤庄七

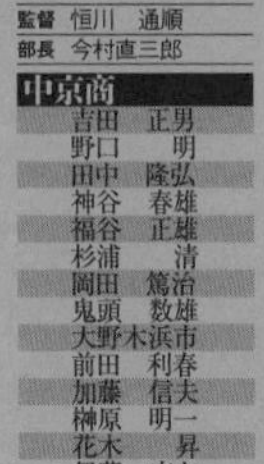

第20回大会

1934年（昭9）
8月13日–20日

▽決勝

熊本工	000	000	000	0
呉港中	000	020	00X	2

（熊）戸上–吉原
（呉）藤村–原

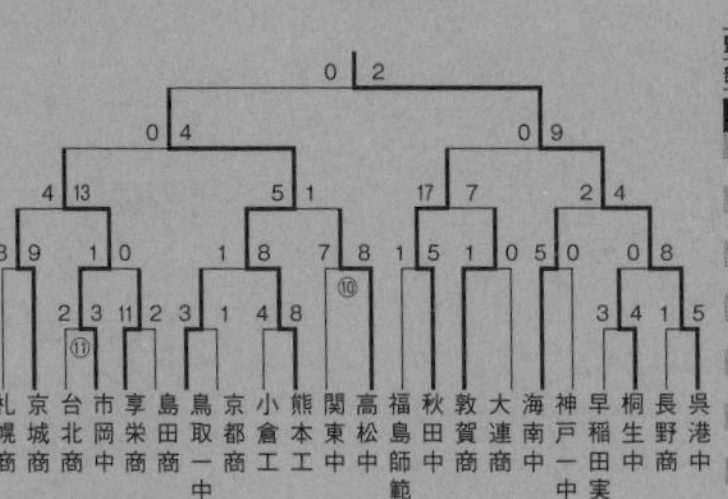

監督 久野省三
部長

呉港中
藤村富美男
原一郎
吉田泰章
吉川忠正
三浦五郎
柚木俊治
保手浜明
塚本博睦
田川豊
藤原峯登
楽前顕
細工幸一郎
福田利記
広田巧

第21回大会

1935年（昭10）
8月13日–21日

▽決勝

松山商	100	500	000	6
育英商	100	000	000	1

（松）中山–筒井良
（育）佐藤–西谷

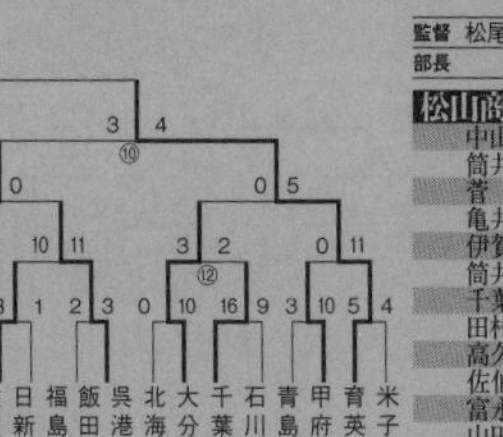

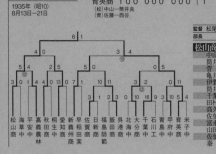

監督 松尾一郎
部長

松山商
中山正嘉
筒井良武
菅利雄
亀井巌
伊賀上良平
筒井修
千葉茂
田村岩雄
高久保豊三
佐伯季隆
富永修二
山田潔
佐伯峰雄
秦彦吉

第22回大会

1936年（昭11）
8月13日–20日

▽決勝

岐阜商	003	006	000	9
平安中	010	000	000	1

（岐）松井–加藤三
（平）北川、広瀬、北川、広瀬–辻井

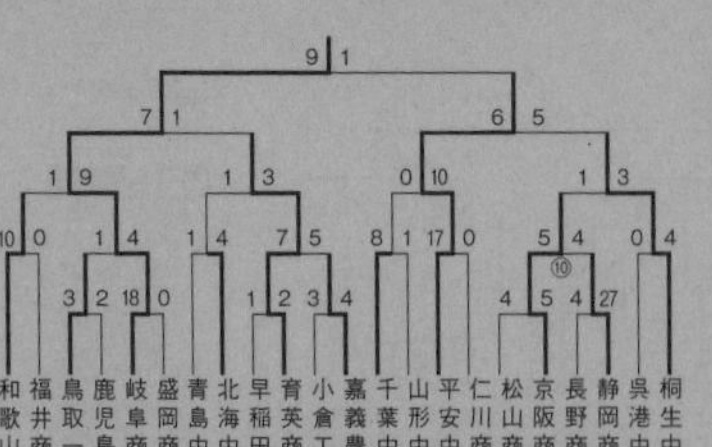

監督 藤田公男
部長

岐阜商
野村清
加藤三郎
森田定雄
長良治雄
加藤義男
近藤清
後藤行雄
松井栄造
田中義晴
森武雄
中野鍵一
安藤悦郎
大島信雄
坪井晙

第15回大会

1929年（昭4）
8月13日–20日

▽決勝

広島商	000	000	300	3
海草中	000	000	000	0

（広）生田–和田
（海）神前–山脇

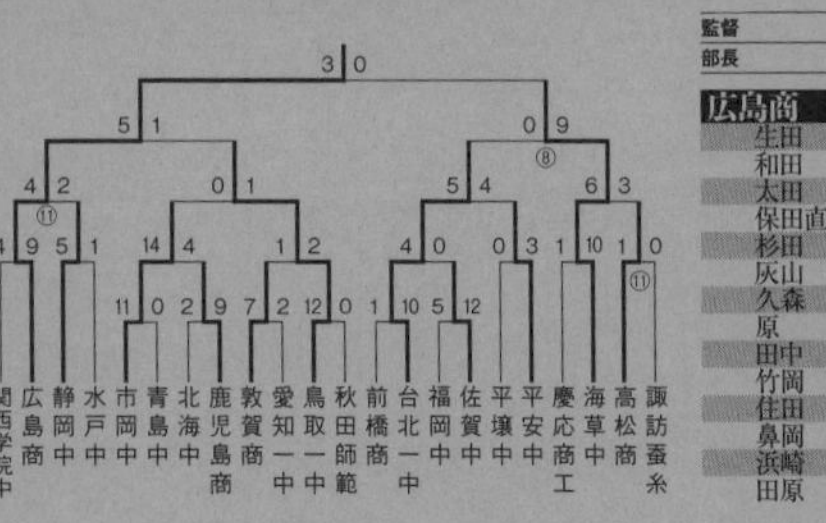

監督
部長

広島商
生田規之
和田準
太田稔
保田直次郎
杉田栄
灰山元治
久森忠男
原勝
田中工
竹岡義綱
住田隆
鼻岡正一
浜崎忠治
田原主一

第16回大会

1930年（昭5）
8月13日–20日

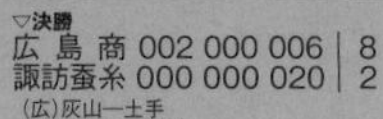

▽決勝

広島商	002	000	006	8
諏訪蚕糸	000	000	020	2

（広）灰山–土手
（諏）中村三–伊藤

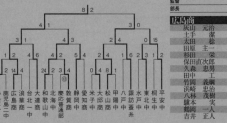

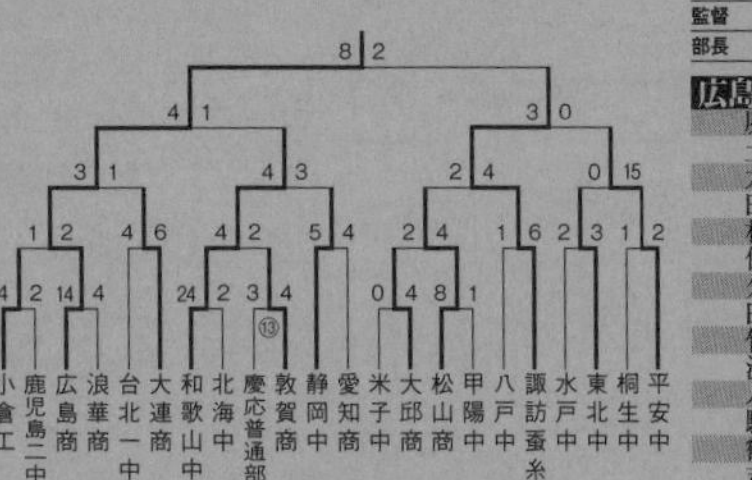

監督
部長

広島商
灰山元治
土手潔
太田稔
田原主一
杉田栄
保田直次郎
久森忠男
田中工
竹岡義綱
浜崎忠治
八林茂樹
駿本実
鶴岡一人
吉井正人

第17回大会

1931年（昭6）
8月13日–21日

▽決勝

嘉義農林	000	000	000	0
中京商	002	200	00X	4

（嘉）呉–東
（中）吉田–桜井

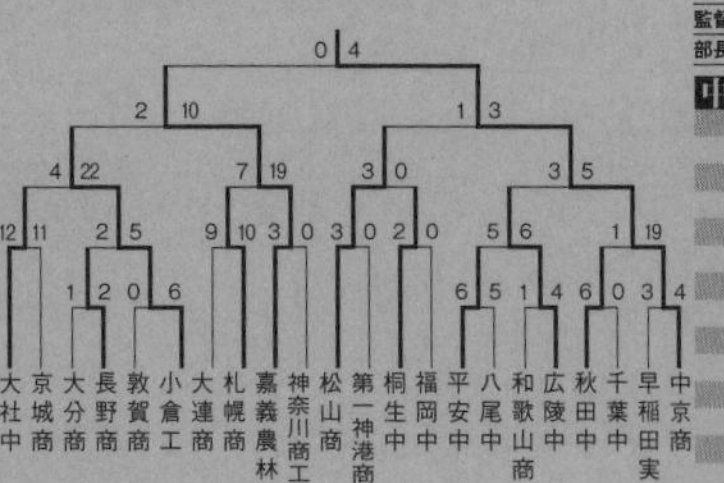

監督 山岡嘉次
部長 今村直三郎

中京商
吉田正男
桜井寅二
後藤龍一
恒川通順
吉岡正雄
杉浦清
大鹿繁雄
村上重夫
鈴木鋥四
鈴木正明
鬼頭数雄
前田利春
田中隆弘
福谷正雄

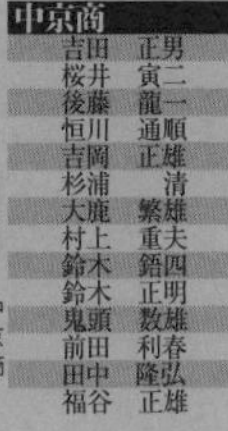

第18回大会

1932年（昭7）
8月13日–20日

▽決勝

松山商	000	000	003	00	3
中京商	110	001	000	01	4

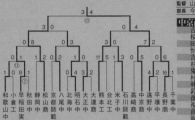

（松）三森、影浦、三森–藤堂　（延長11回）
（中）吉田–桜

監督 山岡嘉次
部長 今村直三郎

中京商
吉田正男
桜井寅二
田中隆弘
恒川通順
吉岡正雄
杉浦清
鬼頭数雄
村上重夫
林董
鈴木正明
後藤龍一
福谷正雄
前田利春
岡田篤治

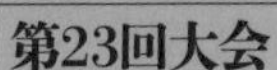

第23回大会

1937年（昭12）
8月13日－20日

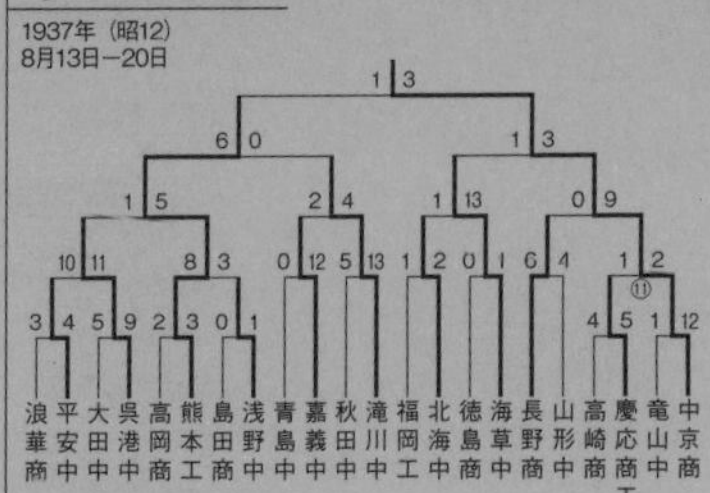

▽決勝

熊本工	000	000	001	1
中京商	020	001	00X	3

（熊）川上―吉原
（中）野口兄―松井

監督 木村 頌一
部長 中尾 健一

中京商

野口 二郎
松井 勲
石井 豊
牧野 祐平
吉田 政雄
宗宮房之助
横地 銀六
富田 和三
原田 徳光
水田 直之
野口 昇
天野 寛介
滝 正男
杉江 文二

第24回大会

1938年（昭13）
8月13日－21日

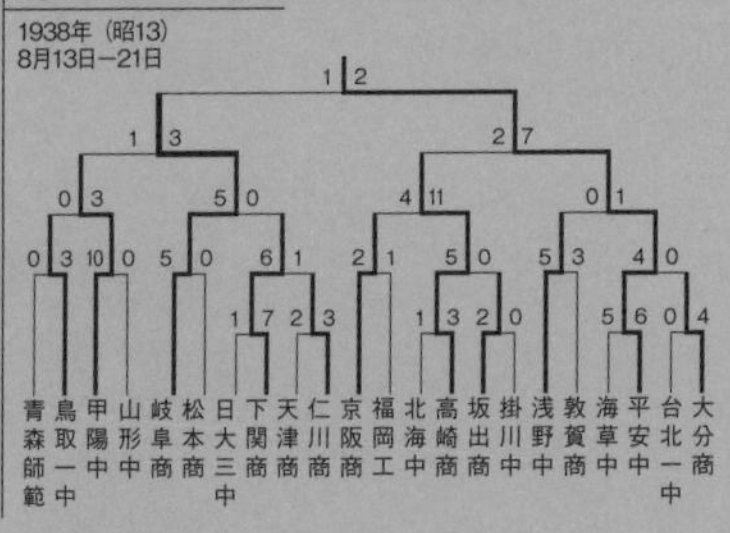

▽決勝

岐阜商	000	000	001	1
平安中	000	000	002	2

（岐）大島―加藤三
（平）天川―上村

監督 吉富金太郎
部長

平安中

広瀬 清文
上村 正夫
保井 浩一
古家 武夫
雁瀬 治貞
木村 進一
須山 誠一
木村 実
天川清三郎
上市 繁雄
角 道治
篠原 貞一
竹村 正泰
光田 四郎

第25回大会

1939年（昭14）
8月13日－20日

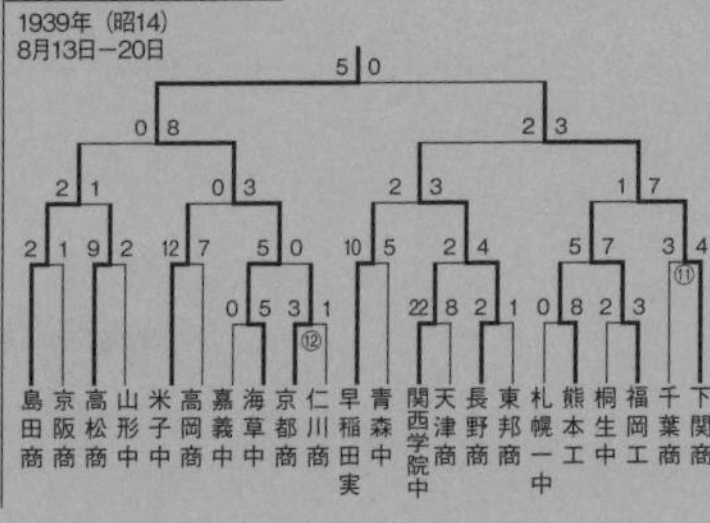

▽決勝

海草中	002	000	201	5
下関商	000	000	000	0

（海）嶋―志水
（下）友浦―大橋

監督 山田 嘉一
部長

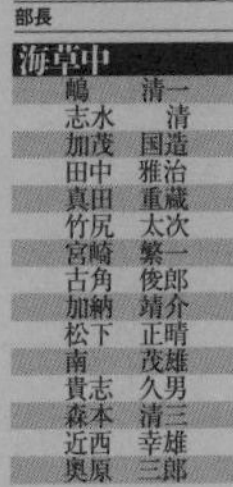

海草中

嶋 清一
志水 清
加茂 国造
田中 雅治
真田 重蔵
竹尻 太次
宮崎 繁一
古角 俊郎
加納 靖介
松下 正晴
南 茂雄
貴志 久男
森本 清三
近西 幸雄
奥原 三郎

第26回大会

1940年（昭15）
8月12日－19日

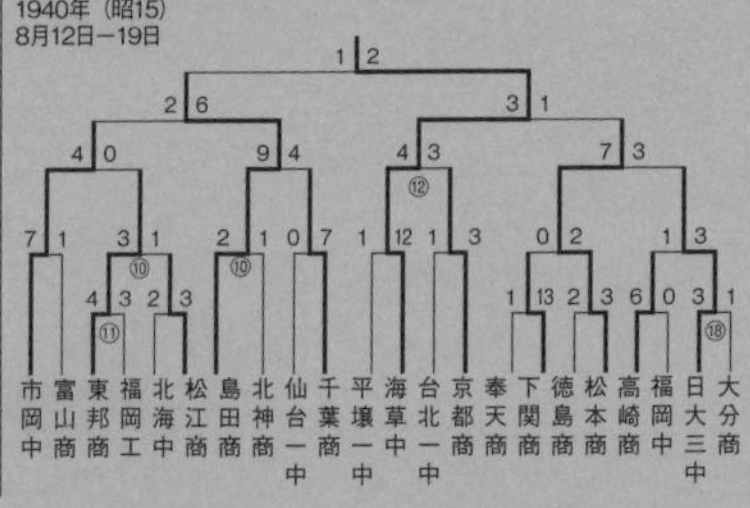

▽決勝

島田商	000	100	000	1
海草中	001	000	10X	2

（島）一言―松下
（海）真田―志水

監督 長谷川信義
部長 出口 義男

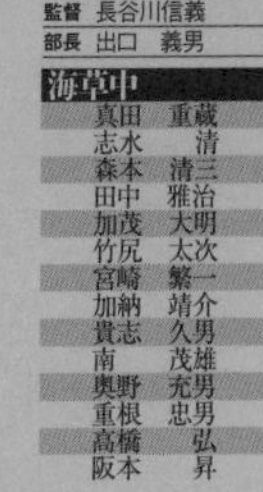

海草中

真田 重蔵
志水 清
森本 清三
田中 雅治
加茂 大明
竹尻 太次
宮崎 繁一
加納 靖介
貴志 久男
南 茂雄
奥野 充男
重根 忠男
高橋 弘
阪本 昇

第27回大会

1941年（昭16）

戦局深刻化により、文部省次官通達で地方大会半ばで中止。

以降、昭和21年（第28回大会）まで開催休止。

第28回大会

1946年（昭21）
8月15日－21日

▽決勝

京都二中	000	000	000	0
浪華中	000	001	01X	2

（京）田丸－金森
（浪）平古場－広瀬

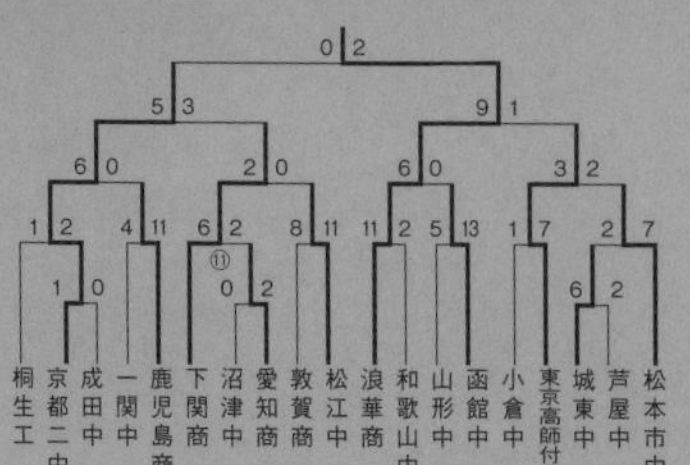

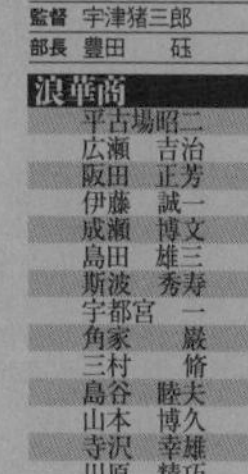

監督 宇津猪三郎
部長 豊田 荘

浪華商
平古場昭二
広瀬 吉治
阪田 正芳
伊藤 誠一
成瀬 博文
島田 雄三
斯波 秀寿
宇都宮 一
角家 嚴
三村 脩
島谷 睦夫
山本 博久
寺沢 幸雄
川原 精巧

第29回大会

1947年（昭22）
8月13日－19日

▽決勝

小倉中	000	014	100	6
岐阜商	030	000	000	3

（小）福嶋－原
（岐）樽井－木下

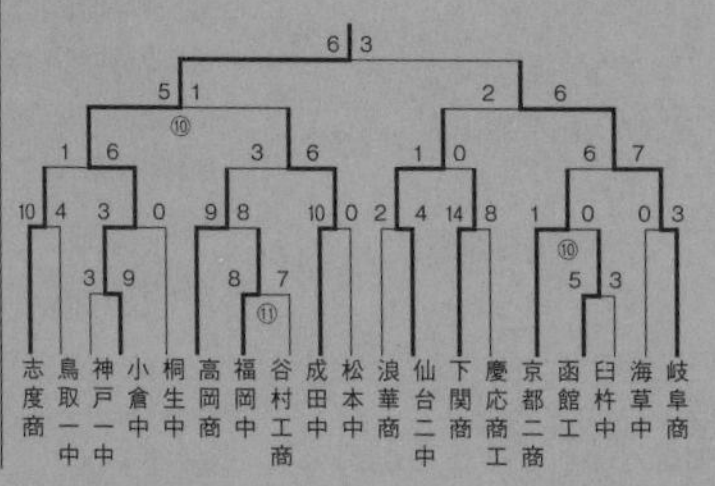

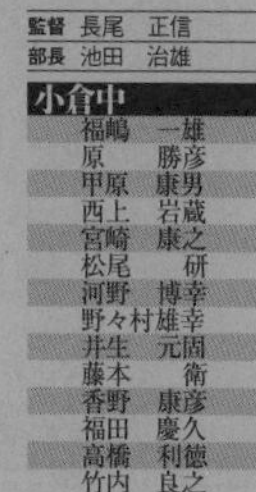

監督 長尾 正信
部長 池田 治雄

小倉中
福嶋 一雄
原 勝彦
甲原 康男
西上 岩蔵
宮崎 康之
松尾 研
河野 博幸
野々村雄幸
井生 元固
藤本 衛
香野 康彦
福田 慶久
高橋 利徳
竹内 良之

第30回大会

1948年（昭和23）
8月13日－20日

▽決勝

桐蔭	000	000	000	0
小倉	000	001	000	1

（桐）西村－広谷
（小）福島－原

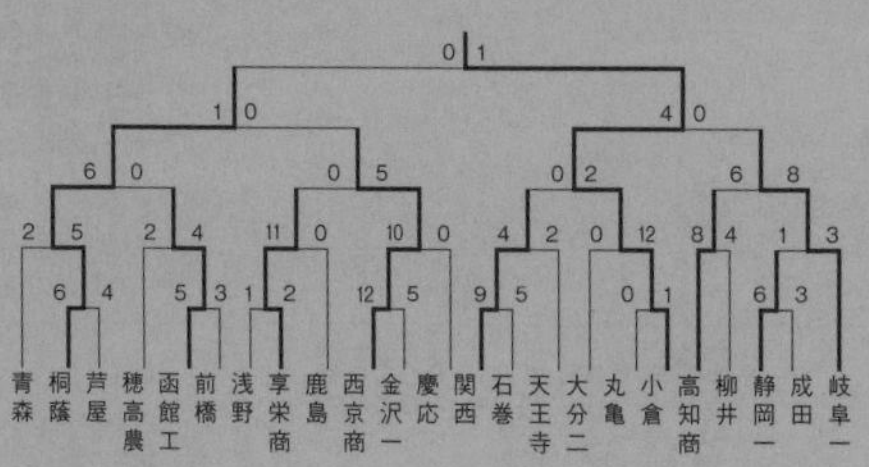

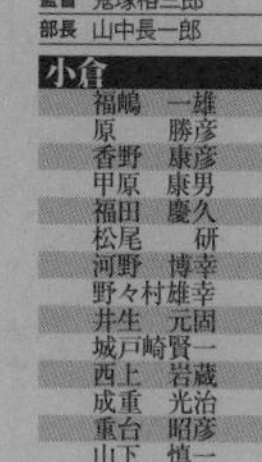

監督 鬼塚格三郎
部長 山中長一郎

小倉
福嶋 一雄
原 勝彦
香野 康彦
甲原 康男
福田 慶久
松尾 研
河野 博幸
野々村雄幸
井生 元固
城戸崎賢一
西上 岩蔵
成重 光治
重台 昭彦
山下 慎一

第31回大会

1949年（昭24）
8月13日－20日

▽決勝

湘南	000	102	020	5
岐阜	021	000	000	3

（湘）田中－平井
（岐）花井、田中－部田

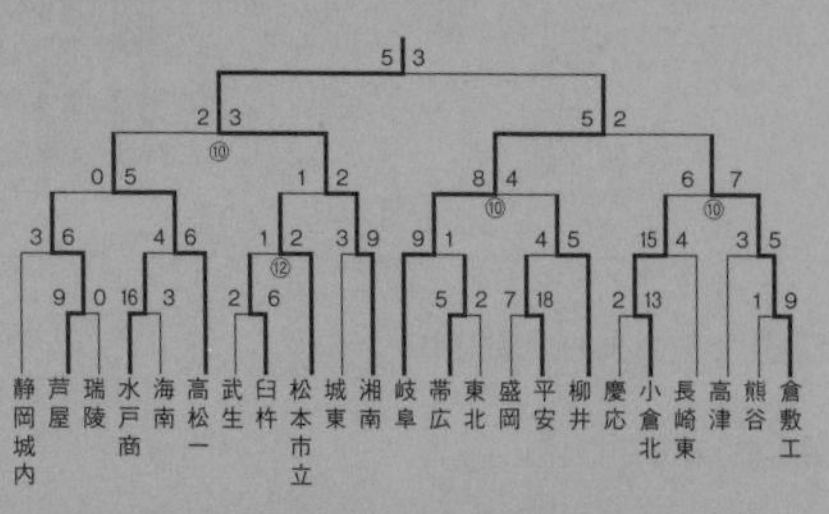

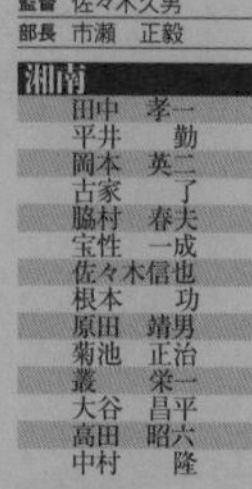

監督 佐々木久男
部長 市瀬 正毅

湘南
田中 孝一
平井 勤
岡本 英二
古家 了
脇村 春夫
宝性 一成
佐々木信也
根本 功
原田 靖男
菊池 正治
叢 栄一
大谷 昌平
高田 昭六
中村 隆

第32回大会

1950年（昭25）
8月13日－21日

▽決勝

鳴　門	100 201 040	8
松山東	400 000 71X	12

（鳴）栗橋、大久保ー田淵良
（松）池田ー宇野
㊍山本（松）

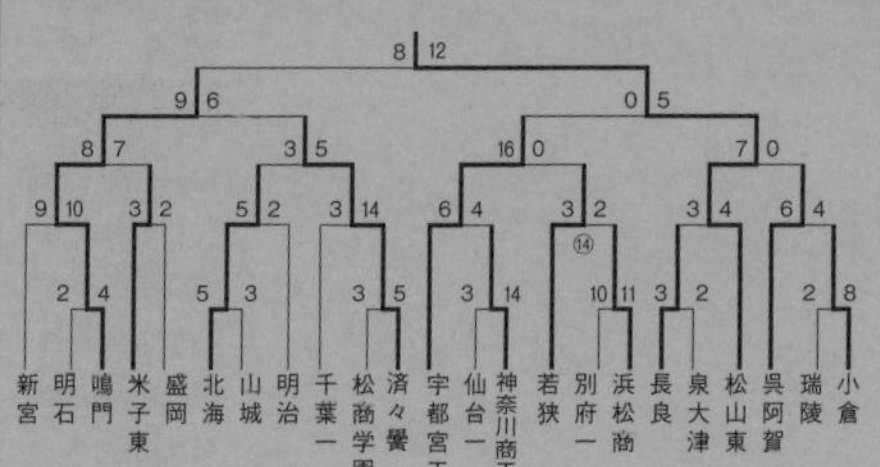

監督　中村　国雄
部長　中村　国雄

松山東

池田　勉
宇野　秀幸
岡本　厚
山本　忠彦
大川　彰
土居　国彦
森　平和
柏木　達夫
水口　峰吉
大政　善造
石川　義仁
篠崎　治郎
重川　龍
名本　順一

第33回大会

1951年（昭26）
8月12日－19日

▽決勝

熊　谷	012　000　010	4
平　安	330　010　00X	7

（熊）服部ー新井
（平）清水宏ー上市

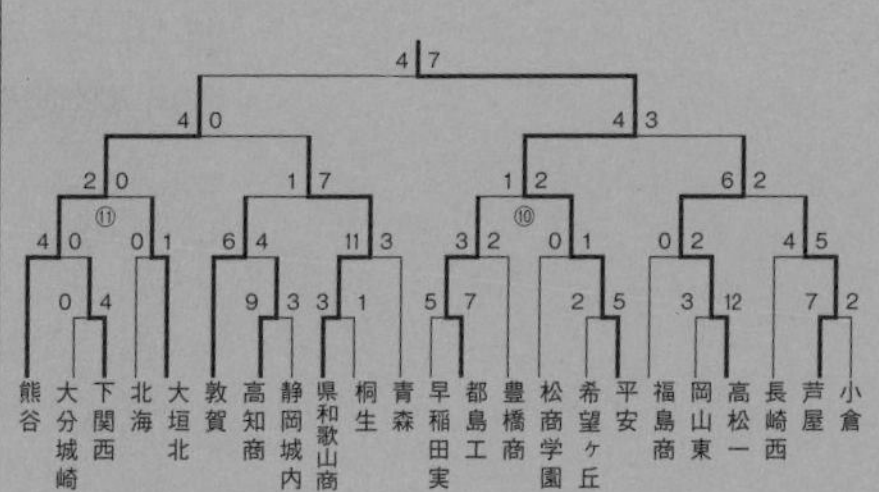

監督　木村　進一
部長　空本　福松

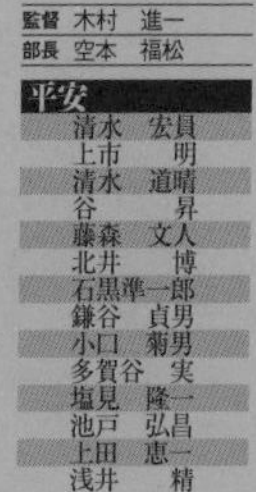

平安

清水　宏員
上市　明
清水　道晴
谷　昇
藤森　文人
北井　博
石黒準一郎
鎌谷　貞男
小口　菊男
多賀谷　実
塩見　隆一
池戸　弘昌
上田　恵一
浅井　精

第34回大会

1952年（昭27）
8月13日－20日

▽決勝

芦　屋	100　000　300	4
八　尾	100　000　000	1

（芦）植村ー石本
（八）木村ー植田

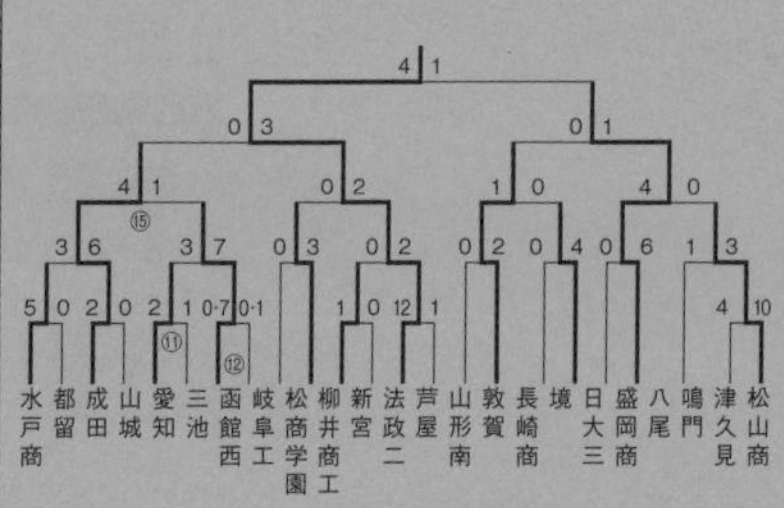

監督　橋本　修三
部長　丸茂　喬

芦屋

植村　義信
石本健次郎
増田　芳之
本屋敷錦吾
西川　榮一
堀口　武彦
加本　偉
土河　次郎
町田　至
樫田　雅亮
黒崎　勝則
古田　昭夫
柴田　中城
吉田栄之助

第35回大会

1953年（昭28）
8月13日－20日

▽決勝

松山商	000　000　011　000　1	3
土　佐	200　000　000　000　0	2

（松）空谷ー吉岡
（土）山本ー永野
（延長13回）

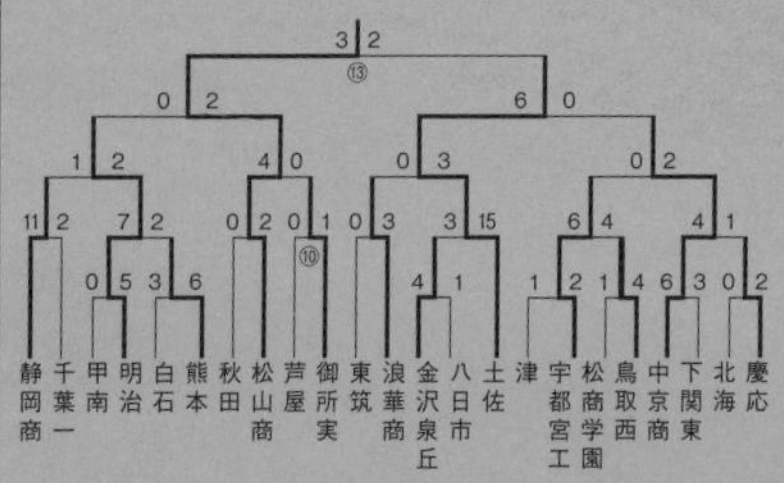

監督　亀井　巌
部長　中村　国雄

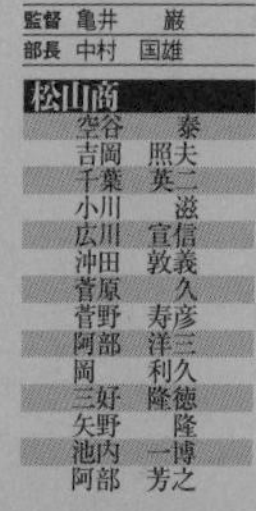

松山商

空谷　泰
吉岡　照夫
千葉　英二
小川　滋
広川　宣信
沖田　敦義
菅原　久
菅野　寿彦
阿部　洋三
岡　利久
三好　隆徳
矢野　隆
池内　一博
阿部　芳之

第36回大会

1954年（昭29）
8月13日−22日

▽決勝

中京商	000	000	210	3
静岡商	000	000	000	0

（中）中山兄一加藤克
（静）松浦、横山一滝

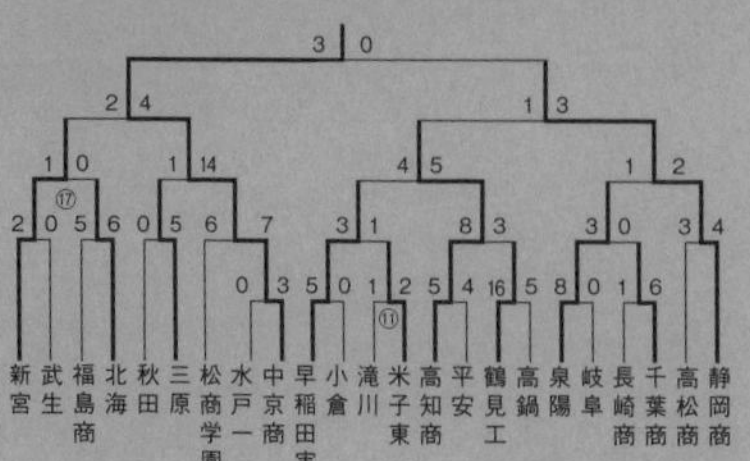

監督 深谷　弘次
部長 滝　正男

中京商
中山　俊丈
加藤　克己
川島　広之
中山　光邦
清水長一郎
渡辺　秀夫
岩本　春行
日置　良一
榊原　靖
鈴木　孝
加藤　謙司
近藤　三芳
長坂　育也
鈴木　孝雄

第37回大会

1955年（昭30）
8月10日−17日

▽決勝

四日市	101	000	020	4
坂出商	000	001	000	1

（四）高橋一成瀬
（坂）岡崎一中川

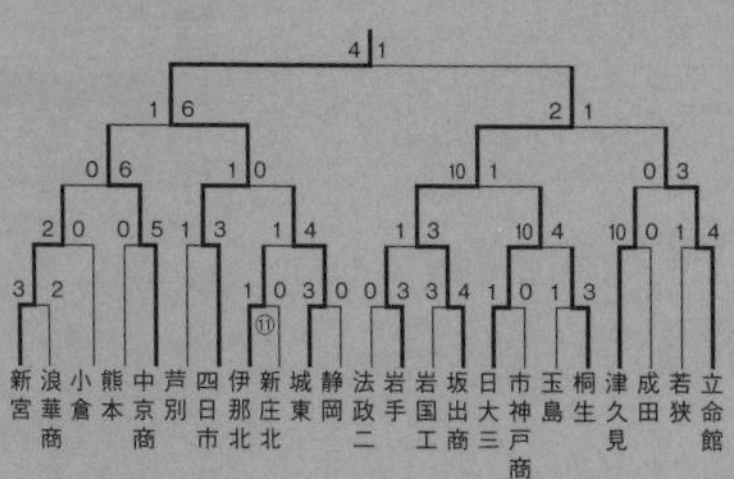

監督 水谷　貞雄
部長 池内　定雄

四日市
高橋　正勝
成瀬　勝巳
石川　勇夫
池内　征一
荒木　英二
伊藤　政継
寺本二三男
駒田　三郎
佐藤　勝彦
筒井　輝男
伊藤　大安
伊藤　修身
蔵本　孝清
中原　洋

第38回大会

1956年（昭31）
8月12日−20日

▽決勝

岐阜商	000	020	000	2
平　安	200	001	00X	3

（岐）清沢、田中一丹羽
（平）岩井一植木

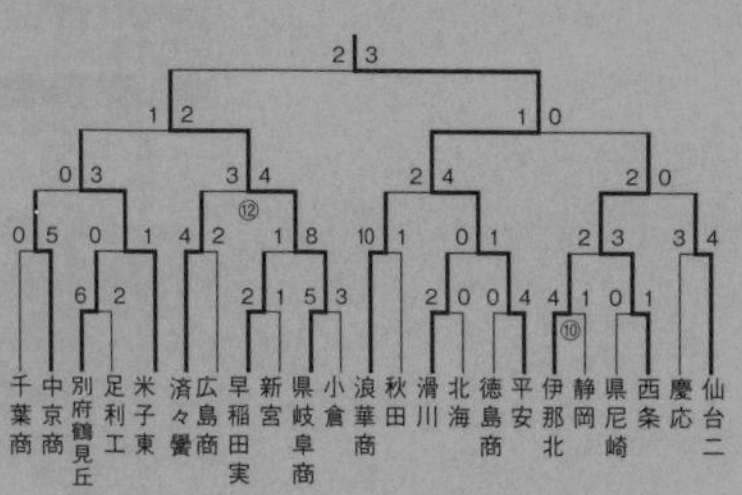

監督 富樫　淳
部長 風間　光雄

平安
岩井　喜治
植木　重勝
北村　雅弘
藤川　勝三
池上　光一
荒川　毅
奥田　英夫
川口　幸彦
吉川　湧作
倉高　新治
赤田　清洋
市川　孟
中井　一
細川　勝利

第39回大会

1957年（昭32）
8月12日−20日

▽決勝

法政二	000	000	001	1
広島商	003	000	00X	3

（法）延藤、青木一中村
（広）曽根一南波

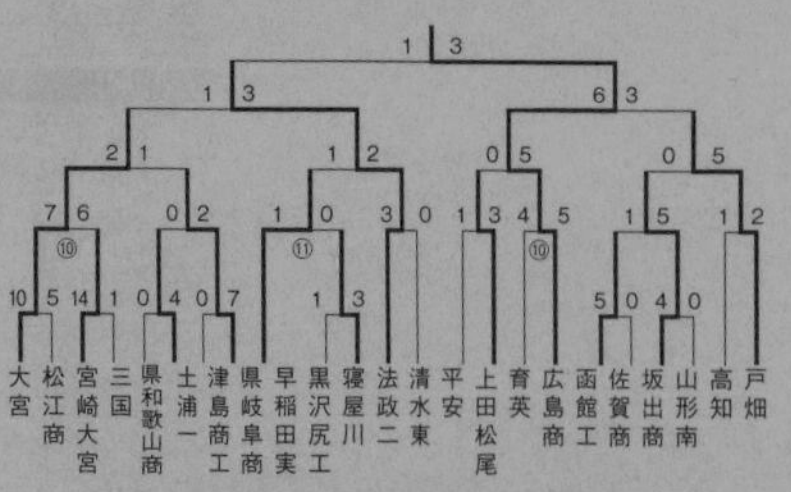

監督 円光寺芳光
部長 松山　英雄

広島商
曽根　弘信
南波　正三
平川　正信
佐々木明三
伊佐　貞彦
河野聖四郎
迫田　穆成
益井　勝彦
島田　卓爾
久保　英治
今田　順彦
沓内　舜治
山中　英明
花田　佳雄

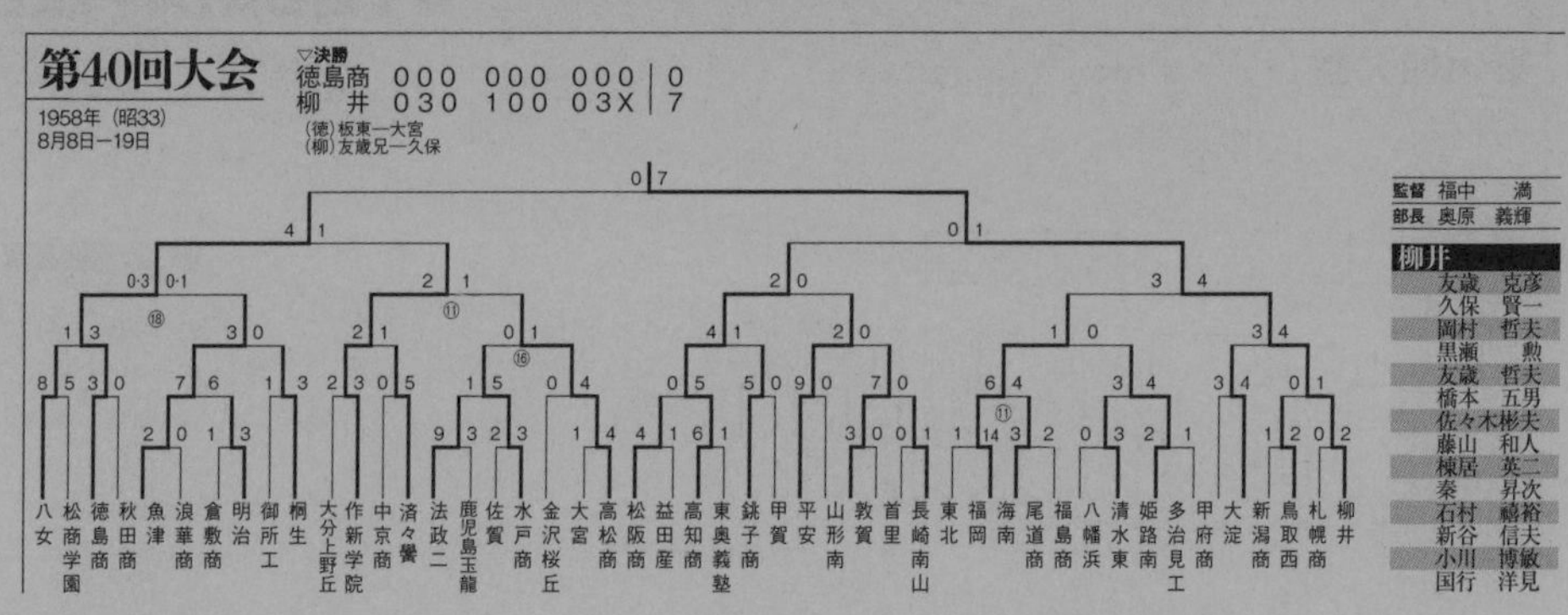

第40回大会

1958年（昭33）
8月8日－19日

▽決勝

徳島商	000	000	000	0
柳　井	030	100	03X	7

（徳）板東－大宮
（柳）友歳兄－久保

監督	福中　満
部長	奥原　義輝

柳井

友歳　克彦
久保　賢一
岡村　哲夫
黒瀬　勲
友歳　哲夫
橋本　五男
佐々木彬夫
藤山　和人
棟居　英二
秦　昇次
石村　積裕
新谷　信夫
小川　博敏
国行　洋見

第41回大会

1959年（昭34）
8月8日－18日

▽決勝

西　条	010	100	000	000	006	8
宇都宮工	000	200	000	000	000	2

（西）金子－藤岡
（宇）大井－猪瀬
（延長15回）

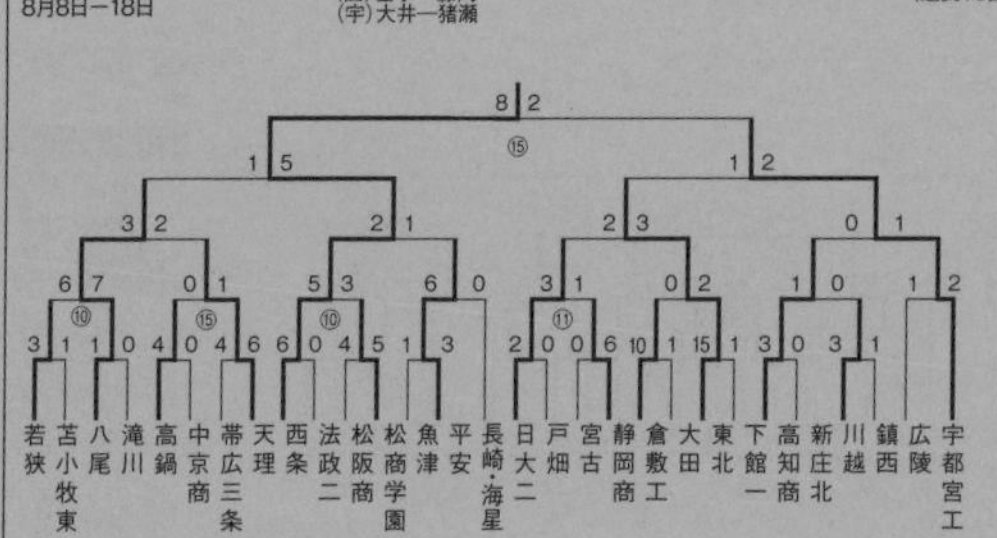

監督	矢野　祐弘
部長	久葉　清行

西条

金子　哲夫
藤岡　修三
村上唯三郎
清家　文人
増田　雅男
森本　潔
岡部　栄一
松浦　毅
浅田紀美裕
岩本　美昭
長井　征一
長井　栄二
佐藤　育成
西森　武志

第42回大会

1960年（昭35）
8月12日－21日

▽決勝

法政二	000	012	000	3
静　岡	000	000	000	0

（法）柴田－奈良
（静）石田－渡辺

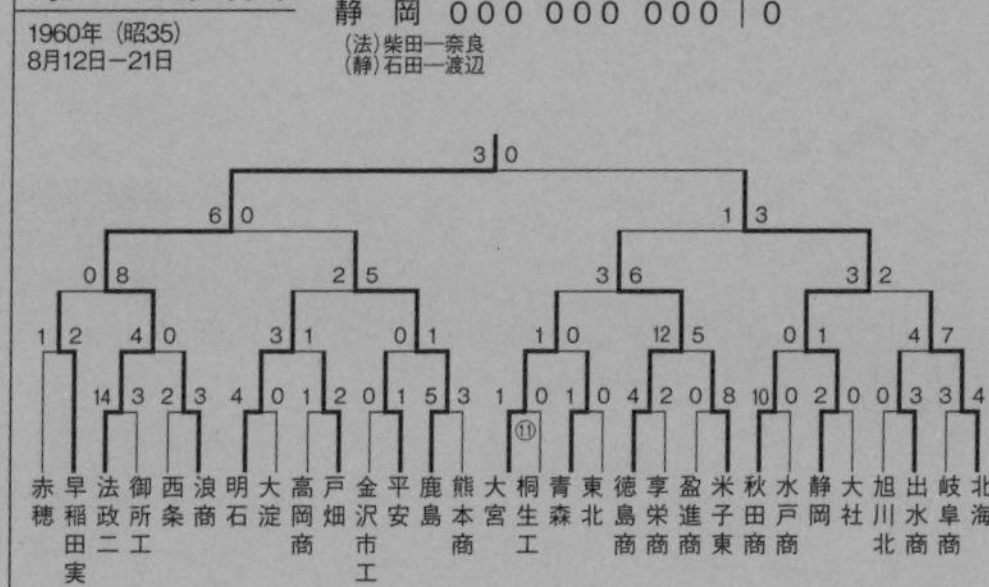

監督	田丸　仁
部長	甲賀富士雄

法政二

加地　孝博
奈良　正治
西山　量夫
高井　準一
是久　幸彦
幕田　正力
的場　祐剛
幡野　和男
山田　恒彦
柴田　勲
塩野　光夫
寺門　朗
根岸　敦美
田中　邦彦

第43回大会

1961年（昭36）
8月11日－20日

▽決勝

浪　商	000	010	000	1
桐　蔭	000	000	000	0

（浪）尾崎－大塚
（桐）森川－田村

浪商　浜松商　法政一　銚子商　中京商　鹿児島実　高知商　高田　法政二　宇都宮学園　大社　札幌商　松山商　甲府一　倉敷工　報徳学園　県岐阜商　山城　東北　伊那北　新発田農　戸畑　武生　崇徳　釧路江南　福岡　高鍋　秋田商　桐蔭　長崎・海星

監督	竹内　啓
部長	森本甲子雄

浪商

尾崎　行雄
大塚弥寿男
前田　周治
住友　平
大熊　忠義
金井　義彦
脇田　政治
數田　明
岸本　満
藤崎　正雄
渡辺　繁明
東海　清次
吉田敬一郎
高田　繁

第44回大会

1962年（昭37）
8月10日－19日

▽決勝

久留米商	000 000 000	0
作新学院	000 000 10X	1

（久）伊藤－森田
（作）加藤－田中

久留米商、静岡市立、高岡商、甲府工、倉敷工、山形商、青森一、北海、鴻城、大分商、平安、西条、金沢、PL学園、徳島商、日大三、県岐阜商、帯広三条、作新学院、気仙沼、長野、慶応、天理、鹿児島商、広陵、沖縄、滝川、佐賀商、習志野、中京商

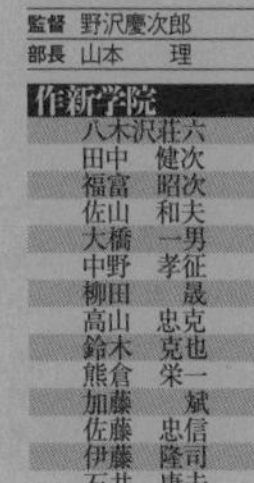
監督 野沢慶次郎
部長 山本 理

作新学院
八木沢荘六
田中 健次
福富 昭次
佐山 和夫
大橋 一男
中野 孝征
柳田 晟
高山 忠克
鈴木 克也
熊倉 栄一
加藤 斌
佐藤 忠信
伊藤 隆司
石井 康夫

第45回大会

1963年（昭38）
8月9日－20日

▽決勝

明 星	200 000 000	2
下関商	000 001 000	1

（明）堀川、角田－和田
（下）池永－秋田

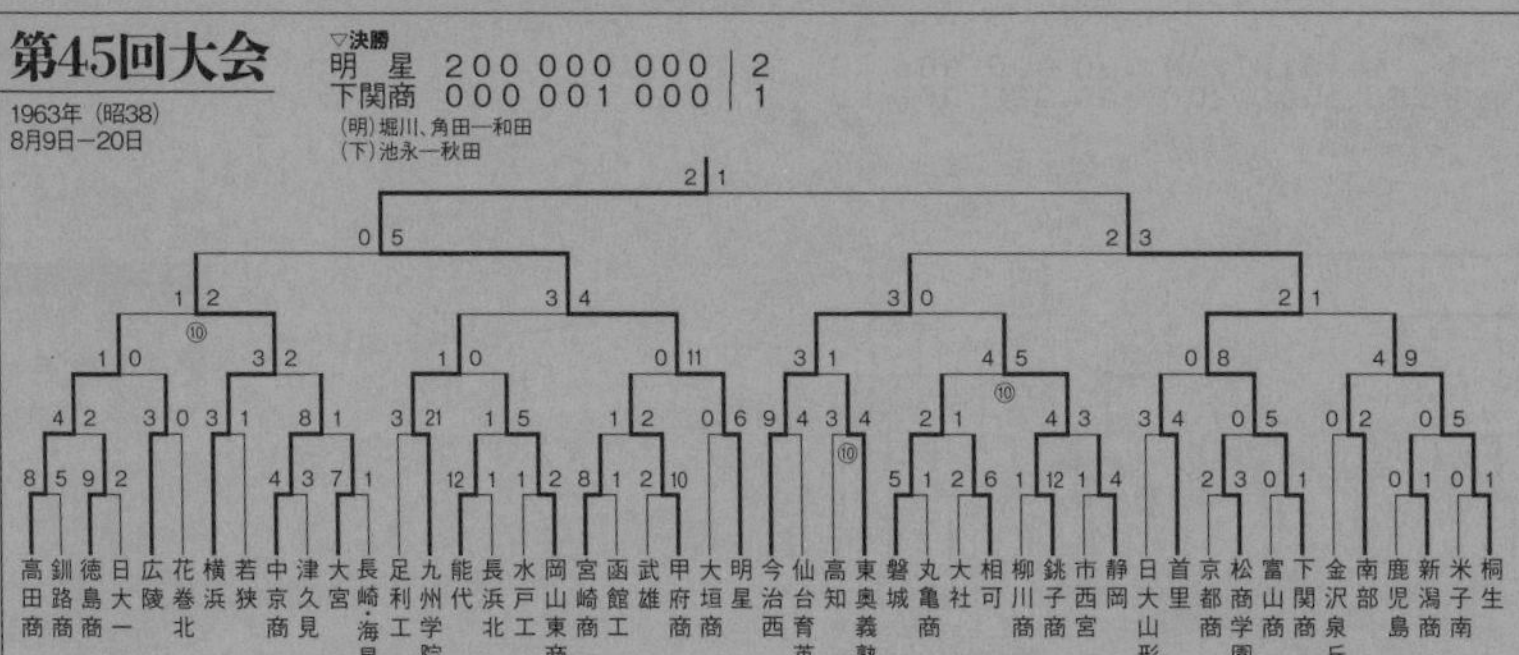

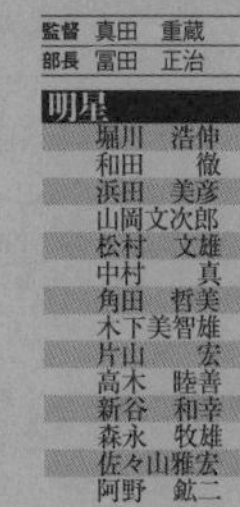
監督 真田 重蔵
部長 富田 正治

明星
堀川 浩伸
和田 徹
浜田 美彦
山岡文次郎
松村 文雄
中村 真
角田 哲美
木下美智雄
片山 宏
高木 睦善
新谷 和幸
森永 牧雄
佐々山雅宏
阿野 鉱二

第46回大会

1964年（昭39）
8月9日－18日

▽決勝

高 知	200 000 000	2
早 鞆	000 000 000	0

（高）光内－武村
（早）亀井－中村

滝川、仙台育英、宮崎商、旭川南、明星、大府、熊谷商工、今治南、武相、平安、八代東、掛川西、秋田工、高知、鹿児島玉龍、花巻商、県岐阜商、米子南、松商学園、千葉商、小倉工、広陵、富山商、北海、海南、修徳、作新学院、小松実、長崎・海星、早鞆

監督 溝淵 峯男
部長 岩本 喜照

高知
有藤 通世
武村 耕三
三野 幸宏
高田 直彦
松村 楠夫
岡本 道雄
浜田 憲一
坂本 幹
門田 進
大西 明夫
光内 数喜
八木誠二郎
森山 幸一
田中 進

第47回大会

1965年（昭40）
8月13日－22日

▽決勝

銚子商	000 000 000	0
三池工	000 000 20X	2

（銚）木樽－加瀬
（三）上田－穴見

高鍋、保原、武相、鹿児島玉龍、氷見、東邦、丸子実、天理、佐賀商、北海、京都商、銚子商、八戸、帯広三条、大鉄、秋田、岡山東商、日大二、徳島商、武生、津久見、三重海星、熊谷商工、小野田工、報徳学園、広陵、東海大一、鹿沼農商、高松商、三池工

監督 原 貢
部長 永野 美芳

銚子商
白谷 栄治
穴見 寛
林田 俊雄
瀬口 健
木村 憲幸
池田 和浩
瀬川 辰雄
苑田 邦夫
下川 一人
平田 康弘
上田 卓三
林 裕一
黒田 薫
工藤 光美

第48回大会

1966年（昭41）
8月12日－24日

▽決勝

中京商	001	010	100	3
松山商	010	000	000	1

（中）加藤－矢沢
（松）西本－沢田

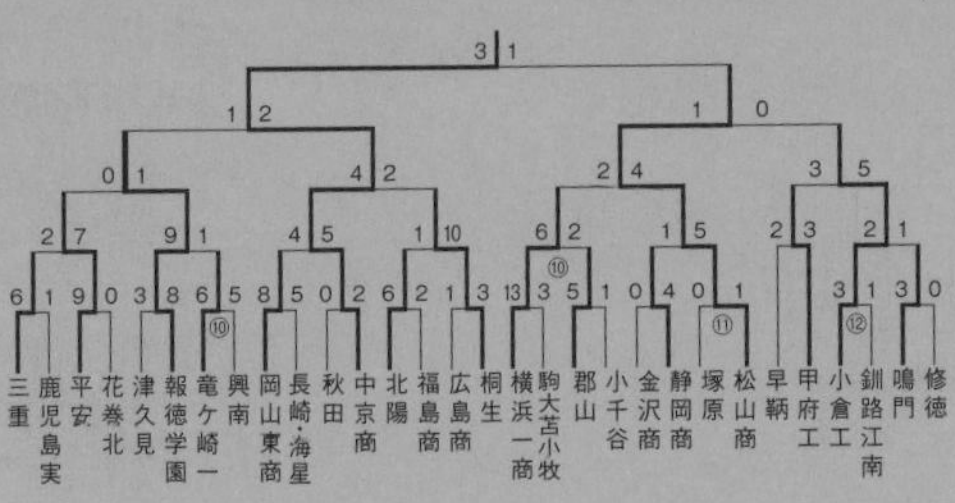

監督　杉浦　藤文
部長　梅村　清弘

中京商
加藤　英夫
矢沢　正
川口　勉
光岡　俊郎
平林　二郎
芝田　政博
片野　正人
西脇　昭次
伊熊　博一
内藤　高夫
鈴木たつ男
望月　博
渡辺　幸三
水谷　則博

第49回大会

1967年（昭42）
8月11日－20日

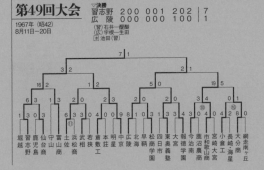

▽決勝

習志野	200	001	202	7
広　陵	000	000	100	1

（習）石井－醍醐
（広）宇根－生田
㊍池田（習）

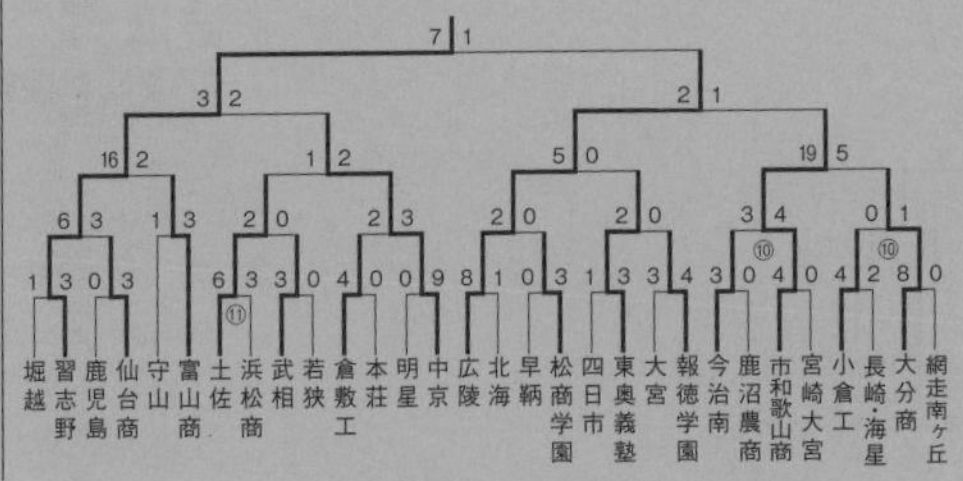

監督　市原　弘道
部長　越川　道弘

習志野
石井　好博
醍醐　恒男
広瀬　信行
山口　生男
藤代　正男
田中　正美
松戸　和夫
池田　和雄
正司　博徳
桜井　茂
山崎善次郎
浅見　修
宍戸　正美
海保　裕一

第50回大会

1968年（昭43）
8月9日－22日

▽決勝

静岡商	000	000	000	0
興　国	000	010	00X	1

（静）新浦－鈴木五
（興）丸山－丸目

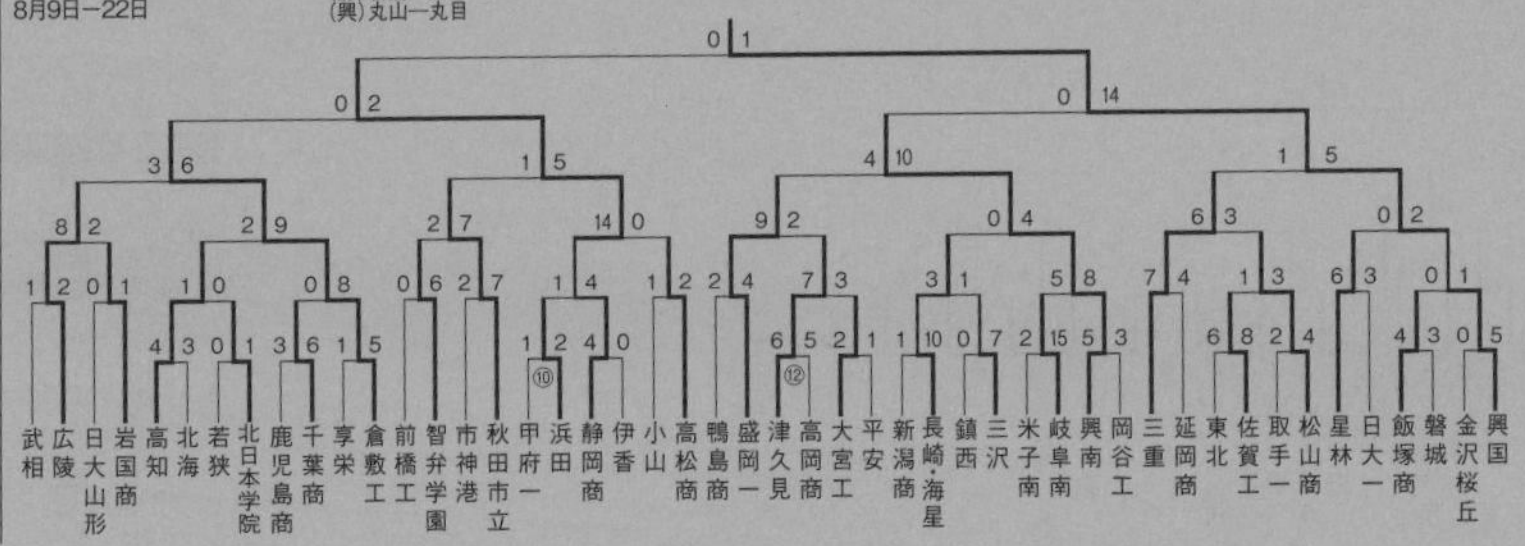

監督　村井　保雄
部長　福田　肇

興国
丸山　朗
丸目　幸次
岡本　一光
樽本　英一
熱田　実雄
孫田　連浩
山田　敏彦
深崎　勉
益川　満育
芦田　忠久
岸田　徹
津田　博行
富田　貞夫
野原　成文

第51回大会

1969年（昭44）
8月9日－19日

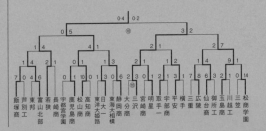

▽決勝

松山商	000 000	000	000	000	000	0
三　沢	000 000	000	000	000	000	0

（松）井上－大森
（三）太田－小比類巻

▽決勝（再試合）

松山商	200	002	000	4
三　沢	100	000	100	2

（松）井上、中村、井上、中村－大森
（三）太田－小比類巻
㊍樋野（松）

飯塚商　芦別工　東邦　富山北部　若狭　長崎商　宇都宮学園　鹿児島商　松山商　高知商　東洋大姫路　日大一　東海大相模　静岡商　大分商　三沢　宮崎商　明星　取手一　宇部商　平安　横手　三重　広陵　仙台商　御所工　玉島商　川越工　三笠　松商学園

監督　一色　俊作
部長　岡石　積

松山商
井上　明
大森　光生
西本　正夫
福永　純一
谷岡　潔
樋野　和寿
久保田俊郎
田中　茂
中村　哲
大野　純史
大野　茂生
竹村　憲治
平岡　孝史
白石　淳久

第52回大会

1970年（昭45）
8月8日－20日

▽決勝

東海大相模	020	132	200	10
ＰＬ学園	010	102	020	6

（東）上原－若林
（Ｐ）新美、田代－野村

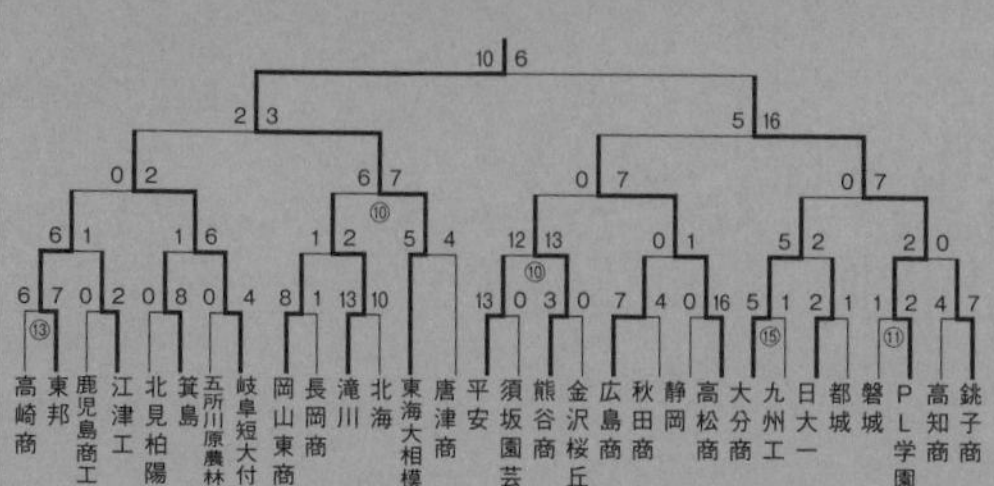

監督 原　貢
部長 柴田　光

東海大相模

上原　広
若林　一正
渡辺　良
田中　秀俊
田中　敬
井尻　陽久
小川　勝三
三好　一幸
近藤　正樹
小林　悦雄
福島　美夫
大八木　治
萩原　克巳
森谷　敏彦

第53回大会

1971年（昭46）
8月7日－16日

▽決勝

磐城	000	000	000	0
桐蔭学園	000	000	10X	1

（磐）田村－野村
（桐）大塚－土家

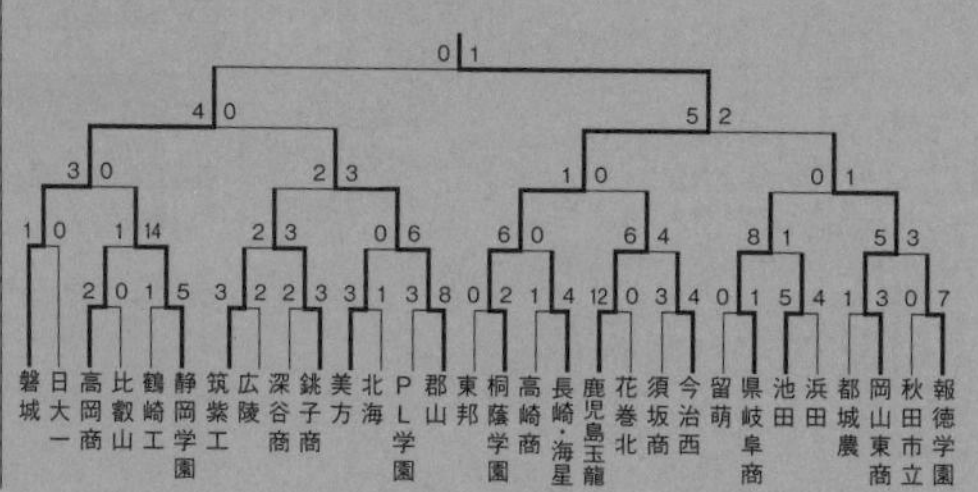

監督 奇本　芳雄
部長 榊原　滋

桐蔭学園

大塚喜代美
土屋恵三郎
峰尾　晃
柏木　秀男
青柳　暁
高橋　健司
三谷　又衛
小島　和彦
室伏　正文
内田　哲雄
加藤　敏朗
柳下　明
大津　省吾
松沢　彰男

第54回大会

1972年（昭47）
8月11日－23日

▽決勝

津久見	012	000	000	3
柳井	000	000	010	1

（津）水江－足立
（柳）杉本－稲田

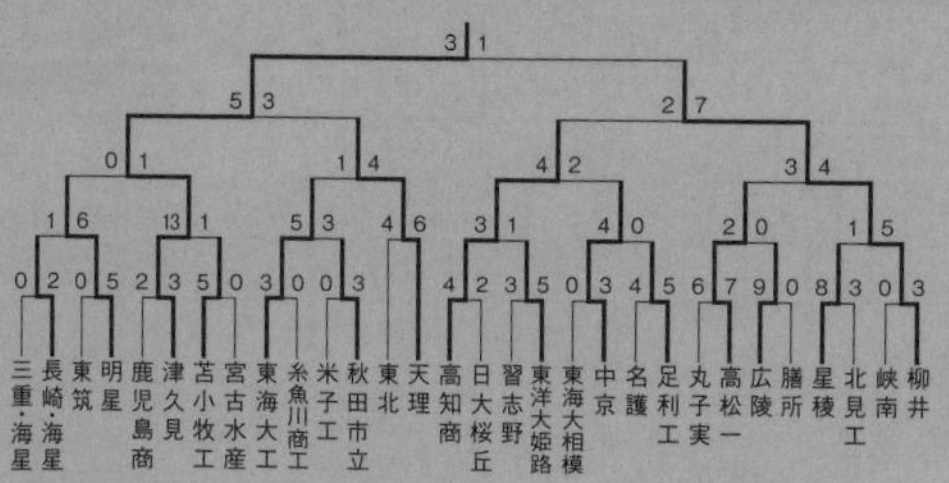

監督 小嶋仁八郎
部長 浜野　秀弥

津久見

S 水江　正臣
足立　俊二
L 中川　信秀
江藤　慶春
山内　浩司
坂東　一彦
村越　英之
吉近　寿一
友　正二
小出　泰二
吉松　萬夫
末宗　篤志
佐藤　賢吾
山本　憲司

第55回大会

1973年（昭48）
8月8日－22日

▽決勝

静岡	000	001	010	2
広島商	200	000	001	3

（静）秋本－水野
（広）佃－達川

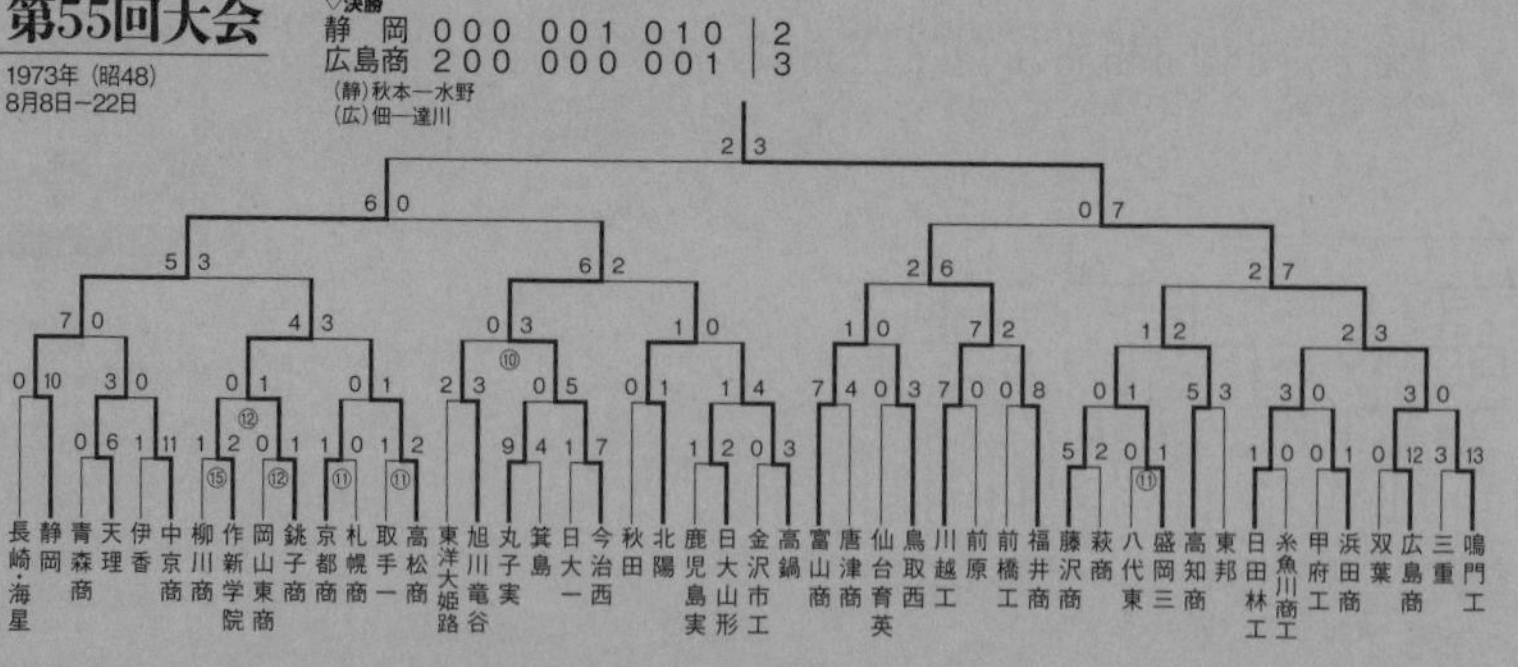

監督 迫田　穆成
部長 畠山　圭司

広島商

佃　正樹
C 達川　光男
町田　昌照
川本　幸生
浜中　清次
金光　興二
大利　裕二
大城　登
楠原　基
津村　信彦
田所　康弘
田代　秀康
田所　由彦
藤本　英幸

第56回大会

1974年（昭49）
8月9日－19日

▽決勝
防府商 000 000 000 | 0
銚子商 000 006 01X | 7

（防）井神、小田、井神－桧垣
（銚）土屋－太田

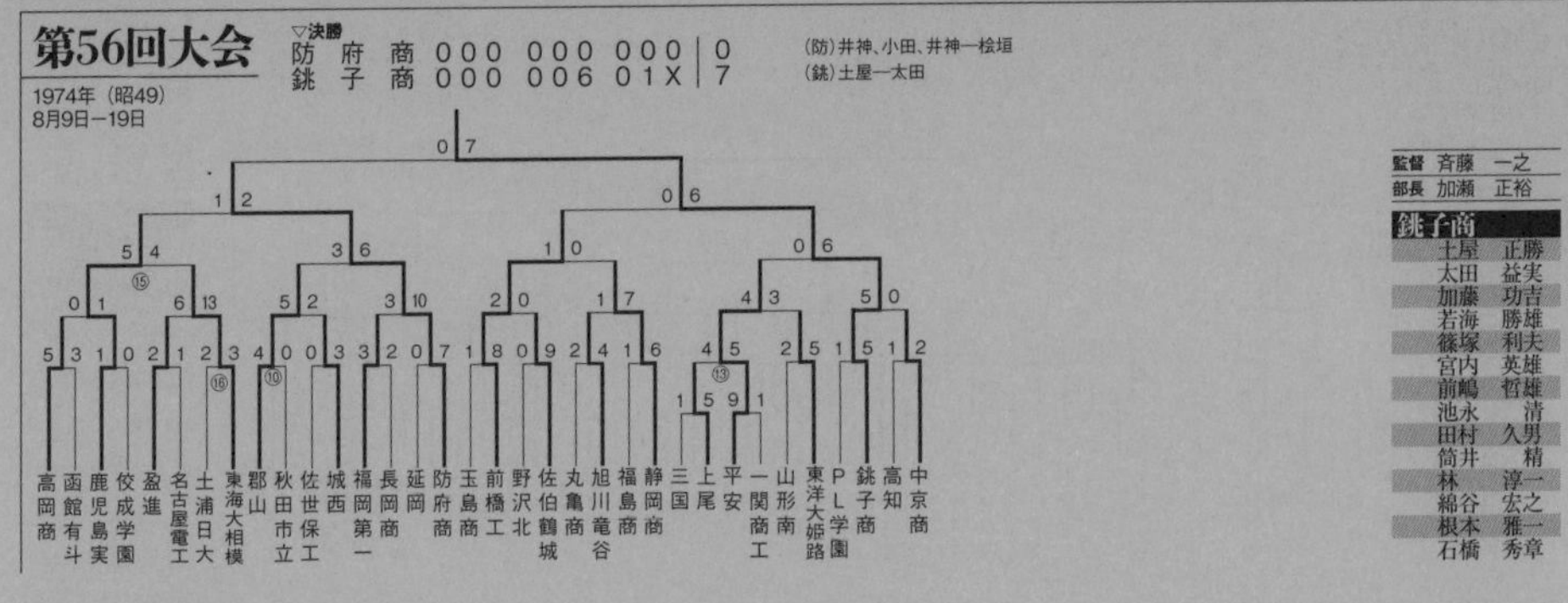

監督 斉藤 一之
部長 加瀬 正裕

銚子商
土屋 正勝
太田 益実
加藤 功吉
若海 勝雄
篠塚 利夫
宮内 英雄
前嶋 哲雄
池永 清
田村 久男
筒井 精
林 淳一
綿谷 宏之
根本 雅一
石橋 秀章

第57回大会

1975年（昭50）
8月8日－24日

▽決勝
新居浜商 010 200 100 | 4
習志野 000 040 001 | 5

（新）村上－続木
（習）小川－神子

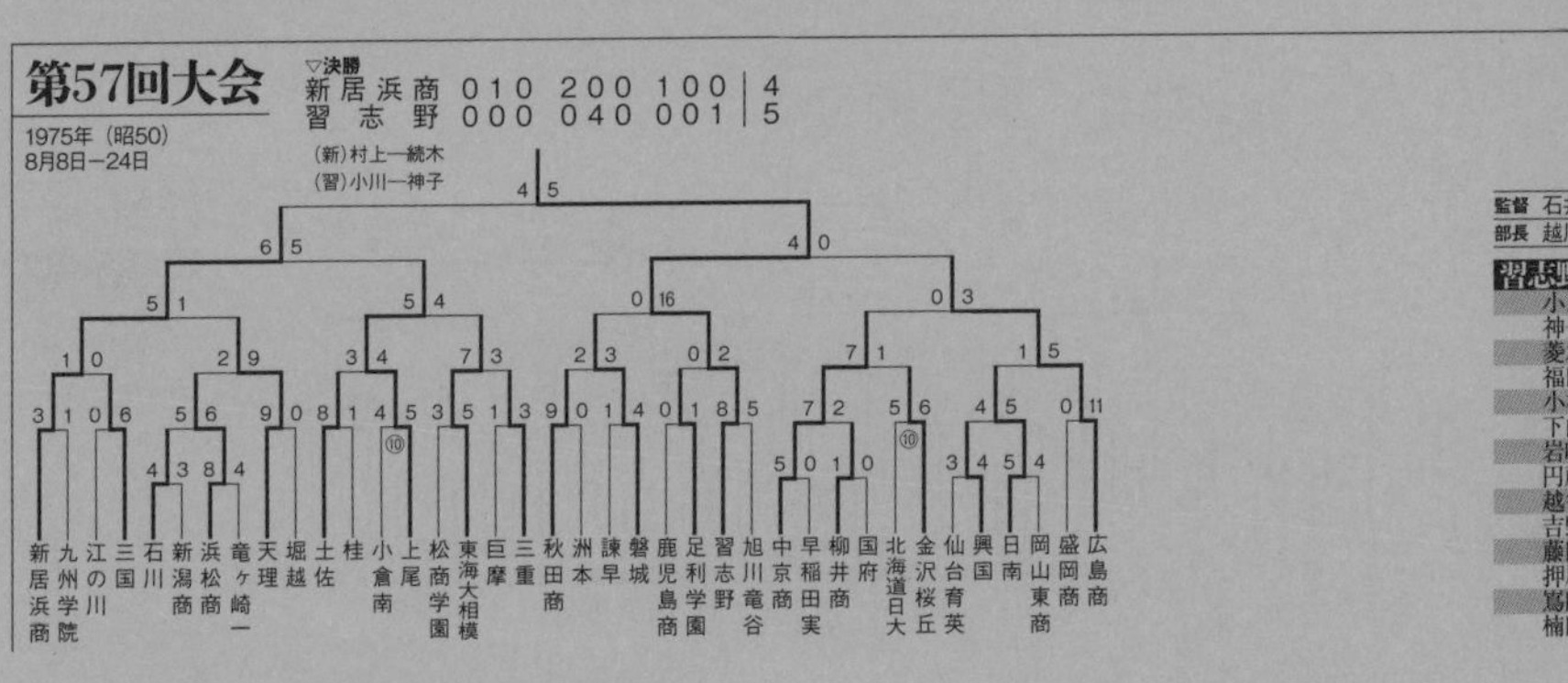

監督 石井 好博
部長 越川 道弘

習志野
小川 淳司
神子 文之
菱木 大功
福田 弘俊
小林 重信
下山田 清
岩崎 勝己
円藤 憲治
越智 修一
吉野 弘明
藤田 誠
押尾 明
嶌田 孝
楠田 康則

第58回大会

1976年（昭51）
8月9日－21日

▽決勝
PL学園 000 300 000 00 | 3
桜美林 100 000 200 01 | 4

（P）中村－黒石 （延長11回）
（桜）松本－渋谷

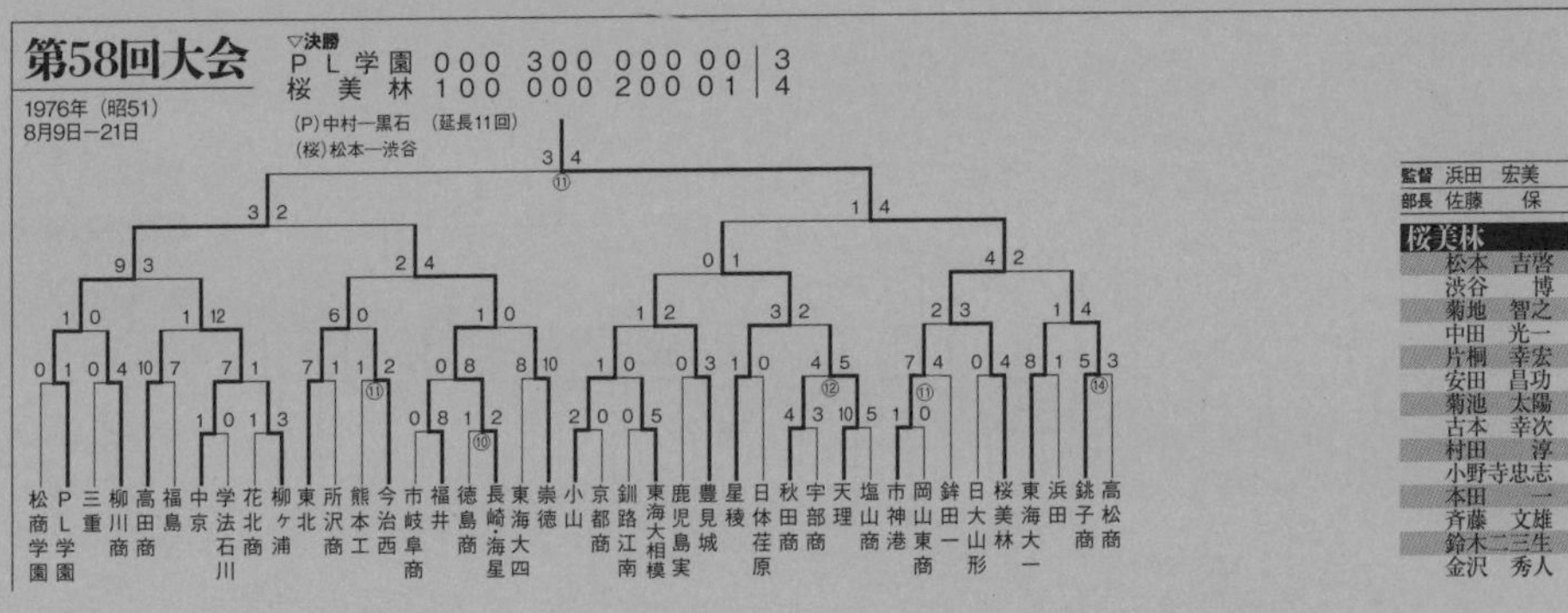

監督 浜田 宏美
部長 佐藤 保

桜美林
松本 吉啓
渋谷 博
菊地 智之
中田 光一
片桐 幸宏
安田 昌功
菊池 太陽
古本 幸次
村田 淳
小野寺忠志
本田 一
斉藤 文雄
鈴木二三生
金沢 秀人

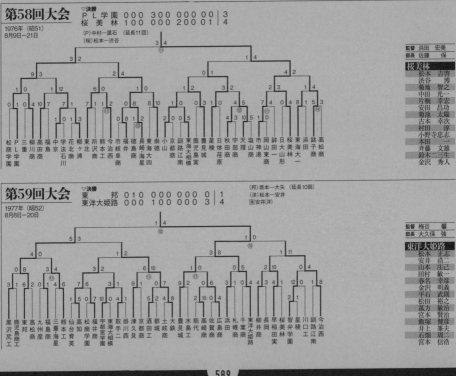

第59回大会

1977年（昭52）
8月8日－20日

▽決勝
東邦 010 000 000 0 | 1
東洋大姫路 000 100 000 3 | 4

（邦）坂本－大矢 （延長10回）
（洋）松本－安井
㊟安井（洋）

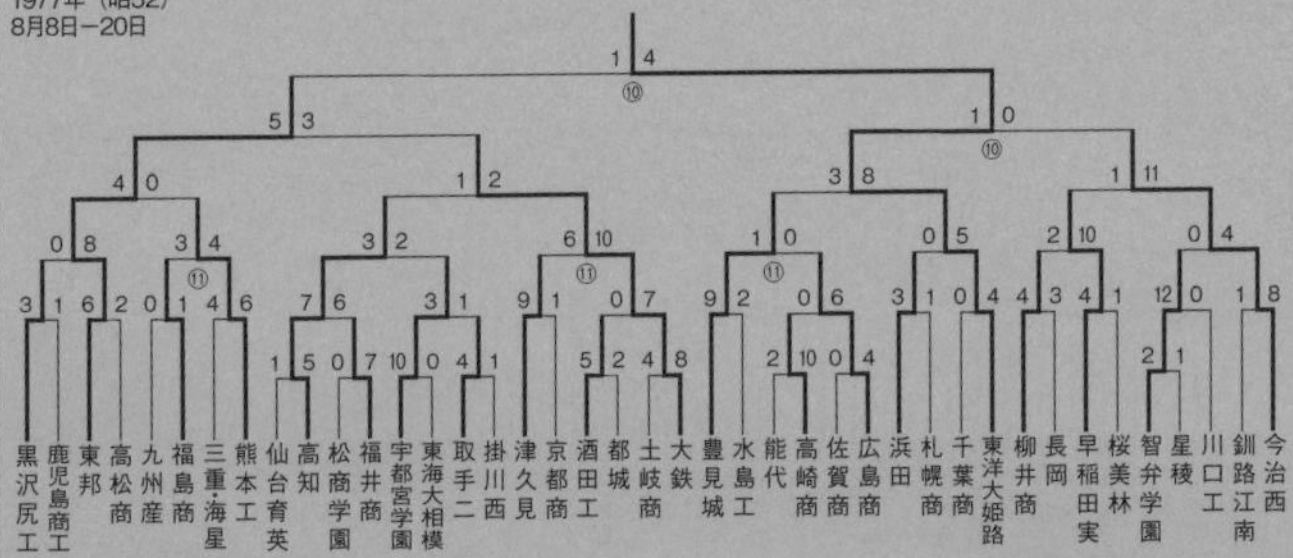

黒沢尻工
鹿児島商工
東邦
高松商
九州産
福島商
三重海星
熊本工
仙台育英
高知
松商学園
福井商
宇都宮学園
東海大相模
取手二
掛川西
津久見
京都商
酒田工
都城
土岐商
大鉄
豊見城
水島工
能代
高崎商
佐賀商
広島商
浜田
札幌商
千葉商
東洋大姫路
柳井商
長岡
早稲田実
桜美林
智弁学園
星稜
川口工
釧路江南
今治西

監督 梅谷 馨
部長 大久保 強

東洋大姫路
松本 正志
安井 浩二
山本 庄己
田村 敏一
春名 幸彦
金沢 明義
平石 武則
松田 裕之
孤方 敏治
宮本 賢治
飯塚 健彦
井上 峯夫
石畑 周二
宮本 信浩

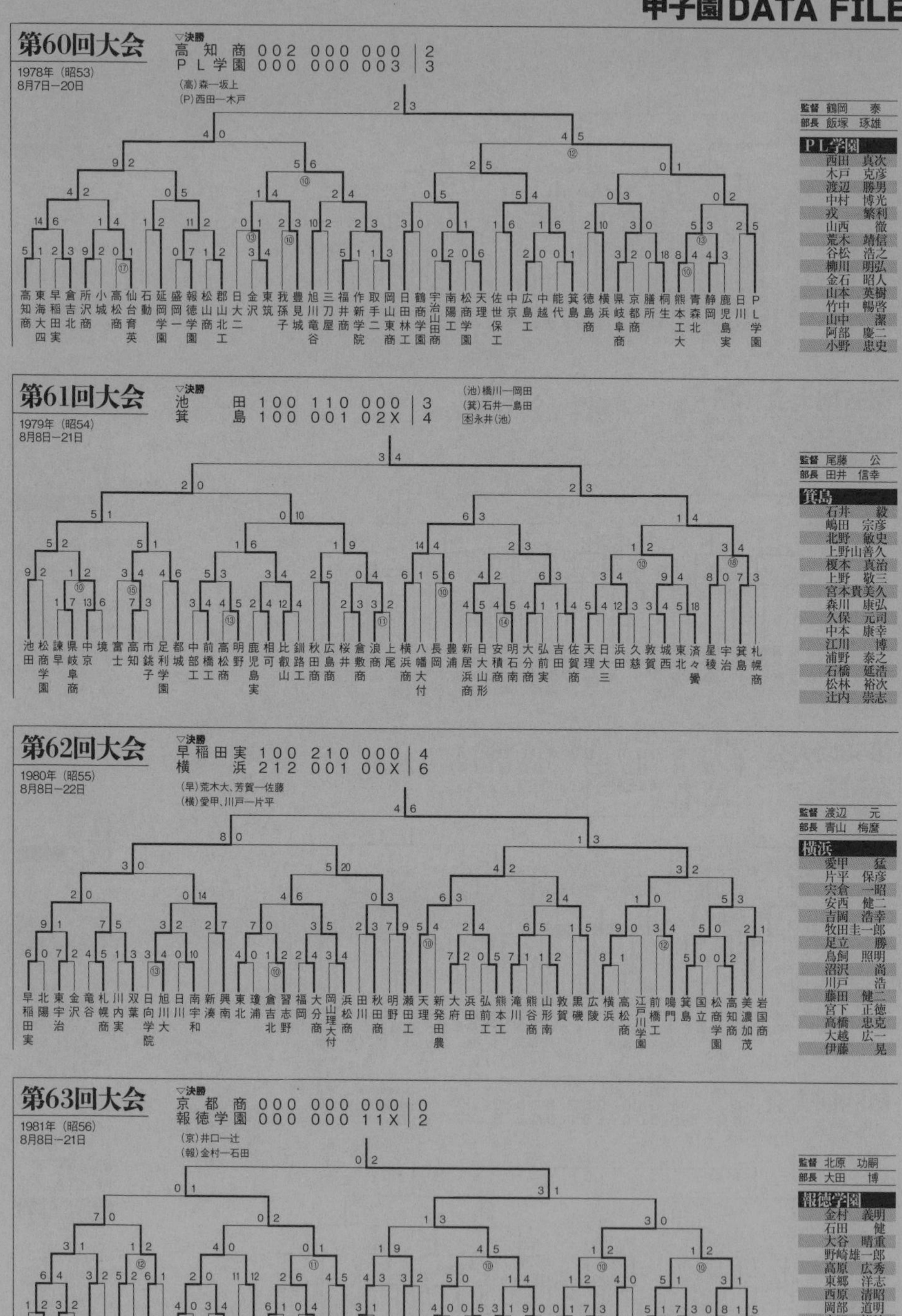
第60回大会
1978年（昭53）
8月7日－20日
▽決勝
高知商 002 000 000 | 2
ＰＬ学園 000 000 003 | 3
(高)森－坂上
(P)西田－木戸
監督 鶴岡 泰
部長 飯塚 琢雄
PL学園
西田 真次
木戸 克彦
渡辺 勝男
中村 博光
戎 繁利
山西 徹
荒木 靖信
谷松 浩之
柳川 明弘
金石 昭人
山本 英樹
竹中 暢啓
山中 潔
阿部 慶二
小野 忠史
第61回大会
1979年（昭54）
8月8日－21日
▽決勝
池田 100 110 000 | 3
箕島 100 001 02X | 4
(池)橋川－岡田
(箕)石井－島田
本永井(池)
監督 尾藤 公
部長 田井 信幸
箕島
石井 毅
嶋田 宗彦
北野 敏史
上野山善久
榎本 真治
上野 敬三
宮本貴美久
森川 康弘
久保 元司
中本 康幸
江川 博
浦野 泰之
石橋 延浩
松林 裕次
辻内 崇志
第62回大会
1980年（昭55）
8月8日－22日
▽決勝
早稲田実 100 210 000 | 4
横浜 212 001 00X | 6
(早)荒木大、芳賀－佐藤
(横)愛甲、川戸－片平
監督 渡辺 元
部長 青山 梅麿
横浜
愛甲 猛
片平 保彦
宍倉 一昭
安西 健二
吉岡 浩幸
牧田圭一郎
足立 勝
鳥飼 照明
沼沢 尚
川戸 浩
藤田 健二
宮下 正徳
高橋 忠克
大越 広一
伊藤 晃
第63回大会
1981年（昭56）
8月8日－21日
▽決勝
京都商 000 000 000 | 0
報徳学園 000 000 11X | 2
(京)井口－辻
(報)金村－石田
監督 北原 功嗣
部長 大田 博
報徳学園
金村 義明
石田 健
大谷 晴重
野崎雄一郎
高原 広秀
東郷 洋志
西原 清昭
岡部 道明
永田 裕治
篠崎 治
山下 裕之
福原 和行
浜中 祥道
松本 政輝
若狭 健司

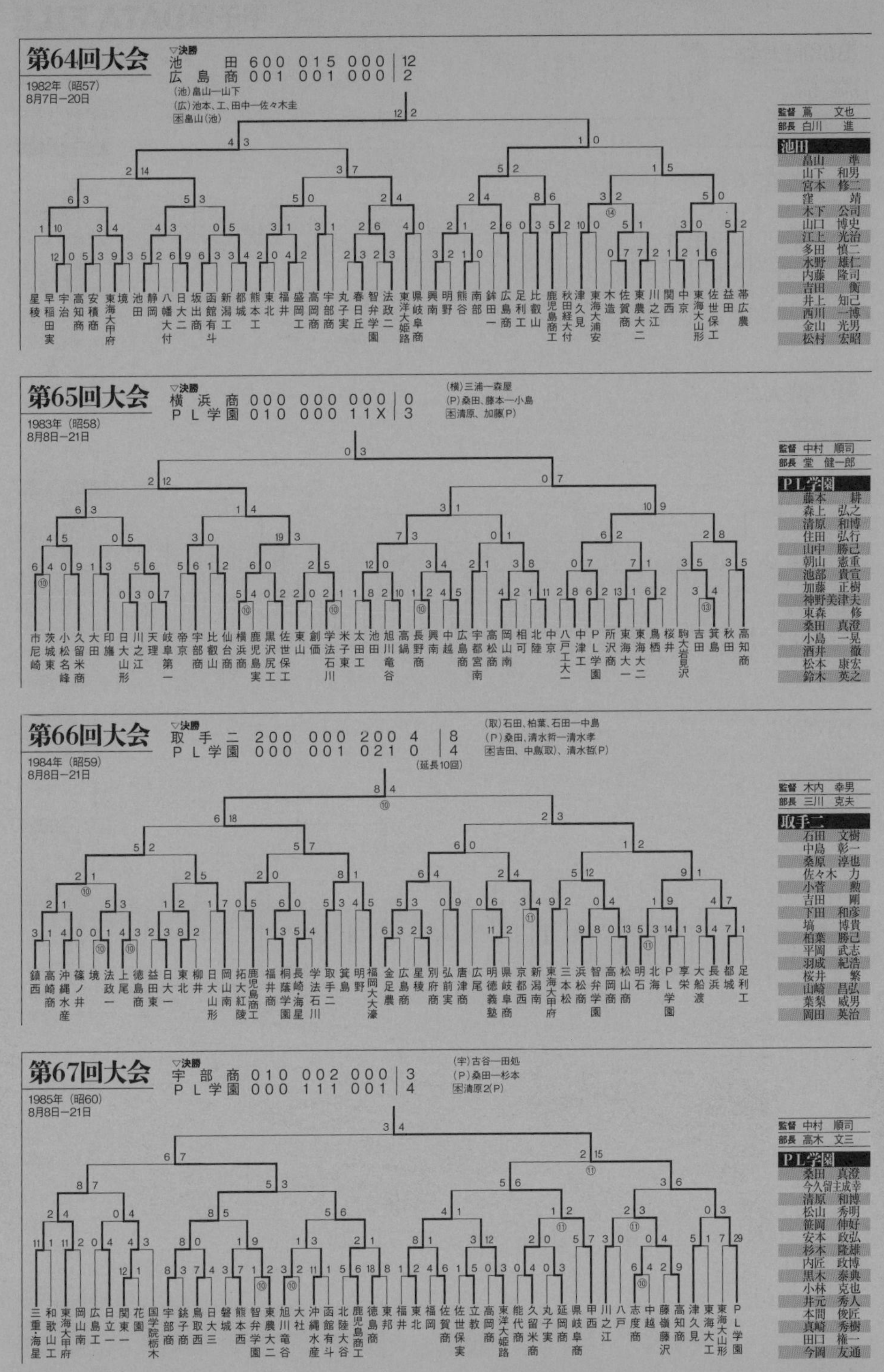
第64回大会
1982年（昭57）
8月7日—20日
▽決勝
池　田 600 015 000 | 12
広島商 001 001 000 | 2
(池)畠山—山下
(広)池本、工、田中—佐々木圭
本畠山(池)
監督 蔦 文也
部長 白川 進
池田
畠山 準
山下 和男
宮本 修二
窪 靖
木下 公司
山口 博史
江上 光治
多田 慎二
水野 雄仁
内藤 隆司
吉田 衡
井上 知己
西川 一博
金山 光男
松村 宏昭
第65回大会
1983年（昭58）
8月8日—21日
▽決勝
横浜商 000 000 000 | 0
ＰＬ学園 010 000 11X | 3
(横)三浦—森屋
(P)桑田、藤本—小島
本清原、加藤(P)
監督 中村 順司
部長 堂 健一郎
ＰＬ学園
藤本 耕
森上 弘之
清原 和博
住田 弘行
山中 勝己
朝山 憲重
池部 貴宣
加藤 正樹
神野 美津夫
東森 修
桑田 真澄
小島 一晃
酒井 徹
松本 康宏
鈴木 英之
第66回大会
1984年（昭59）
8月8日—21日
▽決勝
取手二 200 000 200 4 | 8
ＰＬ学園 000 001 021 0 | 4
(延長10回)
(取)石田、柏葉、石田—中島
(P)桑田、清水哲—清水孝
本吉田、中島(取)、清水哲(P)
監督 木内 幸男
部長 三川 克夫
取手二
石田 文樹
中島 彰一
桑原 淳也
佐々木 力
小菅 勲
吉田 剛
下田 和彦
塙 博貴
柏葉 勝己
平岡 武志
羽成 紀浩
桜井 繁
山崎 昌弘
葉梨 威男
岡田 英治
第67回大会
1985年（昭60）
8月8日—21日
▽決勝
宇部商 010 002 000 | 3
ＰＬ学園 000 111 001 | 4
(宇)古谷—田処
(P)桑田—杉本
本清原2(P)
監督 中村 順司
部長 高木 文三
ＰＬ学園
桑田 真澄
今久留主成幸
清原 和博
松山 秀明
笹岡 伸好
安本 政弘
杉本 隆雄
内匠 政博
黒木 泰典
小林 克也
井元 秀人
本間 俊匠
真崎 秀樹
田口 権一
今岡 友通

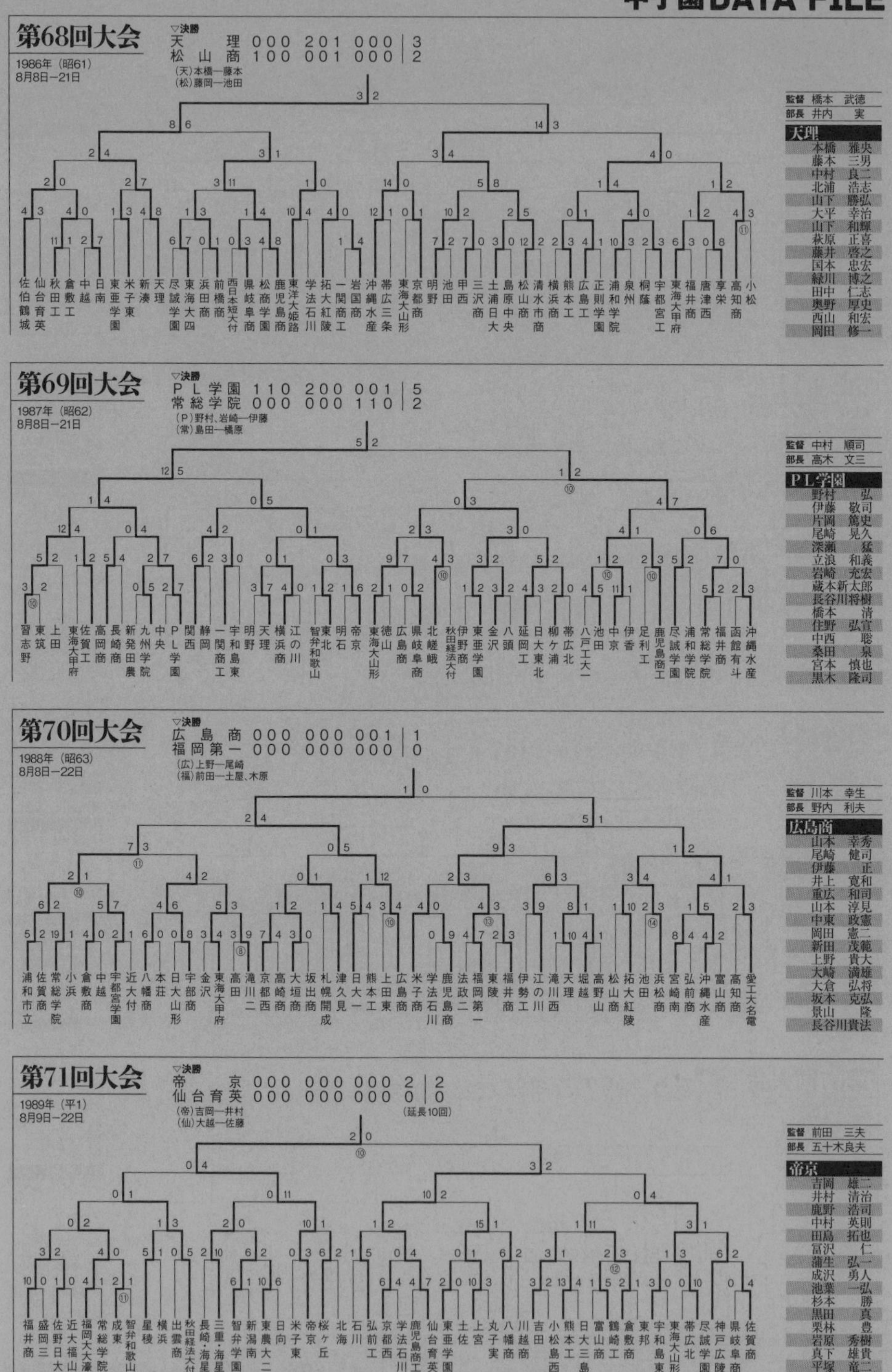
第68回大会
1986年（昭61）
8月8日ー21日
▽決勝
天　理 000 201 000 | 3
松山商 100 001 000 | 2
（天）本橋ー藤本
（松）藤岡ー池田
佐伯鶴城 仙台育英 秋田工 倉敷工 中越 日南 東亜学園 米子東 新湊 天理 尽誠学園 東海大四 浜田商 前橋商 西日本短大付 県岐阜商 松商学園 鹿児島商 東洋大姫路 学法石川 拓大紅陵 一関商工 岩国商 沖縄水産 帯広三条 東海大山形 京都商 明野 池田 甲西 三沢商 土浦日大 島原中央 松山商 清水市商 横浜商 熊本工 広島工 正則学園 浦和学院 泉州 桐蔭 宇都宮工 東海大甲府 福井商 唐津西 享栄 高知商 小松
監督 橋本 武徳
部長 井内 実
天理
本橋 雅央
藤本 三男
中村 良二
北浦 浩志
山下 勝弘
大平 幸治
山下 和輝
萩原 正喜
藤井 啓之
国本 忠宏
緑川 博之
田中 仁志
奥野 厚史
西山 和宏
岡田 修一
第69回大会
1987年（昭62）
8月8日ー21日
▽決勝
PL学園 110 200 001 | 5
常総学院 000 000 110 | 2
（P）野村、岩崎ー伊藤
（常）島田ー橋原
習志野 東筑 上田 東海大甲府 佐賀工 高岡商 長崎商 新発田農 九州学院 中央 PL学園 関西 静岡 一関商工 宇和島東 明野 天理 横浜商 江の川 智弁和歌山 東北 明石 帝京 東海大山形 徳山 広島商 県岐阜商 北嵯峨 秋田経法大付 伊野商 東亜学園 金沢 八頭 延岡工 日大東北 柳ケ浦 帯広北 八戸工大一 池田 中京 伊香 足利工 鹿児島商工 尽誠学園 浦和学院 常総学院 福井商 函館有斗 沖縄水産
監督 中村 順司
部長 高木 文三
PL学園
野村 弘
伊藤 敬司
片岡 篤史
尾崎 晃久
深瀬 猛
立浪 和義
岩崎 充宏
蔵本新太郎
長谷川将樹
橋本 清
住野 弘宣
中西 聡
桑田 泉
宮本 慎也
黒木 隆司
第70回大会
1988年（昭63）
8月8日ー22日
▽決勝
広島商 000 000 001 | 1
福岡第一 000 000 000 | 0
（広）上野ー尾崎
（福）前田ー土屋、木原
浦和市立 佐賀商 常総学院 小浜 倉敷商 中越 宇都宮学園 近大付 八幡商 本荘 日大山形 宇部商 金沢 東海大甲府 高田 滝川二 京都西 高崎商 大垣商 坂出商 札幌開成 津久見 日大一 熊本工 上田東 広島商 米子商 学法石川 鹿児島商 法政二 福岡第一 東陵 福井商 伊勢工 江の川 滝川西 天理 堀越 高野山 松山商 拓大紅陵 池田 浜松商 宮崎南 弘前商 沖縄水産 富山商 高知商 愛工大名電
監督 川本 幸生
部長 野内 利夫
広島商
山本 幸秀
尾崎 健司
伊藤 正
井上 寛和
重広 和司
山本 淳見
中東 政憲
岡田 憲二
新田 茂範
上野 貴大
大崎 満雄
大倉 弘将
坂本 克弘
景山 隆
長谷川貴法
第71回大会
1989年（平1）
8月9日ー22日
▽決勝
帝　京 000 000 000 2 | 2
仙台育英 000 000 000 0 | 0
（帝）吉岡ー井村
（仙）大越ー佐藤
（延長10回）
福井商 盛岡三 佐野日大 近大福山 福岡大大濠 常総学院 成東 智弁和歌山 星稜 横浜 出雲商 秋田経法大付 長崎・海星 三重・海星 智弁学園 新潟南 東農大二 日向 米子東 帝京 桜ケ丘 北海 石川 弘前工 京都西 学法石川 鹿児島商工 仙台育英 東亜学園 土佐 上宮 丸子実 八幡商 川越商 吉田 小松島西 熊本工 日大三島 富山商 鶴崎工 倉敷商 東邦 宇和島東 東海大山形 帯広北 尽誠学園 神戸広陵 県岐阜商 佐賀商
監督 前田 三夫
部長 五十木良夫
帝京
吉岡 雄二
井村 清治
鹿野 浩司
中村 英則
田島 拓也
冨沢 仁
蒲生 弘一
成沢 勇人
池葉 一弘
杉本 勝
黒田 真
栗林 豊
岩原 秀樹
真下 雄貴
平塚 竜二

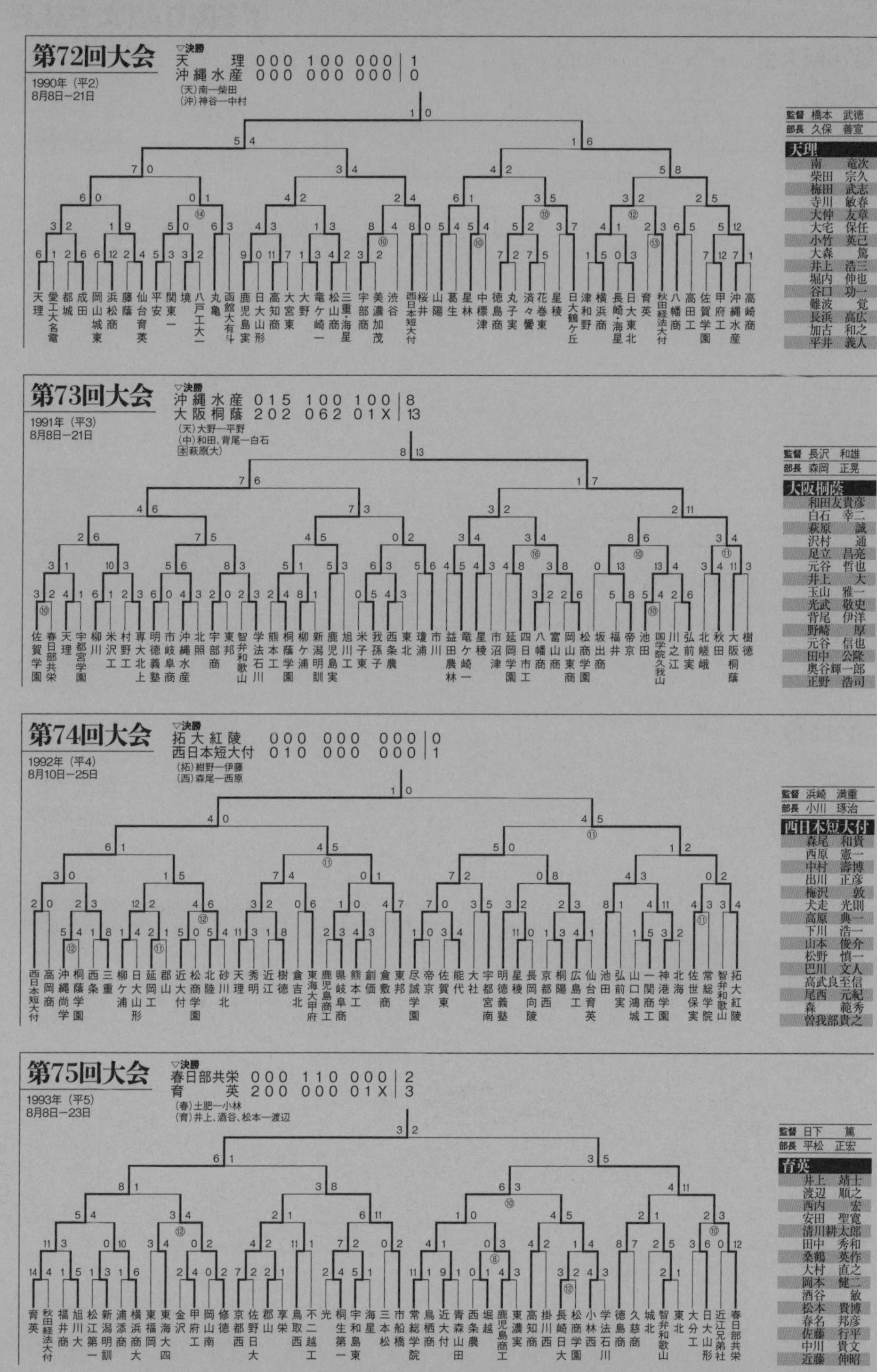

第72回大会
1990年（平2）
8月8日−21日
▽決勝
天　　理 000 100 000 | 1
沖縄水産 000 000 000 | 0
(天)南−柴田
(沖)神谷−中村
天理
愛工大名電
都城
成田
岡山城東
浜松商
藤蔭
仙台育英
平安
関東一
境
八戸工大一
丸亀
函館大有斗
鹿児島実
日大山形
高知商
大宮東
大野
竜ケ崎一
松山商
三重・海星
宇部商
美濃加茂
渋谷
西日本短大付
桜井
山陽
葛生
星林
中標津
徳島商
丸子実
済々黌
花巻東
星稜
日大鶴ケ丘
津和野
横浜商
長崎・海星
日大東北
育英
秋田経法大付
八幡商
高田工
佐賀学園
甲府工
沖縄水産
高崎商
監督 橋本 武徳
部長 久保 善宣
天理
南 竜次
柴田 宗久
梅田 武志
寺川 敏春
大仲 友章
大宅 保任
小竹 英己
大森 篤
井上 浩三
堀内 伸也
谷口 功一
難波 覚
長浜 高広
加古 和之
平井 義人
第73回大会
1991年（平3）
8月8日−21日
▽決勝
沖縄水産 015 100 100 | 8
大阪桐蔭 202 062 01X | 13
(天)大野−平野
(中)和田、背尾−白石
本 萩原(大)
佐賀学園
春日部共栄
天理
宇都宮学園
柳川
米沢工
村野工
専大北上
明徳義塾
市岐阜商
沖縄水産
北照
宇部商
東邦
智弁和歌山
学法石川
熊本工
桐蔭学園
柳ケ浦
新潟明訓
鹿児島実
旭川工
米子東
我孫子
西条農
東北
瓊浦
市川
益田農林
竜ケ崎一
星稜
市沼津
延岡学園
四日市工
八幡商
富山商
岡山東商
松商学園
坂出商
福井
帝京
池田
国学院久我山
川之江
弘前実
北嵯峨
秋田
大阪桐蔭
樹徳
監督 長沢 和雄
部長 森岡 正晃
大阪桐蔭
和田友貴彦
白石 幸二
萩原 誠
沢村 通
足立 昌亮
元谷 哲也
井上 大
玉山 雅一
光武 敬史
背尾 伊洋
野崎 厚
元谷 信也
田中 公隆
奥谷輝一郎
正野 浩司
第74回大会
1992年（平4）
8月10日−25日
▽決勝
拓大紅陵 000 000 000 | 0
西日本短大付 010 000 000 | 1
(拓)紺野−伊藤
(西)森尾−西原
西日本短大付
高岡商
沖縄尚学
桐蔭学園
西条
三重
柳ケ浦
日大山形
延岡工
郡山
近大付
松商学園
北陸
砂川北
天理
秀明
近江
樹徳
倉吉北
東海大甲府
鹿児島商工
県岐阜商
熊本工
創価
倉敷商
東邦
尽誠学園
帝京
佐賀東
能代
大社
宇都宮南
明徳義塾
星稜
長岡向陵
京都西
桐陽
広島工
仙台育英
池田
弘前実
山口鴻城
一関商工
神港学園
北海
佐世保実
常総学院
智弁和歌山
拓大紅陵
監督 浜崎 満重
部長 小川 琢治
西日本短大付
森尾 和貴
西原 憲一
中村 壽博
出川 正彦
梅沢 敦
犬走 光則
高原 典一
下川 浩一
山本 俊介
松野 慎一
巴川 文人
高武良至信
尾西 元紀
森 範秀
曽我部貴之
第75回大会
1993年（平5）
8月8日−23日
▽決勝
春日部共栄 000 110 000 | 2
育　　英 200 000 01X | 3
(春)土肥−小林
(育)井上、酒谷、松本−渡辺
育英
秋田経法大付
福井商
旭川大
松江第一
新潟明訓
浦添商
横浜商大
東福岡
東海大四
金沢
甲府工
岡山南
修徳
京都西
佐野日大
郡山
享栄
鳥取西
不二越工
光
桐生第一
宇和島東
海星
三本松
市船橋
常総学院
鳥栖商
近大付
青森山田
西条農
堀越
鹿児島商工
東濃実
高知商
掛川西
長崎日大
松商学園
小林西
学法石川
徳島商
久慈商
城北
智弁和歌山
東北
大分工
日大山形
近江兄弟社
春日部共栄
監督 日下 篤
部長 平松 正宏
育英
井上 靖士
渡辺 順之
西内 宏
安田 聖寛
清川耕太郎
田中 秀和
桑鶴 英作
大村 直之
岡本 健二
酒谷 敏
松本 貴博
春名 邦彦
佐藤 行平
中川 貴文
近藤 伸昭

第76回大会

1994年（平6）
8月8日－21日

▽決勝

佐賀商	000	003	014	8
樟南	030	001	000	4

（佐）峯一碇
（樟）福岡一田村
本西原（佐）

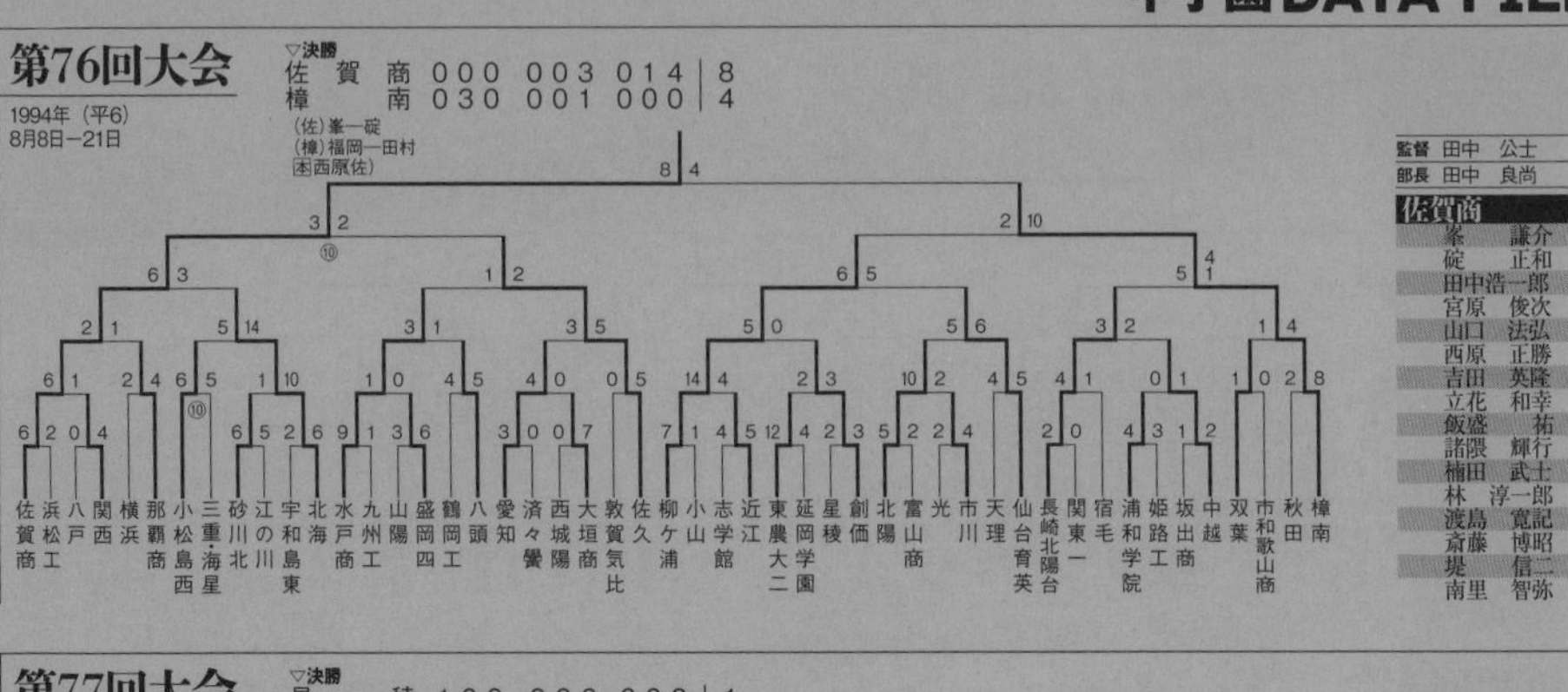

監督 田中 公士
部長 田中 良尚

佐賀商

峯 謙介
碇 正和
田中浩一郎
宮原 俊次
山口 法弘
西原 正勝
吉田 英隆
立花 和幸
飯盛 祐
諸隈 輝行
楠田 武士
林 淳一郎
渡島 寛記
斎藤 博昭
堤 信二
南里 智弥

第77回大会

1995年（平7）
8月7日－21日

▽決勝

星稜	100	000	000	1
帝京	002	000	01X	3

（星）山本一三浦
（帝）白木一坂本

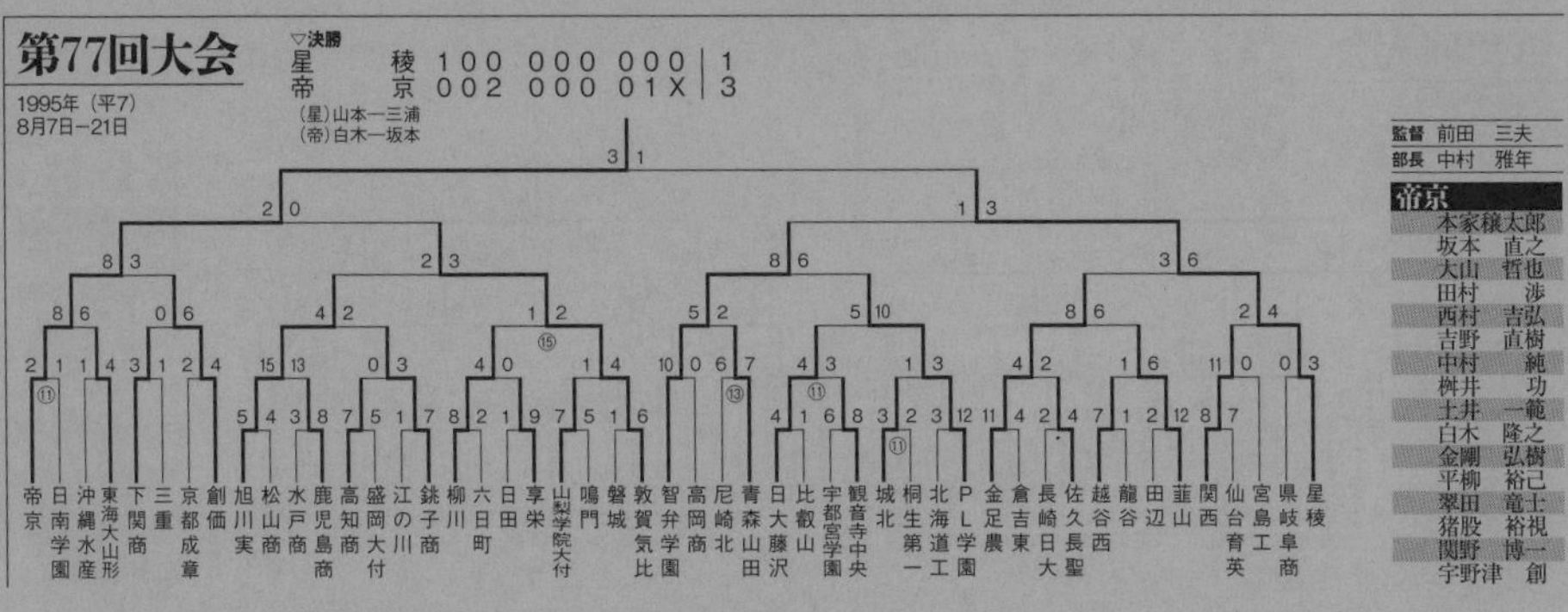

監督 前田 三夫
部長 中村 雅年

帝京

本家穣太郎
坂本 直之
大山 哲也
田村 渉
西村 吉弘
吉野 直樹
中村 純
桝井 功
土井 一範
白木 隆之
金剛 弘樹
平柳 裕己
翠田 竜士
猪股 裕視
関野 博一
宇野津 創

第78回大会

1996年（平8）
8月8日－21日

▽決勝

松山商	300	000	000	03	6
熊本工	010	000	011	00	3

（松）新田、渡部一石丸
（熊）園村、村山一境
本沢村（熊）
（延長11回）

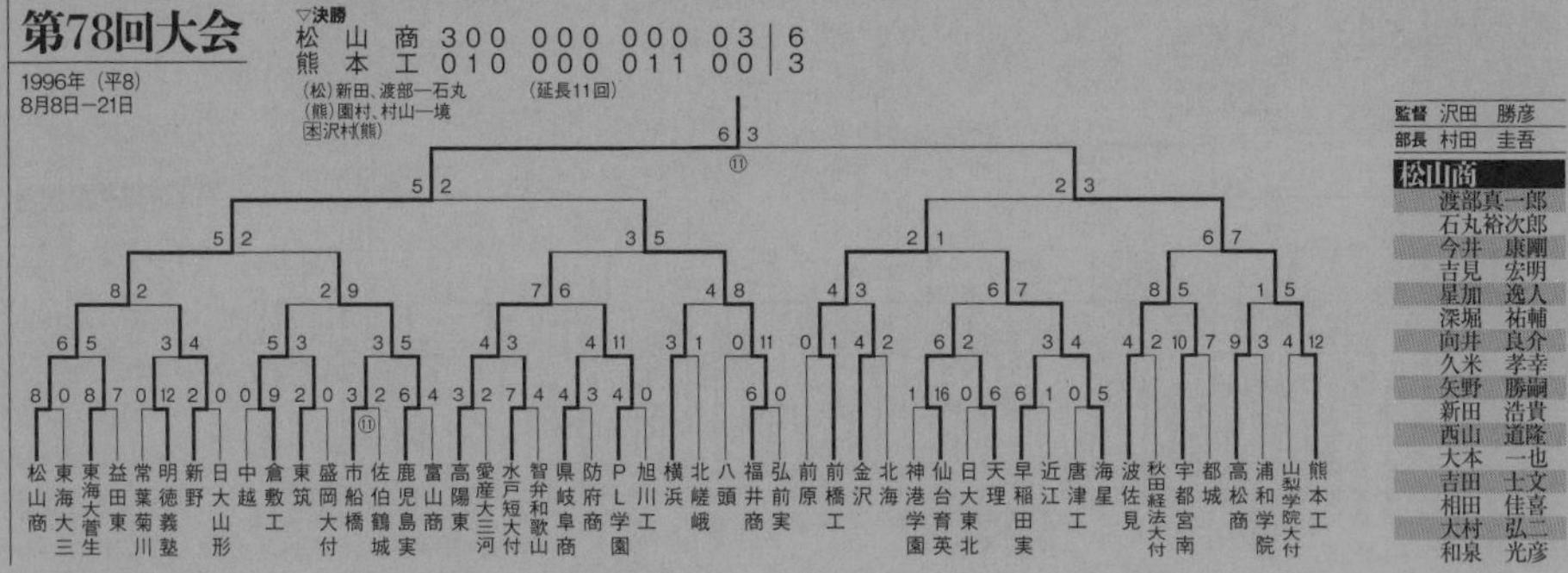

監督 沢田 勝彦
部長 村田 圭吾

松山商

渡部真一郎
石丸裕次郎
今井 康剛
吉見 宏明
星加 逸人
深堀 祐輔
向井 良介
久米 孝幸
矢野 勝嗣
新田 浩貴
西山 道隆
大本 一也
吉田 士文
相田 佳喜
大村 弘二
和泉 光彦

第79回大会

1997年（平9）
8月8日－21日

▽決勝

智弁和歌山	001	100	121	6
平安	000	030	000	3

（智）藤谷、清水一中谷
（平）川口一山田

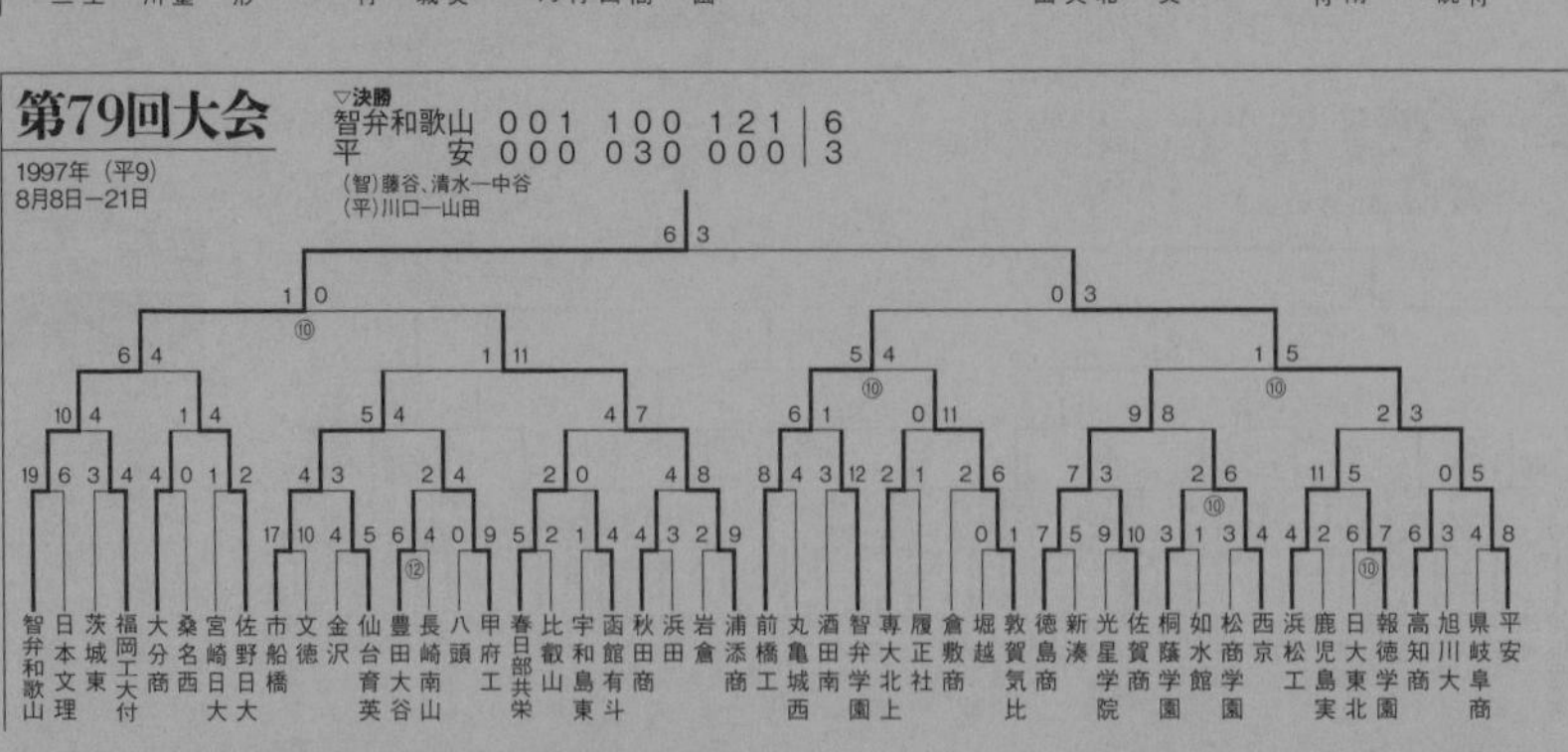

監督 高嶋 仁
部長 林 守

智弁和歌山

高塚 信幸
中谷 仁
倉谷 建次
木戸 俊雄
中山 貴文
清水 昭秀
鵜瀬 亮一
喜多 隆志
豊田 和樹
藤谷 俊之
児玉 生弥
中村 秀秋
堀田 若広
佐々木勇喜
川崎 絢平
福地 亮介

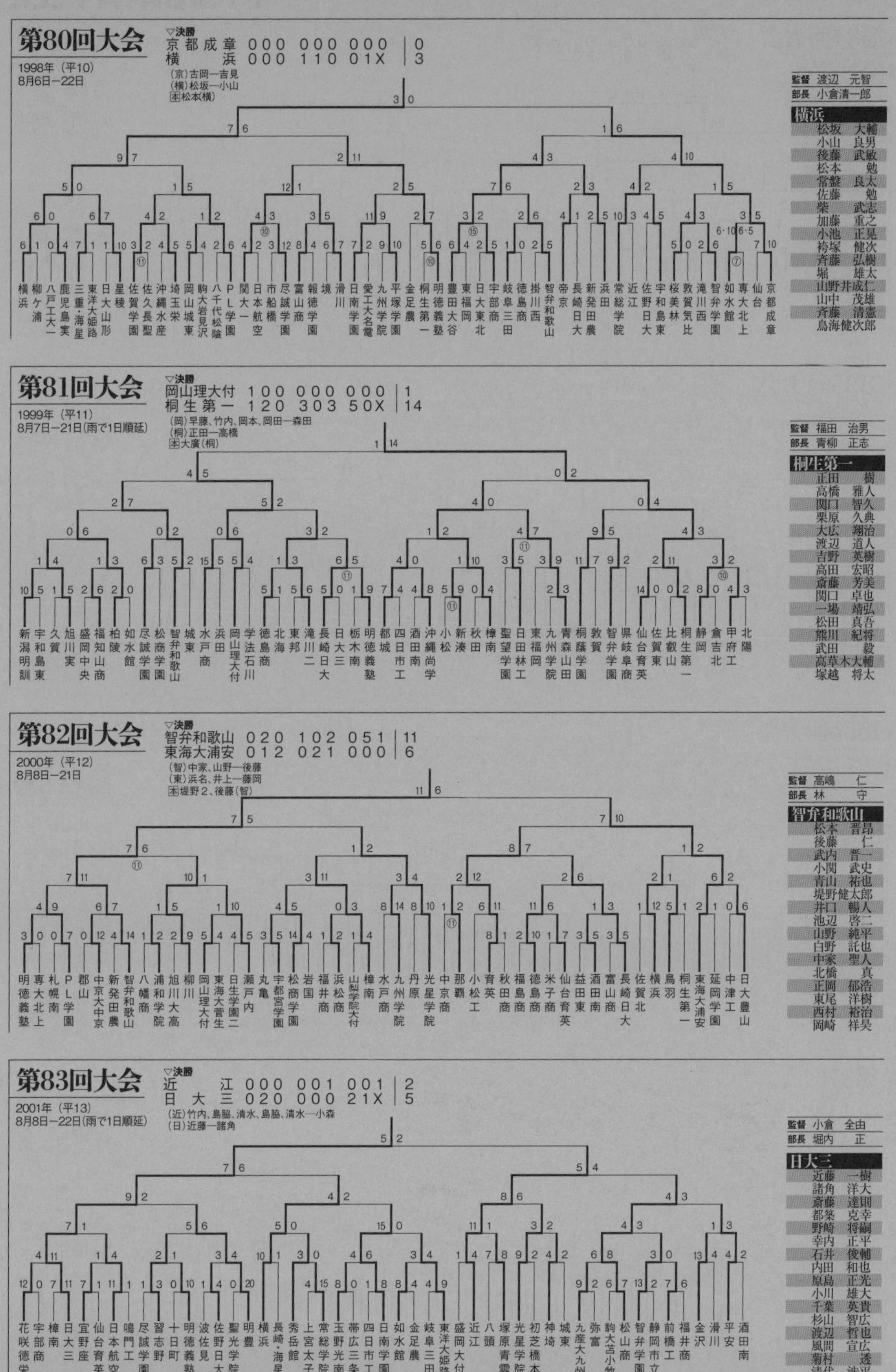

第80回大会
1998年（平10）
8月6日－22日
▽決勝
京都成章 000 000 000 | 0
横　　浜 000 110 01X | 3
（京）古岡－吉見
（横）松坂－小山
本 松本（横）
監督 渡辺 元智
部長 小倉清一郎
横浜
松坂 大輔
小山 良男
後藤 武敏
松本 勉
常盤 良太
佐藤 勉
柴 武志
加藤 重之
小池 正晃
袴塚 健次
斉藤 弘樹
堀 雄太
山野井成仁
山中 茂雄
斉藤 清憲
鳥海健次郎
横浜 柳ケ浦 八戸工大一 鹿児島実 三重・海星 東洋大姫路 日大山形 星稜 佐賀学園 佐久長聖 沖縄水産 埼玉栄 岡山城東 駒大岩見沢 八千代松陰 PL学園 関大一 日本航空 市船橋 尽誠学園 富山商 報徳学園 境 滑川 日南学園 愛工大名電 九州学院 平塚学園 金足農 桐生第一 明徳義塾 豊田大谷 東福岡 日大東北 宇部商 岐阜三田 徳島商 掛川西 智弁和歌山 帝京 長崎日大 新発田農 浜田 常総学院 近江 佐野日大 宇和島東 桜美林 敦賀気比 滝川西 智弁学園 如水館 専大北上 仙台 京都成章
第81回大会
1999年（平11）
8月7日－21日（雨で1日順延）
▽決勝
岡山理大付 100 000 000 | 1
桐生第一 120 303 50X | 14
（岡）早藤、竹内、岡本、岡田－森田
（桐）正田－高橋
本 大廣（桐）
監督 福田 治男
部長 青柳 正志
桐生第一
正田 樹
高橋 雅人
関口 智久
栗原 久典
大広 翔治
渡辺 道人
吉野 英樹
高田 宏昭
斎藤 芳美
関口 卓也
一場 靖弘
松田 真吾
熊川 紀将
武田 毅
高草木大輔
塚越 将太
新潟明訓 宇和島東 久賀 旭川実 盛岡中央 福知山商 柏陵 如水館 尽誠学園 松商学園 智弁和歌山 城東 水戸商 浜田 岡山理大付 学法石川 徳島商 北海 東邦 滝川二 長崎日大 日大三 栃木南 明徳義塾 都城 四日市工 酒田南 沖縄尚学 小松 新湊 秋田 樟南 聖望学園 日田林工 東福岡 九州学院 青森山田 桐蔭学園 敦賀 智弁学園 県岐阜商 仙台育英 佐賀東 比叡山 桐生第一 静岡 倉吉北 甲府工 北陽
第82回大会
2000年（平12）
8月8日－21日
▽決勝
智弁和歌山 020 102 051 | 11
東海大浦安 012 021 000 | 6
（智）中家、山野－後藤
（東）浜名、井上－藤岡
本 堤野2、後藤（智）
監督 高嶋 仁
部長 林 守
智弁和歌山
松本 晋昂
後藤 仁
武内 晋一
小関 武史
青山 裕也
堤野健太郎
井口 暢人
池辺 啓二
山野 純平
白野 託也
中家 聖人
北橋 真
正岡 郁浩
東尾 洋樹
西村 裕治
岡崎 祥昊
明徳義塾 専大北上 札幌南 PL学園 郡山 中京大中京 新発田農 智弁和歌山 八幡商 浦和学院 旭川大高 柳川 岡山理大付 東海大菅生 日生学園二 瀬戸内 丸亀 宇都宮学園 松商学園 岩国 福井商 浜松商 山梨学院大付 樟南 水戸商 九州学院 丹原 光星学院 中京商 那覇 小松工 育英 秋田商 福島商 徳島商 米子商 仙台育英 益田東 酒田南 富山商 長崎日大 佐賀北 横浜 鳥羽 桐生第一 東海大浦安 延岡学園 中津工 日大豊山
第83回大会
2001年（平13）
8月8日－22日（雨で1日順延）
▽決勝
近　　江 000 001 001 | 2
日 大 三 020 000 21X | 5
（近）竹内、島脇、清水、島脇、清水－小森
（日）近藤－諸角
監督 小倉 全由
部長 堀内 正
日大三
近藤 一樹
諸角 洋大
斎藤 達則
都築 克幸
野崎 将嗣
幸内 正平
石井 俊輔
内田 和也
原島 正光
小川 雄大
千葉 英貴
杉山 智広
渡辺 哲也
風間 宣広
菊村 透
清代 渉平
花咲徳栄 宇部商 樟南 日大三 宜野座 仙台育英 日本航空 鳴門工 尽誠学園 習志野 十日町 明徳義塾 波佐見 佐野日大 聖光学院 明豊 横浜 長崎・海星 秀岳館 上宮太子 常総学院 玉野光南 帯広三条 四日市工 日南学園 如水館 金足農 岐阜三田 東洋大姫路 盛岡大付 近江 八頭 塚原青雲 光星学院 初芝橋本 神埼 城東 九産大九州 弥富 駒大苫小牧 松山商 智弁学園 静岡市立 前橋工 福井商 金沢 滑川 平安 酒田南

第84回大会

2002年（平14）
8月8日－21日

▽決勝

智弁和歌山	000	010	001	2
明徳義塾	001	200	40X	7

（智）田林、本田－岡崎
（明）田辺－筧
本 田辺、山口（明）、岡崎（智）

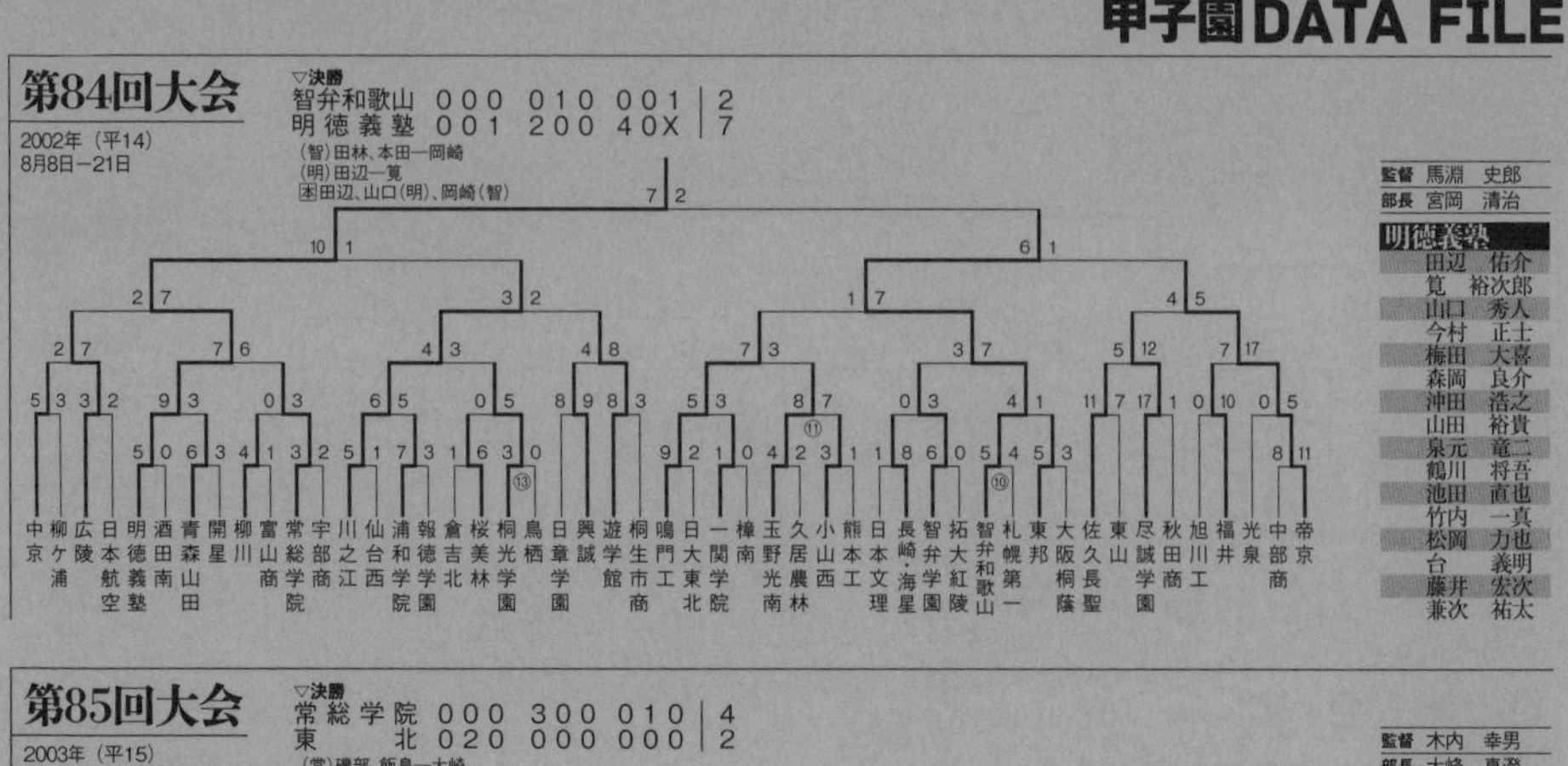

監督 馬淵 史郎
部長 宮岡 清治

明徳義塾
田辺 佑介
筧 裕次郎
山口 秀人
今村 正士
梅田 大喜
森岡 良介
沖田 浩之
山田 裕貴
泉元 竜二
鶴川 将吾
池田 直也
竹内 一真
松岡 力也
台 義明
藤井 宏次
兼次 祐太

第85回大会

2003年（平15）
8月7日－23日（雨で3日順延）

▽決勝

常総学院	000	300	010	4
東北	020	000	000	2

（常）磯部、飯島－大崎
（東）ダルビッシュ－佐藤

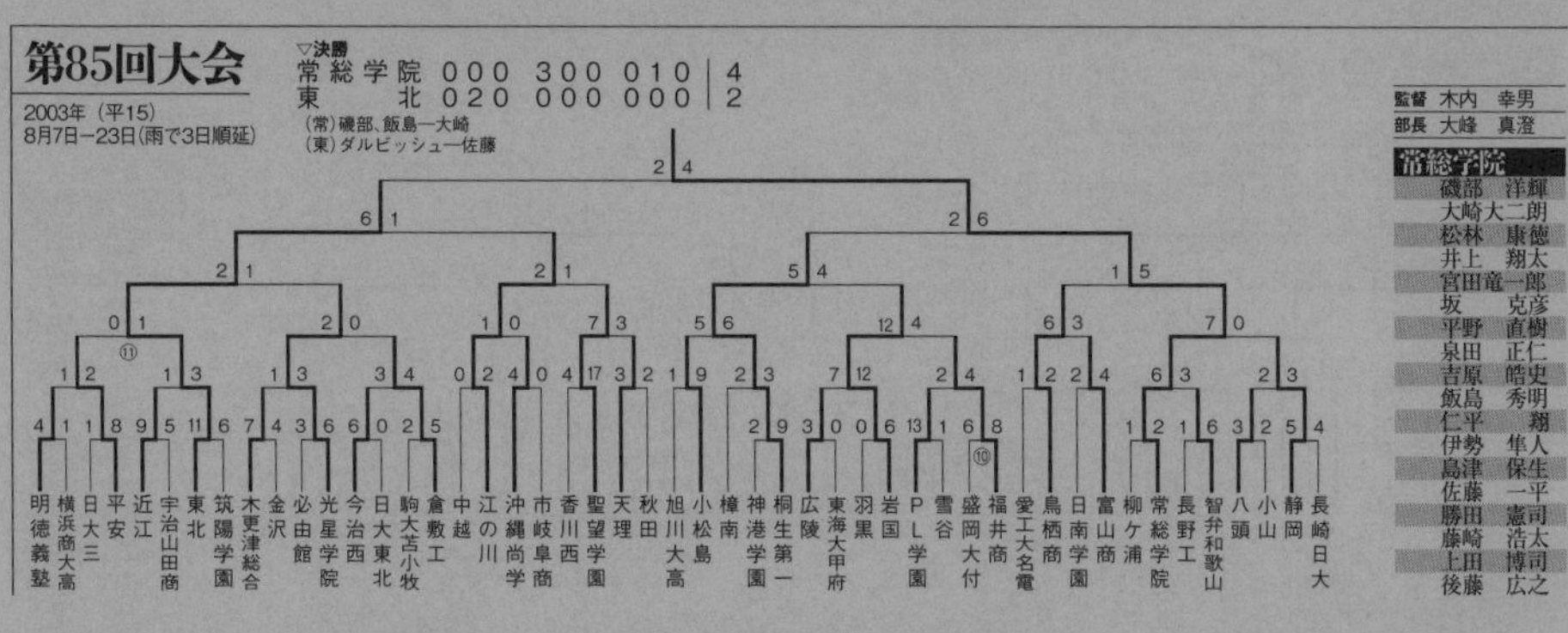

監督 木内 幸男
部長 大峰 真澄

常総学院
磯部 洋輝
大崎大二朗
松林 康徳
井上 翔太
宮田竜一郎
坂 克彦
平野 直樹
泉田 正仁
吉原 皓史
飯島 秀明
仁平 翔
伊勢 隼人
島津 保生
佐藤 一平
勝田 憲司
藤崎 浩太
上田 博司
後藤 広之

第86回大会

2004年（平16）
8月7日－22日（雨で1日順延）

▽決勝

済美	230	013	010	10
駒大苫小牧	102	303	31X	13

（済）福井、藤村、福井－西田
（駒）岩田、鈴木－糸屋
本 小松（済）、糸屋（駒）

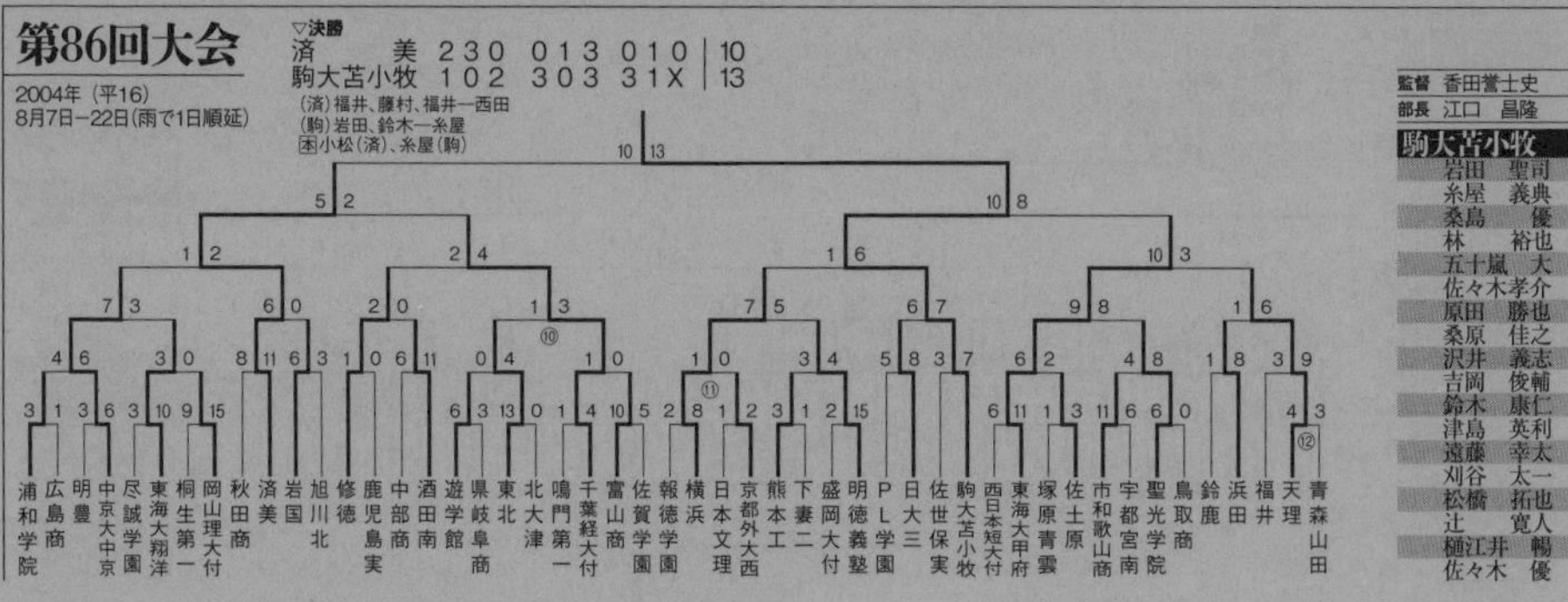

監督 香田誉士史
部長 江口 昌隆

駒大苫小牧
岩田 聖司
糸屋 義典
桑島 優
林 裕也
五十嵐 大
佐々木孝介
原田 勝也
桑原 佳之
沢井 義志
吉岡 俊輔
鈴木 康仁
津島 英利
遠藤 幸太
刈谷 太一
松橋 拓也
辻 寛人
樋江井 暢
佐々木 優

第87回大会

2005年（平17）
8月6日－20日

▽決勝

京都外大西	100	000	200	3
駒大苫小牧	100	011	20X	5

（京）北岡、本田－南本
（駒）松橋、田中－小山

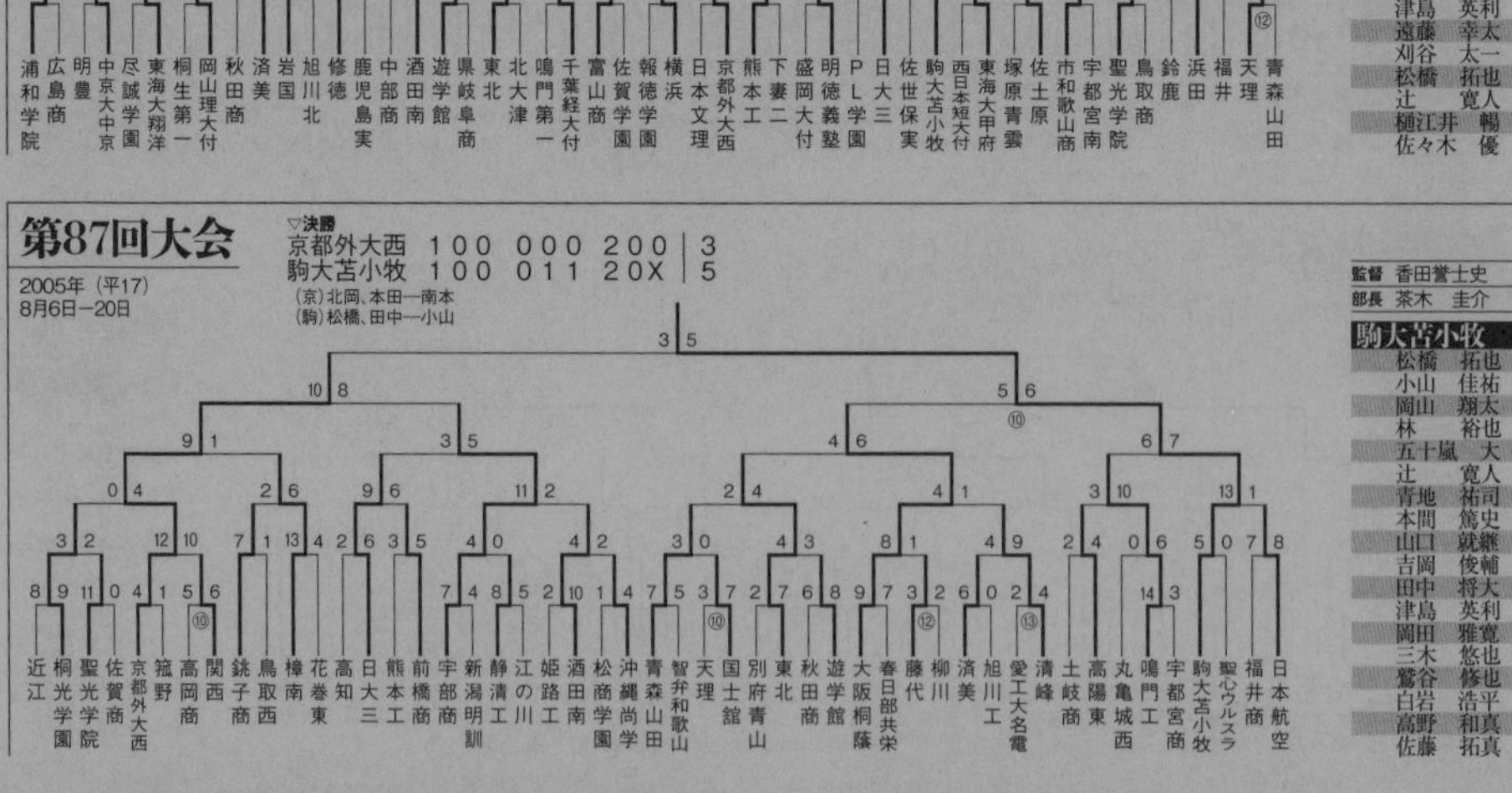

監督 香田誉士史
部長 茶木 圭介

駒大苫小牧
松橋 拓也
小山 佳祐
岡山 翔太
林 裕也
五十嵐 大
辻 寛人
青地 祐司
本間 篤史
山口 就繼
吉岡 俊輔
田中 将大
津島 英利
岡田 雅寛
三木 悠也
鷲谷 修也
白岩 浩平
高野 和真
佐藤 拓真

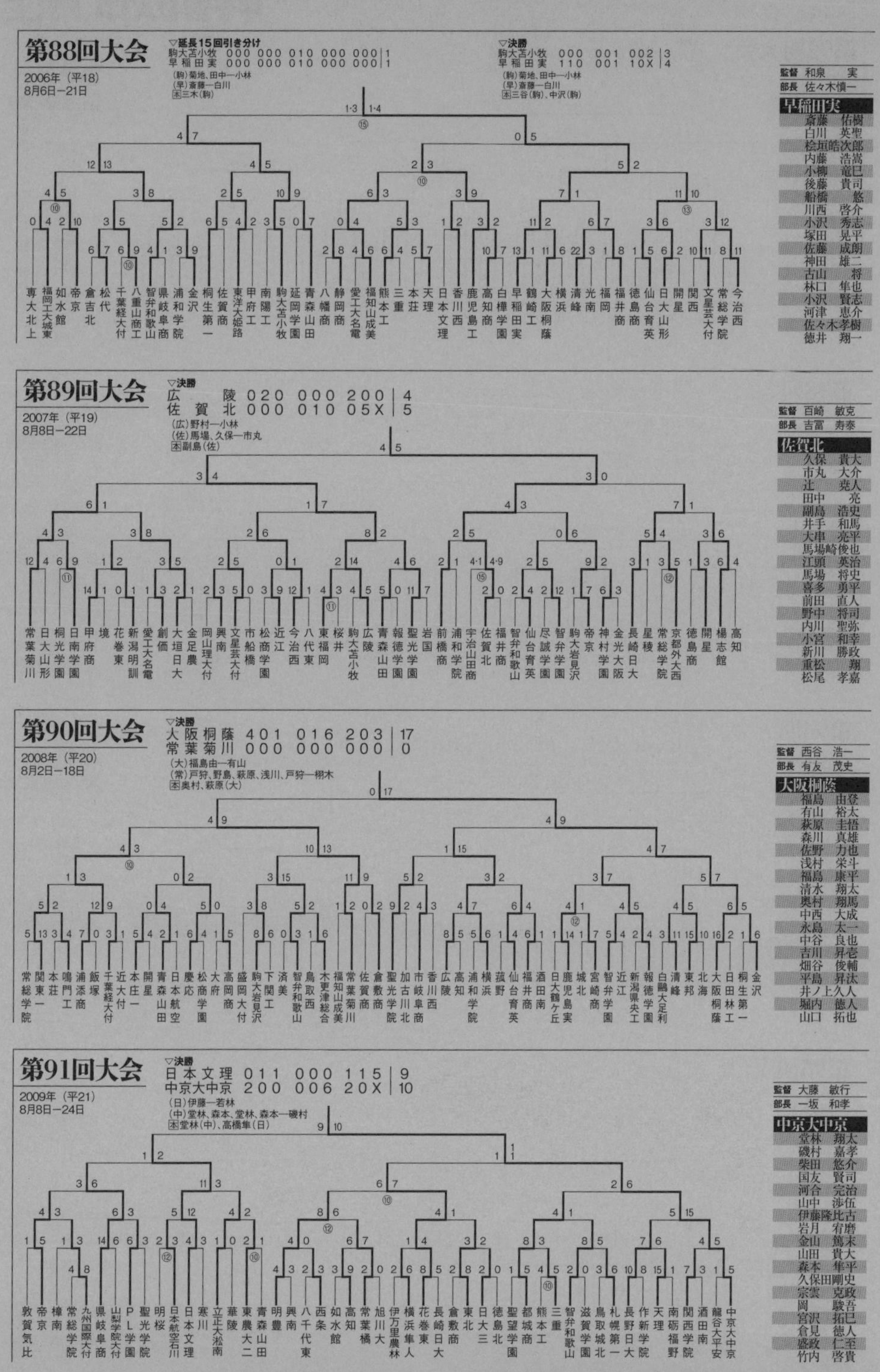
第88回大会
2006年（平18）
8月6日－21日
▽延長15回引き分け
駒大苫小牧 000 000 010 000 000 | 1
早稲田実 000 000 010 000 000 | 1
（駒）菊地、田中－小林
（早）斎藤－白川
本三木（駒）
▽決勝
駒大苫小牧 000 001 002 | 3
早稲田実 110 001 10X | 4
（駒）菊地、田中－小林
（早）斎藤－白川
本三谷（駒）、中沢（駒）
専大北上 福岡工大城東 如水館 帝京 倉吉北 松代 千葉経大付 八重山商工 智弁和歌山 県岐阜商 浦和学院 金沢 桐生第一 佐賀商 東洋大姫路 甲府工 南陽工 駒大苫小牧 延岡学園 青森山田 八幡商 静岡商 愛工大名電 福知山成美 熊本工 三重 本荘 天理 日本文理 香川西 鹿児島工 高知商 白樺学園 早稲田実 鶴崎工 大阪桐蔭 横浜 清峰 光南 福岡 福井商 徳島商 仙台育英 日大山形 開星 関西 文星芸大付 常総学院 今治西
監督 和泉 実
部長 佐々木慎一
早稲田実
斎藤 佑樹
白川 英聖
桧垣皓次郎
内藤 浩嵩
小柳 竜巳
後藤 貴司
船橋 悠
川西 啓介
小沢 秀志
塚田 晃平
佐藤 成朗
神田 雄二
古山 将
林口 隼也
小沢 賢志
河津 恵介
佐々木孝樹
徳井 翔一
第89回大会
2007年（平19）
8月8日－22日
▽決勝
広 陵 020 000 200 | 4
佐賀北 000 010 05X | 5
（広）野村－小林
（佐）馬場、久保－市丸
本副島（佐）
常葉菊川 日大山形 桐光学園 日南学園 甲府商 境 花巻東 新潟明訓 愛工大名電 創価 大垣日大 金足農 岡山理大付 興南 文星芸大付 市船橋 松商学園 近江 今治西 八代東 東福岡 桜井 駒大苫小牧 広陵 青森山田 報徳学園 聖光学院 岩国 前橋商 浦和学院 宇治山田商 佐賀北 福井商 智弁和歌山 仙台育英 尽誠学園 智弁学園 駒大岩見沢 帝京 神村学園 金光大阪 長崎日大 星稜 常総学院 京都外大西 徳島商 開星 楊志館 高知
監督 百崎 敏克
部長 吉冨 寿泰
佐賀北
久保 貴大
市丸 大介
辻 尭人
田中 亮
副島 浩史
井手 和馬
大串 亮平
馬場崎俊也
江頭 英治
馬場 将史
喜多 勇平
前田 直人
野中 将司
内川 聖弥
小宮 和幸
新川 勝政
重松 翔
松尾 孝嘉
第90回大会
2008年（平20）
8月2日－18日
▽決勝
大阪桐蔭 401 016 203 | 17
常葉菊川 000 000 000 | 0
（大）福島由一有山
（常）戸狩、野島、萩原、浅川、戸狩－栩木
本奥村、萩原（大）
常総学院 関東一 本荘 鳴門工 浦添商 飯塚 千葉経大付 近大付 本庄一 開星 青森山田 日本航空 慶応 松商学園 大府 高岡商 盛岡大付 駒大岩見沢 下関工 済美 智弁和歌山 鳥取西 木更津総合 福知山成美 常葉菊川 佐賀商 倉敷商 聖光学院 加古川北 市岐阜商 香川西 広陵 高知 浦和学院 横浜 菰野 仙台育英 福井商 酒田南 日大鶴ケ丘 鹿児島実 城北 宮崎商 智弁学園 近江 新潟県央工 報徳学園 白鷗大足利 清峰 東邦 北海 大阪桐蔭 日田林工 桐生第一 金沢
監督 西谷 浩一
部長 有友 茂史
大阪桐蔭
福島 由登
有山 裕太
萩原 圭悟
森川 真雄
佐野 力也
浅村 栄斗
福島 康平
清水 翔太
奥村 翔馬
中西 大成
永島 太一
中谷 良也
吉川 昇壱
畑谷 俊輔
平島 昇汰
井ノ上久人
堀内 徳人
山口 拓也
第91回大会
2009年（平21）
8月8日－24日
▽決勝
日本文理 011 000 115 | 9
中京大中京 200 006 20X | 10
（日）伊藤－若林
（中）堂林、森本、堂林、森本－磯村
本堂林（中）、高橋隼（日）
敦賀気比 帝京 樟南 常総学院 九州国際大付 県岐阜商 山梨学院大付 PL学園 聖光学院 明桜 日本航空石川 日本文理 寒川 立正大淞南 華陵 東農大二 青森山田 明豊 興南 八千代東 西条 如水館 高知 常葉橘 旭川大 伊万里農林 横浜隼人 花巻東 長崎日大 倉敷商 東北 日大三 徳島北 聖望学園 都城商 熊本工 三重 智弁和歌山 滋賀学園 鳥取城北 札幌第一 長野日大 作新学院 天理 南砺福野 関西学院 酒田南 龍谷大平安 中京大中京
監督 大藤 敏行
部長 一坂 和孝
中京大中京
堂林 翔太
磯村 嘉孝
柴田 悠介
国友 賢司
河合 完治
山中 渉伍
伊藤隆比古
岩月 宥磨
金山 篤末
山田 貴大
森本 隼平
久保田剛史
宗雲 克政
岡 駿吾
宮沢 拓巳
倉見 徳人
盛政 仁至
竹内 啓貴

第92回大会

2010年（平22）
8月7日－21日

▽決勝

東海大相模 000 000 100 | 1
興　　南 000 715 00X | 13

（東）一二三、江川－大城
（興）島袋－山川
本 我如古（興）

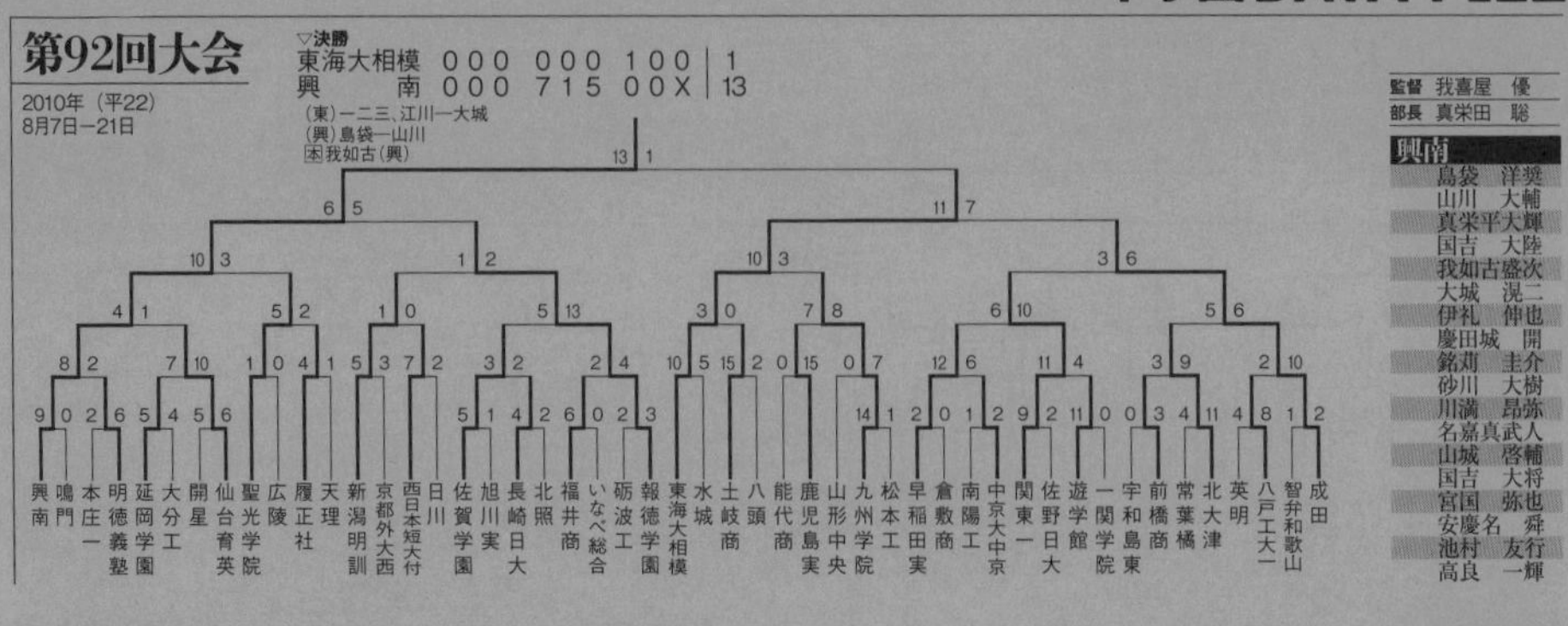

監督 我喜屋 優
部長 真栄田 聡

興南

島袋 洋奨
山川 大輔
真栄平大輝
国吉 大陸
我如古盛次
大城 滉二
伊礼 伸也
慶田城 開
銘苅 圭介
砂川 大樹
川満 昂弥
名嘉真武人
山城 啓輔
国吉 大将
宮国 弥也
安慶名 舜
池村 友行
高良 一輝

第93回大会

2011年（平23）
8月6日－20日

▽決勝

光星学院 000 000 000 | 0
日 大 三 003 010 52X | 11

（光）秋田、李－松本
（日）吉永－鈴木
本 高山、鈴木（日）

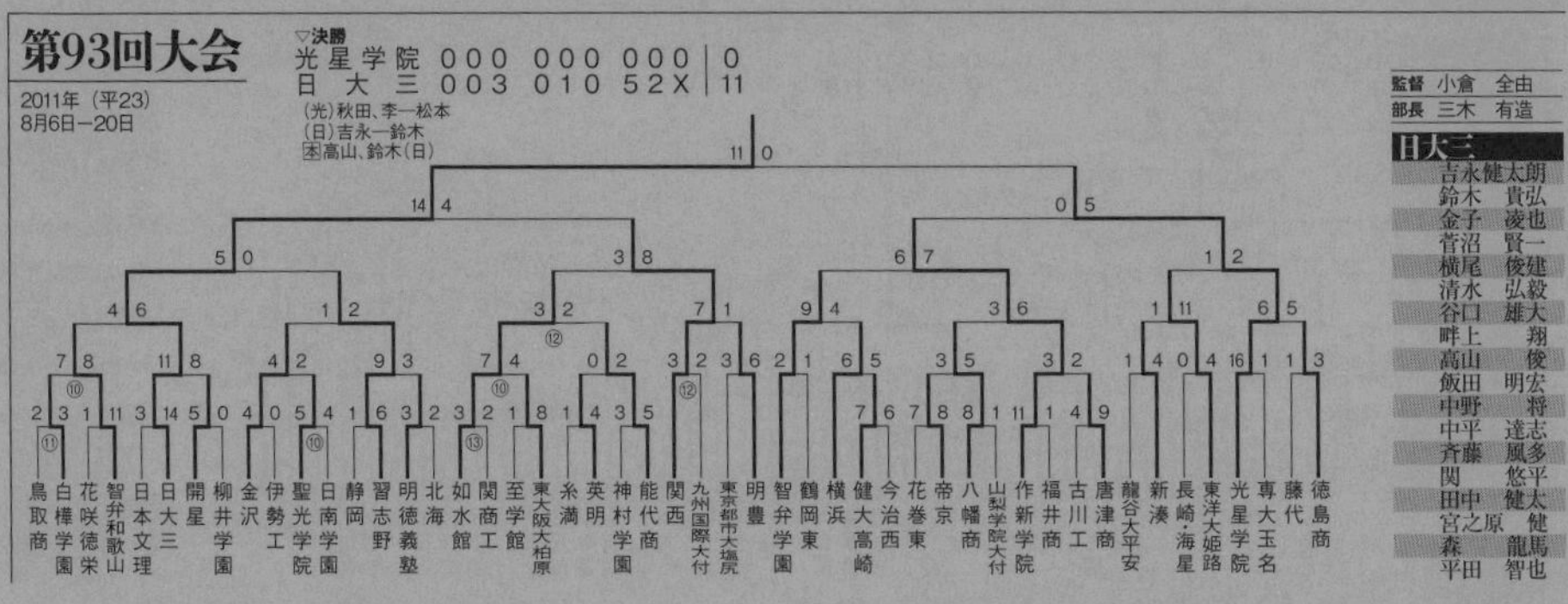

監督 小倉 全由
部長 三木 有造

日大三

吉永健太朗
鈴木 貴弘
金子 凌也
菅沼 賢一
横尾 俊建
清水 弘毅
谷口 雄大
畔上 翔
高山 俊
飯田 明宏
中野 将
中平 達志
斉藤 風多
関 悠平
田中 健太
宮之原 健
森 龍馬
平田 智也

第94回大会

2012年（平24）
8月8日－23日

▽決勝

光星学院 000 000 000 | 0
大阪桐蔭 000 120 00X | 3

（天）金沢、伊藤、城間－田村
（中）藤浪－森
本 白水（大）

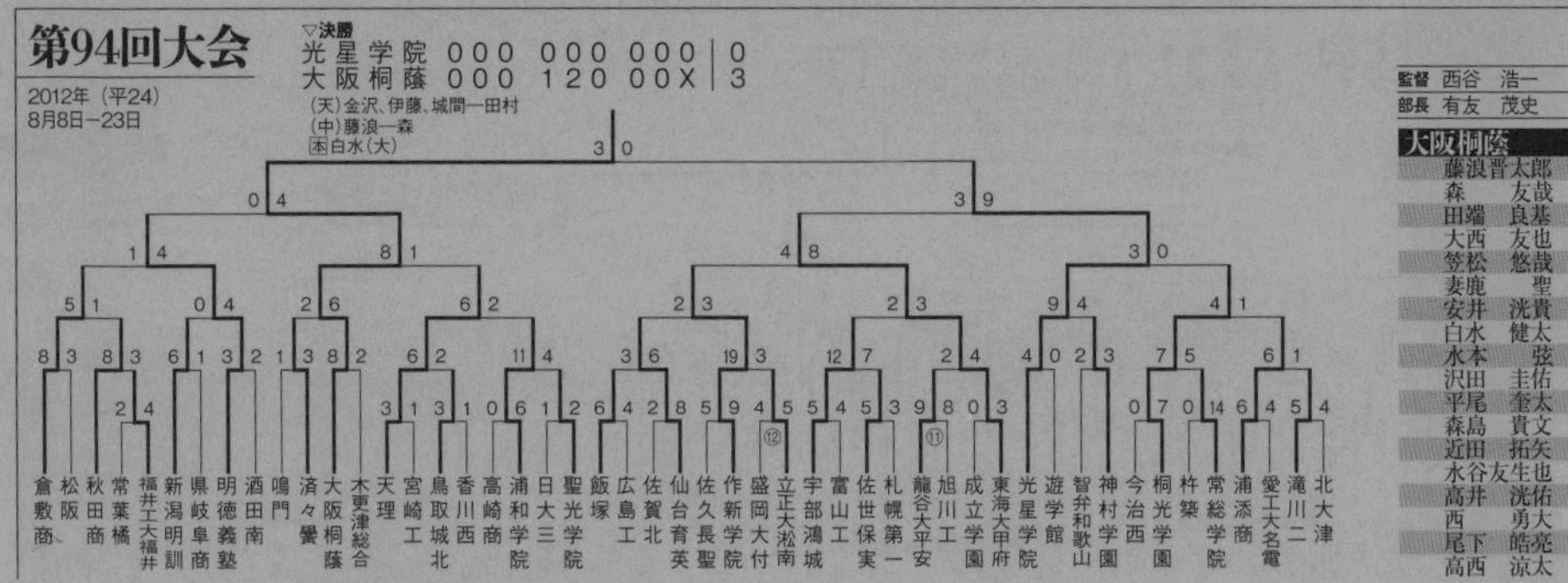

監督 西谷 浩一
部長 有友 茂史

大阪桐蔭

藤浪晋太郎
森 友哉
田端 良基
大西 友也
笠松 悠哉
妻鹿 聖
安井 洸貴
白水 健太
水本 弦
沢田 圭佑
平尾 奎太
森島 貴文
近田 拓矢
水谷友生也
高井 洸佑
西 勇大
尾下 皓亮
高西 涼太

第95回大会

2013年（平25）
8月8日－22日

▽決勝

前橋育英 000 030 100 | 4
延岡学園 000 300 000 | 3

（前）高橋光－小川
（延）横瀬、井手、奈須－柳瀬
本 田村（前）

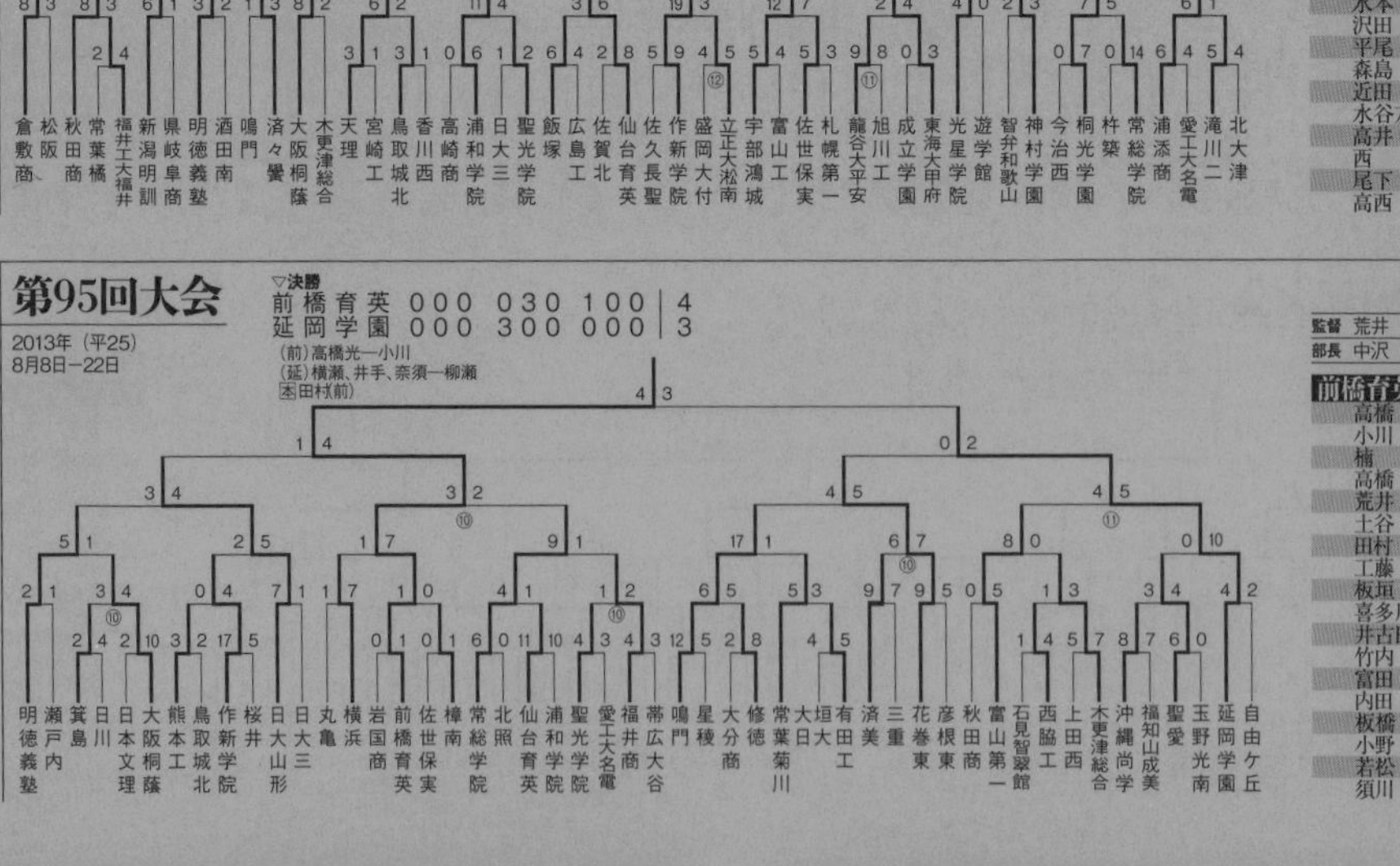

監督 荒井 直樹
部長 中沢 洋一

前橋育英

高橋 光成
小川 駿輝
楠 裕貴
高橋 知也
荒井 海斗
土谷 恵介
田村 駿人
工藤 陽平
板垣 文哉
喜多川省吾
井古田大輔
竹内 良太
富田 恭輔
内田 祥司
板橋 達弥
小野 拓真
若松 徹也
須川 良紀

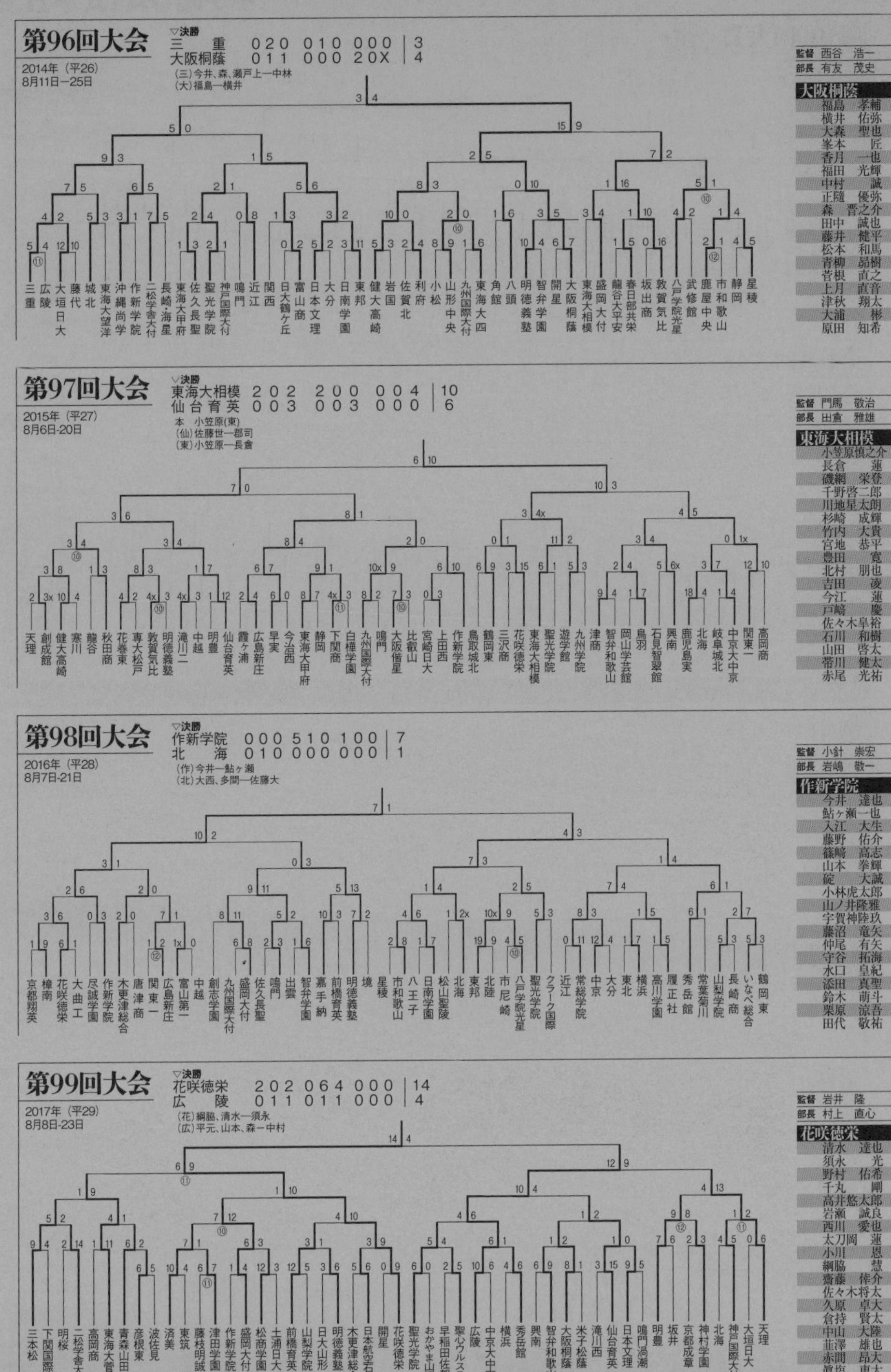
第96回大会
2014年（平26）
8月11日－25日
▽決勝
三　重　020 010 000 | 3
大阪桐蔭　011 000 20X | 4
（三）今井、森、瀬戸上－中林
（大）福島－横井
三重
広陵
大垣日大
藤代
城北
東海大望洋
沖縄尚学
作新学院
二松学舎大付
長崎海星
東海大甲府
佐久長聖
聖光学院
神戸国際大付
鳴門
近江
関西
日大鶴ケ丘
富山商
日本文理
大分
日南学園
東邦
健大高崎
岩国
佐賀北
利府
小松
山形中央
九州国際大付
東海大四
角館
八頭
明徳義塾
智弁学園
開星
大阪桐蔭
東海大相模
盛岡大付
龍谷大平安
春日部共栄
坂出商
敦賀気比
八戸学院光星
武修館
鹿屋中央
市和歌山
静岡
星稜
監督　西谷　浩一
部長　有友　茂史
大阪桐蔭
福島　孝輔
横井　佑弥
大森　聖也
峯本　匠
香月　一也
福田　光輝
中村　誠
正隨　優弥
森　晋之介
田中　誠也
藤井　健平
松本　和馬
青柳　昂樹
菅根　直之
上月　直音
津秋　翔太
大浦　彬
原田　知希
第97回大会
2015年（平27）
8月6日－20日
▽決勝
東海大相模　202 200 004 | 10
仙台育英　003 003 000 | 6
本　小笠原（東）
（仙）佐藤世－郡司
（東）小笠原－長倉
天理
創成館
健大高崎
寒川
龍谷
秋田商
花巻東
専大松戸
敦賀気比
明徳義塾
滝川二
中越
明豊
仙台育英
霞ヶ浦
広島新庄
早実
今治西
東海大甲府
静岡
下関商
白樺学園
九州国際大付
鳴門
大阪偕星
比叡山
宮崎日大
上田西
作新学院
鳥取城北
鶴岡東
三沢商
花咲徳栄
東海大相模
聖光学院
遊学館
九州学院
津商
智弁和歌山
岡山学芸館
鳥羽
石見智翠館
興南
鹿児島実
北海
岐阜城北
中京大中京
関東一
高岡商
監督　門馬　敬治
部長　出倉　雅雄
東海大相模
小笠原慎之介
長倉　蓮
磯網　栄登
千野啓二郎
川地星太朗
杉崎　成輝
竹内　大貴
宮地　恭平
豊田　寛
北村　朋也
吉田　凌
今江　蓮
戸崎　慶
佐々木皐裕
石川　和樹
山田　啓太
帯川　健太
赤尾　光祐
第98回大会
2016年（平28）
8月7日－21日
▽決勝
作新学院　000 510 100 | 7
北　海　010 000 000 | 1
（作）今井－鮎ヶ瀬
（北）大西、多間－佐藤大
京都翔英
樟南
花咲徳栄
大曲工
尽誠学園
作新学院
木更津総合
唐津商
関東一
広島新庄
富山第一
中越
創志学園
九州国際大付
盛岡大付
佐久長聖
鳴門
出雲
智弁学園
嘉手納
前橋育英
明徳義塾
境
星稜
市和歌山
八王子
日南学園
松山聖陵
北海
東邦
北陸
市尼崎
八戸学院光星
聖光学院
クラーク国際
近江
常総学院
中京
大分
東北
横浜
高川学園
履正社
秀岳館
常葉菊川
山梨学院
長崎商
いなべ総合
鶴岡東
監督　小針　崇宏
部長　岩嶋　敬一
作新学院
今井　達也
鮎ヶ瀬一也
入江　大生
藤野　佑介
篠﨑　高志
山本　拳輝
碇　大誠
小林虎太郎
山ノ井隆雅
宇賀神陸玖
藤沼　竜矢
仲尾　有矢
守谷　拓海
水口　皇紀
添田　真聖
鈴木　萌斗
栗原　涼吾
田代　敬祐
第99回大会
2017年（平29）
8月8日－23日
▽決勝
花咲徳栄　202 064 000 | 14
広　陵　011 011 000 | 4
（花）綱脇、清水－須永
（広）平元、山本、森－中村
三本松
下関国際
明桜
二松学舎大付
高岡商
東海大菅生
青森山田
彦根東
波佐見
済美
東筑
藤枝明誠
津田学園
作新学院
盛岡大付
松商学園
土浦日大
前橋育英
山梨学院
日大山形
明徳義塾
木更津総合
日本航空石川
開星
花咲徳栄
聖光学院
おかやま山陽
早稲田佐賀
聖心ウルスラ
広陵
中京大中京
横浜
秀岳館
興南
智弁和歌山
大阪桐蔭
米子松蔭
滝川西
仙台育英
日本文理
鳴門渦潮
明豊
坂井
京都成章
神村学園
北海
神戸国際大付
大垣日大
天理
監督　岩井　隆
部長　村上　直心
花咲徳栄
清水　達也
須永　光
野村　佑希
千丸　剛
高井悠太郎
岩瀬　誠良
西川　愛也
太刀岡　蓮
小川　恩
綱脇　慧
齋藤　倖介
佐々木将太
久原　卓大
倉持　賢太
中山　大陸
韮澤　雄也
赤間　昂大
眞塩　恵太

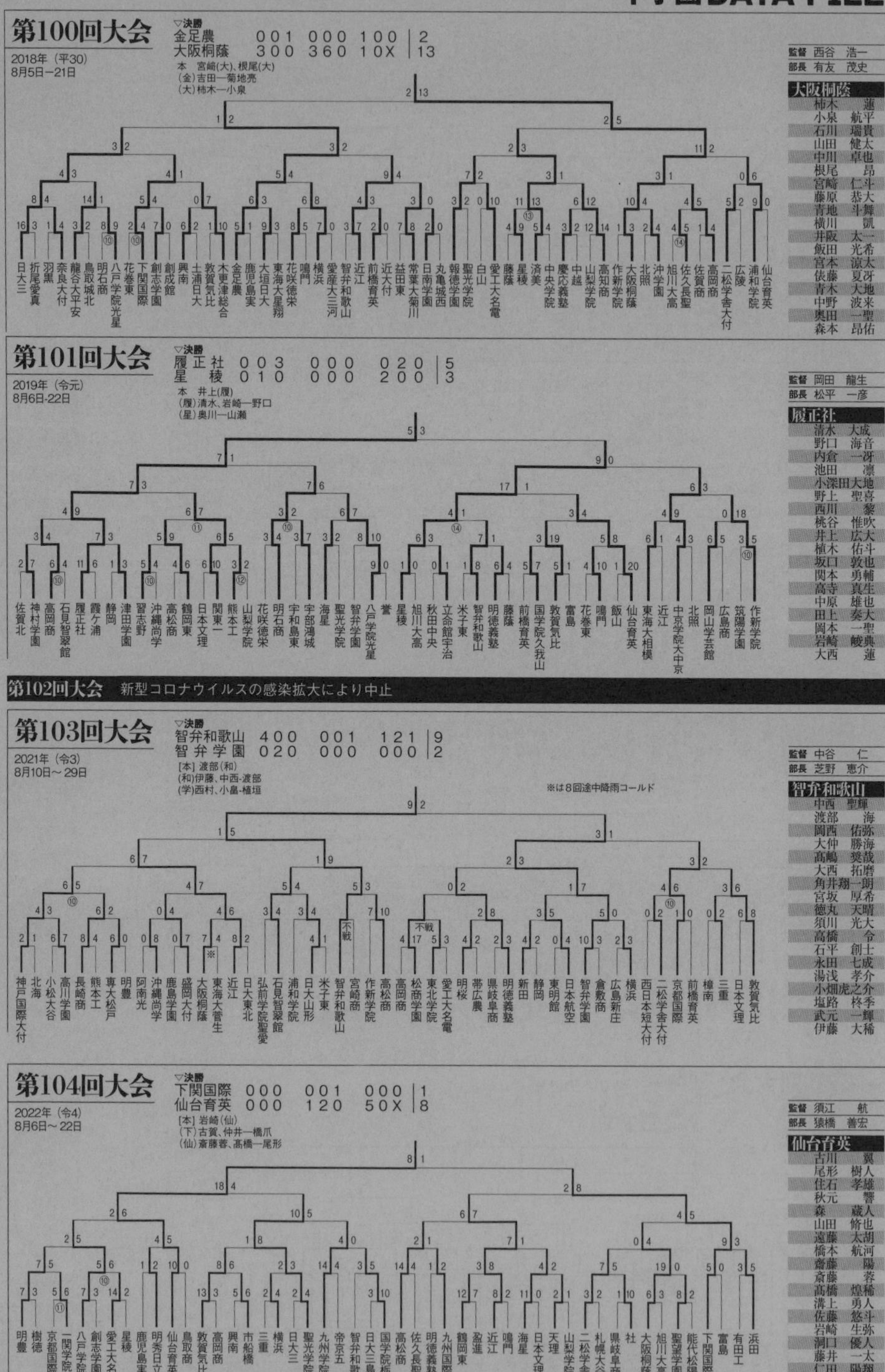

第100回大会
2018年（平30）
8月5日−21日
▽決勝
金足農 001 000 100 | 2
大阪桐蔭 300 360 10X | 13
本 宮崎(大)、根尾(大)
(金)吉田−菊地亮
(大)柿木−小泉
監督 西谷 浩一
部長 有友 茂史
大阪桐蔭
柿木 蓮
小泉 航平
石川 瑞貴
山田 健太
中川 卓也
根尾 昂
宮崎 仁斗
藤原 恭大
青地 斗舞
横川 凱
井阪 太一
飯田 光希
宮本 涼太
俵藤 夏冴
青木 大地
中野 波来
奥田 一聖
森本 昂佑
日大三 折尾愛真 羽黒 奈良大付 龍谷大平安 鳥取城北 明石商 八戸学院光星 花巻東 下関国際 創志学園 創成館 興南 土浦日大 敦賀気比 木更津総合 金足農 鹿児島実 大垣日大 東海大星翔 花咲徳栄 鳴門 横浜 愛産大三河 智弁和歌山 近江 前橋育英 近大付 益田東 常葉大菊川 日南学園 丸亀城西 報徳学園 聖光学院 白山 愛工大名電 藤蔭 星稜 済美 中央学院 慶応義塾 中越 山梨学院 高知商 作新学院 大阪桐蔭 北照 沖学園 旭川大高 佐久長聖 佐賀商 高岡商 二松学舎大付 広陵 浦和学院 仙台育英
第101回大会
2019年（令元）
8月6日−22日
▽決勝
履正社 003 000 020 | 5
星稜 010 000 200 | 3
本 井上(履)
(履)清水、岩崎−野口
(星)奥川−山瀬
監督 岡田 龍生
部長 松平 一彦
履正社
清水 大成
野口 海音
内倉 一冴
池田 凛
小深田大地
野上 聖喜
西川 黎
桃谷 惟吹
井上 広大
植木 佑斗
坂口 敦也
関本 勇輔
高寺 真生
中原 雄也
田上 奏大
岡本 一聖
岩崎 峻典
大西 蓮
佐賀北 神村学園 高岡商 石見智翠館 履正社 霞ケ浦 静岡 津田学園 習志野 沖縄尚学 鶴岡東 高松商 日本文理 関東一 熊本工 山梨学院 花咲徳栄 明石商 宇和島東 宇部鴻城 海星 聖光学院 智弁学園 八戸学院光星 誉 星稜 旭川大高 秋田中央 立命館宇治 米子東 智弁和歌山 明徳義塾 藤蔭 前橋育英 国学院久我山 敦賀気比 富島 花巻東 鳴門 飯山 仙台育英 東海大相模 近江 中京学院大中京 北照 岡山学芸館 広島商 筑陽学園 作新学院
第102回大会 新型コロナウイルスの感染拡大により中止
第103回大会
2021年（令3）
8月10日〜29日
▽決勝
智弁和歌山 400 001 121 | 9
智弁学園 020 000 000 | 2
[本] 渡部(和)
(和)伊藤、中西−渡部
(学)西村、小畠−植垣
※は8回途中降雨コールド
監督 中谷 仁
部長 芝野 恵介
智弁和歌山
中西 聖輝
渡部 海
岡西 佑弥
大仲 勝海
高嶋 奨哉
大西 拓磨
角井翔一朗
宮坂 厚希
徳丸 天晴
須川 光大
高橋 令
石平 創士
永田 七成
湯浅 孝介
小畑虎之介
塩路 柊季
武元 一輝
伊藤 大稀
神戸国際大付 北海 小松大谷 高川学園 長崎商 熊本工 専大松戸 明豊 阿南光 沖縄尚学 鹿島学園 盛岡大付 大阪桐蔭 東海大菅生 近江 日大東北 弘前学院聖愛 石見智翠館 浦和学院 日大山形 米子東 智弁和歌山 宮崎商 作新学院 高松商 高岡商 松商学園 東北学院 愛工大名電 明桜 帯広農 県岐阜商 明徳義塾 新田 静岡 東明館 日本航空 智弁学園 倉敷商 広島新庄 横浜 西日本短大付 二松学舎大付 京都国際 前橋育英 樟南 三重 日本文理 敦賀気比
不戦
第104回大会
2022年（令4）
8月6日〜22日
▽決勝
下関国際 000 001 000 | 1
仙台育英 000 120 50X | 8
[本] 岩崎(仙)
(下)古賀、仲井−橋爪
(仙)斎藤蓉、髙橋−尾形
監督 須江 航
部長 猿橋 善宏
仙台育英
古川 翼
尾形 樹人
住石 孝雄
秋元 響
森 蔵人
山田 脩也
遠藤 太胡
橋本 航河
齋藤 陽
斎藤 蓉
髙橋 煌稀
溝上 勇人
佐藤 悠斗
岩崎 生弥
洞口 優人
藤井 一太
仁田 陽翔
湯田 統真
明豊 樹徳 京都国際 一関学院 八戸学院光星 創志学園 愛工大名電 星稜 鹿児島実 明秀日立 仙台育英 鳥取商 敦賀気比 高岡商 興南 市船橋 三重 横浜 日大三 聖光学院 九州学院 帝京五 智弁和歌山 日大三島 国学院栃木 高松商 佐久長聖 明徳義塾 九州国際大付 鶴岡東 盈進 近江 鳴門 海星 日本文理 天理 山梨学院 二松学舎大付 札幌大谷 県岐阜商 社 大阪桐蔭 旭川大高 聖望学園 能代松陽 下関国際 富島 有田工 浜田

全国高校野球選手権大会記録集

KOSHIEN RECORD BOOK

▼大会記録

最高打率	チーム	.448	駒大苫小牧　5試合174打数78安打	第86回	2004
	個人	.768	住谷湧也（近江）4試合13打数10安打	第100回	2018
最多本塁打	大会	68	48試合	第99回	2017
	チーム	11	智弁和歌山（山野3、後藤3、武内2、堤野2、池辺）6試合	第82回	2000
	個人	6	中村奨成（広陵）6試合	第99回	2017
最多安打	チーム	100	智弁和歌山　6試合	第82回	2000
	個人	19	中村奨成（広陵）6試合　など2人	第99回	2017
最多二塁打	チーム	21	花咲徳栄　6試合	第99回	2017
	個人	6	中村奨成（広陵）など4人	第99回	2017
最多三塁打	チーム	12	和歌山中　4試合	第12回	1926
	個人	4	渡辺政孝（九州学院）4試合　など4人	第92回	2010
最多塁打	チーム	157	智弁和歌山　6試合	第82回	2000
	個人	43	中村奨成（広陵）6試合	第99回	2017
最多得点	チーム	75	和歌山中　4試合	第7回	1921
	個人	16	井口新次郎（和歌山中）4試合	第7回	1921
最多打点	チーム	57	大阪桐蔭　6試合	第90回	2008
	個人	17	中村奨成（広陵）6試合	第99回	2017
最多四死球	チーム	48	佐賀北　7試合	第89回	2007
	個人	10	副島浩史（佐賀北）7試合　など3人	第89回	2007
最多三振	チーム	54	桐生第一　6試合	第81回	1999
	個人	12	上条　章（松本商）3試合	第13回	1927
最多犠打	チーム	30	育英　6試合	第75回	1993
	個人	9	上地俊樹（浦添商）5試合	第90回	2008
最多盗塁	チーム	29	和歌山中　4試合	第7回	1921
	個人	8	丸山和郁（前橋育英）3試合　など3人	第99回	2017
最多失点	チーム	41	常葉菊川　5試合	第90回	2008
	個人	36	大野　倫（沖縄水産）6試合53回	第73回	1991
最少失点	チーム	0	海草中（嶋）5試合45回	第25回	1939
		0	小倉（福島）5試合45回	第30回	1948
	個人	0	楠本　保（明石中）3試合21回	第19回	1933
		0	嶋　清一（海草中）5試合45回	第25回	1939
		0	福島一雄（小倉）5試合45回	第30回	1948
最多与四死球	チーム	42	桐蔭（西村、松島）5試合44回	第30回	1948
	個人	40	西村　修（桐蔭）5試合40回	第30回	1948
最多奪三振	チーム	83	徳島商（板東）6試合62回	第40回	1958
	個人	83	板東英二（徳島商）6試合62回	第40回	1958
最多失策	チーム	28	和歌山中　4試合	第1回	1915
	個人	13	中筋武久（和歌山中）4試合	第1回	1915

▼1試合記録

最高打率	チーム	.593	ＰＬ学園（対東海大山形）54打数32安打	第67回	1985
最多本塁打	両チーム	7	智弁和歌山（5）帝京（2）	第88回	2006
	チーム	5	智弁和歌山（対帝京）＝馬場2、上羽、広井、橋本	第88回	2006
			履正社（対霞ケ浦）＝桃谷2、井上、野上、西川	第101回	2019
	個人	3	清原和博（ＰＬ学園）対享栄	第66回	1984
		3	平田良介（大阪桐蔭）対東北	第87回	2005
最多安打	両チーム	41	ＰＬ学園（32）東海大山形（9）	第67回	1985
	チーム	32	ＰＬ学園（対東海大山形）	第67回	1985
	個人	6	笹岡伸好（ＰＬ学園）対東海大山形	第67回	1985
		6	松島侑也（日大三）対ＰＬ学園	第86回	2004
最多二塁打	両チーム	12	徳島商（7）東邦（5）	第67回	1985
	チーム	10	仙台育英（対明豊）	第97回	2015
	個人	3	伊藤櫂人（大阪桐蔭）対二松学舎大付など30人	第104回	2022
最多三塁打	両チーム	6	岐阜商（6）盛岡商（0）	第22回	1936
		6	小倉北（6）長崎東（0）	第31回	1949
	チーム	6	岐阜商（対盛岡商）	第22回	1936
		6	小倉北（対長崎東）	第31回	1949
	個人	3	叶　四郎（鳥取一中）対水戸商	第13回	1927
		3	酒沢政雄（育英商）対甲府中	第21回	1935
		3	松井栄造（岐阜商）対盛岡商	第22回	1936
最多得点	両チーム	36	ＰＬ学園（29）東海大山形（7）	第67回	1985
	チーム	29	ＰＬ学園（対東海大山形）	第67回	1985
	個人	6	井口新次郎（和歌山中）対豊国中	第7回	1921
最多打点	チーム	27	ＰＬ学園（対東海大山形）	第67回	1985
	個人	8	筒香嘉智（横浜）対聖光学院　など２名	第90回	2008
最多塁打	両チーム	56	徳島商（36）東邦（20）	第67回	1985
	（参考）	58	熊谷商（34）平安（24）＝延長10回	第52回	1970
	チーム	45	ＰＬ学園（対東海大山形）	第67回	1985
	個人	14	平田良介（大阪桐蔭）対東北	第87回	2005
最多四死球	両チーム	31	静岡商（23）長野商（8）	第22回	1936
	チーム	23	静岡商（対長野商）	第22回	1936
	個人	5	木代　成（日大三）対折尾愛真など6人	第100回	2018
最多三振	両チーム	30	北海中（19）東山中（11）	第11回	1925
	チーム	22	今治西（対桐光学園）	第94回	2012
	個人	5	森　春男（神奈川商工）対福岡中	第14回	1928
		5	伊藤博之（鎮西）対岡山南	第66回	1984
		5	平井正史（宇和島東）対三重・海星	第75回	1993
		5	楠木　諒（智弁和歌山）対仙台育英	第89回	2007
最多盗塁	両チーム	20	鳥取中（10）中学明善（10）	第2回	1916
	チーム	13	土佐（対金沢泉丘）	第35回	1953
	個人	5	原田安次郎（京都一商）対慶応普通部	第7回	1921
		5	五味芳夫（甲府中）対青島中	第21回	1935

最多犠打	両チーム	12	所沢商（6）小城（6）	第60回	1978
		12	横浜商（9）豊浦（3）	第61回	1979
	チーム	9	横浜商（対豊浦）	第61回	1979
		9	広島商（対日大一）	第70回	1988
		9	静岡商（対八幡商）	第88回	2006
	個人	4	岡本成司（鎮西）対都城商	第63回	1981
		4	高橋尚成（修徳）対岡山南	第75回	1993
		4	乗田貴士（平安）対金沢	第83回	2001
最多失策	両チーム	20	釜山商（10）杵築中（10）	第７回	1921
	チーム	13	慶応普通部（対関西学院中）	第６回	1920
	個人	6	村田良平（釜山商）対杵築中	第７回	1921
		6	森永　孝（鹿児島商）対市岡中	第15回	1929
最多併殺	両チーム	7	和歌山商（4）岐阜商（3）	第22回	1936
		7	福岡工（5）桐生中（2）	第25回	1939
		7	銚子商（5）東海大一（2）	第58回	1976
		7	明徳義塾（5）盛岡大付（2）	第86回	2004
	チーム	5	興南（対智弁和歌山）など6チーム	第99回	2017
最多与四死球	チーム	23	長野商（鳥羽、小川）対静岡商	第22回	1936
	個人	16	森本　健（高知商）対岐阜一	第30回	1948
最多奪三振	個人	22	松井裕樹（桐光学園）対今治西	第94回	2012
最少残塁	両チーム	4	丸子実（1）銚子商（3）	第47回	1965
		4	智弁学園（1）今治西（3）	第59回	1977
		4	木更津総合（1）広島新庄（3）など5度	第98回	2016
	チーム	0	阿南光(対沖縄尚学)など11チーム	第103回	2021
最多残塁	両チーム	31	松山商（16）慶応普通部（15）	第６回	1920
	チーム	19	青森山田（対尼崎北）＝延長13回	第77回	1995
	個人	5	佐藤佑樹（北海）対松山聖陵など9人	第98回	2016
毎回奪三振			近江(山田陽翔、星野世那)など94度(継投は22度)	第104回	2022
毎回与四死球			札幌商（加藤）対京城商	第20回	1934
			天津商（川西、金）対仁川商	第24回	1938
毎回安打			近江(鳴門)など89度	第104回	2022
無三振試合			下関商（村井）対松本商（洞沢）	第26回	1940
			大分商（松本）対浜松商（浜崎）	第62回	1980
			浜松商（伊藤、浜崎、藤井）対瀬田工（布施、木村浩）	第62回	1980
無四死球試合			海星－聖光学院など21試合	第101回	2019
全員失策試合			神戸一中（対和歌山中）	第７回	1921
全員安打			花咲徳栄（対鳴門）など70チーム	第100回	2018
全員得点			九州学院（対松本工）など33度	第92回	2010
全員奪三振			横浜（石川達也、藤平尚真）対履正社など28チーム	第98回	2016
全員四死球			小山西（対玉野光南）＝延長11回など4チーム	第84回	2002
全員残塁			静岡（対八頭）など17チーム	第85回	2003
毎回・全員安打			宇部鴻城（対佐世保実）など7チーム	第94回	2012
サイクル安打			杉山慎二郎（平安）対盛岡	第31回	1949
			玉川寿（土佐）対桂	第57回	1975
			沢村通（大阪桐蔭）対秋田＝延長11回	第73回	1991
			藤本敏也（明徳義塾）対横浜	第80回	1998
			林裕也（駒大苫小牧）対横浜	第86回	2004
			杉田翔太郎（敦賀気比）対国学院久我山	第101回	2019
三重殺			早実（対静岡中）	第13回	1927
			長崎・海星（対大宮）	第45回	1963
			平安（対花巻北）	第48回	1966
			松商学園（対長崎日大）	第75回	1993
			柳川（対享栄）	第77回	1995
			松山商（対智弁学園）	第83回	2001
			明豊（対関西）	第93回	2011
			愛工大名電（対聖光学院）	第95回	2013
			下関国際(対大阪桐蔭)	第104回	2022

▼1イニング記録					
最多本塁打	チーム	3	智弁和歌山（細川、根来、東妻）対明徳義塾の7回　など2度	第101回	2019
	個人	2	坂口真規（智弁和歌山）対駒大岩見沢の8回	第90回	2008
全員安打			松山商（対浦和学院の6回）	第68回	1986
最多安打		12	松山商（対浦和学院の6回）	第68回	1986
最多二塁打	チーム	4	東邦（対北陸の4回）	第98回	2016
			など11チーム		
	個人	2	遠藤太胡(仙台育英)対聖光学院の2回　3人目	第104回	2022
最多三塁打	チーム	3	常総学院（対杵築の3回）	第94回	2012
			など9チーム		
	個人	2	須長秀行（桐生）対北陽の1回	第48回	1966
		2	オコエ瑠偉（関東一）対高岡商の3回	第97回	2015
最多得点	チーム	14	立命館中（対台北一中の3回）	第９回	1923
	個人	2	岩崎生弥、遠藤太胡、秋元響(仙台育英)対聖光学院　など多数	第104回	2022
最多四死球		8	静岡商（対長野商の8回）	第22回	1936
		8	米子中（対高岡商の7回）	第25回	1939
全員得点			仙台育英（対飯山の5回）	第101回	2019
▼連続記録					
安打	チーム	11	松山商（対浦和学院の6回）	第68回	1986
	個人	8	末次秀樹（柳川商）対三重、対ＰＬ学園	第58回	1976
		8	水口栄二（松山商）対浦和学院、対天理	第68回	1986
		8	松島侑也（日大三）対ＰＬ学園、対駒大苫小牧	第86回	2004
	(打数)	8	鹿野浩司（帝京）対米子東、対三重・海星	第71回	1989
二塁打	チーム	4	山梨学院大付（窪寺、横田、大竹、藤原）対熊本工の8回	第78回	1996
	個人	3	川田賢一郎（八頭）対角館など11人	第96回	2014
三塁打	チーム	3	慶応普通部（塩川、河野、平川）対香川商の3回	第２回	1916
	個人	3	酒沢政雄（育英商）対甲府中	第21回	1935
本塁打	チーム	2	京都国際（中川、辻井）対二松学舎大付の6回など26度	第101回	2019
	個人（打数）	3	清原和博（ＰＬ学園）対享栄	第66回	1984
	個人（打席）	2	浅野翔吾(高松商)対佐久長聖、松尾汐恩(大阪桐蔭)対聖望学園　など41人43度	第104回	2022
	個人（試合）	3	中村奨成（広陵）対中京大中京、対秀岳館、対聖光学院　など8人	第99回	2017
四死球	チーム	7	米子中（対高岡商の7回）	第25回	1939
	個人	5	三輪　成（京城中）対旭川商	第12回	1926
		5	石垣安雄（静岡中）対長野商、対京阪商	第26回	1940
		5	松井秀喜（星稜）対明徳義塾	第74回	1992
		5	田中耕作（松山商）対旭川実	第77回	1995
		5	木代　成（日大三）対折尾愛真	第100回	2018
得点	チーム	12	立命館中（対台北一中の3回）	第９回	1923
	個人	6	井口新次郎（和歌山中）対豊国中	第７回	1921
		6	萩原　誠（大阪桐蔭）対星稜、対沖縄水産	第73回	1991
出塁	チーム	14	智弁学園（対県岐阜商の3回）	第81回	1999
奪三振		10	松井裕樹（桐光学園）対今治西	第94回	2012
▼その他の記録					
最短試合時間	1時間12分		小 倉 中　6-3　岐 阜 商	第29回	1947
最長試合時間	4時間55分		中 京 商　1-0　明 石 中＝延長25回	第19回	1933
最長延長回数	25回		中 京 商　1-0　明 石 中	第19回	1933
	19回		静 岡 中　6-5　前 橋 中	第12回	1926
	18回		日大三中　3-1　大 分 商	第26回	1940
			徳 島 商　0-0　魚　　津	第40回	1958
			掛 川 西　0-0　八 代 東	第46回	1964
			松 山 商　0-0　三　　沢	第51回	1969
			箕　　島　4-3　星　　稜	第61回	1979

※第40回大会以降は延長18回、第82回大会以降は延長15回打ち切り再試合

■満塁本塁打一覧

	打者	校名	所在地		スコア	相手投手	相手校名	所在地	年度	大会	回戦	備考
①	田中市太郎	静岡中	静岡	●	4—5	手島　義美	北海中	北海道	1924	第10回	1回戦	
②	加藤　常雄	東山中	京都	○	9—3	手島　義美	北海中	北海道	1925	第11回	1回戦	
③	山下　好一	和歌山中	和歌山	○	24—2	石沢　義春	北海中	北海道	1930	第16回	1回戦	
④	稲田　照夫	平安中	京都	○	15—0	小林　孝吉	東北中	宮城	1930	第16回	準々決勝	
⑤	大塚善次郎	関東中	千葉	●	7—8	三好　善次	高松中	香川	1934	第20回	2回戦	
⑥	野村　清	岐阜商	岐阜	○	18—0	沢藤　光郎	盛岡商	岩手	1936	第22回	1回戦	
⑦	滝川　陽一	九州学院	熊本	○	21—3	川田美津夫	足利工	栃木	1963	第45回	2回戦	
⑧	荒武　康博	報徳学園	兵庫	○	9—1	秀間　裕	竜ケ崎一	茨城	1966	第48回	2回戦	
⑨	稲山　正則	県岐阜商	岐阜	○	8—1	高田　寛己	池田	徳島	1971	第53回	2回戦	
⑩	山川　猛	東洋大姫路	兵庫	○	5—3	佐藤　繁信	習志野	千葉	1972	第54回	1回戦	
⑪	中山　明	高知商	高知	○	5—3	吉田　智人	東邦	愛知	1973	第55回	2回戦	
⑫	見形　仁一	宇都宮学園	栃木	○	10—0	西　豊茂	東海大相模	神奈川	1977	第59回	1回戦	
⑬	川端　正	大鉄	大阪	○	10—6	星野　正一	津久見	大分	1977	第59回	3回戦	サヨナラ
⑭	坂口　義一	済々黌	熊本	○	18—5	中条　善伸	東北	宮城	1979	第61回	1回戦	
⑮	小沢　潤一	横浜商	神奈川	○	14—4	三好　仙奈	豊浦	山口	1979	第61回	3回戦	ランニング
⑯	岡部　道明	報徳学園	兵庫	○	9—0	北田登志夫	盛岡工	岩手	1981	第63回	1回戦	
⑰	水野　雄仁	池田	徳島	○	14—2	石井　丈裕	早実	東京	1982	第64回	準々決勝	
⑱	津野　浩	高知商	高知	○	8—2	吉井　理	箕島	和歌山	1983	第65回	3回戦	
⑲	吉岡　雄二	帝京	東京	○	11—0	森　健郎	海星	三重	1989	第71回	準々決勝	
⑳	水島　裕介	浜松商	静岡	○	12—6	浦上　義信	岡山城東	岡山	1990	第72回	1回戦	
㉑	松本　謙吾	宇部商	山口	○	8—4	喜多　重厚	渋谷	大阪	1990	第72回	2回戦	
㉒	三沢　興一	帝京	東京	○	8—6	田原　勇作	池田	徳島	1991	第73回	3回戦	
㉓	西原　正勝	佐賀商	佐賀	○	8—4	福岡真一郎	樟南	鹿児島	1994	第76回	決勝	
㉔	福留　孝介	ＰＬ学園	大阪	○	12—3	藤本　浩二	北海道工	北海道	1995	第77回	1回戦	
㉕	兵動　秀治	佐賀商	佐賀	○	10—9	山根　新	光星学院	青森	1997	第79回	1回戦	
㉖	平井　孝英	富山商	富山	○	8—4	南　竜介	報徳学園	兵庫	1998	第80回	1回戦	
㉗	仲里　孝太	中部商	沖縄	●	6—11	金本　明博	酒田南	山形	2004	第86回	2回戦	
㉘	宮本　大輔	常総学院	茨城	●	8—11	熊代　聖人	今治西	愛媛	2006	第88回	1回戦	
㉙	渡辺　侑也	聖光学院	福島	○	6—4	石井　裕大	青森山田	青森	2007	第89回	2回戦	
㉚	副島　浩史	佐賀北	佐賀	○	5—4	野村　祐輔	広陵	広島	2007	第89回	決勝	
㉛	田野尻悠紀	鹿児島実	鹿児島	○	14—1	山地　寿幸	日大鶴ケ丘	東京	2008	第90回	1回戦	
㉜	江川　大輝	関東一	東京	○	13—5	島田　隼斗	常総学院	茨城	2008	第90回	1回戦	
㉝	筒香　嘉智	横浜	神奈川	○	15—1	佐藤　竜哉	聖光学院	福島	2008	第90回	準々決勝	
㉞	前田　隆一	常葉菊川	静岡	○	9—4	伊波　翔悟	浦添商	沖縄	2008	第90回	準決勝	
㉟	奥村　翔馬	大阪桐蔭	大阪	○	17—0	戸狩　聡希	常葉菊川	静岡	2008	第90回	決勝	
㊱	白石　智英	八幡商	滋賀	○	8—1	広瀬　直紀	山梨学院大付	山梨	2011	第93回	1回戦	
㊲	川上　竜平	光星学院	青森	○	16—1	江藤　秀樹	専大玉名	熊本	2011	第93回	2回戦	
㊳	遠藤　和哉	八幡商	滋賀	○	5—3	渡辺隆太郎	帝京	東京	2011	第93回	2回戦	
㊴	小林　航	白樺学園	北海道	●	7—8	古田　恭平	智弁和歌山	和歌山	2011	第93回	2回戦	
㊵	松本　高徳	鳴門	徳島	○	12—5	岩下　大輝	星稜	石川	2013	第95回	1回戦	
㊶	御簗　翔	敦賀気比	福井	●	9—15	福島　孝輔	大阪桐蔭	大阪	2014	第96回	準決勝	
㊷	北川竜之介	中京	岐阜	○	12—4	石本　勝也	大分	大分	2016	第98回	1回戦	
㊸	西浦　颯大	明徳義塾	高知	○	13—5	仲井間光亮	嘉手納	沖縄	2016	第98回	3回戦	
㊹	小林　由伸	盛岡大付	岩手	○	12—7	影山　尭紀	済美	愛媛	2017	第99回	3回戦	
㊺	吉岡秀太朗	済美	愛媛	●	7—12	平松　竜也	盛岡大付	岩手	2017	第99回	3回戦	
㊻	三好　泰成	明豊	大分	●	9—13	輪島　大地	天理	奈良	2017	第99回	準々決勝	
㊼	中尾　勇介	山梨学院	山梨	●	12—14	北代真二郎	高知商	高知	2018	第100回	1回戦	
㊽	堀本　洸生	大垣日大	岐阜	○	9—3	山下　朝陽	東海大星翔	熊本	2018	第100回	1回戦	
㊾	矢野巧一郎	済美	愛媛	○	13—11	寺沢　孝多	星稜	石川	2018	第100回	2回戦	
㊿	下山　昂大	八戸学院光星	青森	○	9—0	杉本　恭一	誉	愛知	2019	第101回	1回戦	
51	元　謙太	中京学院大中京	岐阜	○	6—3	坂主　清	作新学院	栃木	2019	第101回	準々決勝	
52	今井　秀輔	星稜	石川	○	17—1	伊藤　樹	仙台育英	宮城	2019	第101回	準々決勝	
53	山田　陽翔	近江	滋賀	○	7—1	宮原　明弥	海星	長崎	2022	第104回	3回戦	
54	岩崎　生弥	仙台育英	宮城	○	8—1	仲井　慎	下関国際	山口	2022	第104回	決勝	

■サヨナラ本塁打一覧

	打者	校名	所在地		スコア	相手投手	相手校名	所在地	年度	大会	回戦	備考
①	柴　武利	銚子商	千葉	○	2—1	秋庭　英雄	法政一	東京	1961	第43回	1回戦	延長12回
②	大谷　敏夫	今治西	愛媛	○	3—0	向峰　斉	旭川龍谷	北海道	1973	第55回	3回戦	
③	塚原　修	上尾	埼玉	○	5—4	二保　茂則	小倉南	福岡	1975	第57回	2回戦	延長10回
④	高林　基久	浜松商	静岡	○	6—5	糸数　勝彦	石川	沖縄	1975	第57回	2回戦	逆転
⑤	川端　正	大鉄	大阪	○	10—6	星野　正一	津久見	大分	1977	第59回	3回戦	満塁/延長11回
⑥	安井　浩二	東洋大姫路	兵庫	○	4—1	坂本　佳一	東邦	愛知	1977	第59回	決勝	延長10回
⑦	中村　稔	名古屋電気	愛知	○	2—1	高木　宣宏	北陽	大阪	1981	第63回	3回戦	延長12回
⑧	加藤　誉昭	都城商	宮崎	○	2—1	金丸　久夫	岡谷工	長野	1981	第63回	3回戦	延長12回
⑨	浜口　大作	宇部商	山口	○	6—5	山下　伸一	帝京	東京	1983	第65回	2回戦	逆転
⑩	末野　芳樹	法政一	東京	○	1—0	安部　伸一	境	鳥取	1984	第66回	1回戦	延長10回
⑪	稲元　智	帝京	東京	○	8—6	田原　勇作	池田	徳島	1991	第73回	3回戦	延長10回
⑫	稲垣　正史	海星	三重	○	4—3	曽根岡敦史	早実	東京	1996	第78回	2回戦	逆転
⑬	清水　満	東海大甲府	山梨	○	9—8	本間　裕之	聖光学院	福島	2004	第86回	3回戦	逆転
⑭	井上　貴晴	報徳学園	兵庫	○	4—2	古村　祐也	新潟県央工	新潟	2008	第90回	1回戦	
⑮	奥田ペドロ	本庄第一	埼玉	○	5—4	小池　洋史	開星	島根	2008	第90回	1回戦	
⑯	後藤　静磨	立正大淞南	島根	○	1—0	安達　央貴	華陵	山口	2009	第91回	2回戦	
⑰	河合　完治	中京大中京	愛知	○	5—4	山崎　裕貴	関西学院	兵庫	2009	第91回	2回戦	
⑱	新井　充	日本文理	新潟	○	6—5	岩城　巧	富山商	富山	2014	第96回	3回戦	逆転
⑲	長嶋　亮磨	関東一	東東京	○	1—0	上野翔太郎	中京大中京	愛知	2015	第97回	3回戦	
⑳	矢野巧一郎	済美	愛媛	○	13—11	寺沢　孝多	星稜	石川	2018	第100回	2回戦	逆転/満塁/延長13回
㉑	山口　環生	熊本工	熊本	○	3—2	相澤　利俊	山梨学院	山梨	2019	第101回	1回戦	
㉒	福本　陽生	星稜	石川	○	4—1	池田　陽佑	智弁和歌山	和歌山	2019	第101回	3回戦	
㉓	緒方　漣	横浜	神奈川	○	3—2	秋山　恭平	広島新庄	広島	2021	第103回	1回戦	

■ノーヒットノーラン一覧

	投手	校名	所在地	スコア	相手校名	所在地	四死球	奪三振	失策	年度	大会	回戦	備考
①	松本　終吉	市岡中	大阪	8—0	一関中	岩手	3	8	2	1916	第２回	準々決勝	
②	八十川　胖	広陵中	広島	8—0	敦賀商	福井	4	7	3	1927	第13回	2回戦	
③	伊藤　次郎	平安中	京都	6—0	北海中	北海道	5	12	1	1928	第14回	準決勝	
④	楠本　保	明石中	兵庫	4—0	北海中	北海道	1	15	1	1932	第18回	1回戦	
⑤	水沢　清	長野商	長野	6—0	遠野中	岩手	4	5	1	1932	第18回	2回戦	
⑥	岡本　敏男	熊本工	熊本	3—0	石川師範	石川	5	7	1	1932	第18回	準々決勝	
⑦	吉田　正男	中京商	愛知	11—0	善隣商	朝鮮	1	14	0	1933	第19回	1回戦	
※	楠本　保 中田　武雄	明石中	兵庫	10—0	水戸商	茨城	5	13	1	1933	第19回	2回戦	（参考記録）2投手の継投
⑧	長谷川　治	海南中	和歌山	5—0	神戸一中	兵庫	1	7	1	1934	第20回	2回戦	
⑨	小林　悟楼	和歌山商	和歌山	10—0	福井商	福井	5	2	3	1936	第22回	2回戦	
⑩	浦野　隆夫	大分商	大分	4—0	台北一中	台湾	1	2	1	1938	第24回	1回戦	
⑪	嶋　清一	海草中	和歌山	8—0	島田商	静岡	4	17	2	1939	第25回	準決勝	
⑫	嶋　清一	海草中	和歌山	5—0	下関商	山口	2	8	0	1939	第25回	決　勝	2試合連続
⑬	服部　茂次	熊谷	埼玉	4—0	県和歌山商	和歌山	1	4	2	1951	第33回	準決勝	
⑭	清沢　忠彦	岐阜商	岐阜	7—0	津島商工	愛知	2	10	1	1957	第39回	1回戦	
⑮	王　貞治	早実	東京	1—0	寝屋川	大阪	4	8	0	1957	第39回	2回戦	延長11回
⑯	森光　正吉	高知商	高知	5—0	松阪商	三重	3	5	1	1958	第40回	2回戦	
⑰	降旗　英行	松商学園	長野	14—0	三笠	北海道	3	3	1	1969	第51回	1回戦	
⑱	有田二三男	北陽	大阪	1—0	高鍋	宮崎	2	9	1	1973	第55回	3回戦	
⑲	工藤　公康	名古屋電気	愛知	4—0	長崎西	長崎	1	16	1	1981	第63回	2回戦	
⑳	新谷　博	佐賀商	佐賀	7—0	木造	青森	1	8	0	1982	第64回	1回戦	
㉑	芝草　宇宙	帝京	東京	3—0	東北	宮城	8	3	0	1987	第69回	2回戦	
㉒	杉内　俊哉	鹿児島実	鹿児島	4—0	八戸工大一	青森	1	16	0	1998	第80回	1回戦	
㉓	松坂　大輔	横浜	神奈川	3—0	京都成章	京都	3	11	0	1998	第80回	決　勝	

センバツ大会HISTORY

1924-2023［第1回～第95回］

○数字はコールド回数及び延長回数、スコアの中黒左数字は引き分け試合の得点、右は再試合の得点

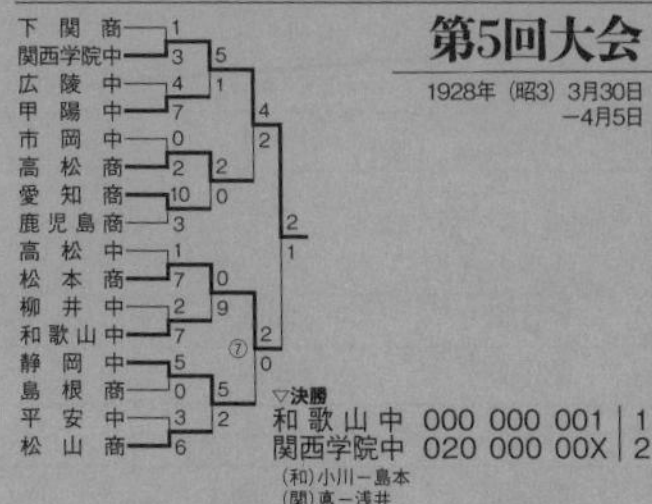

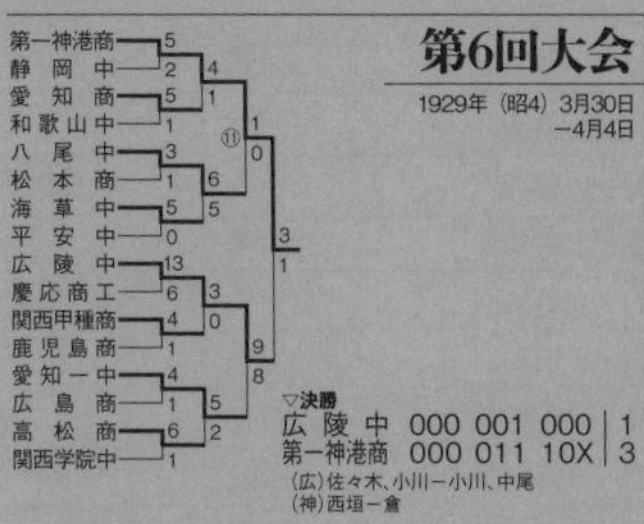

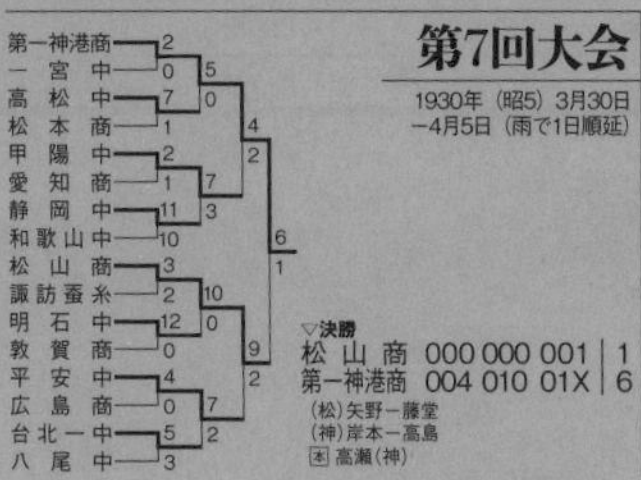

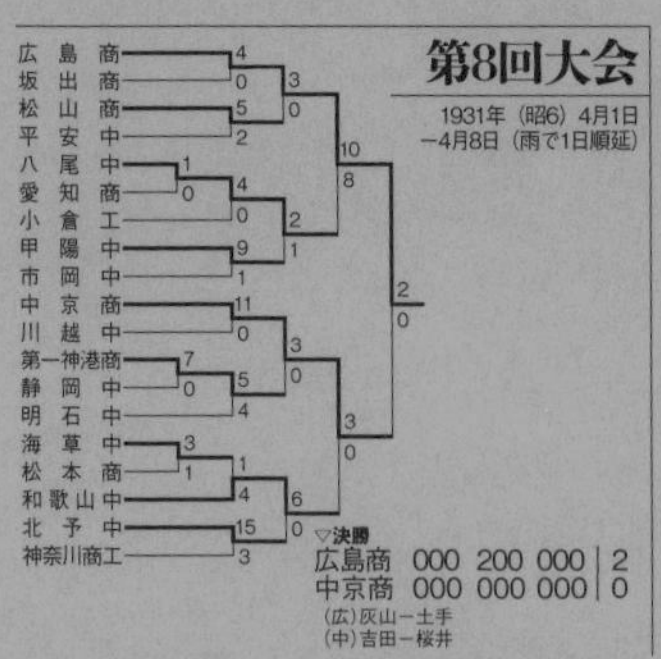

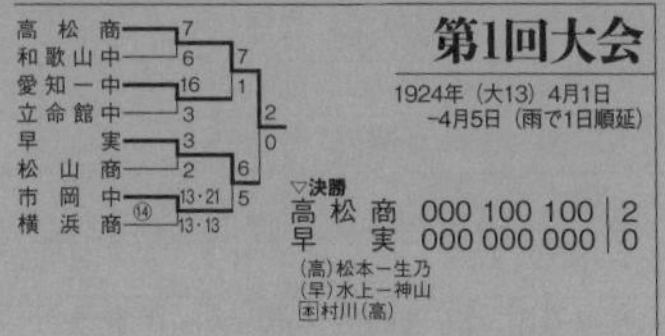

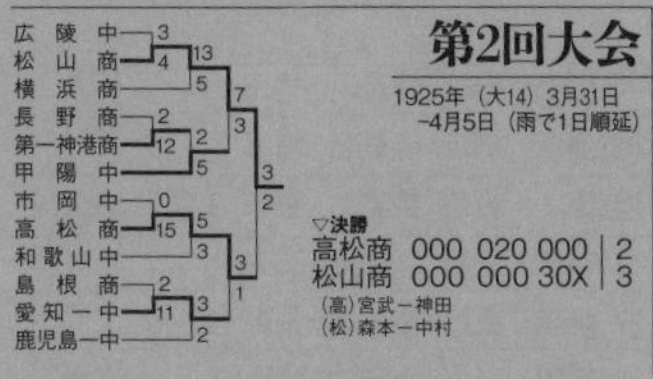

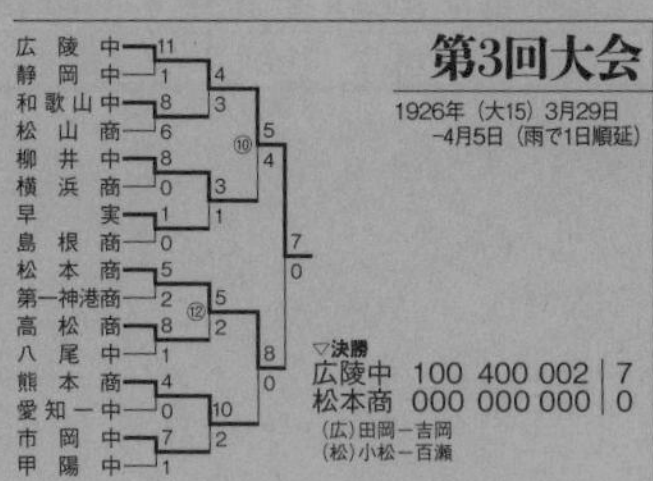

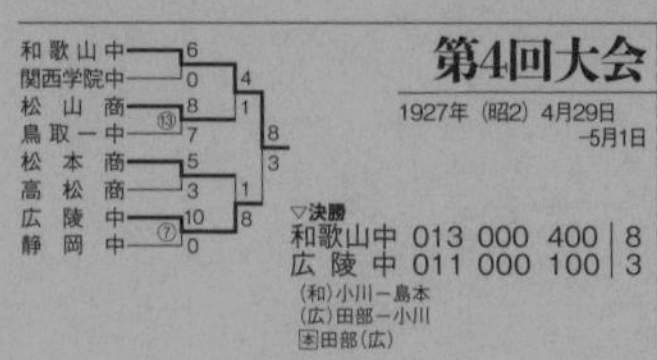

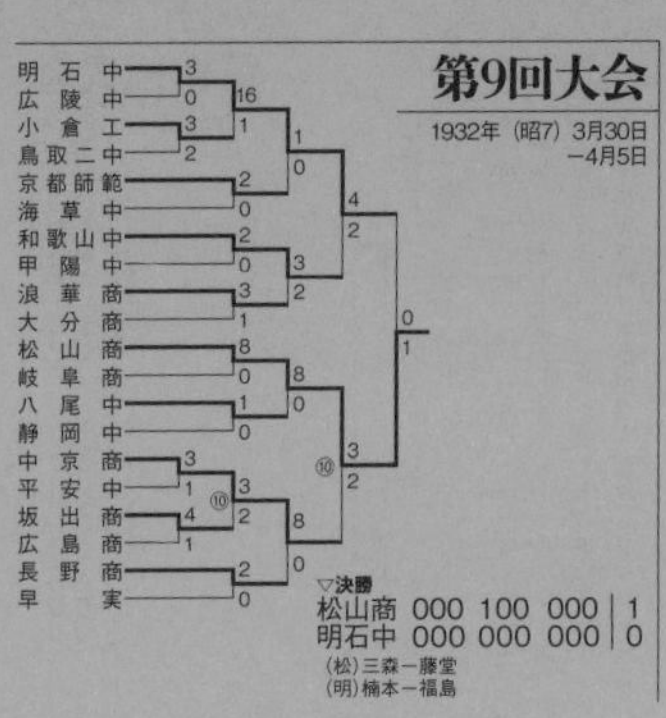
第9回大会
1932年（昭7）3月30日
ー4月5日
明石中
広陵中
小倉工
鳥取二中
京都師範
海草中
和歌山中
甲陽中
浪華商
大分商
松山商
岐阜商
八尾中
静岡中
中京商
平安中
坂出商
広島商
長野商
早実
▽決勝
松山商 000 100 000 | 1
明石中 000 000 000 | 0
（松）三森ー藤堂
（明）楠本ー福島

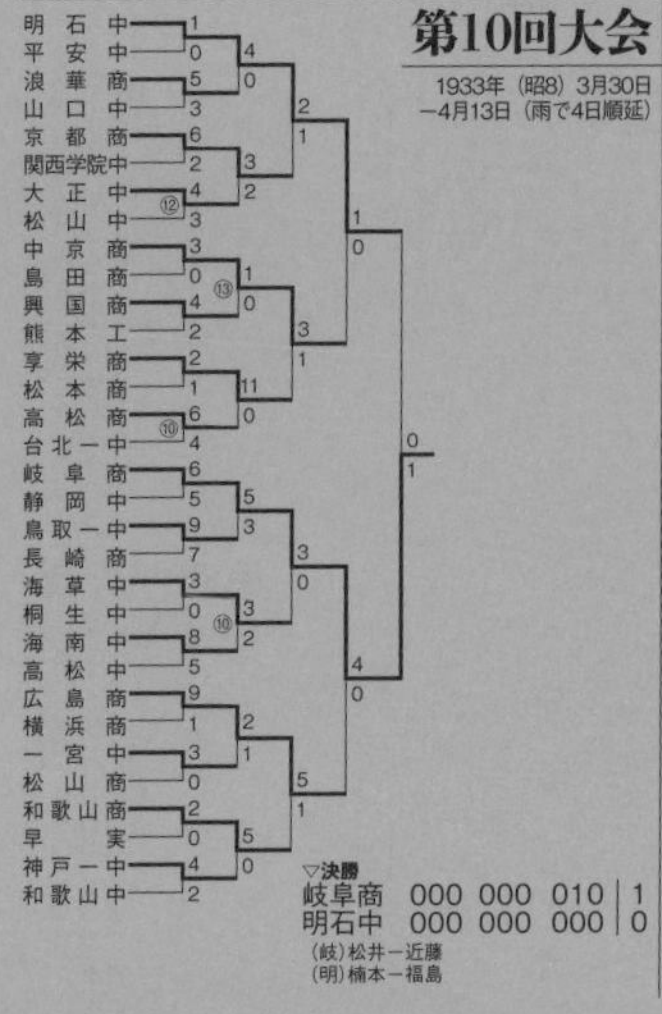
第10回大会
1933年（昭8）3月30日
ー4月13日（雨で4日順延）
明石中
平安中
浪華商
山口中
京都商
関西学院中
大正中
松山中
中京商
島田商
興国商
熊本工
享栄商
松本商
高松商
台北一中
岐阜商
静岡中
鳥取一中
長崎商
海草中
桐生中
海南中
高松中
広島商
横浜商
一宮中
松山商
和歌山商
早実
神戸一中
和歌山中
▽決勝
岐阜商 000 000 010 | 1
明石中 000 000 000 | 0
（岐）松井ー近藤
（明）楠本ー福島

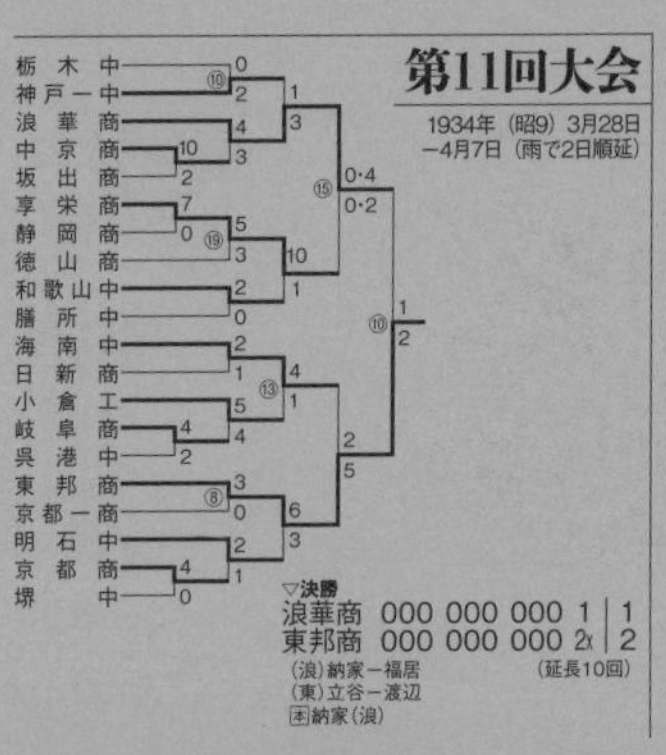
第11回大会
1934年（昭9）3月28日
ー4月7日（雨で2日順延）
栃木中
神戸一中
浪華商
中京商
坂出商
享栄商
静岡商
徳山商
和歌山中
膳所中
海南中
日新商
小倉工
岐阜商
呉港中
東邦商
京都一商
明石中
京都商
堺中
▽決勝
浪華商 000 000 000 1 | 1
東邦商 000 000 000 2x | 2
（浪）納家ー福居
（東）立谷ー渡辺
（延長10回）
囲納家（浪）

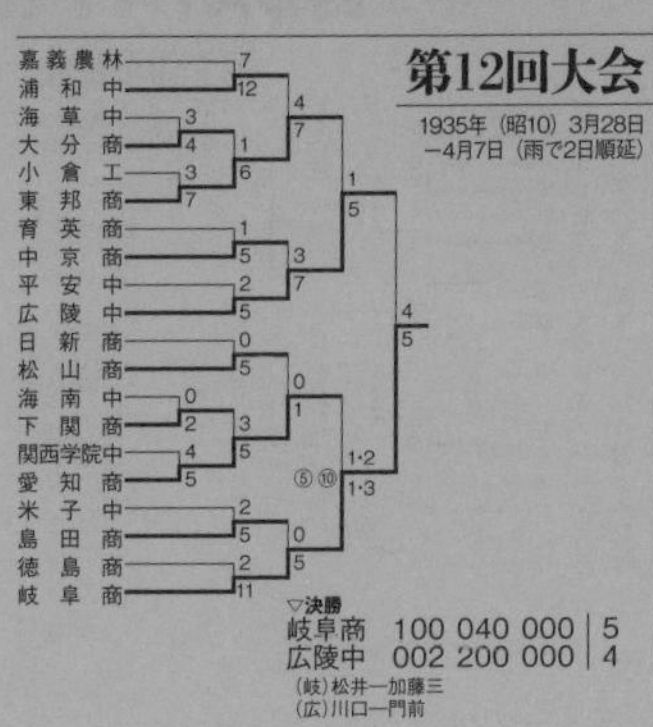
第12回大会
1935年（昭10）3月28日
ー4月7日（雨で2日順延）
嘉義農林
浦和中
海草中
大分商
小倉工
東邦商
育英商
中京商
平安中
広陵中
日新商
松山商
海南中
下関商
関西学院中
愛知商
米子中
島田商
徳島商
岐阜商
▽決勝
岐阜商 100 040 000 | 5
広陵中 002 200 000 | 4
（岐）松井ー加藤三
（広）川口ー門前

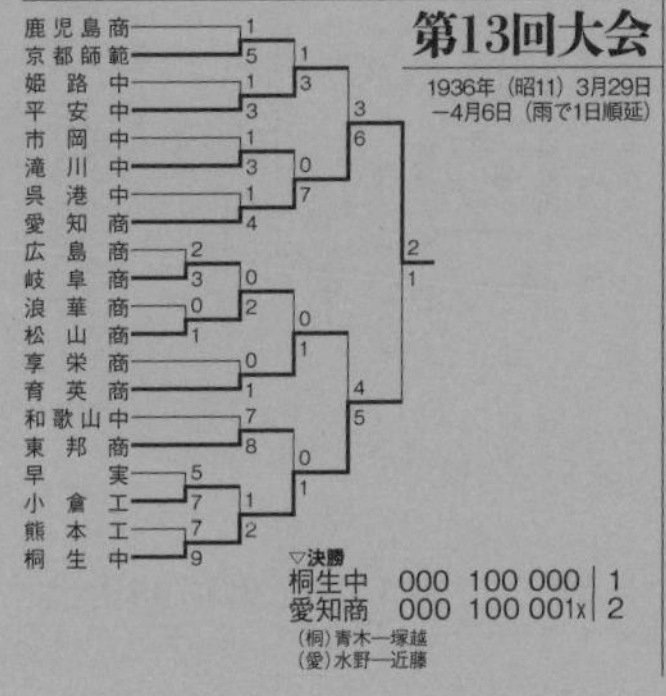
第13回大会
1936年（昭11）3月29日
ー4月6日（雨で1日順延）
鹿児島商
京都師範
姫路中
平安中
市岡中
滝川中
呉港中
愛知商
広島商
岐阜商
浪華商
松山商
享栄商
育英商
和歌山中
東邦商
早実
小倉工
熊本工
桐生中
▽決勝
桐生中 000 100 000 | 1
愛知商 000 100 001x | 2
（桐）青木ー塚越
（愛）水野ー近藤

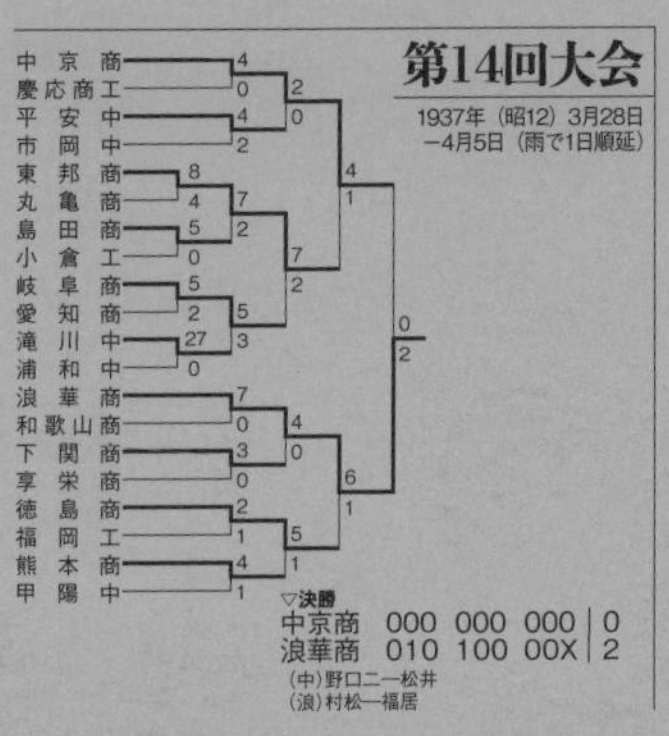
第14回大会
1937年（昭12）3月28日
ー4月5日（雨で1日順延）
中京商
慶応商工
平安中
市岡中
東邦商
丸亀商
島田商
小倉工
岐阜商
愛知商
滝川中
浦和中
浪華商
和歌山商
下関商
享栄商
徳島商
福岡工
熊本商
甲陽中
▽決勝
中京商 000 000 000 | 0
浪華商 010 100 00X | 2
（中）野口二ー松井
（浪）村松ー福居

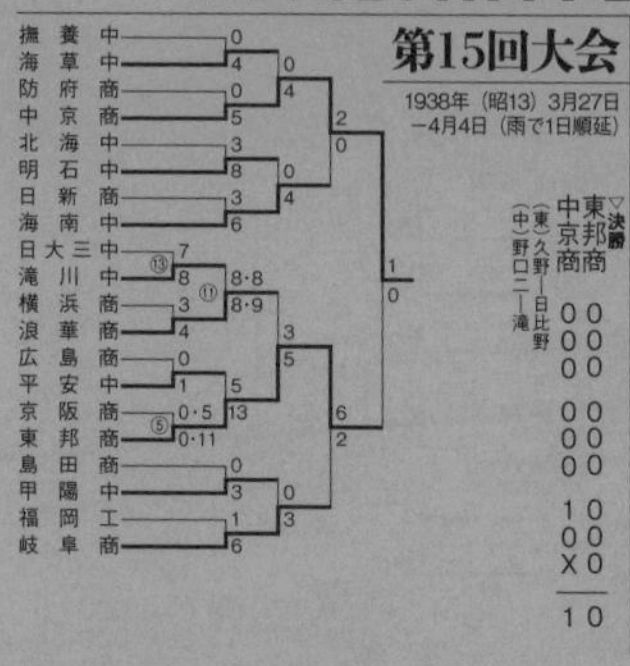
第15回大会
1938年（昭13）3月27日
−4月4日（雨で1日順延）
▽決勝
東邦商
中京商
（東）久野−日比野
（中）野口二−滝

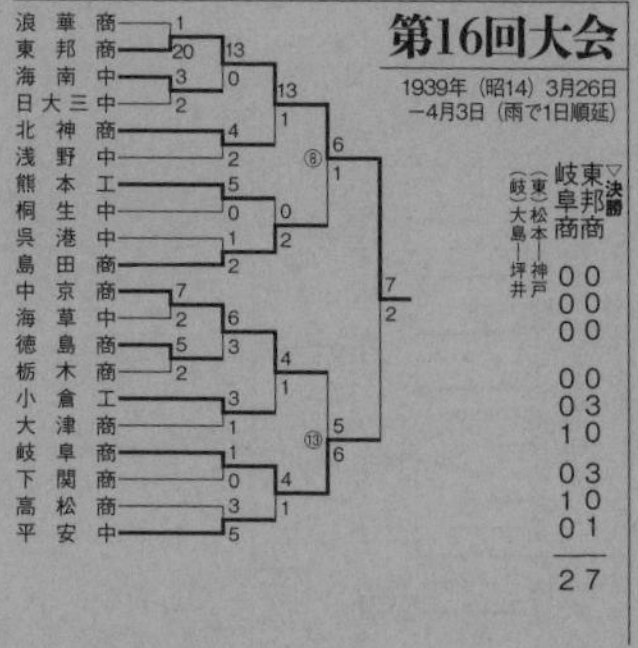
第16回大会
1939年（昭14）3月26日
−4月3日（雨で1日順延）
▽決勝
東邦商
岐阜商
（東）松本−神戸
（岐）大島−坪井

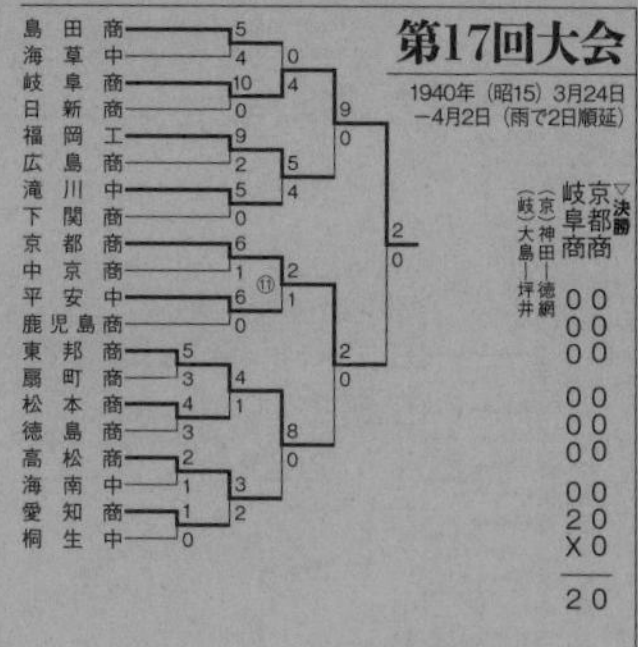
第17回大会
1940年（昭15）3月24日
−4月2日（雨で2日順延）
▽決勝
京都商
岐阜商
（京）神田−徳網
（岐）大島−坪井

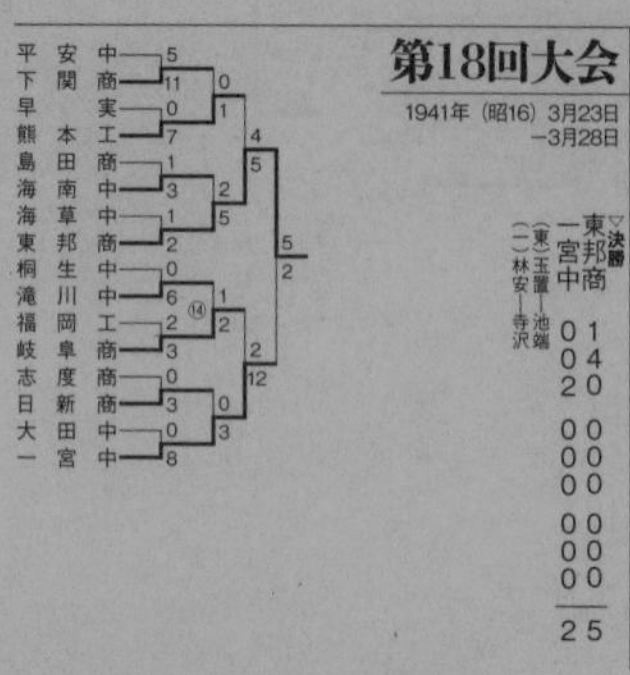
第18回大会
1941年（昭16）3月23日
−3月28日
▽決勝
東邦商
一宮中
（東）玉置−池端
（一）林安−寺沢

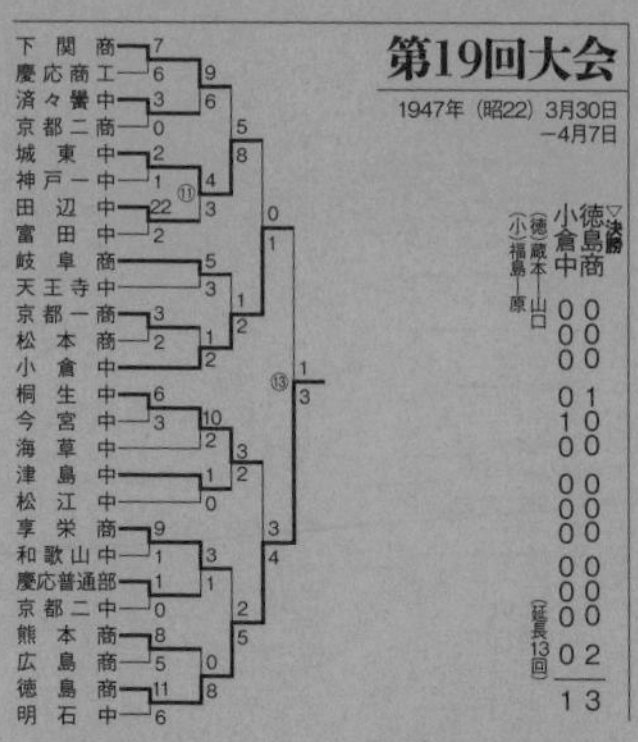
第19回大会
1947年（昭22）3月30日
−4月7日
▽決勝
徳島商
小倉中
（徳）蔵本−山口
（小）福島−原

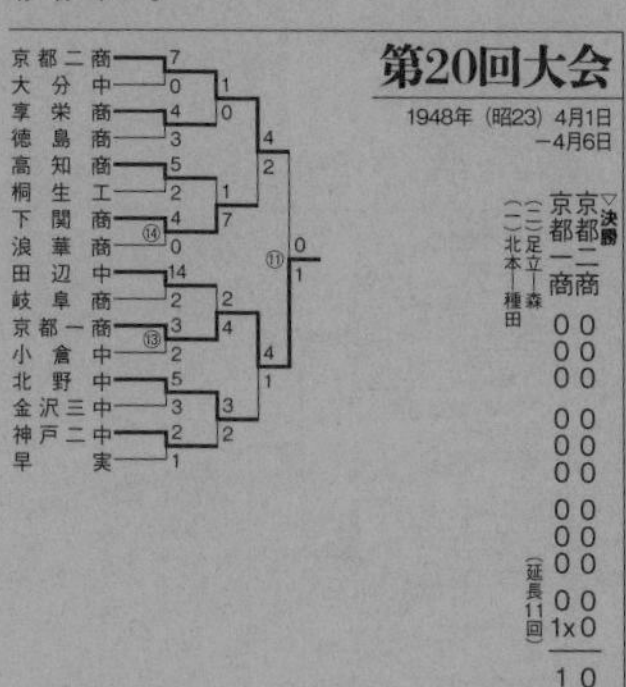
第20回大会
1948年（昭23）4月1日
−4月6日
▽決勝
京都二商
京都一商
（二）足立−森
（一）北本−種田

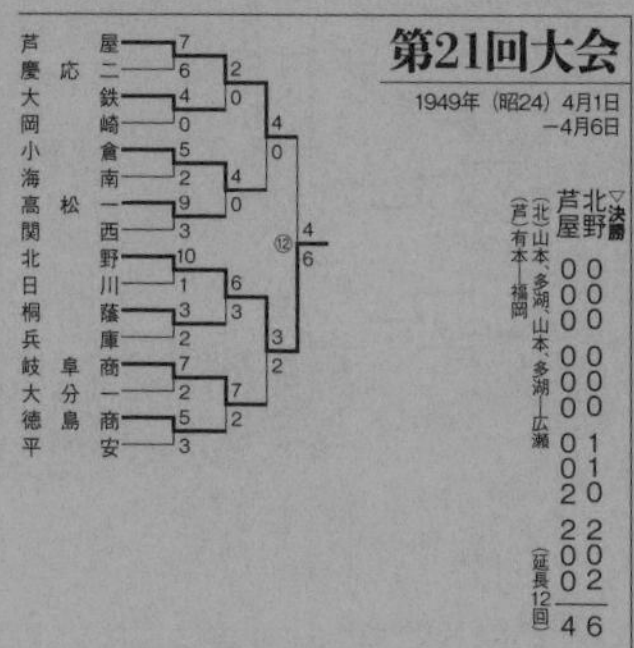
第21回大会
1949年（昭24）4月1日
−4月6日
▽決勝
北野
芦屋
（北）山本、多湖、山本、多湖−広瀬
（芦）有本−福岡

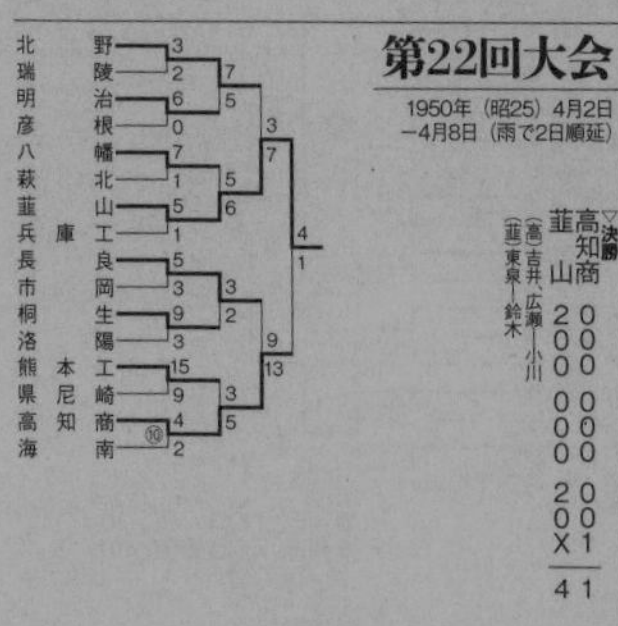
第22回大会
1950年（昭25）4月2日
−4月8日（雨で2日順延）
▽決勝
高知商
韮山
（高）吉井、広瀬−小川
（韮）東泉−鈴木

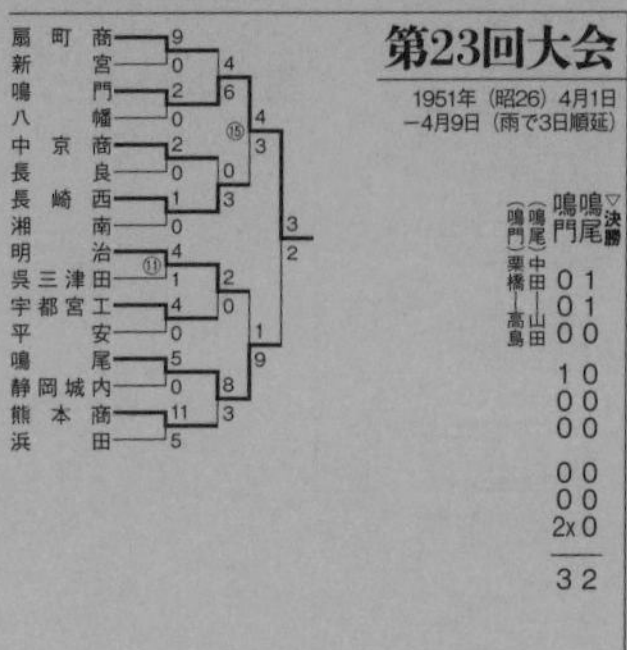
第23回大会
1951年（昭26）4月1日
−4月9日（雨で3日順延）
▽決勝
鳴尾
鳴門
（鳴尾）中田−山田
（鳴門）栗橋−高島
0 1
0 1
0 0
1 0
0 0
0 0
0 0
0 0
2x 0
3 2
扇町商
新宮
鳴門
八幡
中京商
長良
長崎西
湘南
明治
呉三津田
宇都宮工
平安
鳴尾
静岡城内
熊本商
浜田

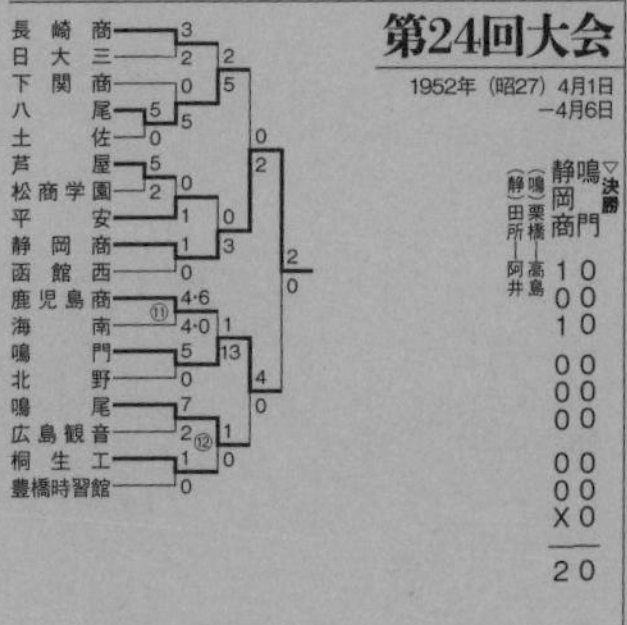
第24回大会
1952年（昭27）4月1日
−4月6日
▽決勝
鳴門
静岡商
（鳴）栗橋−高島
（静）田所−阿井
1 0
0 0
1 0
0 0
0 0
0 0
0 0
0 0
X 0
2 0
長崎商
日大三
下関商
八尾
土佐
芦屋
松商学園
平安
静岡商
函館西
鹿児島商
海南
鳴門
北野
鳴尾
広島観音
桐生工
豊橋時習館

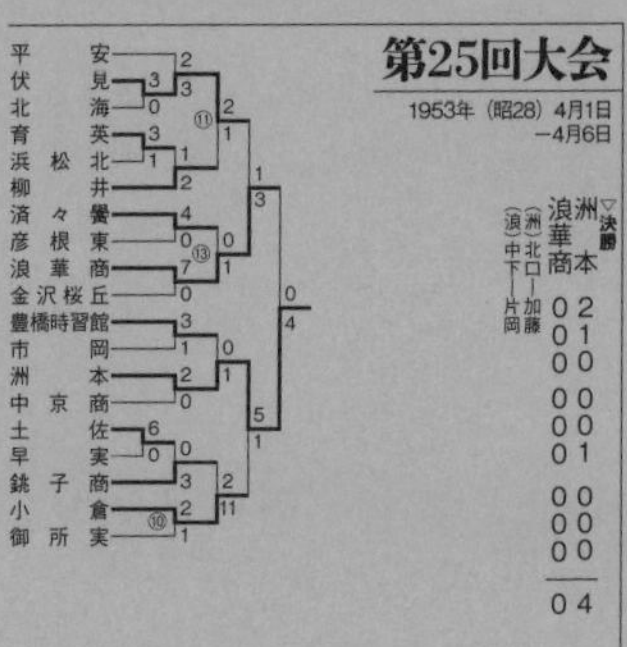
第25回大会
1953年（昭28）4月1日
−4月6日
▽決勝
洲本
浪華商
（洲）北口−加藤
（浪）中下−片岡
0 2
0 1
0 0
0 0
0 0
0 1
0 0
0 0
0 0
0 4
平安
伏見
北海
育英
浜松北
柳井
済々黌
彦根東
浪華商
金沢桜丘
豊橋時習館
市岡
洲本
中京商
土佐
早実
銚子商
小倉
御所実

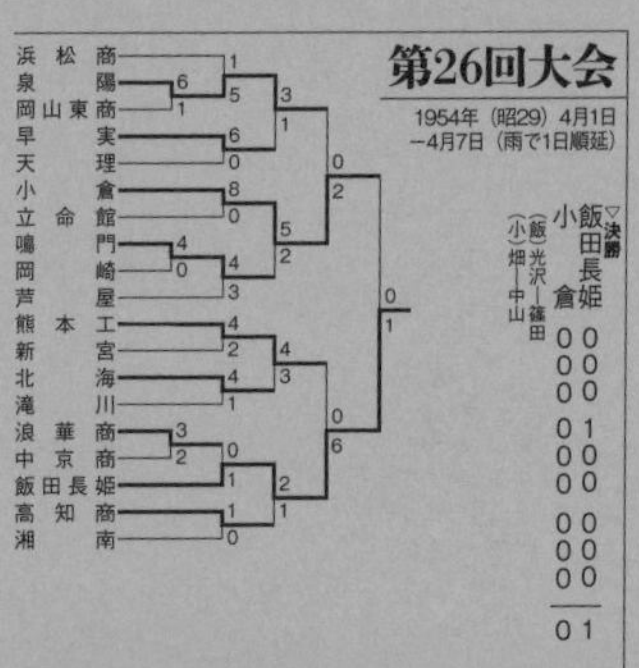
第26回大会
1954年（昭29）4月1日
−4月7日（雨で1日順延）
▽決勝
飯田長姫
小倉
（飯）光沢−篠田
（小）畑−中山
0 0
0 0
0 0
0 1
0 0
0 0
0 0
0 0
0 0
0 1
浜松商
泉陽
岡山東商
早実
天理
小倉
立命館
鳴門
岡崎
芦屋
熊本工
新宮
北海
滝川
浪華商
中京商
飯田長姫
高知商
湘南

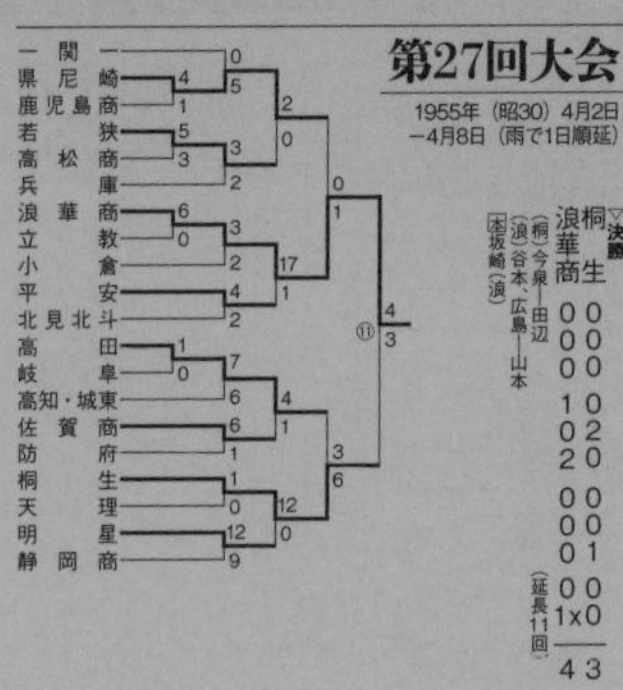
第27回大会
1955年（昭30）4月2日
−4月8日（雨で1日順延）
▽決勝
桐生
浪華商
（桐）今泉−田辺
（浪）谷本・広島−山本
（延長11回）
0 0
0 0
0 0
1 0
0 2
2 0
0 0
0 0
0 1
0 0
1x 0
4 3
一関一
県尼崎
鹿児島商
若狭
高松商
兵庫
浪華商
立教
小倉
平安
北見北斗
高田
岐阜
高知・城東
佐賀商
防府
桐生
天理
明星
静岡商

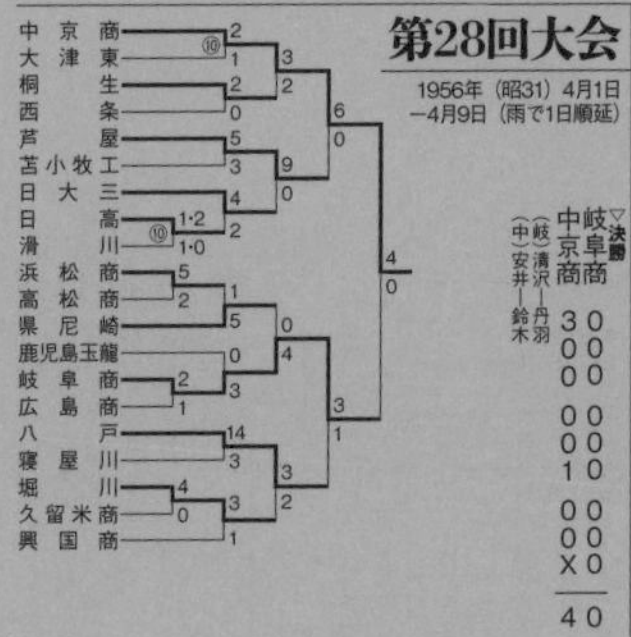
第28回大会
1956年（昭31）4月1日
−4月9日（雨で1日順延）
▽決勝
岐阜商
中京商
（岐）清沢−丹羽
（中）安井−鈴木
3 0
0 0
0 0
0 0
0 0
1 0
0 0
0 0
X 0
4 0
中京商
大津東
桐生
西条
芦屋
苫小牧工
日大三
日高
滑川
浜松商
高松商
県尼崎
鹿児島玉龍
岐阜商
広島商
八戸
寝屋川
堀川
久留米商
興国商

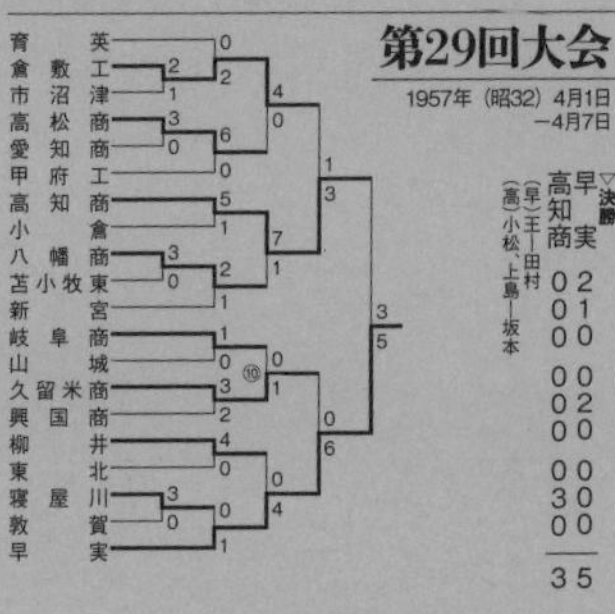
第29回大会
1957年（昭32）4月1日
−4月7日
▽決勝
早実
高知商
（早）王−田村
（高）小松・上島−坂本
0 2
0 1
0 0
0 0
0 2
0 0
0 0
3 0
0 0
3 5
育英
倉敷工
市沼津
高松商
愛知商
甲府工
高知商
小倉
八幡商
苫小牧東
新宮
岐阜商
山城
久留米商
興国商
柳井
東北
寝屋川
教賀
早実

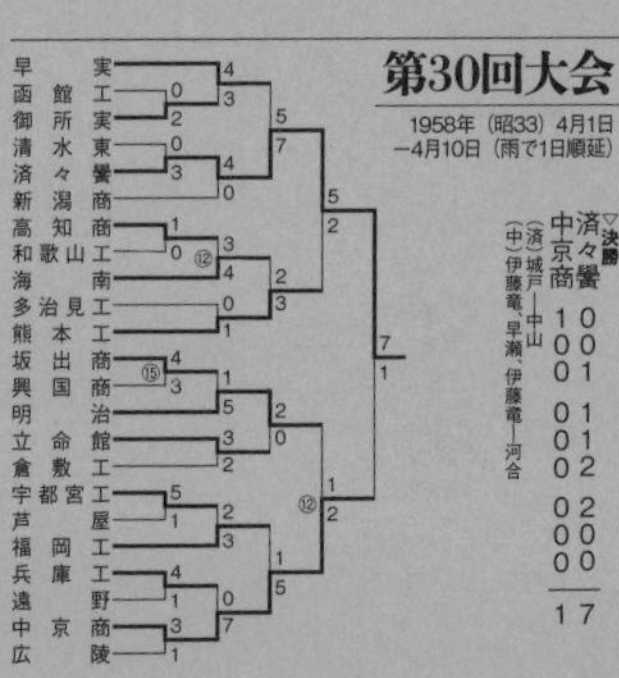
第30回大会
1958年（昭33）4月1日
−4月10日（雨で1日順延）
▽決勝
済々黌
中京商
（済）城戸−中山
（中）伊藤竜・早瀬・伊藤竜−河合
1 0
0 0
0 1
0 1
0 1
0 2
0 2
0 0
0 0
1 7
早実
函館工
御所実
清水東
済々黌
新潟商
高知商
和歌山工
海南
多治見工
熊本工
坂出商
興国商
明治
立命館
倉敷工
宇都宮工
芦屋
福岡工
兵庫工
遠野
中京商
広陵

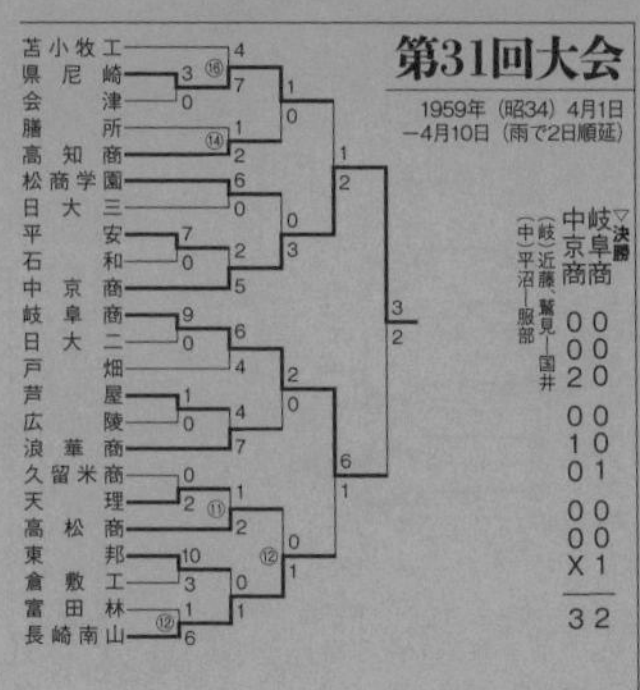
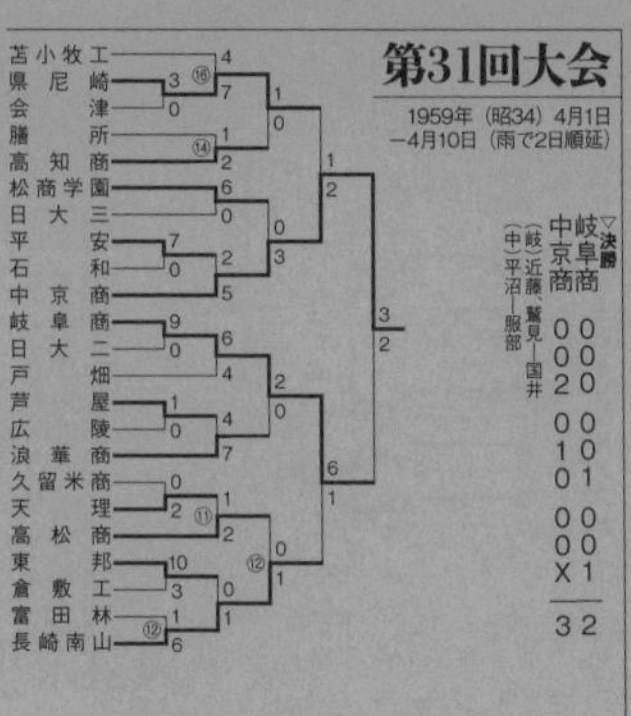
第31回大会
1959年（昭34）4月1日
−4月10日（雨で2日順延）
苫小牧工
県尼崎
会津
膳所
高知商
松商学園
日大三
平安
石和
中京商
岐阜商
日大二
戸畑
芦屋
広陵
浪華商
久留米商
天理
高松商
東邦
倉敷工
富田林
長崎南山
▽決勝
岐阜商
中京商
00
00
20
00
10
01
00
00
X1
32
(岐)近藤—鷲見—国井
(中)平沼—服部

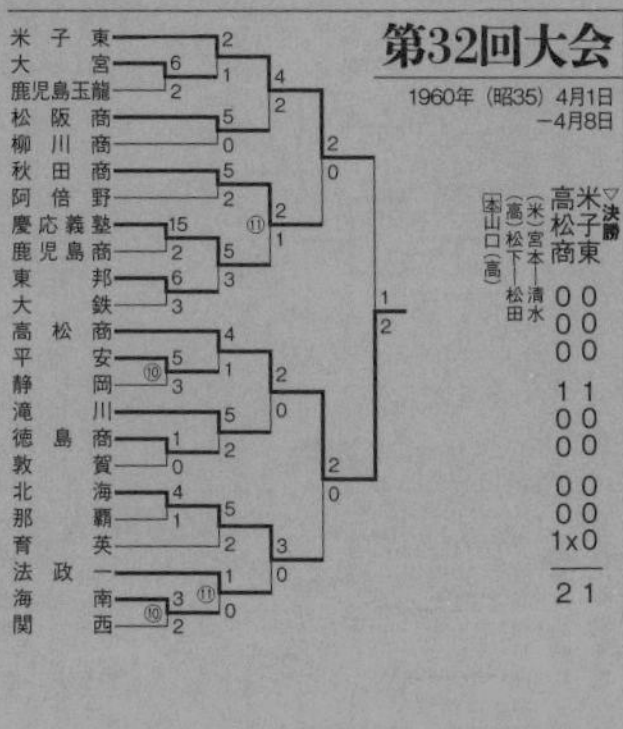
第32回大会
1960年（昭35）4月1日
−4月8日
米子東
大宮
鹿児島玉龍
松阪商
柳川商
秋田商
阿倍野
慶応義塾
鹿児島商
東邦
大鉄
高松商
平安
静岡
滝川
徳島商
敦賀
北海
那覇
育英
法政一
海南
関西
▽決勝
米子東
高松商
00
00
00
11
00
00
00
00
1x0
21
(米)宮本—清水
(高)松下—松田
(本山口(高))

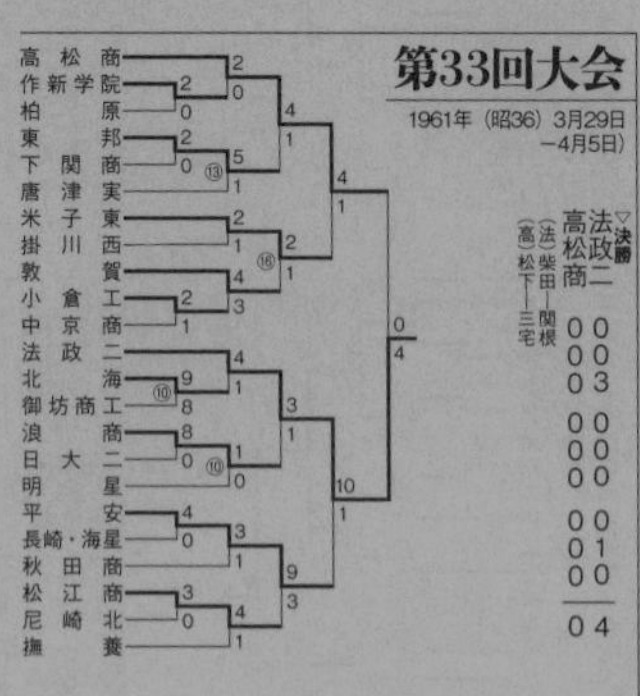
第33回大会
1961年（昭36）3月29日
−4月5日）
高松商
作新学院
柏原
東邦
下関商
唐津実
米子東
掛川西
敦賀
小倉工
中京商
法政二
北海
御坊商工
浪商
日大二
明星
平安
長崎・海星
秋田商
松江商
尼崎北
撫養
▽決勝
法政二
高松商
00
00
03
00
00
00
00
01
00
04
(法)柴田—関根
(高)松下—三宅

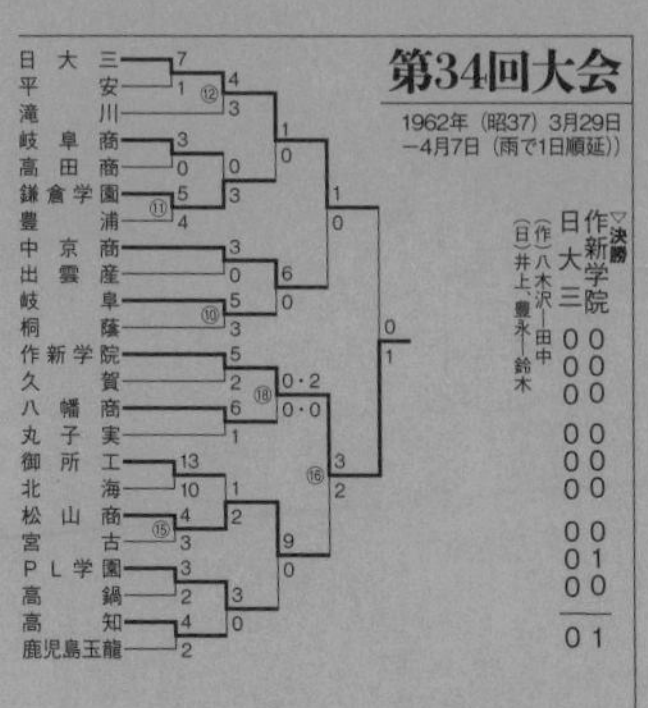
第34回大会
1962年（昭37）3月29日
−4月7日（雨で1日順延））
日大三
平安
滝川
岐阜商
高田商
鎌倉学園
豊浦
中京商
出雲産
岐阜
桐蔭
作新学院
久賀
八幡商
丸子実
御所工
北海
松山商
宮古
PL学園
高鍋
高知
鹿児島玉龍
▽決勝
作新学院
日大三
00
00
00
00
00
00
00
01
00
01
(作)八木沢—田中
(日)井上、豊永—鈴木

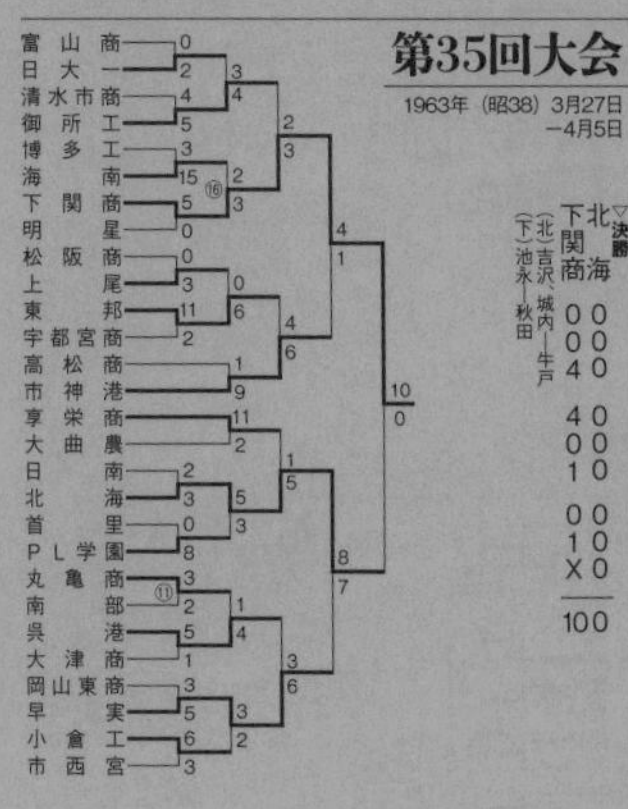
第35回大会
1963年（昭38）3月27日
−4月5日
富山商
日大一
清水市商
御所工
博多工
海南
下関商
明星
松阪商
上尾
東邦
宇都宮商
高松商
市神港
享栄商
大曲農
日南
北海
首里
PL学園
丸亀商
南部
呉港
大津商
岡山東商
早実
小倉工
市西宮
▽決勝
北海
下関商
00
00
40
40
00
10
00
10
X0
100
(北)吉沢、城内—牛戸
(下)池永—秋田

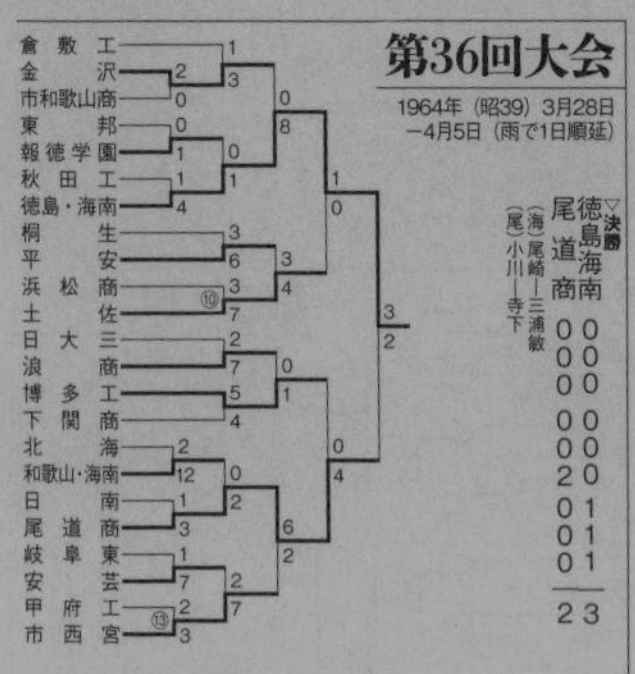
第36回大会
1964年（昭39）3月28日
−4月5日（雨で1日順延）
倉敷工
金沢
市和歌山商
東邦
報徳学園
秋田工
徳島・海南
桐生
平安
浜松商
土佐
日大三
浪商
博多工
下関商
北海
和歌山・海南
日南
尾道商
岐阜東
安芸
甲府工
市西宮
▽決勝
徳島海南
尾道商
00
00
00
00
00
20
01
01
01
23
(海)尾崎—三浦敏
(尾)小川—寺下

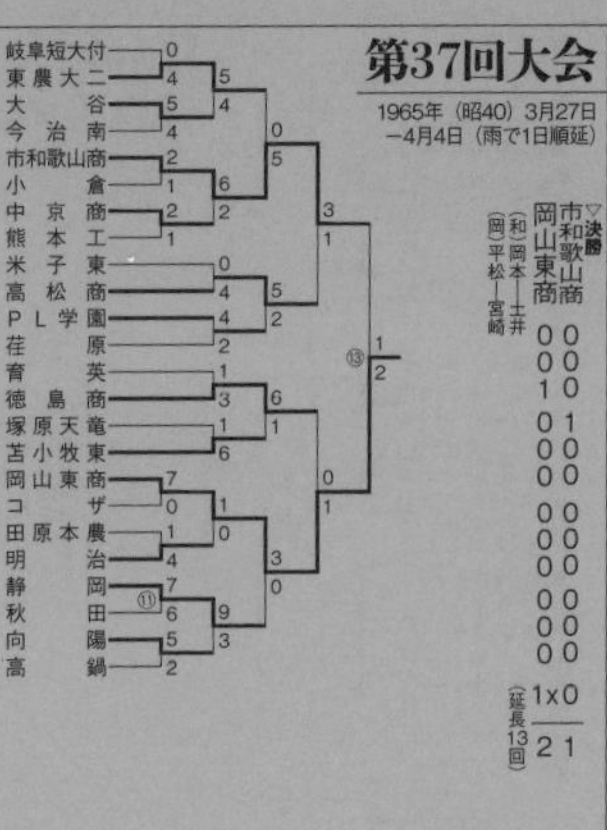
第37回大会
1965年（昭40）3月27日
－4月4日（雨で1日順延）
▽決勝
市和歌山商
岡山東商
（和）岡本－土井
（岡）平松－宮崎
0 0
0 0
1 0
0 1
0 0
0 0
0 0
0 0
0 0
0 0
0 0
0 0
1x0
（延長13回）
2 1
岐阜短大付
東農大二
大谷
今治南
市和歌山商
小倉
中京商
熊本工
米子東
高松商
ＰＬ学園
荏原
育英
徳島商
塚原天竜
苫小牧東
岡山東商
コザ
田原本農
明治
静岡
秋田
向陽
高鍋

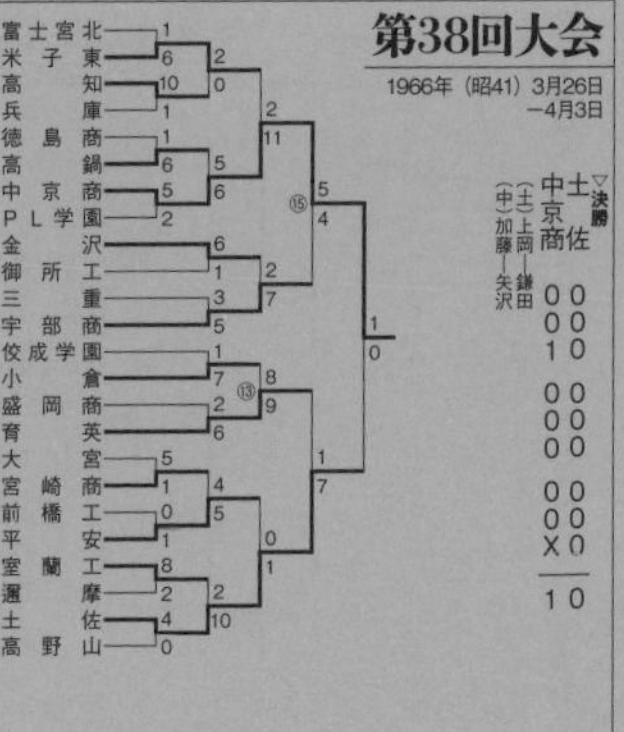
第38回大会
1966年（昭41）3月26日
－4月3日
▽決勝
土佐
中京商
（土）上岡－鎌田
（中）加藤－矢沢
0 0
0 0
1 0
0 0
0 0
0 0
0 0
0 0
X 0
1 0
富士宮北
米子東
高知
兵庫
徳島商
高鍋
中京商
ＰＬ学園
金沢
御所工
三重
宇部商
佼成学園
小倉
盛岡商
育英
大宮
宮崎商
前橋工
平安
室蘭工
邇摩
土佐
高野山

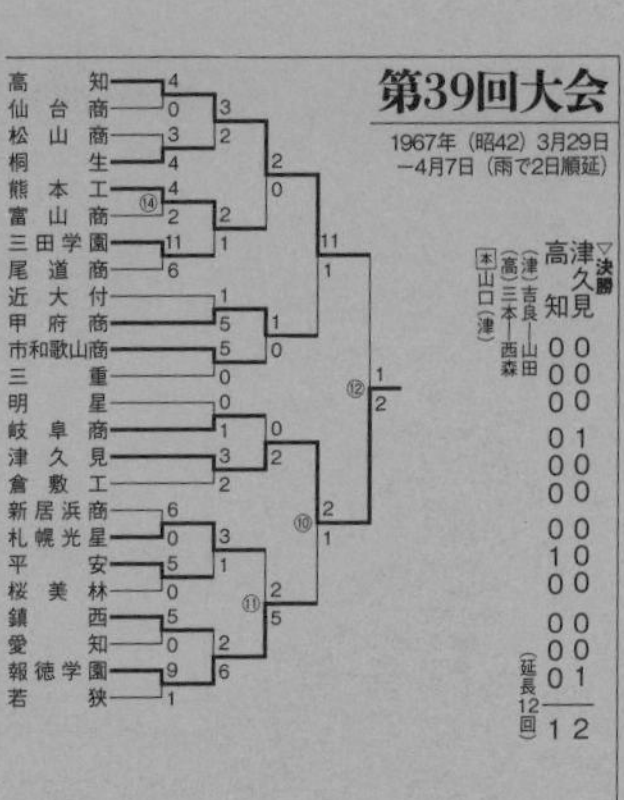
第39回大会
1967年（昭42）3月29日
－4月7日（雨で2日順延）
▽決勝
津久見
高知
（津）吉良－山田
（高）三本－西森
本山口（津）
0 0
0 0
0 0
1 0
0 0
0 0
0 0
0 1
0 0
0 0
0 0
1 0
（延長12回）
2 1
高知
仙台商
松山商
桐生
熊本工
富山商
三田学園
尾道商
近大付
甲府商
市和歌山商
三重
明星
岐阜商
津久見
倉敷工
新居浜商
札幌光星
平安
桜美林
鎮西
愛知
報徳学園
若狭

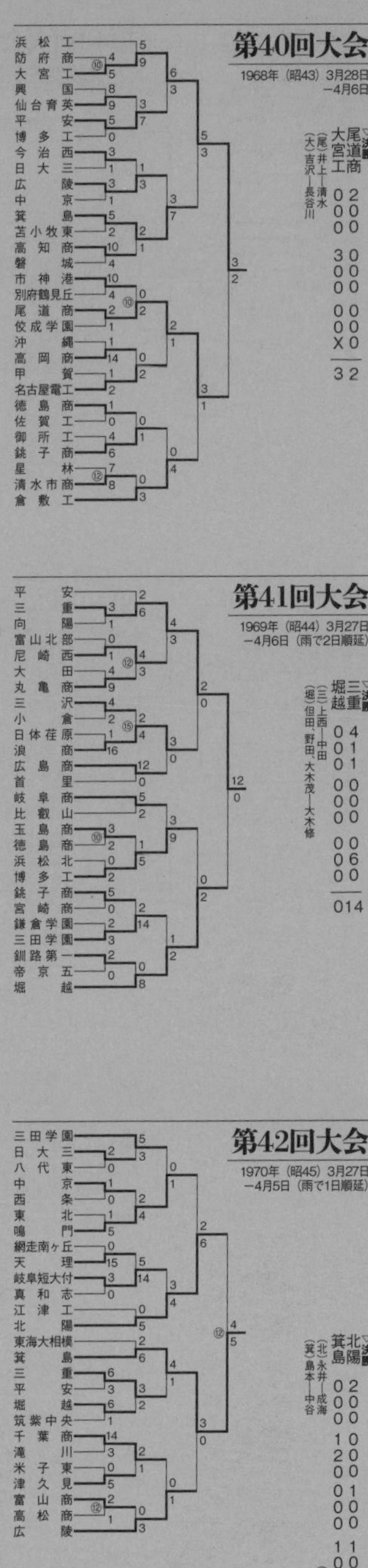
第40回大会
1968年（昭43）3月28日
－4月6日
▽決勝
尾道商
大宮工
（尾）井上－清水
（大）吉沢－長谷川
2 0
0 0
0 0
0 3
0 0
0 0
0 0
0 0
0 X
2 3
浜松工
防府商
大宮工
興国
仙台育英
平安
博多工
今治西
日大三
広陵
中京
箕島
苫小牧東
高知商
磐城
市神港
別府鶴見丘
尾道商
佼成学園
沖縄
高岡商
甲賀
名古屋電工
徳島商
佐賀工
御所工
銚子商
星林
清水市商
倉敷工
第41回大会
1969年（昭44）3月27日
－4月6日（雨で2日順延）
▽決勝
三重
堀越
（三）上西－中田
（堀）但田、野田、大木茂－大木修
4 0
1 0
1 0
0 0
0 0
0 0
0 0
6 0
0 0
14 0
平安
三重
向陽
富山北部
尼崎西
大田
丸亀商
三沢
小倉
日体荏原
浪商
広島商
首里
岐阜商
比叡山
玉島商
徳島商
浜松北
博多工
銚子商
宮崎商
鎌倉学園
三田学園
釧路第一
帝京五
堀越
第42回大会
1970年（昭45）3月27日
－4月5日（雨で1日順延）
▽決勝
北陽
箕島
（北）永井－成海
（箕）島本－中谷
2 0
0 0
0 0
0 1
0 2
0 0
1 0
0 0
0 0
1 1
0 0
0 1x
（延長12回）
4 5
三田学園
日大三
八代東
中京
西条
東北
鳴門
網走南ヶ丘
天理
岐阜短大付
真和志
江津工
北陽
東海大相模
箕島
三重
平安
堀越
筑紫中央
千葉商
滝川
米子東
津久見
富山商
高松商
広陵

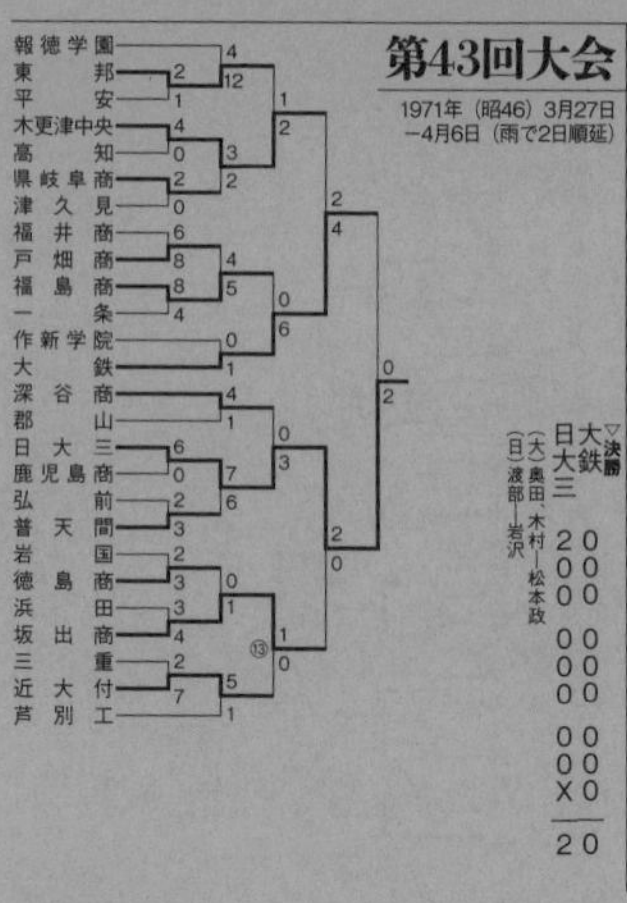
第43回大会
1971年（昭46）3月27日
−4月6日（雨で2日順延）
報徳学園
東邦
平安
木更津中央
高知
県岐阜商
津久見
福井商
戸畑商
福島商
一条
作新学院
大鉄
深谷商
郡山
日大三
鹿児島商
弘前
普天間
岩国
徳島商
浜田
坂出商
三重
近大付
芦別工
▽決勝
大鉄 000 000 000 0
日大三 200 000 00X 2
（大）奥田、木村—松本政
（日）渡部—岩沢

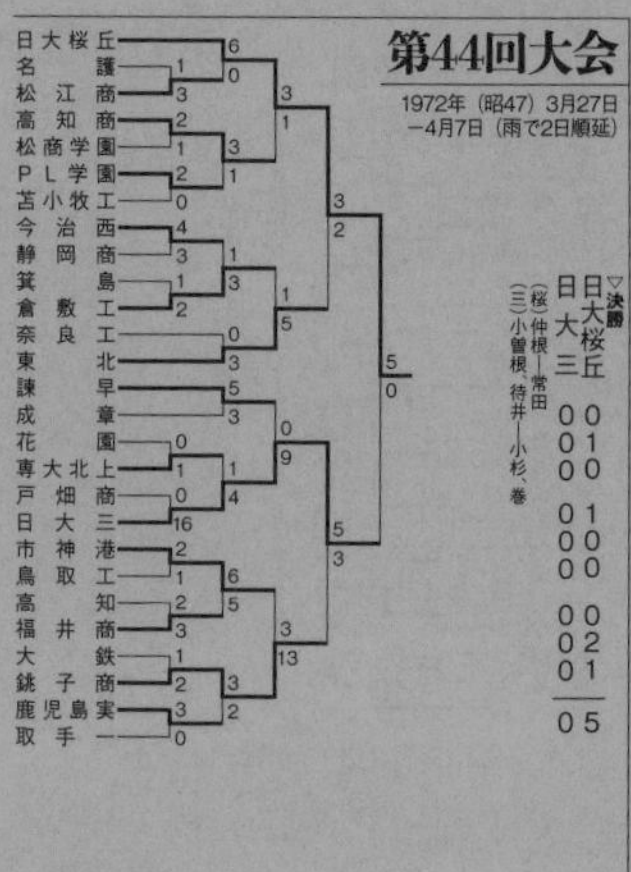
第44回大会
1972年（昭47）3月27日
−4月7日（雨で2日順延）
日大桜丘
名護
松江商
高知商
松商学園
PL学園
苫小牧工
今治西
静岡商
箕島
倉敷工
奈良工
東北
諫早
成章
花園
専大北上
戸畑商
日大三
市神港
鳥取工
高知
福井商
大鉄
銚子商
鹿児島実
取手一
▽決勝
日大桜丘 010 100 021 5
日大三 000 000 000 0
（桜）仲根—常田
（三）小曽根、待井—小杉、巻

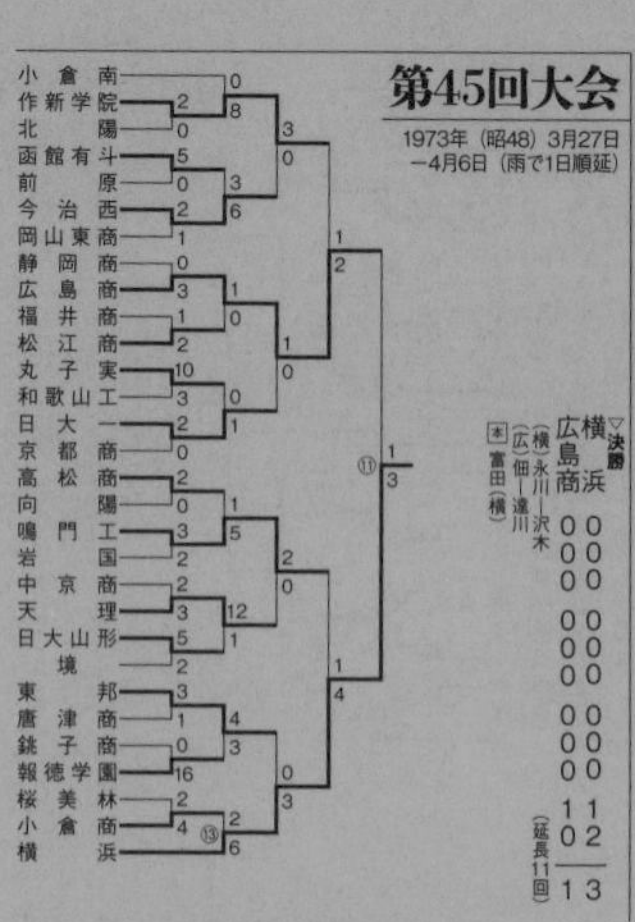
第45回大会
1973年（昭48）3月27日
−4月6日（雨で1日順延）
小倉南
作新学院
北陽
函館有斗
前原
今治西
岡山東商
静岡商
広島商
福井商
松江商
丸子実
和歌山工
日大一
京都商
高松商
向陽
鳴門工
岩国
中京商
天理
日大山形
境
東邦
唐津商
銚子商
報徳学園
桜美林
小倉商
横浜
▽決勝
横浜 000 000 000 12 3
広島商 000 000 000 10 1
（延長11回）
（横）永川—沢木
（広）佃—達川
本 富田（横）

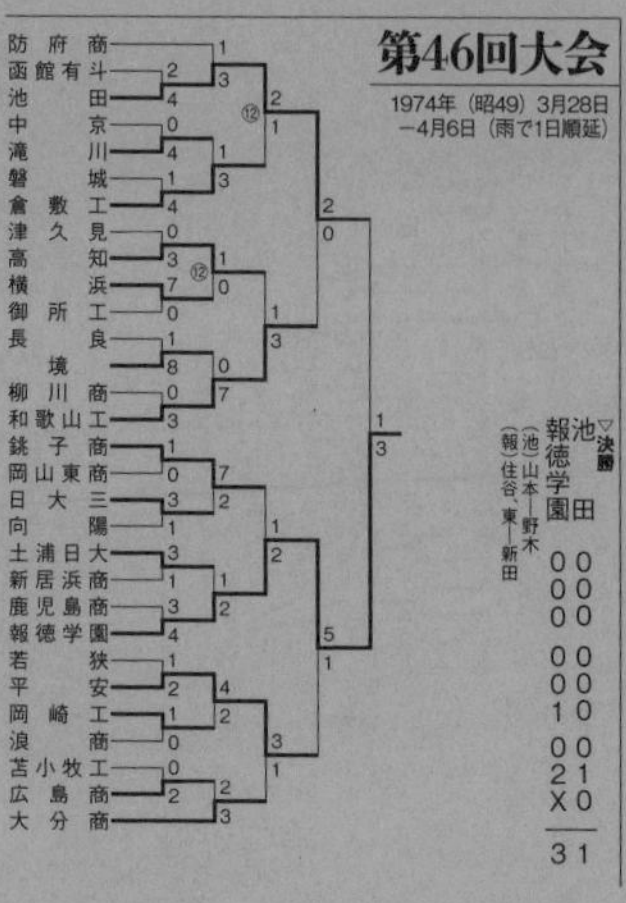
第46回大会
1974年（昭49）3月28日
−4月6日（雨で1日順延）
防府商
函館有斗
池田
中京
滝川
磐城
倉敷工
津久見
高知
横浜
御所工
長良
境
柳川商
和歌山工
銚子商
岡山東商
日大三
向陽
土浦日大
新居浜商
鹿児島商
報徳学園
若狭
平安
岡崎工
浪商
苫小牧工
広島商
大分商
▽決勝
池田 000 000 010 1
報徳学園 000 001 02X 3
（池）山本—野木
（報）住谷、東—新田

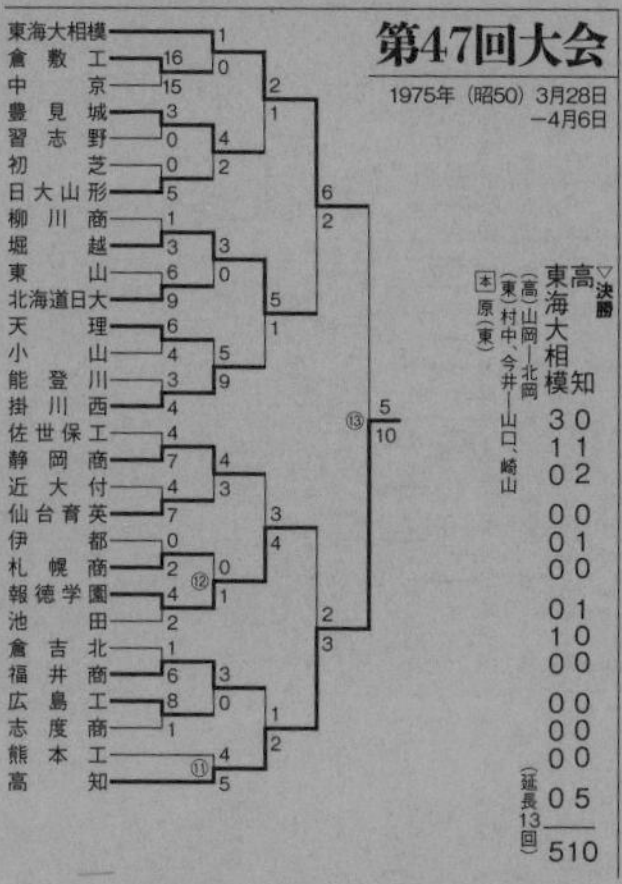
第47回大会
1975年（昭50）3月28日
−4月6日
東海大相模
倉敷工
中京
豊見城
習志野
初芝
日大山形
柳川商
堀越
東山
北海道日大
天理
小山
能登川
掛川西
佐世保工
静岡商
近大付
仙台育英
伊都
札幌商
報徳学園
池田
倉吉北
福井商
広島工
志度商
熊本工
高知
▽決勝
高知 012 010 100 000 5 10
東海大相模 310 000 010 000 0 5
（延長13回）
（高）山岡—北岡
（東）村中、今井—山口、崎山
本 原（東）

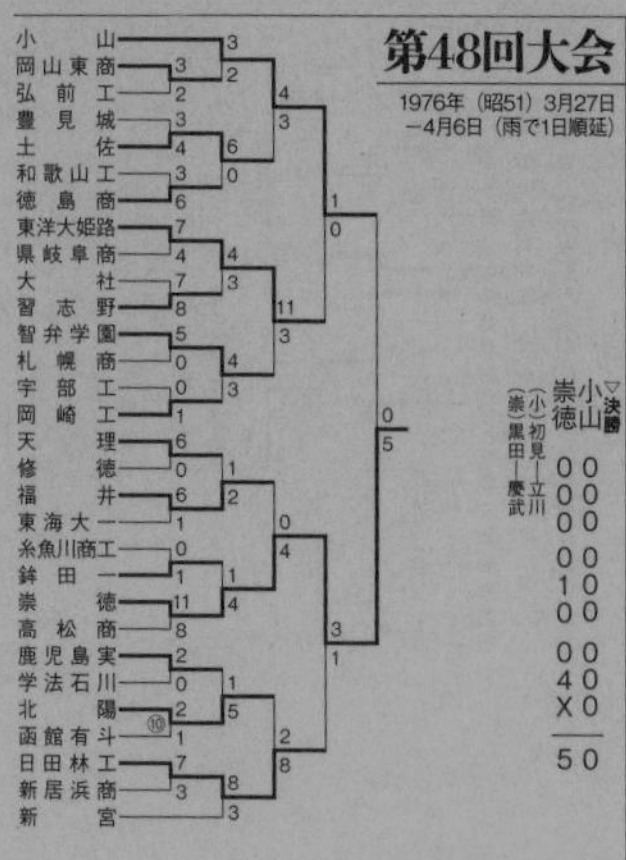
第48回大会
1976年（昭51）3月27日
−4月6日（雨で1日順延）
小山
岡山東商
弘前工
豊見城
土佐
和歌山工
徳島商
東洋大姫路
県岐阜商
大社
習志野
智弁学園
札幌商
宇部工
岡崎工
天理
修徳
福井
東海大一
糸魚川商工
鉾田一
崇徳
高松商
鹿児島実
学法石川
北陽
函館有斗
日田林工
新居浜商
新宮
▽決勝
小山 000 000 000 0
崇徳 000 010 04X 5
（小）初見—立川
（崇）黒田—慶武

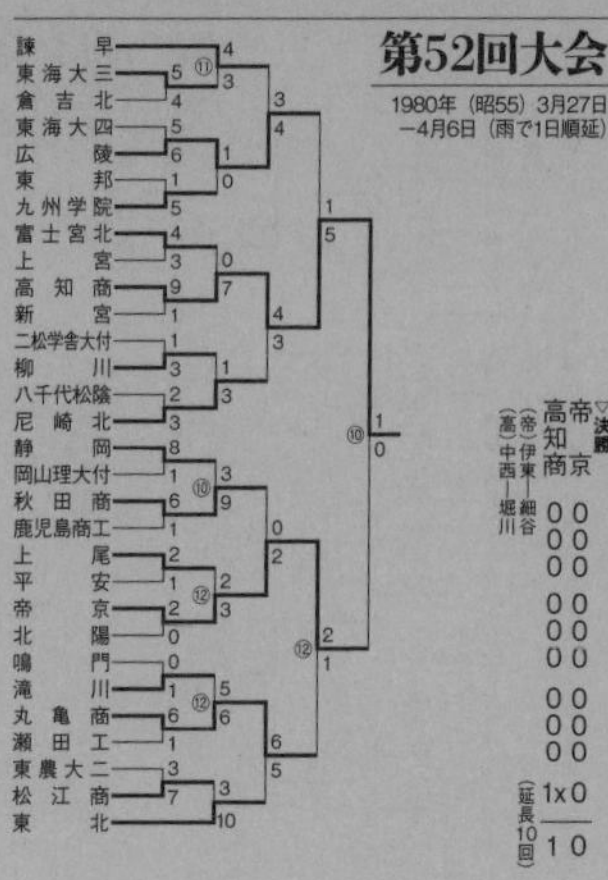
第52回大会
1980年（昭55）3月27日
－4月6日（雨で1日順延）
諫早
東海大三
倉吉北
東海大四
広陵
東邦
九州学院
富士宮北
上宮
高知商
新宮
二松学舎大付
柳川
八千代松陰
尼崎北
静岡
岡山理大付
秋田商
鹿児島商工
上尾
平安
帝京
北陽
鳴門
滝川
丸亀商
瀬田工
東農大二
松江商
東北
▽決勝
帝京 000 000 000 0 0
高知商 000 000 000 1x 1
（延長10回）
（帝）伊東―細谷
（高）中西―堀川

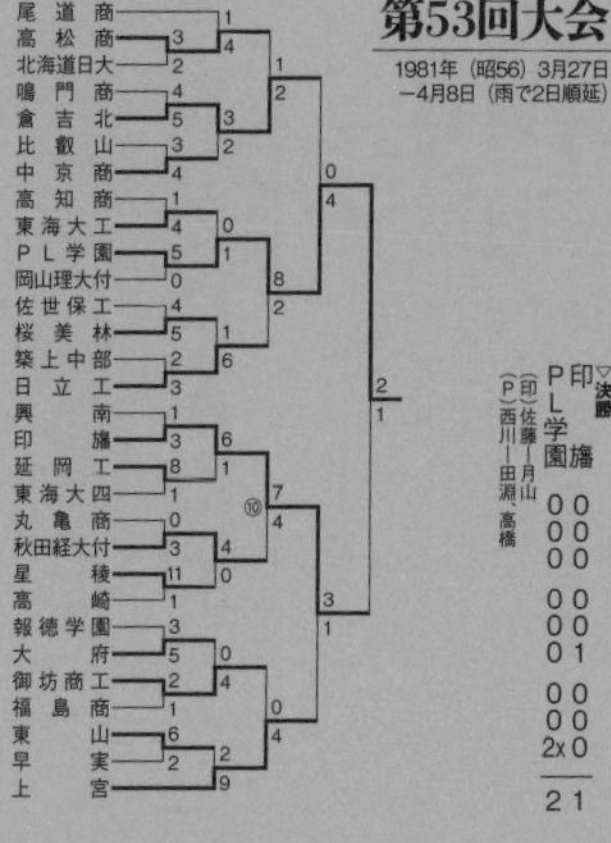
第53回大会
1981年（昭56）3月27日
－4月8日（雨で2日順延）
尾道商
高松商
北海道日大
鳴門商
倉吉北
比叡山
中京商
高知商
東海大工
ＰＬ学園
岡山理大付
佐世保工
桜美林
築上中部
日立工
興南
印旛
延岡工
東海大四
丸亀商
秋田経大付
星稜
高崎
報徳学園
大府
御坊商工
福島商
東山
早実
上宮
▽決勝
印旛 000 001 000 1
ＰＬ学園 000 000 002x 2
（印）佐藤―月山
（Ｐ）西川―田淵、高橋

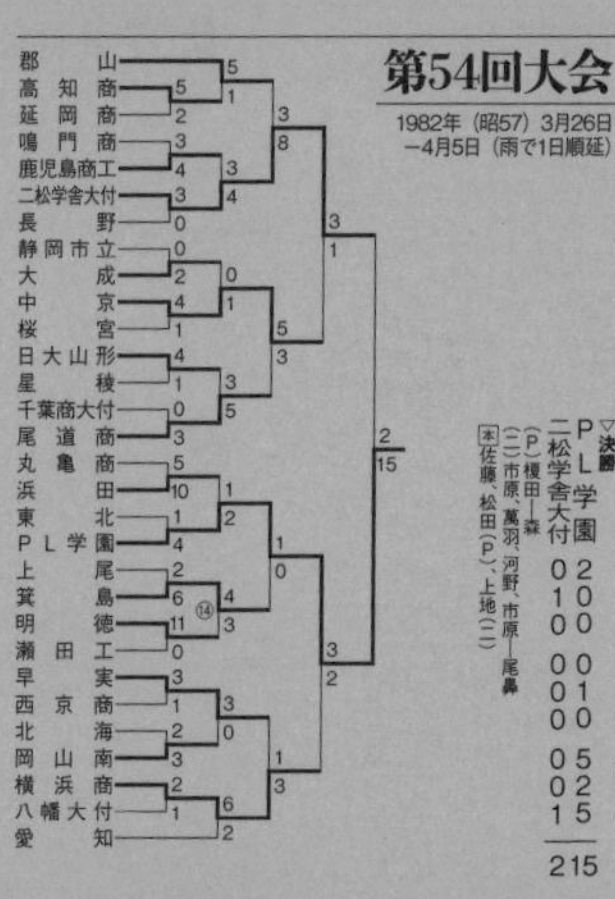
第54回大会
1982年（昭57）3月26日
－4月5日（雨で1日順延）
郡山
高知商
延岡商
鳴門商
鹿児島商工
二松学舎大付
長野
静岡市立
大成
中京
桜宮
日大山形
星稜
千葉商大付
尾道商
丸亀商
浜田
東北
ＰＬ学園
上尾
箕島
明徳
瀬田工
早実
西京商
北海
岡山南
横浜商
八幡大付
愛知
▽決勝
ＰＬ学園 200 010 525 15
二松学舎大付 010 000 001 2
（Ｐ）榎田―森
（二）市原、葛羽、河野、市原―尾鼻
［本］佐藤、松田（Ｐ）、上地（二）

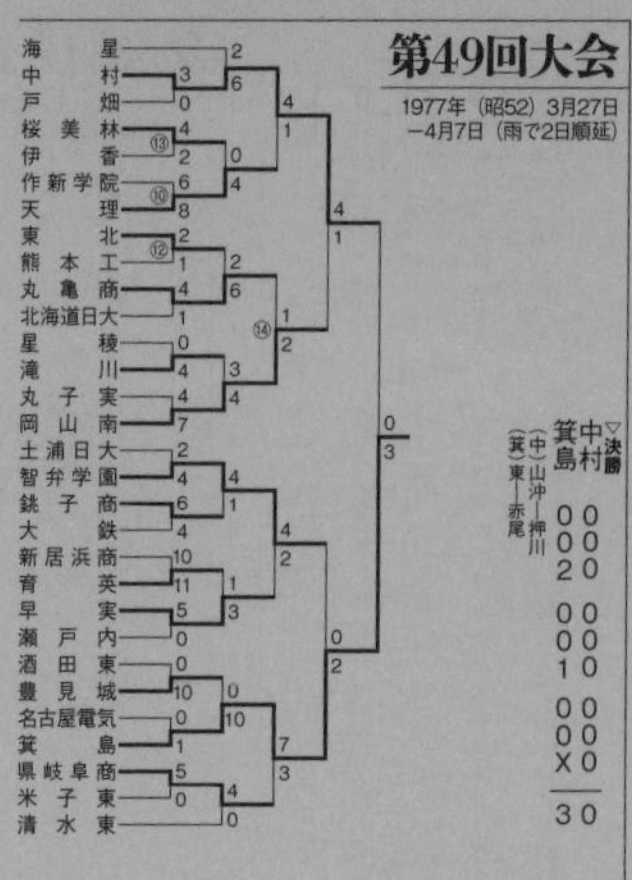
第49回大会
1977年（昭52）3月27日
－4月7日（雨で2日順延）
海星
中村
戸畑
桜美林
伊香
作新学院
天理
東北
熊本工
丸亀商
北海道日大
星稜
滝川
丸子実
岡山南
土浦日大
智弁学園
銚子商
大鉄
新居浜商
育英
早実
瀬戸内
酒田東
豊見城
名古屋電気
箕島
県岐阜商
米子東
清水東
▽決勝
中村 000 000 000 0
箕島 002 001 00X 3
（中）山沖―押川
（箕）東―赤尾

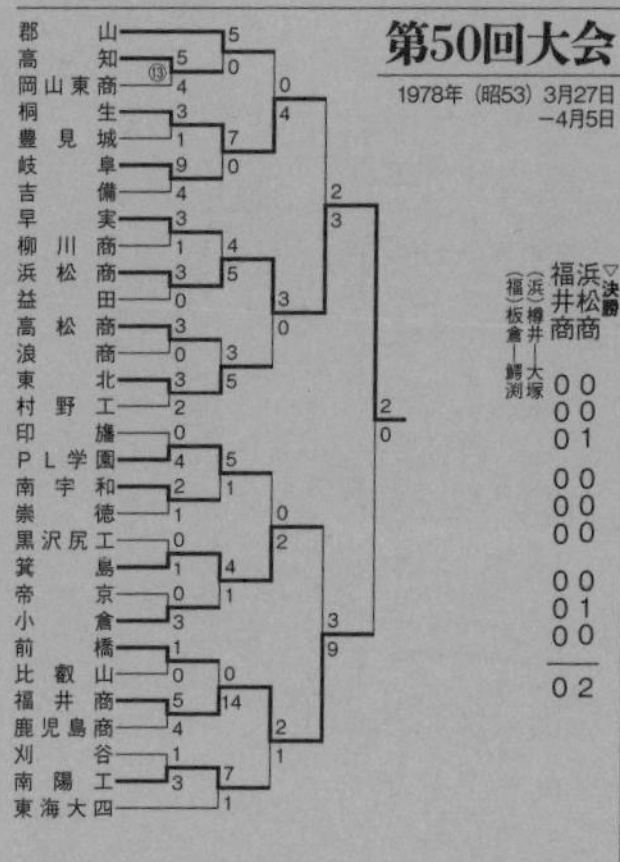
第50回大会
1978年（昭53）3月27日
－4月5日
郡山
高知
岡山東商
桐生
豊見城
岐阜
吉備
早実
柳川商
浜松商
益田
高松商
浪商
東北
村野工
印旛
ＰＬ学園
南宇和
崇徳
黒沢尻工
箕島
帝京
小倉
前橋
比叡山
福井商
鹿児島商
刈谷
南陽工
東海大四
▽決勝
浜松商 001 000 010 2
福井商 000 000 000 0
（浜）樽井―大塚
（福）板倉―鰐渕

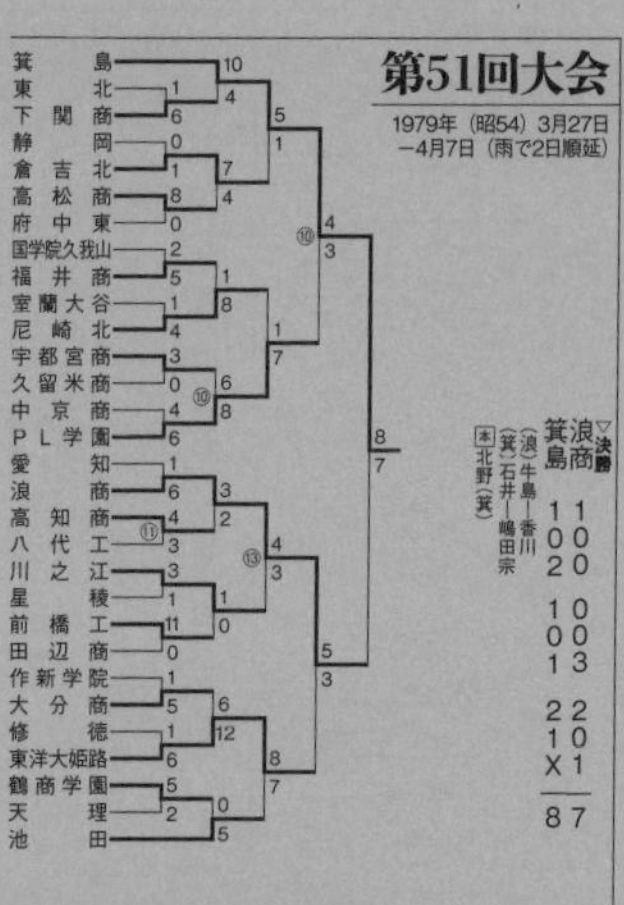
第51回大会
1979年（昭54）3月27日
－4月7日（雨で2日順延）
箕島
東北
下関商
静岡
倉吉北
高松商
府中東
国学院久我山
福井商
室蘭大谷
尼崎北
宇都宮商
久留米商
中京商
ＰＬ学園
愛知
浪商
高知商
八代工
川之江
星稜
前橋工
田辺商
作新学院
大分商
修徳
東洋大姫路
鶴商学園
天理
池田
▽決勝
浪商 100 003 201 7
箕島 102 101 21X 8
（浪）牛島―香川
（箕）石井―嶋田宗
［本］北野（箕）

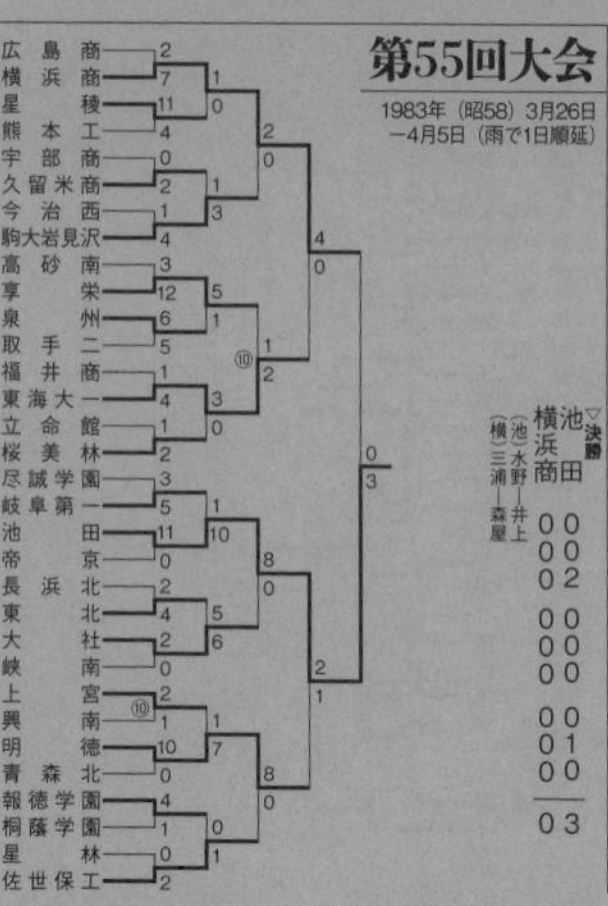
第55回大会
1983年（昭58）3月26日
−4月5日（雨で1日順延）
▽決勝
池田
横浜商
（池）水野−井上
（横）三浦−森屋

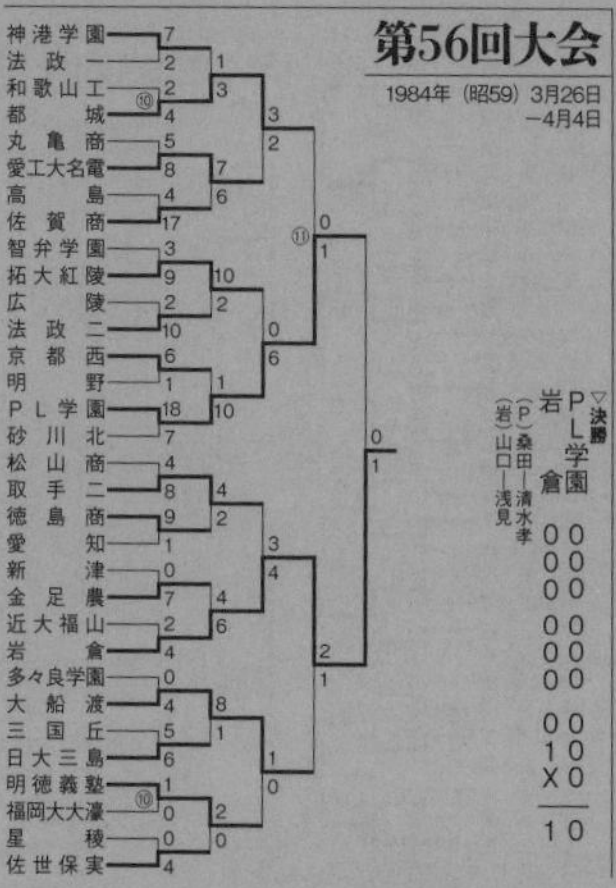
第56回大会
1984年（昭59）3月26日
−4月4日
▽決勝
岩倉
ＰＬ学園
（Ｐ）桑田−清水孝
（岩）山口−浅見

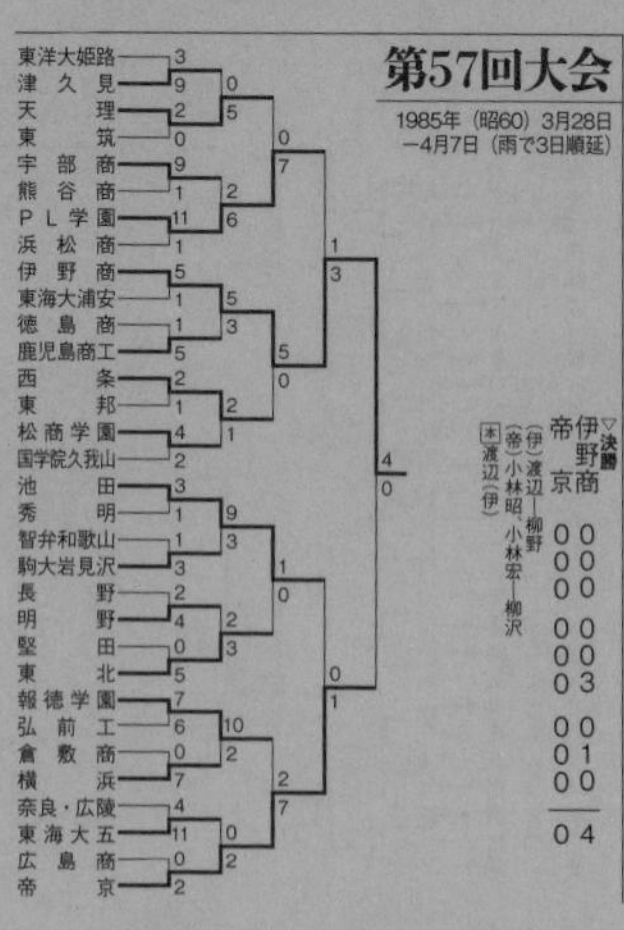
第57回大会
1985年（昭60）3月28日
−4月7日（雨で3日順延）
▽決勝
伊野商
帝京
（伊）渡辺−柳野
（帝）小林昭、小林宏−柳沢
本渡辺（伊）

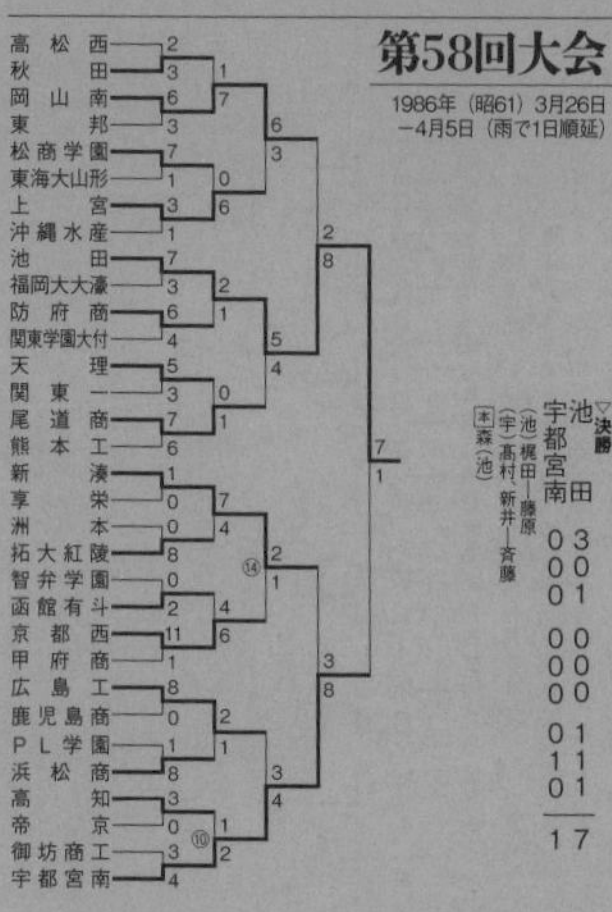
第58回大会
1986年（昭61）3月26日
−4月5日（雨で1日順延）
▽決勝
池田
宇都宮南
（池）梶田−藤原
（宇）高村、新井−斉藤
本森（池）

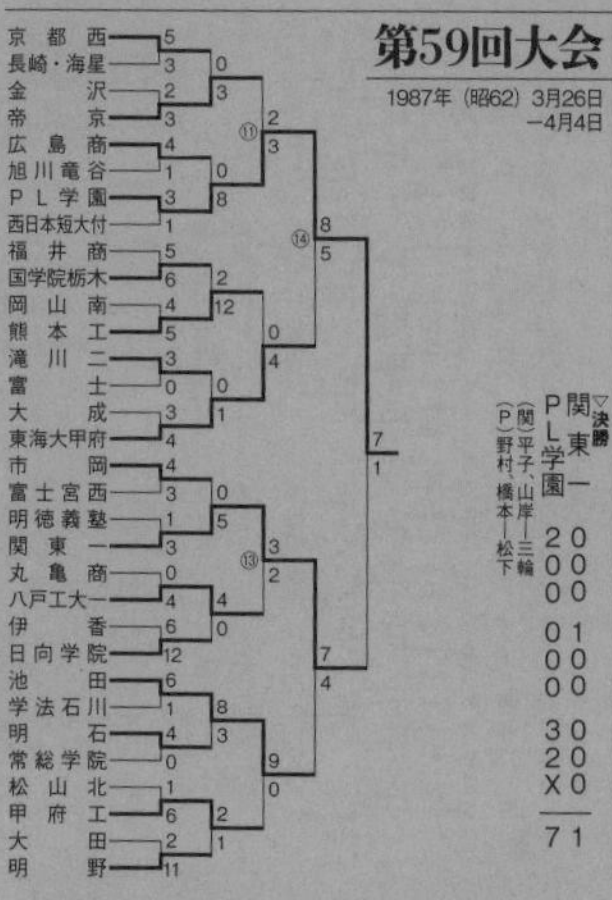
第59回大会
1987年（昭62）3月26日
−4月4日
▽決勝
関東一
ＰＬ学園
（関）平子、山岸−三輪
（Ｐ）野村、橋本−松下

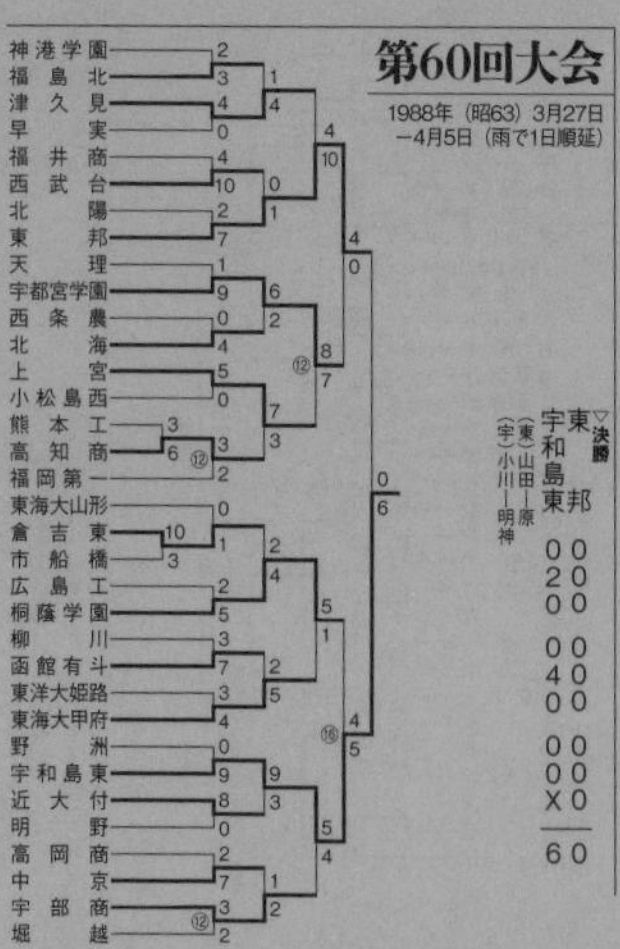
第60回大会
1988年（昭63）3月27日
−4月5日（雨で1日順延）
▽決勝
東邦
宇和島東
（東）山田−原
（宇）小川−明神

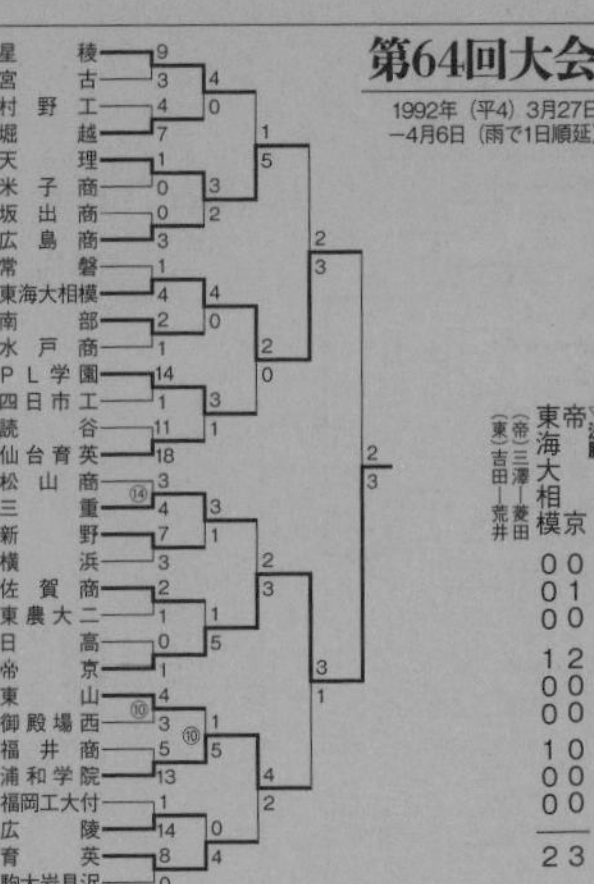
第64回大会
1992年（平4）3月27日
−4月6日（雨で1日順延）
▽決勝
帝京
東海大相模
（帝）三澤―菱田
（東）吉田―荒井

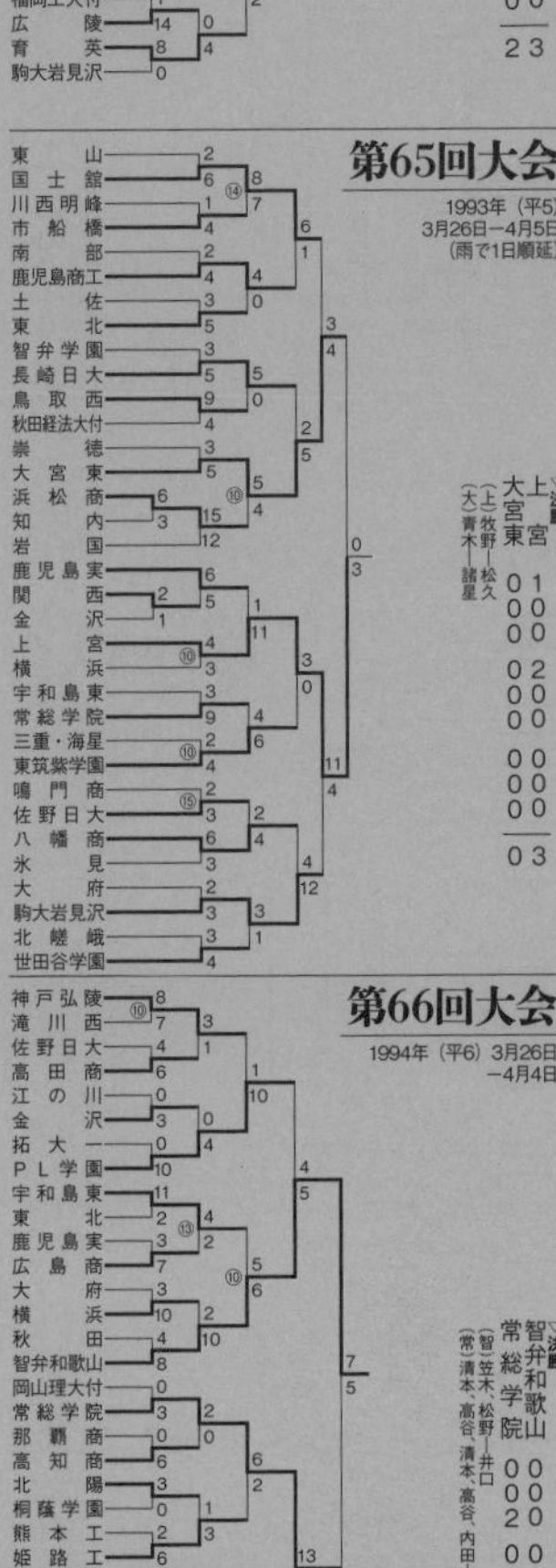
第65回大会
1993年（平5）
3月26日−4月5日
（雨で1日順延）
▽決勝
上宮
大宮東
（上）牧野―松久
（大）青木―諸星
第66回大会
1994年（平6）3月26日
−4月4日
▽決勝
智弁和歌山
常総学院
（智）笠木、松野―井口
（常）清本、高谷、清本、高谷、内田―荒川、田原

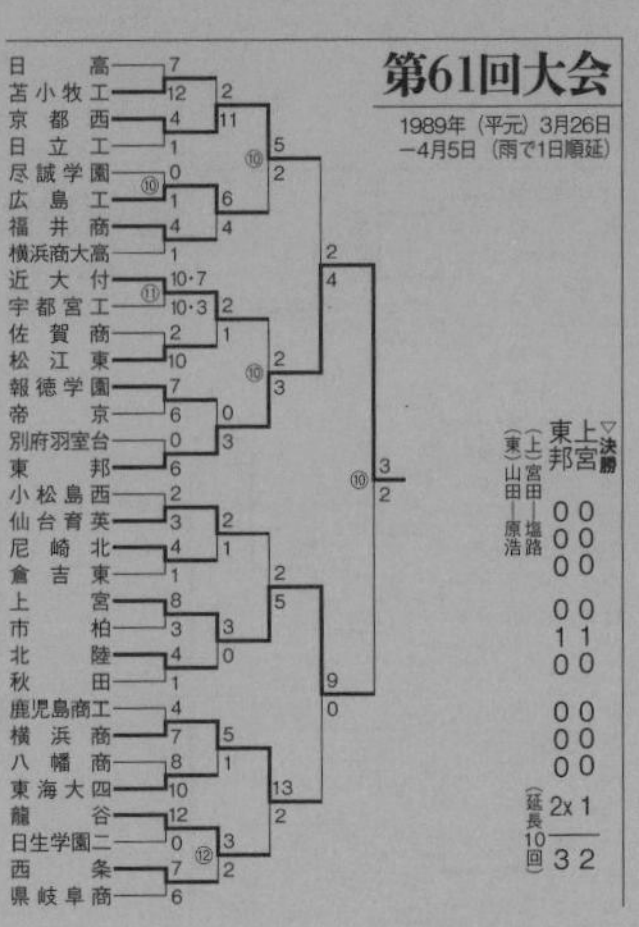
第61回大会
1989年（平元）3月26日
−4月5日（雨で1日順延）
▽決勝
上宮
東邦
（上）宮田―塩路
（東）山田―原浩
（延長10回）

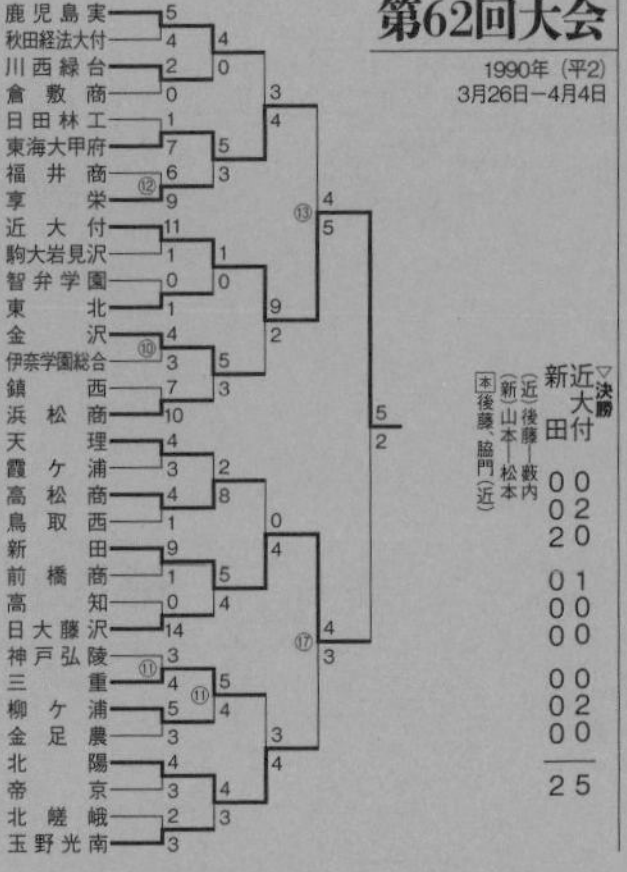
第62回大会
1990年（平2）
3月26日−4月4日
▽決勝
近大付
新田
（近）後藤―藪内
（新）山本、松本
本 後藤、脇門（近）

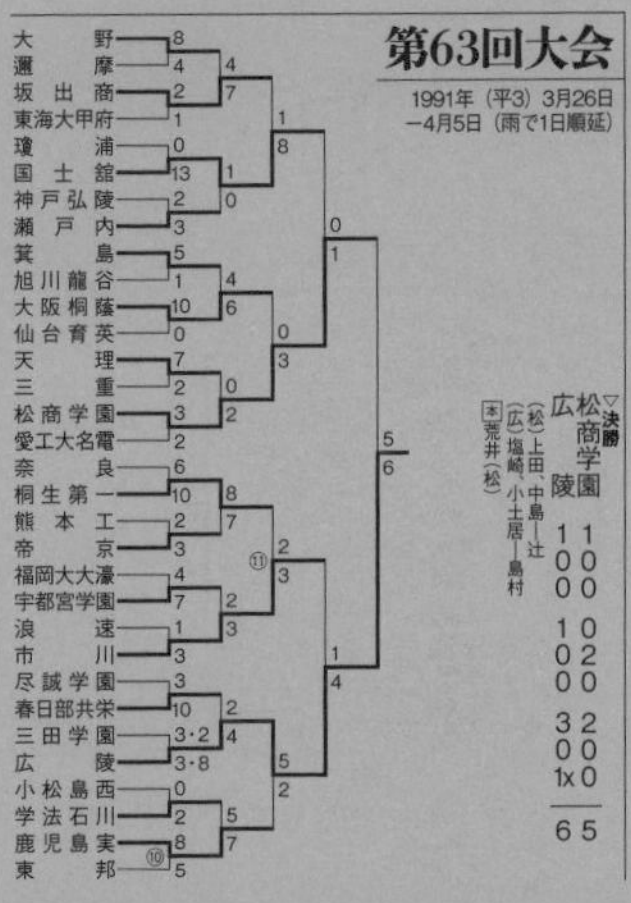
第63回大会
1991年（平3）3月26日
−4月5日（雨で1日順延）
▽決勝
松商学園
広陵
（松）上田―中島
（広）塩崎、小土居―辻、島村
本 荒井（松）

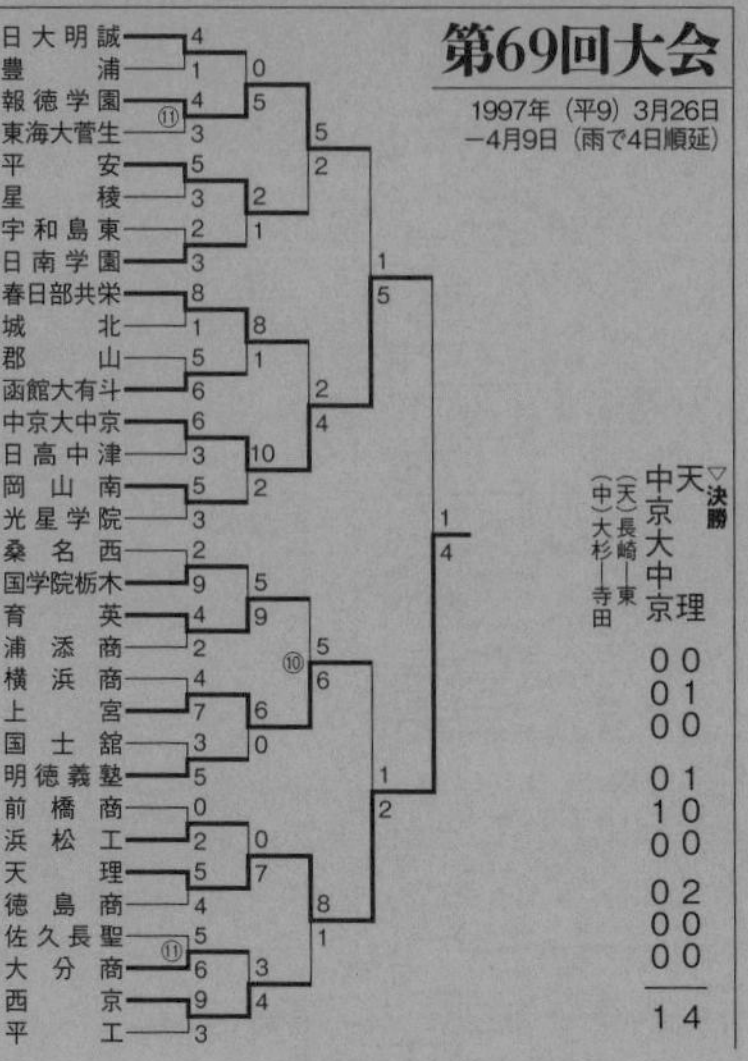
第69回大会
1997年（平9）3月26日
−4月9日（雨で4日順延）
日大明誠
豊浦
報徳学園
東海大菅生
平安
星稜
宇和島東
日南学園
春日部共栄
城北
郡山
函館大有斗
中京大中京
日高中津
岡山南
光星学院
桑名西
国学院栃木
育英
浦添商
横浜商
上宮
国士舘
明徳義塾
前橋商
浜松工
天理
徳島商
佐久長聖
大分商
西京
平工
▽決勝
天理 000 010 200｜4
中京大中京 000 010 000｜1
（天）長崎—東
（中）大杉—寺田

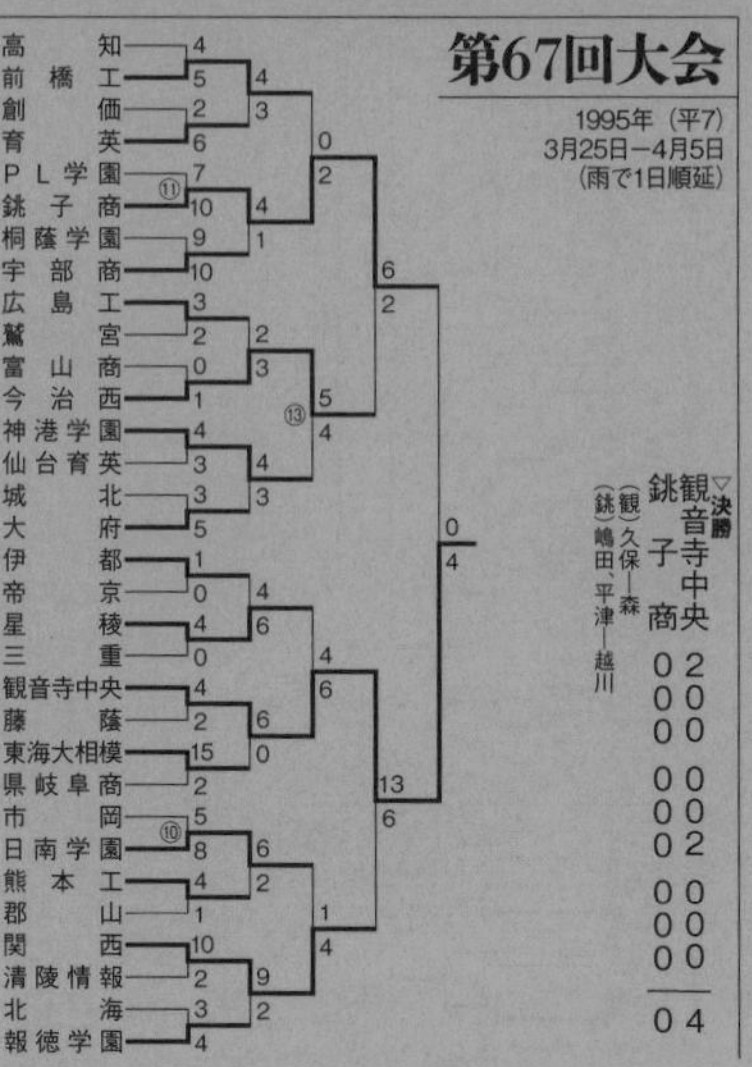
第67回大会
1995年（平7）
3月25日−4月5日
（雨で1日順延）
高知
前橋工
創価
育英
ＰＬ学園
銚子商
桐蔭学園
宇部商
広島工
鷲宮
富山商
今治西
神港学園
仙台育英
城北
大府
伊都
帝京
星稜
三重
観音寺中央
藤蔭
東海大相模
県岐阜商
市岡
日南学園
熊本工
郡山
関西
清陵情報
北海
報徳学園
▽決勝
観音寺中央 200 002 000｜4
銚子商 000 000 000｜0
（観）久保—森
（銚）嶋田、平津—越川

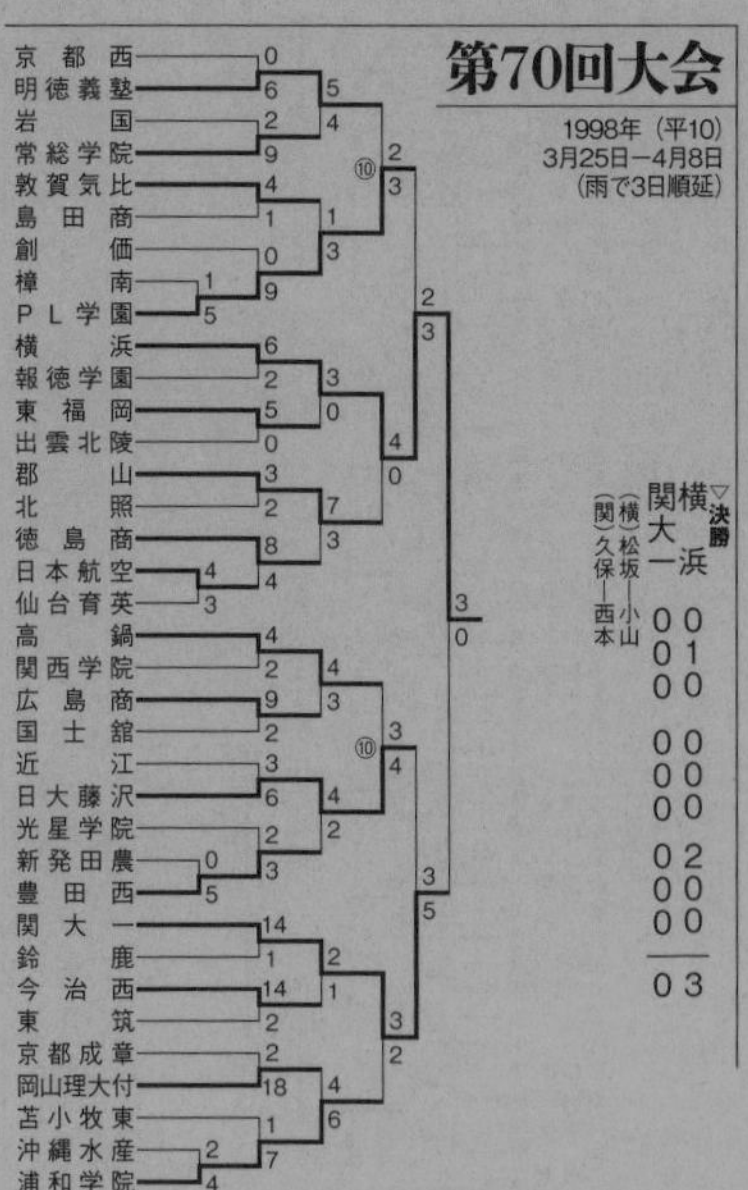
第70回大会
1998年（平10）
3月25日−4月8日
（雨で3日順延）
京都西
明徳義塾
岩国
常総学院
敦賀気比
島田商
創価
樟南
ＰＬ学園
横浜
報徳学園
東福岡
出雲北陵
郡山
北照
徳島商
日本航空
仙台育英
高鍋
関西学院
広島商
国士舘
近江
日大藤沢
光星学院
新発田農
豊田西
関大一
鈴鹿
今治西
東筑
京都成章
岡山理大付
苫小牧東
沖縄水産
浦和学院
▽決勝
横浜 010 000 200｜3
関大一 000 000 000｜0
（横）松坂—小山
（関）久保—西本

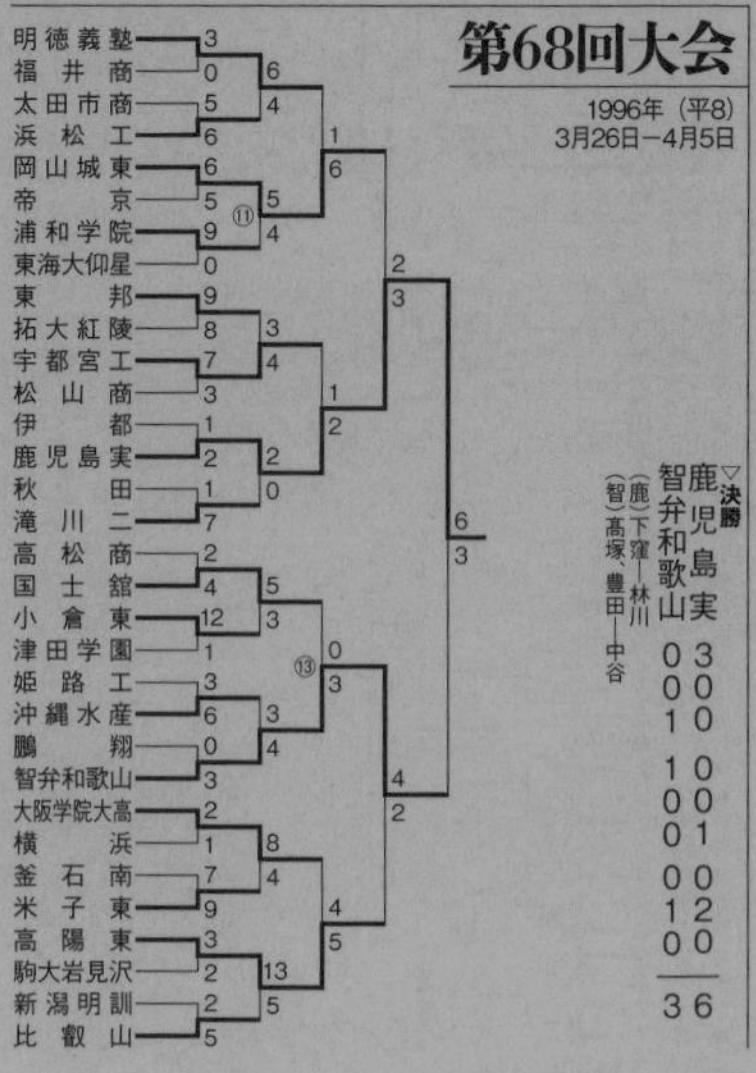
第68回大会
1996年（平8）
3月26日−4月5日
明徳義塾
福井商
太田市商
浜松工
岡山城東
帝京
浦和学院
東海大仰星
東邦
拓大紅陵
宇都宮工
松山商
伊都
鹿児島実
秋田
滝川二
高松商
国士舘
小倉東
津田学園
姫路工
沖縄水産
鵬翔
智弁和歌山
大阪学院大高
横浜
釜石南
米子東
高陽東
駒大岩見沢
新潟明訓
比叡山
▽決勝
鹿児島実 300 001 020｜6
智弁和歌山 001 100 010｜3
（鹿）下窪—林川
（智）高塚、豊田—中谷

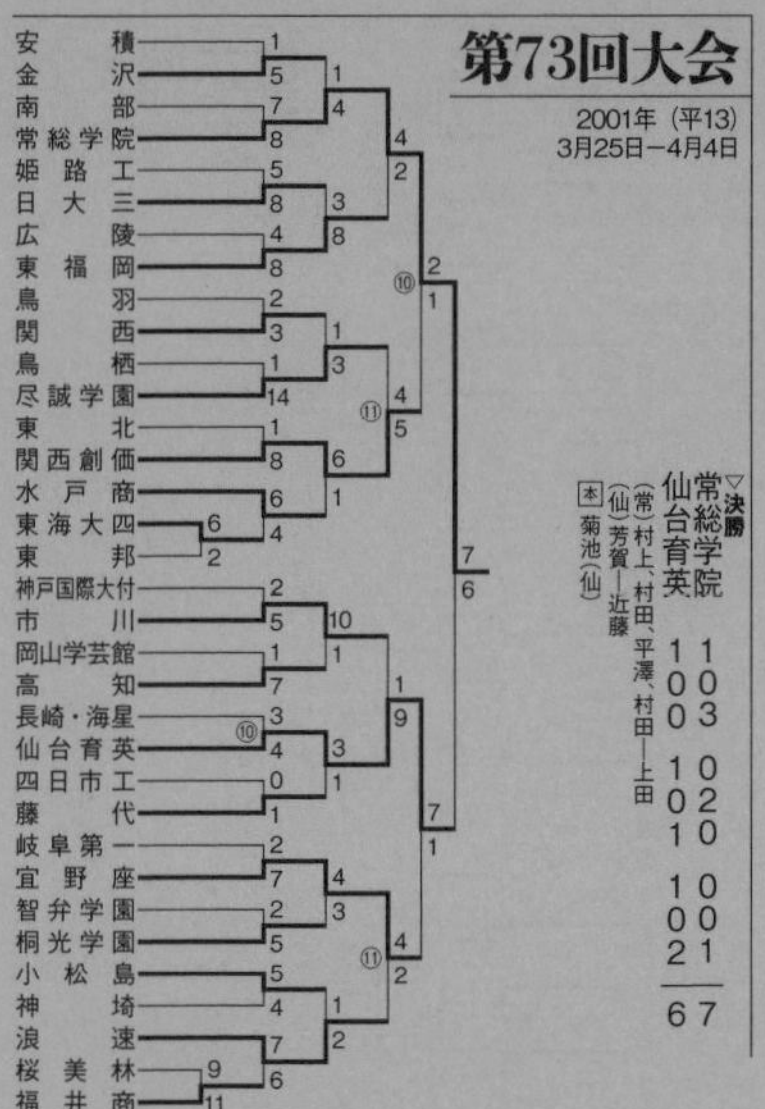
第73回大会
2001年（平13）
3月25日−4月4日
安積
金沢
南部
常総学院
姫路工
日大三
広陵
東福岡
鳥羽
関西
鳥栖
尽誠学園
東北
関西創価
水戸商
東海大四
東邦
神戸国際大付
市川
岡山学芸館
高知
長崎・海星
仙台育英
四日市工
藤代
岐阜第一
宜野座
智弁学園
桐光学園
小松島
神埼
浪速
桜美林
福井商
▽決勝
常総学院 103 020 001 7
仙台育英 100 101 102 6
（常）村上、村田、平澤、村田―上田
（仙）芳賀―近藤
本 菊池（仙）

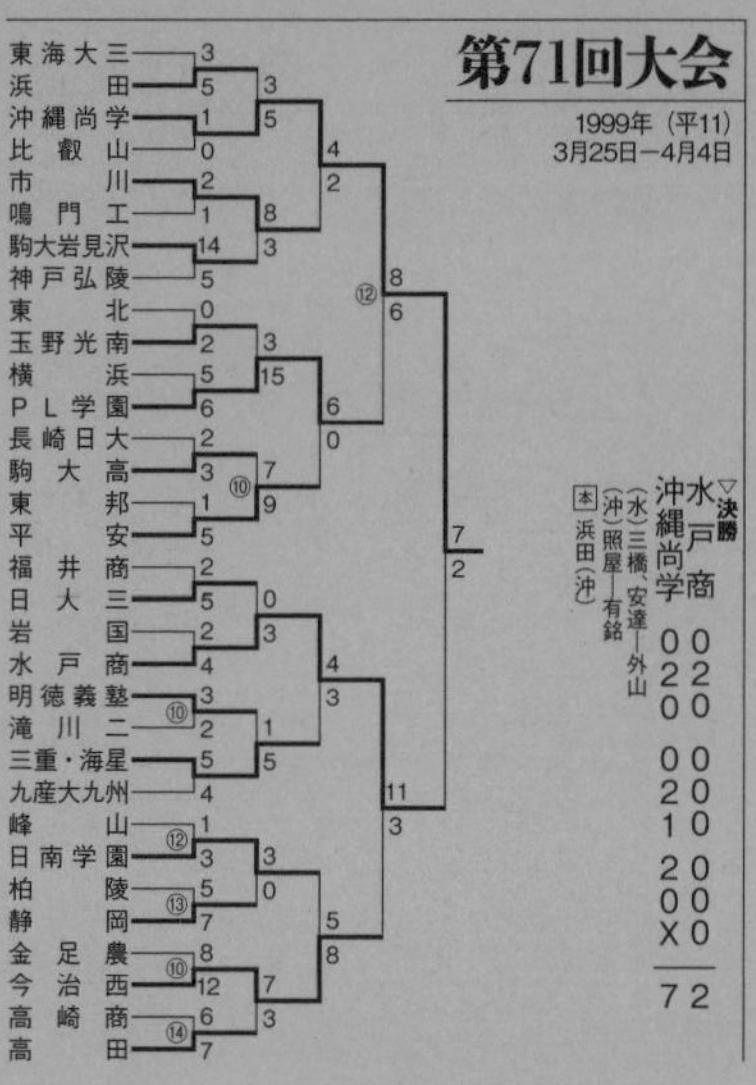
第71回大会
1999年（平11）
3月25日−4月4日
東海大三
浜田
沖縄尚学
比叡山
市川
鳴門工
駒大岩見沢
神戸弘陵
東北
玉野光南
横浜
ＰＬ学園
長崎日大
駒大高
東邦
平安
福井商
日大三
岩国
水戸商
明徳義塾
滝川二
三重・海星
九産大九州
峰山
日南学園
柏陵
静岡
金足農
今治西
高崎商
高田
▽決勝
水戸商 020 000 000 2
沖縄尚学 020 021 20X 7
（水）三橋、安達―外山
（沖）照屋―有銘
本 浜田（沖）

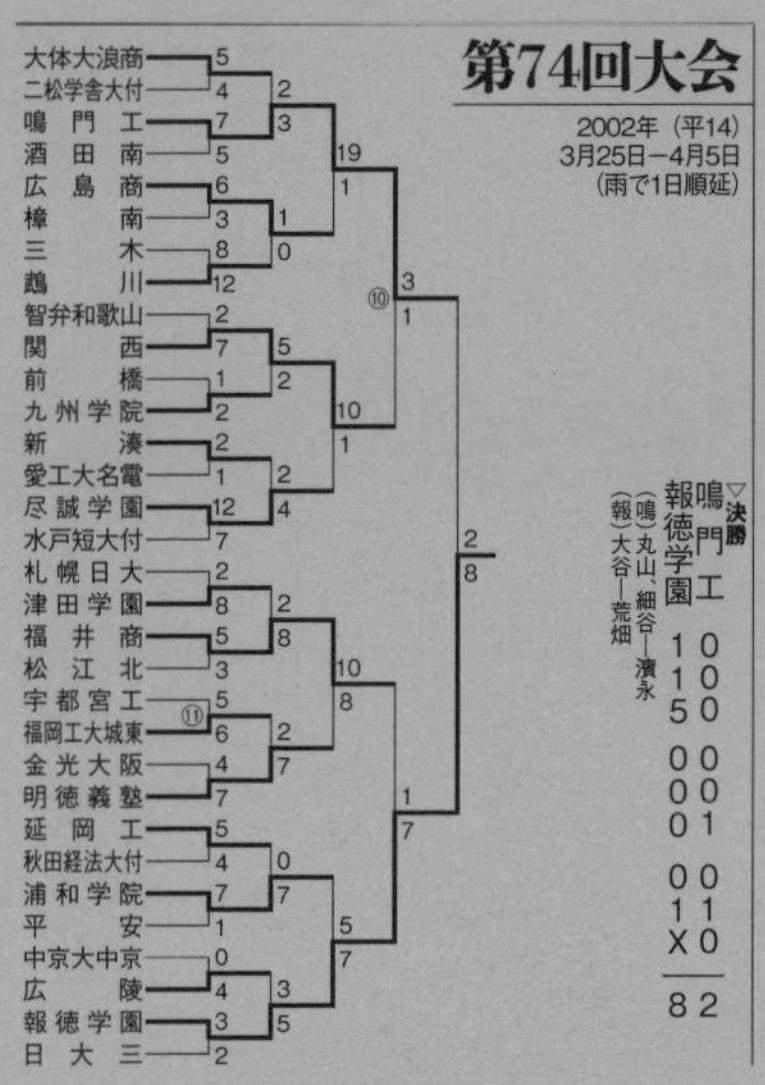
第74回大会
2002年（平14）
3月25日−4月5日
（雨で1日順延）
大体大浪商
二松学舎大付
鳴門工
酒田南
広島商
樟南
三木
鵡川
智弁和歌山
関西
前橋
九州学院
新湊
愛工大名電
尽誠学園
水戸短大付
札幌日大
津田学園
福井商
松江北
宇都宮工
福岡工大城東
金光大阪
明徳義塾
延岡工
秋田経法大付
浦和学院
平安
中京大中京
広陵
報徳学園
日大三
▽決勝
鳴門工 000 001 010 2
報徳学園 115 000 01X 8
（鳴）丸山、細谷―濱永
（報）大谷―荒畑

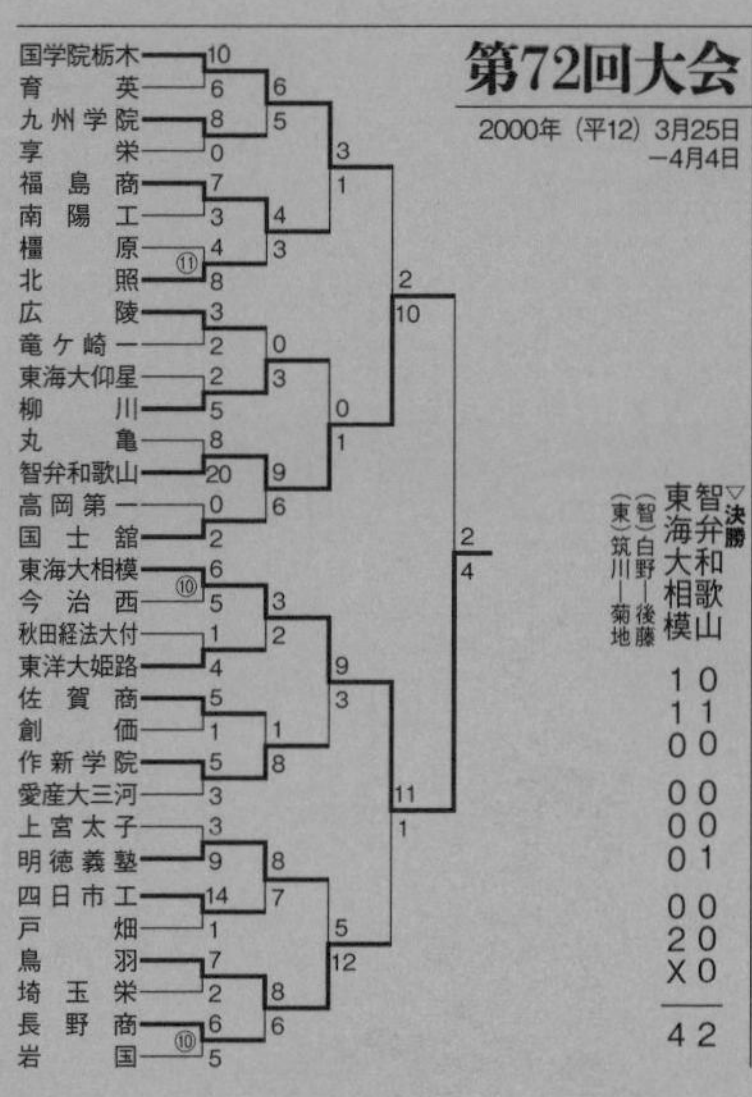
第72回大会
2000年（平12）3月25日
−4月4日
国学院栃木
育英
九州学院
享栄
福島商
南陽工
橿原
北照
広陵
竜ケ崎一
東海大仰星
柳川
丸亀
智弁和歌山
高岡第一
国士舘
東海大相模
今治西
秋田経法大付
東洋大姫路
佐賀商
創価
作新学院
愛産大三河
上宮太子
明徳義塾
四日市工
戸畑
鳥羽
埼玉栄
長野商
岩国
▽決勝
智弁和歌山 010 001 000 2
東海大相模 110 000 02X 4
（智）白野―後藤
（東）筑川―菊地

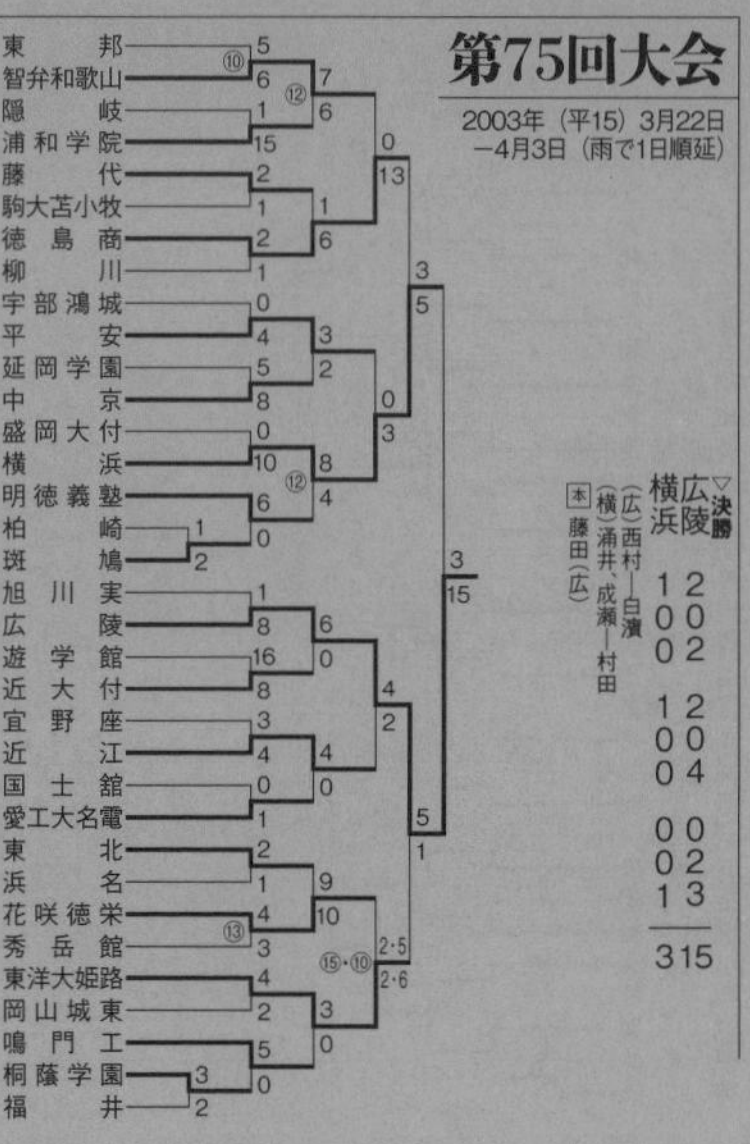
第75回大会
2003年（平15）3月22日
－4月3日（雨で1日順延）
東邦
智弁和歌山
隠岐
浦和学院
藤代
駒大苫小牧
徳島商
柳川
宇部鴻城
平安
延岡学園
中京
盛岡大付
横浜
明徳義塾
柏崎
斑鳩
旭川実
広陵
遊学館
近大付
宜野座
近江
国士舘
愛工大名電
東北
浜名
花咲徳栄
秀岳館
東洋大姫路
岡山城東
鳴門工
桐蔭学園
福井
▽決勝
広陵 202 024 023 15
横浜 100 100 001 3
（広）西村－白濱
（横）涌井、成瀬－村田
本 藤田（広）

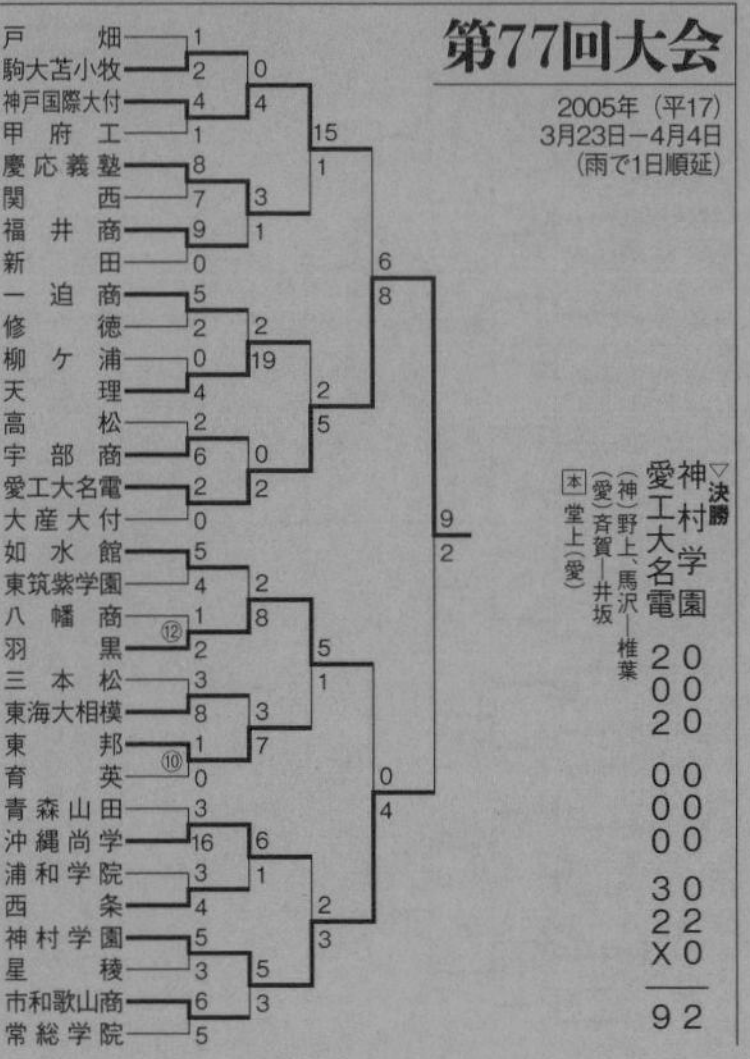
第77回大会
2005年（平17）
3月23日－4月4日
（雨で1日順延）
戸畑
駒大苫小牧
神戸国際大付
甲府工
慶応義塾
関西
福井商
新田
一迫商
修徳
柳ケ浦
天理
高松
宇部商
愛工大名電
大産大付
如水館
東筑紫学園
八幡商
羽黒
三本松
東海大相模
東邦
育英
青森山田
沖縄尚学
浦和学院
西条
神村学園
星稜
市和歌山商
常総学院
▽決勝
神村学園 000 000 020 2
愛工大名電 202 000 32X 9
（神）野上、馬沢－椎葉
（愛）斉賀－井坂
本 堂上（愛）

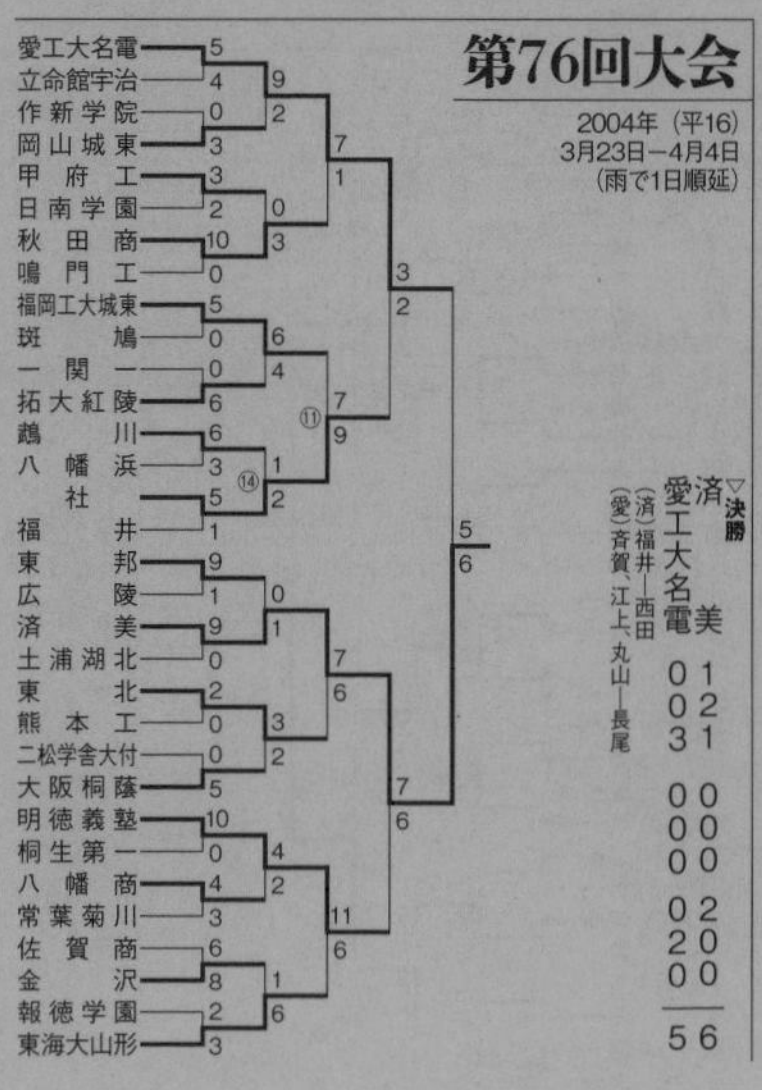
第76回大会
2004年（平16）
3月23日－4月4日
（雨で1日順延）
愛工大名電
立命館宇治
作新学院
岡山城東
甲府工
日南学園
秋田商
鳴門工
福岡工大城東
斑鳩
一関一
拓大紅陵
鵡川
八幡浜
社
福井
東邦
広陵
済美
土浦湖北
東北
熊本工
二松学舎大付
大阪桐蔭
明徳義塾
桐生第一
八幡商
常葉菊川
佐賀商
金沢
報徳学園
東海大山形
▽決勝
済美 121 000 200 6
愛工大名電 003 000 020 5
（済）福井－西田
（愛）斉賀、江上、丸山－長尾

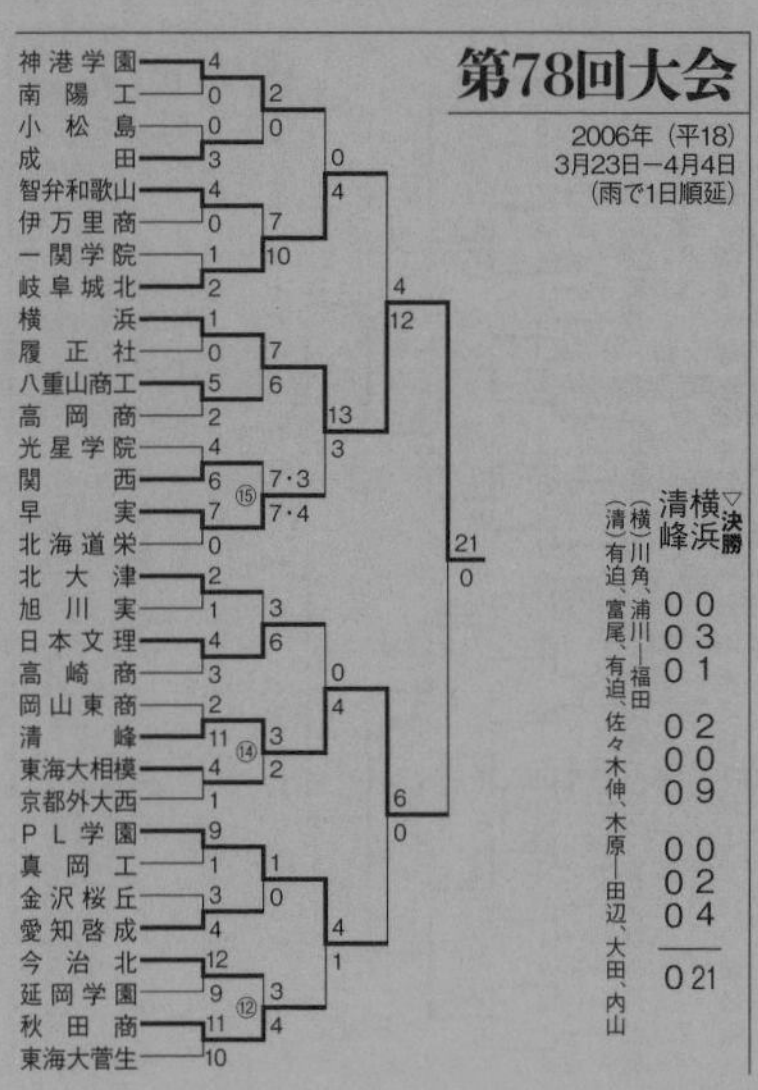
第78回大会
2006年（平18）
3月23日－4月4日
（雨で1日順延）
神港学園
南陽工
小松島
成田
智弁和歌山
伊万里商
一関学院
岐阜城北
横浜
履正社
八重山商工
高岡商
光星学院
関西
早実
北海道栄
北大津
旭川実
日本文理
高崎商
岡山東商
清峰
東海大相模
京都外大西
PL学園
真岡工
金沢桜丘
愛知啓成
今治北
延岡学園
秋田商
東海大菅生
▽決勝
横浜 031 209 024 21
清峰 000 000 000 0
（横）川角、浦川－福田
（清）有迫、富尾、有迫、佐々木伸、木原－田辺、大田、内山

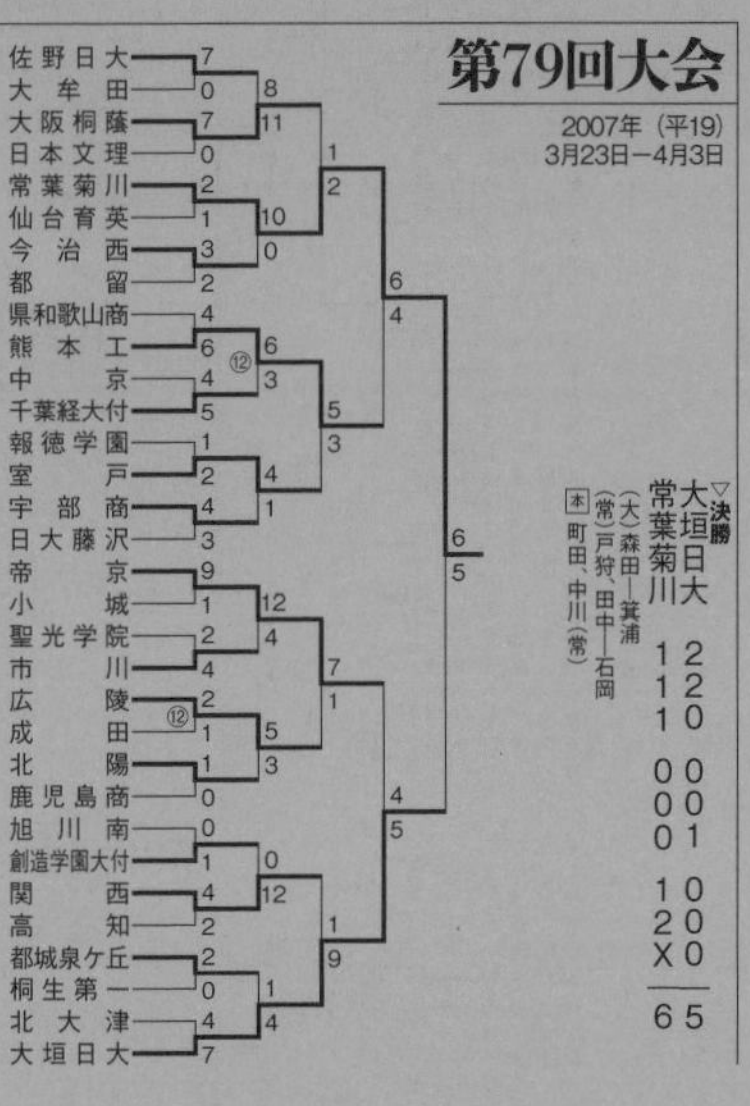

第79回大会
2007年（平19）
3月23日－4月3日
佐野日大
大牟田
大阪桐蔭
日本文理
常葉菊川
仙台育英
今治西
都留
県和歌山商
熊本工
中京
千葉経大付
報徳学園
室戸
宇部商
日大藤沢
帝京
小城
聖光学院
市川
広陵
成田
北陽
鹿児島商
旭川南
創造学園大付
関西
高知
都城泉ケ丘
桐生第一
北大津
大垣日大
▽決勝
大垣日大 220 001 000 5
常葉菊川 111 000 12X 6
(大)森田—箕浦
(常)戸狩、田中—石岡
本 町田、中川(常)

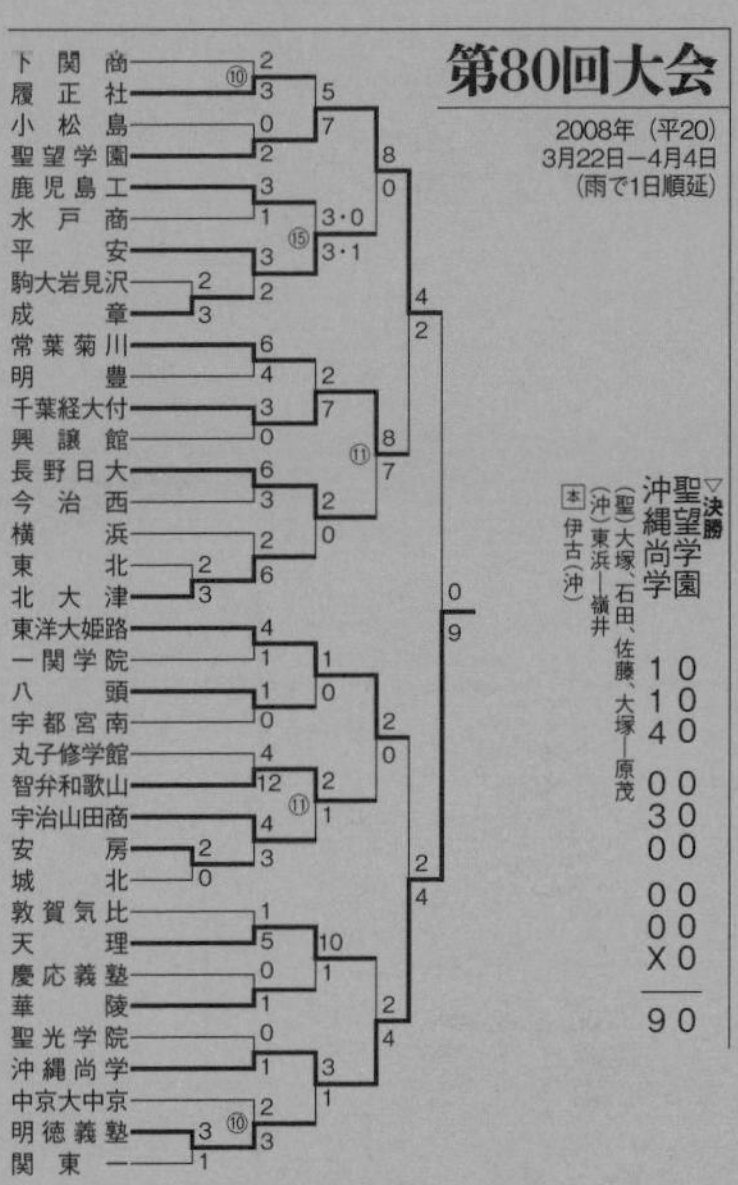

第80回大会
2008年（平20）
3月22日－4月4日
（雨で1日順延）
下関商
履正社
小松島
聖望学園
鹿児島工
水戸商
平安
駒大岩見沢
成章
常葉菊川
明豊
千葉経大付
興譲館
長野日大
今治西
横浜
東北
北大津
東洋大姫路
一関学院
八頭
宇都宮南
丸子修学館
智弁和歌山
宇治山田商
安房
城北
敦賀気比
天理
慶応義塾
華陵
聖光学院
沖縄尚学
中京大中京
明徳義塾
関東一
▽決勝
聖望学園 000 000 000 0
沖縄尚学 114 030 00X 9
(聖)大塚、石田、佐藤、大塚—原茂
(沖)東浜—嶺井
本 伊古(沖)

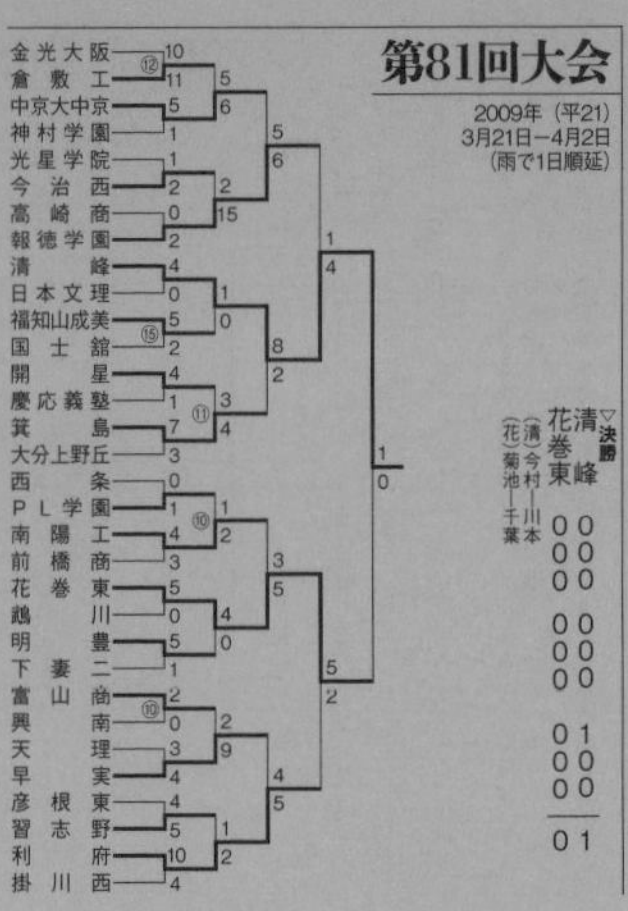

第81回大会
2009年（平21）
3月21日－4月2日
（雨で1日順延）
金光大阪
倉敷工
中京大中京
神村学園
光星学院
今治西
高崎商
報徳学園
清峰
日本文理
福知山成美
国士舘
開星
慶応義塾
箕島
大分上野丘
西条
PL学園
南陽工
前橋商
花巻東
鵡川
明豊
下妻二
富山商
興南
天理
早実
彦根東
習志野
利府
掛川西
▽決勝
清峰 000 000 100 1
花巻東 000 000 000 0
(清)今村—川本
(花)菊池—千葉

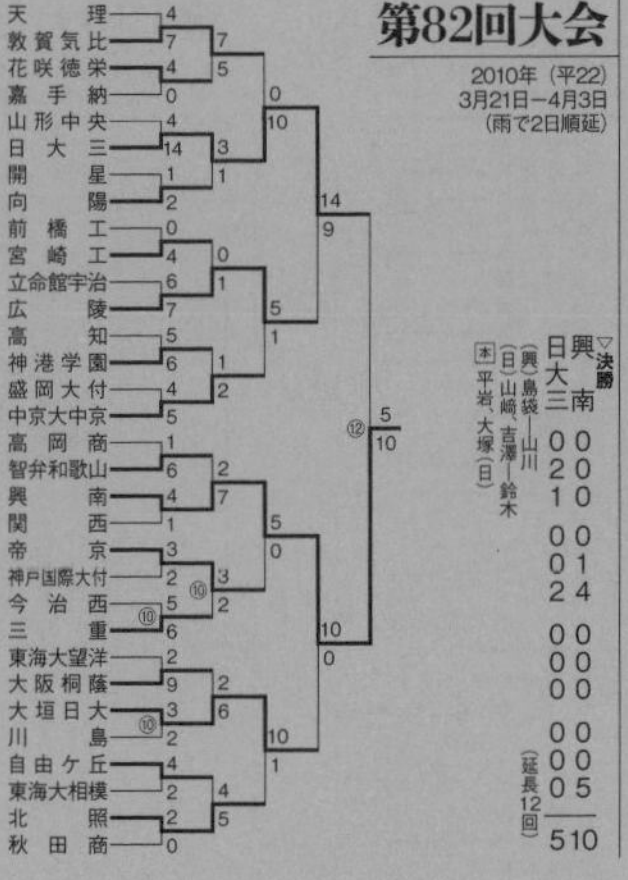

第82回大会
2010年（平22）
3月21日－4月3日
（雨で2日順延）
天理
敦賀気比
花咲徳栄
嘉手納
山形中央
日大三
開星
向陽
前橋工
宮崎工
立命館宇治
広陵
高知
神港学園
盛岡大付
中京大中京
高岡商
智弁和歌山
興南
関西
帝京
神戸国際大付
今治西
三重
東海大望洋
大阪桐蔭
大垣日大
川島
自由ケ丘
東海大相模
北照
秋田商
▽決勝
興南 000 014 000 005 10
日大三 021 002 000 000 5
(延長12回)
(興)島袋—山川
(日)山崎、吉沢—鈴木
本 平岩、大塚(日)

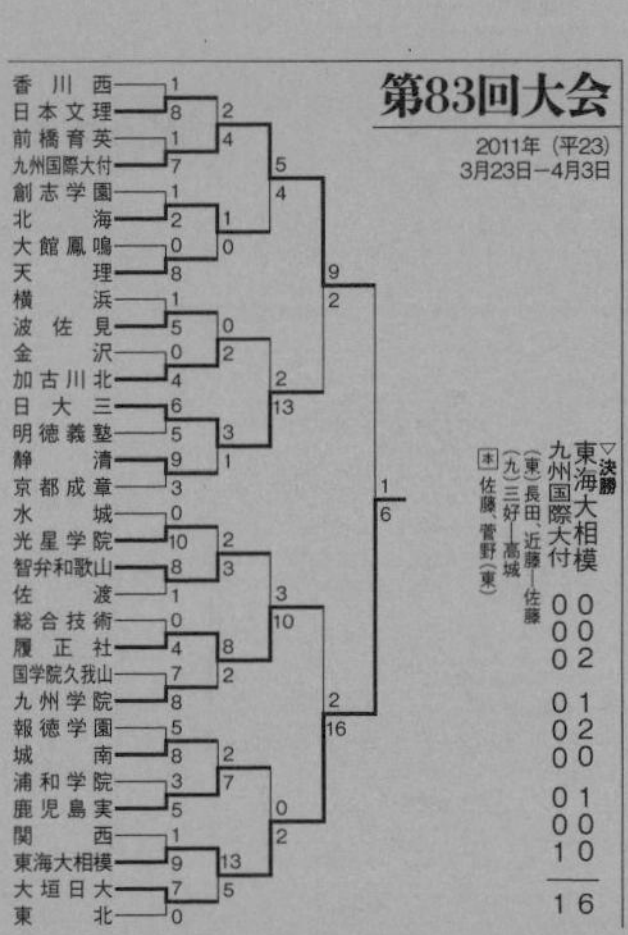

第83回大会
2011年（平23）
3月23日－4月3日
香川西
日本文理
前橋育英
九州国際大付
創志学園
北海
大館鳳鳴
天理
横浜
波佐見
金沢
加古川北
日大三
明徳義塾
静清
京都成章
水城
光星学院
智弁和歌山
佐渡
総合技術
履正社
国学院久我山
九州学院
報徳学園
城南
浦和学院
鹿児島実
関西
東海大相模
大垣日大
東北
▽決勝
東海大相模 002 120 100 6
九州国際大付 000 000 001 1
(東)長田、近藤—佐藤
(九)三好—高城
本 佐藤、菅野(東)

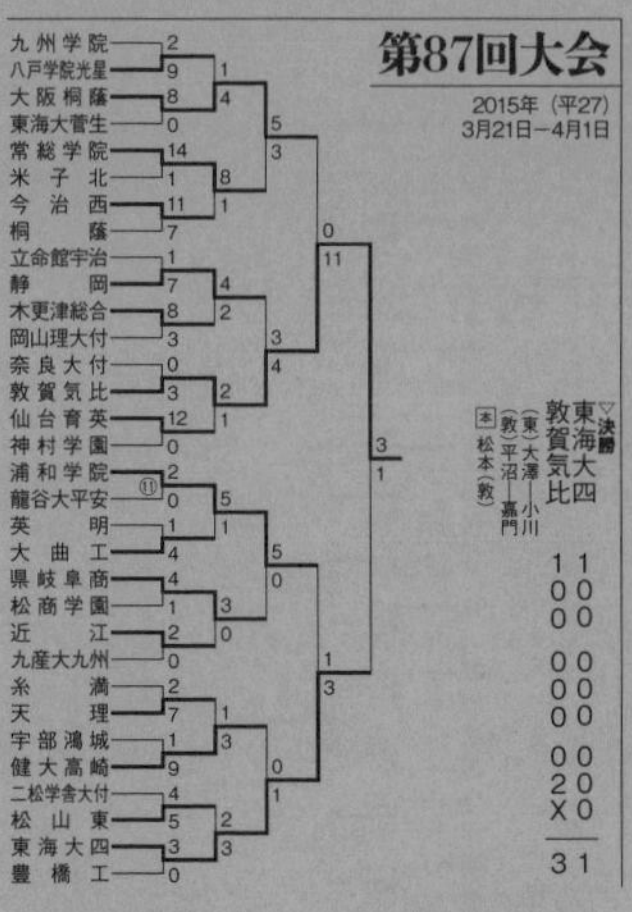
第87回大会
2015年（平27）
3月21日－4月1日
九州学院
八戸学院光星
大阪桐蔭
東海大菅生
常総学院
米子北
今治西
桐蔭
立命館宇治
静岡
木更津総合
岡山理大付
奈良大付
敦賀気比
仙台育英
神村学園
浦和学院
龍谷大平安
英明
大曲工
県岐阜商
松商学園
近江
九産大九州
糸満
天理
宇部鴻城
健大高崎
二松学舎大付
松山東
東海大四
豊橋工
▽決勝
東海大四 100 000 000 1
敦賀気比 100 000 20X 3
（東）大澤－小川
（敦）平沼－嘉門
［本］松本（敦）

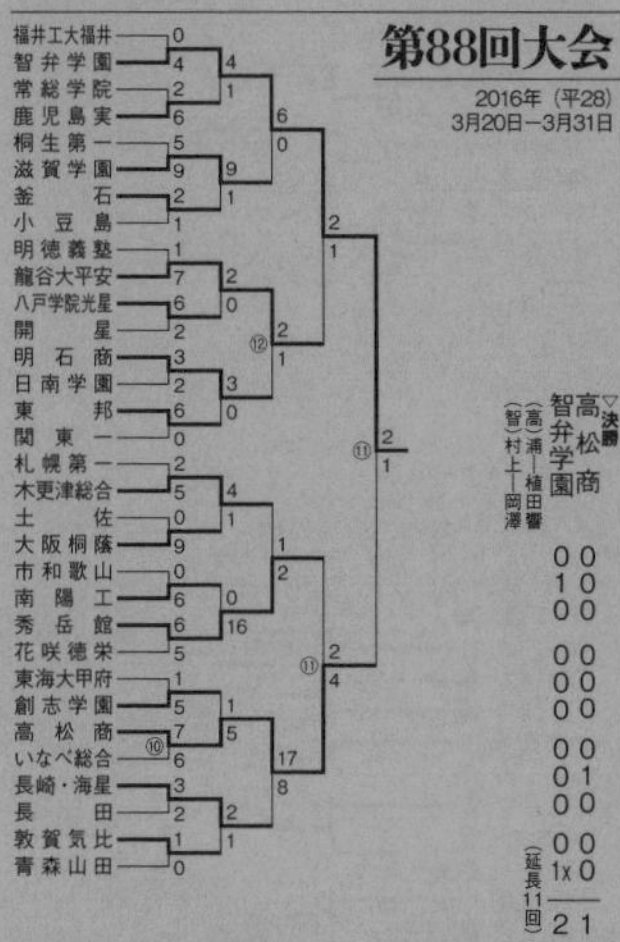
第88回大会
2016年（平28）
3月20日－3月31日
福井工大福井
智弁学園
常総学院
鹿児島実
桐生第一
滋賀学園
釜石
小豆島
明徳義塾
龍谷大平安
八戸学院光星
開星
明石商
日南学園
東邦
関東一
札幌第一
木更津総合
土佐
大阪桐蔭
市和歌山
南陽工
秀岳館
花咲徳栄
東海大甲府
創志学園
高松商
いなべ総合
長崎・海星
長田
敦賀気比
青森山田
▽決勝
高松商 000 000 010 00 1
智弁学園 010 000 000 01x 2
（延長11回）
（高）浦－植田響
（智）村上－岡澤

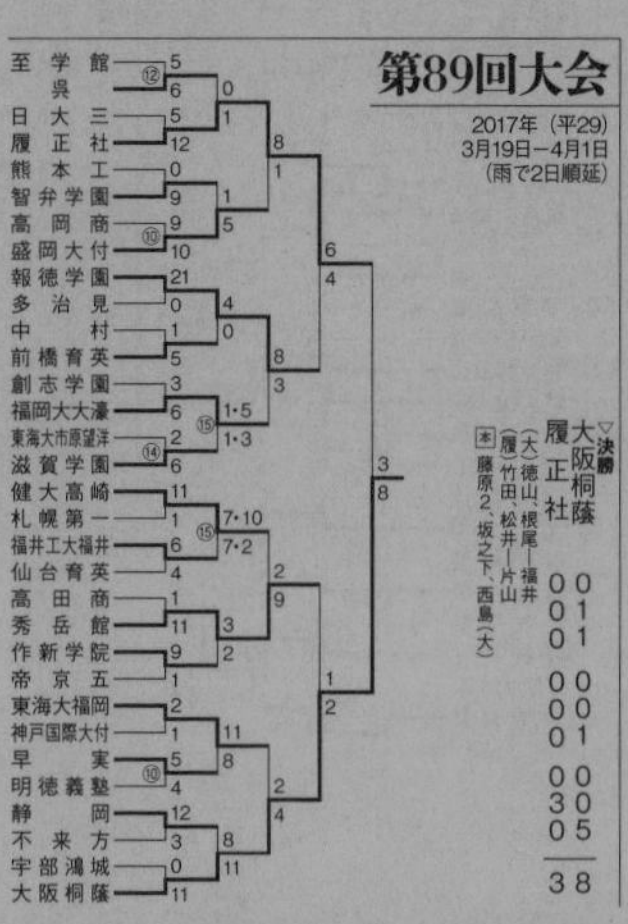
第89回大会
2017年（平29）
3月19日－4月1日
（雨で2日順延）
至学館
呉
日大三
履正社
熊本工
智弁学園
高岡商
盛岡大付
報徳学園
多治見
中村
前橋育英
創志学園
福岡大大濠
東海大市原望洋
滋賀学園
健大高崎
札幌第一
福井工大福井
仙台育英
高田商
秀岳館
作新学院
帝京五
東海大福岡
神戸国際大付
早実
明徳義塾
静岡
不来方
宇部鴻城
大阪桐蔭
▽決勝
大阪桐蔭 011 001 005 8
履正社 000 000 030 3
（大）徳山、根尾－福井
（履）竹田、松井－片山
［本］藤原2、坂之下、西島（大）

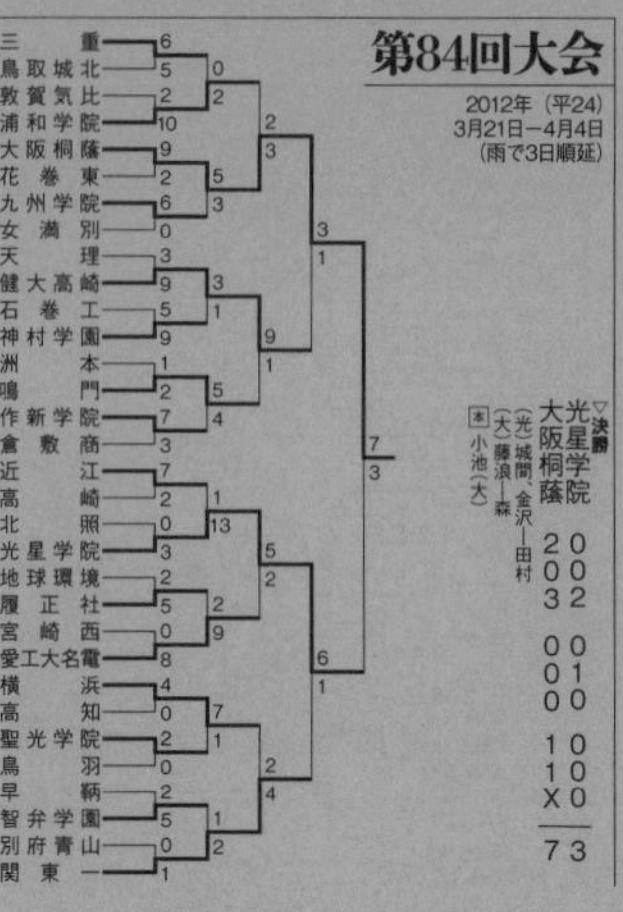
第84回大会
2012年（平24）
3月21日－4月4日
（雨で3日順延）
三重
鳥取城北
敦賀気比
浦和学院
大阪桐蔭
花巻東
九州学院
女満別
天理
健大高崎
石巻工
神村学園
洲本
鳴門
作新学院
倉敷商
近江
高崎
北照
光星学院
地球環境
履正社
宮崎西
愛工大名電
横浜
高知
聖光学院
鳥羽
早鞆
智弁学園
別府青山
関東一
▽決勝
光星学院 002 010 000 3
大阪桐蔭 203 000 11X 7
（光）城間、金沢－田村
（大）藤浪－森
［本］小池（大）

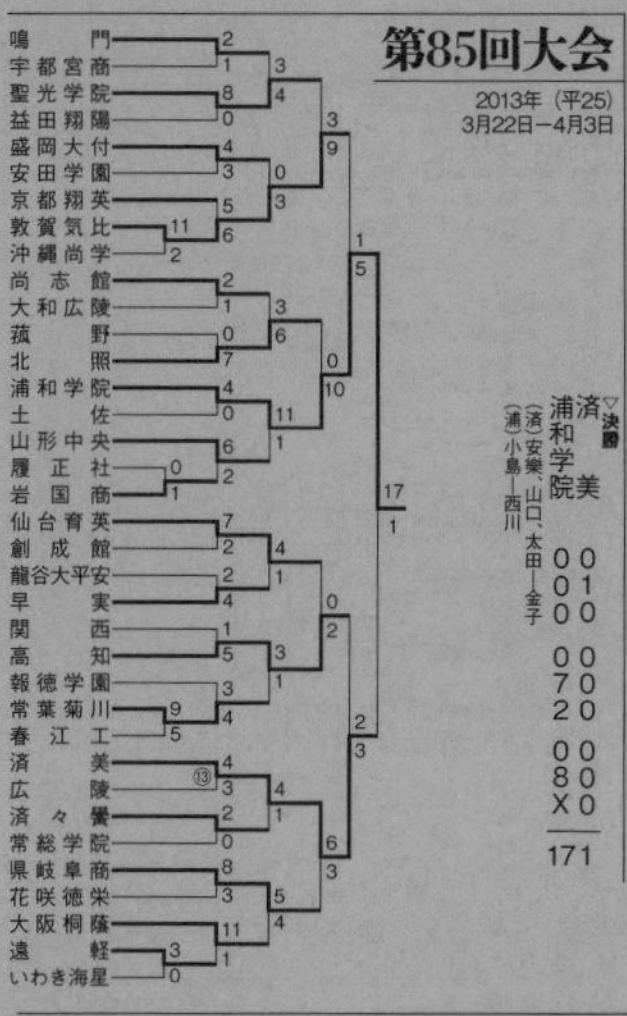
第85回大会
2013年（平25）
3月22日－4月3日
鳴門
宇都宮商
聖光学院
益田翔陽
盛岡大付
安田学園
京都翔英
敦賀気比
沖縄尚学
尚志館
大和広陵
菰野
北照
浦和学院
土佐
山形中央
履正社
岩国商
仙台育英
創成館
龍谷大平安
早実
関西
高知
報徳学園
常葉菊川
春江工
済美
広陵
済々黌
常総学院
県岐阜商
花咲徳栄
大阪桐蔭
遠軽
いわき海星
▽決勝
済美 010 000 000 1
浦和学院 000 072 08X 17
（済）安樂、山口、太田－金子
（浦）小島－西川

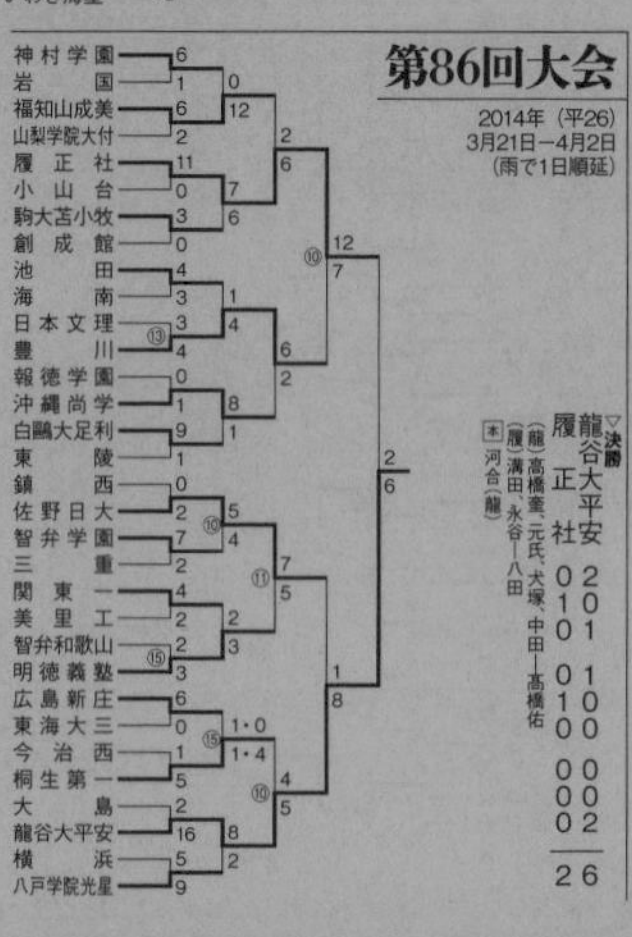
第86回大会
2014年（平26）
3月21日－4月2日
（雨で1日順延）
神村学園
岩国
福知山成美
山梨学院大付
履正社
小山台
駒大苫小牧
創成館
池田
海南
日本文理
豊川
報徳学園
沖縄尚学
白鷗大足利
東陵
鎮西
佐野日大
智弁学園
三重
関東一
美里工
智弁和歌山
明徳義塾
広島新庄
東海大三
今治西
桐生第一
大島
龍谷大平安
横浜
八戸学院光星
▽決勝
龍谷大平安 201 100 002 6
履正社 010 010 000 2
（龍）高橋奎、元氏、犬塚、中田－高橋佑
（履）溝田、永谷－八田
［本］河合（龍）

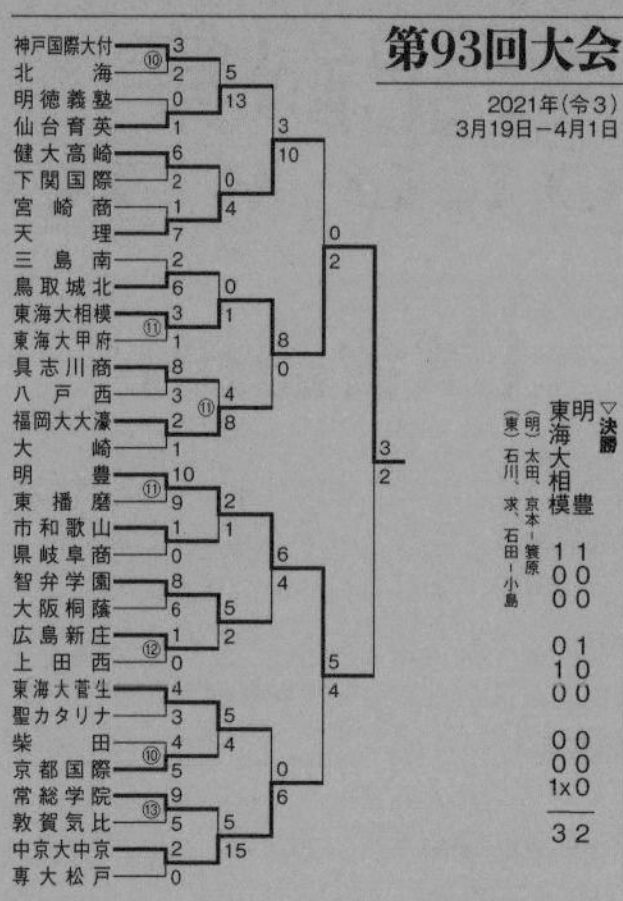

第93回大会
2021年(令3)
3月19日－4月1日
神戸国際大付
北海
明徳義塾
仙台育英
健大高崎
下関国際
宮崎商
天理
三島南
鳥取城北
東海大相模
東海大甲府
具志川商
八戸西
福岡大大濠
大崎
明豊
東播磨
市和歌山
県岐阜商
智弁学園
大阪桐蔭
広島新庄
上田西
東海大菅生
聖カタリナ
柴田
京都国際
常総学院
敦賀気比
中京大中京
専大松戸
▽決勝
明豊 100 100 000 | 2
東海大相模 100 010 001x | 3
(明)太田、京本－簑原
(東)石川、求、石田－小島

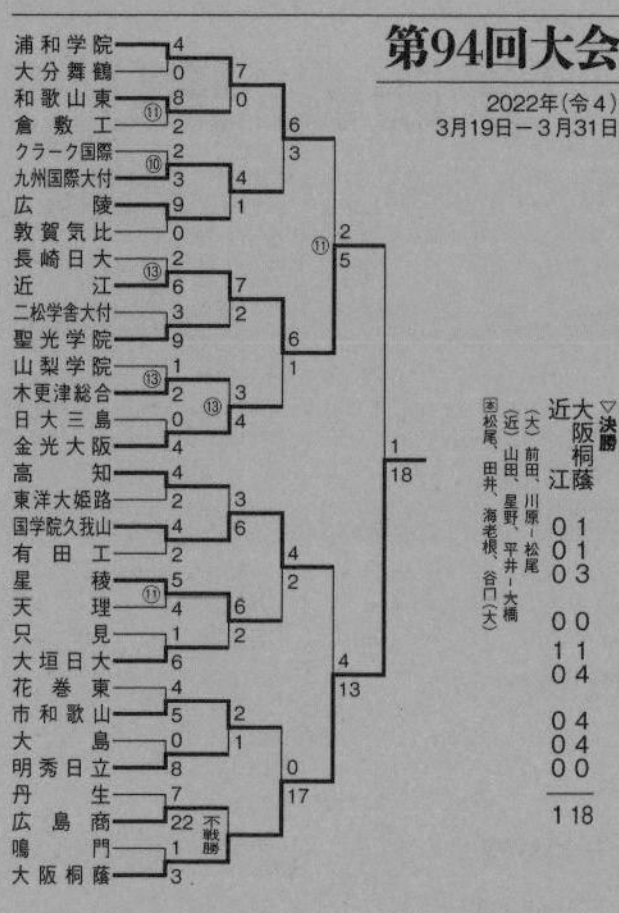

第94回大会
2022年(令4)
3月19日－3月31日
浦和学院
大分舞鶴
和歌山東
倉敷工
クラーク国際
九州国際大付
広陵
敦賀気比
長崎日大
近江
二松学舎大付
聖光学院
山梨学院
木更津総合
日大三島
金光大阪
高知
東洋大姫路
国学院久我山
有田工
星稜
天理
只見
大垣日大
花巻東
市和歌山
大島
明秀日立
丹生
広島商
鳴門
大阪桐蔭
不戦勝
▽決勝
大阪桐蔭 113 014 440 | 18
近江 000 010 000 | 1
(大)前田、川原－松尾
(近)山田、星野、平井－大橋
本 松尾、田井、海老根、谷口(大)

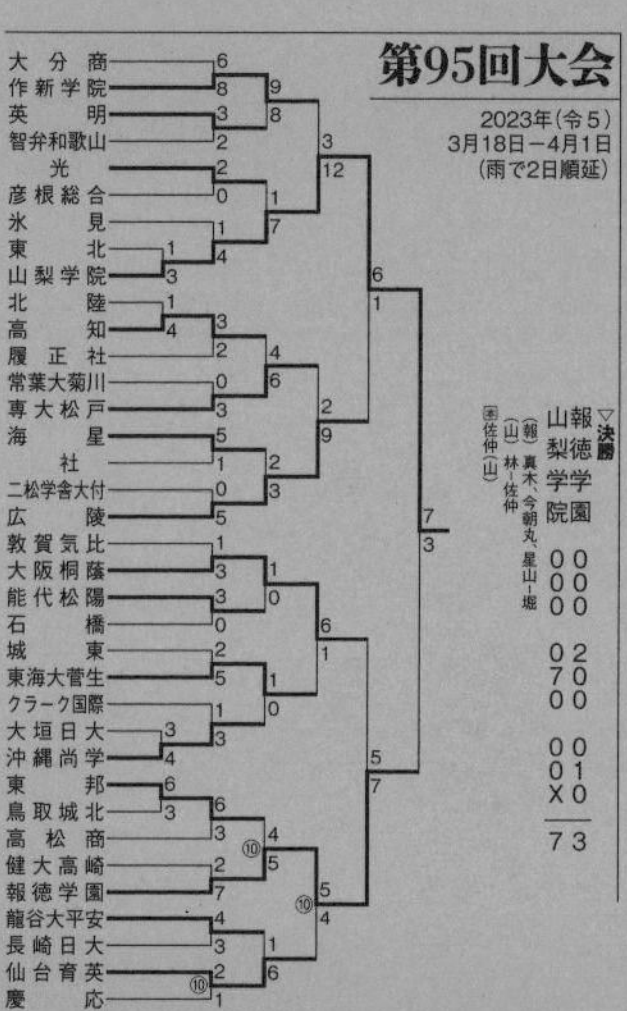

第95回大会
2023年(令5)
3月18日－4月1日
(雨で2日順延)
大分商
作新学院
英明
智弁和歌山
光
彦根総合
氷見
東北
山梨学院
北陸
高知
履正社
常葉大菊川
専大松戸
海星
社
二松学舎大付
広陵
敦賀気比
大阪桐蔭
能代松陽
石橋
城東
東海大菅生
クラーク国際
大垣日大
沖縄尚学
東邦
鳥取城北
高松商
健大高崎
報徳学園
龍谷大平安
長崎日大
仙台育英
慶応
▽決勝
報徳学園 000 200 010 | 3
山梨学院 000 070 00X | 7
(報)真木、今朝丸、星山－堀
(山)林－佐仲
本 佐仲(山)

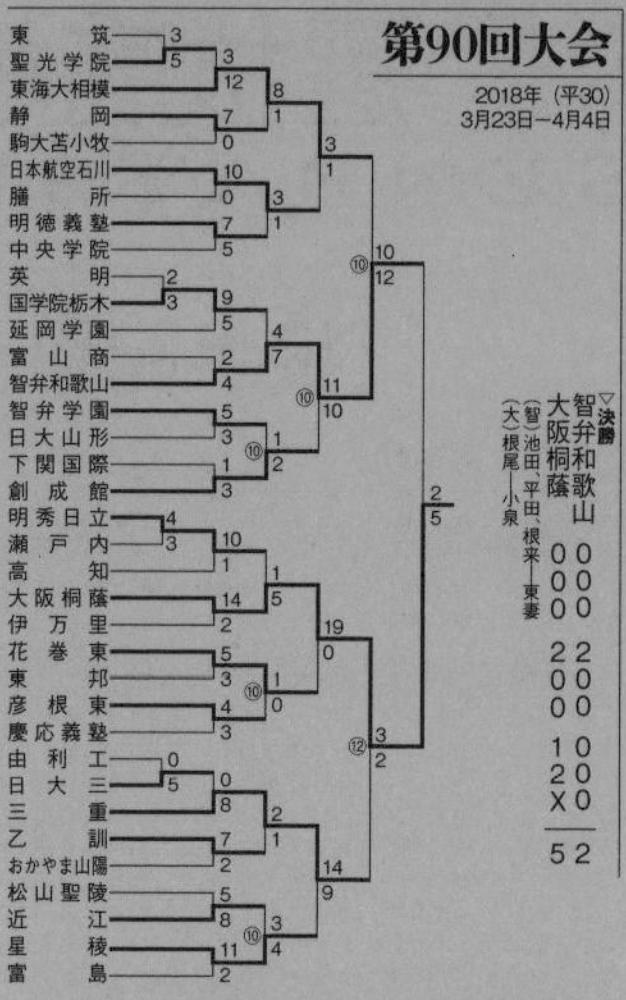

第90回大会
2018年(平30)
3月23日－4月4日
東筑
聖光学院
東海大相模
静岡
駒大苫小牧
日本航空石川
膳所
明徳義塾
中央学院
英明
国学院栃木
延岡学園
富山商
智弁和歌山
智弁学園
日大山形
下関国際
創成館
明秀日立
瀬戸内
高知
大阪桐蔭
伊万里
花巻東
東邦
彦根東
慶応義塾
由利工
日大三
三重
乙訓
おかやま山陽
松山聖陵
近江
星稜
富島
▽決勝
智弁和歌山 000 200 000 | 2
大阪桐蔭 000 200 12X | 5
(智)池田、平田、根来－東妻
(大)根尾－小泉

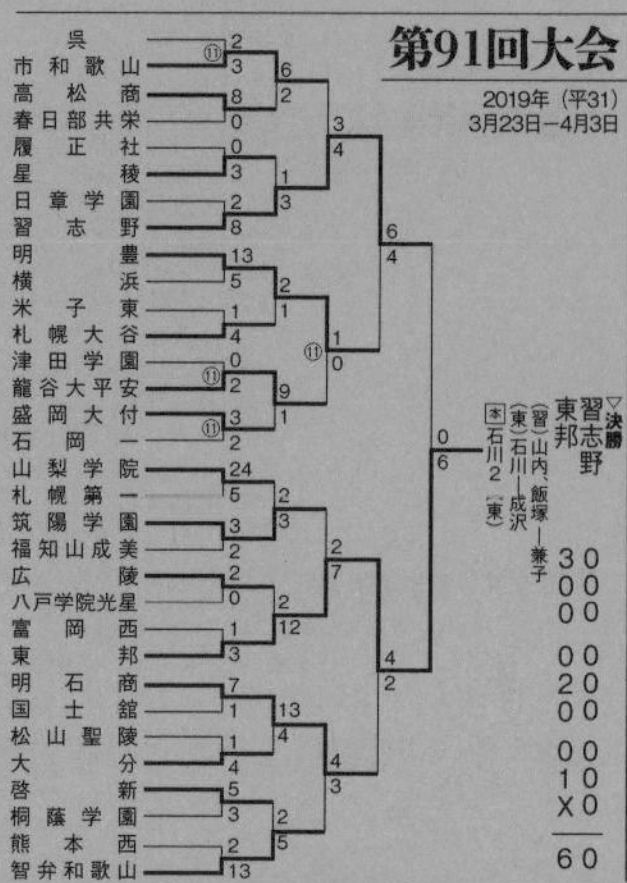

第91回大会
2019年(平31)
3月23日－4月3日
呉
市和歌山
高松商
春日部共栄
履正社
星稜
日章学園
習志野
明豊
横浜
米子東
札幌大谷
津田学園
龍谷大平安
盛岡大付
石岡一
山梨学院
札幌第一
筑陽学園
福知山成美
広陵
八戸学院光星
富岡西
東邦
明石商
国士舘
松山聖陵
大分
啓新
桐蔭学園
熊本西
智弁和歌山
▽決勝
習志野 000 000 000 | 0
東邦 300 020 01X | 6
(習)山内、飯塚－兼子
(東)石川－成沢
本 石川2(東)

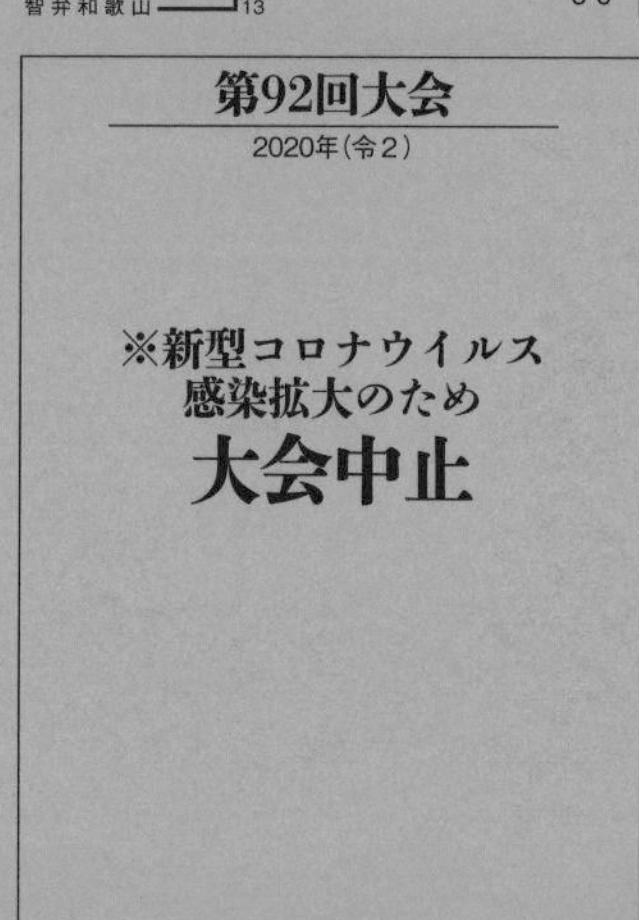

第92回大会
2020年(令2)
※新型コロナウイルス
感染拡大のため
大会中止

選抜高校野球大会記録集

SENBATSU RECORD BOOK

[投手記録]

回(年度)

★完全試合

50(1978)　松本　　稔(前　　橋)1－0比 叡 山
66(1994)　中野　真博(金　　沢)3－0江 の 川

★ノーヒットノーラン

8(1931)　灰山　元治(広 島 商)4－0坂 出 商
10(1933)　河合　信雄(一 宮 中)3－0松 山 商
〃(〃)　森田　俊男(海 草 中)3－0桐 生 中
15(1938)　野口　二郎(中 京 商)4－0海 草 中
23(1951)　野武　貞次(鳴　　尾)5－0静岡城内
27(1955)　今泉喜一郎(桐　　生)12－0明　　星
39(1967)　野上　俊夫(市和歌山商)5－0三　　重
48(1976)　戸田　秀明(鉾 田 一)1－0糸魚川商工
50(1978)　松本　　稔(前　　橋)1－0比 叡 山　※完全試合
63(1991)　和田友貴彦(大阪桐蔭)10－0仙台育英
66(1994)　中野　真博(金　　沢)3－0江 の 川　※完全試合
76(2004)　ダルビッシュ有(東　　北)2－0熊 本 工

★連続試合完封

15(1938)　4試合　野口　二郎(中京商)
①5－0防府商　②4－0海草中
③2－0海南中　④1－0東邦商
17(1940)　4試合　大島　信雄(岐阜商)
①10－0日新商　②4－0島田商
③9－0福岡工　④2－0京都商
24(1952)　4試合　田所善次郎(静岡商)
①1－0函館西　②3－0平　安
③2－0八　尾　④2－0鳴　門
37(1965)　4試合　平松　政次(岡山東商)
①7－0コ　ザ　②1－0明　治
③3－0静　岡　④1－0徳島商

★連続イニング無失点

37(1965)　39　平松　政次(岡山東商)
1回戦コザ戦の1回から決勝戦
市和歌山商戦の3回まで

★大会通算最多奪三振

45(1973)　60　江川　　卓(作新学院)
2－0北　陽(19)　8－0小倉南(10)
3－0今治西(20)　1－2広島商(11)

★1試合最多奪三振

35(1963)　21　戸田　善紀(PL学園)8－0首　　里
33(1961)　23　矢滝　伸高(米 子 東)2－1敦　　賀　※延長16回

★先発全員奪三振

3(1926)　高橋外喜雄(早　　実)1－0島 根 商(15)
9(1932)　楠本　　保(明 石 中)3－0広 陵 中(13)
〃(〃)　　〃　(　〃　)1－0京都師範(14)
10(1933)　　〃　(　〃　)1－0平 安 中(18)
11(1934)　沢村　栄治(京 都 商)4－0堺　　中(17)
13(1936)　水野　良一(愛 知 商)7－0滝 川 中(13)
21(1949)　西村　　修(桐　　蔭)3－2兵　　庫(18)
30(1958)　山田　茂利(清 水 東)0－3済 々 黌(13)
35(1963)　戸田　善紀(PL学園)8－0首　　里(21)
42(1970)　大北　敏博(高 松 商)1－2富 山 商(16)　=延長12回
48(1976)　阪本　正行(智弁学園)5－0札 幌 商(12)
56(1984)　桑田　真澄(PL学園)0－1岩　　倉(14)
60(1988)　前田　幸長(福岡第一)2－3高 知 商(14)　=延長12回
61(1989)　鈴木　　学(北　　陸)4－1秋　　田(16)
62(1990)　三好　靖人(高 松 商)4－1鳥 取 西(18)
71(1999)　高室　卓也(市　　川)2－4沖縄尚学(11)
75(2003)　服部　大輔(平　　安)3－2中　　京(12)
76(2004)　大前　佑輔(　社　)5－1福　　井(17)
78(2006)　大嶺　祐太(八重山商工)5－2高 岡 商(17)
81(2009)　島袋　洋奨(興　　南)0－2富 山 商(19)　=延長10回

[試合記録]

回(年度)

★最短時間試合

9(1932)　1時間15分　京都師範2－0海 草 中

★最長時間試合

38(1966)　4時間35分　中 京 商5－4宇 部 商　(延長15回)

★最長延長回数

11(1934)　19　享 栄 商5－3徳 山 商

★連続延長サヨナラ勝利

84(2013)　2　鳴　　門2－1洲　　本　(延長10回)
鳴　　門5－4作新学院　(延長10回)

[決勝戦記録]

★最多得点

チーム　78(2006)　21　横　　浜21－0清　　峰
両軍合計　78(2006)　21　横　　浜21－0清　　峰

★最多得点差

78(2008)　21　横　　浜21－0清　　峰

★全員得点

85(2013)　浦和学院17－1済　　美

★最長延長回数

19(1947)　13　徳 島 商3－1小 倉 中
37(1965)　13　岡山東商2－1市和歌山商
47(1975)　13　高　　知10－5東海大相模

★満塁本塁打数

7(1930)　高瀬　二郎(第一神港商)6－1松 山 商
54(1982)　松田　竜二(PL学園)15－2二松学舎大付
94(2022)　谷口　勇人(大阪桐蔭)18－1近　　江

★サヨナラ本塁打数

32(1960)　山口富士雄(高 松 商)2－1米 子 東

★サイクル安打

51(1979)　北野　敏史(箕　　島)8－7浪　　商

★先発全員安打

29(1957)　11　早　　実5－3高 知 商
74(2002)　15　報徳学園8－2鳴 門 工
94(2022)　16　大阪桐蔭18－1近　　江

★最多安打

75(2003)　20　広　　陵15－3横　　浜

★両軍合計最多安打

75(2003)　29　広　　陵(20)15－3(9)横　　浜

★最多失策

21(1949)　12　北　　野(7)6－4(5)芦　　屋　(延長12回)

★1イニング最多安打

57(1985) 10 東海大五 14－4奈良·広陵の5回
74(2002) 10 福井商 10－8明徳義塾の1回

★最多連続打数安打

チーム 57(1985) 9 東海大五 14－4奈良·広陵
82(2010) 9 日大三 14－9広 陵
個人 28(1956) 8 富田 虎人(中京商)
6－0芦屋(5) 4－0岐阜商(3)
55(1983) 8 藤王 康晴(享 栄)
12－3高砂南(4) 5－1泉州(3) 1－2東海大一(1)
81(2009) 8 平本龍太郎(報徳学園)
15－2今治西(6) 6－5中京大中京(2)
82(2010) 8 我如古盛次(興南)
4－1関西(3) 7－2智弁和歌山(5)
83(2011) 8 高城 俊人(九州国際大付)
5－4北海(5) 9－2日大三(2)
6－1東海大相模(1)
94(2022) 8 丸山 一喜(大阪桐蔭)
3－1鳴門(1) 17－0市和歌山(5)
13－4国学院久我山(2)

★個人最多連続打席出塁

55(1983) 11 藤王 康晴(享 栄)

★大会通算最多本塁打

チーム 94(2022) 11 大阪桐蔭 松尾、伊藤、海老根、谷口各2、星子、田井、工藤各1
個人 51(1979) 3 阿部 慶二(PL学園)
55(1983) 3 藤王 康晴(享 栄)
56(1984) 3 清原 和博(PL学園)
61(1989) 3 元木 大介(上 宮)
62(1990) 3 高木 浩之(享 栄)
64(1992) 3 松井 秀喜(星 稜)
67(1995) 3 大森 聖也(観音寺中央)
73(2001) 3 下野 輝章(東福岡)
85(2013) 3 高田 涼太(浦和学院)
87(2015) 3 松本 哲幣(敦賀気比)
91(2019) 3 石川 昂弥(東 邦)

★1試合最多本塁打

チーム 56(1984) 6 PL学園 18－7砂川北 桑田2、鈴木、清原、黒木、旗手
94(2022) 6 大阪桐蔭 17－0市和歌山 谷口、星子、伊藤2、工藤、海老根
両軍合計 56(1984) 6 PL学園(6)18－7砂川北(0)
94(2022) 6 大阪桐蔭(6) 17－0市和歌山(0)
個人 1(1924) 2 田嶋豊次郎(和歌山中)6－7高松商
37(1965) 2 藤田 平(市和歌山商)6－2中京商
51(1979) 2 阿部 慶二(PL学園)8－6宇都宮商 ＝延長10回
55(1983) 2 藤王 康晴(享 栄)5－1泉 州
56(1984) 2 桑田 真澄(PL学園)18－7砂川北
〃(〃) 2 清原 和博(〃)10－1京都西
57(1985) 2 宮内 仁一(池 田)9－3駒大岩見沢
61(1989) 2 元木 大介(上 宮)8－3市 柏
62(1990) 2 高木 浩之(享 栄)9－6福井商 ＝延長12回
63(1991) 2 長沼 史朗(春日部共栄)10－3尽誠学園
〃(〃) 2 林 孝哉(箕 島)4－6大阪桐蔭
64(1992) 2 松井 秀喜(星 稜)9－3宮 古
67(1995) 2 大森 聖也(観音寺中央)13－6関 西
74(2002) 2 赤土 善尚(福井商)8－2津田学園
76(2004) 2 中村 桂司(大阪桐蔭)2－3東 北
79(2007) 2 中田 翔(大阪桐蔭)11－8佐野日大
81(2009) 2 平本龍太郎(報徳学園)15－2今治西
85(2013) 2 山田 誠也(敦賀気比)9－3聖光学院
86(2014) 2 岡本 和真(智弁学園)7－2三 重
87(2015) 2 松本 哲幣(敦賀気比)11－0大阪桐蔭
89(2017) 2 樺島竜太郎(福岡大大濠)6－3創志学園
〃(〃) 2 藤原 恭大(大阪桐蔭)8－3履正社 ※決勝
91(2019) 2 野村 健太(山梨学院)24－5札幌第一
〃(〃) 2 来田 涼斗(明石商)4－3智弁和歌山
〃(〃) 2 石川 昂弥(東 邦)6－0習志野
94(2022) 2 伊藤 櫂人(大阪桐蔭)17－0市和歌山

★チーム1試合最多満塁本塁打

83(2011) 2 東海大相模(森下、田中)16－2履正社
87(2015) 2 敦賀気比(松本、松本)11－0大阪桐蔭

★1イニング最多本塁打

83(2011) 3 九州国際大付(安藤、三好＝2者連続、龍)
7－1前橋育英の5回
94(2022) 3 大阪桐蔭(伊藤2＝2打席連続、工藤)
17—0市和歌山の6回
個人 94(2022) 2 伊藤 櫂人(大阪桐蔭) 17—0市和歌山の6回

★個人2打席連続本塁打

51(1979) 阿部 慶二(PL学園)対宇都宮商
54(1982) 森田 範三(中 京)対桜宮、対大成
56(1984) 清原 和博(PL学園)対京都西
57(1985) 宮内 仁一(池 田)対駒大岩見沢
61(1989) 元木 大介(上 宮)対市柏
62(1990) 高木 浩之(享 栄)対福井商
63(1991) 長沼 史朗(春日部共栄)対尽誠学園
〃(〃) 林 孝哉(箕 島)対大阪桐蔭

回(年度)

★無四死球試合

33(1961) 作新学院(八木沢)2－0柏 原(井 尻)
36(1964) 徳島海南(尾 崎)1－0土 佐(島 村)
37(1965) 岡山東商(平 松)1－0明 治(今 井)
40(1968) 大宮工(吉 沢)3－2尾道商(井 上)
47(1975) 高 知(山 岡)5－4熊本工(蓬莱、瀬高)
50(1978) 東 北(薄 木)3－2村野工(千 田)
53(1981) PL学園(西 川)4－0倉吉北(坂 本)
55(1983) 大 社(森 井)2－0峡 南(伊 藤)
〃(〃) 横浜商(三 浦)2－0駒大岩見沢(大 西)
60(1988) 宇部商(木 村)2－1中 京(木 村)
66(1994) 桑名西(伊藤龍)5－2小倉東(西)
95(2023) 沖縄尚学(東恩納)4－3大垣日大(山 田)

★最多与四死球

チーム 12(1935) 21 嘉義農林(呉、児玉、吉川)7－12浦和中
個人 12(1935) 16 呉 波(嘉義農林)7－12浦和中
11(1934) 16 土谷 勘三(徳山商)3－5享栄商 ※延長19回参考

★大会通算最多投球回数

11(1934) 60 近藤 金光(享栄商)
7－0静岡商(9) 5－3徳山商(19)
10－1和歌山中(9) 0－0浪華商(15)
2－4浪華商再試合(8)

★最少投球数

32(1960) 74 今川 敬三(秋田商)0－2米子東

[攻撃記録]

★大会通算最多記録

◎得点 89(2017) 333 33試合
◎安打 90(2018) 608 35試合
◎本塁打 56(1984) 30 31試合
◎三塁打 72(2000) 48 31試合
◎二塁打 81(2009) 99 31試合

★チーム大会通算最多得点

16(1939) 59 東邦商
20－1浪華商 13－0海南中
13－1北神商 6－1島田中
7－2岐阜商

★1試合最多得点

チーム 14(1937) 27 滝川中 27－0浦和中
両軍合計 1(1924) 34 市岡中 21－13横浜商

★1イニング最多得点

43(1971) 11 東 邦 12－4報徳学園の1回

★1イニング最多連続得点

1(1924) 9 市岡中 21－13横浜商の2回
57(1985) 9 東海大五 14－4奈良·広陵の5回
82(2010) 9 日大三 14－9広 陵の8回

★チーム大会通算最多打点

16(1939) 56 東邦商

★個人1試合最多打点

87(2015) 8 松本 哲幣(敦賀気比)11－0大阪桐蔭

★大会通算最多安打

チーム 83(2011) 74 東海大相模
9－1関 西(10) 13－5大垣日大(20)
2－0鹿児島実(9) 16－2履正社(21)
6－1九州国際大付(14)
個人 67(1995) 13 室岡 尚人(観音寺中央)
82(2010) 13 山﨑 福也(日大三)
82(2010) 13 我如古盛次(興 南)

★1試合最多安打

チーム 72(2000) 24 智弁和歌山 20－8丸 亀
91(2019) 24 山梨学院 24－5札幌第一
両軍合計 72(2000) 41 智弁和歌山(24)20－8丸 亀(17)
個人 14(1937) 6 田中 幸男(滝川中)27－0浦和中
74(2002) 6 佐坂 謙介(鳴門工)19－1広島商
81(2009) 6 平本龍太郎(報徳学園)15－2今治西
83(2011) 6 畔上 翔(日大三)13－2加古川北

★両軍合計1試合最少安打

48(1976) 2 鉾田一(2)1－0糸魚川商工(0)

回(年度)

★代打本塁打

53(1981) 山根 克士(倉 吉 北)3－2中京商
74(2002) 伊戸田和樹(二松学舎大付)4－5大体大浪商
85(2013) 森川 誠也(関 西)1－5高知
89(2017) 上野 健助(健大高崎)11－0札幌第一
〃(〃) 西島 一波(大阪桐蔭)8－3履正社 ※決勝
94(2022) 工藤 翔斗(大阪桐蔭)17－0市和歌山

★1試合最多三塁打

チーム 67(1996) 6 滝川二 7－1秋 田
両軍合計 67(1996) 7 滝川二(6)7－1秋 田(1)

★1イニング最多三塁打

47(1975) 3 高 知 10－5 東海大相模の13回
67(1995) 3 育 英 3－4 前橋工の7回
68(1996) 3 滝川二 7－1 秋田の7回
72(2000) 3 智弁和歌山 20－8 丸亀の2回
74(2002) 3 鵡 川 12－8 三木の2回
78(2006) 3 清 峰 11－2 岡山東商の6回

★チーム最多連続三塁打

67(1995) 3 育 英(三木、藤本、大坪)3－4前橋工

★1試合最多二塁打

チーム 70(1998) 8 今治西 14－2東筑
両軍合計 81(2009) 11 倉敷工(4)11－10金光大阪(7)
個人 86(2014) 4 大下誠一郎(白鷗大足利)9－1東陵

★1イニング最多二塁打

59(1987) 4 PL学園 8－5 東海大甲府の6回
68(1996) 4 拓大紅陵 8－9 東邦の9回
70(1998) 4 今治西 14－2 東筑の2回

★大会通算最多塁打

チーム 83(2011) 113 東海大相模＝5試合
個人 81(2009) 21 平本龍太郎(報徳学園)＝4試合

★1試合最多塁打

チーム 94(2022) 43 大阪桐蔭17－0市和歌山
個人 81(2009) 16 平本龍太郎(報徳学園)15－2今治西

★サイクル安打

51(1979) 北野 敏史(箕島)8－7浪商

★1試合最多盗塁

チーム 46(1974) 14 広島商2－3大分商
個人 35(1963) 5 谷木 恭平(北海)8－7早実
87(2015) 5 宇草 孔基(常総学院)14－1米子北
〃(〃) 5 竹内 諒(〃) 〃

★個人1イニング最多盗塁

58(1986) 3 青柳 信(甲府商)1－11京都西の5回
64(1992) 3 宇田川祐司(御殿場西)3－4東山の4回
87(2015) 3 竹内 諒(常総学院)14－1米子北の8回

★1試合最多犠打

チーム 51(1979) 10 箕島(バント8、犠飛2)5－1倉吉北
60(1988) 10 西武台(バント9、犠飛1)10－4福井商
76(2004) 10 愛工大名電(バント10、犠飛0)5－4立命館宇治
両軍合計 76(2004) 14 愛工大名電(10)5－4立命館宇治(4)

★個人最多連続打席犠打

66(1994) 5 佐久間尚喜(常総学院)3－0岡山理大付

★チーム1試合最多連続犠打飛

31(1959) 6 岐阜商6－4戸畑

[守備記録]

★1試合最多失策

チーム 1(1924) 13 立命館中 3－16愛知一中
両軍合計 1(1924) 20 立命館中(13)3－16愛知一中(7)

★1試合最多併殺

チーム 66(1994) 6 宇和島東 4－2広島商 (延長13回)
両軍合計 51(1979) 7 鶴商学園(2)5－2天理(5)
66(1994) 7 宇和島東(6)4－2広島商(1) (延長13回)
67(1995) 7 観音寺中央(4)6－0東海大相模(3)

回(年度)

64(1992) 松井 秀喜(星 稜)対宮古
79(2007) 中田 翔(大阪桐蔭)対佐野日大
87(2015) 松本 哲幣(敦賀気比)対大阪桐蔭
89(2017) 樺島竜太郎(福岡大大濠)対創志学園
94(2022) 伊藤 櫂人(大阪桐蔭)対市和歌山

★個人連続試合本塁打

3試合 73(2001) 下野 輝章(東福岡)対広陵、対日大三、対常総学院
85(2013) 高田 涼太(浦和学院)対山形中央、対北照、対敦賀気比

★満塁本塁打

7(1930) 中川伴次郎(平安中)7－2台北一中
〃(〃) 久里 正(甲陽中)7－3静岡中
〃(〃) 高瀬 二郎(第一神港商)6－1松山商
13(1936) 石田 元紀(桐生中)9－7熊本工
41(1969) 上田 芳央(浪 商)16－1日体荏原
45(1973) 長崎 誠(横 浜)6－2小倉商＝サヨナラ
54(1982) 松田 竜二(PL学園)15－2二松学舎大付
56(1984) 中原 康博(佐賀商)17－4高島
58(1986) 吉永 晋(宇都宮商)8－3新湊
63(1991) 林 尚克(東 邦)5－8鹿児島実
65(1993) 山本 啓輝(浜松商)15－12岩国
67(1995) 太田 耕司(関 西)9－2報徳学園
68(1996) 大田 優(米子東)9－7釜石南
72(2000) 亀倉 誠仁(作新学院)8－1佐賀商
74(2002) 佐藤 慶彦(延岡工)5－4秋田経法大付
〃(〃) 赤土 善尚(福井商)8－2津田学園
79(2007) 杉谷 翔貴(帝 京)7－1広陵
83(2011) 森下 翔平(東海大相模)16－2履正社
〃(〃) 田中 俊太(東海大相模)16－2履正社
86(2014) 辻 心薫(履正社)11－0小山台
87(2015) 荒原 祐貴(常総学院)8－1今治西
〃(〃) 松本 哲幣(敦賀気比)11－0大阪桐蔭
〃(〃) 松本 哲幣(敦賀気比)11－0大阪桐蔭
89(2017) 山下 航汰(健大高崎)11－0札幌第一
〃(〃) 幸地 竜弥(秀岳館)11－1高田商
〃(〃) 山下 航汰(健大高崎)10－2福井工大福井
94(2022) 谷口 勇人(大阪桐蔭)18－1近江 ※決勝
95(2023) 仲田 侑仁(沖縄尚学)4－3大垣日大

★サヨナラ本塁打

3(1926) 矢島 粂安(松本商)5－2高松商
32(1960) 山口富士雄(高松商)2－1米子東
35(1963) 吉沢 勝(北 海)8－7早実＝逆転
38(1966) 吹抜 賢一(育 英)9－8小倉
45(1973) 長崎 誠(横 浜)6－2小倉商＝満塁
51(1979) 阿部 慶二(PL学園)8－6宇都宮商
52(1980) 伊東 昭光(帝 京)2－1丸亀商
56(1984) 菅沢 剛(岩 倉)2－1大船渡
58(1986) 篠原 史明(宇都宮南)2－1高知
62(1990) 宮下 典明(新 田)5－4日大藤沢＝逆転
〃(〃) 池田 幸徳(〃)4－3北陽
65(1993) 中村 光宏(東筑紫学園)4－2三重海星
70(1998) 五十嵐徹也(日大藤沢)4－3高鍋
75(2003) 本田 将章(智弁和歌山)7－6浦和学院
76(2004) 藤沢 裕志(福岡工大城東)6－4拓大紅陵
〃(〃) 高橋 勇丞(済 美)7－6東北＝逆転
79(2007) 林 裕行(宇部商)4－3日大藤沢
90(2018) 谷合 悠斗(明徳義塾)7－5中央学院
〃(〃) 原田 竜聖(日本航空石川)3－1明徳義塾
〃(〃) 松山 隆一(創成館)2－1智弁学園
91(2019) 来田 涼斗(明石商)4－3智弁和歌山
94(2022) 大橋 大翔(近 江)5－2浦和学院

★先頭打者本塁打

1(1924) 飯田 国吉(横浜商)13－13市岡中
3(1926) 藤本 数雄(熊本商)4－0愛知一中
19(1947) 川端 与市(桐生中)10－2海草中
51(1979) 谷川 哲也(倉吉北)7－4高松商
54(1982) 佐藤 公宏(PL学園)15－2二松学舎大付 ※決勝
56(1984) 田中 優嗣(神港学園)7－2法政一
61(1989) 蒲生 弘一(帝 京)6－7報徳学園
61(1989) 西村 晃嗣(京都西)5－2広島工
73(2001) 坂口 直樹(尽誠学園)3－1関西
80(2008) 岩沢 寿和(安 房)3－4宇治山田商
83(2011) 畑 和来(大垣日大)7－0東北
87(2015) 宇草 孔基(常総学院)3－5大阪桐蔭
90(2018) 小松 勇輝(東海大相模)3－1日本航空石川
93(2021) 幸 修也(明 豊)6－4智弁学園

甲辞園（こうじえん）　第三版（だいさんはん）

2018年7月31日　第1版第1刷発行
2023年7月31日　第3版第1刷発行

編　集／ベースボール・マガジン社
発行人／池田哲雄
発行所／株式会社ベースボール・マガジン社
〒103-8482
東京都中央区日本橋浜町2-61-9 TIE浜町ビル
電話　03-5643-3930（販売部）
　　　03-5643-3885（出版部）
振替　00180-6-46620
https://www.bbm-japan.com/
印刷・製本／大日本印刷株式会社

Printed in Japan
ISBN 978-4-583-11626-6　C0075

デザイン／イエロースパー
写真／ベースボール・マガジン社
編集協力／(有)ソリタリオ
執筆／内山賢一、清水岳志、戸田道男、
藤井利香、楊 順行、吉松由紀子